中国各地HDI指数的
编制和研究

任　栋◎主著

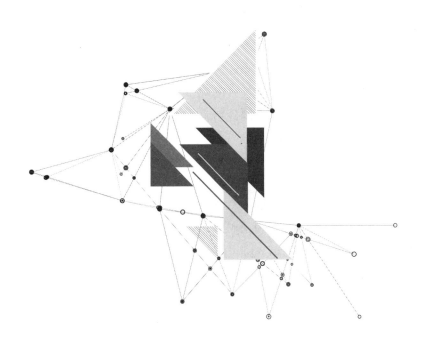

西南财经大学出版社

中国·成都

图书在版编目(CIP)数据

中国各地 HDI 指数的编制和研究/任栋主著.

成都:西南财经大学出版社,2024.12. --ISBN 978-7-5504-6490-2

Ⅰ.F127

中国国家版本馆 CIP 数据核字第 2024RF1902 号

中国各地 HDI 指数的编制和研究

任栋　主著

责任编辑:廖术涵
责任校对:周晓琬
封面设计:墨创文化
责任印制:朱曼丽

出版发行	西南财经大学出版社(四川省成都市光华村街 55 号)
网　　址	http://cbs.swufe.edu.cn
电子邮件	bookcj@swufe.edu.cn
邮政编码	610074
电　　话	028-87353785
照　　排	四川胜翔数码印务设计有限公司
印　　刷	成都国图广告印务有限公司
成品尺寸	185 mm×260 mm
印　　张	31.25
字　　数	775 千字
版　　次	2024 年 12 月第 1 版
印　　次	2024 年 12 月第 1 次印刷
书　　号	ISBN 978-7-5504-6490-2
定　　价	198.00 元

中国各地HDI指数的编制和研究

主要执笔人　任　栋　毛中根　黄　敏

郭建军　夏怡凡　张　捷

前言

　　2020 年是中国全面建成小康社会的收官之年，也是联合国开发计划署（UNDP）创建人类发展指数 30 周年的重要时间节点。1990 年，由于认识到 GDP 指标并不能全面地衡量一个国家和地区的经济社会综合发展程度，联合国开发计划署（UNDP）自 1990 年开始，每年都会发布联合国各成员的人类发展指数，该指数现已得到各国政府和国际组织的广泛认同，并在国际对比分析中发挥着越来越重要的作用。

　　中华人民共和国成立以来，中国的经济社会发展取得了全面进步。特别是改革开放以来，中国经济得到了更加迅速的发展，人类发展水平也有了很大的提升。1990—2018 年，我国人类发展指数由 1990 年的 0.485 升至 0.771，28 年间升幅达 58.97%，中国成为世界各国中唯一从低人类发展水平跨越到高人类发展水平的国家。其间，中国人类发展指数于 1996 年突破 0.55 大关，中国步入中等人类发展水平；于 2011 年突破 0.7 大关，成为高人类发展水平国家（联合国开发计划署用人类发展指数将联合国各成员的经济社会发展水平，划分为极高、高、中、低四个组别）。

　　另外，由于中国幅员辽阔，地区差异很大。虽然从省级层面来看，中国大多数省份也已步入高人类发展水平，但进一步向下细分，即从市县乡村级层面来看，我国人类发展水平的不平衡和不充分问题还是比较明显的。

　　党的十九大报告明确提出："中国特色社会主义进入新时代，我国社会主要矛盾已经转化为人民日益增长的美好生活需要和不平衡不充分的发展之间的矛盾。"要准确地把握中国社会的主要矛盾，就有必要准确地认识到中国各地人类发展的不平衡不充分的问题。因此，本书从拓展对中国人类发展指数的分析视角出发，除了根据联合国开发计划署（UNDP）创建的人类发展指数原有的三个维度（收入指数、教育指数和健康指数）进行编制和分析之外，又追加了民生指数和可持续发展指数两个维度，全面开展了对中国各地区人类发展水平的现状和差异程度的深层次研究，有助于国家区域发展政策的实施，形成有针对性的中国各地区人类协调发展新思路。同时，本书通过深入透视我国区域差异及其成因，也能帮助各地区结合自身的能力、基础和资源，形成人口、经济社会、资源环境良性互动的发展新思路，这对于制定相应对策以促进中国经济社会全面和可持续发展，有着十分重要的理论和现实意义。

本书的主要内容共分为以下七个板块：

第一板块（一至三章）：人类发展指数理论框架的完善

从理论研究来看，如何科学评价中国各地区人类发展进程是跨学科研究的重大命题。联合国开发计划署（UNDP）创建的人类发展指数（HDI）是建立在阿玛蒂亚·森的"可行能力"理论基础之上的。本书认为，作为反映人类社会发展的理论，研究新时期中国人类发展的指数体系则需要更广泛的理论基础。作为人类发展指数构建的理论基础，还应当充分汲取马克思关于"人的全面自由发展"思想，结合党和国家提出的新发展理念，完善和改进现有的人类发展指数，构建更科学完整的理论基础和指数框架。

第二板块（四至六章）：中国各地人类发展指数的测算和初步分析

在此部分中，本书系统回顾了社会发展指标发展的简要历史，并对包括人类发展指数在内的国际五大社会发展指标进行了比较详尽的比较分析和研究，得出了人类发展指数是五大社会发展指标的最佳指标的结论。同时开展了中国各地人类发展水平的测度与影响因素分析，展示出中国各地人类发展所取得的重大成就，也发掘出一些中国人类发展进程中出现的问题。

第三板块（七至九章）：中国人类发展指数各分项指数的分析

首先，本书编制了中国及各地区的预期寿命指数，并进行了预期寿命指数的国内外比较分析。其次，本书编制了中国及各地区的教育指数，并进行了中国教育指数的国际对比研究和国内各地区教育指数的对比分析。本书认为：虽然人类发展的三大维度都很重要，但教育维度具有特别重要的意义，并在一定程度上对其他两大维度有明显的支撑作用。收入指数是反映人们生活水平和质量的指标。本书在中国收入指数的测算和分析的基础上，进行了收入指数的国内外对比分析和中国各地收入指数的影响因素分析。

第四板块（十至十三章）：中国人类发展指数的拓展及拓展指数的测算与分析

本书认为：HDI 指数仅仅从健康、知识和体面的生活三个维度进行了统计，忽略了科技进步、生态文明、社会福利改善对人类发展的积极贡献。基于上述分析，本书在人类发展指数的三个分项指数基础上，追加了可持续发展指数和民生发展指数这两大分项指数，构建和测算了更加完善的中国人类发展指数体系（CHDI）。

第五板块（十四至十七章）：拓展前后中国人类发展指数的对比研究和因素分析

通过拓展前后中国人类发展指数的对比研究得到以下结论：第一，在中国人类发展指数（CHDI）及各构成指数中，我国的可持续发展水平和民生发展水平还处于低位。第二，在CHDI的五个分项指数中，可持续发展指数增速平缓，显示出我国可持续发展的态势堪忧，导致我国可持续发展指数表现不佳的主要原因在于反映资源环境保护情况的碳排放指数的降低。因此，在保持经济社会稳定发展的同时，进一步加大节能减排的力度，对于提高我国的人类发展水平至关重要。第三，在CHDI的五个分项指数中，民生发展指数增速最为强劲，使得我国民生发展指数表现优异的主要原因在于社会保障指数的大幅提升。

第六板块（十八至二十章）：不平等调整和全球视域下中国人类发展指数的分析

UNDP所构造的人类发展指数，有可能掩盖平均数之下的区域不平衡或不平等现象。为了捕捉各国内部人类发展成果的分配情况，UNDP引入了IHDI的概念以反映人类发展水平的不平衡状况。本书采用基尼系数和泰尔指数的方法，基于不平等调整的中国人类发展指数（IHDI）进行了分析，测算了不平等调整后的中国各地的人类发展指数。

第七板块（二十一章、二十二章）：以地级市为例的中国人类发展指数的分析

本板块分别以江苏和安徽为例，进行了热点问题和地级市层面上的人类发展指数的分析。

本书系国家社科基金重大项目"中国各地HDI指数的编制和研究"课题组的集体成果。本书的首席专家为任栋，子课题负责人为毛中根、史代敏、喻开志、夏怡凡、朱雨可。本书的主要执笔人为任栋、毛中根、黄敏、郭建军、夏怡凡、张捷，参与撰稿人有曹改改、吴翔、黄祖军、刘洋、代青云、陈小亭、毛一舟、余毅翔、龙思瑞、贾俊、陈航、刘诗雅、刘怡然等。在此谨向对本课题的研究做出重要贡献的各位老师和同学致以诚挚的感谢和崇高的敬意。

"中国各地HDI指数的编制和研究"课题组

首席专家：任栋

2021年9月于光华园

目录

第四板块（十至十三章）：中国人类发展指数的拓展及拓展指数的测算与分析

第五板块（十四至十七章）：拓展前后中国人类发展指数的对比研究和因素分析

第七板块（二十一章、二十二章）：以地级市为例的中国人类发展指数的分析

第一板块（一至三章）：
人类发展指数理论框架的完善

执笔人：任栋、黄敏、张捷、曹改改

第一章 中国各地人类发展指数研究总论

一、引言

2020 年是联合国开发计划署（United Nations Development Programme，UNDP）于 1990 年创立并逐年发布的人类发展指数（Human Development Index，HDI）30 周年的重要时间节点。自创立 30 余年以来，HDI 指数在分析、比较和评价世界各国发展状况及其进程中发挥着重要作用，为发展中国家制定发展战略提供了重要的参考依据。但是，HDI 指数的编制方法也受到来自国际学界多方面的质疑。那么，应当如何在对中国各地经济社会发展的研究中，借鉴 HDI 指数编制方法的优势，并克服和回避 HDI 指数的不足，就成为"中国各地 HDI 指数的编制和研究"（16ZDA010）课题组的一项重要任务。对此，"中国各地 HDI 指数的编制和研究"课题组首先基于 UNDP 提出的 HDI 指数编制的框架，按照 UNDP2018 年制定的最新编制方法，编制了 1990—2018 年中国及各省份的人类发展指数，并进行了比较深入的分析和研究。在此基础上，从新发展理念出发，本书对 UNDP 提出的人类发展指数框架进行了扩展，即在 UNDP 提出的 HDI 三个维度指数（寿命指数、教育指数和收入指数）的基础上，增加了民生发展指数和可持续发展指数，使之更加符合中国国情，并有利于深入分析中国省际人类发展指数的发展现状，探索各区域指数差异的深层次影响机制，由此提出相应的研究结论和政策建议。

人类发展指数（HDI）是联合国开发计划署（UNDP）于 1990 年推出的一个用以科学衡量世界各国经济社会综合发展程度的重要指标。人类发展指数以一个国家或地区在人类发展的健康长寿、文化教育和生活水平三个方面所取得的成就作为衡量人类发展水平高低的主要标准，与单纯的经济增长率或人均 GDP 水平以及其他多指标评价方法相比，突出地表现为从人类社会发展终极目标的实现程度出发对各国发展成就进行评价，并兼具全面性和简洁性的综合优势。

自 1990 年联合国开发计划署首次发布《人类发展报告》（Human Development Report，HDR）以来，人类发展指数被广泛用于测度和比较各国的相对人类发展水平，成为目前在世界范围内应用最广泛、影响最大的衡量人类发展的工具。今天，HDI 指数不仅成为比较国与国之间人民生活真实状况的重要指标，还为许多国家经济社会发展政策的制定起到了重要的参考作用①。因此，编制和研究中国各地的人类发展指数，对于客观地测度中国各地的人类发展、总结中国人类发展的成就、深入分析中国人类发展的优势和短板，都具有十分重要的意义。

二、人类发展指数在国内外的研究情况

（一）人类发展指数在国外的研究情况

人类发展指数（HDI）自诞生起，在被广泛应用的同时也引发了各方提出的问题并受到质疑。这些问题和质疑，一方面在客观上促使联合国开发计划署（UNDP）不断地改进HDI的理论和方法体系，另一方面也使HDI编制方法日益成熟，并拓展运用到发展研究的诸多领域，受到世界各国政府和学者的关注和研究。这些研究主要包含以下一些方面：

1. HDI指数基本内涵

明确人类发展内涵是研究的出发点。显然，人类发展涉及"人"和"发展"两个重要主题。自亚当·斯密提出"经济人"的假设后，"人与人的生产关系"的研究逐渐被回避，演变为只注重"人与物的一般关系"，这种演变使发展经济学的发展观最早也从关注人的物质需求开始。相应地，20世纪50年代到70年代人们对人类发展的测度更多来自经济层面，指标多采用人均国民生产总值（GDP）。但在20世纪70年代之后，各国实践表明，单纯的经济增长并不能自然而然地解决贫困、失业和分配不公等社会问题。因此，M. S. Ahluwalia②、Morris David 和 Council③、Hicks Norman 和 Paul Streeten④ 等学者提出，人类发展除了经济福利之外，还应当考虑贫困和不平等等社会指标。随后，阿玛蒂亚·森的"可行能力理论"为人类发展内涵的拓展提供了理论支持，该理论认为，经济发展应被考虑成人们自由地拓展和争取有价值生存的能力。所以，人类的发展应当包含两个方面：一是人类能力的形成；二是知识和技术的提高⑤。森的人类发展理念直接影响了人类发展衡量标准的选择，1990年，在巴基斯坦经济学家马巴布·乌尔·哈克（Mahbub ul Haq）的主持下⑥，联合国开发计划署（UNDP）全面地界定了人类发展的内涵，强调发展应将人置于中心，而人的发展是多维的，发展的目的在于扩展人的可行能力，并在此基础上推出了人类发展指数（HDI），标志着对人类发展的理解开始步入比较成熟的阶段。

---

① UNDP. Human development indices and indicators 2018 [M]. New York：Oxford University Press，2018.

② AHLUWALIA M S. Inequality, poverty and development [J]. Journal of Development Economics，1976，3（4）：307-342.

③ DAVID M, COUNCIL. Measuring the condition of the world's poor：the physical quality of life index, published for the overseas development council [M]. Oxford：Pergamom Press，1979.

④ NORMAN H, STREETEN P. Indicators of development：the search for a basic needs yardstick [J]. World Development，1979，7（6）：567-580.

⑤ UNDP. Human Development Report 1990 [M]. New York：Oxford University Press，1990.

⑥ HAQ M. Reflection on Human Development [M]. New York：Oxford University Press. 1995.

2. 对 HDI 指数的评价

人类发展指数因表意直观、处理方法简洁，在评估世界各国人类发展水平方面获得了国际社会各界的认同，但理论界对 HDI 指数的计算方法也存在较多争议和质疑，这些质疑主要包括：

首先，McGillivray[①]、Srinivasan[②]、Sagar 和 Najam[③] 等学者认为：HDI 指数的指标选择不当，并没有准确反映人类发展的概念内涵。其次，Carlucci 和 Pisani[④] 等学者认为：HDI 指数将人类发展内涵过度概化，采用的指标太少，效度很低。同时，HDI 计算时使用的国际层面数据自身存在测量误差和偏差。最后，Kelly[⑤]、McGillivray 等学者认为：HDI 指数的综合与赋权方式略显武断，没有科学设计权重，而是采用各成分的等权重分配，这种等权重忽视了三个分项指标之间可能存在高度的相关性。Noorbakhash[⑥] 等学者认为：关于三个分项指标对人类发展水平的贡献或影响总是恒定不变的认知，可能掩盖人类发展中不协调现象的相关性。

3. 对 HDI 指标及计算方法的改进

针对上述质疑，UNDP 和研究学者在最初 HDI 计算方法的基础上，从指标选取、权重分配、计算方法等方面对 HDI 指数不断加以修正，使 HDI 指数从最初反映人类发展平均成就发展到能够比较全面真实反映各种发展阶段的国家或地区人类发展状况。但 Michael[⑦] 仍然认为，由于收入水平提高可以扩大人们选择的空间，且可以改善指数其他成分的状况，所以应赋予收入水平较高权重。另外，Noorbakhash 和 Lai[⑧] 分别运用了主成分分析法估计收入指标、教育指标和健康指标的最优线性组合，从而可以确定各指标之间的相对权重。

（二）国内关于人类发展指数的研究情况

中国学者对人类发展指数的研究始于 1992 年以后，最初的研究主要以介绍和评论国外学者关于人类发展的研究进展和成果为主。近年来，在借鉴国外研究成果基础上，国内学者也围绕 HDI 指数展开了以下方向的研究：

---

① MCGILLIVRAY. The human development index: yet another redundant composite development indicator? [J]. World Development, 1991, 19 (2): 1461-1468.

② SRINIVASAN T N. Human development: a new paradigm or reinvention of the wheel? [J]. Human Development, 1994, 84 (2): 238-243.

③ SAGAR A D, NAJAM A. The human development index: a critical review [J]. Ecological Economics, 1998, 25 (1): 249-264.

④ CARLUCCI F, PISANI S, et al. A multiattribute measure of human development [J]. Social Indicators Research, 1995, 36: 145-176.

⑤ KELLY A C. The human development index: handle with care [J]. Population and Development Review, 1991, 17 (2): 315-324.

⑥ NOORBAKHASH F. The human development indices: some technical issues and alternative indices [J]. Journal of international development, 1998, 10 (2): 589-605.

⑦ MICHAEL B. What does Brunei teach us about using human development index rankings as a policy tool? [J]. Social science electronic publishing, 2015, 7 (9): 159-176.

⑧ LAI D. Principal component analysis on human development indicators of China [J]. Social indicators research, 2003, 3: 319-330.

1. 对 HDI 指数进行介绍和评价

中国学者最初的研究主要以介绍和评论国外学者关于人类发展的研究进展和成果为主（冯立天 等，1992[①]；王志平，2007[②]；茅于轼，2009[③]）。近年来，在借鉴国外研究成果的基础上，国内学者围绕 HDI 指数展开了以下方向的研究：李红（2007）[④]、胡锡琴 等（2007）[⑤] 结合中国发展实践中存在的问题对 HDI 指数理论及应用进行了评价，阐释了重视 HDI 指数研究的意义。与此同时，国内学者也分别从城乡、区域、省际等不同层面测算了中国人类发展水平。宋洪远和马永良（2004）[⑥] 用 HDI 指数法计算了按城乡分的收入指数、教育指数和出生时预期寿命指数，进一步构建了分城乡的人类发展指数。赵志强和叶蜀君（2005）[⑦] 用 HDI 指数重新计算了东、中、西部的教育指数、预期寿命指数和收入指数，指出自 1990 年以来，东、中、西部收入指数差距不断扩大，但健康和教育指数差距有所缩小。郭利平等（2001）[⑧] 对中国各省份人类发展指数进行了比较与分析。杨永恒和胡鞍钢等（2005）[⑨] 运用聚类分析的方法，对各省份人类发展进行了单纬度和多纬度分类。田辉、孙剑平等（2007）[⑩] 研究了江苏、浙江、上海、山东、福建、广东东部六省份 1990 年以来的人类发展水平差异及可持续发展状况。梁辉（2013）[⑪]、仵凤清等（2012）[⑫]、朱成全（2011）[⑬]、任媛等（2011）[⑭]、姜昊（2011）[⑮]、赵利敏等（2010）[⑯]、吴映梅等（2007）[⑰] 分别对湖北、河北、辽宁、内蒙古、山西、河南和云南等省份的人类发展水平进行了分析。王圣云、翟晨阳（2018）[⑱] 应用基尼系数、泰尔指数分解方法研究了 1990—2014 年全球人

① 冯立天，贺峻峰.论析衡量人口生活质量的宏观方法（之二）：人类发展指数 [J].人口与经济，1992（3）：32-39.

② 王志平."人类发展指数"（HDI）：含义、方法及改进 [J].上海行政学院学报，2007（3）：47-57.

③ 茅于轼.从 GDP 到人类发展指数 HDI [J].民主与科学，2009（3）：34-35.

④ 李红.谈人类发展指数的理论评价与应用 [J].经济问题，2007（5）：14-15.

⑤ 胡锡琴，曾海，杨英明.解析人类发展指数 [J].统计与决策，2007（1）：134-135.

⑥ 宋洪远，马永良.使用人类发展指数对中国城乡差距的一种估计 [J].经济研究，2004（11）：4-15.

⑦ 赵志强，叶蜀君.东中西部地区差距的人类发展指数估计 [J].华东经济管理，2005（12）：22-25.

⑧ 郭利平，方远平.中国各省市人类发展指数的比较与分析 [J].学术探索，2001（S1）：172-174.

⑨ 杨永恒，胡鞍钢，张宁.基于主成分分析法的人类发展指数替代技术 [J].经济研究，2005（7）：4-17.

⑩ 田辉，孙剑平，朱英明.HSDI：植入环境敏感性因素的人类可持续发展指数 [J].中国软科学，2007（10）：86-92.

⑪ 梁辉.从人类发展指数看湖北省人口、资源、环境的协调发展 [J].湖北社会科学，2013（12）：65-69.

⑫ 仵凤清，张立敏.基于民生观的河北省社会发展水平评价研究 [J].燕山大学学报（哲学社会科学版），2012，13（4）：108-115.

⑬ 朱成全，李立男.基于 HDI 的辽宁省"四个文明"指数的理论建构与测量分析 [J].辽宁师范大学学报（社会科学版），2011，34（5）：16-22.

⑭ 任媛，谢学仁.人类发展指数的解析及应用：基于山西省各地市的测算与比较 [J].西北人口，2011，32（4）：63-66，70.

⑮ 姜昊.人类发展指数（HDI）测算：以内蒙古四子王旗地区为例 [J].内蒙古财经学院学报，2011（1）：82-87.

⑯ 赵利敏，彭莉莎.河南省各地市人文发展水平差异的统计分析 [J].网络财富，2010（10）：51-52.

⑰ 吴映梅，彭福亮.西部民族地区社会和谐发展研究 [J].云南师范大学学报（哲学社会科学版），2007（5）：7-11.

⑱ 王圣云，翟晨阳.全球人类发展指数（HDI）的空间差异演化与要素分析 [J].经济地理，2018，38（7）：34-42.

类发展水平的空间差异演化及其机制。李钢、张建英（2018）[①] 以 HDI 为基础，构建了人类发展指数的纵向和横向比较评估体系，并对中印两国 1950 年以来的人类发展指数进行了计算。张野、周嘉等（2018）[②] 将人类发展指数引入面板数据模型，研究了金砖五国发展过程中所存在的资源诅咒效应。王圣云、罗玉婷等（2018）[③] 借助 HDI 数据考察了 1995—2013 年中国人类福祉的地区差距及其影响因素。王谋、康文梅等（2019）[④] 采用联合国开发计划署 2010 年更新后的计算方法测算了中国 1978—2017 年的人类发展指数，对人类发展指数驱动因素的贡献率进行了分析。

另外，赵志强、叶蜀君[⑤]结合中国发展实践中存在的问题对 HDI 指数理论及应用进行了评价，阐释了 HDI 指数研究的意义。李晶[⑥]归纳了早期学术界对 HDI 的研究文献，认为 HDI 指数在衡量人类发展最基本的三个维度上具有至关重要的作用，同时就 HDI 指数能否替代 GDP 进行了探讨。杨永恒、胡鞍钢、张宁[⑦]较早对人类发展指数进行了研究，并对其研究方法给予了积极评价。

2. 运用 HDI 指数对中国人类发展水平进行测算

得益于 20 世纪 90 年代人类发展水平的跨组织、跨国的研究，UNDP 与瑞典斯德哥尔摩环境研究所自 2002 年起开始编写《中国人类发展报告》，对中国各省份人类发展水平进行持续性测度。与此同时，国内学者也分别从城乡、区域、省际等不同层面测算了中国人类发展水平。宋洪远和马永良[⑧]用 HDI 指数法计算了按城乡分的收入指数、教育指数和预期寿命指数，进一步构建了分城乡的人类发展指数。赵志强和叶蜀君用 HDI 指数重新计算了东、中、西部的教育指数、预期寿命指数和收入指数，指出自 1990 年以来，中国东、中、西部地区收入指数的差距不断扩大，但健康和教育指数差距有所缩小。杨永恒、胡鞍钢、张宁运用主成分分析的方法，对各省份人类发展进行了单纬度和多纬度分类。田辉、孙剑平、朱英明[⑨]研究了江苏、浙江、上海、山东、福建、广东东部六省份 1990 年以来人类发展水平差异及可持续发展状况。还有梁辉、朱成全等较多学者分别对湖北、河北、辽宁、内蒙古、山西、河南和云南等省份的人类发展水平进行了分析，研究认为：人类社会经济发展的最终目的是促进人的全面自由发展，各省份的省内差异是明显的，需要从区域层面

---

① 李钢，张建英. 中印两国人类发展指数比较研究 [J]. 中国人口科学，2018（2）：13-23，126.

② 张野，周嘉，刘继生，等. 基于人类发展指数的金砖五国资源诅咒效应分析 [J]. 世界地理研究，2018，27（5）：167-175.

③ 王圣云，罗玉婷，韩亚杰，等. 中国人类福祉地区差距演变及其影响因素：基于人类发展指数（HDI）的分析 [J]. 地理科学进展，2018，37（8）：1150-1158.

④ 王谋，康文梅，张斌. 改革开放以来中国人类发展总体特征及驱动因素分析 [J]. 中国人口·资源与环境，2019，29（10）：70-78.

⑤ 赵志强，叶蜀君. 东中西部地区差距的人类发展指数估计 [J]. 华东经济管理，2005（12）：22-25.

⑥ 李晶. 人类发展的测度方法研究 [M]. 北京：中国财政经济出版社，2009.

⑦ 杨永恒，胡鞍钢，张宁. 中国人类发展的地区差距和不协调：历史视角下的"一个中国，四个世界"[J]. 经济学（季刊），2006（2）：803-816.

⑧ 宋洪远，马永良. 使用人类发展指数对中国城乡差距的一种估计 [J]. 经济研究，2004（11）：4-15.

⑨ 田辉，孙剑平，朱英明. 东部六省市可持续发展状况：基于人类发展指数（HDI）的研究 [J]. 统计与决策，2007（16）：73-76.

关注人的发展。

3. 中国 HDI 指数测度方法和指标体系改进

国内学者对 HDI 指数的改进主要集中在指数测度方法和指标体系两个层面。

在指数测度方法层面，杨永恒、胡鞍钢等尝试以动态方式分配中国人类发展指数权重，运用 1990—2003 年联合国发布的中国各省人类发展教育、收入、健康分项指数，重新合成了人类发展指数综合指标，重新计算的指数尽管与中国各省份的 HDI 排名仍然存在一些差别，但大致是吻合的。李晶[1]建议通过将治理和环境等因素嵌入 HDI、考虑每个维度的不平等因素、与其他方法的综合等来拓展 HDI 指数测度方法和经验分析。霍景东、夏杰长[2]提出一种以考虑要素均衡为取向的 HDI 改进法以改进现行 HDI 合成方法。在指数体系层面，余智敏、李慧敏、刘路婷[3]提出了在 HDI 指数基础上，建立污染敏感的人类发展指数的思路。

借助 HDI 指数，国内学者在健康、公共服务、环境、消费、经济增长等学科领域展开了大量应用研究。霍景东和夏杰长论证了公共支出对人类发展收入指标的影响，结果显示公共支出与收入具有显著正相关关系，且在所有公共支出中，医疗卫生支出与教育支出的贡献最大。对交通设施建设和中国 HDI 指数的相关性分析表明，加快发展经济贫困地区交通建设对加速中国区域平衡发展有重要意义。陈庆秋、陈涛[4]运用我国 1996—2013 年的 HDI 指数及各分项指数，证实了财政的教育支出对人类发展指数的贡献大于医疗支出。陈友华、苗国[5]通过对 HDI 指数的分析，提出了重构中国 HDI 指数的设想。陈体滇[6]利用 UNDP 发表的各国 HDI 的指数资料，对 2012 年各国的影响力做出了评价和分析。李钢、张建英[7]也利用 UNDP 发表的各国 HDI 的指数资料，对中印两国人类发展指数进行了比较研究。

4. 运用 HDI 指数分析中国各地协调发展问题的研究

长期以来，国内学界关于"发展"问题较为成熟的研究成果仍然以关注经济增长为主，对发展问题的关注源自经济增长数量的长期积累，是"量变到质变"的动态变化过程。新古典理论将经济增长趋缓的现象主要归因于资本要素积累程度与价值产出边际贡献的递减关系（黄敏 等，2019）[8]。由于概念界定的差异，学界目前与"协调"问题相近的研究包

---

① 李晶. 在污染的迷雾中发展污染敏感的人类发展指数及其实证分析 [J]. 经济科学，2007（4）：94-108.

② 霍景东，夏杰长. 公共支出与人类发展指数—对中国的实证分析：1999—2002 [J]. 财经论丛，2005（4）：7-11.

③ 余智敏，李慧敏，刘路婷. 环境因素对人类发展指数影响的实证研究 [J]. 中国市场，2014（8）：111-129.

④ 陈庆秋，陈涛. 政府教育、医疗支出及收入差距对人类发展指数的影响分析 [J]. 价格理论与实践，2015（3）：72-75.

⑤ 陈友华，苗国. 人类发展指数：评述与重构 [J]. 江海学刊，2015（2）：90-98.

⑥ 陈体滇. 2012 各国影响力评价报告 [J]. 未来与发展，2013（6）：1-25.

⑦ 李钢，张建英. 中印两国人类发展指数比较研究 [J]. 中国人口科学，2018（2）：13-23，126.

⑧ 黄敏，任栋. 以人民为中心的高质量发展指标体系构建与测算 [J]. 统计与信息论坛，2019，34（10）：36-42.

括：协同发展、均衡增长、耦合协调度等（Haken Hermann，1989[①]；周小川 等，1985[②]）。相关研究成果涉及城镇化协调性研究、资源利用与生态保持的协调性研究、城市集群发展均衡度研究、产业结构协调性与耦合度研究、区域经济发展协调度评价、均衡发展可持续性等诸多领域（金浩 等，2018[③]；Edwards S，2005[④]；Dodge D.，2006[⑤]；黄建欢 等，2014[⑥]；朱江丽 等，2015[⑦]；刘欢 等，2016[⑧]）。

在经济高速增长阶段，依靠资本要素的持续投入无助于经济增长质量，甚至会破坏经济增长的稳定性与内部调节机制（Fisher，2006）[⑨]。对于如何解除传统要素投资方式的低效率诅咒，美国经济学家熊彼特的创新理论具有重要的启示作用，随着大量理论与实证研究的深入，技术和 R&D 的规模成为资本投入低效率时期促进经济增长质量的普遍答案（Jorgenson et al.，2008）[⑩]。除此以外，也有诸多研究表明经济转型路径、制度环境也会对经济增长质量产生显著影响（Cull et al.，2005[⑪]；Mueller et al.，2007[⑫]）。目前，基于不同的研究对象，学界形成了包括基尼系数、泰尔指数、贫困指数、性别不平等指数、比较优势指数（RSCA）、生态承载力供需平衡指数（ECCI）、发展不均衡指数、平衡发展指数在内的评价指数体系（Clarida et al.，1999[⑬]；陆康强，2007[⑭]；Cowell F.，2011[⑮]；刘东 等，

---

① HERMANN H. Information and self-organization：a macroscopic approach to complex systems［J］. American journal of physics，1989，57（10）：958.

② 周小川，李剑阁，苏中. 经济增长模型的递推规划方法与最优平衡问题［J］. 系统工程理论与实践，1985（3）：10-19.

③ 金浩，李瑞晶，李媛媛. 基于 ESDA-GWR 的三重城镇化协调性空间分异及驱动力研究［J］. 统计研究，2018，35（1）：75-81.

④ EDWARDS S. Is the US current account deficit sustainable? And if not，how costly is adjustment likely to be?［Z］. Brookings paperson economic activity，2005（1）：211-288.

⑤ DODGE D. Global imbalances-why worry? what to do?［R］. Working Paper for the New York Association of Business Economics，New York，2006.

⑥ 黄建欢，杨晓光，胡毅. 资源、环境和经济的协调度和不协调来源：基于 CREE-EIE 分析框架［J］. 中国工业经济，2014（7）：17-30.

⑦ 朱江丽，李子联. 长三角城市群产业-人口-空间耦合协调发展研究［J］. 中国人口·资源与环境，2015，25（2）：75-82.

⑧ 刘欢，邓宏兵，李小帆. 长江经济带人口城镇化与土地城镇化协调发展时空差异研究［J］. 中国人口·资源与环境，2016，26（5）：160-166.

⑨ FISHER D M. The dynamic effects of neutral and investment-specific technology shocks［J］. Journal of Politics，2006，114：413-451.

⑩ DALE W JORGENSON，MUN S HO，KEVIN J STIROH. A retrospective look at the U. S. productivity growth resurgence［J］. The Journal of Economic Perspectives，2008，22（1）：3-24.

⑪ CULL R，LIXIN COLIN XU. Institutions，ownership，and finance：the determinants of profit reinvestment among Chinese firms［J］. Journal of Financial Economics，2005（1）：117-146.

⑫ DENNIS C MUELLER，EVGENI PEEV. Corporate governance and investment in Central and Eastern Europe［J］. Journal of Comparative Economics，2007（2）：414-437.

⑬ CLARIDA R，GAL J，GERTLER M. The science of monetary policy：a new Keynesian perspective［J］. Journal of Economic Literature，1999，37（4）：1661-1707.

⑭ 陆康强. 贫困指数：构造与再造［J］. 社会学研究，2007（4）：1-22，243.

⑮ COWELL F. Measuring Inequality［M］. Oxford：Oxford University Press，2011.

2012[1]；World Economic Forum，2017[2]；范柏乃 等，2013)[3]；许宪春 等，2019[4])。关于各个指标体系的功能，Zarnowitz（1996)[5] 和 Moore（1980)[6] 曾对经济失衡指标体系的描述功能、评价功能和预警功能进行了分析和批判。研究方法包括 SNA"生产、分配和使用"的三面平衡理论（周靖祥，2018)[7]、CREE-EIE 分析框架（黄建欢 等，2014)[8]、探索性空间数据分析（ESDA）、地理加权回归（GWR）模型（胡艳兴 等，2015)[9]、热力学系统评价的 Haken 模型（欧阳慧 等，2019)[10]、生态足迹模型（刘东 等，2012)[11]、协调发展模型（王兴芬 等，2017)[12]、空间计量模型（王建康，2018)[13]、定基指数评价方法（崔述强，2011)[14] 等。

5. 对国内相关研究成果的述评

国内现有的相关研究成果为进一步研究和拓展人类发展问题提供了非常重要的理论启示和研究思路，但同时也表现出一些不足，在区域协调发展的战略视角下，中国人类发展指数还存在改进和拓展的空间。

（1）现有的关于中国人类发展指数的研究成果将人的发展置于中心位置，比仅从物质增长层面得出的研究结论更具科学性，但大多数成果都不约而同地采取了在 HDI 指数体系下套入中国现实数据的研究模式。这种只是更换研究对象和研究视角的研究套路，本质上是就指数论指数，结论无非是这个省比那个省高多少或低多少，后一阶段比前一阶段进步了多少。这样的研究结论仍然只是基于收入、教育、寿命三个维度对中国人类发展的衡量，结论的差异与中国现阶段的发展要求并不全然吻合，对中国人类发展问题的探讨需要主动与时代要求对表，需要对传统人类发展指数的考察维度进行重新审视与改进，而这正是现有的关于中国人类发展指数研究成果所欠缺的。

① 刘东，封志明，杨艳昭. 基于生态足迹的中国生态承载力供需平衡分析 [J]. 自然资源学报，2012，27（4）：614-624.

② World Economic Forum. The Global Gender Gap Report 2017 [R/OL]. http://www3.weforum.org/docs. 2017.

③ 范柏乃，张维维，贺建军. 我国经济社会协调发展的内涵及其测度研究 [J]. 统计研究，2013（7）：5-10.

④ 许宪春，郑正喜，张钟文. 中国平衡发展状况及对策研究：基于"清华大学中国平衡发展指数"的综合分析 [J]. 管理世界，2019，35（5）：15-28.

⑤ ZARNOWITZ V. Business cycles：theory, history indicators and forecasting [M]. Chicago：The University of Chicago Press，1996.

⑥ MOORE G H. Business cycles, inflation and forecasting [M]. Madison：Ballinger Pub. Co，1980.

⑦ 周靖祥. 中国社会与经济不平衡发展测度与治理方略研究 [J]. 数量经济技术经济研究，2018，35（11）：21-38.

⑧ 黄建欢，杨晓光，胡毅. 资源、环境和经济的协调度和不协调来源：基于 CREE-EIE 分析框架 [J]. 中国工业经济，2014（7）：17-30.

⑨ 胡艳兴，潘竟虎，陈蜒，等. 基于 ESDA 和 GWR 的中国地级及以上城市四化协调发展时空分异格局 [J]. 经济地理，2015，35（5）：45-54.

⑩ 欧阳慧，阳国亮. 基于 Haken 模型的区域协同发展测度方法 [J]. 统计与决策，2019，35（12）：9-13.

⑪ 刘东，封志明，杨艳昭. 基于生态足迹的中国生态承载力供需平衡分析 [J]. 自然资源学报，2012，27（4）：614-624.

⑫ 王兴芬，杨海平. 中国土地城镇化与人口城镇化协调发展研究述评 [J]. 企业经济，2017，36（1）：166-173.

⑬ 王建康. 中国省际市场分割程度的时空格局及影响因素 [J]. 地理科学，2018，38（12）：1988-1997.

⑭ 崔述强. 基于定基指数的经济社会协调发展评价方法探讨 [J]. 统计研究，2011，28（5）：64-66.

（2）现有的关于区域均衡问题的研究成果集中从经济发展领域解读了中国的区域发展现状。不可否认，以经济为导向的体制改革确确实实使国家强盛了，社会进步了，人民富裕了，但也暴露出诸多"不平衡、不协调、不可持续"的矛盾和问题。新时代，新发展理念指引中国区域发展在理论上达成共识，区域协调发展是新时代中国区域发展的统领性战略。必须认识到，区域协调发展涵盖的内容十分丰富，但解决"不平衡、不充分"的发展问题，最终都是以满足人民对美好生活的追求为终极目标，因此，区域发展的研究不应该长期局限于经济研究的范畴，而应该将人民摆在区域协调发展战略的核心位置，以人民需求为导向汇聚区域协调发展的多维性导向特征。

（3）对于协调度测量的综合指标问题，现有成果研究方法的多样性特征明显，所形成的测评体系也十分丰富。但协调应该是指社会经济发展过程中各个系统之间是否配合得当，相互之间存在良性互动则是协调发展的最直接特征。因此，对协调发展的测度，并不一定需要十分精致、高级的测度方法，而是需要从系统内部进行协调度的探索。中国人类的协调发展问题不是一个孤立存在的系统，而是多维度的，各个子系统之间的协调关系是检验中国人类发展成果的关键标准。同时，我们认为，所谓协调发展，"协调"的最终目标应该是落地在"发展"上。基于这样的认识，本书在已有的一系列协调度测度模型的基础上构建了协调发展度模型，用于检验中国人类发展的协调水平。

三、中国各地人类发展指数编制和研究的价值和意义

本书认为，开展中国各地人类发展指数的研究首先需要阐明研究背景、理论价值、应用价值和社会意义几个方面，分述如下：

（一）研究背景

第一，从中国经济社会改革的现实难题看，促进各地区人类发展是破解改革困境的根本出发点和着力点。促进人类发展、增进人类福祉是世界各国共同努力的目标。过去四十年来，中国作为世界上人口最多的国家，创造了人类发展历史上的伟大奇迹。这不但体现在经济方面长期的高速发展，还体现在人类发展实现了从极低水平向较高水平的快速转变。即便是2008—2009年的国际金融和经济危机也没能阻挡中国人类发展持续迈向高水平的步伐。当今，中国人民比以往任何时候都更加富裕，既能获得更好的教育，拥有更良好的健康状况，又能享受民生福利的不断改善。然而，在中国取得空前经济进步和社会进步的同时，人类发展也面临着许多新的挑战，这些挑战来自经济增速放缓与社会分化加剧的矛盾、粗放增长方式与环境保护之间的矛盾、内外不均衡扩大与国际贸易摩擦加剧的矛盾等。纵观这些矛盾，其本质都是阻碍中国人类发展的因素，因此，消除影响中国各地区人类发展的制约因素是破解中国改革难题的根本良方和政策着力点。

第二，从中国经济社会发展趋势来看，强调各地区人类发展是未来改革的方向。我国已进入经济社会发展的新常态阶段，还有诸多深层问题需要攻克，以推动改革不断实现新

进展。党的十八届五中全会明确提出了"创新、协调、绿色、开放、共享"的新发展理念，2020年，全面建成小康社会的战略任务如期实现，这些理念和战略任务的实现充分表明，未来改革的方向将从过去多年强调宏观经济增长转向促进微观个体单元"人"的全面发展。然而，微观个体的"人"是生活在不同区域、经济、社会、文化、制度环境中的"社会人"，具有较大的地区差异性。因此，只有结合当地实际情况，了解地区经济社会中哪些指标是影响人发展的重要指标，才能有效调整区域发展战略，实现上述发展理念，最终达到提高中国人类发展的目标。

第三，从理论研究来看，如何科学评价中国各地区人类发展进程是跨学科研究的重大命题。人类发展研究是涉及经济学、社会学和生态学的跨学科问题，其研究背景及研究视角均有很大区别。尽管人类发展研究在世界范围内有共同的特点，但是由于不同人群所处的地理位置、资源、文化甚至发展历史都有很大区别，不同区域在各自人类发展历程中影响人类发展的因素以及人类发展的路径选择均有不同。此外，随着发展内涵不断丰富，发展目标不断更新，传统人类发展评价指标也亟待超越经济层面，真正落脚到人的需求。因此，针对中国各地区发展实际情况开展有针对性的研究，构建符合中国现实国情的理论评价体系，才能正确研判中国各地区人类发展现状、问题，进而为推动中国和世界人类发展贡献具有中国特色的经验和智慧。

（二）理论价值

1. 加强和夯实人类发展指数的理论基础，可以使人类发展指数分析建立在更加科学合理的基础之上。UNDP框架下的HDI是建立在人的"可行能力理论"基础之上的，这个理论集中体现了著名经济学家阿玛蒂亚·森关于人类贫困问题方面的精辟论述。我们十分尊重阿玛蒂亚·森对人类发展问题所作出的理论贡献，但作为反映人类社会发展的理论基础而言，仅以此理论还不够完整。本书认为：作为人类发展指数构建的理论基础，除了阿玛蒂亚·森的"可行能力理论"之外，还应当充分汲取马克思关于"人的全面自由发展"思想、结合党的十八届五中全会上提出的"新发展理念"，完善和改进现有的人类发展指数，构建更科学完整的理论基础和指数框架。

2. 改进和优化HDI指标体系，有利于建立一套独立于GDP指标的综合评价体系，评估各地区人类发展水平。通过改进和优化人类发展指数，能更科学地定量评价目标区域人类福利变化趋势，比较目标地区的福利差距，从而提出促进区域人类协调发展，提高重点地区人类发展水平的政策建议，为实现中国经济社会进步提供理论依据。

3. 有利于丰富区域人类协调发展战略的内涵。促进区域协调发展是"创新、协调、绿色、开放、共享"的新发展理念的必然要求。从人类发展视角重新审视区域经济社会发展的问题，有助于拓展区域发展理论研究的视角。

（三）应用价值

1. 为后发的发展中大国探索出一条崭新的发展道路，贡献中国的经验。中国人类发展面临的问题既有中国自身发展模式引发的问题，也有类似其他国家正在努力解决的共性问题。中国人口众多、经济体量较大，解决中国人类发展的实际问题也是在解决一些全球问题。因此，通过人类发展指数全面审视中国发展中的问题，既有利于创新发展理念，保证人民生活得到持续改善，又能为世界贡献中国的发展实践经验。

2. 有助于协同实施国家各项区域发展战略和政策，形成有针对性的中国各地区人类协调发展新思路。防止区域之间发展差距过大，是全面建成小康社会的必然要求，也是促进可持续发展的现实需要。中国各地发展基础和条件各异，协调区域发展是中国人类发展必须面对的重大课题。尽管早在"九五"时期就提出实施区域协调发展战略，此后相继推出了西部大开发、东北振兴、中部崛起等系列区域发展战略，但区域人类发展水平不协调问题仍未得到根本解决。以人类发展指数深入透视区域差异及其成因，能帮助各地区根据资源环境承载能力、发展基础和潜力，形成人口、经济社会、资源环境良性互动的发展新思路。

3. 更好推进全面建设小康社会的进程。2020年，我国已经取得了全面建成小康社会的重大成果，但需要进一步巩固和提高，还需要根据经济、政治、文化、社会、生态文明的总体布局，按照"创新、协调、绿色、开放、共享"的新发展理念，不断充实完善全面建成小康社会的成果。因此，人类发展指数作为综合性的指标，能更好地运用指标数据和评价结果跟踪反映各地区人类发展水平。

（四）社会意义

1. 强化反思中国人类发展社会基石及社会容纳的能力。社会公平和善治是社会发展的核心，但对公平和善治的衡量需要科学的量化指标。各地区人类发展指数以多元化的社会评价指标，量化各地区社会发展承载力，其结果必然促使人们重新思考中国民众成长的社会基石，以及如何通过提高社会容纳能力促进社会进步。

2. 加强对社会边缘人群的关注，增进社会公平。通过各地区人类发展指数，能有效审视地区社会公平现状，避免处在社会底层的边缘化人群陷入极端困难，保障该群体拥有平等的生活能力和工作权利，从而提高社会的抗逆力和人的能动力，确保中国今后数十年内人类发展拥有一个有利的社会环境。

四、中国各地人类发展指数研究的总体框架和技术路线

（一）中国各地人类发展指数编制的总体框架

本书关于中国各地人类发展指数的总体研究框架如图1-1所示。

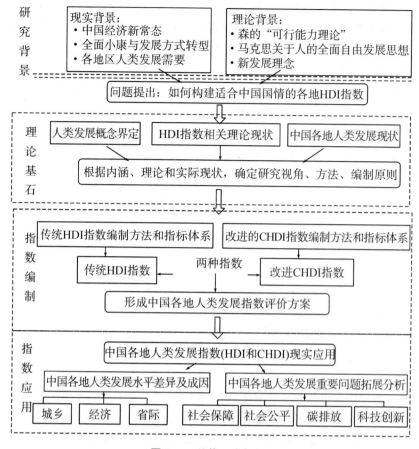

图 1-1 总体研究框架

本书研究的立足点不是要否定传统的 HDI 指数，而是在继承传统 HDI 指数优势的基础上对其加以拓展，并利用传统 HDI 和拓展的 CHDI 指数来综合对比分析中国各地人类发展水平差异及问题。基于此，本书始终秉承"以人为本"的发展理念，以"如何提升中国各地人类发展水平"为研究主线，分别从如何评价（HDI 指数编制理论及编制改进）、深度评价（HDI 和 CHDI 指数地区差异总水平测算及成因分析）、拓展评价（地区人类发展中经济、社会、环境、技术持续能力评价）三个视角展开了研究。本书既深入研究了中国各地区 HDI 指数的编制与改进，又充分重视拓展后的 CHDI 指数的拓展应用，最终提出促进各地区人类发展水平的对策建议。具体研究思路是：

首先，根据中国现阶段经济社会发展状况及发展理论，系统梳理 HDI 指数的相关理论，界定中国人类发展的内涵，并结合中国各地区人类发展现状，确定研究视角、方法及指数编制原则。

其次，系统分析 UNDP 为代表的传统指数编制方法和指标体系，并结合前面的指数理论和中国现实状况分析，对传统指数编制方法和体系予以改进，并对比新旧方案，测试改进后的指数方案的合理性和适用性，形成最终的改进的人类发展指数的编制方案。

再次，运用 HDI 和改进的各地区人类发展指数（CHDI），测算分析中国城乡之间、八大经济区之间和各省份之间人类发展水平的差异，对比分析两种指数的计算结果差异，并结合指数差异来分析区域差异的成因。

最后，进一步运用 HDI 和改进的各地区人类发展指数（CHDI），拓展分析与中国人类发展相关的各地区经济发展、社会公平、气候变化和技术创新问题，不仅探讨这些重要因素与各地区人类发展的关系，而且运用两种指数对各地区经济、社会、气候应对和技术创新潜能进行评估，进而形成促进各地人类发展的对策建议。

（二）中国各地人类发展指数研究的技术路线

本书关于中国各地人类发展指数编制的技术路线如图1-2所示。

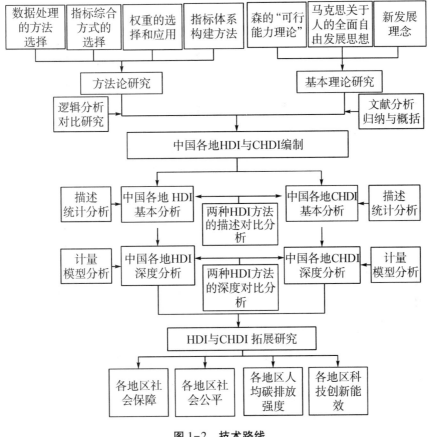

图1-2　技术路线

五、中国各地人类发展指数的编制和简要分析

（一）中国各地人类发展指数指数编制

1990年，联合国以"预期寿命""教育水平"和"生活质量"为基础指标，构建了人

类发展指数（HDI）。在此期间，中国的人类发展取得了举世瞩目的成就：中国的 HDI 指数值从 1990 年的 0.485 提升为 2018 年的 0.771，28 年间升幅达 58.97%，实现了人类发展由低水平向高水平的巨大迈进，成为同期全球人类发展进步最快的国家之一。中国成为全球首次测算人类发展指数以来，唯一从低人类发展水平跨越到高人类发展水平的国家。应当指出，人类发展指数自 1990 年创立以来，坚持以"预期寿命、教育水准和生活质量"三项基础变量综合反映人类发展总体水平，但指数计算方法几经改进，直到 2014 年《计算注释》发布之后方趋于稳定。本书在中国各地人类发展指数（1990—2018）的编制中，统一采用了 2018 年联合国开发计划署发布的技术标准，数据具有动态可比性。

人类发展指数（HDI）的编制方法可用图 1-3 直观显示。

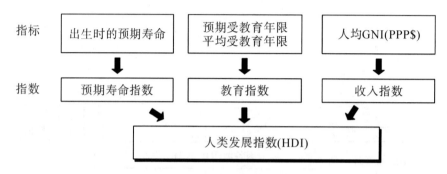

图 1-3 人类发展指数（HDI）的编制方法

本书使用的数据主要来自历年的《中国统计年鉴》和各省份的统计年鉴。其中，我国各省份的预期寿命指数的数据来源于历次全国人口普查数据，其他年份的数据通过线性插值法得到。

本书教育指数中的平均受教育年限采用的是全国 15 岁以上人口的平均受教育年限，数据来源于历年的《中国教育年鉴》和《中国人口与就业统计年鉴》。本书中的预期受教育年限由小学至大学的各级毛入学率通过各级在校年限加权合成，在计算各级毛入学率时，各年级在读人数来源于中国各省份历年统计年鉴和教育年鉴，按年级分组的各级人口数据为中国历年人口普查数据及通过线性插值法得到的数据。教育指数为平均受教育年限指数和预期受教育年限指数的算术平均数。

本书的收入指数的数据由人均收入计算而来。全国人均 GDP（元）和各省人均 GDP（元）的数据来源于历年中国各省份的统计年鉴，全国人均 GDP（PPP 美元）来源于世界银行数据库，全国人均收入（PPP 美元）及各省人均收入（PPP 美元）分别由全国人均 GNI（元）和各省人均 GDP（元）按比例计算得到。

由此，可计算出 1990—2018 中国人类发展指数（HDI），由表 1-1 所示。

表 1-1　1990—2018 年中国人类发展指数（HDI）

年份	寿命指数	教育指数	收入指数	HDI 指数
1990	0.746 9	0.441 4	0.346 2	0.485 1
1991	0.752 3	0.449 7	0.362 4	0.496 8

表1-1(续)

年份	寿命指数	教育指数	收入指数	HDI 指数
1992	0.757	0.450 7	0.383 8	0.507 8
1993	0.761 8	0.449 3	0.404 8	0.517 4
1994	0.766 5	0.459 2	0.424 9	0.530 8
1995	0.771 2	0.461	0.439 9	0.538 8
1996	0.781 5	0.467 4	0.455 6	0.55
1997	0.780 6	0.479 1	0.470 4	0.560 3
1998	0.785 3	0.484 4	0.481 2	0.567 8
1999	0.790 1	0.489	0.493 8	0.575 7
2000	0.790 8	0.506 1	0.508 5	0.588 2
2001	0.799 5	0.511 5	0.522 6	0.597 9
2002	0.804 2	0.519	0.537 7	0.607 7
2003	0.808 9	0.534 1	0.554 8	0.621 2
2004	0.813 6	0.537 7	0.573 1	0.630 6
2005	0.814 6	0.532 7	0.592 6	0.635 9
2006	0.823 1	0.544	0.615 2	0.650 7
2007	0.827 8	0.551 6	0.639 1	0.663 3
2008	0.832 5	0.556 6	0.655 8	0.672 3
2009	0.837 2	0.563 1	0.668 6	0.680 6
2010	0.843 5	0.582 8	0.684 6	0.695 6
2011	0.846 7	0.591	0.699 9	0.704 9
2012	0.851 4	0.595 9	0.714 4	0.713
2013	0.856 1	0.598 1	0.726 5	0.719 2
2014	0.860 8	0.606 1	0.740 5	0.728 3
2015	0.866 8	0.616 7	0.750 7	0.737 6
2016	0.870 3	0.654 1	0.761 8	0.756 9
2017	0.875	0.658 1	0.771 6	0.763 1
2018	0.879 7	0.666 2	0.780 8	0.770 6

（二）中国各地人类发展指数的简要分析

联合国开发计划署（UNDP）将人类发展指数（HDI）用来衡量联合国各成员经济社会发展水平，并依此将各国划分为极高、高、中等、低四组。2014 年，联合国开发计划署在全球范围内采用 0.55、0.7 和 0.8 分别作为低（低于 0.55）、中等（0.55~0.699）、高（0.7~0.799）和极高（大于或等于 0.8）人类发展水平的分界点（指数的取值范围为 0~1）。我们在分析中也采用了这一最新标准，按照最新的人类发展指数编制方法对中国各地人类发展水平进行了测算和分析。

中华人民共和国成立之初，人民尚未达到温饱水平，各行各业百废待兴。不管是人民生活水平，还是健康水平，都处于极低的状态，人类发展指数也远远落后于世界平均发展水平。改革开放以后，中国经济飞速发展，人民生活水平迅速提高，人民受教育程度普遍提高，国民素质不断加强，中国人类发展水平不断提高。自 UNDP 的人类发展指数创立以来，在 1990—2018 年，我国人类发展指数由 1990 年的 0.485 提升为 2018 年的 0.771，28 年间升幅达 58.97%，实现了人类发展由低水平向高水平的巨大迈进，成为同期全球人类发展进步最快的国家之一。期间，我国人类发展指数于 1996 年突破 0.55 大关，我国进入中等人类发展水平；于 2011 年突破 0.7 大关，进入高人类发展水平，成为高人类发展水平国家。

此外，构成人类发展指数的三个分项指数的各期数据显示：1990—2018 年，中国人类发展指数中的寿命指数由 0.747 升至 0.879，升幅为 17.7%；教育指数由 0.441 升至 0.666，升幅为 51.0%；收入指数由 0.346 升至 0.781，升幅高达 125.7%。可见，收入指数升幅最大，提升超过 1.2 倍；教育指数次之，升幅超过 50%，寿命指数升幅稍小，但也超过 17%（见图 1-4）。

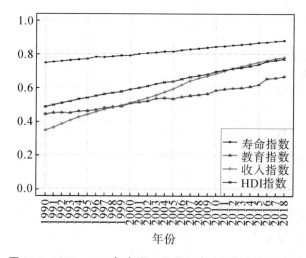

图 1-4　1990—2018 年中国 HDI 及三大分项指数变动情况

改革开放以来，我国经济飞速发展，各项事业均取得了丰硕的成果。但中国人口众多，地域辽阔，地区差异问题亦凸显。通过表 1-1 可以清楚地看到：1990—2018 年，我国人类发展指数实现了人类发展由低水平向高水平的巨大迈进，成为同期全球人类发展进步最快的国家之一。这标志着在西部开发、东北振兴、中部崛起和东部率先的区域发展总体战略的实施下，我国各省份人类发展总体水平显著提升，且各地区发展差异逐渐缩小。但是，从省级层面来看，虽然中国绝大多数省份也都在步入高人类发展水平，但进一步向下细分，即若从县乡村级层面来看，我国人类发展水平的不平衡和不充分问题就愈加凸显，人类发展水平的进一步提升面临着一定的困难。对此本书将在后文中详细展开研究。

第二章 人类发展指数（HDI）的演进历程

一、问题的提出

自 GDP 指标在 20 世纪 30 年代问世以来，国际学界在对国家或地区之间的发展状况进行比较时，往往采用的是人均 GDP 指标。该指标应用广泛，操作简单，一目了然，成为宏观经济统计分析中首屈一指的重要指标。然而，几十年来经济社会发展的实际情况越来越多地反映出因"GDP 挂帅"而带来的一系列不良后果。国际学界逐渐认识到：社会发展的含义并不能靠单一经济维度衡量，经济增长过快，若国家存在收入差距等问题，仍然是不均衡的、有短板的发展。现代的科学发展观应是从人文角度出发，增加对个人福利多方位的考量，如同阿玛蒂亚·森在《以自由看待发展》一书中提到的"发展可以被看作是扩展人们享有的真实自由的过程"。为全面衡量发展，考虑更多关于个人发展的社会目标，联合国开发计划署（UNDP）于 1990 年通过公布其第一份年度的人类发展报告（HDR），创建并首次公开发布了人类发展指数（HDI），试图以此来替代 GDP 指标，作为对国家和地区经济社会综合发展的评价标准。该指标的提出，一方面丰富了社会发展理论，极大地促进了对人类福祉测度的进程，还改变了统计分析、计量与政策的格局，提高了用于衡量和比较发展的工具的可得性，增强了对发展概念的共同理解。另一方面，尽管目前 HDI 的应用已较为广泛，但在一些学者看来，HDI 这一指标还存在明显缺陷，在各维度设置到指标选择等几个方面都受到不少抨击。究竟 HDI 指标能否可靠地衡量人类发展程度依然是值得我们思考的问题。有相当一部分学者认为，目前 HDI 的指标不满足日益多元的统计需求，但如何衡量经济社会的综合发展本身在学界就是一个颇具争议的话题。如果现阶段 HDI 不足以衡量人类发展程度，那么我们应该如何修正指标，建立更完善的发展衡量评价体系呢？这些都需要在研究相关文献的过程中来寻求答案。

本书在对相关文献进行梳理的基础上，研究了 HDI 自诞生以来的发展变化，并与现有的一些应用较为广泛的其他指标进行了对比，同时概括了 HDI 目前常见的应用范围。但由于 HDI 指标本身并不完美，因此本书着重总结了学者们对 HDI 的批判与质疑，以及在此基础上提出的修正方法。因此本章的结构安排是：第一部分是问题的提出；第二部分是基于发展的角度，总结并阐述了 HDI 自 1990 年诞生以来的演变过程，了解人类对于发展定义的补充和丰富；第三部分将 HDI 与现存的一些社会发展指标进行比较，以期在此基础上完善可持续发展的评价体系；第四部分总结了目前学者对 HDI 的应用范围，了解 HDI 已取得的显著成就；第五部分则是提出了 HDI 所面对的质疑以及学者们尝试对该指标所进行的修正，这些方面都是 HDI 指数研究过程中需要解决的重要问题。

二、人类发展指数的演进历程

HDI 指数的形成与发展并不是一蹴而就的，由于社会发展的变化以及指标本身的设定等问题，HDI 也经历着一个漫长的演进与发展过程。可以看到，如何衡量人类发展随着经济社会的复杂化已成为经济学领域日渐重要的一个方面。长期以来，人们通常以货币或国民收入来界定社会或综合福利，直到一些现代理论家如约翰·罗尔斯（John Rawls）、阿玛蒂亚·森（Amartya Sen）和玛莎·努斯鲍姆（Martha Nussbaum）开始关注起新古典经济学规则所束缚的社会福利概念世界（Stanton，2007）[1]。罗尔斯强调了公平与正义，认为社会福利应等同于社会中最不富裕成员的福利，这个理论后来成了阿玛蒂亚·森关于人类福利的可行能力理论的基石。森和努斯鲍姆的人文主义革命是对新古典主义福利经济理论的批判，他们认为人均收入和成本收入分析（CBA）不足以衡量社会福利，并否认将帕累托最优作为价值判断的基础（Nussbaum，2000[2]；Sen，2000[3]）。他们认为：一个国家的真正财富应该是它的人民，发展的目的是扩大人类在各种领域中的选择，最关键的选择包括拥有的健康长寿的生命、受教育和享受高生活水准，其余选择还包括政治自由、有保障的人权以及自我的尊严。

在此背景下，HDI 秉承了人文主义革命的见解，由巴基斯坦籍经济学家马布尔·乌·哈克（Mahbub ul Haq）和印度籍经济学家阿玛蒂亚·森于 1990 年创建，在联合国开发计划署（UNDP）的《1990 年人文发展报告》中公布，以此替代单一 GDP 指标成为衡量联合国各成员经济社会发展水平的一般标准。

自 UNDP 创立 HDI 以来，HDI 在各项指标的选取、阈值的控制和计算方法的修正等方面都发生了不小的变化，但始终坚持基于三个基本维度——健康长寿、教育获得和体面生活，分别对应个人发展中健康的生活、文化的生活以及体面的生活。不少学者如 Stanton（2007）、汪毅霖（2011）[4]、陆康强（2012）[5]、陈友华等（2015）[6] 等分别对 HDI 指标的演进历程都进行了整理。汪毅霖归纳出 HDI 的变化主要有三条路径：一是指标的选取，除了

---

① STANTON E A. The human development index: a history ［R］. PERI working paper, 2007.

② NUSSBAUM M. Women and human development: the capabilities aproach ［M］. Cambridge: Cambridge University Press, 2000.

③ Sen A. A decade of human development ［J］. Journal of Human Development, 2000, 1 (1): 17-23.

④ 汪毅霖. 人类发展指数测度方法的改进路径与方向 ［J］. 西部论坛, 2011, 21 (4): 35-46.

⑤ 陆康强. 要素均衡: 人类发展指数的算法改进与实证研究 ［J］. 统计研究, 2012, 29 (10): 45-53.

⑥ 陈友华, 苗国. 人类发展指数: 评述与重构 ［J］. 江海学刊, 2015 (2): 90-99.

预期寿命作为健康长寿维度的代表性指标一直保持稳定外，教育获得和体面生活的代表性指标会发生微调；二是最大值和最小值的变化，1990—1993 年的阈值从数据集中产生，从 1994 年起开始预先设定，2010 年采取折中的方式；三是具体计算方法的变化，从算术平均数变成几何平均数。

HDI 的演进历程见表 2-1。

表 2-1　HDI 的演进历程

年份	指标和阈值			算法
	健康长寿	教育获得	体面生活	
1990	预期寿命/年 max：78.4 min：41.8	成人识字率/% max：100 min：取自数据集	人均 GDP（PPP＄） max：3.68（4 861 美元的对数值） min：2.34（220 美元的对数值）	$M_j = \dfrac{最大值 - 实际值}{最大值 - 最小值}$ $HDI = 1 - \dfrac{1}{3}\sum_{j=1}^{3} M_j$
1991	预期寿命/年 max：78.6 min：42.0	成人识字率/% 权重为 2/3 max：100；min：0 平均受教育年限/年 权重为 1/3 阈值取自数据集	超过阈值（4 861 美元）部分，使用阿特金森公式①调整人均 GDP（PPP＄）	
1994	预期寿命/年 max：85 min：25	成人识字率/% max：100；min：0 平均受教育年限/年 max：15；min：0	人均 GDP（PPP＄） max：40 000 美元 min：200 美元 使用公式最小值：人均 5 120 美元	
1995		成人识字率/% max：100；min：0 综合毛入学率/% max：100；min：0	人均 GDP（PPP＄） max：40 000 美元 min：100 美元 使用公式最小值：人均 5 120 美元	$M_j = \dfrac{实际值 - 最小值}{最大值 - 最小值}$ $HDI = \dfrac{1}{3}\sum_{j=1}^{3} M_j$
1996			人均 GDP（PPP＄） max：40 000 美元 min：100 美元 使用公式最小值：人均 5 711 美元	
1997			人均 GDP（PPP＄） max：40 000 美元 min：100 美元 使用公式最小值：人均 5 835 美元	
1998			人均 GDP（PPP＄） max：40 000 美元 min：100 美元 使用公式最小值：5 990	
1999			人均 GDP（PPP＄）的对数 max：40 000 美元 min：100 美元	
2000		成人识字率取自 15 岁以上人群		

---

① 阿特金森公式（Atkinson formulation）：$w(y) = y^* + 2(GDP_i - y^*)^{1/2} + 3(GDP_i - 2y^*)^{1/3} + \cdots$，阈值 y^* 是 9 个经合组织国家的平均贫困线。

表2-1(续)

年份	指标和阈值			算法
	健康长寿	教育获得	体面生活	
2010	预期寿命/年 max：83.2 min：20	平均受教育年限/年 max：13.2；min：0 期望受教育年限/年 max：20.6；min：0 综合教育指数 max：0.951；min：0	人均 GNI 的对数 max：108 211 min：163	$M_j = \dfrac{实际值 - 最小值}{最大值 - 最小值}$ $HDI = \sqrt[3]{M_1 \times M_2 \times M_3}$

注：资料来源于 UNDP1990—2010 年各年度《人类发展报告》。

由表 2-1 可以看出，HDI 指标的演进历程经历了以下几个变化：

首先，在代表性指标的选取方面，教育获取这一维度最初由成人识字率唯一度量，随后转变为成人识字率占 2/3 权重、平均受教育年限占 1/3 权重合成度量，2010 年后又用期望受教育年限替代成人识字率指标。其依据为更多国家使用平均受教育年限来衡量国家的教育水平，预期受教育年限来衡量学龄儿童，可更好地进行国别间的比较（汪毅霖，2011）。体面生活这一维度也从最初仅简单用人均 GDP 对数值来衡量、超过阈值部分用阿特金森公式调整，变为以人均 GNI 代表。原因是一国之内人均 GNI 与人均 GDP 往往差别较大，考虑到国民的发展问题，用人均 GNI 比人均 GDP 更准确。

其次，在阈值的变化方面，1990—1993 年的阈值都是从数据集中产生，当最大值和最小值发生变化时，一国即便是在三个维度都有所进步，其 HDI 值可能也会下降，无法准确衡量国家的发展状况。从 1994 年起开始预先设定阈值，但这不可避免带有一定主观性。由此，2010 年的方法进行了一个折中，最大值由各国数据集中能观测到的最大值决定，最小值采用预先设定合理值的方式。

最后，在计算方法方面，为表达某个国家的某变量在阈值范围内的位置，1990 年采取的办法为 $M_j = \dfrac{最大值 - 实际值}{最大值 - 最小值}$，因此需要将负向的 HDI 正向化，$HDI = 1 - \dfrac{1}{3}\sum\limits_{j=1}^{3} M_j$。1994 年后变为 $M_j = \dfrac{实际值 - 最小值}{最大值 - 最小值}$，就无须正向化了，$HDI = \dfrac{1}{3}\sum\limits_{j=1}^{3} M_j$。之后经历了很长一段时间的稳定期，直到 2010 年变为 $HDI = \sqrt[3]{M_1 \times M_2 \times M_3}$。从算术平均数变为几何平均数，说明三个维度之间不存在完全替代的可能性，要充分考虑向量维度彼此的均衡性。若这三者发展不均衡，会影响人类发展过程的整体协调性，妨碍人多方面的有效获得和改善（陆康强，2012）[①]。

三、人类发展指数与相关指标的比较

事实上，目前能够衡量社会发展的指标并不只有 HDI，根据不同的诉求，国际学界已

[①] 陆康强. 要素均衡：人类发展指数的算法改进与实证研究 [J]. 统计研究，2012（10）：45-51.

先后提出了多种评价指标。如早期的发展经济学以人的物质需求为重，用单一维度的指标度量人的发展状况。其中最具代表性的就是国内生产总值GDP，自20世纪30年代以来，GDP已逐渐成为衡量国民收入最常见的定义（Ackerman et al.，1997）[1]。然而，很多学者注意到国民收入账户的局限性，简言之可以归纳为以下几点：①只记录货币交换；②商品没有"好""坏"之分，如核武器的生产往往会降低社会福利；③计入毒品和药剂，甚至将救援成本计入，如清理石油泄漏的成本；④将自然资源视为自由无限；⑤闲置时没有价值；⑥忽视自由和人权；⑦忽视社会中的收入分配（Hicks et al.，1979；UNDP，1990[2]；Elizabeth A. Stanton，2007[3]）。其他的单一维度指标如修正的绿色GDP、福利GDP、恩格尔系数、基尼系数、收入不平等指数和贫困发生率等，仍然仅仅衡量了人类社会发展的某一方面或单一领域，随着时代的变迁，其局限性日益凸显。为更加全面、综合地阐明社会进步手段和目的，对人类发展的测度有必要经历从单维度向多维度的发展。在此，不少学者对相关多维度代表性指标进行了总结，尤其关注了这些指标与HDI的比较，试图能在此基础上完善可持续发展的评价体系。

在国外，Elizabeth A. Stanton（2007）[4]提到了HDI的一些"前任"指标，包括联合国社会发展研究所（UNRISD）于1966年提出的"生活水平指数（Level of Living Index）"、于1972年提出的"发展指数（Development Index）"，经济合作与发展组织（OECD）于1973年提出的"人均国民生产总值指数（Predicted GNP per Capita Index），海外发展委员会于1979年提出的生活质量指数（Physical Quality of Life Index，PQLI），Camp和Speidel于1987年提出的人类苦难指数（International Human Suffering Index）。这些指数在应用过程中都存在一定缺陷，指数应该或不应该包括哪些组件、如何用适当的方式来组合所选择的指标，都缺乏客观标准（Hicks et al.，1979）[5]。

在国内，陆翠岩（2010）[6]比较了用于衡量发展中国家满足社会成员基本需求程度的指标美国卫生协会指数（ASHA）、衡量一个社会福利状况的指标生活质量指数（PQLI）以及评价国家每个人民的基本生活质量指标的人类发展指数（HDI），认为这些指标从不同的方面反映了国家进步和发展的程度。马骏等（2010）[7]认为各种可持续发展指标可分为三类：第一类指标试图对国民生产总值指标进行修正，从中减去环境污染的成本、增加居民闲暇所带来的福利提升等，如真实发展指数（GPI）；第二类指标试图在GDP框架之外重新构建一个体系，如人类发展指数（HDI）；第三类指标以期对现有的国民经济账户进行补充

① ACKERMAN, FRANK, KIRON D, et al. Human well-being and economic goals [M]. Island Press, 1997.

② UNDP. Human development report 1990 [M]. New York and Oxford: Oxford University Press, 1990.

③ STANTON E A. The human development index: a history [R]. PERI working paper, 2007.

④ STANTON E A. The human development index: a history [R]. PERI working paper, 2007.

⑤ HICKS, NORMAN, STREETEN P. Indicators of development: the search for a basic needs yardstick [J]. World Development, 1979 (7): 567-580.

⑥ 陆翠岩. 在科学发展观视野下构建社会评价指标体系 [J]. 统计与信息论坛, 2010, 25 (9): 30-33.

⑦ 马骏, 周伟. 中国需要可持续发展指标 [J]. 资本市场, 2010 (9): 8-11.

使之更完备，如欧盟的可持续发展指标体系（SDIS）。朱巧玲（2011）[①] 列举了最具代表性的物质生活质量指数（PQLI）、社会进步指数（ISP）、美国卫生协会指数（ASHA）和人类发展指数（HDI），承认各有优劣。张博等（2013）[②] 将 HDI 与可持续发展度量方面的最新成果"包容性财富指标（IW）"进行了对比，认为 HDI 的劣势之一在于忽视了经济发展的资源环境代价。

可以看出，各国政府、研究机构和国际组织都已意识到仅靠单一维度指标衡量的经济状况是不客观的，要更好地描述一个社会及其经济发展的可持续与和谐程度，需要建立一个符合各国国情和发展阶段并能进行跨时段、跨国别比较的可持续发展评价指标体系。但到目前为止，各项指标都有一定的局限，无法全面地评价社会经济发展情况。相较之下，HDI 将预期寿命、识字率、入学率和收入的组成指标结合在一起，计算简便且在一定程度上概括了发展目标，可用于比较国家之间的人类福祉水平，或监测一个国家随时间推移的进展，因此成为实践中最为广泛的指标之一。几个应用广泛的指标之间的比较见表 2-2。

表 2-2　常见多维指标的比较

指标	指标构成	计算公式	侧重点	适用范围	不足之处
HDI	预期寿命、成人识字率、综合入学率和人均 GDP		经济和社会、人的基本方面	适于国家内部与国家之间	后文详述
PQLI	婴儿死亡率、预期寿命和识字率	PQLI 指数 =（识字率指数+婴儿死亡率指数+1 岁估计寿命指数）/3	社会方面	适于较贫穷的国家	计算方法的技术问题、忽略了经济指标、不适用于发展中国家和发达国家
ASHA	就业率、识字率、平均预期寿命、人均 GNP 增长率、人口出生率和婴儿死亡率	ASHA 指数 = 就业率×识字率×平均寿命×人均 GNP 增长率÷人口出生率÷婴儿死亡率	社会方面	适于发展中国家	计算方法技术问题、结果偏重社会指标
ISP	10 个社会经济领域的 36 项指标	①计算每一指标的均值和标准差，并标准化处理 ②计算各子领域的得分值 ③计算社会进步综合指数	全面评价社会发展状况	适于国家内部与国家之间	指标的选择未有详尽说明
GPI	家庭消费支出、未计入 GDP 的家务劳动、各种义务劳动和服务、犯罪活动、环境破坏因素	GPI=家庭消费支出+未计入 GDP 的家务劳动+各种义务劳动和服务-犯罪活动-环境破坏因素	衡量一个国家或地区的真实经济福利	适于国家内部与国家之间	非市场性的货物和服务很难测算、调整，具有主观性
IW	人造资本、人力资本、自然资本和社会资本	IW=人造资本+人力资本+自然资本+社会资本	衡量生产力基础不萎缩的发展模式	适于国家内部与国家之间	计算方法的技术问题、数据不足、生态系统的非线性等

---

① 朱巧玲. 人的发展指标的构建：基于马克思主义人的自由全面发展理论的分析 [J]. 改革与战略，2011（9）：1-8.

② 张博，周建波，莫介邦，等. 可持续发展度量指标研究新进展 [J]. 经济学动态，2013（1）：118-125.

四、人类发展指数的应用范围

HDI 的应用范围相当广泛，并且随着发展含义的丰富，基于人文主义的 HDI 指标因能提供比人均 GDP 更多的信息，逐步成为更常见的定义。HDI 创始人之一的塞利姆·加汗提到 1990 年后 HDI 的应用取得了五项显著成就：第一，HDI 显示了收入并不是人类生活的全部，人均收入 GDP 作为测量人类发展的手段有其片面性和局限性；第二，HDI 促使国家间展开健康良性的竞争，从排名上他们可以了解到许多国家发展的信息，从而借鉴经验对自己国家的弊端进行积极的改革，如中国的改革对其周边国家越南、印度、巴基斯坦等都产生了深远的影响；第三，HDI 已经或正在成为各个国家所认可的强有力的公共宣传工具，由此引发的政策争论和对话将对进一步发展起到促进作用；第四，HDI 的产生首先需要系统和可靠的数据，数据采集的过程促进了数据筛选和评价方法的不断创新；第五，HDI 的不断完善促进了统计科学研究的进步（李红，2007）[1]。可以看出，加汗提到的五大成就，是利用 HDI 对人类发展的衡量带来裨益，是 HDI 最基本的一种应用，已有相当多的文献这样做了，如 Indrayan 等 （1999）[2]、Marchante 等 （2006）[3]、胡鞍钢 （2006）[4]、杨家亮 （2014）[5]。但 HDI 的作用并不仅仅局限于此，学者们打开了更多的思路，目前对 HDI 的应用更多集中于对区域差距、环境保护等领域。

如今，相当部分的学者和政策机构用 HDI 来监控和分析国家区域政策的实施力度和效果，比较国家之间或国家内部的区域差距。国外一些文献将 HDI 应用到一个国家内部来评估国家内部人类发展的区域差异，代表性的有 Tang （1999）[6]、Lai （2003）[7]、Morse （2003）[8]、Noorbakhsh （2003）[9]、Hiranmoy 等 （2009）[10]、Tridico （2009）[11] 等。这些文献多

---

① 李红. 谈人类发展指数的理论评价与应用 [J]. 经济问题，2007 (5)：14-15.

② INDRAYAN A, WYSOCKI M J, CHAWLA A, et al. 3-decade trend in human development index in India and its major states [J]. Social Indicators Research, 1999 (46)：91-121.

③ MARCHANTE A J, OMEGA B, SANCHEZ J. The evolution of well-being in Spain (1980—2001)：a regional analysis [J]. Social Indicators Research, 2006 (76)：283-317.

④ 胡鞍钢. 中国人类发展趋势与长远目标 [J]. 国情报告，2006, 9 (上)：80-94.

⑤ 杨家亮. 中国人文发展指数比较分析 [J]. 调研世界，2014 (1)：10-13.

⑥ TANG K L. Social development in China：progress and problems [J]. Journal of Contemporary Asia, 1999, 29 (1)：95-109.

⑦ LAI D. Principal component analysis on human development indicators of China [J]. Social Indicator Research, 2003 (61)：319-330.

⑧ MORSE S. For Better or for worse, till the human development index do us part? [J]. Ecological Economics, 2003 (45)：281-296.

⑨ NOORBAKHSH F. Human development and regional disparities in India [R]. Poverty and Human Well-being, 2003.

⑩ HIRANMOY R, KAUSHIK B. Conve rgence of human development across indian states [R]. IGIDR Proceedings/ Project Reports Series (PP-062-22), 2009.

⑪ TRIDICO P. Regional human development in transition economics：the role of institutions [R]. Working Paper of Dipartimento Di Economia, 2009.

限于利用 HDI 本身在区域差距分析中的应用，操作思路单一，缺乏针对 HDI 不足以及地方特点所进行的修正或重构研究。从国内研究文献方面来看，中国的区域差距和不协调问题一直是中国经济社会发展研究的热点之一，主要有两个方向：一是关心国内不同区域间的发展差距，二是特别比较中国的收入差距、城乡差距等。在第一个方向中，多数研究者利用 HDI 指数对中国内部的地区差异进行了解读性分析，代表性的有宋洪远等（2004）[①]、杨永恒等（2005）[②]、胡鞍钢（2006）[③]、李红（2007）[④]、田辉等（2008）[⑤] 王圣云（2009）[⑥] 等学者。这些文献的基本思路通常是利用地理位置将中国划分为东、中、西部等区域，分析区域间或区域内的发展差距，结果往往与中国整体的 HDI 衡量状况有所差别，内部差距得到充分反映。不少文献还对 HDI 修正后再进行中国内部的比较，如杨永恒等（2005）利用主成分分析法修正 HDI 后发现中国各地区在经济、教育和健康方面均取得不少进步，但存在较大不协调，地区发展差距更多表现为经济发展差距；李晶（2013）[⑦] 利用乘积法原则构建了地区协调发展指数（HDIr），发现中国仍存在地区差距这个不能忽视的问题。他们将修正后的指标与原 HDI 指标进行比较后，均认为通过自己修正后的指标更能准确洞察中国人类发展区域不协调的问题。在第二个方向中，宋洪远等（2004）认为城乡差距主要表现在收入差距上，教育差距呈缩小趋势，预期寿命差距却在增大。陈庆秋等（2015）[⑧] 测算了 HDI 及其各分项指数，实证研究了公共财政政策、收入差距对我国人类发展水平的影响。

  另一部分学者关注了 HDI 指数所忽略的环境问题，认为环境保护和人类发展之间的相互机制不容忽视。降低碳排放必将促进人类发展，在国情基础上将二者结合，可实现在福利最大化基础上的可持续发展。潘家华（2002）[⑨] 提出将二氧化碳排放与 HDI 结合起来，注重人们实际生活的整体状况。林伯强等（2009）[⑩] 在计算中国各省份 HDI 的基础上，定量分析了电力产业对可持续发展的影响。诸大建等（2011）[⑪] 运用 LMDI（Logarithmic Mean Divisia Index）法将 G20 在 1990—2006 年的人文发展效应分解为碳排放效应、技术效应以及服务效应，以测度各个效应对总效应的贡献，认为提高人文发展水平的基本途径为增加二

---

① 宋洪远，马永良. 使用人类发展指数对中国城乡差距的一种估计 [J]. 经济研究，2004（11）：4-15.

② 杨永恒，胡鞍钢，张宁. 基于主成分分析法的人类发展指数替代技术 [J]. 经济研究，2005（7）：4-18.

③ 胡鞍钢. 中国人类发展趋势与长远目标 [J]. 国情报告，2006，9（上）：80-94.

④ 李红. 谈人类发展指数的理论评价与应用 [J]. 经济问题，2007（5）：14-15.

⑤ 田辉，孙剑平，朱英明. 我国各地区经济社会发展的综合测度分析：基于 HDI 的研究 [J]. 经济管理，2008（2）：69-76.

⑥ 王圣云. 区域发展不平衡的福祉空间地理学透视 [D]. 上海：华东师范大学，2009.

⑦ 李晶. 省域尺度下的中国区域协调发展指数研究：基于人类发展视角的实证分析 [J]. 西部论坛，2013，23（6）：53-62.

⑧ 陈庆秋，陈涛. 政府教育、医疗支出及收入差距对人类发展指数的影响分析 [J]. 经济理论与实践，2015（3）：73-75.

⑨ 潘家华. 人文发展分析的概念构架与经验数据：以对碳排放空间的需求为例 [J]. 中国社会科学，2002（6）：15-25，204.

⑩ 林伯强，杨芳. 电力产业对中国经济可持续发展的影响 [J]. 世界经济，2009（7）：3-13.

⑪ 诸大建，刘国平. 碳排放的任务发展绩效指标与实证分析 [J]. 中国人口.资源与环境，2011，21（5）：73-79.

氧化碳排放或提高其人文发展绩效。刘国平等（2011）[①] 基于 G20 数据具体分析了碳排放的福利效应，认为碳排放的社会经济福利内含了经济绩效和福利绩效（表现为人文发展）两大方面。范定祥等（2012）[②] 采用协整检验与格兰杰因果关系检验发现，中国的碳排放强度变化和 HDI 之间存在着长期稳定关系，这表明从长期看我国碳排放强度控制和人文发展的目标是一致的，降低碳排放强度不仅能够促进以人文发展为基础的社会和谐发展，而且使得人类发展也能反过来推动我国碳排放强度控制目标的实现。孙钰等（2012）[③] 运用 Super-SBM 模型，以 HDI 和碳生产率为变量，计算分析了各省市的低碳经济效率。任力等（2013）[④] 基于改进的环境库兹涅茨模型，发现 HDI 对人均碳排放量有显著影响，对东、中、西部碳排放的影响程度有所不同。还有部分学者特别研究了环境绩效指数（EPI）与 HDI 之间的关系。Samimi 等（2011）[⑤] 利用 2006—2011 年的 EPI 与 HDI 指标进行了相关研究，并对发展中国家和发达国家进行了对比研究。余智敏等（2014）[⑥] 通过实证分析发现 EPI 指标与 HDI 存在正向关系，意味着环境绩效指标越高的国家，其人类发展水平越高。通过改善环境，增加一定量的环境绩效指数，它就能在人类发展指数方面给这些国家带来相对更快的进步。

可以看出，目前 HDI 的普及范围仍然不及人均 GDP 的使用范围。究其原因，除了长期以来在很多国家存在的"唯 GDP"论的影响以外，还可能是由于 HDI 的数据收集难度较高、指标设置本身的问题等，使得 HDI 在推广过程中存在一定的障碍。但可以肯定的是，仅靠以现有的"以 GDP 论英雄"的评价方法完全无法满足多元的经济社会综合发展的需求，评价方法必须有所突破，而 HDI 正是这样一个具有革命意义的替代指标，可以广泛应用于经济社会发展的综合评价、区域差距、环境保护等领域的分析中。如果 HDI 能够解决学术界对其的质疑，突破技术上的瓶颈，就会在一定程度上进一步扩大其应用范围并体现出其作为反映人类社会综合发展的核心地位。

五、人类发展指数的质疑与修正

三十年来，HDI 的应用日趋广泛，已经成为衡量人类发展水平最为普及的指标，这源于它在简单、准确、直观和可比性等方面具有独特综合优势。Streeten（1996）[⑦] 就认为该

---

① 刘国平，诸大建. 中国碳排放、经济增长与福利关系研究 [J]. 财贸经济，2011（6）：83-88.

② 范定祥，欧邵华. 碳排放强度控制与人文发展：基于中国的实证分析 [J]. 生态经济（学术版），2012（2）：63-66.

③ 孙钰，李泽涛，姚晓东. 中国省际低碳经济发展水平的评价研究及对策分析 [J]. 地域研究与开发，2012，31（6）：319-323.

④ 任力，项露菁. 中国区域人类发展状况对碳排放的影响研究 [J]. 当代经济研究，2013（10）：24-30，93.

⑤ SAMIMI A J, KASHEFI A, SALATIN P, et al. Environmental performance and HDI: evidence from countries around the world [J]. Middle-East Journal of Scientific Research, 2011, 10（3）：294-301.

⑥ 余智敏，李慧敏，刘路婷. 环境因素对人类发展指数影响的实证研究 [J]. 中国市场，2014（8）：111-112，129.

⑦ STREETEN P. The frontiers of development studies: some issues of development policy [J]. Journal of Development Studies, 1996, 4（1）：2-24.

指标具有反映人类发展的综合性、准确性和简洁性等优势，且比许多指标的长期列表和定性讨论能更有力地吸引公众的注意。另外，人们也注意到，国际学界对 HDI 的质疑声从未停止，甚至其中还不乏一些较为尖锐的批评声，例如 Castles（1998）[1] 就指责人类发展指数报告（HDR）利用其在社会和经济的全球市场上占据的主导地位，不专注于提升自身报告质量。

就目前对此方面的文献分析发现，学者们通常根据两条路径提出对 HDI 的质疑：

其一是对 HDI 整体进行评价，从维度的建立、指标的选择、阈值的确定到权重的设置，甚至计算方法的缺陷等问题，全方面地逐一讨论，总结出 HDI 的不足。例如 Srinivasan（1994）[2] 总结了一些学者的观点，认为 HDI 概念性很弱、经验不健全，在时间和空间上无法比拟，测量存在误差和偏差，而且有关发展和绩效进程以及对政策影响有意义的推论很难从 HDI 的变化中得出。Stanton（2007）[3] 认为批评者主要集中于五个方面：①数据不佳；②指标选择；③公式算法；④收入的不正确规定；⑤冗余问题。李晶等（2008）[4] 认为 HDI 存在的问题及其学者们对它的质疑大致可以归纳为四种：基础数据问题、权重分配问题、计算方法问题以及可持续发展问题。其二是就 HDI 的某一维度出发，指出该维度没有考虑到的问题，并进行适当的修正。国内大多数文献都遵循着这一路径对 HDI 提出异议。

本书通过对现有文献的梳理，认为对 HDI 的质疑主要集中于以下五个方面：①维度设置问题；②权重分配问题；③基础数据问题；④阈值设定问题；⑤指标选择问题。接下来将分条详述各个方面具体存在的不足，以及学者们对修正 HDI 做出的尝试。

（一）维度设置问题

HDI 自诞生以来，就只包含着体现人类发展的三个维度：健康长寿、教育获得和体面生活，这 3 个维度代表了人类 3 个基本的选择，即长寿以及健康的生活、获取知识和获得体面的生活所需要的资源（李晶 等，2008）[5]。然而，随着现实生活的变化，人类发展状况也发生了显著变化，现有维度看来可能存在一定缺陷。因此，目前最具颠覆性的质疑声来自对维度设置问题的探讨。学者们大概分为两大阵营，一部分学者们认为 HDI 三个维度的设置本身就存在冗余，这三个向量之间是高度相关的，实际上并没有提供超出人均 GDP 的任何信息（Stanton，2007）。Kelley（1991）[6] 对比了 HDI 和人均收入的对数值，发现在 HDR 中高度强调的 HDI 与 GNP/N 的差距消失了，人均收入的对数值成为 HDI 的合理近似

① CASTLES I. The mismeasure of nations: a review essay [J]. Population and Development Review, 1998, 24（4）：831-845.

② SRINIVASAN T N. Human development: a new paradigm or reinvention of the wheel? [J]. American Economic Review, 1994, 84（2）：238-243.

③ STANTON E A. Stanton. The human development index: a history [R]. PERI working paper, 2007.

④ 李晶，庄连平. HDI 是测度人类发展程度的可靠指数吗？[J]. 统计研究, 2008（10）：63-67.

⑤ 李晶，庄连平. HDI 是测度人类发展程度的可靠指数吗？[J]. 统计研究, 2008（10）：63-67.

⑥ KELLEY A C. The human development index: handle with care [J]. Population and Development Review, 1991, 17（2）：315-324.

值。Noorbakhash（1998）[1]、Lai（2000）[2] 也指出的 HDI 的三个维度四个指标之间具有很高的相关性。大部分学者则认为仅靠现有的三个维度已不足以完全概括国民福利状况，发展的内涵很大，只选择三项进行评价而忽略发展的其他要素（李红，2007）[3] 是否可取？要实现长期可持续发展，自然环境以及资源状况、贫困和公平问题等都是需要重点考虑的话题。

对自然环境及资源状况的讨论，首先要明确的是 HDI 没有考虑到为实现经济增长而付出的环境和资源代价对人类福利的影响（Sagar et al.，1998）[4]，这样衡量的发展可持续吗？巴西和印度尼西亚以环境为代价换取的较高 HDI 真的就代表着人类进入高发展水平了吗？由此，不少学者提出 HDI 中应增加相关环境与资源因素，通常有两种方法。第一种方法是利用环境指标对 HDI 进行修正，Morse（2003）[5] 建议加入"环境指标（Pe）"来修正 HDI，Pe 指标是国家（地区）的环境状态指标和人类行为的环境评价指标的平均值。随后，李晶（2007）[6] 运用了环境行为指标调整收入成分，用人均 CO_2 排放量代替环境破坏指标，建立了一个污染敏感的人类发展指数分析框架。田辉（2008）[7] 同样以环境指标作为修正因子对收入指标进行了修正，得出人类可持续发展指数（HSDI）的指标体系构建。第二种方法是增加与三个维度同等地位的生态维度，朱成全等（2011）[8] 认为"四个文明"的提出正体现了发展的目标性价值以及工具性价值——物质文明是整个社会文明的基础，精神文明是精神动力和智力支持，政治文明是政治保障，生态文明是前提条件——可从"四个文明"角度来拓展人类发展指数。杨湘豫等（2014）[9] 引入环境指数作为与预期寿命、教育指数、人均 GDP 同级的指标引入人类发展指数的计算模型，选择四项二级指标，并基于熵权法和主成分分析法确定了各个指标的权重。李晓西等（2014）[10] 认为现有三大维度只体现了社会经济可持续发展，而社会经济可持续发展和生态资源环境可持续发展同等重要，在此基础上以 12 个元素指标为计算基础构建了人类绿色发展指数（HGDI）。但将环境因素纳入人类发展指数存在主要障碍，即如何确定环境污染的阈值。解决办法之一是参照预期寿命、入学率和人均收入的取值方法，考虑截至目前的各地区历史污染水平，将未来五年

① NOORBAKHASH F. The human development indices: some technical issues and alternative indices [J]. Journal of International Development, 1998, 10 (2): 589-605.

② LAI D. Temporal analysis of human development indicators: principal component approach [J]. Social Indicator Research, 2000 (51): 331-366.

③ 李红. 谈人类发展指数的理论评价与应用 [J]. 经济问题, 2007 (5): 14-15.

④ SAGAR A, NAJAM A. The human development index: a critical review [J]. Ecological Economics, 1998, 25 (3): 249-264.

⑤ MORSE S. For better or for worse, till the human development index do us part? [J]. Ecological Economics, 2003 (2): 281-296.

⑥ 李晶. 在污染的迷雾中发展污染敏感的人类发展指数及其实证分析 [J]. 经济科学, 2007 (4): 94-108.

⑦ 田辉, 孙剑平, 朱英明. 我国各地区经济社会发展的综合测度分析: 基于 HDI 的研究 [J]. 经济管理, 2008 (2): 69-76.

⑧ 朱成全, 李立男. 基于 HDI 的辽宁省"四个文明"指数的理论构建与测量分析 [J]. 辽宁师范大学学报（社会科学版）, 2011 (5): 16-22.

⑨ 杨湘豫, 陈靓, 许知行. 基于环境指数的人类发展水平的应用研究 [J]. 财经理论与实践, 2014, 35 (191): 127-130.

⑩ 李晓西, 刘一萌, 宋涛. 人类绿色发展指数的测算 [J]. 中国社会科学, 2014 (6): 69-98.

可能出现的最大污染量作为最大值,将最小值设为 0 (李俞,2012)①。

对于贫困和公平问题的讨论,一些学者认为经济增长过程中收入不平等日益加剧会导致福利的损失,可针对中国人类发展的特点,增加脱贫和公平维度,构建中国人类发展指数(CHDI),对计算出的中国各省份 CHDI 值进行聚类分析,研究中国人类发展指数影响因子(周恭伟,2011)②;或是加入人力资本形成和不平等因素改进 HDI (Hicks,1997)③。有学者考虑了更多的发展要素,Streeten (1994)④ 认为人类权利应该被加入 HDI 之中,张雪花等 (2013)⑤ 将反映社会公平和环境质量及资源可持续利用水平指标整合进了传统人类发展指数。

尽管对维度设置的争议一直都未停止,但是 UNDP 从未对 HDI 的三个维度做出改变。HDI 设置的初衷是为了提出一个能够取代人均收入、提供更多发展信息的简单指标,并期望它能实现和人均 GDP 一样的普及水平。在这一点上,三个维度的设置是比较合理的,因为社会公平问题以及生态环境问题往往难以衡量。但是,不可否认的是,社会公平和生态环境等因素与人类发展密不可分,人类发展状况是一个质量的整体提升,生态环境的恶化拉低生活质量,分配差距影响整体方差,这都会拉低发展水平。因此,如何平衡这样的局面,使 HDI 更加准确地描述现实生活,是 HDI 突破瓶颈的重要命题。

(二) 权重分配问题

即便是作为"过去 20 年中最成功的多项度指标"(Herrero et al.,2012)⑥,HDI 的统计构造也备受争议。不少学者指出 HDI 的组件使用简单且不加权的平均值组合,算术平均方案与 HDI 三大维度必不可少且不可替代的概念背道而驰,以等权、加法结构为特点的算术平均法不仅会导致指标间的数值替补性,还可能造成冗余(陆康强,2012)。还有一类涉及权重以及统计构造的批评是 HDI 的测量结果缺乏"分布敏感性"(Sagar et al.,1998)⑦,即 HDI 忽略了各个国家或地区内部的发展不均衡。各维度指标在区域内部是发展不均衡的,而 HDI 的合成方式并没有体现出这种不平衡,无法提供区域内人类发展的惠及状况。由此,Foster 等 (2005)⑧ 利用准则法,以转移准则为规约,提出基于广义均值的 HDI;Sagar 等

---

① 李俞. 进行不平等调整后的人类可持续发展指数:关于度量人类全面发展指标体系的探讨 [J]. 改革与战略,2012 (9):8-13.

② 周恭伟. 中国人类发展指标体系构建及各地人类发展水平比较研究 [J]. 人口研究,2011,35 (6):78-89.

③ HICKS D A. The inequality-adjusted human development index:a constructive proposal [J]. World Development,1997 (25):1283-1298.

④ STREETEN P. Hunan dewelopment:means and ends [J]. The American Economic Review,1994,84 (2):232-237.

⑤ 张雪花,王小双,陶贻侠. 人类绿色发展指数的构建与测度方法研究 [J]. 中国人口·资源与环境,2013,23 (专刊):304-307.

⑥ HERRERO,CARMEN,MARTINNEZ R,et al. A newer human development index [J]. Journal of Human Development and Capabilities,2012 (1):1-12.

⑦ SAGAR A,NAJAM A. The human development index:a critical review [J]. Ecological Economics,1998,25 (3):249-264.

⑧ FOSTER J E,LóPEZ-CALVA L F,SZéKELY M. Measuring the distribution of human development:methodology and an application to Mexico [J]. Journal of Human Development and Capabilities,2005 (6):5-29.

（1998）、Prados（2007）① 认为几何平均法能体现出所有维度的表现。基于此，UNDP 在 2010 年修正了算法，以几何平均取代算数平均，但仍然有学者认为几何平均法不够全面。当不同国家或地区具有趋同的维度指数乘积时，用几何平均法合成 HDI 也会降低对人类发展水平的鉴别力，陆康强（2012）② 建立了包含乘法结构和加法结构的几何平均数的加权算术平均数，认为如此设计才可保留几何平均的优点，同时消除各维度指数乘积相等的可能性。

然而，UNDP 在 1991 年的《人类发展报告》中就提到其等权重分配方式是为了说明三个维度对于人类发展同等重要，Streeten（1994）也同意使用简单的平均数可使之成为一个优秀的评价工具，使更多的关注点放在国家之间的差距上。但是，也有很多学者认为这样的解释力度是完全不够的（Noorbakhash，1998③），等权重假设设置略显粗糙（李红，2007④），不仅否认三个维度之间可能存在的高度相关性，而且主观认为单个分项指标对人类发展的贡献总是恒定不变掩盖了发展中的不均衡现象（杨永恒 等，2005）。Slottje（1991）提出了一系列可行的加权方案，如利用社会福利函数、先验假设、回归系数、主成分分析（PCA）和 Borda 方法确定权重。其他学者如朱成全（2011）⑤ 也分别采用数据包络模型、层次分析等方法修正 HDI 的权重。随后一些学者基于此，对不同方法进行了比较，却发现利用算术平均值、PCA 和 Borda 方法计算出的 HDI 值的排名十分相似（Noorbakhash，1998），使用 PCA 法可使三个维度达到几乎相等的权重（Biswas et al.，2001），由此可以说明目前的 HDI 等权重分配的方式是有一定道理的，它至少直观、简单地得出了可靠结论。但有不少学者仍然是 PCA 法的拥护者，他们认为主成分分析对于整合人类发展的多维测量是合适的，它使得权重选择更加客观，所获得的动态权重结构有助于观察历史演进过程。如 Lai（2001）通过人口加权 PAC 法来消除人口因素对 HDI 的影响，分析每个国家的 HDI 数据；杨永恒等（2005）⑥ 采用 PCA 法对 HDI 进行修正，发现 PAC 法能够有限替代传统 HDI 编制方法，其形成的动态权重结构有利于观察人类发展差距的历史演进过程，以及人类发展各个方面（如预期寿命、知识教育和体面生活等）在发展过程中的角色变化；靳友雯等（2013）⑦ 对 HDI 的三个分项指数的协方差矩阵进行了 PAC 法分析及相关系数分析，发现各省市经济建设成就巨大，地区间经济发展差距显著缩小；杨湘豫等（2014）⑧ 在尝试对 HDI 进行补充以及修正的过程中也采用了 PCA 法控制权重，认为该法可减少原公式的误差。

可以看出，对于权重分配问题，学者们的态度是泾渭分明的。一方面，等权重反对者

---

① PRADOS DE LA ESCOSURA L. Improving the human development index：a new data set for the western world，1850—2000 ［R］. Universidad Carlos III working paper，2007.

② 陆康强. 要素均衡：人类发展指数的算法改进与实证研究 ［J］. 统计研究，2012，29（10）：45-53.

③ NOORBAKHASH F. A modified human development index ［J］. World Development，1998，26（3）：517-528.

④ 李红. 谈人类发展指数的理论评价与应用 ［J］. 经济问题，2007（5）：14-15.

⑤ 朱成全. 以自由看发展 ［M］. 北京：人民出版社，2011.

⑥ 杨永恒，胡鞍钢，张宁. 基于主成分分析法的人类发展指数替代技术 ［J］. 经济研究，2005（7）：4-18.

⑦ 靳友雯，甘霖. 中国人类发展地区差异的测算 ［J］. 统计与决策，2013（13）：11-14.

⑧ 杨湘豫，陈靓，许知行. 基于环境指数的人类发展水平的应用研究 ［J］. 财经理论与实践，2014，35（191）：127-130.

们认为相等权重意味着各大维度同等重要，这显然极具主观性、缺乏说服力。发展过程中肯定会有一定的不均衡，等权重分配的 HDI 既然不能反映这种失衡，那又如何反映人类发展的具体状况呢？指标显然存在重大缺憾。但另一方面，拥护者们在对比现有的权重修正方法后发现，各大维度在经修正后仍然近似于等权重。那么就指标的简洁性和普及性而言，等权重就是一种优良的近似处理办法，以便节约数据统计和计算的时间。处理好权重分配问题的本质就是承认哪个方面对人类发展更加重要，正如我们无法武断地对各大发展要素排序一样，同样也无法简单地承认各大要素的权重分配。随着时间的变化，发展要素的重要性也随之变化，类似于 PAC 法的动态结构分析也许可以作为解决该问题的途径之一。

（三）基础数据问题

人类发展指数 HDI 涉及多个维度，相比人均 GDP 这样的单一指标，在收集数据方面的确更加复杂与繁琐，这意味着指标设计一定要在全面性和易操作性之间进行权衡。HDI 备受诟病的一点就是数据质量不佳，特别是在数据收集的完整性和测量误差方面（Stanton，2007）[①]。要想从人口普查获得数据，的确存在很多阻碍，数据收集不畅、报告的不准确以及统计的不完善都会使统计结果失真（Srinivasan，1994[②]），尤其是识字率在各国间的差异以及入学率所涉及的学校教学质量等信息。UNDP 本身也做出了相应措施，致力于改善人类发展报告的数据，鼓励各国统计权威部门参与和改进 HDI（UNDP，1996）。

我们可以发现存在这样的趋势，即对数据本身的关注仅集中于 HDI 诞生的前 10 年，较少的文献在评判 HDI 时提到数据质量问题。一个可能的原因是，各国权威部门的参与及统计系统的建立，再加上 UNDP 对指标选择的修改，使得可靠数据的获取越来越可行，人口普查获得的微观数据越来越有效，数据质量得到保障。因此评论家们在研究指标的过程中更关注一些相对严重的问题，如算法层面的维度设置和权重分配问题等。但是数据质量仍然是问题的关键所在，在大数据背景下，高效便捷地得到可靠数据，才是后续统计分析的基石。若加入更多维度或是增加更多指标后，相关联的统计体系必须更加完善，以便建立一个更加适用的人类发展评估体系。

（四）阈值设定问题

HDI 对每个维度的各个指标都确定了阈值，通过公式确立测量样本在整个大样本中的位置。很多学者都关心阈值预定及其选择的问题，一些学者明确指出 HDI 使用每年变化的阈值来计算分量指数，使得该指标难以跨年度比较（Kelley，1991[③]）。HDI 的计算需要选择合适的最大值和最小值，这通常具有随意性，带有主观色彩（李俞，2012[④]；陈友华 等，

---

① STANTON E A. The human development index: a history ［R］. PERI working paper, 2007.

② SRINIVASAN T N. Human development: a new paradigm or reinvention of the wheel? ［J］. American Economic Review, 1994, 84 （2）: 238-243.

③ KELLEY A C. The human development index: handle with care ［J］. Population and Development Review, 1991, 17 （2）: 315-324.

④ 李俞. 进行不平等调整后的人类可持续发展指数: 关于度量人类全面发展指标体系的探讨 ［J］. 改革与战略, 2012 （9）: 8-13.

2015①）。指标的阈值选择往往会影响 HDI 中各维度的权重（Kelley，1991），这是一个隐性权重问题。故此，学者们提出了不少修正的方法，如建议在组合之前对每个指标进行标准化。李晶等（2012）② 借鉴空间距离法 HDI 进行修正，提出区域人类发展指数（RHDI）能够计算出一个区域与全国水平最小值或目标值之间的客观差距，准确透视中国人类发展的区域不平衡和不协调问题。为突破 HDI 三大维度指标阈值因考察时期不同而不同，后期计算的同一年度的 HDI 往往低于前期结果，陈友华等（2015）利用选定指标最大值与二次函数方法构建的修正的人类发展指数（RHDI），可在一定程度上使得以往高估 HDI 的倾向得到纠正。

阈值的设置经历了这样一个变化：最初的阈值由每年样本内可观测到的最大值和最小值决定，使得跨时比较失去意义；而后修正成为预先设置阈值的方式，这就存在一定的主观性；UNDP 在 2010 年对两种方式进行了简单折中处理。可以看出，UNDP 也一直致力于客观地进行阈值选择。关于该问题的修正仍然是 HDI 普及的较大阻碍之一，发展是一个相对而不是绝对的问题，需要在纵向以及横向的空间上进行比较才能得出结论。要使得 HDI 在不同时间段内进行国别或区域内比较，阈值的设定可以说是非常重要的，因为它影响着样本值在样本空间的具体范围，从而会影响到对发展水平的评估。

（五）指标选择问题

最后一类批评关于 HDI 所包含的指标选择问题。主要存在以下两个主要观点，一是如前文所述缺乏重要指标，即便是不增加维度，也应在现有维度之间添加更多能够度量人类发展的指标，如公民与政治自由程度、获得医疗以及教育的机会、环境以及资源的影响以及继续教育的方式等（Stanton，2007）③；二是直接提出 HDI 包含的指标是错误的、不恰当的。目前学界对指标选择错误的抨击主要集中于体面生活维度，认为人均 GDP 或人均 GNI 等只考虑了私人收入的增长，这一点难以令人信服。批评者认为，收入变化是否影响人类发展，不仅取决于私人收入的增长，还依赖于私人收入的均等程度，以及人类能够获得公共服务的数量、资源环境的舒适程度（李俞，2012）④。而体面生活仅有人均收入指标的对数衡量，这显然是不完整的。也有的学者试图通过改进人均 GDP 因素去优化 HDI 指标，UNDP 也积极对上述质疑进行回应，1991 年的发展报告载有人类自由指数，1992 年重点关注了不平等现象，1998 年涉及了过度消费和可持续性等。可以看出，UNDP 的确履行了 HDR 发行的早期承诺，将 HDI 视为一个不断改进和发展的过程，而不是一成不变的东西，并希望这能成为更多使用者可以参与的体验。

指标选择问题以及维度设置问题，最终都将立足于人类对发展的理解和衡量。需要注意的是，不同国家或地区发展水平不同，对发展的理解也不同。关键就在于，指标的使用

---

① 陈友华，苗国. 人类发展指数：评述与重构 [J]. 江海学刊，2015（2）：90-99.
② 李晶，李晓颖. 基于空间距离法的区域人类发展指数 [J]. 统计研究，2012，29（1）：61-67.
③ STANTON E A. The human development index：a history [R]. PERI working paper，2007.
④ 李俞. 进行不平等调整后的人类可持续发展指数：关于度量人类全面发展指标体系的探讨 [J]. 改革与战略，2012（9）：8-13.

者们使用指标的目标是什么，若是进行国别间的比较，那么就要考虑到样本之间的巨大差距，富国和穷国之间，不只是收入的巨大鸿沟，更要考虑教育以及公共服务对发展的长久影响；若是国家内部的比较，尽管差距在某一程度上有所减小，也要明白资源只集中于少数人手中，财富分配不均仍然阻碍发展；若是关注人类发展和环境、资源状况的相互作用，情况又会发生变化。因此，学者们的观点都有一定道理，区别在于看待问题的角度切入不同。

以上，本书在大量文献梳理的基础上，总结了人类发展指标 HDI 的几个重要方面：从自诞生以来的发展变化可以看出，HDI 主要经历了指标选择、阈值设定以及计算方法三方面的改进，展现了 UNDP 对学界质疑以及社会发展的反应；从 HDI 与其他指标的对比可以看出，HDI 比单一维度指标更能全面衡量发展，其余多维度指标也存在不少缺陷，相对来说 HDI 计算简便且在一定程度上概括了发展目标，其普及程度越高；从 HDI 的应用范围可以看出，目前主要将该指标应用于发展评价、区域差距、环境保护等领域，但 HDI 要替代人均 GDP 成为最普遍的指标，就需要积极回应人们的质疑，不断地修正完善。

第三章　人类发展指数的
理论基础研究

一、人类发展指数的基础理论——可行能力理论

联合国开发计划署（UNDP）在 1990 年发布的第一个《人类发展报告》中指出，"人类发展的根本目的，是为人们享受长寿、健康和创造性的生活，创造一种富有成效的环境"（UNDP 1990）①，并在 1991 年发布的第二个《人类发展报告》中指出，"人类发展的基本目标，是使得人类在发展更为民主、更可共享方面，扩大选择的范围。这些选择包括享有收入和个工作机会、教育和健康、以及一个清洁和安全的物资环境；每一个个体还应该充分享有参与公共决策的机会，以及享受人类自由、经济自由和政治自由的机会"（UNDP 1991）②。对此，UNDP 的人类发展指数项目负责人，著名巴基斯坦籍经济学家哈克进一步指出，编写《人类发展报告》的主要目的在于监测人类生活水平发展的进程以及人们获得所向往的生活的能力（Haq，1995）③。可见，UNDP 创建人类发展指数的理论基础是著名经济学家阿玛蒂亚·森创立的人的"可行能力"理论。

（一）阿玛蒂亚·森可行能力理论的主要内容

阿玛蒂亚·森的可行能力理论是人类发展指数的基础理论依据，也是进一步研究中国人类发展指数的理论基础之一。可行能力的概念与理论起源于对传统福利测度思想的批判与反思（姚进忠，2018）④。该理论主要对人的能动性给予了不同于传统社会学家和经济学家的关注视角，主要体现在以下几方面。

1. 注重人的可行能力开发

开发人的能力是阿玛蒂亚·森的基本研究主题，"能力"是一个人能够实现的各种功能

① UNDP. Human development report 1990 [M]. NewYork：Oxford University Press, 1990.
② UNDP. Human development report 1991 [M]. NewYork：Oxford University Press, 1991.
③ HAQ M. Reflection on Human Development [M]. NewYork：Oxford University Press, 1996.
④ 姚进忠. 福利研究新视角：可行能力的理论起点、内涵与演进 [J]. 国外社会科学, 2018 (2)：53-67.

的组合（Sen，1982）①。这些功能组合由人们所能够做到的一系列活动项目所组成，或由"良好的营养状况，避免疾病带来的死亡，能够阅读、写作和交流，参与社区生活，公共场合不害羞等所组成"（Sen，1985）。能力大小反映个人在这些组合中进行选择的自由度，它代表了"一个人在不同的生活中间做出选择的自由"（Sen，1992）。"能力是指一种最基本的自由，即一个人所拥有的能够给他带来何种生活的选择范围"。能力所要回答的问题不是"某个人是不是满意"，也不是"某个人能够支配多少资源"，而是"某个人实际能够做什么或处于什么状态"（Sen et al.，2000）②。森的大部分著作中都贯穿着开发人类能力的重要性这一基本主题并把"能力方法"应用于其他各个研究领域。

2. 强调社会保障体系的重要性

贫困问题是启发阿玛蒂亚·森可行能力理论的一个重要现实基础，他将导致饥饿和贫困的原因归结为个人交换权利下降。这一结论的背后真实地隐藏着阿玛蒂亚·森可行能力理论对社会保障体系的关注与强调。阿玛蒂亚·森指出，决定一个人"交换权利"的因素有：①他是否可以找到一份工作，以及这份工作的时长和工资；②他出售自己的非劳动所得资产能够获得收入，以及购买他希望得到的东西需要支付的费用；③用他自己的劳动以及他可以购买和管理的资源（或资源提供的服务）能够生产什么；④购买的资源（服务）的成本是多少，他能够出售的产品价值是多少；⑤他有权享受的社会保障福利以及他必须交纳的税金等。也就是说，避免饥饿的能力依赖于他的所有权，以及他所面对的交换权利映射。食物供给的减少会通过食物价格上涨，对一个人交换权利造成不利的影响，并使他面临饥饿的威胁。所以，即使饥饿是由食物短缺引起的，饥饿的直接原因也是个人交换权利下降。需要注意的是，阿玛蒂亚·森明确地强调了"要理解普遍存在的贫困、频繁出现的饥饿和饥荒，不仅需要关注所有权模式和交换权利，还需要关注隐藏在其背后的因素，需要认真思考生产方式、经济等结构及其他们之间的相互关系"（阿玛蒂亚·森，1982）③。在关于可行能力理论的论述中，阿玛蒂亚·森曾以英国和中国为例，英国成功避免饥荒，靠的不是英国人的平均高收入，而是得益于其社会保障系统所提供保证的最低限度的交换权利。中国在人均食物数量没有明显增长的条件下消灭了饥饿，是通过就业保障制度来保障人们能够挣到足以避免饥饿的工资（阿玛蒂亚·森，1982）④。足以见得，阿玛蒂亚·森十分重视社会保障对提升人的可行能力的作用。

3. 强调人的实质性"自由"

基于"经济人"的假设前提是传统福利经济学和公共选择理论的共同特征。阿玛蒂亚·森称其为一种"顽固的限制"，这种限制大大误解了社会关怀和价值观的本质。阿玛蒂亚·森对自由的概念强调的是个人的自由，即每一个社会成员必须有自由表达自己价值偏

---

① SEN A. Rights and agency [J]. Philosophy & Public Affairs, 1982, 11 (1)：339.

② SEN A, BATABYAL A A. Development as Freedom [J]. Journal of Agricultural and Environmental Ethics, 2000, 12 (2)：227-229.

③ 森. 贫困与饥荒 [M]. 王宇，王文玉，译. 北京：商务印书馆，2017.

④ 森. 贫困与饥荒 [M]. 王宇，王文玉，译. 北京：商务印书馆，2017.

好的权利，正如他所说，"对发展的分析以个人的自由为基本要素"（阿玛蒂亚·森，2013)①。对于与社会发展相联系的"自由"，自由的主体是全体人类。自由是在"实质的"意义的范畴上，也就是享受人们有理由珍视的那种生活的可行能力，也就是说，一个人的自由反映在其可行能力上。用阿玛蒂亚·森的话来讲就是："一个人的可行能力指的是此人有可能实现的、各种可能的功能性活动组合，可行能力因此是一种自由，是实现各种可能的功能性活动的组合的实质自由（阿玛蒂亚·森，2013)②。"这种关于"可行能力"的定义暗含的是人们在所处的社会条件下所拥有的去享受他们根据自身的理由而珍视的那种生活，包括人们免受与贫困相连的各种困苦的能力。具备这种可行能力的人便拥有"实质性的自由"，一方面是有法律规定的、一个时候为其成员提供的各种保证，另一方面又涉及在发展中需要实现的、一个时候为其成员提供的各种"资格"（朱成全，2011)③。

4. 对物质增长和发展进行区分

自亚当·斯密（1776）提出"经济人"假设后，"人与人的生产关系"的研究逐渐被回避，演变为只注重"人与物的一般关系"，这种演变使发展经济学的发展观最早也从关注人的物质需求开始。对可行能力的关注使阿玛蒂亚·森注意到人的发展所处的环境，他对长期关注物质增长的发展导向产生怀疑，并否定了物质增长与发展的等价关系。经济增长提高了人均收入和产出，经济发展则包括提高人们的预期寿命、文化、健康及教育水平。增长意味着生产更多的物品，发展则包含着"拓展人们的能力"（Sen，1985)。阿玛蒂亚·森认为：发展中国家真正的发展目标不是寻求经济增长而是人类潜能的开发。发展中国家经济的成功应由其日益增长的识字率、预期寿命等指标来评判，而不是由生产或收入水平来评判（王艳萍，2006)④。阿玛蒂亚·森的可行能力理论动摇了以经济增长为目标的西方传统社会发展范式，社会发展的目标开始转变为改善人类福利或者说"扩展人们的能力"。

（二）可行能力理论对马克思人本主义的继承

"以人为本"是马克思人本主义思想的经典论述，其核心是实现"人的全面自由发展"。很多研究者认为：阿玛蒂亚·森可行能力理论中的诸多观点受到了马克思的人本主义思想的启发，特别是研究商品的视角，以及对人的自由的观点都是对马克思人本主义思想的传承。

1. 吸收了马克思抨击商品拜物教的理论思想

阿玛蒂亚·森可行能力理论首先强调要把功能性活动与商品区别开来。他承认，商品对于丰富人类的生活固然重要，许多主流经济学家都关注商品，但他们把注意力集中于商品的拥有或商品本身的特性上，没有告诉我们"什么人能够处置商品"（阿玛蒂亚·森，2013)⑤。从最终的意义上说，功能性活动并不旨在拥有一定的商品量，而在于追求一种我们有理由珍视的生活。商品仅仅是人们进行功能性活动的手段，如骑车与拥有一辆自行车

---

① 森. 以自由看待发展 [M]. 任赜，于真，译. 北京：中国人民大学出版社，2013.
② 森. 以自由看待发展 [M]. 任赜，于真，译. 北京：中国人民大学出版社，2013.
③ 朱成全. 以自由看发展 [M]. 北京：人民出版社，2011.
④ 王艳萍. 克服经济学的哲学贫困：阿玛蒂亚·森的经济思想研究 [M]. 中国经济出版社，2006.
⑤ 森. 以自由看待发展 [M]. 任赜，于真，译. 北京：中国人民大学出版社，2013.

就显然不同。在"集中注意商品所产生的功能而不是商品本身"时，阿玛蒂亚·森的相关论述明显受到马克思对商品拜物教抨击的影响，并继承了马克思关注商品功能而非商品物质本身的研究视角。

2. 继承了马克思对人的"自由"的理解

正如亚历克斯·卡利尼克斯所言，阿玛蒂亚·森可行能力理论中对"自由"的解读"戴上了一种谱系学的背景"，其中一个最重要的"谱系"来自马克思对人的自由发展的解读。马克思人本主义思想中关于"自由"的概念核心在于对人的"能力"的满足，阿玛蒂亚·森可行能力理论受此观点的影响甚深。马克思强调人的"全面自由发展"，就是要在极大满足人的自然需求的同时，使个人能够全面发挥他们各方面的才能。这种全面的能力不仅仅涉及人从事生产活动的力量，还包括了人的体力、治理、德行甚至音乐、审美等各方面的综合能力。马克思强调，"自由发展不是人在某种规定的基础上再生产自己，而是生产出他的全面性"，所谓的"自由"就"存在于真正物质生产领域的彼岸""作为目的本身的人类能力的发展便是真正的自由王国"①。阿玛蒂亚·森可行能力理论关于自由的探讨中，最重要的结论正是以人的自由为社会发展的目的。

（三）阿玛蒂亚·森可行能力理论存在的缺陷

1. 对于发展的概念阐释比较狭隘

阿玛蒂亚·森对人的发展问题的研究视角局限于对人们的生活现状的考察。生活的现状是人们生活状态的一个时刻的具体展示，但却无法代表人的发展程度，发展应该是一个动态变化的过程，应该从长远的、动态的视角研究人的发展问题。阿玛蒂亚·森的可行能力理论虽然受到马克思人本主义思想的影响，但由于缺乏辩证唯物主义思想的指导，可行能力理论对研究人类的发展问题却未能较好地继承和发扬马克思人本主义思想的精华。与此同时，阿玛蒂亚·森把自由看作发展的目的与手段，指出发展是对社会做出的唯一承诺。然而，对于什么是发展，阿玛蒂亚·森的可行能力理论并没有给出明确的概念界定，同时也没有对发展目的的自由和发展手段的自由给予系统的探讨与区分。阿玛蒂亚·森的可行能力理论强调了伦理学对于经济学的积极引导作用，倡导以伦理对人的自由的关注来引导发展，以理性与自由来实现发展。关于可行能力理论的论述中阿玛蒂亚·森强调的观点是：自由是发展的目的，而且自由先天就存在于发展的内涵当中，不需要其他外界价值的评价，也不要与其他社会价值进行有效整合。同时，阿玛蒂亚·森认为自由是实现人们平等可行能力的一种工具，他的目的在于运用自由发挥实现发展的工具性目的，也就是说自由是推动社会发展的手段，但在其整体的理论体系当中，阿玛蒂亚·森并未对发展的目的自由与手段自由给予明确的界定、区分与解析。

2. 倾向于个体的发展忽略了群体的发展

对贫困问题的研究是阿玛蒂亚·森可行能力理论的现实基础，并提出了贫困源自人们

---

① 马克思，恩格斯.马克思恩格斯全集：第1卷 [M].北京：人民出版社，1956.

交换权利的不平衡，但他并没有进一步研究导致这种权利缺乏的根源，没有进一步讨论是什么导致了权利分配的不公以及如何妥善解决这一问题。实际上，权利分配的公平问题已经不再是单个人的自由或发展问题，而是一群人、一个阶层的人普遍性的问题。由于缺乏阶级立场，阿玛蒂亚·森无法像马克思人本主义那样将人作为一个群体来研究人的全面发展问题。在对印度、孟加拉国等国的饥荒问题进行调查时，阿玛蒂亚·森发现了饥荒的原因并不是因为粮食的短缺，而是权利的问题，但阿玛蒂亚·森的研究就此打住，并未就此问题进行深入研究，转而论述与权利相关或影响权利的其他因素，虽然他在后期的研究中指出社会保障体系对于实现平等可行能力的重要性，但却依然未能触碰到权利缺乏或者不平等的根源性问题。因此，阿玛蒂亚·森虽然意识到了制度缺陷可能是导致贫困的原因，但他并未对此作出深层次的解释。阿玛蒂亚·森对自由的偏好和强调，使得其可行能力理论只适用于那些接受自由主义信念的人，具有一定的狭隘性。反而是明确的能力清单，作为一种"门槛"，只要你认可了，作为人，就达到了做人的尊严，作为社会，就达到了最低的正义标准，剩下的还有很多的选择则由你自己决定。所以，不管是阿米什人、罗马天主教徒还是其他一些有信仰的公民，都能参与到国际性的共识之中而并不感到任何贬损（叶晓璐，2019）①。可见，阿玛蒂亚·森可行能力理论更多是在强调个人的发展，而不是一群人的发展问题，这是一个重大的理论缺陷。

3. 可行能力理论具有一定的历史局限性

从实质考察的维度看，能力理论面临的质疑和进展的有限性，其背后的实质在于他在资本主义市场经济基调下，"强调价值理念和社会伦理对市场机制的影响和作用，并通过此措施以减弱并缓和贫困的程度和影响"，没有追求从根本上实现人的自由全面发展，这使得能力平等消解平等悖论最终具有很大历史局限性（李楠 等，2017）②。因此，阿玛蒂亚·森可行能力虽然包含了十分丰富的信息，对于理解贫困、福利和生活品质等问题很有帮助，但其历史的局限性却导致其不具备实践操作性（姚进忠，2018）③。基于这种视角，可行能力理论只能就个人的能力问题谈论所谓的自由发展，缺乏历史观和人与自然的统一观，导致可行能力理论无法考虑资源和环境破坏对人类发展的影响，更无法考虑科技进步对人类发展产生的深远影响。

二、基于可行能力理论的人类发展指数释义

虽然阿玛蒂亚·森可行能力理论并不十分完美，但该理论将"人"与"发展"联系起来，极大地拓展了发展的内涵，对传统西方社会关于发展的理论造成了颠覆式的影响。到

---

① 叶晓璐. 纳斯鲍姆可行能力理论研究：兼与阿玛蒂亚·森的比较 [J]. 复旦学报（社会科学版），2019，61（4）：52-59.

② 李楠，秦慧. 阿玛蒂亚·森可行能力平等理论评析及其启示 [J]. 思想教育研究，2017（8）：51-54.

③ 姚进忠. 福利研究新视角：可行能力的理论起点、内涵与演进 [J]. 国外社会科学，2018（2）：53-67.

20 世纪 80 年代，可行能力理论以人的发展作为发展尺度的评价标准得到学界和社会的普遍认可。阿玛蒂亚·森帮助联合国开发计划署设计了人类发展指数（HDI）。以下就可行能力理论指导下人类发展指数（HDI）的诞生过程进行阐释。

（一）可行能力理论对人类发展内涵的拓展

人类发展涉及"人"和"发展"两个重要主题。自亚当·斯密提出"经济人"假设后，"人与人的生产关系"的研究逐渐被回避，演变为只注重"人与物的一般关系"。阿玛蒂亚·森的可行能力理论为人类发展内涵的拓展提供了理论支持，该理论认为，经济发展应被考虑成人们自由的拓展和他们争取有价值生存的能力，人类的发展应当包含人类能力的形成和知识和技术的提高（Sen, 1982）①。这为人类发展内涵的拓展提供了更为可靠的理论支持，在此基础上西方学者对人类发展的内涵进行了更加深入的研究，从身体福利、物质福利、智力发展、工作、安全、社会关系、精神福利、权利和政治自由、对其他物种的尊重等方面得出了关于人类发展的多维度界定（Rawls et al., 1972②；Finnis et al., 1987③；Doyal et al., 1993④；Nussbaum, 2000⑤；Narayan-Parker, 2000⑥）。在巴基斯坦经济学家马巴布·乌尔·哈克主持下，联合国开发计划署（UNDP, 1990）全面地界定了人类发展的内涵，强调发展应将人置于中心，发展的目的在于扩展人的可行能力。

（二）可行能力理论对 GDP 单指标测度体系的批判

由于西方社会早期主要关注人的物质需求，相应地，理论界对人类发展的测度更多来自经济层面，指标多采用人均国民产量或者国内生产总值（GDP）。从统计功能视角看，GDP 核算的是一国年度内物质和服务产品的价值总量，是测度物质财富增长的良好统计指标，GDP 曾被萨缪尔森称为"20 世纪最伟大的发明之一"。然而，GDP"挂帅"的测评机制重点关注财富增长，侧重于对一国经济增长水平的统计。但经济增长并不一定会转化为经济效益，因此，国家整体经济增长情况无法准确反映人类可行能力的提升。20 世纪 70 年代之后，各国实践表明，单纯的经济增长并不能自然而然地解决贫困、失业和分配不公等社会问题。于是，阿玛蒂亚·森的可行能力理论对人类发展内涵的拓展为理论界提供了更为可靠的支撑，在此影响下，很多学者认识到：单一的国内生产总值（GDP）的测量，不足以反映一国发展中的实际矛盾和问题。人类发展除了经济福利之外，还应当考虑贫困和

① SEN A. Rights and agency [J]. Philosophy & Public Affairs, 1982, 11 (1)：339.

② RAWLS J R, TREGO R E, MCGAFFEY C N, et al. Personal space as a predictor of performance under close working conditions [J]. Journal of Social Psychology, 1972, 86 (2)：261.

③ GRISEZ G, BOYLE J, FINNIS J. Practical principles, moral truth, and ultimate ends [J]. The American Journal of Jurisprudence, 1987, 32 (1)：99-151.

④ DOYAL L, GOUGH I, MAXNEEF M, et al. A theory of human need [M]. New York：The Guilford Press, 1991.

⑤ NUSSBAUM M. The "Capabilities" advantage to promoting women's human rights [J]. Human Rights Dialogue, 2000, 2 (4)：122-163.

⑥ NARAYAN D. Designing community based development [J]. World Bank Other Operational Studies, 2010：1-66.

不平等等社会指标（M. S. Ahluwalia，1976①；Morris David et al.，1979②；Hicks Norman et al.，1979③）。可以说，阿玛蒂亚·森的可行能力理论在丰富人类发展内涵的同时直接影响了人类发展衡量标准的选择（Paul Streeten，1996）④。在参与指导联合国计划开发署（UNDP）的人类发展指数（HDI）的设计中，人的"可行能力"具体体现为人们所获得的体面的生活（收入指数）、健康的生活（寿命指数）、文明的生活（教育指数）的能力。

（三）人类发展指数（HDI）的创建与发展

20世纪70年代以后，伴随经济增长过程中不断出现的贫困、失业、分配不公等社会问题，在阿玛蒂亚·森的可行能力理论的影响下，越来越多的学者认为，单纯的经济层面指标不足以判断社会发展程度。1990年，联合国计划署发布了第一份《人类发展报告》（HDR），HDR（1990）强调人的发展的多维性，应将人置于社会发展的中心位置，其同时发布的人类发展指数（HDI）相对于单维度GDP指标而言，在健康、知识和体面的生活水平三个维度上构建了测量人类发展的指数，成为当前世界范围内公认的评价发展程度的重要指标（汪毅霖，2011）。如今，《人类发展报告》已经成为联合国系统及全球发展领域最为重要的年度报告，被联合国大会定义为"重要的独立知识工作"和"提升全球人类发展理念的重要工具"。联合国开发计划署每年发布《人类发展报告》及世界各国的人类发展指数，借助该指数比较不同国家或某一国家内部不同地区人类发展水平成为政府机构和理论界研究的一个重要传统，在对指导发展中国家制定相应发展战略方面发挥了极其重要的作用。除UNDP一年一度的《人类发展报告》外，联合国计划开发署针对不同时期的发展重点，推出了不同主题的发展报告。2019年12月，联合国开发计划署针对中国改革开放40年人类发展取得的突出成就发布了《中国人类发展报告特别版》，向世界介绍中国的发展理念和经验。

基于阿玛蒂亚·森可行能力理论指导编制的人类发展指数（HDI），颠覆了长期以来的唯物质增长测度与评价体系。20世纪90年代，第一份《人类发展报告》的问世同时也掀起了国际学界对人类发展指数的研究热潮。Kumar（1991）、Thapa（1995）⑤、Indrayan等（1999）⑥对印度、尼泊尔等地区的人类发展水平进行了测度，Foster等（2005）⑦讨论了人

---

①　AHLUWALIA M S. Inequality, poverty and development ［J］. Journal of Development Economics, 1976, 3（4）：307-342.

②　DAVID M, COUNCIL O D. Measuring the condition of the world's poor: the physical quality of life index ［M］. Oxford: Pergamum Press, 1979.

③　NORMAN H, STREETEN P. Indicators of development: the search for a basic needs yardstick ［J］. World Development, 1979, 7（6）：567-580.

④　STREETEN P. The frontiers of development studies: some issues of development policy ［J］. Journal of Development Studies, 1996, 4（1）：2-24.

⑤　THAPA S. The human development index: a portrait of the 75 districts in Nepal ［J］. Asia-pacific Population Journal, 1995, 10（2）：3.

⑥　INDRAYAN A, WYSOCKI M J, CHAWLA A, et al. 3-decade trend in human development index in india and its major states ［J］. Social Indicators Research, 1999, 46（1）：91-120.

⑦　FOSTER J, LOPEZ-CALVA L, SZEKELY M. Measuring the distribution of human development: methodology and an application to Mexico ［J］. Journal of Human Development, 2005, 6（1）：5-25.

类发展指数方法在墨西哥地区的实际应用。Marchante 等（2001）[1] 测度了 1980—2001 年西班牙不同行政区域的人类发展水平。Neumayer（2001）[2] 运用 HDI 指数评估了 155 个国家的可持续发展能力，指出可持续发展能力弱的 42 个国家中大多数人类发展水平较低。Crafts（2002）[3] 的研究表明，截至 2000 年，大多数欠发达国家的人类发展均超过了西欧 1870 年的水平，西欧、非洲、中国和印度之间的人类发展指数差距在 1999 年要小于 1950 年。Felice 等（2012）[4] 利用新 HDI 指数对意大利地区 1971—2007 年以来的现代化进程进行了反思等。

（四）基于可行能力理论的人类发展指数（HDI）的局限性

前已论及，阿玛蒂亚·森可行能力理论本身具有局限性，因此，在其思想理论指导下的人类发展指数（HDI）体系虽然对人们测度发展做出了很大的贡献，但人类发展指数（HDI）并不是一个完美无缺的指标。自人类发展指数（HDI）的诞生之日起，对该指数体系的质疑就一直存在。当然，对于人类发展指数（HDI）的评判是多方面的，除了理论基础的局限性以外，更多地来自对指数构建、编制方法、指数计算等方面的意见。如有学者认为，阿玛蒂亚·森可行能力理论对人的发展内涵的界定过于泛化，不足以科学地反映人类发展的实际水平（Desai，1991[5]；Doessel et al.，1991[6]）等。

本书认为，发展是当代世界的主题，也是当代中国的主题。随着一浪高过一浪的全球化浪潮，发展已成为一个势不可挡的以世界市场为基础的世界历史运动。任何一个国家，任何一个民族都不能孤立于发展的总体趋势之外。各个国家、各个民族在这一世界运动中的表现，直接决定了本国和本民族在未来世界历史中的地位和资格。我们要在继续推动发展的基础上，着力解决好发展不平衡不充分问题，更好满足人民日益增长的美好生活需要，更好推动人的全面发展、社会全面进步。阿玛蒂亚·森（2005）也曾坦言，可行能力理论具有模糊性的缺陷，用一个固定的列表来衡量人的状况是不现实的，不同的可行能力的社会条件和优先级是不同的，可行能力不该是一张永远有效的列表。因此，阿玛蒂亚·森的可行能力理论为人类发展指数的产生提供了原则性的理论基础，但在新时代中国发展的背景下，仅仅以阿玛蒂亚·森可行能力理论作为编制人类发展指数的理论指导显然是不够的，研究新时期中国人类发展的指数体系应基于更广泛的理论基础之上。

---

① MARCHANTE, ANDRéS J, ORTEGA, et al. Quality of life and economic convergence across Spanish regions, 1980-2001 [J]. Regional Studies, 2001, 40 (5): 471-483.

② NEUMAYER E. The human development index and sustainability-a constructive proposal [J]. Ecological Economics, 2001, 39 (1): 101-114.

③ CRAFTS N. The human development index, 1870—1999: some revised estimates [J]. European Review of Economic History, 2002, 6 (3): 395-405.

④ FELICE E, VASTA M. Passive modernization? The new human development index and its components in italy's regions (1871—2007) [J]. The Working Papers, 2012, 19 (1): 44-66.

⑤ DESAI M. Human development: concepts and measurement [J]. European Economic Review, 1991, 35 (2-3): 0-357.

⑥ DOESSEL D P, GOUNDER R. Theory and measurement of living levels: some empirical results for the human development index [J]. Journal of International Development, 1991, 6 (4): 415-435.

第二板块（四至六章）：
中国各地人类发展指数的测算和初步分析

执笔人：任栋、毛中根、黄敏、张捷、代青云、陈小亭

第四章　中国各地人类发展水平的测度与影响因素分析

　　促进人类发展、增进人类福祉是世界各国共同努力的目标。过去 40 年，中国经济取得了巨大的成就，但同时人类发展也面临着许多新的挑战，包括经济增速放缓与社会分化加剧的矛盾、单纯追求经济的粗放增长与环境保护之间的矛盾、各地区经济发展的不均衡以及国际贸易摩擦加剧的矛盾等。这些矛盾本质上都是阻碍中国人类发展的因素，因此，消除制约中国各地区人类发展的因素是破解中国改革难题的着力点。

　　早期关于人类社会发展的研究大多关注经济增长，对于人类社会综合发展的整体测度研究较少，且一般偏好选择 GDP 指标进行度量。20 世纪 70 年代以后，经济增长过程中不断出现的贫困、失业、分配不公等社会问题，又引起了社会各界的关注和思考。越来越多的学者认识到：单纯的经济层面指标不足以判断社会发展程度，除了经济增长以外，评价社会发展程度还应考虑贫困和不平等等社会指标。基于此，Sen（1982）的"可行能力理论"为人类发展内涵的拓展提供了理论支持，该理论认为，发展应被考虑成人们自由地拓展和他们争取有价值生存的能力。所以，人类的发展应当包括两个方面：一是人类能力的形成；二是知识和技术的提高。这一理念受到学界的普遍支持，并直接影响了人类发展衡量标准的选择。随后，在马巴布·乌尔·哈克的主持下，联合国开发计划署（UNDP）全面界定了人类发展的内涵，强调发展应将人置于中心，发展的目的在于扩展人的可行能力。

　　1990 年，联合国开发计划署首次发布了反映人类社会发展状况的《人类发展报告》，在健康、知识和体面的生活水平 3 个维度的基础上构建了测度人类发展水平的综合指数——人类发展指数（HDI）（UNDP，1990）。在联合国开发计划署发布的《中国人类发展报告 2016》中，提供了分析收入、教育、寿命 3 个指标对中国人类发展指数增长贡献的模拟计算。报告指出："根据 UNDP 公布的中国人类发展指数，在 1980—2010 年有完整数据的 124 个国家中，中国 2010 年比 1980 年排名前移了 24 位。但控制收入以后，结果大不一样。通过两种控制收入的方法来模拟中国人类发展指数，结果均显示，1980—2010 年，中国的人类发展指数排名几乎没有变化，即中国的寿命和教育指数增长没有实现赶超，没有收入指数增长表现得那么出色。"针对这一结论，为了验证问题的真实性、影响因素及因应对策，本书编制了 1990—2018 年度的中国及各省份的人类发展指数，并进行了相关的分析。

一、人类发展指数（HDI）的编制方法及评价

（一）人类发展指数（HDI）的编制方法概述

得益于联合国开发计划署（UNDP）和一些学者最初的 HDI 计算方法，HDI 指数在指标选取、计算方法等方面被不断地修正，从最初反映人类发展平均成就发展到了能够比较全面真实反映各种发展阶段的国家或地区人类发展状况。2018 年，联合国开发计划署（UNDP）在其官网（http://www.undp.org/）公布了《HDI 指数计算说明 2018》，在大致计算框架保持不变的情况下，对 HDI 的计算方法进行了进一步的修正，其中包括教育综合指数的计算方法、收入指数及教育指数的阈值。现阶段人类发展指数（HDI）的指数框架、指标含义，以及修正后的阈值表示见表 4-1、表 4-2。

表 4-1　2018 年人类发展指数（HDI）分项指标测算说明

一级指标	二级指标	三级指标	数值说明
人类发展指数 HDI	收入指数（II）	收入指数（II）	经货币购买力折算的人均 GNI，是衡量经济状况的重要指标，反映人类发展的支撑指标。考虑到人类发展水平并不需要无限多的收入，在测算时对收入进行取对数调整
	寿命指数（LEI）	预期寿命指数（LEI）	预期寿命表示在各年龄组死亡率保持现有水平不变的情况下，同时出生的一代人一生可存活的年数
	教育指数（EI）	人均教育指数（MYSI）	平均受教育年限，特定时期特定区域某群体接受学历教育（包括成人学历教育，不包括各种学历培训）的年数总和的平均数
		预期教育指数（EYSI）	五岁儿童可期望的一生能够获得的接受正规教育的平均年数。通过累加五岁以上各年龄人口的净入学率求得

表 4-2　2018 年人类发展指数（HDI）分项指标的阈值

分项指数	观测到的最大值	观测到的最小值
预期寿命	85	20
平均受教育年限	15	0
预期受教育年限	18	0
人均收入（经 2011 年 PPP ＄调整）	75 000	100

注：根据《HDI 指数计算说明 2018》（http://www.undp.org/），整理而得。

需要说明的是，《HDI 指数计算说明 2018》中对于人类发展指数（HDI）的计算公式未给予详细的阐述，本书结合历年联合国开发计划署对人类发展指数（HDI）计算方法的更迭，形成了详细的计算公式，具体在下一节关于中国人类发展指数（HDI）的测算中予以展示。

（二）中国人类发展指数的测算

1. 人类发展指数（HDI）的测算公式

人类发展指数（HDI）是从三个关键维度对人类发展成就进行概括的度量指标。三个关键维度为：健康长寿、获取知识以及体面的生活。对于反映体面的生活、寿命、知识的获取三个传统的维度，我们使用联合国开发计划署的最新思路测算了中国的收入指数（II）、寿命指数（LEI）、教育指数（EI）。HDI 是对三个维度的归一化指数的几何平均。

$$HDI = (II \times LEI \times EI)^{1/3} \tag{4-1}$$

收入指数（II）是经购买力平价折算的人均 GNI，衡量经济状况的重要指标，反映发展程度的支撑指标。考虑到高质量发展并不需要无限多的收入，在测算时对收入进行取对数调整。

$$II = \frac{\ln(GNP_{PC} - \ln(100))}{\ln(7\,500) - \ln(100)} \tag{4-2}$$

其中，国民收入水平（GNI）与全国人口数据取自历年《中国统计年鉴》。

预期寿命表示在各年龄组死亡率保持现有水平不变的情况下，同时出生的一代人一生可存活的年数。预期寿命指数（LEI）用出生人口人均寿命值（EI）来衡量，进行标准化处理得到预期寿命指数（LEI）。

$$LEI = \frac{LEI - 25}{85 - 25} \tag{4-3}$$

预期寿命的相关数据取自中国疾病预防控制中心（http://www.chinacdc.cn/），受教育指数的数据取自历年《中国教育统计年鉴》。

教育指数分别反映平均受教育年限和预期受教育年限：平均受教育年限是特定时期特定区域某群体接受学历教育（包括成人学历教育，不包括各种学历培训）的年数总和的平均数；预期受教育年限五岁儿童可期望的一生能够获得的接受正规教育的平均年数。通过累加五岁以上各年龄人口的净入学率求得。教育指数（EI）是人均教育指数（MYSI）和预期教育指数（EYSI）的算术平均值。人均教育年限（MYS）是 6~26 岁人口的平均受教育年限。

$$MYS = \frac{\sum P_i E_i}{P} \tag{4-4}$$

其中，P_i 表示小学、初中、高中、大学、硕士研究生、博士研究生在校人数；E_i 表示小学、初中、高中、大学、硕士研究生、博士研究生学历教育的累计受教育年限，分别取值为 6、9、12、16、19、21；P 表示 6~26 岁总人数。

预期教育年限（EYS）是一个 5 岁儿童一生能够受教育的期望年限。

$$EYS = \sum \gamma_i \varepsilon_i \tag{4-5}$$

其中，γ_i 表示小学、初中、高中、大学、硕士研究生、博士研究生的毛入学率，ε_i 表示小学、初中、高中、大学、硕士研究生、博士研究生受教育的年限，分别取值为 6、3、3、4、3、3。另外，还需对人均受教育年限和预期受教育年限进行标准化处理得出人均教育指数

（MYSI）和预期教育指数（EYSI）。

$$MYSI = \frac{MYS - 0}{15 - 0} \qquad (4-6)$$

$$EYSI = \frac{EYS - 0}{18 - 0} \qquad (4-7)$$

需要说明的是，受教育指数是平均受教育指数与预期受教育指数的合成指数。平均受教育年限，特定时期特定区域某群体接受学历教育（包括成人学历教育，不包括各种学历培训）的年数总和的平均数。预期教育指数，五岁儿童可期望的一生能够获得的接受正规教育的平均年数，通过累加五岁以上各年龄人口的净入学率求得。

2. 指标变换与阈值选取说明

为了使计算出来的指数具有可比性，我们将不同的单位的指标变换为取值在 0~1 的指数。具体阈值也使用的是联合国开发计划署于 2018 年公布的指标值。将预期寿命的标准值 0 设定为 20 年和将预期寿命的标准值 1 设定为 85 年是基于这样的历史证据：20 世纪，没有任何国家的预期寿命少于 20 年。同时，由于生活环境的持续改善，医疗条件的不断进步，大多数国家的预期最大寿命已经接近 85 岁。

有些国家没有正规教育，社会仍可维持生计，因此将预期受教育年限的标准值 0 设置为 0 年是合理的。预期受教育年限标准值 1 设置为 18 年是因为在大多数国家，18 年的教育基本相当于取得硕士学位。对于平均受教育年限，设置标准值 1 为 15 年是因为在这个指标上，2025 年的预期目标是 15 年。

国民总收入（GNI）的标准值 0 被设置为人均 100 美元是因为，在经济上，大量的不可测的生计和非市场生产，其取值非常接近这个标准值（人均 100 美元），但是在官方数据中没有出现过这个数值。标准值 1 被设置为人均 75 000 美元，是因为卡尼曼和迪顿（2010）的研究已经表明，当人均收入高于 75 000 美元时，收入增加对人类发展和福利增长几乎没有任何增益。

目前，只有四个国家（科威特、列支敦士登、卡塔尔和新加坡）人均收入上限超过 75 000 美元。定义了最小值和最大值后，维度指标的计算可以利用下列公式：维度指标 =（实际值-最小值）/（最大值-最小值）。因为每个维度的指数表示了在对应维度上的取值状况，根据阿南德和森 2000 年的研究，将收入转换为维度取值的函数很可能是上凸（成为凹也可以），也就是说，收入每增加一美元，在其维度上对取值的增加效应应该越来越小。因此，经常对收入取自然对数，相应的，收入维度上的最大值和最小值也要取自然对数。

二、中国各地人类发展指数的编制

（一）中国人类发展指数编制的意义

联合国开发计划署构建的人类发展指数（HDI）由收入、寿命和教育 3 个分项指数构成，这一大的框架从未发生改变（UNDP，2018）[1]。UNDP 的专家小组在观察经济发展对人类发展指数的贡献度的研究发现：经济增长是健康和教育的基础，但是生命的长短和教育程度的高低是影响经济增长的重要因素。并且 HDI 能够呈现出教育、经济、健康相互影响、相互协调的动态关系。因此 UNDP 将对人类发展的评价由最初 GDP 单一指标扩展为多维指数指标，克服了单一 GDP 指标对人类社会全面发展的代表性不足的缺点，可以更加准确地衡量人类发展水平和居民真实生活水平。在 HDI 问世 30 年来，通过众多学者的深入研究而不断得到改进，既在增加多维相关数据和多视角全面考察人类发展水平的高低，努力提高衡量人类发展水平的准确性和全面性的基础上，又一直追求 HDI 指数指标的框架简洁清晰。

　　自 1990 年联合国开发计划署发布第一份人类发展报告后，人类发展指数（HDI）就逐渐发展成为应用最为广泛的评估人类发展水平的综合指标，也得到了各国政府和国际组织的认同，但也有学者提出了不同的看法。如 Srinivasan（1994）[2] 认为，人类发展指数的数据没有足够的说服力、覆盖不全面并且可能存在计量上的错误；Carlucci 等（1995）[3] 认为，人类发展指数应当考虑多属性衡量问题，而不限于最初的 3 个维度；Sagar 等（1998）[4] 认为，HDI 没有考虑到国家或地区内部收入分配的差距问题。Kelly（1991）[5] 认为，人类发展指数的 3 个子指数的等权重假设没有考虑其相关性，由此可能掩盖人类发展的不一致性。

　　国内学者也对中国的人类发展进行了一些相关的研究，研究内容主要集中在中国人类发展水平的地区差异方面。如赵志强等（2005）[6] 研究表明，东部、西部和中部的人类发展水平的差距并未增大，反而呈现收敛的趋势。杨永恒等（2006）[7] 对中国各地区人类发展水平的差异进行了省际层面的研究，指出地区间的表现来源于"一个中国"，却呈现出很强的地区差异即"四个世界"。李晶（2013）[8] 研究了中国几大区域的人类发展水平，发现中国的人类发展水平表现为空间上的正相关性，并且，在东中西部地区，显示出地区间发展的不一致。同时，也有一些学者提出了对中国人类发展指数的编制方法的改进意见和建议。但总体看，中国学者在直接探讨人类发展测度问题方面的文献还比较缺乏，仅有个别学者对人类发展指数进行了探索，而且只是从解读 HDI 的角度，对各国的 HDI 排名进行

　　① UNDP. Human development indices and indicators 2018 ［M］. New York：Oxford University Press，2018.

　　② SRINIVASAN T N. Human development：a new paradigm or reinvention of the wheel? ［J］. Human Development，1994，84（2）：238-243.

　　③ CARLUCCI F，PISANI S. A multiattribute measure of human development ［J］. Social Indicators Research，1995，36（2）：145-176.

　　④ SAGAR A D，NAJAM A. The human development index：a critical review ［J］. Ecological Economics，1998，25（3）：249-264.

　　⑤ KELLY A C. The human development index：handle with care ［J］. Population and Development Review，1991，17（2）：315-324.

　　⑥ 赵志强，叶蜀君. 东中西部地区差距的人类发展指数估计 ［J］. 华东经济管理，2005（12）：22-25.

　　⑦ 杨永恒，胡鞍钢，张宁. 中国人类发展的地区差距和不协调：历史视角下的"一个中国，四个世界" ［J］. 经济学（季刊），2006（2）：803-816.

　　⑧ 李晶. 省域尺度下的中国区域协调发展指数研究：基于人类发展视角的实证分析 ［J］. 西部论坛，2013，23（6）：53-61.

了介绍，或者对中国各省份的 HDI 排名和差距进行研究，但观察分析的时间和空间的范围都存在明显的局限性。近期，李刚、张建英（2018）① 对中印两国人类发展指数进行了比较研究，扩展了中国学者对人类发展指数研究的视野。综上所述，本书认为，国内学术界对人类发展指数的研究存在以下三个方面的不足：①由于历年人类发展指数的测算方法和阈值有所变动，不同时期发布的人类发展指数值并不可比，国内很多研究将联合国开发计划署各年度发布的指数直接进行了对比分析。②国内很多关于人类发展指数的研究是就指数来论指数，分析的结果只是指数高了多少或低了多少，并没有深入分析造成这种指数变动的社会和经济原因。③国内很多关于人类发展指数的研究是就国内来论国内，常见的是地区之间的差异性分析，其实人类发展是一个国际性的问题，研究中国的人类发展，不能局限于国内的地区比较，必须进行国际之间的跨国比较。本书试图在以上三个方面有所突破。

（二）人类发展指数的编制方法

HDI 指数专注于健康长寿、知识获取和体面的生活水平，力图从这三个基本维度衡量一国取得的成就，每一个维度以相应的指标来解释。其中，健康长寿对应出生时的预期寿命，知识获取对应平均受教育年限和预期受教育年限两个指标，体面的生活对应人均 GNI。基于这些指标，首先对各个维度计算标准化指数，然后就各维度指数计算几何平均数，得到 HDI，具体计算方法如下所述。

1. HDI 编制的方法与更迭

联合国开发计划署公布的 HDI 由三个分项指数所构成，即收入指数、寿命指数和教育指数。最初，三个分项指数分别对应的是人均 GDP 对数、出生时的平均预期寿命和成人识字率。1991 年，UNDP 在成人识字率下添加了平均受教育年限这一指标，而成人识字率在1995 年被综合入学率取代，后又更改为平均受教育年限和预期受教育年限的算术平均值。人类发展指数的这三个子指数分别反映了人的生活水平、寿命水平以及知识文化水平。对于 HDI 的三个分项指数来说，由于它们都是正向指标，因此可以用以下公式来计算：指数值＝（实际值－最小值）／（最大值－最小值）。

2010 年以前，人类发展指数采用三个子指数通过一定的加权方式计算得出，其中，采用实际人均 GDP（PPP ＄）来衡量生活水平；用出生时的预期寿命来衡量人的寿命；而受教育程度的衡量指标则发生了较大的变化，由最初的采用成人识字率及小学、中学、大学综合毛入学率共同衡量（前者赋权三分之二，后者赋权三分之一）转变为后期的采用平均受教育年限和预期受教育年限的算术平均值来衡量。

为构建 HDI 指数，每个分项指数都设定了阈值，即最小值和最大值的设定如下：

（1）实际人均 GDP（PPP ＄）

实际人均 GDP 的阈值在 1990—1994 年各不相同，1995 年后有了较为稳定的赋值，最新的最大值和最小值分别是 75 000 美元和 100 美元。

---

① 李钢，张建英. 中印两国人类发展指数比较研究［J］. 中国人口科学，2018（2）：13-23，126.

实际人均 GDP 的具体计算公式如下：

人均 GDP 指数 = [ln(人均 GDP) - ln(100)]/[ln(75 000) - ln(100)]

（2）预期寿命

1990—1993 年出生时的平均预期寿命的阈值以联合国各成员的数据集中的最大值和最小值表示，1994 年以后更改为 25 岁和 85 岁。

（3）成人识字率/教育指数

1995 年以前，教育指数用成人识字率表示。成人识字率是 15 岁及 15 岁以上的人口中识字者占 15 岁及 15 岁以上总人口的比例，其阈值设定为 0 和100%。1991—1993 年出生时的人均受教育年限的阈值以联合国各成员的数据集中的最大值和最小值表示，1994 年更改为 0 年与 15 年。

1995 年，成人识字率被综合入学率替代。从小学到大学综合毛入学率是指学生人数占 6~21 岁人口的比例，其最小值和最大值分别设定为 0 和100%，但由于各国教育系统有所差异，因此对阈值的设定也略有不同。

教育指数 = 2/3× 成人识字率指数+ 1/3× 综合毛入学率指数

2010 年，联合国开发计划署对人类发展指数进行了大幅度调整，但仍从三个维度（生活水平、健康长寿与知识获得）来衡量一国取得人类发展的平均成果。HDI 是衡量每个维度取得的成就的标准化指数的几何平均数（2011 年联合国开发计划署又在 2010 年的基础上对 HDI 三个维度各指标的阈值进行了一定的调整，可参见前文表 4-2）。

三个分项指数已经计算出的情况下，便可合成最终的人类发展指数，尽管学界对合成赋权方法也存在较大的质疑，也有很多专家学者对其进行了大量的探讨，但总体来说，联合国开发计划署还是公布了具体计算方法。2010 年以前采用的是求取几何平均数的方法来计算总指数，2010 年之后采用的是等值赋权法，直至 2016 年又调整为几何平均法。

到 2018 年，联合国开发计划署又在其官网（http://www.undp.org/）公布了《HDI 指数计算说明 2018》，在大致计算框架保持不变的情况下，对 HDI 的计算方法进行了进一步的修正，其中包括教育综合指数的计算方法（参见下一节）、收入指数及教育指数的阈值。

2. HDI 编制方法说明

人类发展指数（HDI）是从三个关键维度对人类发展成就进行概括的度量指标。三个关键维度为：健康长寿、获取知识以及体面的生活。HDI 是对三个维度的归一化指数的几何平均数。三个分项指数的编制方法如下：

（1）教育指数

本书在结合中国实际情况，按照 UNDP2018 年修订后的方法计算了中国的 HDI。其中教育指数由平均受教育年限和预期受教育年限两个指标计算所得，其计算公式如下：

平均受教育年限=（在读小学人数×6+在读初中人数×9+在读高中人数×12+在读大专及其以上人数×16）/调查总人数

分子的小学在校生人数=普通小学在校生数+特殊教育（小学）在校生数；初中在校生人数=普通初中在校生数+特殊教育（初中）在校生数；高中在校生人数=普通高中在校生数+中等职业教育在校生数；大学在校生人数=普通本专科在校生数+成人本专科在校生数；

分母的总人数为各阶段年龄的总人数，即 6~21 岁的总人数。

预期受教育年限=6~11 岁小学毛入学率×6+12~14 岁初中毛入学率×3+15~18 岁高中毛入学率×3+18~21 岁大学毛入学率×4

$$毛入学率 = \frac{第\,i\,阶段在校生数}{第\,i\,阶段对应年龄总人数}$$

其中：6~11 岁小学毛入学率=在读小学人数/6~11 岁总人数

12~14 岁初中毛入学率=在读初中人数/12~14 岁总人数

15~17 岁高中毛入学率=在读高中人数/15~17 岁总人数

18~21 岁大学毛入学率=在读大学人数/18~21 岁总人数

各阶段毛入学率大于 1 的皆按 1 计算。由于缺少 1990—2002 年的硕博数据，因此本书并未考虑硕博人群。

本书在计算预期受教育年限时，按照公式应该计算各阶段的净入学率，但由于我国缺少相关数据的统计，故采用毛入学率替代，最终得到更完整和真实的数据。与净入学率相比较，毛入学率忽略了在校生数的年龄阶段限制，会导致算出的入学率在一定程度上偏大，故对计算出的毛入学率大于 1 的数在后面据按 1 计算。

平均受教育指数 =（平均受教育年限 − 0)/(15 − 0)

预期受教育指数 =（预期受教育年限 − 0)/(18 − 0)

教育指数 =（平均受教育指数 + 预期受教育指数)/2

（2）收入指数

①收入指数 =（全国/省）人均 GNI（ppp $）−100）/（75 000−100）(100，75 000 为收入指数的阈值)

②（全国/省）人均 GNI（ppp $）= 省人均 GNI×ppp 转换因子

③省人均 GNI = 省 GNI/省人口

④省 GNI = 省 GDP×（全国 GNI/全国 GDP）

⑤省人口 = 省 GDP/省人均 GDP

（3）寿命指数

寿命指数 =（预期寿命−20）/（85−20）(20，85 为寿命指数的阈值)

收入指数及寿命指数的计算方式为 2018 年 UNDP 公布的最新计算方法。

3. HDI 的阈值选择

为了使计算出来的指数具有可比性，我们将不同单位的指标变换为取值在 0 到 1 的指数。具体阈值也使用的是联合国开发计划署在 2018 年公布的指标值。

将预期寿命的标准值 0 设定为 20 年和将预期寿命的标准值 1 设定为 85 年是基于这样的历史证据：20 世纪，没有任何国家的预期寿命少于 20 年。同时，由于生活环境的持续改善，医疗条件的不断进步，大多数国家的预期最大寿命已经接近 85 岁。

有些国家没有正规教育，社会仍可维持生计，因此将预期受教育年限的标准值 0 设置为 0 年是合理的。预期受教育年限标准值 1 设置为 18 年是因为在大多数国家，18 年的教育基本相当于取得硕士学位。对于平均受教育年限，设置标准值 1 为 15 年是因为在这个指标上，2025 的预期目标是 15 年。

国民总收入（GNI）的标准值 0 被设置为人均 100 美元是因为，在经济上，大量的不可测的生计和非市场生产，其取值非常接近这个标准值（人均 100 美元），但是在官方数据中没有出现过这个数值。标准值 1 被设置为人均 75 000 美元，是因为卡尼曼和迪顿（2010）的研究已经表明，当人均收入高于 75 000 美元时，收入增加对人类发展和福利增长几乎没有任何增益。

目前，只有四个国家（科威特、列支敦士登、卡塔尔和新加坡）人均收入上限有超过 75 000 美元。

定义了最小值和最大值后，维度指标的计算可以利用下列公式：

$$维度指标 =（实际值 - 最小值）/（最大值 - 最小值）$$

因为每个维度的指数表示了在对应维度上的取值状况，根据阿南德和森 2000 年的研究，将收入转换为维度取值的函数很可能是上凸（成为凹也可以），也就是说，收入每增加一美元，在其维度上对取值的增加效应应该越来越小。因此，经常对收入取自然对数，相应的，收入维度上的最大值和最小值也要取自然对数。

4. HDI 的合成方法选择

2010 年，合成教育指数的方法由算术平均法改变为几何平均法，但随后受到很多学者的批评。因为，通常而言，一个典型的发展中国家的预期受教育年限会高于其平均受教育年限，由此几何平均算法会低估发展中国家的教育指数。因此，2014 年的人类发展报告重新采用了算术平均法来合成教育维度指数。

2010 年之前，HDI 的合成也一直采用的是简单算术平均方法，但这种合成方法具有各维度间相互替代的可能性，而这一点也是针对线性合成公式较严重的批评之一，因此，2010 年至今，HDI 改而采用几何平均法进行指数合成。与算术平均法相比，几何平均法考虑了三个维度之间固有的差异，也不会忽视每个维度上发生的变换。应用此方法，各维度之间相互替代的可能性被降低，有利于反映被测对象在各个维度上的表现。

对构成总指数及教育指数的各指标采用等权赋值法，也是联合国各专家学者经过研究后得出的结论，是 UNDP 官方公布的方法。

5. HDI 编制方法的优缺点

（1）HDI 的优点

改进的 HDI 编制方法在包含了 GDP 内容的基础上，扩展数据的多维性，解决了 GDP 作为衡量人类发展水平唯一指标时的单一性缺点，增加了寿命预期水平、教育程度、人均收入三个一级指标。同时这三个一级指标涵盖了社会经济发展水平的各个方面，改进的 HDI 编制方法得到的 HDI 指数能够作为衡量社会经济发展水平的高低和经济发展质量的综合性指标。

HDI 指数选择的寿命、教育水平和人均收入三个一级指标涵盖了人类发展的几个重要方面，通过这三个一级指标编制出的 HDI 指数能够较为全面地衡量人类发展水平，也能更客观地说明国民真实生活水平。内容和意义具有强烈的系统性、准确性和逻辑性。以上三个一级指标针对人类发展水平的内在逻辑为：①寿命水平或者预期寿命水平越高，一国或者一地区的居民生活质量越好，社会越稳定，从而人类发展水平越高。②居民接受教育程度越高（包含接受基础教育和高等教育），一国或者一地区文化程度越高，同时也表明创新技术和高新技术的发展、创新潜力就越高，则社会就越稳定，社会发展质量就越高，居民生活质量就越高，人类发展水平就越高。③居民人均收入越高，则表明一国或者一个地区的生产力就越高，物资就越丰富，当然居民生活物资也就越多，居民生活水平就越高，人类发展水平就越高。

通过研究改进 HDI 编制方法中的三个一级指标的涵盖范围可知：HDI 指数不仅包含经济指标，同时也包含居民生活质量和教育两方面指标，这增加了 HDI 评价人类发展水平的准确性和公平性。通过对比三个一级指标的不同地区的异同性可以明确地区的差异，准确比较出社会结构的发展水平。

（2）HDI 的缺点

尽管 HDI 包含了寿命预期、教育程度、人均收入三个一级指标，具有一定的广泛性。但是 HDI 也有其缺点，预期寿命、教育程度、人均收入虽然具有一定的正相关性，但是过度相关于收入指标，造成人文发展、人口生活质量这两个维度的测量内容不够充分和完整，不能充分刻画出居民的人文发展和生活质量。

HDI 指数的编制方法也存在一些不足。HDI 指数受到阈值的假定影响，容易对数据中的最大值和最小值的数据大小产生较大的偏差。同时针对经济高度发达和经济过度贫困的国家或者地区也会造成 HDI 指数的误差偏大，导致过度低估或者过度高估的结果。

（三）中国各地人类发展指数的测算

1. 数据来源及处理。本书关于中国各地 HDI 指数编制的数据来自各年度《中国统计年鉴》《中国社会与人口统计年鉴》《中国教育统计年鉴》及各省份各年度《统计年鉴》及中经网数据库。其中，1990 年、2000 年、2010 年我国各省份的预期寿命数据来源于历次全国人口普查资料，其他年份的数据通过线性插值法得到。

本书的平均受教育年限采用的是全国 15 岁以上人口的平均受教育年限，在其计算公式中各个受教育程度的在读人数是按照一定的抽样比抽查人口的调查数据，数据来源于《中国人口与就业统计年鉴》，1991—1992 年数据是通过插值法得到。本书的预期受教育年限由小学至大学的各级毛入学率通过各级在校年限加权合成，在计算各级毛入学率时，各年级在读人数来源于中国各省份历年统计年鉴和教育年鉴，按年级分组的各级人口数据为中国历年人口普查数据及通过线性插值法得到的数据。

收入指数由人均收入计算而来。全国人均 GDP（元）和各省人均 GDP（元）的数据来源于历年中国各省份的统计年鉴，全国人均 GDP（PPP 美元）来源于世界银行数据库，全国人均收入（PPP 美元）及各省份人均收入（PPP 美元）分别由全国人均 GDP（元）和各省份人均 GDP（元）计算得到。

2. 中国各地区 1990—2018 年度 HDI 指数的测算。本书 HDI 指数及寿命指数、教育指数和收入指数三个分项指数是根据联合国开发计划署 2016 年公布的《HDI 指数计算说明》中的最新计算方法进行计算、赋权以及标准化的。

人类发展指数从社会发展的三个角度衡量了社会的发展程度以及考量人们取得的成果，该指数主要衡量人类是否有体面的生活水平、是否有健康的身体以及是否接受了足够的教育，这三个角度对应的指数分别为收入指数、寿命指数及教育指数。收入指数用人均收入（ppp 美元）换算得到，寿命指数采用平均预期寿命数据进行标准化得到，教育指数是平均数教育年限和预期受教育年限两个指标合成得到的结果。

HDI 的三个分项指数分别从生活、健康和教育三个角度入手，通过合成构成了最后的综合指数，因此该综合指数具有一定的代表性，也成为国际学界用于比较世界各国发展水平差异的重要指标，HDI 指数从 1990 年 UNDP 构建以来，便逐渐替代了人均 GDP 这一单一指标，成为世界发展进程中衡量各国发展程度不可或缺的指标。

本书在中国各省份 1990—2018 年度 HDI 指数的编制中，统一采用了 2016 年联合国开发计划署发布的最新技术标准，人类发展指数的编制方法如图 4-1 所示。

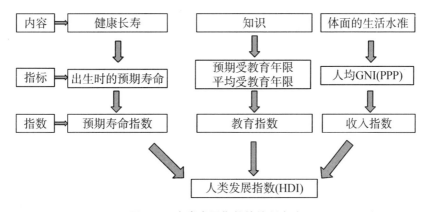

图 4-1　人类发展指数的编制方法

本书使用的数据主要来自《中国统计年鉴》和各省份统计年鉴。其中，平均受教育年限采用的是全国 15 岁以上人口的平均受教育年限，数据来自《中国人口与就业统计年鉴》。预期受教育年限由小学至大学的各级毛入学率通过各级在校年限加权合成，数据来自中国各省份历年统计年鉴、教育年鉴和中国历年人口普查数据。教育指数为平均受教育年限指数和预期受教育年限指数的算术平均数。收入指数由人均 GNI（PPP 美元）计算。各省份人均 GDP（元）来自历年各省份统计年鉴，全国人均 GDP 来自世界银行数据库，全国人均收入及各省份人均收入分别由全国人均 GNI 和各省份人均 GDP 按比例计算。由此计算出 1990—2018 年中国及各省份人类发展指数值（见表 4-3）。

表 4-3　1990—2018 年中国及各省份 HDI 指数值

地区	年份														
	1990	1992	1994	1996	1998	2000	2002	2004	2006	2008	2010	2012	2014	2016	2018
全国	0.485	0.508	0.531	0.55	0.568	0.588	0.608	0.631	0.651	0.672	0.696	0.713	0.728	0.757	0.771
北京	0.639	0.668	0.689	0.714	0.735	0.752	0.775	0.801	0.817	0.84	0.854	0.867	0.878	0.899	0.912
天津	0.596	0.611	0.64	0.661	0.679	0.705	0.729	0.758	0.783	0.808	0.827	0.843	0.854	0.873	0.885
河北	0.485	0.508	0.533	0.563	0.589	0.609	0.628	0.655	0.668	0.691	0.711	0.721	0.733	0.749	0.763

表4-3(续)

地区	年份														
	1990	1992	1994	1996	1998	2000	2002	2004	2006	2008	2010	2012	2014	2016	2018
上海	0.647	0.68	0.705	0.724	0.737	0.755	0.774	0.806	0.83	0.839	0.845	0.852	0.864	0.882	0.896
江苏	0.523	0.549	0.532	0.607	0.623	0.651	0.67	0.692	0.719	0.733	0.757	0.772	0.788	0.815	0.848
浙江	0.509	0.54	0.52	0.604	0.624	0.647	0.676	0.706	0.728	0.742	0.761	0.783	0.792	0.812	0.834
福建	0.476	0.501	0.538	0.566	0.596	0.621	0.635	0.652	0.679	0.699	0.733	0.75	0.769	0.788	0.809
山东	0.505	0.528	0.557	0.579	0.597	0.624	0.653	0.675	0.701	0.719	0.746	0.76	0.782	0.798	0.816
广东	0.534	0.555	0.58	0.598	0.626	0.647	0.663	0.685	0.712	0.733	0.756	0.768	0.779	0.8	0.817
海南	0.489	0.525	0.549	0.551	0.576	0.597	0.618	0.64	0.659	0.681	0.706	0.725	0.739	0.754	0.771
山西	0.499	0.516	0.526	0.55	0.568	0.588	0.615	0.645	0.67	0.695	0.715	0.732	0.73	0.745	0.752
安徽	0.449	0.461	0.486	0.522	0.54	0.559	0.582	0.61	0.627	0.647	0.676	0.693	0.712	0.726	0.744
江西	0.442	0.461	0.479	0.507	0.531	0.552	0.569	0.6	0.622	0.654	0.681	0.703	0.719	0.737	0.757
河南	0.459	0.478	0.501	0.535	0.56	0.582	0.601	0.626	0.65	0.676	0.698	0.713	0.73	0.743	0.76
湖北	0.483	0.5	0.515	0.542	0.568	0.59	0.597	0.624	0.646	0.674	0.707	0.72	0.736	0.766	0.797
湖南	0.466	0.483	0.506	0.532	0.554	0.572	0.59	0.612	0.632	0.665	0.695	0.713	0.737	0.762	0.792
内蒙古	0.48	0.499	0.524	0.543	0.562	0.578	0.597	0.625	0.655	0.687	0.719	0.742	0.751	0.772	0.782
广西	0.446	0.471	0.499	0.522	0.54	0.559	0.577	0.603	0.629	0.648	0.677	0.698	0.72	0.74	0.758
重庆	0.461	0.488	0.515	0.523	0.563	0.577	0.603	0.626	0.654	0.687	0.718	0.738	0.76	0.783	0.805
四川	0.442	0.464	0.482	0.513	0.539	0.556	0.577	0.599	0.622	0.646	0.677	0.702	0.714	0.733	0.746
贵州	0.386	0.401	0.414	0.442	0.462	0.485	0.514	0.54	0.556	0.592	0.614	0.639	0.672	0.688	0.709
云南	0.415	0.433	0.445	0.478	0.497	0.514	0.523	0.55	0.569	0.591	0.617	0.638	0.654	0.676	0.694
西藏	0.323	0.353	0.352	0.39	0.425	0.444	0.487	0.511	0.529	0.556	0.579	0.591	0.592	0.628	0.653
陕西	0.463	0.483	0.508	0.526	0.549	0.579	0.599	0.637	0.66	0.691	0.719	0.737	0.75	0.769	0.788
甘肃	0.436	0.452	0.459	0.486	0.509	0.533	0.554	0.584	0.601	0.625	0.653	0.672	0.677	0.687	0.696
青海	0.437	0.443	0.454	0.467	0.481	0.512	0.535	0.563	0.587	0.616	0.639	0.655	0.676	0.691	0.704
宁夏	0.463	0.485	0.497	0.519	0.542	0.567	0.594	0.618	0.64	0.674	0.7	0.716	0.729	0.749	0.762
新疆	0.394	0.414	0.421	0.462	0.489	0.512	0.535	0.565	0.589	0.624	0.648	0.675	0.695	0.704	0.759
辽宁	0.555	0.574	0.598	0.607	0.627	0.648	0.667	0.687	0.708	0.731	0.755	0.777	0.789	0.786	0.798
吉林	0.511	0.532	0.557	0.575	0.595	0.618	0.641	0.663	0.68	0.707	0.733	0.75	0.764	0.78	0.793
黑龙江	0.516	0.536	0.561	0.583	0.597	0.603	0.617	0.641	0.66	0.681	0.708	0.733	0.733	0.749	0.761

三、中国及各地区人类发展变动分析

2014年起,联合国开发计划署在全球范围内采用了0.55、0.7和0.8分别作为低(低于0.55)、中等(0.55~0.699)、高(0.7~0.799)和极高(大于或等于0.8)人类发展水平的分界点(指数的取值范围为0~1)。本书也采用了这一标准来对中国各地人类发展水平进行分析。

中华人民共和国成立之初，人民生活水平和健康水平均处于极低的状态，有学者估算，1950 年中国的人类发展指数仅为 0.145，甚至落后于印度的 0.167，人类发展水平处于名副其实的"极贫时代"（胡鞍钢 等，2017)[①]。随着中国的建设和发展，人们生活水平不断提高，特别是改革开放以后，中国经济飞速发展，人民生活水平迅速提高，受教育程度普遍提高，国民素质不断加强，中国人类发展水平也不断提高。自联合国开发计划署的人类发展指数创立以来，在 1990—2018 年，中国人类发展指数由 0.485 增至 0.771，29 年间升幅达 58.97%，实现了人类发展由低水平向高水平的巨大迈进，成为同期全球人类发展进步最快的国家之一。这期间，中国人类发展指数于 1996 年突破 0.55，进入中等人类发展水平；于 2011 年突破 0.7，成为高人类发展水平国家。1990—2018 年，中国人类发展指数中的寿命指数由 0.747 升至 0.879，升幅为 17.7%；教育指数由 0.441 升至 0.666，升幅为 51.0%；收入指数由 0.346 升至 0.781，升幅高达 125.7%。可见，收入指数增幅最大，教育指数次之，寿命指数增幅稍小。

从省级层面来看，中国绝大多数省份进入高人类发展水平，但基层人类发展水平的不平衡和不充分问题凸显。由于资料和篇幅所限，本书主要从省级层面进行研究。

本书选取了 1990 年、1995 年、2000 年、2005 年、2010 年、2015 年和 2018 年的人类发展指数数据分析了中国人类发展地区差异变化情况。1990—2018 年，中国人类发展指数实现了由低水平向高水平的巨大迈进，成为同期全球人类发展进步最快的国家之一，但地区间不平衡的格局长期持续存在（见表 4-4）。

表 4-4 中国各省份人类发展水平的历史变迁（1990—2018 年部分年份）

年份	极高水平 HDI≥0.8	高水平 0.7≤HDI<0.8	中等水平 0.55≤HDI<0.7	低水平 HDI<0.55
1990			北京、天津、辽宁、上海	吉林、黑龙江、江苏、浙江、山东、广东、河北、山西、内蒙古、安徽、福建、江西、河南、湖北、湖南、广西、海南、重庆、四川、贵州、云南、西藏、陕西、甘肃、青海、宁夏、新疆
1995		北京、上海	天津、辽宁、吉林、黑龙江、江苏、浙江、福建、山东、广东、海南	重庆、四川、陕西、宁夏、河北、山西、内蒙古、安徽、河南、湖北、湖南、广西、江西、贵州、云南、西藏、甘肃、青海、新疆

———————————

① 胡鞍钢，王洪川. 中国人类发展奇迹（1950—2030）[J]. 清华大学学报（哲学社会科学版），2017，32（2）：148-157，199.

表4-4(续)

年份	极高水平 HDI≥0.8	高水平 0.7≤HDI<0.8	中等水平 0.55≤HDI<0.7	低水平 HDI<0.55
2000		北京、上海、天津	江苏、河北、山西、内蒙古、辽宁、吉林、黑龙江、浙江、安徽、福建、江西、山东、河南、湖北、湖南、广东、广西、海南、重庆、四川、陕西、宁夏	云南、贵州、西藏、甘肃、青海、新疆
2005	北京、上海	天津、江苏、浙江、山东、广东	辽宁、吉林、河北、山西、福建、内蒙古、黑龙江、安徽、江西、河南、湖北、湖南、广西、海南、重庆、四川、云南、陕西、甘肃、青海、宁夏、新疆	贵州、西藏
2010	北京、上海、天津	河北、山西、内蒙古、辽宁、吉林、黑龙江、江苏、浙江、福建、山东、湖北、广东、海南、重庆、陕西	湖南、安徽、江西、河南、广西、四川、宁夏、贵州、云南、西藏、甘肃、青海、新疆	
2015	北京、天津、上海	河北、山西、内蒙古、辽宁、吉林、黑龙江、江苏、浙江、安徽、福建、江西、山东、河南、湖北、湖南、广东、广西、海南、重庆、四川、陕西、宁夏	贵州、云南、西藏、甘肃、青海、新疆	
2018	北京、天津、上海、江苏、浙江、广东、山东、福建	河北、山西、内蒙古、辽宁、吉林、黑龙江、安徽、江西、河南、湖北、湖南、广西、海南、重庆、四川、贵州、陕西、宁夏、青海、新疆	云南、甘肃、西藏	

根据本书的测算，在2018年我国31个省份（不含港澳台地区）中，已有28个省份跨越0.7的高人类发展水平线，其中北京、上海、天津、浙江、江苏、广东、山东、福建8个省份人类发展水平已跨越0.8，迈入极高人类发展水平；剩余省份中，除西藏外，云南、甘肃的人类发展指数接近0.7。这标志着在西部开发、东北振兴、中部崛起和东部率先的区域发展总体战略下，中国各省份人类发展总体水平显著提升，且各地区间的发展差异有所缩小。

四、中国人类发展进程中存在的问题

本书通过对 1990—2018 年中国及其各省人类发展指数的分析，发现在中国人类发展的进程中存在以下问题。

（一）在中国的人类发展各项分指数中，教育指数长期处于垫底的地位

首先，由图 4-2 可见，在中国人类发展指数的三大分指数中，寿命指数稳定居上，收入指数虽然起步较低，但一直稳步上升，而教育指数一直在低位运行，在收入指数持续提升之后，教育指数仍然稳稳地处于最低的位置，明显拉低了人类发展总指数。

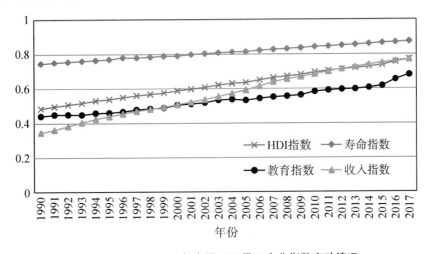

图 4-2　1990—2017 年中国 HDI 及三大分指数变动情况

其次，从表 4-5 可见，2017 年，中国的人类发展指数及寿命和收入分指数均已明显超过世界各国的平均数，只有教育指数尚未达到世界各国的平均数。

表 4-5　2000 和 2017 年中国与世界各国平均的 HDI 及各分指数

指标	年份	各国平均指数	中国
HDI 指数	2000	0.631	0.588
	2017	0.717	0.763
	增长率	0.136	0.298
寿命指数	2000	0.724	0.791
	2017	0.807	0.875
	增长率	0.115	0.106
教育指数	2000	0.548	0.506
	2017	0.661	0.658
	增长率	0.206	0.300

表4-5(续)

指标	年份	各国平均指数	中国
收入指数	2000	0.646	0.509
	2017	0.701	0.772
	增长率	0.085	0.517

注：由于联合国开发计划署的数据受限，因此对比基期只能测算到2000年。世界各国数据来源于联合国开发计划署官网，中国相关数据系本书根据《中国统计年鉴》等相关数据推算。

（二）在中国的人类发展各项分指数中，寿命指数的表现不尽如人意

在联合国开发计划署发布的《中国人类发展报告2016》中，中国的寿命指数并不乐观。由图4-2可见，虽然中国的寿命指数高居上方，但一直呈现出缓慢增长的态势，其增长斜率在图4-2的各指数中明显偏低，甚至在2000年之后低于教育指数增长的斜率。从表4-5关于寿命指数的数据中不难看出，虽然中国的寿命指数远高于世界各国平均的寿命指数，但从2000—2017年的增长率来看，中国寿命指数的增长率低于世界各国平均寿命指数的增长率，并且是表4-5中唯一一项中国的增长率低于世界各国平均值的数据。因此中国寿命指数的现状并不乐观。

（三）与发达国家相比，中国的社会保障水平明显偏低

寿命指数关乎人类发展最基本的民生方面，与寿命指数最直接相关的应该是人民生活、医疗服务和社会保障。由于世界很多发展中国家在社会保障方面仍处于起步的阶段，因此本书没有取得关于世界各国社会保障支出的平均值。以下本书来对比中国与一些发达国家的社会保障支出占GDP比重这一指标。由表4-6可见，在所列的这些发达国家中，法国的社会保障支出占比最高，瑞典其次，美国的社会保障支出占比最低。从社会保障支出占比的变动趋势来看，法国、日本的增长趋势明显，而德国、瑞典、英国和美国的社会保障支出占比则呈现出上下波动的态势。而中国在社会保障支出占比这一指标上的数值较低，社会保障支出占GDP的比重在早期仅为发达国家的1/4左右。尽管随着近年来国家对社会保障投入的增加，这个比例已上升到1/3左右，但仍然有上升空间。

表4-6　社会保障支出占GDP的比重　　　　单位:%

年份	2007	2008	2009	2010	2011	2012	2013	2014
中国	5.9	6.8	7.0	7.04	8.0	9.4	10.0	11.5
法国	27.96	28.19	30.54	30.66	30.47	31.03	31.49	31.94
日本	17.71	18.72	20.9	21.26	22.29	22.23	22.16	22.91
德国	21.09	21.22	26.67	25.92	24.66	24.56	24.76	24.85
瑞典	25.51	25.57	27.66	26.27	25.78	26.71	27.39	27.14
英国	19.53	20.88	22.98	22.79	22.43	22.5	21.87	21.58
美国	15.86	16.55	18.59	19.35	19.09	18.79	18.82	18.81

资料来源：OECD数据库、中国国家统计局。

中国在社会保障等方面的投入低于发达国家主要原因之一是财政收入占 GDP 比重相对较低。事实上，在扣除军费之后，大部分发达国家财政收入占比均在 30% 以上，占比最高的国家（法国和瑞典）甚至可以达到 50%。美国的财政收入占比最低，但 2015 年仍然超过 30%。而中国 2005 年仅为 15%，2015 年增加到约 20%（景维民 等，2019)[①]。财政收入占比较低的状况，制约了中国将更多的资源投入教育、医疗和社会保障等直接关乎民众生活的领域。加之中国是发展中国家，需要将更多的资源投入基础设施的建设中，这就导致原本就相对不多的财政收入难以较多地顾及社会保障等领域。

改革开放以来，中国人类发展所取得的成绩是巨大的，但也存在一些问题。为了进一步分析中国各地人类发展指数增长的动因，以及影响中国人类发展的主要因素，促进中国人类发展水平进一步提高，有必要构建计量经济模型并进行实证分析，探析影响中国人类发展指数变动的机制和动因。

五、中国人类发展指数的影响因素的实证分析

（一）计量模型的选择与构建

本书的研究对象是 1990—2018 年度中国各省份人类发展指数，这样的数据形式形成了一个典型的数据面板，适合采用面板数据的计量模型进行研究。

本书面板模型的基本形式为：

$$y_{it} = \alpha_0 + \beta_1 X_{1it} + \cdots \beta_k X_{kit} + \varepsilon_{it} \qquad (4\text{-}8)$$
$$i = 1, 2, \cdots, N; \ t = 1, 2, \cdots, T$$

式（4-8）中，i 表示横截面上的个体，t 表示纵向的时间点，X_{kit} 为省份 i 在 t 期的第 k 个解释变量值。

（二）影响因素的变量选择

本书对可能影响 HDI 数值的诸多经济社会变量进行了广泛的筛选和比对，最终选择了以下变量。

1. 人均（实际）GDP。经济增长是影响人类发展指数的最主要的因素，经济增长的最直接影响便是人们生活水平的提高。收入水平提高，居民便能享受更好的居住环境、更好的医疗卫生条件，享受更加前端的教育，这些带来的便是受教育程度的提升和预期寿命的延长。因此，经济的迅猛发展应该能直接带来人类发展指数值的增加。

2. （人均）财政教育经费支出。政府财政的教育经费支出直接影响的是人类发展的教育指数，教育是一项公共事业，主要依靠政府的大力扶持，政府承担着对教育的职责，教育也是民生发展的重要方面，因此教育经费支出直接影响着一国的人类发展水平。

---

① 景维民，裴伟东. 国家共享水平测度：中国与发达国家的比较 [J]. 社会科学，2019 (7)：31-42.

3.（人均）财政医疗卫生经费支出。医疗水平提升，才能带来寿命的延长，而医疗费用支出通过影响寿命指数，最终影响人类发展指数。虽然中国的医疗卫生体制正在不断完善中，财政医疗卫生经费支出占 GDP 的比重有一定上升，但与同等发展程度的国家相比仍有一定的差距，这也是影响中国各地人类发展水平的一大因素。

4. 城镇化率。城镇化率是指一个地区城镇常住人口占该地区常住总人口的比例。城镇居民在经济收入、教育获得和医疗保障等方面都远超农村居民。因此，城镇化水平越高，经济便越发达，人类发展水平也越高。

5.（人均）财政社会保障和就业经费支出。社会保障和就业支出即政府在社会保障和就业方面的保障性经费支出，这是政府促进民生发展的重要手段，而政府投入的社会保障和就业支出直接影响着广大人民群众的生活。

从表 4-7 各变量的变异系数可以看出，不同地区间城镇化率的差异最大，地区之间发展不平衡的现象也比较明显，不同区域间人均社会保障和就业支出差异最小。

表 4-7　变量描述性统计

变量	均值	最大值	最小值	标准差	变异系数
HDI	0.720	0.899	0.548	0.067	0.093
人均财政教育支出	9.422	10.852	8.155	0.556	0.059
人均财政医疗支出	8.506	9.959	6.837	0.661	0.078
城镇化率	51.352	89.600	16.000	16.169	0.315
人均实际 GDP	10.320	11.600	8.703	0.540	0.052
人均财政社会保障和就业支出	9.019	11.140	8.072	0.449	0.050

注："人均财政教育支出""人均财政医疗支出""人均实际 GDP""人均财政社会保障和就业支出"均已进行对数处理，描述性统计量为处理后的统计量；表 4-8、表 4-9 同。

（三）实证分析

基于上述分析，本书选择的面板计量模型形式为：

$$\text{HDI}_{it} = \alpha_0 + \beta_1 \ln \text{EE}_{it} + \beta_2 \ln \text{ME}_{it} + \beta_3 \text{RUR}_{it} + \beta_4 \ln \text{RGDP}_{it} + \beta_5 \ln \text{SEE}_{it} + \varepsilon_{it} \qquad (4\text{-}9)$$

式（4-9）中，人类发展指数（HDI）为被解释变量，EE 表示人均财政教育支出，ME 表示人均财政医疗支出，RUR 表示城镇化率，RGDP 表示人均实际 GDP（利用名义 GDP 扣除价格因素得到），SEE 表示人均财政社会保障和就业支出，ε_{it} 为随机误差项。

1. 面板数据单位根检验

由于本书使用的面板数据覆盖时间较长，而时间序列数据往往表现出共同的变化趋势，虽然这些序列本身不一定存在内在的直接联系，但为了避免伪回归，确保分析结果的有效性，必须进行面板数据的单位根检验。对 6 个变量进行检验的结果如表 4-8 所示。

表 4-8　变量的面板单位根检验

Index	Levin, Lin & Chu t*	检验结果
HDI	−5.836***	平稳
人均财政教育支出	−13.090***	平稳
人均财政医疗支出	−18.296***	平稳
城镇化率	−4.917***	平稳
人均实际 GDP	−14.281***	平稳
人均财政社会保障和就业支出	−7.961***	平稳

注：*、**、***分别表示在 10%、5%、1%水平上显著。

由表 4-8 可见，取对数以后的人均教育支出、人均医疗支出、人均实际 GDP 和人均社会保障和就业支出均是平稳序列，城镇化率及人类发展指数都是平稳序列。

2. 面板数据回归分析

在平稳序列的基础上对模型进行豪斯曼检验，其结果为拒绝原假设（对应 P 值为 0.000），不选择随机效应模型；似然比检验显示，与混合效应模型相比，应选择固定效应模型（对应 P 值为 0.000）。由此，基于中国 31 个省份 1990—2017 年的数据对式（4-9）进行估计，估计结果如表 4-9 所示。

表 4-9　面板模型的估计结果

变量	系数	标准误差	T 值
C	0.229***	0.032	7.107
城镇化率	0.003***	0.000	23.258
人均实际 GDP	0.038***	0.004	9.424
人均财政社会保障和就业支出	0.043***	0.005	8.413
人均财政医疗支出	0.010**	0.006	2.850
人均财政教育支出	0.048***	0.009	5.392

注：*、**、***分别表示在 10%、5%、1%水平上显著。

由表 4-9 可以看出，在 5%的显著性水平下，所有变量均通过显著性检验；从系数符号可见，所有变量对人类发展指数均产生正向的影响。其中，各解释变量对 HDI 指数的影响程度依次是：人均财政教育经费支出每上涨 1%，人类发展指数将增加 0.048；人均财政社会保障和就业支出每上涨 1%，人类发展指数将增加 0.043；人均实际 GDP 每增长 1%，人类发展水平将提升 0.038；人均财政对医疗费用支出每增长 1%，人类发展指数将提升 0.010；城镇化率每提高 1%，人类发展指数将提高 0.003。上述面板回归分析的实证研究表明，前述各因素对中国的人类发展均有显著影响。

六、结论和建议

综合以上分析，本书得出的研究结论是：自 1990 年人类发展指数问世以来，中国的人类发展水平稳步提高，已成功地由低人类发展水平国家跻身高人类发展水平国家行列。但分地区来看，中国各地区间发展的不平衡不充分问题较为突出，人类发展水平的进一步提升面临一定的困难。本书认为，加强中国的教育事业和社会保障事业的投入、稳步提高中国城乡居民的可支配收入水平、保证财政医疗费用的支出比例有所提高，以及大力提高中国户籍人口城镇化率是提升中国人类发展水平的重要途径。具体建议如下：

第一，逐步提高财政对教育经费的支出占比，重点解决东中西部教育事业发展较大不平衡的问题。在中国人类发展各项分指数中，唯有教育指数尚未达到世界平均水平，是中国人类发展进程中的短板。财政对教育经费支出的力度对人类发展水平的提升影响巨大，国家应进一步加大对教育行业的投入，推动中国教育事业的发展。西部地区教育发展水平较低是导致中国教育水平发展不高的主要原因。因此，重点解决东中西部教育事业发展较大不平衡的问题，是提升中国人类发展水平的第一要务。

第二，适度提高社会保障支出占 GDP 的比重，着力提升农村居民的社会保障水平。与发达国家相比，中国社会保障支出占比偏低，社会保障水平不高是中国经济社会发展的短板之一。政府在社会保障和就业支出的高低对提升人类发展水平的影响力也位居前列。因此，要提升人类发展指数，政府财政支出应向社会保障等公益性项目倾斜。社会保障和就业方面的数据虽然并不直接纳入人类发展指数的计算，但这方面的因素对人类发展指数的三大分项指数有直接的影响。因此，适度提高社会保障支出占 GDP 的比重，进一步加强中国的社会保障事业，特别是提高农村居民的社会保障水平，对提升中国人类发展水平有着十分重要的作用。

第三，逐步提高劳动者薪酬在初次分配中的比重是提升中国人类发展水平的重要手段。党和政府一直强调要实现人均可支配收入和人均 GDP 的"同步增长"。事实上，从 GDP 计算的"收入法"来看，提高人均可支配收入就可以提高人均 GDP 水平，从而可以提高人类发展指数。但在中国经济转型的"新常态"下，经济发展大格局是"稳增长"的态势，这就要求政府采取必要的措施，逐步提高人均可支配收入占 GDP 的比重，逐步提高劳动者薪酬在初次分配中的比重，从而促进中国人类发展水平的提升。

第四，保证财政对医疗费用的支出比例有所提高很有必要。财政医疗卫生支出是一种公共卫生医疗服务，对于预防社会人群的疾病流行，保护社会的弱势群体，提高社会人口素质，具有重要意义。因此，保证财政对医疗费用的支出比例有所提高也很有必要。

第五，赋予进城农村户籍人口完全的城镇居民待遇是提升中国人类发展水平的重要途径。中国常住人口城镇化率与中国人类发展指数均与世界平均水平大致相当，均位于世界 230 余个国家和地区的 85 位左右。但中国户籍人口城镇化率却严重偏低于常住人口的城镇化率，这就带来了一些问题。中国国家统计局发布的资料显示，2018 年中国户籍人口城镇化率低于常住人口城镇化率超过 16 个百分点。这说明中国按户籍人口计算城镇化发展水平明显滞后于人类发展指数显示的人类发展水平。换言之，中国的人类发展指数与中国的户籍人口城镇化率指标严重不匹配。这也反映出中国相当一部分城镇的常住居民并没有真正完全享受到城镇居民的待遇，从而拉低了中国的人类发展指数的水平。因此本书认为，赋予进城农村户籍人口完全的城镇居民待遇是提升中国人类发展水平的重要途径。

第五章　五大社会发展指标的比较研究

一、社会发展指标的提出

　　发展问题不仅是当代社会的重大主题，也是人类历史上经久不衰的永恒主题。自改革开放以来，中国经济得到迅速的发展，2018 年国内生产总值（Gross Domestic Product，GDP）首次突破 90 万亿元，2020 年突破了 100 万亿元，经济社会发展取得了长足的进步。但是，中国经济在高速增长的同时，也在资源、环境等方面出现了一些问题，使社会各界对中国人类社会发展的评估给予了更多的关注和研究。由此，社会发展指标的构造和评估成为学界研究的热点问题。

　　自 1966 年美国社会学家鲍尔出版《社会指标》一书以来，社会指标迅速成为一个非常重要的社会学概念。并且，在 20 世纪 60 年代中期到 70 年代，世界范围内掀起了一场"社会指标运动"，大量有关社会指标的著作纷纷问世。"社会指标运动"的兴起主要有两个方面的原因：第一，随着现代社会的发展，人们普遍认识到仅仅用经济指标并不能完全反映社会的真实情况，所以，必须关注对非经济现象的测量，并制订相应的社会发展计划；第二，在现代社会中，社会的政策、决策以及发展计划所起的作用越来越大，人们普遍要求对之进行比较准确的判断或预测，而以往的统计指标并不能满足这一要求，因此，社会指标应运而生，并迅速产生重要影响。

　　美国社会健康协会（American Social Health Association）率先提出了美国社会健康指数（ASHA），用于反映一个国家的经济发展水平和该国人民生活基本需要的满足情况。其后，大卫·莫里斯博士（M. D. Morris）在 1979 年指导美国海外发展委员会并提出物质生活质量指数（Physical Quality of Life Index，PQLI），用于衡量一国的物质福利水平。理查德·埃斯蒂斯（R. J. Estes）教授于 1984 年提出社会进步指数（Index of Social Progress，ISP），用于评价一个国家或地区社会进步状况，并通过对 ISP 的不断改进，最终提出加权社会进步指数（Weighted Index of Social Progress，WISP）。1990 年，联合国开发计划署（UNDP）提出了一个衡量人类发展的综合指标——人类发展指数（Human Development Index，HDI），并成为目前最广泛应用于反映人类发展成就方面的综合指数。

　　这四种指数都是国际层面上用于衡量一国社会经济发展和人民生活质量的综合评价指标，与 GDP 指标一起并称为五大社会发展指标，并被联合国、世界银行、国际货币基金组织等国际机构广泛应用于各国的社会发展水平的评估与分析。在本章中，我们将从社会发展水平或国家实力测度的沿革出发，系统地分析五大社会发展指标的内涵及其发展轨迹，并以中国 2000—2018 年的实际数据为例，对五大社会发展指标的适应性和有效性作出比较和评价。

二、社会发展水平与国家实力测度的沿革

自古以来，国家实力的强盛推动着历史的进程和社会的发展。早在中国的秦代，商鞅就提出了"强国知十三数"的重要思想①。特别提出了"强国知十三数"，"竟（境）内仓、口之数，壮男、壮女之数，老、弱之数，官、士之数，以言说取食者之数，利民之数，马、牛、刍藁之数。欲强国，不知国十三数，地虽利，民虽众，国愈弱至削。"商鞅提出的"强国知十三数"，是观察一国国力的基本指标；如果不了解这十三个基本指标，纵然这个国家土地肥沃、人口众多，也难免会日趋衰微。

在"城邦制"下的欧洲，古希腊的亚里斯多德也认识到社会发展评估的重要性。他总共撰写了一百五十余种"纪要"来反映"城邦政情"，其内容包括对各城邦的历史、行政、科学、人口、资源和财富等社会和经济情况的比较分析。其后，这种"城邦政情"式的研究延续了一千多年，直至十七世纪中叶才逐渐被"政治算术"替代，并且演化为"统计学"（Statistics）。由此而来的"统计学"的名词中至今还依然保留了城邦（state）这个词根②。作为国民收入概念的发明者，威廉·配第将对国民核算方面的研究称为《政治算术》，他将英国的国民核算数据与荷兰、法国进行对比，以此证明无论从经济还是军事角度，英国都可以与荷、法两国相匹敌。威廉·配第对经济社会方面数据的分析、推导和政策建议对英国社会产生了重大的影响③。在《政治算术》一书中，威廉·配弟还利用各种资料，从整个国民经济联系中，对英国国民收支状况进行了分析，从而建立了"盈余收益"概念，并进行了国民收入的估计推算。遗憾的是，配第虽然表达了一种"国民收入"的概念，但并没有总结出一个反映全社会总体情况如"总产品"或"总产值"类型的综合指标。

关于社会总产品及其构成的理论，在马克思、恩格斯创立科学的社会再生产理论之前，是长期困扰资产阶级古典经济学的一个难题。马克思在理论上阐述了社会总产品及其价值构成：在不同的生产方式中，社会总产品具有不同的社会性质。在资本主义的社会总产品中，用于补偿消耗了的生产资料价值的那部分是资本家耗费的不变资本，新创造价值的那两个部分（可变资本的价值和剩余价值）之间的关系表现了资本剥削雇佣劳动的阶级对抗关系。这一理论后来成了"社会总产值"指标的理论基础。

20 世纪 30 年代，英国经济学家凯恩斯发表了《就业、利息和货币通论》一书，奠定了现代宏观经济学的理论基础。为了经济统计的方便，经济学家们在此基础上不断探索，

---

① 商君书. 中华经典名著全本全注全译丛书 19 [M]. 北京：中华书局，2018.
② 陈希孺. 数理统计学简史 [M]. 长沙：湖南教育出版社，2002：279.
③ 配第. 经济学名著译丛：政治算术 [M]. 陈冬野，译. 北京：商务印书馆，2014.

试图找出一种衡量经济发展的工具。回顾历史可以看出，GDP 是经济危机的产儿，可谓诞生于危难之中。1929 年，美国爆发经济大危机，百业凋敝，社会秩序混乱，民生艰辛。由于没有准确的统计数据，经济决策犹如盲人摸象。1932 年，为对付经济危机，应美国国会的要求，美国商务部与国民经济研究所的西蒙·库兹涅茨（S. Kuznets）等经济学家合作，开创性地编制了 1929—1932 年全国国民收入数据。1934 年 1 月 4 日，美国商务部内外贸易局向全国金融委员会呈递《美国国民收入报告（1929—1932）》，提出应用国内生产总值这一指标作为衡量经济状况的标准。这一天后来被认为是 GDP 指标的诞生日。

1944 年，布雷顿森林会议（联合国货币金融大会）决定把 GDP 作为衡量一国经济总量的主要工具。20 世纪以来，世界各国的政治、经济、文化不断发展，为了对世界各国发展水平进行比较研究，大量学者通过探索分析，构建了用于衡量国家或地区经济发展水平的指标，继 S. Kuznets（1932）创立了美国国民经济核算理论方法之后，J. Stone（1947）提出了对国民收入和相关总量的定义和测度。随着社会的进步和人类生活水平的提高，研究重心逐渐从经济指标转向社会以及人类发展指标，强调以人为本的发展目标。20 世纪中后期，众多的学者和机构设计并提出各种指标评价体系，对人类发展水平进行综合评价，除前述四大社会发展指标之外，还有例如 Michalos-Zumbo 提出的幸福指数（MZWI）、以及 SCP 生活状况指数和个人幸福指数（PWI）等。其中 ASHA、PQLI、ISP 和 HDI 四大指标在国际上被普遍认可，常用于各国人类社会发展的纵向以及横向比较。因此，学界也对此作了更多的研究。

ASHA 指数在各大指标中提出的时间较早，在 20 世纪中后期常用于对人类发展水平做综合评价。刘长生等（2008）[1] 认为：ASHA 指数的优点是在衡量社会进步程度时，不仅包括人均国内生产总值增长率，而且包括劳动力是否充分利用的就业率、反映文化素质的识字率以及卫生健康方面的平均预期寿命和婴儿死亡率等，简明扼要，便于国际间的比较研究；延希宁（1986）[2] 认为 ASHA 在指标选取上有一定的缺陷，认为 ASHA 在指数构成中使用识字率指标缺乏合理性；唐建荣等（1999）[3] 则质疑 ASHA 指数计算方法的稳定性。

PQLI 指数更侧重对于人口素质指标的衡量，尤其是在健康和教育两个方面，因此被广泛地应用在人口学和社会医学的研究中[4]。但一些学者认为：PQLI 作为衡量人类发展的指数存在设计缺陷，不能够全面代表一国的社会发展状况[5]。赵秋成（1998）[6] 认为 PQLI 在指标选取上缺乏反映人民物质生活的经济类指标，在无量纲化的处理上有时间滞后性，在计算综合指数时没有合理的赋权。因此，他引入具有代表性的经济指标以考虑经济对人类

① 刘长生，郭小东，简玉峰. 社会福利指数、政府支出规模及其结构优化 [J]. 公共管理学报，2008（3）：91-99，126.
② 延希宁. 人口、持续经济增长和可持续发展 [J]. 人口研究，1997（4）：67-70.
③ 唐建荣，徐惠娟. 可持续发展指标的建设及启示 [J]. 统计与预测，1999（5）：10-12，5.
④ 唐建荣. 社会发展综合指数的比较 [J]. 统计与决策，1999（4）：42-43.
⑤ 李松柏. 用人口质量指数分析人口质量的缺陷 [J]. 西北农林科技大学学报（社会科学版），2006（1）：59-62.
⑥ 赵秋成. PQLI 法的不足及其改进 [J]. 上海统计，1998（1）：32-34.

生活的影响，改用所计算年份数据的最值进行无量纲化处理，以消除所设定最值的时滞性带来的区间无效，使用专家打分法对各指标赋权，最终得到改进后的 PQLI，能够更加全面地评价一国经济社会发展水平。除此之外，梁鸿（2004）[①] 对 PQLI 各指标以及国民生产总值（GNP）间通过相关分析和回归分析，说明当 GNP 达到一定水平（7 128 美元）后，其他指数的变化幅度减小且趋于平稳，PQLI 对较高收入国家的灵敏性下降，不再适用于此类国家和地区。

ISP 指数则采用选取 10 个领域的 36 个指标的方式，来综合评估一国或地区在政治、经济、社会、人口等方面的发展变化情况，并被改造后用于其他方面的社会发展研究，例如全球和平指数和快乐星球指数等。但有些学者（唐建荣，1999）认为，虽然 ISP 所涉及的社会经济领域及相关指标比 PQLI 更具广泛性，但是，ISP 在发展领域和指标的选择上缺乏足够的理论说明，各领域指标的选取也极不平衡。因此，ISP 也并不适合于反映所有国家的社会进步状况。

1990 年 UNDP 发布第一份人类发展报告后，HDI 就成为最为广泛应用和研究的评估人类发展水平的指数，但仍有不少学者质疑其涉及面较少，选取指标不够合理。A. D. Sagar 和 A. Najam（1998）[②] 认为 HDI 未包含对环境因素的影响，Noorbakhash（1998）[③] 通过主成分分析对各指标重新赋权。李晶、庄连平（2007）[④] 对 HDI 的权重构建进行了探讨，通过主成分分析发现 HDI 赋予 3 个指标相同的权数是不合理的，GDP 是 HDI 中最具代表性的指标。UNDP 在 2010 年改进了 HDI，使用受教育年限替代了识字率，并发布衡量贫困和女性不平等的指数，但仍未考虑环境因素。李经纬、刘志锋等（2015）[⑤] 以 HDI 为基础，引入环境系统的可持续性，计算我国各省份改进后的 HSDI 并做区域性分析，最终研究表明我国的人类环境可持续性总体呈增长趋势，但是不同维度和不同区域可持续性变化过程存在差异。

我国目前暂未有较统一的人类发展水平的综合评价体系，但众多学者在研究社会发展指数和构建我国社会指数方面开展了一些研究工作。唐建荣（1999）和唐晓岚（2003）[⑥] 分别对美国的社会发展综合指数进行了评析，比较了各指标的目的和构成。朱成全（2011）[⑦] 以马克思自由发展观为基础，从物质、精神、政治和生态四个方面构建我国人类

① 梁鸿. 人口质量指数（PQLI）适用性评估 [J]. 中国社会医学，2004（6）：12-13，16.

② SAGAR A D, NAJAM A. The human development index: a critical review [J]. Ecological Economics, 1998, 25（3）: 249-264.

③ NOORBAKHASH F. The human development index: some technical issues and alternative indices [J]. Journal of International Development, 1998, 10（5）: 589-605.

④ 李晶，庄连平. 对人类发展指数的权重结构探讨：基于中国的实证分析 [J]. 统计教育，2007（12）：8-10.

⑤ 李经纬，刘志锋，何春阳，等. 基于人类可持续发展指数的中国 1990—2010 年人类-环境系统可持续性评价 [J]. 自然资源学报，2015，30（7）：1118-1128.

⑥ 唐晓岚. 美国及联合国社会指标模型评析 [J]. 发展研究，2003（4）：51-52.

⑦ 朱成全. 以自由看发展：马克思自由发展观视阈中的人类发展指数扩展研究 [M]. 北京：人民出版社，2011.

发展指数，并实证分析我国各省份地域间人类发展水平的差异性。李连友（2016）[①]通过对社会统计指标的基本理论和国内外社会统计指标的历史及现状进行详细的解析，构建了以社会本质为核心包含经济、科技和环境指标的社会统计指标体系。

国外学者对社会发展指数的研究颇多，Alex. C. Michalos（2004）[②]将国际上关于生活质量，包括与健康相关的研究进行了总结和归纳，讨论了不同学者或机构对20世纪60年代以来对生活质量相关观念的理解，并编制成《生活质量与福利研究百科全书》，详细介绍了多种国际上关于人类生活和福利的指数及其编制和构成，例如，详细介绍了ISP指数的7个发展阶段，以及在每一个改进阶段如何选取更加合理的指标或改变指标的适用范围。

综合以上文献，国内外的研究都包括了人类发展的指数评价、算法研究、缺陷改进以及实证研究，但国内的研究更注重我国各省份的人类发展水平的区域性分析以及如何建立适合中国国情的社会评价体系。

三、五大社会发展指标的构建与评述

（一）GDP 指标的构建与评述

GDP系指在一定时期内，在一国领土上合法产出的所有最终产品和服务的市场价值的总和。1934年，美国哈佛大学经济学家西蒙·史密斯·库兹涅茨在给美国国会的报告中正式提出GDP这个概念，1944年的布雷顿森林会议（联合国货币金融大会）决定把GDP作为衡量一国经济发展总量的主要工具。

中国的GDP核算历史并不长。20世纪80年代初，中国开始研究联合国国民经济核算体系的GDP指标。1985年，中国建立了GDP核算制度。1993年，取消了国民收入（NI）和GNP核算，从此，GDP成为国民经济核算的核心指标。图5-1显示了中国2010—2018年GDP指标的发展趋势（注：由于五大社会指标的数据可获得性不同，为便于比较分析，本章统一采用了2010—2018年的数据进行比较分析）。

改革开放以来，我国国民经济蓬勃发展，经济总量连上新台阶。以2010—2018年为例，如图5-1所示，此时间段内GDP定基指数呈直线式上升，我国综合国力和国际竞争力进一步增强，成功实现了从低收入国家向上中等（中等偏上）收入国家的跨越。1978年，我国GDP总量位居世界第10位，占世界的份额仅为1.8%。2010年，中国的GDP总量首次超过日本，成为仅次于美国的世界第二大经济体。2018年，中国的GDP首次突破了90万亿元，占世界的份额达到13.5%，创造了人类经济发展史上的奇迹。

---

① 李连友. 中国社会发展指数的构建与实证：面向全面小康社会 ［M］. 北京：中国市场出版社，2016.

② MICHALOS A C. Social indicators research and health-related quality of life research ［J］. Social Indicators Research，2004，65（1）：27-72.

图 5-1　中国 2010—2018 年 GDP 定基指数趋势（以 2010 年为 1）

实践已经证明，GDP 可以反映一个国家或者地区经济发展的大致状况。但是，如果只是盲目地追求 GDP，则会带来一系列问题。如，经济虽然增长了，但社会事业、环保事业未能同步发展；在 GDP 增长的同时，生态破坏和环境污染问题随之出现；收入分配差距的扩大，带来普通群众生活质量的下降、社会的不和谐。2014 年的中央经济工作会议就强调，"要全面认识持续健康发展和生产总值增长的关系，不能把发展简单化理解为增加生产总值，既要保持 GDP 合理增长，又不能简单以 GDP 增速论英雄"。事实上，自 20 世纪 70 年代以来，国际上对于 GDP 存在的各种缺陷逐渐有了深入的认识，不断有学者和机构提出了一系列衡量发展状况的综合指标。其中 ASHA、PQLI、ISP 和 HDI 这四大指标就是其中主要的评价指标和方法。

（二）ASHA 指数的构建与评述

ASHA 指数是由美国社会健康协会（American Social Health Association）设计并以该组织命名的一个综合评价指标，主要用来反映一国尤其是发展中国家的社会经济发展水平以及在满足人民基本需要方面所取得的成就。ASHA 选择了 6 个指标，即就业率、识字率、预期寿命指数、人均 GNP 增长率（现用人均 GDP）、婴儿死亡率和人口出生率，并设定其最优值（85%、85%、70、3.5%、25‰、50‰）作为发展中国家的目标值，ASHA 指数相应的综合的最优值为 20.23。由于 ASHA 所选的社会性的指标数多于经济指标，并且各指标之间的合成方式也不能全面地反映一国的经济水平和国民生产和收入情况，因此指数的稳定性较差。但是作为衡量社会发展指数的先驱，ASHA 指数为后来的许多社会综合评价的指标打下了基础，提供了研究的思路，留下了进步和改进的空间。

与 GDP 相比，ASHA 指数覆盖了经济、教育、健康和就业等方面，更具有全面性。但是在指标衡量的对象上具有局限性，ASHA 指数仅对于发展中国家的人口素质评价有一定的代表性。如我国 2000 年的 ASHA 指数值为 154.04，远高于 ASHA 所设定的 2000 年发展中国家的目标水平，因此 ASHA 指数已不再适合用作对我国人口素质的综合评价。而且，很多学者认为 ASHA 指数在部分指标的选取上也缺乏代表性：识字率和人均 GDP 增长率都不能完全反映一国的教育水平和经济水平（例如 HDI 最初也曾使用这两个指标，但后来改为使用平均受教育年限和人均 GNI）。在指数计算上，ASHA 使用乘除合成法，易受极端值和特殊值的影响而变化幅度大，不太适合目前对世界各国社会发展水平的衡量。

ASHA 指数的计算方法如式（5-1）所示：

$$\text{ASHA 指数} = \frac{\text{就业率×识字率×预期寿命指数×人均 GDP 增长率}}{\text{人口出生率×婴儿死亡率}} \tag{5-1}$$

我们以中国 2010—2018 年的数据为例，计算中国的 ASHA 指数如图 5-2 所示。

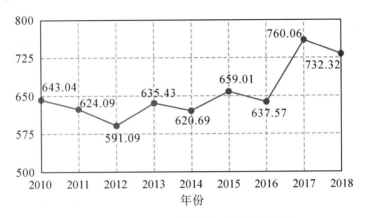

图 5-2 2010—2018 年中国 ASHA 指数趋势

由图 5-2 可见，ASHA 指数波动较大，没有明显的规律性，说明通过 ASHA 指数计算的我国人类发展水平没有稳定的趋势，在 2012 年我国人民的健康教育和社会发展综合水平最低，这是因为 2012 年中国人均 GDP 增长率较低。2017 年是发展水平最高的一年，该年度人均 GDP 增长率最高，可见人均 GDP 增长率对于 ASHA 的影响度较大，但该指数不能够反映经济总体水平。此外，我国 2010 年以来的 ASHA 值均远高于所设定的发展中国家 2000 年的目标值 20.23，可见 ASHA 指数值与我国发展现状的差异较大，不适用于衡量我国目前的社会发展水平。

（三）PQLI 指数的构建与评述

PQLI 通常被译为物质生活质量指数或人口生活质量指数。它是 1975 年在大卫·莫里斯（D. Morris）博士指导下，由美国海外发展委员会提出的，其目的是衡量一个国家或地区人民的营养、卫生保健和国民教育水平。其计算方法是由成人识字率指数、婴儿死亡率指数和 1 岁平均寿命指数之和除以 3 所得到。生活质量指数的评价标准为 PQLI 大于 80 为高素质人口，PQLI 小于 60 为低素质人口。

PQLI 建立的初衷是衡量世界贫穷地区的生活条件，让研究人员根据现实生活条件水平对国家排名，而不仅仅是通过一国的经济收入。Morris 认为，世界银行和美国国际开发署将 GDP 作为人类发展的基本指标存在严重的缺陷，"很明显，没有人能够以每美元一美元的价格购买美元""但国民生产总值忽视了价格和收入分配的差异。它也未能说明收入的有效性"。Morris 通过 PQLI 指数值将世界人类发展水平分为 3 个水平，PQLI 值高于 80 为高人口素质，高于 70 为中等水平，低于 60 为低人口素质。1960 年，127 个国家 PQLI 的平均值为

50.1，世界上53%的人口社会在PQLI值低于50的国家，1990年PQLI均值上升至71.7，仅11%的人口社会在PQLI值低于50的国家。

PQLI由三个指标所构成：婴儿死亡率指数（IMR）、预期寿命指数（LEI）和识字率指数（LII），与ASHA的指标构成相类似。PQLI是最早的使用非经济社会指标来衡量一国的物质需求的指数，反映了人口的生活质量水平，综合测度一个国家人民在生命、健康、教育等物质领域的进步状况。但是PQLI的衡量侧重点在物质生活需求上，无法全面地反映较高收入的发展中国家和发达国家人口的生活条件，无法客观地衡量全球人类发展水平。PQLI虽然在构成上与HDI的构成相似，但PQLI的评价核心在物质生活上，仅仅从教育和健康两方面评估人口素质，而HDI还考虑了经济因素。同时，由于他们评价对象国家的发展程度不同，PQLI在目标对象的选取上更具有局限。因此HDI较PQLI能够被更加广泛应用于计算和评价世界各国人类发展情况。

计算PQLI首先需要对指标进行无量纲化处理，同时，将逆指标转化为正指标，各指标转换方法见表5-1。

表5-1　PQLI各指标的无量纲化

维度指数	指标	最大值	最小值	换算尺度	转化公式
IMR	每千名婴儿实际死亡数 PSBD（‰）	229	7	$\dfrac{229-7}{100}=2.22$	$\dfrac{229-PSBD}{2.22}$
LEI	平均预期寿命 LE	77	38	$\dfrac{77-38}{100}=0.39$	$\dfrac{LE-38}{0.39}$
LII	15岁以上人口总数 TM、15岁以上识字人口数总数 PLM				$100\times\dfrac{PLM}{TM}$

PQLI指数是婴儿死亡率（IMR）、预期寿命（LEI）和识字率（LII）的算术平均数。即

$$PQLI=\frac{IMR+LEI+LII}{3} \tag{5-2}$$

在构成PQLI的三个维度指数中，IMR和LEI都是用于反映健康情况，简单的算术平均赋予了健康指标双重权重，并且忽略了经济指标，这种指数的构建框架有失社会指标评价的均衡性。

我们以中国2010—2018年的数据为例，计算中国的PDLI如图5-3所示。

由图5-3可见，PQLI呈上升趋势，说明我国在2010—2018年，人民在营养、健康和教育方面的物质生活质量水平得到了提高，且此期间，我国PQLI值均大于80，属于高水平的物质质量生活。

虽然PQLI的增长趋势稳定，但是2018年中国的PQLI的值已接近该指数值域（0~100）的最大值。这是由于PQLI衡量的对象为发展中国家的人口素质，指标的选取也更契合经济不发达地区的发展情况，对中国这种发展水平的国家，经济水平较高使得教育指标达到饱和，最终指标值也极高。但中国毕竟还是一个发展中国家，如此之高的指数值，没有准确地反映我国目前实际的发展状况。

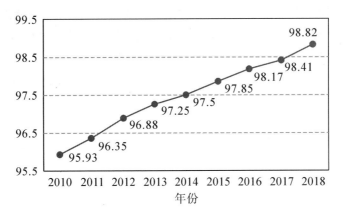

图 5-3　中国 2010—2018 年 PQLI 趋势

（四）ISP 指数的构建与评述

ISP 也称为社会进步指数，是由美国宾夕法尼亚大学的理查德·J. 埃斯蒂斯（R. J. Estes）教授在国际社会福利理事会的支持下于 1984 年提出的，它包括 10 个社会经济领域的 36 项指标。10 个领域分别为教育、健康状况、妇女地位、国防、经济、人口、地理、政治参与、文化、福利成就。ISP 的合成包括加权和不加权两种计算方法。未加权社会进步指数的计算，假定各指标在描述国家的发展水平方面具有同等的重要性。加权社会进步指数是在不加权的 ISP 的基础上，对各子领域的指数值作因子分析得到一组统计权数，然后对各子领域得分进行加权，最后得到加权社会进步指数值。

ISP 在衡量对象上有一定的局限性，能够使用 ISP 的国家和地区需要满足以下需求：人口接近或大于一百万人；需要有合理的政治稳定性；能够为 ISP 指标提供有效的数据；该国在 ISP 制定阶段才能被纳入 ISP 的研究范围内。根据 2012 年的统计更新，ISP 已监测了 50 个非洲国家、45 个亚洲国家、36 个拉丁美洲国家、2 个拉丁美洲国家和 3 个大洋洲的国家。根据各国地理区域以及社会经济发展情况，将 162 个国家和地区分为 4 个水平，其中发达市场经济体（DME）34 个，独立联合体（CIS）21 个，发展中国家（DC）66 个，最不发达国家（LDC）41 个。其中，中国属于 DC，中国香港特别行政区属于 DME。

ISP 涵盖教育、健康状况、女性地位、国防、经济、人口、环境、社会稳定、文化多样性和社会福利这 10 个相关的社会经济领域，共由 36 项指标组成，是 4 大社会指标指数中考虑范围最广泛的一个指数，也是能够包含评价发达国家和较高收入的发展中国家的经济政治等发展情况的指数，是建立在一个国家有较为完善的社会保障体系的基础上的评价机制。因此不同于其他衡量社会发展的指标，其指标的全面性和代表性都有一定的优势。但是在适用国家的选取上存在着局限性：ISP 没有考虑不同社会发展国家的阶段性差异，例如贫困国家的福利体系不一定已建立完善，有极大的可能性存在这一领域的数据缺失。除此之外由于需要指标数据较多，无法完全与国际标准一致，因此在部分数据的可操作性上存在一定的问题。

由于 ISP 所需数据的数量和种类繁多且复杂，需要先对众多社会经济指标的数据进行同方向化、无量纲化及标准化处理后，再进行平均化处理，最终用于测量社会发展程度。

我们以中国 2010—2018 年的数据为例，计算中国的 ISP 如图 5-4 所示。

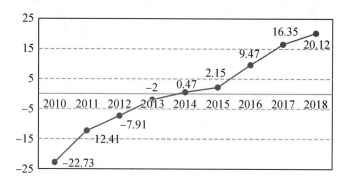

图 5-4　中国 2010—2018 年 ISP 得分

由图 5-4 可见，我国 2010—2018 年 ISP 持续上升，较好地综合反映了我国的社会进步和发展。但是，ISP 编制中所需要掌握的指标数较多，并且在发展领域和指标的选择上缺乏足够的理论说明，各领域指标的选取也不够平衡。因此，很多学者认为 ISP 并不适合于对比国家和地区之间的社会进步状况。

（五）HDI 指数的构建与评述

人类发展指数在 1990 年由联合国开发计划署发布，其目的为"将发展经济学的重心转移到以人为本"。主要包含对于人类发展的定义和定量分析，通过人民的寿命健康、受教育程度和满意的生活水准三个维度，讨论了经济增长与人类发展的关系。为了反映各国和地区人类发展质量，计算世界各国的 HDI 值并进行排名，将所有国家的人类发展水平分为极高（不低于 0.8）、高（不低于 0.7）、中等（不低于 0.55）、低（小于 0.55）四个等级。2018 年，中国的人类发展指数达到 0.771，比 2017 年提高了 0.009 个指数点。按具有数据可比性的 2017 年数据对比，中国 2017 年度的人类发展指数为 0.762，超越了世界各国 2017 年的平均值 0.728；从各关键分项指标来看，2017 年，中国儿童的平均预期寿命达到了76.4 岁，超过世界各国平均值 4.2 岁；中国儿童的预期受教育年限达到了 13.8 年，超过世界各国平均值 1.1 年；中国居民以购买力平价计算的人均 GNI 达到 15 270（ppp $），与同期世界各国的人均 GNI 平均值 15 295（ppp $）基本持平。

根据 2018 年联合国发布的人类发展报告技术手册，HDI 的构成为：

（1）教育指数：用预期受教育年限指数和平均受教育年限指数的算术平均值，代表集中趋势，反映一个国家对教育的重视程度和发展状况以及该国人民接受教育的总体情况。

（2）出生时的平均预期寿命：一个人能否长寿除了先天基因条件以外，还需要良好的生活条件，例如对营养的摄取、医疗条件的完备性等。因此预期寿命是对一个国家或地区的营养健康和医疗基础设施的总体发展水平的综合评价。

（3）人均 GNI：从收入的角度，直观反映一国人民生活的经济条件，从而映射出其总体生活水平。

HDI 的计算方法是：先确定各指标的阈值，然后对各指标进行无量纲化处理，各指标的阈值见表 5-2；将指标实际值转化为指标评价值，其转化如式（5-3）所示。

表 5-2　HDI 各指标数据标准化

维度指数	指标	最小值	最大值
健康（LEI）	预期寿命年限	20	85
教育（EI）	预期受教育年限	0	18
	平均受教育年限	0	15
生活水平（GNI）	人均国民总收入	100	75 000

$$指标评价值 = \frac{指标实际值 - 最小值}{最大值 - 最小值} \tag{5-3}$$

然后，将预期受教育年限与平均受教育年限两指标再加以平均形成教育指数。最后，将三个维度指数平均形成 HDI：

$$HDI = \sqrt[3]{LEI \times EI \times GNI} \tag{5-4}$$

目前联合国对 HDI 的计算方法是对上述三个维度指数取几何平均数，取消了 2010 年前采用的算术平均方法。这是因为相对于算术平均数而言，几何平均数的计算方法更能体现每一个指标的变动影响程度。

中国 2010—2018 年 HDI 指数及各指标变动如图 5-5 所示。

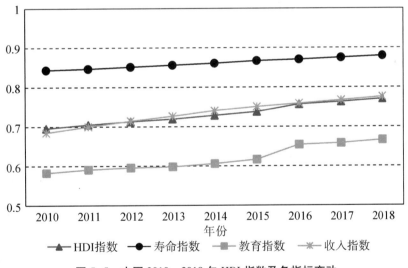

图 5-5　中国 2010—2018 年 HDI 指数及各指标变动

由图 5-5 可见，自 2010 年以来，我国的健康指数和教育指数均稳定增长，但增长较为缓慢，但由于收入指数强力拉升，带动了我国 HDI 总指数的明显增长。由此可见：第一，虽然我国的平均预期寿命在国际上处于较高的水平，但距离发达国家还有较大的差距。由于平均预期寿命指标的性质所限，其表现为缓慢而稳健的增长也是比较正常的。第二，我国的教育指数仍处于相对较低的位置，距离发达国家的差距还比较明显，在一定程度上拖了我国人类发展的后腿，有待于进一步加强和提高。第三，我国的收入指数增长强劲，推动了我国 HDI 的稳定增长。但也要看到：我国的经济增长已经由数量上的高增长向质量型的稳定增长转型，单纯靠收入指数的增长已经不足以推动我国人类发展指数的强劲上升。要推动我国人类发展指数的稳健进步，就必须更加重视我国的健康指数和教育指数的提高。第四，从我国的 HDI 指数值来看，2018 年我国 HDI 值为 0.776，距离极高人类发展水平值 0.8 的差距正逐年缩小，说明我国有潜力在未来几年成为极高人类发展水平的国家。

四、分析结论和建议

综合以上分析可知，在五大社会发展指标中，GDP 指标具有源远流长的悠久历史底蕴，居于一种独特的优势地位，但其不足之处在于：它只能反映经济发展，而经济发展不能够代替社会的全面发展。ASHA 指数的构架中，虽然既有经济指标，又有社会指标，但由于其合成方式的缺陷，会导致 ASHA 指数的计算值会出现忽高忽低的不稳定状态，因此也不适合国家和地区社会发展情况的测度。PQLI 缺少对经济领域的评价、对健康指数的双重权重，都是源于 PQLI 的衡量侧重点在物质生活需求上，它对初级的发展中国家物质生活水平的评价有一定的可行性，但无法全面地反映较高收入的发展中国家和发达国家人口的生活条件，因此无法客观地衡量全球人类发展水平。而 ISP 由于在指标数据较多，首先在资料的收集上就存在较大的困难，而且所需数据缺失较多且评判标准不一，其包含的一些指数涉及宗教和社会制度等方面，与国家之间在政治经济和社会的客观差异很难给予准确的评估，故不便于准确评估国家与地区之间客观的社会发展状况。HDI 不论从涵盖的范围上看、从包含指标的维度上看、从指标的可获得性上看、从指标的代表性以及合成方法的合理性等诸多方面来看，都是在这四个综合社会发展指数中，最具有科学性、实用性和可操作性的社会发展指标。因此，为了准确、客观和全面地反映我国的社会发展，同时也避免单纯强调 GDP 指标所造成的"弊端"，在我国的地区之间的社会发展水平和业绩的测度和评估时，应当提倡"以人民为中心"、以提高人民群众的福祉为准则、以人类发展指数即 HDI 为评价的标准，才能真正走出"以 GDP 论英雄"的误区。

自 20 世纪 50 年代以来，我国在提高人类发展水平上取得了举世瞩目的成就，为世界人类发展贡献了中国经验和智慧。进入新时代，我国社会主要矛盾转化为人民日益增长的美好生活需要和不平衡不充分发展之间的矛盾。回照现实，发展的不平衡不充分存在于经济社会各领域、各区域和各群体之间，而要破解新时代社会主要矛盾，就必须坚持以人民为中心的发展理念，通过客观科学的指标度量我国人类发展中的不平衡不充分现状，才能构建更高质量的发展模式来适应新时代要求。

由以上分析可见，在五大社会发展指标中，人类发展指数（HDI）具有独特的优势和作用，因此得到了国际学界和国际组织的重点关注和广泛应用。因此，作为本书的主要研究对象，以下我们着重对人类发展指数进行研究。研究的顺序是：首先对构成 HDI 的三大分项指数即预期寿命指数、教育指数和收入指数进行分析研究，然后对传统的 HDI 指数进行拓展性的研究和应用性的研究。

第六章 中国人类福祉地域差异演变及影响因素分析

一、研究背景与文献综述

自改革开放以来，我国经济实现了跨越式的发展，同时在教育医疗等基础保障领域也取得了举世瞩目的成果，人民生活水平得到显著改善。坚持以人民为中心的发展思想是新时代中国特色社会主义的价值取向，其本质就是以人民为中心，发展的出发点和落脚点是为人民生活谋福祉，为人民谋发展。而且，人类福祉的提升也是世界各国都十分关注的一个重大课题。因此，如何对人类发展水平进行量化，如何评估和对比各国或各地区人类福祉，就成为国际社会和国际学界需要解决的一个重大问题。

近几十年来我国经济飞速增长，教育医疗等公共服务项目发展成效显著，这一系列的成就既是全面实现小康社会的必然结果，更是实现中华民族伟大复兴所必须要攻克的重要问题。在新的历史时期，我国党和政府不失时机地提出了加快转变经济发展方式，实现由高速增长向高质量发展转变，在整体上提升发展质量、提高人民生活幸福感的重要决策。

同时，由于中国地大物博，各地区自然条件和资源禀赋差异很大，经济社会发展水平也有很大的差异。因此，关注区域发展的均衡，缩小区域之间发展水平差异也是十分必要的。促进区域之间的协调发展不是缩小地区之间经济差异，其重点是要让不同地区的居民享有相对均衡的生活状态的同时能够获得相对均衡的人类福祉。对于人类福祉的客观衡量，采用国际公认的人类发展指数是较为简明且应用最广的度量指标。因此本书基于 HDI 角度来研究我国人类福祉的区域差异以及演变情况，具有重要的理论和现实意义。

由此，在本章中我们需要研究的主要问题包括：我国人类发展指数的演变历程以及区域之间差异的演变是如何进行的？如何进行人类福祉的空间差异度量？空间差异的演变与人类发展水平之间是否有相同或者相反的演变规律？有哪些因素影响着人类发展水平的增长或促进？以及有什么因素会制约全国人类发展水平的上升？对此，本章采用的研究方法是：首先，基于上述问题本章选取了我国 1990—2017 年相关数据进行实证研究，分析我国各地区 HDI 发展情况，并利用空间基尼系数和泰尔系数量化人类福祉的空间差异以及差异分解，最后通过岭回归分析来对 HDI 影响因素进行实证研究，并结合实证分析的结果得出了相应结论和政策建议。

学术界对于我国人类福祉发展情况的研究较多，但其中多数是基于经济发展水平的角度进行研究分析的。这里需要指出的是，尽管生活水平以及福祉水平可以通过消费来界定，但是这种量化方法是基于人的效用视角，并不能够完整地对地区间的福祉差异进行比对分析。因此，国内也有学者将人类发展指数透视到中国各区域之间，利用 HDI 来量化人类福祉，如杨永恒等（2006）[①] 在对人类福祉的水平进行量化时就采用人类发展指数作为量化指标，分析了中国人类发展的地区差距和不协调性，并提出了"一个中国，四个世界"的观点。

本书对相关文献的研究所得出的结论是：国内学术界对中国人类福祉测度以及对于人类福祉不均衡的研究分析均较多，但是这类研究主要是基于《中国人类发展报告》所公布的少数几年间断的 HDI 值进行的，不足以细致地量化 HDI 在各个区域的差异及影响因素。因此有必要根据最新的 HDI 测算方法来测算出我国在一个较长时期内我国各省际的 HDI 指数值，再根据得到的数据进一步分析人类发展的动态演变历程以及空间差异的发展历程。

国内学者利用 HDI 来透视地区人类发展水平的研究成果颇多，如宋洪远等（2004）[②]利用 HDI 对我国城乡差距及省级区域差距进行了测算，其分析认为，我国的城乡经济发展差距以及健康水平差距呈扩大趋势。王圣云（2016）[③] 利用 HDI 对我国人类福祉的演进模式进行了分析研究。但是，现有研究更多关注的是我国人类福祉的整体演变情况，较少关注地域之间人类发展水平差异的分解。杨永恒、胡鞍钢、张宁（2005）[④] 采用了主成分分析的方法对 HDI 进行了主成分分析并得到了主成分的表达式。因此有必要选取能够对人类福祉的空间差异进行测量的指标，并能够对其进行分解，进一步得到人类福祉的区域差异的主要成因是区域之间发展不均衡还是区域内部的发展不协调。

对于人类福祉的影响因素分析，已有学者从城市视角、教育医疗、收入、生态环境以及制度变迁视角来进行了剖析，如黄甘霖等（2011）[⑤] 则基于省级面板数据通过实证分析证实了这一观点。当然也有研究有不同的结果，戴珊珊（2007）[⑥] 的实证研究指出在1990—2003 年我国政府支持对于 HDI 的促进作用比较微弱，谷民崇（2013）[⑦] 的研究指出政府的公共服务支出对 HDI 起着积极作用。

在不同地区人类发展指数的测算方面，目前的研究主要是根据《中国人类发展报告》所公布的测算方法，通过选取、改进或补充 HDI 的三个分项指数——预期寿命指数、教育

① 杨永恒，胡鞍钢，张宁. 中国人类发展的地区差距和不协调：历史视角下的"一个中国，四个世界"[J]. 经济学（季刊），2006（2）：803-816.

② 宋洪远，马永良. 使用人类发展指数对中国城乡差距的一种估计 [J]. 经济研究，2004（11）：4-15.

③ 王圣云. 中国区域人类福祉的产出绩效与模式演进：1990—2010 [J]. 经济问题探索，2016（4）：106-113.

④ 杨永恒，胡鞍钢，张宁. 基于主成分分析法的人类发展指数替代技术 [J]. 经济研究，2005（7）：4-17.

⑤ 黄甘霖，姜亚琼，刘志锋，等. 人类福祉研究进展：基于可持续科学视角 [J]. 生态学报，2016，36（23）：7519-7527.

⑥ 戴珊珊. 中国人类发展指数及其与政府支出的相关分析 [J]. 经济体制改革，2007（3）：40-43.

⑦ 谷民崇. 公共服务支出对人类发展指数影响的逻辑思考与实证检验 [J]. 社会科学辑刊，2013（4）：51-56.

指数、收入指数，采用特定的处理地域、空间等因素的方法衡量不同地域之间的差异。事实上国内学术界对此也十分重视。例如，王圣云、罗玉婷、韩亚杰、李晶（2018）[①] 应用泰尔系数、空间基尼系数分解来测度了人类福祉的地区差异及其演变趋势；并将中国人类福祉地区差距演变过程大致分为四个阶段，并总结了四大区域间差异和区域内差异。李晶、李晓颖（2012）[②] 用空间距离法分析了区域人类发展的差异，创造了区域人类发展指数（RHDI），实现了对中国各个地区人类发展状况更准确的刻画。杨永恒、胡鞍钢、张宁（2005）[③] 采用多元统计分析中的主成分分析的方法，以 HDI 为研究对象，并对其进行了主成分分析，最终得到了主成分的表达式。而国外学者 A. D. Sagar 和 A. Najam（1998）[④] 认为 HDI 未包含对环境因素的影响，Noorbakhash（1998）[⑤] 通过主成分分析对各指标重新赋权。

在区域人类发展指数的应用方面，目前的研究主要是关于测算各地区人类发展指数，研究不同地区经济、社会发展差异，进而透视地区人类发展水平。例如，田辉、孙剑平、朱英明（2007）[⑥] 选取江苏、浙江、上海、山东、福建和广东六省份为研究对象，从健康、教育和经济水平三个角度来综合测度了其经济、社会发展水平，并对这三个方面的差异进行了比较，为客观评价六省份的人类发展状况提供了一个新的视角。

综上所述，尽管众多学者对人类发展指数的影响因素研究各抒己见并且都进行了深入的分析，但可能因为数据来源以及指标统计口径等因素的不同使得分析结果出现不同，以及在进行实证分析中对于时序数据没有考虑平稳性以及共线性等问题均可能使得最后的分析结论有一些差异，因此有必要在分析人类发展指数的影响因素时，考虑上述可能出现的系列问题。对此，本章将基于 HDI 测算视角来对我国人类福祉的整体演变态势进行分析，并进一步将我国分为 4 个区域，分别是包含北京、天津、河北、上海、江苏、浙江、福建、山东、广东以及海南的东部地区，包含辽宁、吉林以及黑龙江的东北部地区，包含山西、安徽、江西、河南、湖北以及湖南的中部地区，包含内蒙古、广西、重庆、四川、贵州、云南、西藏、陕西、甘肃、青海、宁夏以及新疆的西部地区。本章还利用空间基尼系数来进行了人类福祉空间差异的度量并分析了人类福祉的地域差异演变历程以及发展态势；选用泰尔系数对差异进行了分析，将空间差异分为区域间和区域内差异实现。根据得到的泰尔系数以及差异分解情况得出相关结果，最后对 HDI 的影响因素进行分析并提出相应的政策建议。

---

① 王圣云，罗玉婷，韩亚杰，等. 中国人类福祉地区差距演变及其影响因素：基于人类发展指数（HDI）的分析 [J]. 地理科学进展，2018，37（8）：1150-1158.

② 李晶，李晓颖. 基于空间距离法的区域人类发展指数 [J]. 统计研究，2012，29（1）：61-67.

③ 杨永恒，胡鞍钢，张宁. 基于主成分分析法的人类发展指数替代技术 [J]. 经济研究，2005（7）：4-17.

④ SAGAR A D, NAJAM A. The human development index: a critical review [J]. Ecological Economics, 1998, 25: 249-264.

⑤ NOORBAKHASH F. The human development index: some technical issues and alternative indices [J]. Journal of International Development, 1998, 10（5）：589-605.

⑥ 田辉，孙剑平，朱英明. 东部六省市可持续发展状况：基于人类发展指数（HDI）的研究 [J]. 统计与决策，2007（16）：74-76.

二、中国人类福祉的量化指标与分析

由此，本书根据 UNDP 提出的 HDI 指数编制方法得到了 1990—2017 年我国的人类发展指数，计算结果如表 6-1 所示。

表 6-1　1990—2017 年中国人类发展指数

年份	HDI	年份	HDI
1990	0.485 1	2004	0.630 6
1991	0.496 8	2005	0.635 9
1992	0.507 8	2006	0.650 7
1993	0.517 4	2007	0.663 3
1994	0.530 8	2008	0.672 3
1995	0.538 8	2009	0.680 6
1996	0.55	2010	0.695 6
1997	0.560 3	2011	0.704 9
1998	0.567 8	2012	0.713
1999	0.575 7	2013	0.719 2
2000	0.588 2	2014	0.728 3
2001	0.597 9	2015	0.737 6
2002	0.607 7	2016	0.756 9
2003	0.621 2	2017	0.763 1

由表 6-1 数据，可绘制出 1990—2017 年度我国 HDI 指数发展的趋势，如图 6-1 所示。

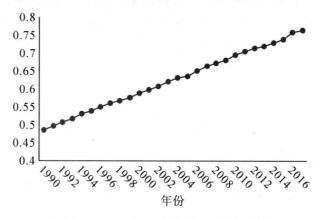

图 6-1　1990—2017 年中国 HDI 发展趋势

由图 6-1 可见，中国的人类发展指数自 1990—2017 年呈现出一种稳健上升态势，从 1990 年的 0.485 1 上升到 2017 年的 0.763 1。纵观我国的经济社会的发展历程，这 28 年来，随着我国经济的飞速发展，医疗卫生和教育事业也取得了重大的成就，在一定程度上实现了城乡医疗差距的缩减。如图6-2所示，HDI的三大分项指标在我国近28年发展呈现出较好的态势，从图6-2中可以看出收入指数变化最为显著，这也反映了我国为实现全面小康社会所做出的努力带来了显著的成就，人民生活水平明显提升，故这一测算结果与我国的实际情况是相符合的。

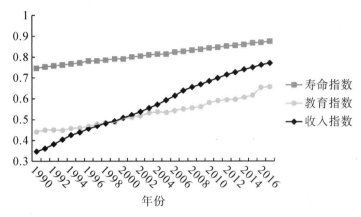

图6-2　1990—2017年HDI分项指标演变历程

由图6-2可知，自1990年人类发展指数方法问世以来，中国的人类发展取得了很大的进步。但由于中国幅员辽阔，各地区的自然条件和社会发展基础差异很大，因此研究中国的人类发展，必须进一步深入研究各地区或各区域人类发展的水平和差异。事实上，在区域人类发展指数的影响因素研究方面，已有不少学者分别从城市视角、教育医疗、收入、生态环境以及制度变迁视角来进行了剖析。例如，潘雷驰（2006）[①] 使用计量经济学的方法考察了政府支出变动对人类发展指数变动的影响，得出了二者之间没有显著的相关关系。陈涛（2016）[②] 采用岭回归的方法，研究了贫富差距、医疗卫生支出力度、政府教育以及经济制度变迁对我国人类发展水平的影响。王圣云、罗玉婷、韩亚杰、李晶（2018）基于省级面板模型，选取与经济增长、公共服务和社会保障投入、中央财政转移支付、城镇化等方面有关的指标进行了分析。

接下来，本章通过建立线性混合效应模型，探究了我国各省份的人类发展指数与其所处区域以及发展时间的关系。这部分内容选取了改革开放以来1982年、1990年、2000年、2010年、2017年这五个时间点，将我国31个省份分为4个区域并进行编号：东部区域，包含北京、上海、天津、江苏、浙江、河北、山东、福建、广东以及海南；中部区域，包含山西、河南、安徽、湖北、江西以及湖南；西部区域，包含内蒙古、甘肃、宁夏、重庆、贵州、四川、云南、广西、西藏、陕西、青海以及新疆；东北部区域，包含黑龙江、吉林以及辽宁。

① 潘雷驰. 我国政府支出对人类发展指数影响的经验分析 [J]. 当代经济科学, 2006 (2)：52-59, 126.
② 陈涛. 我国人类发展指数的演变及影响因素研究 [D]. 广州：华南理工大学, 2016.

三、中国各地 HDI 值与时间点和区域关系的定量分析

（一）数据处理说明

为了研究我国各省份的人类发展指数与其所处区域以及发展时间的关系，本书构建了线性混合效应模型。先将所研究的五个时间点进行了定量化处理，并对我国 31 个省份及其所属的四大区域进行了编号。

1. 时间的定量化处理

将本书的第一个 1982 年作为基准线，记为 0，其余时间点用相应年份减去 1982 年得到。结果见表 6-2。

表 6-2　时间点及变量名

时间点	变量名（t）
1982 年	0
1990 年	8
2000 年	18
2010 年	28
2017 年	35

2. 我国 31 个省份及地区编号

将我国 31 个省份分别编号为 0~31，将东部、中部、西部、东北部四个地区分别编号为 1、2、3、4，见表 6-3。

表 6-3　省份区域编号

省份	省份编号（id）	区域	区域编号（group）
北京市	1	东部	1
天津市	2	东部	1
河北省	3	东部	1
上海市	4	东部	1
江苏省	5	东部	1
浙江省	6	东部	1
福建省	7	东部	1
山东省	8	东部	1
广东省	9	东部	1
海南省	10	东部	1
山西省	11	中部	2
安徽省	12	中部	2
江西省	13	中部	2
河南省	14	中部	2

表6-3(续)

省份	省份编号（id）	区域	区域编号（group）
湖北省	15	中部	2
湖南省	16	中部	2
内蒙古自治区	17	西部	3
广西壮族自治区	18	西部	3
重庆市	19	西部	3
四川省	20	西部	3
贵州省	21	西部	3
云南省	22	西部	3
西藏自治区	23	西部	3
陕西省	24	西部	3
甘肃省	25	西部	3
青海省	26	西部	3
宁夏回族自治区	27	西部	3
新疆维吾尔自治区	28	西部	3
辽宁省	29	东北部	4
吉林省	30	东北部	4
黑龙江	31	东北部	4

3. 描述统计分析

（1）我国 31 个省份 HDI by time 图

由图 6-3 可知，在 1982—2017 年，我国 31 个省份的 HDI 均呈现线性递增的趋势，这说明我国所有省份的人类发展水平均有所升高；HDI 指数的区间为 $[0.2, 0.9]$。由于不同图像的折线斜率不同，说明不同省份 HDI 增长幅度也不同。通过图 6-3 可以发现，在同一时间点，编号为 1~10 的省份（东部地区）的 HDI 值明显高于编号为 17~28 的省份（西部地区）的 HDI 值。

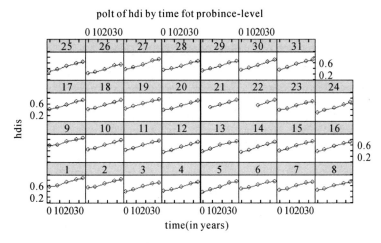

图 6-3　HDI by Time

（2）我国四大区域 by time 对比图

此处利用 R 语言先绘制出了四大区域下的所有省份在五个时间点的散点图，再将五个时间点的 HDI 值的均值用折线连接起来。具体如图6-4所示。

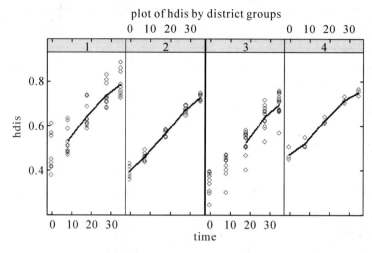

图6-4　区域 Hdis by Time

由图6-4可知，四个区域的 HDI 均呈现出递增的趋势；并且编号为1的东部地区在五个时间点的 HDI 均高于其他三个地区，这说明东部地区的人类发展程度最高，与之相反的是西部地区的 HDI 指数在各个时间段最低，说明西部地区的人类发展程度最低。

需要进行说明的是，东部地区和西部地区的部分时间段折线未能将散点连接，其原因是，本书绘制图像中的折线连接的是某时间点、某一区域所有省份的 HDI 的平均值，如果 HDI 数值离散程度较大，则存在均值难以确定，从而造成折线的中断。

（二）线性混合效应模型的构建

1. 变量释义

表6-4为线性混合效应模型变量说明。

表6-4　线性混合效应模型变量说明

变量名	变量说明
id	我国31个省份的编号,记为1-31
group	我国四大区域的编号,记为1-4
t	以1982年为基准线(0),各年份减去1982的值
x_1	虚拟变量,若某一省市属于东部地区,记为1,其余情况记为0
x_2	虚拟变量,若某一省市属于中部地区,记为1,其余情况记为0
x_3	虚拟变量,若某一省市属于西部地区,记为1,其余情况记为0
x_4	虚拟变量,若某一省市属于东北部地区,记为1,其余情况记为0
t.1	表示 $t * x\_1$

表6-4(续)

变量名	变量说明
t. 2	表示 t * x_1
t. 3	表示 t * x_1
t. 4	表示 t * x_1

2. 含有随机截距项和随机时间效应的线性混合效应模型

本书首先考虑将各个时间点与1982的差值作为随机项，建立含有随机截距和斜率的线性混合模型，以探究不同时间点的 HDI 值的变化情况。

利用 R 语言进行模型的构建，并记为模型一，表达式为：

$$Y_{ij} = 0.401\ 210\ 3 + 0.009\ 951\ 6t.1 + 0.009\ 722\ 0t.2 + 0.009\ 691\ 6t.3 + 0.008\ 904\ 5t.4 + b_{0,i} + b_{1,i}t_{ij} + \varepsilon_{ij}$$

其中，$b_i = \begin{pmatrix} b_{0,i} \\ b_{1,i} \end{pmatrix} \sim N(0,\ D)$；$\varepsilon_{ij} \sim N(0,\ \sigma^2)$，并且 ε_{ij} 独立同分布，b_i 和 ε_{ij} 是独立的；

$$D = \begin{pmatrix} \sigma_{b_0}^2 & \rho\ \sigma_{b_0}\ \sigma_{b_1} \\ \rho\ \sigma_{b_0}\ \sigma_{b_1} & \sigma_{b_1}^2 \end{pmatrix}$$

其中，i 表示各个省份的编号，$i = 1,\ 2,\ \cdots,\ 31$；j 表示每个观测时间点，具体来说，将 $j = 1$ 表示 1982 年，$j = 2$ 表示 1990 年，$j = 3$ 表示 2000 年，$j = 4$ 表示 2010 年，$j = 5$ 表示 2017 年。Y_{ij} 表示第 i 个省份在第 j 年的 HDI 值。

由 R 语言的输出结果可知，随机时间效应的标准误是 0.000 6，这一值非常接近于 0；尽管如此，随机截距项和随机时间效应的相关系数为 −0.738，其绝对值接近于 1，可以初步断定线性混合模型存在随机时间效应。为了进一步验证这一结论，构建只含随机截距项的线性混合模型。

3. 仅含随机截距项的线性混合效应模型

利用 R 语言进行模型的构建，并记为模型二，表达式为：

$$Y_{ij} = 0.401\ 273\ 7 + 0.009\ 574\ 7t.1 + 0.009\ 819\ 4t.2 + 0.010\ 044\ 4t.3 + 0.008\ 530\ 3t.4 + \varepsilon_{ij}$$

4. 两个线性混合模型（t）的比较

对模型一和模型二进行假设检验。

H_0：模型不含随机时间效应，即 $b_{1,i} = 0$

H_a：模型含有随机时间效应，即 $b_{1,i} \neq 0$

本书使用似然比检验，检验统计量为 $\Lambda = -2(l_2 - l_1)$，根据 R 语言的输出结果，$\Lambda = 18.014\ 83$。而在显著性水平为 0.05 的条件下，混合的卡方分布 $0.5\chi_1^2 + 0.5\chi_2^2$ 的值是 5.14。因为 18.02>5.14，拒绝原假设，即模型一更加完整。

因此，可以得出结论，除去固定效应外，不同省份在不同时间点的 HDI 的变化是不同的，都有着各自的趋势水平。

5. 含有随机截距项和随机地区效应（x_2）的线性混合效应模型

本书尝试了 x_1、x_2、x_3、x_4 作为随机区域效应的所有组合，发现只有当 x_2 作为随机区域效应时，进行假设检验时，模型三才是显著的。

利用 R 语言进行模型构建，并记为模型三，表达式为：

$Y_{ij} = 0.390\,052\,2 + 0.009\,573\,1t.1 + 0.009\,788\,0t.2 + 0.010\,063\,8t.3 + 0.008\,528\,5t.4 + x\_2 + \varepsilon_{ij}$

其中，$b_i = \begin{pmatrix} b_{0,\,i} \\ b_{1,\,i} \end{pmatrix} \sim N(0,\,D)$；$\varepsilon_{ij} \sim N(0,\,\sigma^2)$，并且 ε_{ij} 独立同分布，b_i 和 ε_{ij} 是独立的；

$D = \begin{pmatrix} \sigma_{b_0}^2 & \rho\sigma_{b_0}\sigma_{b_1} \\ \rho\sigma_{b_0}\sigma_{b_1} & \sigma_{b_1}^2 \end{pmatrix}$。

由 R 语言的输出结果可知，随机时间效应的标准误是 0.075 5，随机截距项和随机时间效应的相关系数为 -0.973，其绝对值接近于 1，可以初步断定线性混合模型存在随机区域效应。

6. 两个线性混合效应模型（x_2）的比较

本书使用似然比检验，检验统计量为 $\Lambda = -2(l_2 - l_1)$，根据 R 语言的输出结果，$\Lambda = 9.262\,637$。而在显著性水平为 0.05 的条件下，混合的卡方分布 $0.5\chi_1^2 + 0.5\chi_2^2$ 的值是 5.14。因为 9.262 637>5.14，因此，拒绝原假设，即模型三更加完整。

因为 x_2 对应的是中部地区，可以得出结论，除去固定效应外，与属于其他三个地区的省份相比，中部地区的省份的 HDI 有着各自的趋势水平。

（三）线性混合效应模型的评价与应用

经过上述分析，本书最终选定的线性混合效应模型是模型一和模型三。

模型一，即含有随机截距项和随机时间效应的模型，是在固定效应（解释变量是时间×地区 t.1）的基础上，探究不同省份在不同时间的 HDI 值的差异。这个模型只能用来判断这种差异是否存在，并不能判断具体的差异大小，因为 t 的系数是 $b_{1,\,i}$，$b_{1,\,i}$ 是服从一个均值为 0、方差为 D 的正态分布，$b_{1,\,i}$ 是根据不同省份实际的 HDI 值调整后得到的，其作用是当固定效应确定时，随机效应（时间）因不同省份而异，带有随机时间效应的线性混合模型能够体现不同省份的 HDI 值在不同时间点的独有特色。

与之类似的是模型三，即含有随机截距项和随机地区效应（x_2）的模型，是在普通线性回归模型的基础上，探究属于不同地区的省份的 HDI 值的差异。根据 R 语言的回归结果，这个模型能够证明处于中部地区和非中部地区省份的 HDI 值的差异，这个差异具体表现为当 x_2 为 1，中部地区的不同省份之间的 HDI 除去固定效应、有着本省份的特色；而当 x_2 为 0，东部地区、西部地区、东北部地区则不具备这种随机效应。由于 $b_{1,\,i}$ 分布的特殊性，依旧不能确定具体差异的大小。

这两个线性混合效应模型的意义是，能够体现出 HDI 和时间、区域的关系，通俗来说是，如何针对某一特定省份，在知道时间（年份）和所属区域的前提下，粗略地计算出 HDI 值，而随机效应部分则是针对不同省份 HDI 值的一个修正。中国各省份 HDI 分段—时点数据如表 6-5 所示。

表 6-5　中国各省份 HDI 分段一时点数据

省份	区域	HDI（2017）	HDI（2010）	HDI（2000）	HDI（1990）	HDI（1982）
北京市	1	0.881	0.825	0.732	0.621	0.563
天津市	1	0.838	0.786	0.683	0.581	0.549
河北省	1	0.721	0.681	0.594	0.473	0.414
上海市	1	0.854	0.804	0.734	0.632	0.607
江苏省	1	0.784	0.729	0.628	0.507	0.444
浙江省	1	0.772	0.72	0.625	0.505	0.43
福建省	1	0.746	0.701	0.61	0.466	0.373
山东省	1	0.753	0.705	0.606	0.483	0.409
广东省	1	0.77	0.721	0.628	0.523	0.428
海南省	1	0.733	0.675	0.582	0.478	NA
山西省	2	0.733	0.689	0.576	0.487	0.426
安徽省	2	0.707	0.645	0.543	0.431	0.355
江西省	2	0.712	0.652	0.545	0.438	0.368
河南省	2	0.714	0.663	0.569	0.455	0.377
湖北省	2	0.746	0.687	0.58	0.471	0.413
湖南省	2	0.737	0.674	0.569	0.459	0.396
内蒙古自治区	3	0.754	0.712	0.575	0.465	0.389
广西壮族自治区	3	0.708	0.65	0.553	0.44	0.376
重庆市	3	0.747	0.676	0.559	NA	NA
四川省	3	0.704	0.65	0.544	0.44	0.387
贵州省	3	0.665	0.586	0.461	0.381	0.291
云南省	3	0.659	0.596	0.498	0.397	0.302
西藏自治区	3	0.561	0.522	0.397	0.294	0.24
陕西省	3	0.742	0.688	0.558	0.452	0.386
甘肃省	3	0.671	0.621	0.505	0.415	0.35
青海省	3	0.667	0.619	0.501	0.416	0.336
宁夏回族自治区	3	0.725	0.66	0.539	0.441	0.35
新疆维吾尔自治区	3	0.717	0.662	0.566	0.463	0.367
辽宁省	4	0.76	0.73	0.637	0.543	0.499
吉林省	4	0.75	0.709	0.609	0.5	0.446
黑龙江省	4	0.732	0.698	0.613	0.504	0.454

四、我国人类福祉的地域差距演变分析

基于前文对于已有文献的综述和分析，结合对我国各地区人类发展指数的测算结果，可将我国分为四大区域，进一步测算以 HDI 作为人类福祉量化指标的人类福祉的空间差异。

（一）研究方法及数据说明

1. 空间差异的测度方法

对于空间差异的量化指标，鉴于相关文献的可获得性，本书采用"空间基尼系数"以及"泰尔指数"来衡量 HDI 地区差异以对我国 HDI 差异来源进行分解。对于人类福祉的空间差异也即是各省份的 HDI 值之间的差异通过采用"HDI 空间基尼系数值"来进行度量。由于基尼系数是用来衡量各地区居民的收入分配差异的指标，借用这一思想，对各个地区的 HDI 值利用对应地区的人口数量占全国的比重进行加权，通过这一方法测算得到的值实现了对全国各地区 HDI 值差异情况的一个度量，计算公式如下：

$$\text{Gini}_{\text{HDI}} = \left[\sum_{i=1}^{31} \sum_{j=1}^{31} |y_i - y_j| p_i p_j \right] / 2\theta \qquad (6\text{-}1)$$

式（6-1）中 Gini_{HDI} 表示空间基尼系数；y_i、y_j 分别表示 i 省份 j 省份 HDI；p_i、p_j 分别代表 i 省份 j 省份人口占全国比重；θ 是人口加权 HDI。

泰尔系数是在 1967 年由泰尔所提出的，又称为泰尔熵标准，利用的是信息理论中的熵的概念来计算收入不平等的一项指标。利用泰尔熵指数来衡量差距的最大优势是能够衡量数据的组内和组间差异，由此实现一个差异的分解。目前对于泰尔系数的应用通常有两种：利用 GDP 加权和利用人口加权。在本书的分析中，借用的是泰尔 GDP 加权的方法，由于 HDI 反映了一个国家或地区的人类发展水平，借用人均 GDP 反映一个国家或地区的经济发展水平，而经济总量则通过人口与人均 GDP 的乘积表示的思想，通过把 HDI 与人口总量相乘来反映人类福祉的总量，以此反映一个国家或地区的人类福祉总量（胡鞍钢，2012）。且泰尔系数可以实现将总体区域差异分解为区域间差异、区域内差异两部分。在本书的分析中，将中国 31 个省份分为四大区域：东部、中部、西部以及东北，由此将我国人类福祉差异划分为 4 个区域间差异以及每一个区域内的差异。泰尔系数测算公式如下：

$$\text{Theil}_{\text{HDI}} = \sum_{i=1}^{31} p_i \left(\frac{y_i}{\theta} \right) lg \left(\frac{y_i}{\theta} \right) \qquad (6\text{-}2)$$

泰尔系数的差异分解公式如下：

$$\text{Theil}_{\text{HDI}} = T_{inter} + \sum_{m=1}^{4} T_{m(intra)} \qquad (6\text{-}3)$$

$$T_{m(intra)} = \sum_{j=1}^{k} lg \left[\left(\frac{y_j}{Y_m} \right) / \left(\frac{x_j}{X_m} \right) \right] \qquad (6\text{-}4)$$

其中 T_{inter} 表示区域间 HDI 差异，$T_{m(intra)}$ 第 m 个区域的内部 HDI 差异，$\text{Theil}_{\text{HDI}}$ 泰尔系数是区域内和区域间差异和，Y_m、X_m 分别表示 m 区域的 HDI 总量和人口总量。历年差异分解如表 6-6 所示。

表 6-6　历年 Gini_{HDI}、$\text{Theil}_{\text{HDI}}$、差异分解

年份	Gini_{HDI}	$\text{Theil}_{\text{HDI}}$	区域间差异	区域内差异
1995	0.044 711	0.036 2	0.69	0.31
1996	0.042 172	0.031	0.687	0.313

表6-6(续)

年份	Gini$_{HDI}$	Theil$_{HDI}$	区域间差异	区域内差异
1997	0.042 046	0.028 7	0.74	0.26
1998	0.042 969	0.029 5	0.721	0.279
1999	0.043 23	0.027 1	0.773	0.227
2000	0.038 88	0.021 1	0.742	0.258
2001	0.041 758	0.023 1	0.753	0.247
2002	0.042 278	0.020 7	0.702	0.298
2003	0.042 151	0.02	0.712	0.288
2004	0.040 386	0.019	0.679	0.321
2005	0.037 138	0.023	0.673	0.327
2006	0.038 304	0.022	0.68	0.32
2007	0.034 491	0.019 8	0.678	0.322
2008	0.033 067	0.016 5	0.692	0.308
2009	0.031 522	0.015 4	0.654	0.346
2010	0.026 354	0.009 7	0.648	0.352
2011	0.024 628	0.009	0.642	0.358
2012	0.023 158	0.008 8	0.554	0.446
2013	0.022 41	0.008 1	0.572	0.428
2014	0.022 776	0.007 4	0.603	0.397
2015	0.018 062	0.007 03	0.602	0.398
2016	0.017 001	0.006 5	0.600	0.400
2017	0.014 00	0.006 1	0.571	0.429

2. 数据说明

由于Gini$_{HDI}$、Theil$_{HDI}$、T_{inter}、$T_{m(intra)}$的测算中涉及的关于各地区人口数据，因此鉴于数据的可获得性在进行区域空间差异的测算时，选取自1995—2017年的数据来进行测算。其中数据均来自《中国统计年鉴》（1996—2018）、《新中国六十年统计资料汇编》以及各省份统计年鉴中的人口数量等。其中1995及1996年重庆和四川省的数据取相同值。

（二）中国人类福祉空间差异演变分析

1. 整体态势演变情况

如图6-5所示，Gini$_{HDI}$、Theil$_{HDI}$的变化趋势总体呈现下降的变化，两者之间的变化趋势也呈现出一致性。空间基尼系数从1990年的0.044 7下降到2017年的0.014；泰尔系数从1995年的0.036 2下降到2017年的0.006 0。尽管在此期间均有小幅度的上升波动，但是整体依然呈下降的变化趋势。

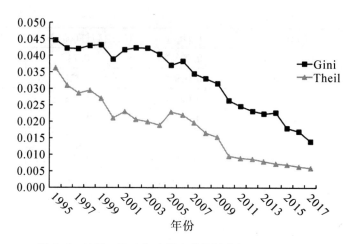

图 6-5　1995—2017 年中国人类福祉空间差异程度演变

2. 人类福祉差异演变规律分析

根据前文分析，我国的人类发展指数整体呈现上升态势，这里基于 HDI 与空间基尼系数的拟合情况来进一步分析人类福祉的空间差异随人类发展指数变化而进行演变的规律，具体如图 6-6 所示。

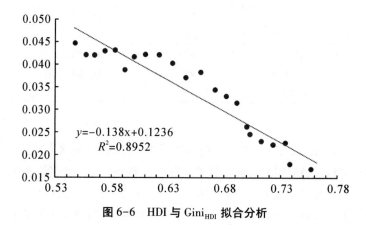

$$y=-0.138x+0.1236$$
$$R^2=0.8952$$

图 6-6　HDI 与 Gini$_{HDI}$ 拟合分析

$$\text{Gini}_{HDI} = -0.138\text{HDI} + 0.1236 \quad R^2 = 0.8952$$

$$(-13.396^{**})\,(18.224^{**})$$

注：括号右上角的 ** 表示在 5% 水平下显著。

由图 6-6 可以看出，随着 HDI 的上升，空间基尼系数值呈下降趋势。这表明随着人类发展水平的提升，我国人类福祉总体差距也呈下降演变态势，随着我国整体发展情况的上升，我国各省份之间发展的空间差异则随之下降。

由于上文分析到泰尔系数与空间基尼系数呈现出相似的变化态势，因而随着 HDI 的增长，泰尔系数也会下降，说明我国四大区域之间与各区域内部的差异也大体呈缩减趋势。

3. 基于泰尔系数的差异分解分析

根据前文的测算，可得到泰尔系数各部分差异的贡献率，如图 6-7 所示。

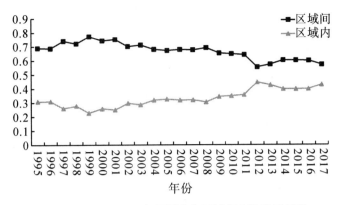

图 6-7　1995—2017 年区域内和区域间差异的贡献率

从图 6-7 可以看出，两部分差异中区域间差异一直是主导地位，说明我国四大区域之间的人类发展水平不均衡是制约我国整体人类福祉进步的主要因素。但是从趋势图中可以看出，近两年区域内差异呈现出下降趋势，而区域内部差异开始凸显。

从图 6-8 可以看出，我国四大区域的人类发展出现了明显的阶梯递减形式，尽管整体呈现的是上升趋势，但是东部与东北部的整体发展水平明显高于中西部地区，因此区域之间的不均衡是一项不可忽视的影响因素，我国的人类发展呈现出的空间区域差距随着整体水平的上升仍然存在。

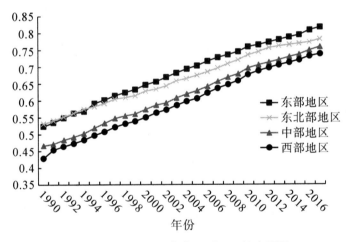

图 6-8　1990—2017 年各区域 HDI 演变历程

五、中国人类福祉的影响因素分析

基于前文所述，对人类福祉的影响因素的分析，也即是对人类发展指数的影响因素的分析，影响 HDI 的因素有多个方面，本书则是基于人类发展指数其内涵的视角来进行的分析，通过对 HDI 的分项指标所代表的影响因素进行剖析从而选取相应的量化指标进行分析。

（一） 人类发展指数影响因素的理论分析

1. 经济增长

经济增长用于表述一个国家或者地区生产商品或者提供服务能力的提升情况，也就是一个国家或者地区的国内生产总值（GDP）的增长。对于一个国家或者地区而言，经济增长是能够享受更加优质的教育、医疗及其他资源的基础，也是人类获得更加优质生活的一个核心原动力。尽管经济增长并非是一个国家或地区发展水平及质量的决定性因素，但纵观全球处于人类发展水平前列的国家以及其发展演变历程，绝大多数国家首先经历的就是经济强国，这一点可以充分体现出没有经济增长的发展是不切实际的，经济增长也必然会给人类发展水平和人类福祉的增进带来极为重要的影响。

正如曼昆在其著作《经济学原理》中曾有这样一段经典的描述："GDP 没有衡量我们孩子的健康，没有衡量孩子的教育质量，但是 GDP 高的国家却能够承担起孩子更好的医疗，能够承担起孩子更好的教育制度；同时 GDP 也不衡量我们的知识、正直、勇气、智慧以及对国家的爱，但当人们不用过多关心是否能够承担得起生活物质必需品时，这一切美好品性也变得容易养成。"

由此看来，尽管 GDP 没有直接衡量这些能对生活带来意义的东西，但是它的确衡量了能让我们过上这样有意义生活的投入能力。经济增长能够带来政府财政收入的增加，而财政收入中极大部分投向了教育、医疗等的基础设施，因而在一定程度上提升了人们享受优质医疗、教育水平的能力。改革开放以来，我国的经济增长也取得了瞩目的成就，我国跻身世界第二大经济体，人类福祉也有了瞩目的提升，人类发展水平也呈现出良好的演变趋势。因此经济增长对于 HDI 的发展有不可忽略的作用。

2. 政府医疗及教育支出

教育水平的提升、医疗水平的改善以及普惠对于人类发展水平的提升有重要的作用。政府承担着对教育医疗投资的职责，同时基于前文的分析，结合我国各地区 HDI 测算时可以发现，我国各个省份的教育发展水平出现了明显的不平衡，如北京、上海等地的教育发展水平较为发达，而对于西藏、青海等地的教育发展水平则落后于北京、上海等地，进而使得各个地区的人类发展水平出现明显差距，也导致了我国人类福祉的空间差异明显，进而在教育水平上出现的不平衡又制约着我国整体的教育水平，从而影响到我国整体的人类发展水平。

教育资源具有公共物品的属性，社会收益大于私人收益，因而来讲在教育方面的私人投资是不足的，单单依靠私人投资来提升一个地区的教育水平是不可能达到理想水平的，因此政府在此时扮演的角色即是社会教育基础设施的投资方。一个地区的教育水平的提升在极大程度上有赖于该地区的教育基础设施配置情况以及对师资等方面的投资情况，也即政府财政支出用于教育的方面对教育水平的提升有着重要作用，进而对于人类发展水平的提升也有着重要作用。同时从理论层面来看，对于教育欠发达的地区进行投资所能获得的边际收益应该大于对教育水平发达的地区进行投资所能够获得的边际效应，这有利于打破地域之间的教育发展不平衡的格局，缩小空间差异，进而促进整个国家的人类发展水平。

同上述的分析，医疗与教育都具有公共物品的属性，因此医疗水平的提升极大程度取决于政府对医疗基础设施等的投资。故此政府的医疗投资在一定程度上能够缩小空间差异，整体促进人类福祉的增进，简言之促进政府医疗投资以及基础医疗资源配置的均等化合理化有利于增进我国整体的医疗水平。

3. 贫富差距

就贫富差距对人类福祉的影响这一问题，从现有的研究中可以发现，国内的学者多数是从贫富差距对经济、收入增长带来的影响这一角度来进行分析探讨的，较少直接研究贫富差距给人类发展指数带来的影响结果，如学者李强指出中国目前的贫富差距不容忽视，但是对贫富差距所带来的影响不能持有极端思想，既不能认为其会严重阻碍经济发展，同时也不能抹杀因贫富差距带来的挣钱、致富等利益驱动的刺激给我国经济增长带来的良性作用。这也是从贫富差距对于社会经济增长收入分配等的影响的视角进行的研究。此外，对于贫富差距所带来的影响，有一种观点则认为，富人创造财富的能力要强于穷人，因而贫富差距在一定程度上可以刺激富人发挥自己创造财富的能力，进一步优化社会的资源配置，故而带来更大的财富增长；另外一种观点则认为贫富差距会严重阻碍一个社会的经济增长，当一个社会的财富分配不均衡，产生的附带效应就会凸显出来，当两极分化日趋严重，则会导致社会经济增长的内生动力不足，人们对于社会的"不满"将日趋严重，甚至导致社会矛盾激化，影响社会稳定，那么这类结果则会严重阻碍社会发展，使得人类福祉水平的停滞甚至退化，人类发展水平的停滞甚至退后。

贫富差距对于人类发展指数带来的效应则应进一步通过实证来分析。

4. 制度变迁

关于制度变迁，普遍认为指的是"制度的创立、变更及其随着时间的变化从而被打破的方式"。因此，本书中所指的制度变迁也同样遵循这样的定义。

尽管在人类的社会演化发展过程中，经常会出现一些制度变迁以及相类似的情况，但是这不意味着制度变迁这一情况可以无条件地产生。通常来说，制度供给有着与"公共产品"相类似的稀缺性以及极限性等特点，因而当某种制度被创立之后，并在当时的社会环境之下能够实现供需均衡，那么此时制度就会处于一种相对均衡的状态，制度变迁也不会轻易地发生。尽管如此，由于人类的生活环境是复杂多样的，同时随着人类认知水平的不断提升以及社会随着时间的不断演变进步，这就决定了社会制度不可能是永久停滞的状态。随着社会的不断发展，新的制度便可能会应运而生，那么此时原有的均衡状态就有可能被打破，制度变迁就有可能产生，这对于社会的发展必然也会产生一系列的影响。

对于制度变迁，国内较少学者直接研究了其对于人类发展指数的影响，有国外学者认为制度变迁是经济增长的根本原因。同时国内也有较多学者对制度变迁对于经济增长带来的效应有相关研究，如学者曹新认为，计划经济向市场经济转型中出现的产权多元化才是使我国经济长期增长的关键。与此同时纵观我国经济发展历程，制度一直以来都贯穿其中，自改革开放以来，我国的经济制度也由计划转向市场，从而也推动了我国经济的发展。同时随着我国对外开放的力度不断加大，对市场的流动以及发展也带来了不可忽视的影响。综合国内外现有研究，可以得出制度变迁对于一国的经济发展有不可忽视的作用，而经济发展又是一个国家或地区发展的一大动力源泉，其给经济发展带来的效应在一定程度上能够反映在人类发展指数上，因而如果忽视其对人类社会发展以及人类福祉的作用就显得不合理了。因此在关于人类福祉的影响因素的研究中，本书也将制度变迁作为一项因素纳入对人类发展指数的影响因素，同时关于制度变迁对于我国 HDI 的弹性系数也有待进一步进行实证分析。

（二）对于人类发展指数影响因素的分析

1. 关于变量选取及相关假设

这里结合上述的理论分析来选取了变量。

（1）经济增长。由于人类发展指数的构成中关于收入这一分项指标的构成已含有人均 GDP 这一变量，如若再引入人均 GDP 这一描述经济增长的变量，模型则极易产生严重的自相关问题。此外，如若用人均国民收入来考虑经济增长的影响，由国民收入总量＝净要素收入＋国内生产总值，因此不是十分适宜纳入模型，综合上述分析，本书中对 HDI 的影响因素分析不纳入人均 GDP 这一变量。

（2）政府医疗教育支出。综合前文分析，将政府对教育医疗的投资纳入变量选取的考虑范围，因此本书中选取了人均财政医疗支出、人均政府医疗支出作为自变量。同时本书根据实际经济意义以及上述理论分析，假定政府财政中用于医疗教育的支出越多，对于人类福祉发展水平的影响越是呈正面效应。故假定对上述两个自变量与人类发展指数回归得到的系数为正值。

（3）社会贫富差距。本书选用了基尼系数来衡量贫富差距，由于社会贫富差距对于社会发展的效应研究各有说法，故假定对于人类发展的影响既可能是正面的也可能是负面的。

（4）制度变迁。基于前文中的分析，制度变迁对人类发展指数的影响效应可能是正面的也可能是负面的，因此还需要进一步讨论。

2. 对制度变迁的衡量以及测算

对制度变迁这一方面进行量化的指标较多，也有相关的文献以及研究对这方面进行了阐述。在本书中对于制度变迁的量化指标的选取，主要借用了已有研究即学者林毅的指标体系。

制度变迁的量化通过 3 个分项指标来构建，分别为非国有化率、对外开放程度以及分配格局，获得各个分项指标的数据之后，再对其进行加权得到最终的制度加权得分以用于衡量制度变迁。

非国有化率表示为历年非国有经济工业总产值与历年全国工业总产值的百分比，在我国非国有化经济对加速我国经济的增长有着不可忽视的作用，因此利用非国有化率能够较好地衡量我国制度变迁在一个方面的变动。

对外开放程度表示为历年出口总额与历年国内生产总值的百分比，自 1978 年以后，对外开放成为我国一项重要的基本国策。改革开放 40 多年来，我国逐步形成了多领域的开放格局，我国的经济与世界经济贸易联系日渐紧密，因此对外开放格局也衡量了制度变迁。

分配格局是用于描述国家对于资金控制情况的变化。其表示为：1-（历年国家财政收入/历年国内生产总值）%。同时，基于现有研究，学者金玉国认为国家对于资金的控制比例的减少从根本上给经济活动带来了动力，因此我们认为分配格局能从另外一个角度刻画了制度变迁。

根据上述对制度变迁的指标体系的描述，对各项指标计算、加权可得到最后的制度加权得分，如表6-7所示。

表6-7　制度变迁量化指标体系

年份	非国有化率	对外开放程度	分配格局变化	制度加权得分
1995	66.03	21.66	89.12	52.45
1996	64.66	18.04	89.54	50.46
1997	68.38	19.42	88.93	52.83
1998	71.76	18.04	88.12	45.02
1999	71.79	18.26	87.08	45.09
2000	52.66	21.04	86.33	46.68
2001	55.57	20.38	84.84	47.27
2002	59.22	22.63	84.13	49.5
2003	62.46	26.88	83.91	52.47
2004	65.19	30.79	83.45	54.89
2005	66.72	34.12	82.76	56.88
2006	68.76	35.94	82.05	58.49
2007	70.46	35.08	80.74	58.72
2008	71.62	31.77	80.59	57.73
2009	73.26	24.1	79.87	54.95
2010	73.39	26.77	79.21	55.91
2011	73.82	26.32	77.83	55.61
2012	74.12	25.07	77.29	55.13
2013	74.34	24.12	77.3	54.84
2014	74.87	24.55	77.68	55.31
2015	75.34	23.87	76.71	55.78

3. 选取的模型及变量数据来源

基于前文的理论分析，本书对人类发展指数影响因素的分析采用的回归模型为：

$$\text{HDI}_t = \alpha_1 \ln\text{Edu}_t + \alpha_2 \ln\text{Health}_t + \alpha_3 \text{Gini}_t + \alpha_4 \text{Ins}_t + \alpha_0 + \varepsilon_t \qquad (6\text{-}5)$$

其中的 HDI_t、$\ln\text{Edu}_t$、$\ln\text{Health}_t$、Gini_t、Ins_t 分别表示为第 t 期人类发展指数、t 期人均财政教育支出对数、t 期人均医疗支出对数、t 期基尼系数以及 t 期制度变迁指数，其中鉴于数据的可得性，将时间长度选取为1995—2015年共21年，同时将人均财政教育、医疗的支出进行对数化后再纳入模型，以避免因数量级的悬殊而导致回归结果不理想。

其中关于变量的数据来源为历年的《中国统计年鉴》《新中国六十年统计资料汇编》以及《中国人类发展报告》；基尼系数的大小采用的是2003—2015年统计局官方公布数据，1995—2002年采用的基尼系数则是基于已有文献（程永宏，2007）所测算的数据。

（三）实证分析

本书对于 HDI 的影响因素所采用的数据是 1995—2015 年的时间序列数据，基于前文所述的回归模型进行实证研究分析，进一步探讨各自变量对于 HDI 的所带来的效应。

1. 变量的平稳性检验

由于本书所分析的数据是时间序列数据，因而在进行多元回归以前，应先进行平稳性检验以免出现伪回归等后果。本书采用的是 ADF 检验。检验得到的结果如表 6-8 所示。

表 6-8　各变量平稳性检验

变量	检验形式	结果
HDI_t	(c, T, 1)	平稳
$lnEdu_t$	(c, T, 1)	平稳
$lnHealth_t$	(c, T, 1)	平稳
$Gini_t$	(c, 0, 1)	平稳
$Institution_t$	(c, 0, 1)	平稳

注：检验的显著性水平选取的是 5%，检验形式分别代表截距项、趋势项及滞后阶数。

2. 协整检验

根据计量经济学中对于时间序列数据的分析理论，对于某些非平稳的变量而言如若该组变量之间的某种线性组合是一个均衡的系统，则认为该组变量之间是协整的。在本书的分析中则需要对上述回归方程进行协整检验，采用的检验方法为 Engle-Granger 两步法协整检验。检验核心是对式（4-1）所构建的回归模型的残差进行平稳性检验，若残差序列是平稳的，则认为该组变量之间是具有协整关系的。对式（6-5）进行回归得到如下结果：

$$HDI_t = 0.057lnEdu_t + 0.021lnHealth_t + 0.19Gini_t + 0.000\,71Ins_t + 0.07 \qquad (6\text{-}6)$$
$$(4.02)^{***} \qquad (1.77)^{*} \qquad (2.99)^{***} \qquad (2.03)^{*}$$
$$R^2 = 0.99\ DW = 2.50\ P_F = 0.000$$

注：括号右上角的 ***、**、* 分别表示在显著性水平 5%、10%、15% 下的 t 检验值。

对上述得到的结果进行 E-G 检验的下一步，即对得到的式的残差序列进行单位根检验，据多元协整麦金农检验临界值为 -5.17，该值小于各显著性水平下的临界值，因此拒绝原假设"该组变量不存在协整关系"，认为该组变量存在协整关系，因此可以进行下一步分析。

3. 用岭回归对模型进行参数估计

在上述得到的回归方程式（6-6）中，尽管得到的检验结果显示协整，R^2 值较大同时回归方程显著，但是对于单个的回归系数而言，选取的显著性水平并不高。上式采用的是普通最小二乘法进行的模型参数估计，而 OLS 方法适用于变量之间不存在显著的共线性，如若变量之间存在多重共线性则得到的回归方程不再是最优的，也不能用于结构性分析。由于本书进行实证研究所采用的数据均为时序数据，因此随着时间的推移，变量之间通常存在相同的发展趋势，因此需要对变量之间进行多重共线性检验，得到相关系数矩阵，如表 6-9 所示。

表6-9　相关系数矩阵

变量	$\ln Edu_t$	$\ln Health_t$	$Gini_t$	Ins_t
$\ln Edu_t$	1	0.997	0.670	0.601
$\ln Health_t$	0.997	1	0.774	0.662
$Gini_t$	0.670	0.774	1	0.871
Ins_t	0.601	0.662	0.871	1

从表6-9可以看出，变量之间的相关系数较高，初步判定变量之间存在多重共线性。通过利用SPSS对变量之间计算方差膨胀因子VIF大小，除了可以得到处理基尼系数和制度变迁指数以外，政府财政教育与医疗人均支出之间的VIF值大于10，因此进一步证明了变量之间存在多重共线性。因此本书采用的是岭回归来解决多重共线性问题，利用岭迹分析来估计参数。

岭回归。对于线性模型：$y = X\beta + \varepsilon$，且$E(\epsilon) = 0$，$Var(\epsilon) = \sigma^2 I_n$，当模型出现多重共线性的时候，$|X'X| \approx 0$，使得参数估计当利用OLS时不能得到符合逻辑的值，则岭回归则是通过引入扰动项K，也即是给$X'X$加上一个正常数矩阵KI（K>0），则$|X'X + KI|$变为正数矩阵，进而解决了$|X'X| \approx 0$的问题。

岭回归是一种放弃无偏性，同时引入随机扰动项来进行参数压缩，从而得到一个更具有实际意义，同时更能准确反映变量之间关系的一种回归方法。岭回归得到的回归参数是有偏估计，但是得到的结果是在参数方差和偏倚中的一个最佳结果。

尽管岭回归能够解决多重共线性的问题，但是岭回归引入了外生参数K值且对于K值的选取没有精确的表达，对于K值的选取通常遵循以下原则：①岭估计的系数趋于稳定；②岭回归得到的系数相比于OLS得到的系数更加具有实际意义；③再对K值进行选取时应当注意残差平方和不能过大。利用软件SPSS对获得的数据进行回归参数估计，得到岭迹结果如图6-9所示。

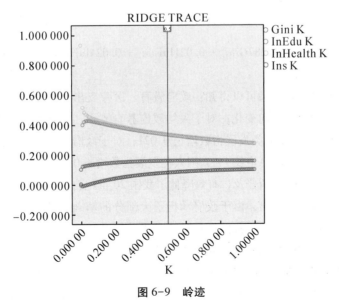

图6-9　岭迹

根据图6-9所示，可以得到当K值大于0.4时，4个自变量的岭迹线趋于平滑稳定，因而根据上述选取K值的常用原则，选取K=0.5来构建岭回归的回归系数，利用软件SPSS可得到如下所示结果（见图6-10、表6-10）。

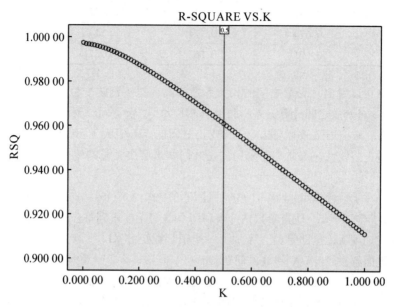

图6-10　随K值变化模型偏差变化

表6-10　岭回归参数

Constant	0.116
Gini	0.287
lnEdu	0.021
lnHealth	0.024
Ins	0.001

$$HDI_t = 0.116 + 0.287Gini_t + 0.021lnEdu_t + 0.024lnHealth_t + 0.001Ins_t \quad (6-7)$$

4. 岭回归结果分析

从上述得到的岭回归结果可以得知：政府教育、医疗支出、基尼系数以及制度变迁指数对于人类发展指数都是同向变化；对于人均政府教育支出，当其他变量不变时，政府人均教育支出每增长1%，则人类发展指数增长0.021；对于政府医疗支出，当其他变量保持不变时，政府人均医疗支出每增长1%，则人类发展指数增长0.024。结合我国的发展历程，随着我国对于义务教育的不断普及，有效降低了我国20世纪自改革开放以来出现的较高的文盲率。同理于政府医疗支出，由于政府承担了大部分的基础医疗设施、医疗投资等，随着政府医疗支出的增长，促进了我国医疗设施水平的提升，使得居民预期寿命的提升。健康水平以及教育水平的提升也实现了人类福祉的增进以及人类发展的增进。因此对于变量人均政府医疗教育支出的岭回归结果是符合经济实际意义的，随着政府对于医疗教育支出的增加，人类发展水平也会相应地改善，人类福祉也会相应增加，因此与HDI的回归系数均为正值。

基尼系数的回归系数也为正值，当基尼系数越大时，表明贫富差距增大，说明社会收入两极分化严重，有一部分人无法得到有效的教育医疗保障。从前文实证结果可以看出，基尼系数对于 HDI 的弹性为 0.287。这也反映出现阶段我国发展强调效率优先在一定程度上也带来了负面影响，尽管高速增长的经济发展在一定程度上实现了我国从较低人类发展水平跻身较高水平人类发展行列，但是这一历程在一定程度上也导致了贫富差距，因此在肯定经济增长带来正面成就的同时也不能忽略其伴随的负面影响。目前，我国大力提倡发展由高速向高质量转变，这也正是在不断填补以前带来的一些遗留问题，能够更好地缩小人类福祉的空间差异，向共同富裕迈进，加快实现全面小康社会。

制度变迁指数对 HDI 的影响也是正面效应，其对于我国人类发展指数的弹性为 0.001，说明我国制度的变迁对于人类发展起到了积极作用，但是其对于 HDI 的正面影响效应比较微弱，其原因可能在于制度变迁对经济的影响作用具有一定的滞后效应，同时从制度变迁指数体系的构建可以看出，当政府的财政收入下降会使得制度变迁指数的增加，但是政府财政收入的下降在一定程度上也会影响政府教育、医疗方面的支出，进而会对当期 HDI 的增长产生一定的影响。由此看来，制度变迁对于 HDI 增长带来的促进作用相对微弱一点也是合理的。

六、研究结论和政策建议

由前述可知，我国的人类发展指数长期稳步上升，从 1990 年的 0.485 发展到 2017 年的 0.763，实现了从低人类发展水平到高人类发展水平的巨大迈进。这一系列的发展得益于我国不断加大对外开放、经济社会长期快速发展、大力实施九年制义务教育以及普及、提升偏远地区医疗卫生水平，建立健全国家医疗保险体系等多方面的转变。

通过对我国人类福祉演变历程的分析，首先可以看出我国的人类福祉水平的不均衡状况在 1995—2017 年整体呈现出缩减态势，空间基尼系数及泰尔系数从 1995—2017 年都稳步下降，在这期间人类福祉的区域间以及区域内差异整体出现缩减的发展形势，并非像有的研究所指出的发展中国家的人均福利和各区域生活水平的不均衡会随着人类整体发展历程的上升出现先上升后下降的倒 "U" 形态势。中国作为最大的发展中国家，区域发展水平不均衡仍然是一大问题，但是自 20 世纪 90 年代起我国大力推行九年制义务教育，大大减少了教育在各区域之间的不平衡状况，同时提升了我国居民的受教育平均年限。此外自 1994 年开始实行的分税制改革使得国家的财政收入稳步上升，国家通过转移支付大力推动了我国中西部地区的发展，以西部大开发为例，我国中西部地区在近 20 多年实现了快速发展，逐步缩减了与东部沿海地区以及东部地区之间的发展差距。

从改善人类福祉不均衡的角度来看，在区域间，要在欠发达的省份给予更多的政策保护，在可实行的条件下进行政策倾斜，在教育、医疗卫生以及社会保障方面给予更多的政策保障，来促进低水平人类福祉的区域发展，有效推进我国整体的福祉水平上升。在区域内部可以通过调整优化发展模式，抓住各省份的发展特色以及发展潜力。在区域内部形成以点带面的发展模式，通过将高发展水平的省份作为带动点，以此形成对外辐射来带动周边省市的有效发展。在进一步缩小区域差异的同时在区域内部也相呼应，真正将提升人民福祉作为全面建设小康社会的落脚点。在收入方面，一是建立长期规划以促进城镇居民收入增长。将职工的收入与其创造的经济效益相协调，制定最低工资标准；还要积极扩大就业，促进就业容量大的各类所有制中小企业、劳动密集型产业和服务业的发展；鼓励自主创业，促进就业形式多样化。二是通过多种方式促进农民收入的增加。例如，加快特色产业基地建设，实现农产品营销的网络化，增加农民收入。充分利用农业的规模化效应，将具有同一性质的特色产业进行集群化发展，使农民的就业空间和增收渠道更宽更广。加快农村富余劳动力转移，增加农民家庭工资性收入。三是建立健全收入分配调节机制，通过提高低收入者收入水平、扩大中等收入者比重、调节过高收入来缓解部分社会成员的收入分配差距扩大的趋势。

在教育上：一是促进各省份教育资源均等化，尽量避免将优质教育资源聚集在某些较为发达的区域；二是大力倡导优秀教育人才以及优秀青年参与到教育帮扶工作中去，形成城乡教育资源对点互助帮扶共享的架构；三是可以大力倡导民办教育，在坚持公办教育为主体的前提下，促进民资办学来满足教育市场中的多元化需求，并且逐步引导形成一个具有竞争力的教育市场；四是在政府部门的引导下鼓励引导就业培训，提升劳动人口文化素养，促进地方产业兴起。

在医疗上：一是在现有基础上优化政府财政医疗支出，倡导提升政府医疗支出；二是健全社会医疗保障制度，在现有城镇医疗保险以及农村合作医疗保险的基础上，进一步健全大病覆盖制度；三是大力倡导各地卫生医疗机构开展医疗卫生基础常识普及活动，提升居民对于医疗方面的常识以及正确科学的认知；四是优化医疗资源配比，将优质医疗资源配给到乡镇等医疗水平落后地区，进一步实现"大病不出县"的医疗条件，既能够减缓城市大型医院的就诊压力，也能进一步服务好社会居民，有利于医疗资源配给与医疗服务均衡发展。

从改善贫富差距的层面来看，在实证分析中可以看到当基尼系数上升时，人类发展指数也会随之上升。因此在这方面我们发现如果继续按照曾经提出的"先富带后富"的路子并不能实现长久且有效的发展，也不能从根本上解决我国贫富差距问题。尽管这一方法在20世纪经济发展的初期，在资源稀缺的情况下通过将资源进行优化分配能够带来显著的发展，但是并不能达到全面小康的目的。因此合理优化我国的分配制度，实现将做大的蛋糕进行合理的分配。可以通过提升居民的劳动报酬在初次分配中的比重，提升低收入人群的收入水平，鼓励就业，鼓励企事业单位建立并调整合理的退休保障体系以保障退休员工的生活水平。

第三板块（七至九章）：

中国人类发展指数各分项指数的分析

执笔人： 任栋、郭建军、毛一舟、刘洋、刘呈军

第七章　中国预期寿命指数的
编制与分析

一、问题的提出

为更加完整地度量世界各国（或地区）经济社会的综合发展水平，联合国开发计划署（UNDP）于 1990 年从经济、教育和健康三个维度出发提出了人类发展指数（HDI）。预期寿命指数作为人类发展指数的三大分项指数之一，是刻画人类健康水平最核心的指标，同时也是度量医疗卫生水平、政府公共服务水平等因素的关键辅助指标。在国家"十二五"规划中，预期寿命指数首次被纳入测度医疗卫生事业发展的关键指标体系，体现出国家对人民生活质量的高度重视。

自改革开放以来，我国医疗卫生事业较之过去有了巨大改善，居民物质生活水平和预期寿命也得到相当大幅度的提高。但在看到可喜成就的同时也应该注意到我国区域发展不均衡带来的各种问题。《"健康中国 2020"战略研究报告》指出：一方面，虽然截至 2015 年，我国居民平均预期寿命指数已达到 0.867（76.36 岁），但隐藏在其背后的是巨大的地区差异，区域间预期寿命的巨大差异也给我国医疗卫生事业的持续健康发展带来了巨大挑战。另一方面，我国目前的医疗卫生水平与发达国家相比仍然处于较落后水平，中西部偏远地区医疗卫生条件较差，加之我国已逐步进入老龄化阶段，受制于经济发展水平，部分地区已出现未富先老的局面，同时也出现了一些偏远地区人口无力承担日益高昂的养老医疗费用等问题。

由上可见，本书对预期寿命指数进行系统研究有如下几方面意义：第一，政府可以通过预期寿命指数分析和预测本地区人口老龄化程度，针对预期寿命指数的变化制定相对应的经济人口政策。第二，预期寿命指数的变化对于一个国家或地区的居民而言也是非常重要的，对居民的医疗卫生安排乃至于人生规划都会产生重大影响。第三，预期寿命指数的变化也会影响到一个国家和地区的社会保障政策、医疗政策以及人力资源政策的制定等。这就需要对中国预期寿命指数的演进历程、发展现状、区域差异以及国际比较等进行详尽分析，同时对影响预期寿命指数的诸多因素特别是能体现中国特色以及现阶段发展特点的因素进行系统研究，为更好认识与提升我国居民预期寿命指数提供参考。

二、相关研究的文献综述

国内外学者对于预期寿命的影响因素的研究大多从经济发展水平、地理环境以及生活方式等因素入手，采用经济计量学、统计学等方法进行了研究和讨论。国外学者对此类问题研究起步较早，21世纪初，Inglehart、Ronald 等 (2009)[①]、Woods LM 等 (2005)[②] 等学者关注了地理环境、经济发展水平、性别差异、教育等因素对人口预期寿命的影响机制，研究结论基本一致：经济社会发展水平是影响人口预期寿命的关键决定因素，它通过提高物质、精神资料条件继而影响居民生活习惯和行为方式，提高整体预期寿命。Meara 等 (2008)[③] 的研究发现：地理环境因素对预期寿命同样有巨大影响，发现在相似生活习惯的前提下，不同的气候和环境平均温度对人口预期寿命影响同样十分显著，而环境因素对于老年人预期寿命则会产生更大影响。另外，预期寿命与经济发展水平并不是简单的线性关系，而是当经济发展到一定水平后，诸如饮食、吸烟、酗酒、心理压力等都会对预期寿命产生负向影响。Perenboom R 等 (2005)[④]、Cockerham (2012)[⑤] 则把研究重点放在性别差异对预期寿命的影响方面，结果表明：性别差异对于预期寿命有着显著影响，表现为女性预期寿命明显高于男性且随着社会经济的发展呈现出扩大趋势，另外社会经济地位对预期寿命影响表现得更为复杂。2010 年之后众多学者则尝试使用定量分析方法研究医疗卫生、区域差异等因素对预期寿命的影响。Yariv G 等 (2010)[⑥]、Thomas 和 Søren (2012)[⑦]、Unger R 等 (2011)[⑧] 研究了医疗卫生条件对于预期寿命的影响并进行了定量讨论。Halfon N (2012)[⑨]、

---

① INGLEHART, RONALD, WELZEL, et al. How development leads to democracy [J]. Foreign Affairs, 2009, 88 (2)：126-140.

② WOODS LM, RACHET B, RIGA M, et al. Geographical variation in life expectancy at birth in England and Wales is largely explained by deprivation [J]. Journal of Epidemiology & Community Health, 2005, 59：115-120.

③ MEARA E R, RICHARDS S, CUTLER D M. The gap gets bigger：changes in mortality and life expectancy, by education, 1981—2000 [J]. Health Affairs, 2008, 27 (2)：350-360.

④ PERENBOOM R, VAN HERTEN L, BOSHUIZEN H, et al. Life expectancy without chronic morbidity：trends in gender and socioeconomic disparities [J]. Public Health Reports, 2005, 120 (1)：46-54.

⑤ COCKERHAM W C. The intersection of life expectancy and gender in a transitional state：the case of Russia [J]. Sociology of Health & Illness, 2012, 34 (6)：0-10.

⑥ YARIV G, VICKI M, URI G. Smoking reduction at midlife and lifetime mortality risk in men：a prospective cohort study [J]. American Journal of Epidemiology, 2010：10.

⑦ THOMAS BUE BJøRNER, SøREN ARNBERG. Terminal costs, improved life expectancy and future public health expenditure [J]. International Journal of Health Care Finance and Economics, 2012, 12 (2)：129-143.

⑧ UNGER R, MÜLLER R, ROTHGANG H. Life expectancy with and without need for care. extent and development trends in Germany [J]. Das Gesundheitswesen, 2011, 73 (5)：292-297.

⑨ HALFON N. Addressing health inequalities in the US：a life course health development approach [J]. Social Science & Medicine, 2012, 74 (5)：671-673.

Geruso M（2012）①、Bleich S N 等（2011）② 采用面板数据分析了不同国家不同地区在同一时期内的预期寿命差异问题。

国内学者对中国人口预期寿命的研究大多为应用性研究。研究领域主要集中在以下三方面：其一，通过寿命表、指数回归等对中国人口预期寿命进行测算和估计。宋洪远、马永良（2004）③ 将城乡划分为不同区域并依照现有的 HDI 指数计算方法分别测度了收入、健康、教育指数从而编制了城乡人类发展指数表。胡英（2010）④ 采用 Logit 模型基于我国人口调查统计资料分别测算了 2009 年城乡居民平均预期寿命并分性别进行了展示。舒星宇、温勇等（2014）⑤ 基于第六次人口普查数据计算并对比了采用现阶段主流的预期寿命预测模型得到的结果，并对其分别进行了误差修正。其二，很多文献采用多元线性回归对影响我国人口预期寿命的诸多因素进行了分析研究。刘隆健（1990）⑥ 最早就采用多元线性回归重点考察了诸多影响预期寿命的社会因素并对其加以了探讨；童丽珍、李春森（2009）⑦ 则选取了 2007 年全国各省份相关数据计算出构成 HDI 的三个分类指数并结合国际和国内社会发展现状加以了讨论。马磊、余振华（2009）⑧ 利用第三次全国人口普查数据重点分析了经济发展、基础教育以及医疗条件对预期寿命的影响，发现医疗条件的提升对人口预期寿命的正向影响最为显著。郑晨（2010）⑨ 的研究则发现家庭规模对于人口预期寿命的影响随着社会经济的发展变得越来越重要。陈仁杰等（2014）⑩ 研究了自然环境对于预期寿命的影响，结果发现自然环境对预期寿命会产生重要影响。而王谋等（2019）⑪ 则利用 SDA 分解详尽地分析了不同区域、不同时期各因素对中国人类发展指数以及各分指数的贡献度。其三，少部分学者在以上研究基础上对地区居民预期寿命进行预测。陈国伟等（2015）⑫ 通过时间序列模型对改革开放以来厦门市的平均预期寿命数据进行了五年预测。综合以上文献可见，人口预期寿命的研究基本上是从指数编制、影响因素和指数预测三个方面展开，尚未见到基于人类发展指数框架下中国预期寿命的系统研究。

---

① GERUSO M. Black-white disparities in life expectancy：how much can the standard ses variables explain？［J］. Demography, 2012, 49（2）：553-574.

② BLEICH S N, JARLENSKI M P, BELL C N, et al. Health inequalities：trends, progress, and policy［J］. Annual Review of Public Health, 2011, 33（1）：7-40.

③ 宋洪远，马永良. 使用人类发展指数对中国城乡差距的一种估计［J］. 经济研究, 2004（11）：4-15.

④ 胡英. 中国分城镇乡村人口平均预期寿命探析［J］. 人口与发展, 2010, 16（2）：41-47.

⑤ 舒星宇，温勇，宗占红，等. 对我国人口平均预期寿命的间接估算及评价：基于第六次全国人口普查数据［J］. 人口学刊, 2014, 36（5）：18-24.

⑥ 刘隆健. 影响中国人口平均预期寿命的社会因素模式［J］. 中国卫生统计, 1990（1）：6-8.

⑦ 童丽珍，李春森. 论国民寿命与 GNP、文化程度的关系［J］. 统计与决策, 2009（23）：95-98.

⑧ 马磊，余振华. 中国平均预期寿命的影响因素分析［J］. 经济研究导刊, 2009（1）：161-162.

⑨ 郑晨. 预期寿命的地区差异和经济社会影响因素分析［J］. 中国集体经济, 2010（19）：81-83.

⑩ 陈仁杰，陈秉衡，阚海东. 大气细颗粒物控制对我国城市居民期望寿命的影响［J］. 中国环境科学, 2014, 34（10）：2701-2705.

⑪ 王谋，康文梅，张斌. 改革开放以来中国人类发展总体特征及驱动因素分析［J］. 中国人口·资源与环境, 2019, 29（10）：70-78.

⑫ 陈国伟，伍啸青，林艺兰. ARIMA 模型在厦门市居民人均期望寿命预测中的应用［J］. 中国卫生统计, 2015, 32（6）：1045-1047.

由上可见，从现有的相关研究来看，尚未见到以中国各地预期寿命指数为主题的系统性研究的文献。从现有涉及中国预期寿命指数的研究文献来看，现有的研究存在系统性和深度不足的情况。具体表现在研究时间的跨度较短、考虑的影响因素相对较少、研究方法比较单一（多采用主成分分析、线性回归等）等方面，特别是在区域对比（包括省际对比和国际对比）分析方面比较薄弱。针对上述问题，本书首次对中国预期寿命指数编制、演化分析、国际和省际对比及其影响因素分析诸方面进行了系统性的研究，并针对影响预期寿命指数的诸多因素，分时间阶段利用固定效应变系数面板计量模型进行了比较深入的实证分析，并为进一步提高我国的预期寿命指数、缩小各区域发展不平衡、促进中国各地居民的人类福祉提出了相关的政策建议。

三、中国预期寿命指数的编制

本书的中国预期寿命指数，是严格按照联合国开发计划署（UNDP）最新的指数编制方法编制的。根据 UNDP2016 年制定的《指数编制技术注释》，预期寿命指数的计算方法为：

$$LEI_i = \frac{LE_i - min}{max - min}$$

其中，LEI_i 表示各国（地区）的预期寿命指数，LE_i 表示各国（地区）实际平均寿命值，max、min 分别表示计算预期寿命的最大与最小阈值。关于阈值的设定，曾经历了多次调整，1990—1993 年，在计算不同国家预期寿命指数时，阈值分别来自各成员实际寿命数据集；1994 年之后，阈值分别为 25 和 85 岁；经过 2016 年再次调整之后，最新的阈值分别为20 岁和 85 岁。

由于除普查年份外，各地区的完整数据无法取得，本书分别选取了历次人口普查报告中全国 31 个省份（不含港澳台地区）的实际平均寿命数据作为计算分析对象，其余年份采用线性插值法得到中国各地区预期寿命指数计算结果如表 7-1 所示。

表 7-1　1990—2018 年中国各地区人口预期寿命指数

地区	年份														
	1990	1992	1994	1996	1998	2000	2002	2004	2006	2008	2010	2012	2014	2016	2018
全国	0.754	0.763	0.772	0.781	0.790	0.795	0.806	0.816	0.826	0.836	0.846	0.856	0.866	0.877	0.887
北京	0.813	0.823	0.832	0.841	0.851	0.863	0.876	0.888	0.901	0.913	0.926	0.938	0.951	0.964	0.976
天津	0.805	0.814	0.823	0.832	0.841	0.845	0.857	0.869	0.882	0.894	0.906	0.918	0.930	0.943	0.955
河北	0.775	0.783	0.792	0.801	0.810	0.808	0.816	0.823	0.831	0.838	0.846	0.853	0.861	0.868	0.876
山西	0.753	0.762	0.771	0.781	0.790	0.795	0.805	0.815	0.825	0.835	0.845	0.855	0.865	0.875	0.885
内蒙古	0.703	0.714	0.723	0.732	0.742	0.767	0.781	0.795	0.809	0.823	0.838	0.852	0.866	0.880	0.894
辽宁	0.773	0.782	0.791	0.800	0.810	0.821	0.830	0.839	0.849	0.858	0.867	0.877	0.886	0.895	0.905
吉林	0.738	0.750	0.759	0.769	0.778	0.817	0.826	0.836	0.845	0.855	0.864	0.874	0.883	0.893	0.902
黑龙江	0.723	0.736	0.745	0.754	0.763	0.806	0.817	0.828	0.839	0.850	0.861	0.872	0.883	0.895	0.906

表7-1（续）

地区	年份														
	1990	1992	1994	1996	1998	2000	2002	2004	2006	2008	2010	2012	2014	2016	2018
上海	0.845	0.854	0.863	0.873	0.882	0.894	0.901	0.908	0.914	0.921	0.927	0.934	0.940	0.947	0.953
江苏	0.790	0.799	0.808	0.817	0.827	0.829	0.838	0.846	0.854	0.863	0.871	0.880	0.888	0.896	0.905
浙江	0.797	0.806	0.815	0.824	0.833	0.842	0.851	0.860	0.870	0.879	0.888	0.897	0.907	0.916	0.925
安徽	0.761	0.769	0.779	0.788	0.797	0.798	0.808	0.818	0.828	0.837	0.847	0.857	0.867	0.877	0.887
福建	0.747	0.758	0.767	0.776	0.786	0.808	0.818	0.828	0.838	0.848	0.858	0.868	0.878	0.887	0.897
江西	0.709	0.718	0.728	0.737	0.746	0.753	0.770	0.786	0.803	0.819	0.836	0.852	0.869	0.886	0.902
山东	0.778	0.788	0.797	0.806	0.815	0.830	0.837	0.845	0.853	0.861	0.869	0.876	0.884	0.892	0.900
河南	0.772	0.778	0.788	0.797	0.806	0.793	0.802	0.812	0.821	0.830	0.840	0.849	0.858	0.868	0.877
湖北	0.727	0.737	0.747	0.756	0.765	0.786	0.798	0.809	0.821	0.832	0.844	0.856	0.867	0.879	0.891
湖南	0.722	0.732	0.742	0.751	0.760	0.779	0.792	0.804	0.817	0.829	0.842	0.854	0.866	0.879	0.891
广东	0.808	0.814	0.823	0.832	0.841	0.820	0.829	0.839	0.849	0.859	0.869	0.879	0.889	0.899	0.909
广西	0.750	0.758	0.767	0.777	0.786	0.789	0.801	0.813	0.824	0.836	0.848	0.860	0.871	0.883	0.895
海南	0.769	0.778	0.788	0.797	0.806	0.814	0.825	0.835	0.845	0.856	0.866	0.877	0.887	0.897	0.908
重庆	—	—	—	—	0.753	0.796	0.808	0.820	0.832	0.845	0.857	0.869	0.881	0.894	0.906
四川	0.713	0.725	0.734	0.743	0.753	0.788	0.799	0.810	0.820	0.831	0.842	0.853	0.864	0.875	0.886
贵州	0.681	0.689	0.698	0.707	0.716	0.707	0.723	0.739	0.755	0.770	0.786	0.802	0.818	0.834	0.849
云南	0.669	0.677	0.686	0.695	0.704	0.700	0.712	0.725	0.737	0.750	0.762	0.775	0.787	0.800	0.812
西藏	0.610	0.622	0.631	0.640	0.649	0.683	0.694	0.706	0.718	0.729	0.741	0.753	0.764	0.776	0.788
陕西	0.729	0.738	0.747	0.756	0.766	0.770	0.784	0.799	0.813	0.827	0.841	0.855	0.870	0.884	0.898
甘肃	0.727	0.732	0.741	0.750	0.759	0.730	0.745	0.760	0.774	0.789	0.804	0.818	0.833	0.847	0.862
青海	0.624	0.637	0.646	0.656	0.665	0.708	0.720	0.732	0.744	0.757	0.769	0.781	0.793	0.805	0.817
宁夏	0.722	0.732	0.741	0.750	0.759	0.772	0.782	0.792	0.801	0.811	0.821	0.831	0.841	0.851	0.861
新疆	0.655	0.667	0.676	0.686	0.695	0.729	0.745	0.760	0.775	0.790	0.805	0.821	0.836	0.851	0.866

注：原始数据来源于国家统计局网站；重庆市 1997 年以后成为直辖市，故 1990—1996 年重庆市数据缺失。此外，由于篇幅所限，未列出各地区奇数年以及分性别预期寿命指数，详见附录。

四、预期寿命指数的国内外比较分析

（一）中国预期寿命指数水平演变与国际比较分析

1990—2018 年分性别预期寿命指数如表 7-2 所示。

表 7-2 1990—2018 年分性别预期寿命指数变动

预期寿命指数	1990 年	1995 年	2000 年	2005 年	2010 年	2015 年	2018 年
总体	0.754	0.776	0.795	0.821	0.846	0.872	0.887
男性	0.721	0.752	0.764	0.782	0.806	0.825	0.831
女性	0.776	0.791	0.821	0.852	0.883	0.914	0.917

根据国家统计局公布的人口普查数据结合预期寿命指数计算结果，1990年我国居民平均预期寿命为68.55岁，预期寿命指数为0.754，2018年平均预期寿命为77岁，预期寿命指数为0.887。自改革开放以来，国家政局稳定、各项事业稳步发展、人民物质生活水平显著提高，29年间我国居民平均预期寿命和预期寿命指数分别提高了8.45岁和0.133，增幅达17.64%。由图7-1可以看出：整体预期寿命指数也表现出平稳增加的态势，是自1990年首份人类发展报告发布以来，唯一一个从低人类发展水平国家上升到高人类发展水平的国家。目前，中国居民的主要健康指标总体上优于中高收入国家平均水平，提前实现了联合国千年发展目标。

根据中国历次人口普查数据结合计算得出的预期寿命指数，分性别看，2018年我国男性人口预期寿命指数为0.831，比1990年提高0.11（6.80岁），比2010年提高0.025（4.01岁）；2018年女性预期寿命指数为0.917，比1990年提高0.14（8.96岁），比2010年提高0.034（2.06岁）。1990年男女预期寿命指数之差为0.055，而2018年为0.086，可见两者之间的差距在不断扩大。同时图7-1也显示：在预期寿命指数增长的同时，女性增长程度明显大于男性增长程度，且两者间的差距也呈继续扩大的趋势。

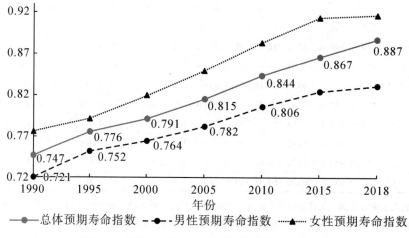

图 7-1　1990 年-2018 年男女性预期寿命指数变化

为了能够更加清晰准确地描述中国预期寿命指数的演变过程，便于进行国际纵向比较，文章整理计算了1990—2018年的世界平均预期寿命指数，并以G7成员（美国、英国、法国、德国、意大利、加拿大、日本）作为世界发达国家的代表，金砖五国（中国、俄罗斯、巴西、印度、南非）作为经济社会发展程度与中国基本相当的国家代表与中国预期寿命指数进行国际对比分析（见表7-3）。

表 7-3　预期寿命指数国际对比分析

年份	中国预期寿命指数	世界排名	世界平均预期寿命指数	G7 国家平均预期寿命指数	金砖五国（除中国）平均预期寿命指数
1990	0.747 (68.56)	97	0.698 (65.43)	0.870 (75.59)	0.678 (64.10)
1995	0.776 (70.44)	95	0.711 (66.28)	0.884 (77.48)	0.672 (63.72)
2000	0.791 (71.42)	98	0.731 (67.55)	0.904 (78.76)	0.669 (63.54)
2005	0.815 (72.98)	89	0.752 (68.92)	0.919 (79.79)	0.674 (63.84)
2010	0.844 (74.86)	87	0.777 (70.56)	0.937 (80.96)	0.718 (66.71)
2015	0.867 (76.36)	88	0.799 (71.95)	0.946 (81.55)	0.759 (69.36)
2018	0.887 (77.66)	86	0.805 (72.39)	0.951 (81.83)	0.770 (70.07)

注：数据由历年 UNDP 发布的《人类发展报告》整理计算得到，括号内为预期寿命具体数值。

由表 7-3 分析可得：

第一，整体来看，得益于中国各项事业的飞速发展，1990—2018 年中国预期寿命指数从绝对数值和世界排名上看都有显著提升。指数值从 0.747 上升到 0.887，预期寿命从 68.55 岁上升至 77.65 岁，世界排名也从 97 位上升到 86 位。这反映出中国人口健康状况的巨大改善和对世界人类健康所做出的突出贡献。

第二，与世界平均预期寿命指数相比，中国预期寿命指数显著较高。1990 年，中国预期寿命指数比世界平均水平高 0.049（3.13 岁）；2018 年，中国预期寿命指数比世界平均水平高 0.082（5.27 岁），增幅明显高于世界平均水平。目前中国居民的主要健康指标总体上优于中高收入国家平均水平，提前实现了联合国千年发展目标。

第三，与中国发展程度相当的其他金砖四国相比，中国预期寿命指数显著高于其他金砖四国平均值。具体来看，1990 年其他金砖四国平均预期寿命指数与中国预期寿命指数相差 0.069（1.40 岁），2018 年这一数值达到 0.117（7.58 岁），同样展现出这期间得益于中国各项事业的飞速发展，中国的人口预期寿命得到了大幅提升。

第四，与世界发达国家的代表 G7 成员相比，1990 年中国预期寿命指数与 G7 国家的平均预期寿命指数值相差 0.123（7.04 岁），2018 年还相差 0.064（4.17 岁），虽然我国预期寿命指数得到了很大的提高，但与 G7 成员平均值相比仍有较大差距。虽然令人欣慰的是差距有明显的缩小趋势，但也需要清醒地认识到我们在提升预期寿命指数方面仍有很长的路要走。预期寿命指数国际比较如图 7-2 所示。

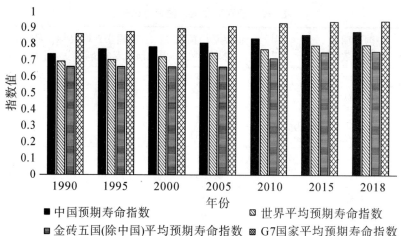

图 7-2　预期寿命指数国际比较

为进一步分析我国预期寿命指数以及构成 HDI 总指数的另外两项指数（收入指数、教育指数）的世界排名变化，揭示预期寿命指数国际排名变动趋势与其对 HDI 总指数的贡献度，根据联合国开发计划署各指数最新编制方法计算结果如表 7-4 所示。结果显示：其一，1990 年，预期寿命指数世界排名 97 位与收入指数（排名 174 位）、教育指数（122 位）相比基础较好；其二，1990—2018 年，HDI 总指数上升 18 位，其中收入指数大幅上升 100 位，从 1990 年 174 位上升至 2018 年 74 位，教育指数上升了 19 位，预期寿命指数 29 年间只上升了 11 位，远远低于收入指数对 HDI 总指数的贡献度。正如《中国人类发展报告 2016》所述"中国的寿命指数和教育指数的增长没有实现赶超，没有收入指数增长表现得那么出色"。

表 7-4　人类发展指数及分指数世界排名的变化

指数	年份						
	1990	1995	2000	2005	2010	2015	2018
HDI 总指数	0.499 （103）	0.549 （110）	0.649 （104）	0.643 （101）	0.7 （89）	0.743 （87）	0.758 （85）
预期寿命指数	0.747 （97）	0.776 （95）	0.791 （98）	0.815 （89）	0.844 （87）	0.867 （88）	0.887 （86）
收入指数	0.412 （174）	0.488 （146）	0.543 （138）	0.61 （132）	0.687 （105）	0.741 （80）	0.768 （74）
教育指数	0.338 （122）	0.383 （131）	0.449 （114）	0.504 （116）	0.569 （111）	0.641 （107）	0.644 （103）

注：数据来源为 UNDP 网站，括号内数值为世界排名。

（二）中国预期寿命指数区域差异比较分析

由上可见，与世界上大多数其他发展中国家相比较，我国预期寿命指数具有一定的优势。但一方面由于我国地理环境、人居习惯等差异很大，另一方面由于我国各地区经济社会发展不平衡不充分矛盾凸显，中国各地区的预期寿命指数也有较大差异，具体表现在以下几个方面：

1. 各省份预期寿命指数均有较大幅度提高，但提高幅度有较大差异

比较分析我国各省份的预期寿命指数可以发现 2018 年比 1990 年都有所增长，但增幅不同。全国增长 0.133（6.28 岁），其中新疆增幅最大为 0.211（10.02），其次重庆市为 0.193（8.39 岁），增幅最小的广东省为 0.101（4.49 岁）。由于人类寿命极限值的存在，可以发现 1990 年预期寿命较低地区增长幅度较大，而预期寿命较高的地区增幅较小（见图 7-3）。

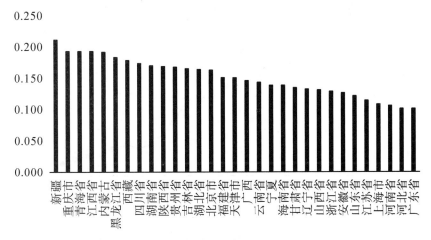

图 7-3　1990—2018 年各省份预期寿命指数增长排序

2. 区域之间的异质性明显

同时由表 7-5 可以看到，1990—2018 年预期寿命指数排在第一位的一直是中国最发达的直辖市上海，而北京和天津紧随其后。浙江、山东、江苏等省份预期寿命指数同样表现出色，总体来看排名前五的省份均为东部沿海发达省份。与此形成对比的则是诸如贵州、云南、青海、西藏等西部省份，其预期寿命指数在近三十年间虽然上升较大但由于基数很低所以依然靠后，同时也反映出随着中国整体社会经济的发展，区域发展不平衡问题也有所凸显。从中国四大区域预期寿命指数均值对比来看，东部地区在近三十年间一直处于第一，西部地区则一直处于第四，而东北部和中部地区则分别位于第二、三位，同样表现出了明显的区域分层异质特性。

表 7-5　1990—2018 年预期寿命指数区域异质性描述统计

指标	1990 年	2000 年	2010 年	2018 年
东部均值	0.788	0.831	0.876	0.918
中部均值	0.735	0.781	0.841	0.889
西部均值	0.692	0.738	0.802	0.854
东北部均值	0.744	0.814	0.864	0.904
排名前五地区	上海、北京、广东、天津、浙江	上海、北京、天津浙江、山东	上海、北京、天津浙江、江苏	上海、北京、天津浙江、广东
排名后五地区	贵州、云南、青海新疆、西藏	贵州、云南、青海新疆、西藏	贵州、云南、青海新疆、甘肃	贵州、云南、青海西藏、甘肃

3. 各区域差异逐渐缩小，并存在空间集聚效应

图 7-4 绘制了全国 31 个省份 1990—2018 年预期寿命指数变异系数变动趋势以分析预期寿命指数随时间收敛的问题。由变异系数趋势图可以发现：整体来看，变异系数不断降低，说明各省份预期寿命指数差距在不断缩小；具体来看，1990—2000 年变异系数下降缓慢，说明各省份预期寿命指数差距虽不断缩小但仍维持高位，2000—2009 年是我国各项事业飞速发展的十年，各省份预期寿命指数差距缩小十分明显，2009 年之后，各省份预期寿命指数差距呈现缓慢降低态势。

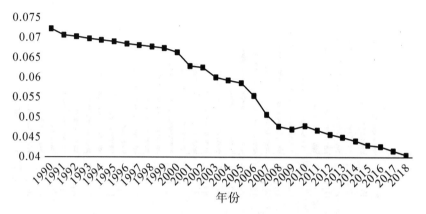

图 7-4　1990—2018 年预期寿命指数变异系数趋势

依据空间权重矩阵，通过 Geoda 软件计算出各省份预期寿命指数全局 Moran's I 值，并对其进行检验，借此分析省份预期寿命指数的集聚特征，由 1990—2018 年全国各省份预期寿命指数分布结合表 7-6 可知：首先，整体来看中国各省份预期寿命指数存在较明显的区域异质性特征，表现为东部沿海地区预期寿命指数显著高于中西部地区，对比分析还可以发现我国预期寿命指数从 1900 年的东西差异逐步转变为 2018 年的南北差异；其次，在 1% 显著性水平下，Moran's I 值均显著大于零，说明预期寿命指数存在明显的省份集聚效应；另外观察到 1990—2018 年 Moran's I 值虽然为正但呈不断降低趋势，显示出我国各省份预期寿命指数空间集中度明显降低的特征。

另外，中国各地预期寿命指数在 1990—2018 年，指数的区域差异有从早期的东西部差异向近期的南北部差异转化的趋向，值得进行更加深入的研究（见表 7-6）。

表 7-6　1990—2018 年省份预期寿命指数全局 Moran's I 值

检验统计量	年份						
	1990	1995	2000	2005	2010	2015	2018
Moran's I	0.602	0.604	0.546	0.543	0.525	0.485	0.453
Z 统计量	5.585	5.608	5.122	5.107	4.956	4.617	4.944
P 值	<0.001	<0.001	<0.001	<0.001	<0.001	<0.001	<0.001

五、预期寿命指数影响因素实证分析

（一）变量选择以及描述性统计

如前文所述，2018 年各省份预期寿命指数较 1990 年均有较大幅度提高，且其差异性存在一定程度的收敛和空间集聚特征，因此有必要针对影响预期寿命指数的各因素进行深入分析。1990—2002 年，特别是邓小平南方谈话之后，改革开放广度和深度进一步得以延伸，我国的人类发展各项事业在这一时期取得突飞猛进的进步，这一时期可以称为我国人类发展从低水平组到中等水平组的跨越阶段；2002 年 11 月，中国共产党第十六次全国代表大会上正式提出到 2020 年全面建成小康社会的宏伟目标，我国各项事业由此进入一个崭新的发展阶段，经济社会保持较高水平增长，因此，2003—2012 年这段时期为我国人类发展从中等水平组向高水平组跨越阶段；2012 年在中国共产党第十八次全国代表大会上提出"五位一体"总体布局和新发展理念，同时我国经济也由粗放型的高速增长转向更加注重质量的中高速增长，社会事业发展在这一时期全面加强，因此 2013—2018 年为我国人类发展协调增长新阶段。鉴于以上分析可知，在三阶段内我国经济社会发展情况有较大区别，下文采用固定效应变系数面板数据模型分 1990—2002 年、2003—2012 年、2013—2018 年三阶段对 31 个省份面板数据进行分时段的对比性实证分析。

预期寿命指数的影响因素大致可以分为生物学因素和社会学因素两方面。一方面，它受生理特征、饮食习惯和行为方式等内部因素的制约，导致了不同个人继而不同国家地区预期寿命指数的差异，但这部分数据定量研究较为困难；另一方面，它受医疗卫生服务水平、教育程度、社会经济发展水平和环境等因素的制约，因此在社会发展的不同时期预期寿命指数的高低也有着很大的不同。基于上文计算得到的各省份人口预期寿命指数数据，本着科学性、全面性和数据可获得性原则，在借鉴已有研究成果的基础上既控制变量个数又力求反应全面，综合考虑对人口预期寿命指数有影响的各种因素，本书筛选获取的各解释变量如表 7-7 所示。

表 7-7　影响预期寿命指数相关变量分析

因素	指标	定义	符号	变量说明
经济发展水平	城镇化率/%	常住城镇人口占总人口的比重	CL	截至 2019 年年底，我国常住城镇人口已突破八亿大关，城镇化率达到 60.60%，伴随着快速的城镇化，居民医疗教育、饮食结构以及环境交通等势必发生重大改变并直接或间接对平均预期寿命产生影响，已有文献也表明城镇化与居民寿命之间存在正相关
	房地产开发投资 - 住宅/百万元	代建、拆迁以及还建的住宅和配套的服务设施的投资完成额	REI	截至 2019 年年末，全年房地产开发投资额突破 130 万亿大关，同比增长 9.9%，而城市住宅类开发投资额占比超 70%。而据中国人民银行资料，城市居民的家庭负债率在近二十年间因购买住房而不断攀升。根据中国房地产在居民生活中的特殊重要地位以及诸多以往研究文献，家庭房地产支出会通过对教育医疗、人居消费等与生活密切相关的领域产生作用继而影响平均预期寿命

表7-7（续）

因素	指标	定义	符号	变量说明
医疗卫生服务水平	政府对医疗卫生领域支出/百万元	政府对各级卫生事业的直接财政拨款	MHE	据国家统计局资料，1950年我国平均预期寿命只有35岁，而非洲某些极度贫困国家如今平均预期寿命也不到30岁。居民健康状况特别是平均预期寿命的提高直接得益于医疗卫生服务水平的提升
	每千人卫生技术人员/人/千人	每千人口卫生技术人员=卫生技术人员数/人口数×1 000	HTP	一般地，对医疗卫生领域支出越大，医院规模、数量和卫生技术人员越多，医疗设施越完善，人口预期寿命指数就越高。而中国的实际情况是对于医疗卫生领域的投入绝大部分是由政府完成的
受教育水平	平均受教育年限/年	某一地区某一群体接受学历教育（不包括职业培训等）年限总和的平均值	AYE	教育文化水平越高，知识面就越宽，对卫生和营养等方面就越注重，不良习惯和嗜好也会很少沾染，会降低死亡率、提高预期寿命指数，这在中外权威文献中也已得到证实
环境因素	二氧化硫排放量/吨	指企业在燃料燃烧和生产工艺过程中排入大气的二氧化硫数量。	SDE	环境污染特别是工业废气的过度排放会直接对居民健康产生不良影响并缩短平均预期寿命。工业化水平的不断提高使得工业废水废气污染越来越严重，从而预期寿命指数可能会降低

注：污染主要包括二氧化氮、二氧化硫、一氧化碳，因为中国统计年鉴只给出了生活中二氧化硫的数据，所以本书用二氧化硫作为污染的代表。

（二）模型设定检验

鉴于研究数据时间周期较长（1990—2018年），为避免伪回归，提高模型稳健性，本书参考主流检验方法对模型各解释变量采用LLC以及IPS两种检验方式进行了平稳性检验，对于模型设定特别是截距项以及系数项是否变动问题分别采用F统计量以及LR统计量检验之。具体检验结果如下，可以看到，在10%的显著性水平下拒绝原假设，认为各解释变量均为平稳序列；在1%显著性水平下F检验与LR检验结果显示模型截距项与系数项存在变化。结合以往学者研究结论与检验结果且考虑到为减少单纯依据时期划分而造成的建模过程中的信息损失，本书采用固定效应变系数面板数据模型，将"时期"以虚拟变量形式引入模型进行实证分析。模型设定检验如表7-8所示。

表7-8　模型设定检验

变量	LLC 检验		IPS 检验	
	t 统计量	检验结果	W-t-bar 统计量	检验结果
预期寿命指数	−6.959 7 (**)	平稳	−29.148 7 (***)	平稳
城镇化率	−20.006 7 (***)	平稳	−0.465 1 (*)	平稳
房地产开发投资（住宅）	−12.098 6 (***)	平稳	−8.403 1 (**)	平稳
政府对医疗卫生领域支出	−13.633 1 (***)	平稳	−8.607 0 (**)	平稳

表7-8（续）

变量	LLC 检验		IPS 检验	
	t 统计量	检验结果	W-t-bar 统计量	检验结果
平均受教育年限	−21.699 8 （***）	平稳	−10.257 4 （***）	平稳
二氧化硫排放量	−5.492 6 （*）	平稳	−7.656 1 （**）	平稳
每千人卫生技术人员	−6.215 7 （**）	平稳	−1.495 6 （*）	平稳
变截距 F 检验	F 值：218.41　P<0.001			
变系数 LR 检验	F 值：264.13　P<0.001			

注：*、**、*** 表示在 10%、5%、1% 显著性水平下显著。

（三）模型设定

依据现有文献研究结果以及上文模型设定检验，为分时间段进行更为详细的对比分析，本书依据中国经济社会发展将其分为三个时间段，分别为低水平组到中等水平组跨越阶段（1990—2002 年）、中等水平组向高水平组跨越阶段（2003—2012 年）、协调增长新阶段（2013—2018 年），并分别将其以虚拟变量形式引入模型，为保证回归系数值具有可比性，各解释变量采用均值标准化方式处理，模型具体设定如下：

$$D_{1i} = \begin{cases} 1 & 1990\text{—}2002\ \text{年} \\ 0 & \text{其他时期} \end{cases}, D_{2i} = \begin{cases} 1 & 2003\text{—}2012\ \text{年} \\ 0 & \text{其他时期} \end{cases}, D_{1i} = D_{2i} = 0 \ 2013\text{—}2018\ \text{年}$$

$$\begin{aligned} LEI &= \alpha_i + \beta_2 \cdot CL_{it} + \beta_3 \cdot REI_{it} + \beta_4 \cdot MHE_{it} + \beta_5 \cdot AYE_{it} + \beta_6 \cdot SDE_{it} + \beta_7 \cdot HTP_{it} + \gamma_1 \cdot CL_{it} \cdot D_{1i} + \\ &\quad \gamma_2 \cdot CL_{it} \cdot D_{2i} + \gamma_3 \cdot REI_{it} \cdot D_{1i} + \gamma_4 \cdot REI_{it} \cdot D_{2i} + \cdots + \gamma_{11} \cdot HTP_{it} \cdot D_{1i} + \gamma_{12} \cdot HTP_{it} \cdot D_{2i} + \varepsilon_{it} \\ &= \alpha_i + CL_{it} \cdot (\beta_2 + \gamma_1 D_{1i} + \gamma_2 D_{2i}) + REI_{it} \cdot (\beta_3 + \gamma_3 D_{1i} + \gamma_4 D_{2i}) + \cdots + \\ &\quad HTP_{it} \cdot (\beta_7 + \gamma_{11} D_{1i} + \gamma_{12} D_{2i}) \\ &= \alpha_i + \beta_2^* \cdot CL_{it} + \beta_3^* \cdot REI_{it} + \beta_4^* \cdot MHE_{it} + \beta_5^* \cdot AYE_{it} + \beta_6^* \cdot SDE_{it} + \beta_7^* \cdot HTP_{it} \end{aligned}$$

其中，α_i 为个体固定效应，β^* 为待估计参数，CL_{it} 表示第 i 个省份第 t 期城镇化率，其他解释变量同理。模型实证结果如表 7-9 所示。

表 7-9　模型实证结果

时期	城镇化率	房地产开发投资（住宅）	政府对医疗卫生领域支出	平均受教育年限	二氧化硫排放量	每千人卫生技术人员
1990—2002 年	0.268 2** （0.467 3）	0.038 5** （0.004 9）	0.683 5*** （0.086 4）	0.028 6 （0.025 3）	0.004 3 （0.034 2）	1.071 6*** （0.463）
2003—2012 年	0.293 7*** （0.385 6）	0.017 2** （0.063 8）	0.692 7* （0.097 3）	0.029 6** （0.037 5）	−0.001 4* （0.003 5）	1.287 4** （0.086 5）
2012—2018 年	0.301 4** （0.465 3）	−0.029 6** （0.087 8）	0.849 9** （0.037 2）	0.040 7** （0.073 5）	−0.002 1* （0.008 3）	1.497 9** （0.087 4）

注：*、**、*** 表示在 10%、5%、1% 显著性水平下显著，括号内为标准差。

首先，从整体分析来看：除"平均受教育年限""二氧化硫排放量"在 1990—2002 年系数不显著外，其余变量在 10% 显著性水平下均显著。从各系数数值大小上看，医疗卫生领域投入二系数——"每千人卫生技术人员"与"政府对医疗卫生领域支出"明显高于其他领域系数值，其中前者最大，后者次之，反映出医疗卫生领域投入对居民预期寿命指数的提升作用影响最为显著；"城镇化率"与"平均受教育年限"二系数在三时期内均为正，但系数值比反映医疗卫生领域投入的二系数略低，其对居民预期寿命指数同样起正向促进作用；而"房地产开发投资"与"二氧化硫排放量"在后期系数均为负，对居民预期寿命指数起负向抑制作用。

其次，具体来看，"城镇化率"在三个时期内系数均为正且不断增大反映出我国城镇化建设对预期寿命的提升作用越来越大；"房地产开发投资"在 1990—2012 年系数为正且不断减少直到 2012—2018 年系数变为负则反映出我国改革开放初期房地产建设为居民住房质量提高、预期寿命提升起正向促进作用，但进入 21 世纪以来，特别是 2012 年以后，房地产开发投资（住宅）的持续投入导致商品房价格居高不下对居民预期寿命提升起负向抑制作用。另外可以发现："政府对医疗卫生领域支出"和"每千人卫生技术人员"等与居民医疗卫生密切相关的解释变量系数在三个时期内都显著为正且系数不断增大，同时也是诸多变量中系数最大的，反映出医疗卫生领域投入对于居民预期寿命提高至关重要，我国居民预期寿命的大幅提升很大程度得益于我国医疗卫生事业的快速高质量发展；"平均受教育年限"系数除 1990—2002 年外其余时期均显著为正且系数值不断提高，反映出教育因素对提升预期寿命的作用同样不容忽视；"二氧化硫排放量"系数除 1990—2002 年外其余时期均显著为负，其值不断减小反映出在发展初期环境污染问题尚不突出，但进入 21 世纪以来环境污染因素对居民预期寿命的负向影响已变得愈加明显，推动经济高质量发展建设美丽中国已成为当下的一项重要且紧迫任务。

再次，从分时段分析来看：在 1990—2002 年，我国经济社会整体发展水平较为低下，此时医疗条件的改善对于预期寿命指数的提高大有裨益，由结果可知在这一时期政府对医疗卫生领域支出与每千人卫生技术人员两个变量系数显著为正且数值较大；此时人居环境尚且落后，房地产开发投资对提升人居质量和生活质量尚有正向影响，此时"房地产开发投资"系数为正。2003—2012 年是我国经济飞速发展的十年，各项事业比 20 世纪均取得了长足的进步，在医疗投入系数依然显著为正的情况下，其中表现较为明显的是伴随着我国城镇化率的飞速提高，更多人口得以实现生活条件的提高、医疗保障的覆盖、基础教育的普及，由结果可知，这一时期城镇化率系数显著为正，但值得注意的是此时期环境污染问题已渐露端倪，由结果可知"二氧化硫排放量"系数从之前为正转而为负；2012—2018 年是我国经济社会协调发展新阶段，这一时期城镇化率、每千人卫生技术人员、平均受教育年限等变量对预期寿命指数的贡献仍然可圈可点，但同时也要看到，我国经济增长粗放、人居环境较差的情况仍然没有得到有效改善反而有所严重，二氧化硫排放量对于预期寿命指数的影响显著为负且与上时期相比数值更低。

最后，从各时段的对比分析来看：可以观察到以下三个方面更深层次的问题。第一，城镇化率、平均受教育年限、政府对医疗卫生领域支出、每千人卫生技术人员变量系数明显提高且显著为正，反映出中国城镇化建设、教育发展与医疗卫生领域的长足进步对人口预期寿命的提高起着越来越重要的促进作用，同时也印证了中国"以人为本"的发展理念和在这些领域所取得的良好成效。第二，二氧化硫排放量系数显著为负对预期寿命指数的负向影响越来越大，这也反映出我国经济增长粗放、人居环境较差的情况并没有得到有效改善。第三，房地产开发投资（住宅）系数逐渐降低直至显著为负。从回归结果上来看，1990—2001 年，我国重要大城市集中趋势不明显，商品房市场也并不发达，此时期住宅类房地产开发可以显著提高居民居住生活质量，在这一时期系数显著为正，随着我国经济发展速度加快、重要大城市资源、人口等不断集聚，出让土地成为增加地方财政乃至拉动GDP 的重要手段，城市商品房价格居高不下，此时居民不得不采用压缩其他生存资源、增加杠杆等手段购买住房，此时房地产开发投资（住宅）对于人口预期寿命指数反而呈现出负向影响。

六、结论与建议

（一）研究结论

本书根据联合国开发计划署（UNDP）关于人口预期寿命指数的最新算法，基于我国31 个省份的数据测算编制了1990—2018 年中国各地区预期寿命指数表，结果显示：1990—2018 年，中国人口预期寿命指数自0.754 上升至 0.887，增幅达到 17.64%。中国人口预期寿命经历了持续快速增长，中国的人类发展举世瞩目，中国是自联合国 1990 年首份人类发展报告发布以来，唯一一个从低人类发展水平组上升到高人类发展水平组的国家。同时，中国预期寿命指数增长速度大于世界平均水平并且显著高于其他金砖四国平均值，但与世界发达国家 G7 成员相比，还有较大的差距。

空间演化分析表明，各省份预期寿命指数区域异质性明显，反映出随着中国整体社会经济的发展，区域发展不平衡问题也在凸显。东部地区在近三十年间一直处于第一，西部地区一直处于第四，而东北部和中部地区则分别位于第二、三位，同样表现出了明显的区域分层异质特性。值得关注的是，随着时间的推移，各区域预期寿命指数差异虽然逐渐缩小，但存在空间集聚效应，而且，传统意义上的东西部差异有向南北部差异转化的趋向。

影响因素分析结果显示：整体来看，医疗卫生条件改善对居民预期寿命提高的正向促进作用最大，同时，城镇化率、平均受教育年限等因素对预期寿命指数的提高也大有裨益；而二氧化硫排放量对预期寿命为负向影响且影响程度不断加深；房地产开发投资对预期寿命的影响经历了一个由正转负的过程。时期对比分析得到：第一，城镇化率、平均受教育年限、政府对医疗卫生领域支出、每千人卫生技术人员变量系数明显提高且显著为正，反映出中国城镇化建设、教育发展与医疗卫生领域的长足进步对于人口预期寿命的提高起着越来越重要的促进作用，同时也印证了中国"以人为本"的发展理念和在这些领域所取得的良好成绩；第二，二氧化硫排放量系数显著为负对预期寿命指数的负向影响越来越大，反映出我国经济增长粗放、人居环境较差的情况并没有得到有效改善；第三，房地产开发投资（住宅）系数逐渐降低直至显著为负，特别是近十年间居民采用压缩其他生存资源、增加杠杆等手段购买住房，房地产开发投资（住宅）对于人口预期寿命指数起负向影响。当然本书并未深入探讨房地产开发投资对人口预期寿命的影响机制，后续工作可以对此进行深入研究。

（二）政策建议

1. 大力促进新型城镇化特别是户籍人口城镇化发展，切实保障进城务工人员以及子女享受城镇医疗服务与接受教育的权利，提升我国居民预期寿命指数。我国常住人口城镇化率与世界平均水平大致相当，但户籍人口城镇化率则远远低于常住人口城镇化率，加之我国特有的城乡户籍二元结构导致大量进城务工人员虽已在城市定居但无法享受到与城镇户籍居民同等的医疗、教育等基本服务，由上文分析可知，城镇化、医疗投入以及教育水平的提高均有利于提升居民预期寿命指数，因此应大力促进新型城镇化发展进而保障进城务工人员以及子女员享受城镇户籍居民同等医疗、教育等市民待遇，提升居民预期寿命指数。

2. 重点关注区域发展不平衡问题，加快中西部地区医疗卫生服务体系建设与基础教育投入。预期寿命指数表现出明显的区域异质性特征，自 1990 年以来，东部地区人口预期寿命指数一直高于中西部地区，且由上文分析可知，医疗资源投入、教育年限等因素对预期寿命指数提高影响显著。因此，应贯彻落实国家关于中西部地区医疗卫生建设"保基本、强基层、建机制"要求，加大偏远地区特别是农村的技术、人才、资金扶持力度，继续扩大农村新型医疗合作保险、城市基本医疗保险等惠民政策覆盖面，逐步缩小城乡、地区以及不同职业人群医疗保障差距。同时教育资源应适度照顾中西部地区，继续实施"两基"攻坚计划、农村教育经费保障等措施，稳步提升中西部地区教育水平。

3. 牢固树立"环境问题就是民生问题"意识，深入贯彻落实"五位一体"总体布局和新发展理念，转变以往以"高污染""高排放"为代表的生产生活方式，建立绿色循环可持续经济产业发展体系，逐步建立起激励与约束并举的生态文明制度体系，着力解决与人民群众密切相关的环境污染特别是大气污染问题，坚决打赢蓝天保卫战，努力建设美丽中国。

4. 改革住房土地供给机制，关注房价高企对居民生产生活的挤出效应。近十年间，房地产开发投资（住宅）对人口预期寿命指数起显著负向影响，抑制房价过高需要政府改革住房土地供给机制，强化服务职能，以房价平稳和居民福利为目标导向，而不是仅仅依赖土地出让对政府财政的过强支撑作用。

第八章 基于人类发展指数框架的中国教育指数的编制和比较研究

一、问题的提出

教育指数是反映一个国家或地区教育事业发展水平的综合指标。一些国际组织基于各自不同的发展理念与特点，构建了各具特色的教育指标体系，并围绕其具体用途来选择指标（张振助，2009①；李慧勤 等，2015②）。目前国际影响力较大的教育指数有两个：一个是联合国开发计划署（UNDP）编制的人类发展指数（HDI）中的教育指数，另一个是联合国教科文组织（UNESCO）编制的教育发展指数（UNESCO，2009③；王善迈 等，2013④）。两个指数的构建所基于的发展理念不同，前者为 UNDP 从可持续发展的角度构建，同时作为反映一个国家或地区社会综合发展水平总指数的三大分项指数之一，延续了 HDI 作为一个综合性评价指数的特点，具有精简概括性，同时所涵盖的国别数据比较全面，被广泛应用于国际教育发展水平的对比研究；后者是反映一个国家或地区教育事业发展水平的综合指标，可以细致地反映出教育的各个方面，它是 UNESCO 基于全纳教育的理念倡导下所构建，该指标体系强调在教育资源供给与需求的均衡过程中，教育质量与公平在教育走向现代化中的重要性（李海燕 等，2007⑤；张振助，2009；王善迈 等，2013；曾天山 等，2015⑥）。除这两个指标体系之外，还有其他国际组织提出的一些教育指标，如经济合作与发展组织（OECD）基于人力资本理论提出的教育指标体系，UNESCO 等四个国际组织基于通过国际社会各界的努力使所有人都能接受基本教育的全民教育目标，在宗滴恩大会上所

---

① 张振助. 国际教育指标及统计的比较与借鉴 [J]. 复旦教育论坛，2009，7（5）：50-55.
② 李慧勤，伍银多，杨晋，等. 教育发展指数的测算和比较：基于公平—效率视角的分析 [J]. 昆明理工大学学报（社会科学版），2015，15（6）：77-83.
③ UNESCO. Global education digest 2009：comparing education statistics across the world [EB/OL]. [2012-02-21]. http://uis.unesco.org/sites/default/files/documents/global-education-digest—2009-comparing-education-statistics-across-the-world-en_0.pdf.
④ 王善迈，袁连生，田志磊，等. 我国各省份教育发展水平比较分析 [J]. 教育研究，2013（6）：29-41.
⑤ 李海燕，刘晖. 教育指标体系：国际比较与启示 [J]. 广州大学学报（社会科学版），2007（8）：50-55.
⑥ 曾天山，吴景松，崔洁芳，等. 国际教育指标的选择、应用与借鉴 [J]. 教育发展研究，2015，35（1）：21-26.

确定的 6 个全民教育目标范围内，选取了 18 个监测指标所构成的全民教育（Education for All, EFA）指标体系，用于对世界全民教育进行全面评估（李海燕 等，2007；姜亚洲，2010①）。在本书中，为综合反映中国教育事业的总体发展以及国际和国内各地区之间的对比分析，采用了综合性和可比性较强的教育指数形式，即基于 HDI 框架的方法进行中国教育指数的编制和研究。

人类发展指数（HDI）现已连续发布 28 年，已成为评估世界各国和地区经济社会发展影响力最大的综合指标，它首次出现于 1990 年 UNDP 的《人类发展报告》中，是 UNDP 为反映各国人类社会发展状况基于体面的生活水平、健康长寿的生活、知识的获取三个维度来构建的一项综合指标。

建设教育强国是中华民族伟大复兴的基础工程，必须把教育事业放在优先位置，党的十九大报告所提出的"加快教育现代化，办好人民满意的教育"目标的实现，需要以客观、科学、专业的教育诊断评价作为依据。基于上述背景和现有研究可以看出，基于 HDI 框架的教育指数作为人类发展指数的三大分项指数之一，在对人类发展中更加理性地审视我们在教育方面所取得的成就，以及更加科学地确定未来教育事业的前景方向上具有重要意义。因此，就目前所了解到的文献而言，除了前述的 UNESCO 编制的教育发展指数以及一些机构和学者根据教育发展的特征所编制的"教育指数"或"教育发展指数"之外，大多数关于教育指数的研究是基于 UNDP 所创立的 HDI 分项指数——教育指数的数据来进行的。

另外，我们的研究发现：UNDP 的教育指数数据在使用时也需要进行必要的甄别。一方面，UNDP 历年所发布的教育指数在编制方法和指标数据的选取方面都经历了几次大的变动，因此各年的指数数据实际上不具有时间上的可比性；另一方面，UNDP 也并没有每年都发布关于中国各个省份教育指数的详细数据，因此我们无法根据 UNDP 发布的有限数据来直接分析中国各省份的具体教育情况。鉴于此，本书采用 UNDP 在 2016 年所公布的关于教育指数计算体系的最新方法，重新统一编制了中国 31 个省份 1990—2018 年的教育指数，使其具有时间上和空间上的可比性，并基于此数据进一步对国际以及中国各地区间的教育发展情况进行分析。

二、教育指数的研究和编制情况

（一）国内学者关于教育指数的研究和编制情况

从 20 世纪 80 年代到 20 世纪末，中国完成了从低教育水平为主向中等偏下教育水平的转变，进入 21 世纪以来，中国又完成了从中等偏下教育水平为主向中等及以上教育水平为主的转变（胡鞍钢 等，2013②）。在这一背景下，部分国内学者基于 UNDP 公布的指标体

---

① 姜亚洲. 全民教育与全纳教育关系辨析［D］. 上海：华东师范大学，2010.
② 胡鞍钢，王洪川，魏星. 中国各地区人类发展：大进步与大趋同（1980—2010）［J］. 清华大学学报（哲学社会科学版），2013（5）：55-68，159-160.

系，立足于中国实际，对教育指数的计算指标、计算方法、影响因素等进行了研究。汪毅霖（2011）[1] 总结了 HDI 测算方法的改进历程，根据中国各省份的面板数据，对三种不同测算方式下的 HDI 进行了比较。研究表明，我国的经济维度代替了教育维度，成为决定人类发展指数的首要因素。鲁小波等（2013）[2] 利用 HDI 的三个指标对辽宁省各地区的发展做了综合评价及因素分析，发现科教文卫事业因素对辽宁省各地综合发展水平的影响力处在较低层次。陈庆秋、陈涛（2015）[3] 测算了 1996—2013 年中国的人类发展指数，并对HDI 的影响因素做了实证分析，结果表明，我国的教育指数与发达国家相比还有很大的差距，甚至不及同等发展中国家的水平，表明我国教育发展提升空间还很大。由此可看出，这一教育指标的应用范围在不断发展和完善，并被广泛用于国内、国际对比分析中，再如宋洪远、马永良（2004）[4] 根据 1999 年 UNDP 公布的指数体系，使用人类发展指数来比较中国的城乡差距，采用了内插法和外推法进行估算，研究推算了我国高等教育的城镇生源数，发现城乡的教育差距呈缩小的趋势。杨家亮（2014）[5] 通过对世界各国及我国各省 HDI 指数的比较分析，发现东部地区的教育资源和教学水平都存在很大的领先优势。熊健益、叶祥凤（2017）[6] 通过对 2014 年和 2013 年《人类发展报告》中的教育信息部分进行统计分析与解读后发现：我国和相关国家比较，教育发展水平落后导致我国教育指数的排名低于 HDI 的排名；尽管我国已位列"高人类发展水平国家"，但按教育指数排名只能算"中等发展水平国家"。

在教育指数的编制方面，部分国内学者参照一些国际组织的做法，基于各自不同的发展理念与特点，结合中国不同的发展阶段，提出了各具特色的指标体系。例如，翟博（2007）[7] 较早构建并测算了 1995—2004 年的"中国教育均衡发展指数"，并对此期间中国基础教育的均衡发展情况进行了实证分析。王善迈等（2013）[8] 学者结合我国教育发展现状，基于教育机会、教育投入、教育公平三个视角，选定 18 个三级指标构成了教育发展指数，并根据我国 2005—2010 年的有关数据进行了分析。李慧勤等（2015）[9] 根据 2010 年全国第六次人口普查数据，编制了 2010 年的中国教育发展指数。中国教育科学研究院中国教

① 汪毅霖. 人类发展指数测度方法的改进路径与方向：基于 HDR2010 和中国经验分析的思考 [J]. 西部论坛, 2011, 21 (4)：35-45.

② 鲁小波, 陈晓颖, 郭迪. 辽宁各地区发展水平评价及影响因素分析 [J]. 云南地理环境研究, 2013, 25 (1)：89-93.

③ 陈庆秋, 陈涛. 政府教育、医疗支出及收入差距对人类发展指数的影响分析 [J]. 价格理论与实践, 2015 (3)：72-74.

④ 宋洪远, 马永良. 使用人类发展指数对中国城乡差距的一种估计 [J]. 经济研究, 2004 (11)：4-15.

⑤ 杨家亮. 中国人文发展指数比较分析 [J]. 调研世界, 2014 (1)：10-13.

⑥ 熊健益, 叶祥凤. 中国教育发展与国际水平差多远：基于 2014 年和 2013 年《人类发展报告》的再分析 [J]. 教育理论与实践, 2017, 37 (28)：27-31.

⑦ 翟博. 教育均衡发展指数构建及其运用：中国基础教育均衡发展实证分析 [J]. 国家教育行政学院学报, 2007 (11)：44-53.

⑧ 王善迈, 袁连生, 田志磊, 等. 我国各省份教育发展水平比较分析 [J]. 教育研究, 2013 (6)：29-41.

⑨ 李慧勤, 伍银多, 杨晋, 等. 教育发展指数的测算和比较：基于公平—效率视角的分析 [J]. 昆明理工大学学报（社会科学版）, 2015, 15 (6)：77-83.

育发展报告课题组（2013）① 根据我国教育事业的发展目标，构建了我国教育综合发展水平指标体系，并采用我国的相关数据进行了一些实证分析。继长江教育研究院 2016 年、2017 年、2018 年推出的《中国教育指数 2015》《中国教育指数 2016》《中国教育指数 2017》之后，2019 年又推出了《中国教育指数》（2019 年版）。（张炜 等，2019）② 刘复兴、薛二勇（2014）③ 出版了《中国教育发展指数》一书，根据我国的教育政策评估需求与现实状况，参照国际组织与有关国家的教育发展指标体系，论证了如何科学地认识、评价和监测中国的教育发展问题。此外，关于教育水平的评估等问题也一直是很多学者致力研究的内容（陶西平，1998④；陈玉琨，2001⑤），限于篇幅，这里不详细展开。

由上述文献分析可以看到，基于 HDI 框架下的教育指数引起了很多国内外学者的关注，同时在相关研究方面也取得了较多的成果，其中有很多研究成果以及其他教育指数的编制和研究为本书对我国教育发展的研究提供了极具参考价值的研究思路。但同时我们通过文献分析也发现，目前国内学者们的相关研究依旧存在一些不足之处，具体体现在如下方面。

首先，对基于 HDI 框架的教育指数研究不足。在关于 HDI 的研究中，大部分学者是站在 HDI 总指数角度来分析研究的，对于其分项指数的深入研究很少，独立研究国际影响力很大的教育指数的国际对比分析则更为少见。

其次，中国虽然已经认识到"唯 GDP 至上"的危害性，但还缺乏一些合适的指标来衡量我国经济社会的发展状况，而受到国际认可的 HDI 虽然也有公布中国的各项指数，但却是间断不连续的，而且是不可比的。因此，结合我国教育领域的实际情况，在 HDI 体系的框架之上，按照科学、统一的方法，编制完整的中国教育指数，对于我国各个省份的教育发展情况进行研究，探索教育发展空间差异的影响因素，以期为国家在教育领域的政策性发展提供可行性建议，具有重要意义。

最后，国内一些学者编制了多种"教育指数"或"教育发展指数"。这些指数的编制，虽然反映出教育领域的不同特征，但在一定程度上存在以下不足之处：第一，对指标体系的理论基础的研究不足，存在"有多少数据就用多少指标"的"凑合"倾向；第二，评价方法选择的主观性较强，必要的检验和论证不够充分；第三，指数编制的时间长度太短，不便进行有效的发展趋势分析和对比分析。

由上可见，按照国际通行的 HDI 最新的编制方法，编制中国各地的教育指数，并进行国际和国内各地区教育发展水平的对比研究，具有十分重要的现实意义。

（二）HDI 教育指数编制方法的演进

在《1990 年人类发展报告》中，作为 HDI 的分项指数之一，教育指数的客观衡量是通过计算一个国家或地区的成人识字率来代表的。识字代表一个人知识获取的能力，能够较

---

① 方晓东，高丙成. 中国教育综合发展水平研究 [J]. 教育研究，2013，34（12）：32-39.
② 张炜，周洪宇. 中国教育指数（2019 年版）[J]. 宁波大学学报（教育科学版），2019，41（3）：1-8.
③ 刘复兴，薛二勇. 中国教育发展指数 [M]. 北京：北京师范大学出版社，2014.
④ 陶西平. 教育评价辞典 [M]. 北京：北京师范大学出版社，1998.
⑤ 陈玉琨. 教育评价学 [M]. 北京：人民教育出版社，2001.

为粗略地反映教育机会、教育效果等情况，因此成人识字率是人类发展体系中较为重要的一项内容表达。1990 年 UNDP 教育指数的编制方法是：

首先确定教育指数（成人识字率）的阈值（《1990 年人类发展报告》确定的成人识字率的阈值是 12.3 至 100.0），然后确定各个国家或地区在阈值范围中的位置情况。

记第 j 个国家的平均成人识字率数值为 X_j，$\max X_j$ 为该国成人识字率的最大值，$\min X_j$ 为该国成人识字率的最小值，则第 j 个国家的教育指数值为：

$$I_j = \frac{\max X_j - X_j}{\max X_j - \min X_j} \tag{8-1}$$

在式（8-1）中，如果 X_j 是变量阈值的最小值，则 $I_j = 1$；如果 X_j 达到（或超过）变量阈值的最高值，则 $I_j = 0$。

《1991 年人类发展报告》则增加了知识变量的构成，教育指数由成人识字率和平均受教育年限两个分指标合成表达。成人识字率在一定意义上的确可以反映一个国家或地区的教育状况，但是平均受教育年限在反映教育状况的同时更具有政策设计和推动的意义。用 E 表示教育状况，亦即知识变量，计算公式为

$$E = a_1 \times 成人识字率 + a_2 \times 平均受教育年限 \tag{8-2}$$

其中，a_1 和 a_2 为计算权数（在改进后的《1991 年人类发展报告》的 HDI 指标体系计算中，$a_1 = \frac{2}{3}$，$a_2 = \frac{1}{3}$）。

《1994 年人类发展报告》重新确定了四个变量（计算要素）的阈值，其中，教育指数的两个指标：成人识字率的上限为 100%，下限为 0%；平均受教育年限的上限为 15 年，下限为 0 年。

《1995 年人类发展报告》公布的教育指数计算方式中，对基础数据的采用做出了调整。以往的人类发展报告中用成人识字率和平均受教育年限来计算指数体系中的教育指数，但是从 1995 年开始，联合国选择采用初等教育、中等教育和高等教育三个水平的"综合毛入学率"代替"平均受教育年限"。这是因为"平均受教育年限"的基础数据来源严重不足，几乎没有一个联合国机构或其他国际组织能够提供准确的资料，因此以往计算时经常采用的是估算的方法，无法较为准确地衡量一个国家或地区的教育发展水平。

1995—2009 年一直沿用这两个指标，从 2010 年起 UNDP 开始使用新的 HDI 算法，在教育指数方面，改用平均受教育年限和预期受教育年限两个指标。调整的理由是，平均受教育年限所适用的国家与频率都在逐渐增多，并且该指标能够更好地比较国与国之间的差别；而预期受教育年限这一指标则可以进一步提高与知识维度的吻合程度。合成方法也从算术平均法改为几何平均法：

$$平均受教育年限指数 = \frac{平均受教育年限 - 0}{平均受教育年限_{\max}^{1980\sim2010} - 0} \tag{8-3}$$

$$预期受教育年限指数 = \frac{预期受教育年限 - 0}{预期受教育年限_{\max}^{1980\sim2010} - 0} \tag{8-4}$$

$$综合教育指数 = (平均受教育年限)^{1/2} \times (预期受教育年限)^{1/2} \qquad (8-5)$$

$$教育指数 = I_{教育} = \frac{综合教育指数 - 0}{综合教育指数_{max}^{1980\sim2010} - 0} \qquad (8-6)$$

另外，2010 年后各维度指标的阈值不再是人为主观设定的，而是来源于联合国各成员的数据集。然而，这种合成方式受到来自各方的批评。因为通常而言，一个典型的发展中国家的预期受教育年限会高于其平均受教育年限，由此几何平均算法会低估发展中国家的教育指数。因此，2014 年的人类发展报告将教育维度指数的合成重新采用了算术平均方法，使用算术平均数可以在平均受教育年限和预期受教育年限之间实现完全替代，反映了许多发展中国家的平均受教育程度较低，但却渴望普及小学和中学的入学率的现象。即

$$教育指数 = (平均受教育年限指数 + 预期受教育年限指数) / 2 \qquad (8-7)$$

2016 年，UNDP 再次对 HDI 的编制方法做出了修订。在教育指数方面，预期受教育年限的阈值确定为 [0，18]，平均受教育年限的阈值确定为 [0，15]。这是考虑到世界各国的教育水平的差异性以及教育事业发展的可能性而确定的。

以上是 UNDP 对 HDI 中教育指数的测算指标及方法的演进过程。在这一过程中，国外很多学者如 Noorbakhash F（1998）[1]，César A. Hidalgo（2010）[2] 等对教育指数计算方法存在的不足提出了自己的观点或改进的方法，对促进教育指数测算指标和方法的完善，起到了重要的作用。并且，由上关于 UNDP 对 HDI 中教育指数的演变过程可以看出：UNDP 的教育指数也体现了阿玛蒂亚·森的可行能力理论，在侧重于技能获得的基础上，有利于促进教育公平，这对于发展中的中国教育事业有重要的现实意义。

三、HDI 框架下中国教育指数的编制

（一）中国教育指数的编制方法

由前述可知，UNDP 在 2014 年的人类发展报告将教育维度指数的合成重新采用算术平均方法，即教育指数 = （平均受教育年限指数+预期受教育年限指数）/2。

这里，我们进一步给出平均受教育年限指数和预期受教育年限指数的编制方法：

平均受教育年限 = （小学在校生人数×6+初中在校生人数×9+高中在校生人数×12+大学在校生人数×16+硕士研究生在校生人数×19+博士研究生在校生人数×21）/总人数

其中，小学在校生人数=普通小学在校生数+特殊教育（小学）在校生数；初中在校生人数=普通初中在校生数+特殊教育（初中）在校生数；高中在校生人数=普通高中在校生

---

① NOORBAKHASH F. The human development indices：some technical issues and alternative indice [J]. Journal of International Development，1998（5）：589-605.

② HIDALGO C A. Graphical statistical methods for the representation of the human development index and its components [J]. United Nations Development Programme，2010：1-70.

数+中等职业教育在校生数；大学在校生人数=普通本专科在校生数+成人本专科在校生数；未做特殊说明的是不需要计算就可以直接获得的数据。分母的总人数为各阶段年龄的总人数，即6~26岁的总人数。

预期受教育年限=小学毛入学率×6+初中毛入学率×3+高中毛入学率×3+大学毛入学率×4+硕士毛入学率×3+博士毛入学率×2

$$毛入学率 = \frac{第\,i\,阶段在校生数}{第\,i\,阶段对应年龄总人数} \qquad (8-8)$$

各阶段分别为小学（6~11岁）、初中（12~14岁）、高中（15~17岁）、大学（18~21岁）、硕士（22~24岁）、博士（25~26岁）六个阶段，各阶段毛入学率大于1的皆按1计算。

平均受教育年限和预期受教育年限分别从实际现状和预期两个角度，考察一个国家或地区的教育发展水平；而教育指数则通过平均受教育指数和预期受教育指数的算术平均，综合反映一个地区总的教育发展水平，包含实际受教育程度和期望受教育程度的综合度量。

（二）中国教育指数的测算方法

本书采取UNDP2016年最新公布的测算方法来进行了教育指数的计算。教育指数作为HDI的一个分项指数，其本身也是一个综合指数，由平均受教育年限和预期受教育年限两个指标构成。一方面，平均受教育年限作为衡量标准，在使用频率上有所增加，便于横向对比，而预期受教育年限提高了与知识维度的吻合度，进一步提高指标度量的准确性。另一方面，对平均受教育指数和预期受教育指数的算术平均，可以综合反映一个地区综合教育发展水平。

在阈值设定上，在1990—1993年，主要通过从各个国家的HDI体系中各个指标的数据库中搜索出阈值，然而这种方法所产生的阈值每年都会变化，且很容易受其他国家影响。在1994—2009年，UNDP第一次对HDI指标体系计算阈值的设定方法做出了调整，通过预先设定的方法将阈值设置为某一固定值不变。在2010年，UNDP综合上述两种方法来设定了HDI各个指标的阈值，将1980—2010年实际观察到的最大值定为上限，将能满足最低生活标准的数值或自然数零设为最小值。2016年HDI阈值继续沿用之前的方法，既避免了阈值选取的主观性，又可排除个别情况的干扰，所得HDI各个分指数的值可用作不同国家的横向比较，也可进行某一国家不同时期的纵向研究。所以，预期受教育年限的阈值为［0，18］，平均受教育年限的阈值为［0，15］。有些国家没有正规教育，社会仍可维持生计，因此将预期受教育年限的标准值0设置为0年是合理的。预期受教育年限标准值1设置为18年是因为在大多数国家，18年的教育基本相当于取得硕士学位。对于平均受教育年限，设置标准值为15年是因为在这个指标上，2025的预期目标是15年。教育指数各维度指标阈值如表8-1所示。

表 8-1　教育指数各维度指标阈值

维度	2011 年		2016 年	
	观察到的最大值	最小值	固定最大值	最小值
预期受教育年限	20.6（澳大利亚）	0	18	0
平均受教育年限	13.2（美国）	0	15	0
综合教育指数	0.951（新西兰）	0	—	—

本书以此标准分别对我国各省份的教育指数进行了无量纲化处理，计算公式为

$$M_i = \frac{X_{ij} - \min F_i}{\max X_{ij} - \min F_i} \tag{8-9}$$

式（8-9）中，X_{ij} 代表各指标的实际值，$\max X_{ij}$ 是观察到的最大自变量，$\min F_i$ 是假定不变的最小值，M_i 代表无量纲化后的指标值。在合成方法上采取了算术均法，教育指数的值介于 0~1，具体计算公式如式（8-10）、式（8-11）、式（8-12）所示。

$$平均受教育年限指数 = \frac{平均受教育年限 - 0}{平均受教育年限_{\max} - 0} \tag{8-10}$$

$$预期受教育年限指数 = \frac{预期受教育年限 - 0}{预期受教育年限_{\max} - 0} \tag{8-11}$$

$$教育指数 = \frac{平均受教育年限指数 + 预期受教育年限指数}{2} \tag{8-12}$$

（三）中国教育指数测算结果

由上述教育指数的测算方法，可测算出 1990—2018 年度中国教育指数的走势情况，如图 8-1 所示。

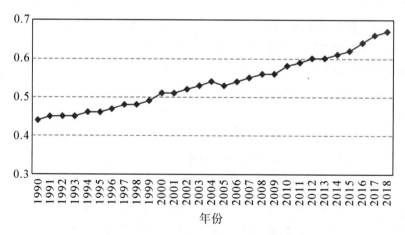

图 8-1　1990—2018 年中国教育指数走势

由图 8-1 可见，1990—2018 年，我国整体的教育水平呈现稳健上升的趋势，表明我国的教育水平在不断提升。选取 1990—2017 年中国及各省份的教育指数、平均受教育年限、预期受教育年限的部分测算结果如表 8-2 所示。

表 8-2　1990—2017 年中国及各省份教育指数测算结果

地区	年份													
	1990	1991	1992	1993	1994	1995	1996	1997	1998	1999	2000	2001	2002	2003
全国	0.44	0.45	0.45	0.45	0.46	0.46	0.47	0.48	0.48	0.49	0.51	0.51	0.52	0.53
北京	0.64	0.66	0.67	0.68	0.7	0.71	0.74	0.73	0.73	0.73	0.73	0.73	0.74	0.77
天津	0.57	0.57	0.58	0.59	0.62	0.63	0.63	0.64	0.64	0.64	0.66	0.67	0.68	0.7
河北	0.45	0.46	0.46	0.47	0.48	0.49	0.51	0.53	0.54	0.54	0.56	0.56	0.58	0.59
山西	0.5	0.51	0.51	0.51	0.52	0.53	0.53	0.54	0.53	0.54	0.56	0.57	0.59	0.6
内蒙古	0.48	0.49	0.5	0.5	0.52	0.52	0.52	0.52	0.53	0.52	0.52	0.52	0.53	0.52
辽宁	0.53	0.53	0.54	0.54	0.56	0.55	0.56	0.58	0.58	0.58	0.59	0.6	0.61	0.63
吉林	0.51	0.52	0.53	0.54	0.55	0.56	0.56	0.57	0.58	0.59	0.6	0.61	0.62
黑龙江	0.5	0.51	0.51	0.52	0.54	0.54	0.55	0.56	0.55	0.53	0.54	0.53	0.54	0.55
上海	0.62	0.63	0.64	0.65	0.67	0.67	0.68	0.67	0.67	0.69	0.69	0.7	0.71	0.75
江苏	0.48	0.48	0.49	0.5	0.42	0.53	0.54	0.55	0.55	0.56	0.59	0.6	0.61	0.61
浙江	0.43	0.44	0.46	0.46	0.38	0.49	0.51	0.52	0.53	0.53	0.55	0.56	0.58	0.6
安徽	0.41	0.42	0.42	0.43	0.45	0.48	0.48	0.49	0.49	0.49	0.51	0.53	0.53	0.56
福建	0.4	0.41	0.42	0.42	0.44	0.45	0.47	0.5	0.51	0.51	0.53	0.54	0.54	0.55
江西	0.43	0.43	0.4	0.44	0.44	0.46	0.47	0.49	0.49	0.49	0.51	0.52	0.51	0.55
山东	0.46	0.47	0.47	0.48	0.5	0.52	0.51	0.52	0.52	0.53	0.55	0.57	0.59	0.6
河南	0.45	0.45	0.45	0.46	0.46	0.48	0.49	0.51	0.52	0.52	0.54	0.56	0.56	0.56
湖北	0.46	0.47	0.47	0.48	0.49	0.5	0.52	0.53	0.54	0.53	0.55	0.56	0.54	0.56
湖南	0.46	0.47	0.47	0.48	0.49	0.49	0.51	0.52	0.53	0.52	0.53	0.54	0.53	0.54
广东	0.46	0.46	0.46	0.47	0.49	0.5	0.5	0.54	0.54	0.54	0.56	0.55	0.57	0.58
广西	0.43	0.43	0.44	0.44	0.45	0.46	0.48	0.48	0.49	0.48	0.51	0.53	0.52	0.53
海南	0.45	0.45	0.46	0.46	0.47	0.48	0.48	0.51	0.5	0.5	0.54	0.54	0.56	0.57
重庆	0.42	0.43	0.44	0.44	0.45	0.47	0.47	0.49	0.51	0.51	0.53	0.55	0.55	0.57
四川	0.31	0.43	0.44	0.34	0.36	0.37	0.39	0.48	0.5	0.49	0.51	0.52	0.52	0.53
贵州	0.36	0.36	0.37	0.37	0.37	0.41	0.42	0.43	0.43	0.44	0.45	0.48	0.49	0.51
云南	0.36	0.37	0.37	0.37	0.37	0.39	0.41	0.42	0.42	0.44	0.45	0.44	0.44
西藏	0.19	0.2	0.24	0.21	0.23	0.26	0.29	0.31	0.31	0.29	0.32	0.35	0.36	0.36
陕西	0.45	0.46	0.47	0.48	0.51	0.5	0.52	0.53	0.54	0.54	0.57	0.58	0.58	0.62
甘肃	0.42	0.42	0.43	0.43	0.43	0.44	0.45	0.47	0.47	0.48	0.49	0.52	0.52	0.54
青海	0.4	0.39	0.39	0.39	0.39	0.41	0.4	0.39	0.4	0.42	0.43	0.44	0.45	0.46
宁夏	0.43	0.45	0.47	0.46	0.46	0.46	0.47	0.48	0.5	0.51	0.53	0.55	0.56	0.56
新疆	0.47	0.46	0.47	0.47	0.48	0.5	0.52	0.54	0.55	0.56	0.56	0.57	0.59	0.6

表8-2(续)

地区	年份													
	2004	2005	2006	2007	2008	2009	2010	2011	2012	2013	2014	2015	2016	2017
全国	0.54	0.53	0.54	0.55	0.56	0.56	0.58	0.59	0.6	0.6	0.61	0.62	0.64	0.66
北京	0.77	0.77	0.78	0.81	0.81	0.82	0.83	0.83	0.84	0.85	0.84	0.85	0.86	0.9
天津	0.71	0.72	0.73	0.74	0.76	0.76	0.78	0.78	0.79	0.79	0.79	0.79	0.82	0.86
河北	0.6	0.59	0.58	0.59	0.61	0.62	0.63	0.63	0.63	0.63	0.64	0.65	0.67	0.68
山西	0.6	0.61	0.62	0.63	0.63	0.64	0.66	0.66	0.67	0.65	0.65	0.66	0.68	0.65
内蒙古	0.53	0.54	0.54	0.55	0.55	0.57	0.59	0.61	0.61	0.61	0.61	0.63	0.65	0.63
辽宁	0.64	0.64	0.64	0.64	0.66	0.67	0.68	0.68	0.7	0.71	0.7	0.7	0.72	0.71
吉林	0.62	0.61	0.62	0.62	0.63	0.64	0.66	0.65	0.66	0.67	0.67	0.67	0.69	0.67
黑龙江	0.56	0.56	0.56	0.57	0.58	0.59	0.62	0.63	0.64	0.62	0.62	0.63	0.64	0.62
上海	0.76	0.76	0.79	0.79	0.8	0.8	0.8	0.79	0.8	0.8	0.8	0.81	0.82	0.87
江苏	0.61	0.62	0.63	0.63	0.63	0.63	0.65	0.66	0.66	0.67	0.67	0.68	0.72	0.71
浙江	0.61	0.61	0.63	0.64	0.64	0.64	0.66	0.67	0.69	0.69	0.68	0.68	0.71	0.68
安徽	0.56	0.55	0.56	0.56	0.56	0.57	0.59	0.59	0.59	0.59	0.6	0.61	0.62	0.59
福建	0.55	0.56	0.58	0.58	0.59	0.62	0.63	0.64	0.64	0.65	0.66	0.67	0.68	0.68
江西	0.54	0.53	0.55	0.58	0.58	0.6	0.61	0.62	0.62	0.63	0.63	0.63	0.65	0.65
山东	0.6	0.59	0.61	0.61	0.62	0.63	0.66	0.66	0.67	0.69	0.7	0.7	0.72	0.67
河南	0.57	0.57	0.58	0.59	0.6	0.61	0.63	0.63	0.64	0.64	0.65	0.65	0.66	0.74
湖北	0.56	0.55	0.57	0.58	0.59	0.6	0.63	0.62	0.62	0.63	0.62	0.64	0.67	0.66
湖南	0.54	0.54	0.55	0.57	0.58	0.59	0.61	0.62	0.62	0.64	0.65	0.66	0.68	0.66
广东	0.59	0.6	0.62	0.63	0.64	0.65	0.68	0.69	0.69	0.69	0.69	0.7	0.72	0.74
广西	0.54	0.53	0.56	0.56	0.56	0.57	0.59	0.6	0.6	0.62	0.62	0.63	0.66	0.64
海南	0.59	0.59	0.59	0.61	0.61	0.62	0.63	0.63	0.64	0.64	0.64	0.64	0.66	0.65
重庆	0.57	0.58	0.59	0.6	0.62	0.63	0.65	0.66	0.66	0.66	0.67	0.68	0.7	0.71
四川	0.53	0.51	0.54	0.55	0.55	0.56	0.59	0.59	0.6	0.6	0.6	0.61	0.62	0.64
贵州	0.51	0.5	0.51	0.51	0.52	0.53	0.54	0.54	0.55	0.57	0.58	0.58	0.59	0.61
云南	0.47	0.46	0.48	0.49	0.5	0.5	0.53	0.54	0.54	0.54	0.55	0.57	0.58	0.57
西藏	0.39	0.38	0.4	0.42	0.43	0.42	0.45	0.46	0.45	0.43	0.43	0.47	0.47	0.49
陕西	0.63	0.63	0.63	0.64	0.64	0.65	0.67	0.67	0.67	0.67	0.67	0.69	0.7	0.68
甘肃	0.55	0.55	0.55	0.56	0.57	0.58	0.6	0.61	0.61	0.6	0.59	0.59	0.6	0.59
青海	0.47	0.47	0.48	0.5	0.5	0.51	0.52	0.53	0.52	0.53	0.54	0.53	0.55	0.54
宁夏	0.57	0.57	0.59	0.59	0.61	0.62	0.63	0.63	0.64	0.65	0.64	0.65	0.67	0.64
新疆	0.6	0.6	0.6	0.61	0.61	0.61	0.62	0.63	0.63	0.62	0.64	0.64	0.66	0.66

四、中国教育指数的国际对比研究

各国之间都会存在教育水平的差异。通过国际化的教育指数的数据对比有助于发现各国之间的整体教育状况的差异，进而把握中国教育在国际范围内的整体水平和地位（曾天山 等，2015；邱均平 等，2019）。通过与发达国家教育水平的比较，有利于学习和借鉴其教育发展的优势，与发展中国家教育水平的比较，有助于在相似经济发展水平的国际环境下审视中国教育发展的进程。因此，我们在对比对象的选取上，选择 G7 作为发达国家的代表，金砖五国作为发展中国家的代表，分别进行教育水平的对比分析。

（一）总体情况的国际对比分析

由于目前 UNDP 网站上能查询到的相关数据情况的限制，我们使用 2016 年的教育指数数据进行国际对比分析。

2016 年中国 HDI 为 0.748，略高于世界平均水平 0.707，在 1990 年的 0.485 的基础上取得了显著进步。据联合国开发计划署公布《HDI 计算说明 2016》，将世界各个国家或地区按照 HDI 数值大小进行了分类。分为：低（人类发展指数<0.550）、中（人类发展指数 0.550~0.699）、高（人类发展指数 0.7~0.799）、极高（人类发展指数 0.8~1）四种发展水平。根据这种划分方法，目前中国已位于高人类发展水平国家。

2016 年中国教育指数为 0.654，与世界平均水平 0.650 基本持平。在联合国统计的 188 个国家（地区）中，教育发展水平排名前三的国家分别是德国、澳大利亚、丹麦。另外，中国的教育指数从全球水平来看位于第 106 名，而与相邻且有较多经济文化联系的韩国（0.862，排位 22）和日本（0.846，排位 26）相比，中国与之差距较大。2016 年世界各国教育发展水平如表 8-3 所示。

表 8-3　2016 年世界各国教育发展水平

国家	HDI	HDI 排名	教育指数	平均受教育年限	预期受教育年限	教育指数排名
德国	0.934	4	0.94	14.1	17	1
澳大利亚	0.938	3	0.929	12.9	22.9	2
丹麦	0.928	10	0.92	12.6	19.1	3
…	…	…	…	…	…	…
韩国	0.9	23	0.862	12.1	16.5	22
日本	0.907	19	0.846	12.7	15.2	26
…	…	…	…	…	…	…
圣文森特和格林纳丁斯	0.721	99	0.655	8.6	13.3	105
中国	0.748	86	0.654	9.3	12.39	106

表8-3(续)

国家	HDI	HDI 排名	教育指数	平均受教育年限	预期受教育年限	教育指数排名
泰国	0.748	86	0.65	7.6	14.3	107
…	…	…	…	…	…	…
厄立特里亚	0.436	178	0.279	3.9	5.4	187
尼日尔	0.351	188	0.212	1.9	5.4	188

数据来源：以上数据来源于 UNDP 网站（http://hdr.undp.org/en/data）。

（二）与 G7 国家的对比分析

西方七大工业国美国、英国、法国、德国、意大利、加拿大、日本组成了 G7 发达国家集团。从表 8-4 与图 8-2 可以看到，以 2016 年教育指数的大小对 G7 和中国进行排序，从高到低依次为德国、英国、美国、加拿大、日本、法国、意大利、中国。其中，中国教育水平比 G7 发达国家中教育指数最低的意大利要低 17%，显然中国的教育水平与发达国家相比有相当大的差距。G7 发达国家中德国的教育指数最高，其平均受教育年限也是最高，有14.1 年，而中国的平均受教育年限比德国少了 4.8 年；G7 发达国家中平均受教育年限最短的是意大利，为 10.2 年，而中国的平均受教育年限甚至比意大利都少了 0.9 年。G7 发达国家中预期受教育年限最长的是英国，为 17.4 年，而中国的预期受教育年限比英国少 5.0年；G7 发达国家中预期受教育年限最短的是日本，为 15.2 年，而中国的预期受教育年限比日本要少 2.8 年。在 G7 发达国家中，只有德国和英国的教育指数排名减去 HDI 排名为负值，表示德国和英国的教育指数排名领先于 HDI 排名；其他五个国家的 HDI 排名领先于教育指数的排名，说明我国的教育发展速度明显慢于 HDI 的发展速度，国家亟待进一步加强对教育事业的关注。

表 8-4　中国与 G7 发达国家比较

国家	HDI	HDI 排名	教育指数	平均受教育年限	预期受教育年限	教育指数排名	HDI 排名-教育指数排名
德国	0.934	4	0.940	14.1	17.0	1	-3
英国	0.920	14	0.914	12.9	17.4	7	-7
美国	0.922	12	0.903	13.4	16.5	12	0
加拿大	0.922	12	0.894	13.1	16.4	14	2
日本	0.907	19	0.846	12.7	15.2	26	7
法国	0.899	24	0.840	11.5	16.4	28	4
意大利	0.878	28	0.791	10.2	16.3	46	18
中国	0.748	86	0.654	9.3	12.4	106	20

数据来源：以上数据来源于 UNDP 网站（http://hdr.undp.org/en/data）。

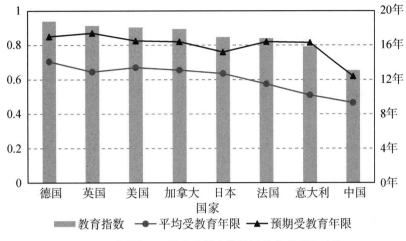

图 8-2　中国与 G7 国家的教育指数及其分项指标对比

（三）与金砖国家的对比分析

"金砖国家"（BRICS）由印度、俄罗斯、巴西、中国和南非五国构成。由于金砖国家都拥有众多人口，且经济发展活力较强，在全球经济和社会发展中也占有重要地位。

金砖国家中（见表 8-5），HDI 数值最高的是俄罗斯，为 0.815，在世界上排名第 49位；HDI 数值最低的是印度，为 0.636，在世界上排名第 129 位；中国的 HDI 数值为 0.748，在世界排名第 86 位，排名与最高的俄罗斯相比差 37 位，排名比印度领先 43 位。在教育指数方面，金砖国家中教育指数最高的也是俄罗斯，在世界上排名第 32 位，中国的教育指数在世界上排名第 106 位，在五个金砖国家中位列第四，与俄罗斯相差了 74 位，比金砖国家中教育指数最低的印度领先 24 位。

中国平均受教育年限为 9.3 年，处于中等位置。平均受教育年限最高的是俄罗斯，为12.0 年，比中国高 2.7 年。中国的预期受教育年限位于金砖国家中的第四名，仅仅比印度多 0.1 年，低于其他金砖国家。在相似经济发展水平的国际环境中，相比金砖其余四国，中国教育的发展进程稍显缓慢，教育未能与经济社会的发展保持同步。教育指数与 HDI 排名差距中，俄罗斯和南非的教育指数排名都远高于其 HDI 在世界上的排名；而巴西、中国和印度的教育指数排名要低于 HDI 的排名，尤其是中国的教育指数排名比 HDI 低了 20 位，表明中国在金砖国家中比较来说，教育事业的发展也是相对靠后的，这就更值得被重视了。

表 8-5　金砖国家之间的比较

国家	HDI	HDI 排名	教育指数	平均受教育年限	预期受教育年限	教育指数排名	HDI 排名-教育指数排名
俄罗斯	0.815	49	0.832	12	15.5	32	−17
南非	0.696	111	0.708	10.1	13.3	79	−32
巴西	0.758	79	0.686	7.8	15.4	92	13
中国	0.748	86	0.654	9.3	12.4	106	20
印度	0.636	129	0.556	6.4	12.3	130	1

数据来源：以上数据来源于 UNDP 网站（http://hdr.undp.org/en/data）。

五、国内各地区教育指数的对比分析

（一）区域对比分析

我国地域辽阔，人口众多，各个地区的地理环境、文化习俗、政策环境、经济水平等都有很大差异，教育发展水平在多种因素的综合影响下呈现出较为明显的区域分布特征。

从以上分析可以看出，教育高发展水平在由早期的东北地区逐渐向东部沿海地区转移。从整体上来看，教育高发展水平地区的变化受中国经济发展重心转移的影响，20世纪90年代，教育高发展水平地区一直集中于工业发达的东北地区；20世纪以来，随经济发展重心从要素驱动转向创新驱动，教育发展水平较高的省份目前主要位于经济较为发达的东部地区，而教育环境相对较差、经济发展相对缓慢的西部地区则更多地呈现出教育水平较低的情况。在2017年的分段地图中能明显看出教育指数有东部、中部、西部分层的地区特性，体现了教育在我国各区域发展中的非均衡性。

（二）区域时空特征

为科学反映我国不同区域的教育发展状况，本书按照四大经济区域的划分准则将31个省份分为西部地区12个省份、中部地区6个省份、东部地区10个省份和东北地区3个省份，对1990—2017年四大区域的教育指数进行对比，结果如图8-3所示。

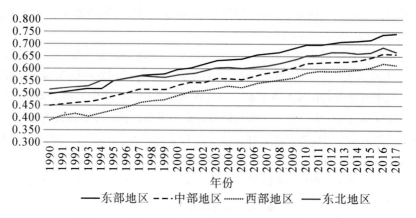

图8-3　1990—2017年四大区域平均教育发展水平

从时间趋势上来看，四大区域的教育发展水平都呈现出稳健上升的趋势，与全国教育发展趋势一致。其中，东北地区教育发展步调明显变缓；东部地区教育发展基础好，速度快；中、西部两区域在教育发展基础上虽不占优势，但其发展空间和发展势头均较为强劲。在1997年以前，四大区域教育发展水平从高到低分别是东北地区、东部地区、中部地区和西部地区；在1997年之后，东部地区的教育发展水平超过东北地区，并在之后一路遥遥领先，占据较为明显的发展优势。从平均受教育年限来看，东部地区的平均受教育年限在

2004 年后才逐渐超过东北地区，但整体来看东部地区和东北地区的平均受教育年限相差不大；从预期受教育年限来看，东部地区自 1994 年超越东北地区后，呈现出一枝独秀的态势，与其他三大地区的差距逐渐扩大。由此可见，东部地区预期受教育年限的逐步上升拉动了其教育指数的增长，表明东部地区在推广义务教育普及、提高入学率等方面做得更好。

进一步分析四大区域在 1990—2017 年教育指数各特征值之间的差异。从表 8-6 中可以看出，西部地区的教育水平相对较为落后，但其发展是最为迅猛的，它的绝对差异（以极差衡量）是四个区域中最大的，达到了 0.514；东部地区教育的均值水平是最高的，其绝对差异也位居第二，达到 0.479，但其相对差异（以标准差衡量）是四大区域中最大的，表明东部地区在 28 年间发展较快，区域的平均教育水平逐步提高并超越了东北地区。

表 8-6　四大区域教育指数发展差异

区域	最大值	最小值	极差	均值	标准差
西部	0.699	0.185	0.514	0.511	0.095
中部	0.684	0.410	0.274	0.553	0.067
东部	0.863	0.384	0.479	0.620	0.106
东北	0.722	0.502	0.220	0.597	0.056

（三）省际对比分析

1. 省际教育指数的稳健性分析

根据 UNDP 官方所公布《中国人类发展报告》的中国各省份的教育指数，我们仅可以得到 1990 年、1997 年、1999 年、2003 年、2005 年、2008 年、2010 年、2013 年和 2014 年共九个年份的教育指数数据，而且其间 UNDP 还对教育指数的计算方法进行了多次修订，指数数据的可比性较差。因此，本书按照 UNDP2016 年发布的最新编制方法为基准，重新测算了 1990—2017 年中国各省份各年度的教育指数。为了保证分析的可靠性，我们首先进行我国各省份教育指数的稳健性分析。

首先，我们分别将 UNDP 发布的九年的各省份教育指数（简称"UNDP 指数"）排名和我们测算的各省份教育指数（简称"中国教育指数"）各自作为一组时间序列数据，通过计算各自的离散系数来检验其稳健性。由于一个省份的教育水平发展是一个长期而缓慢的过程，其相对排名应该是逐步上涨的状态，排名情况具有一定的稳定性，故离散系数较小的表示数据排名的波动幅度较小，越符合实际国情和教育发展情况。经计算分析，本书计算所得教育指数各省份离散系数有 65%的地区比 UNDP 的离散系数要小，表明其平稳性更好，结果更符合实际情况。

2. 省际变动趋势变动分析

由表 8-7 可得，1990—2017 年中，除 1993 年、2005 年外，中国教育指数每年均呈增长态势，中国教育水平在总体上有了较大的提升；其中，较 1990 年，2017 年中国教育指数增长了 54.3%。就分项指标来看，1990—2017 年，中国的平均受教育年限由 6.26 年增加到 9.41 年，平均受教育年限指数提升了 50.3%；中国的预期受教育年限由 8.38 年增加到

13.23 年，预期受教育年限指数提升了 57.9%。可见我国教育水平的显著改善来源于平均受教育情况和预期受教育情况的同步提高，其中预期受教育年限贡献稍大些，表明我国在教育方面的各类政策和举措促进了教育水平的发展。

表 8-7　1990—2017 年中国教育指数及其分项指数

指数	年份													
	1990	1991	1992	1993	1994	1995	1996	1997	1998	1999	2000	2001	2002	2003
教育指数	0.44	0.45	0.45	0.45	0.46	0.46	0.47	0.48	0.48	0.49	0.51	0.51	0.52	0.53
平均受教育年限指数	0.42	0.42	0.43	0.43	0.45	0.45	0.45	0.47	0.47	0.48	0.51	0.51	0.52	0.53
预期受教育年限指数	0.47	0.48	0.47	0.47	0.47	0.47	0.48	0.49	0.50	0.50	0.50	0.51	0.52	0.54

指数	年份													
	2004	2005	2006	2007	2008	2009	2010	2011	2012	2013	2014	2015	2016	2017
教育指数	0.54	0.53	0.54	0.55	0.56	0.56	0.58	0.59	0.60	0.60	0.61	0.62	0.65	0.68
平均受教育年限指数	0.53	0.52	0.54	0.55	0.55	0.56	0.59	0.59	0.60	0.60	0.60	0.61	0.62	0.63
预期受教育年限指数	0.54	0.54	0.55	0.56	0.56	0.57	0.58	0.59	0.60	0.59	0.61	0.62	0.69	0.73

各省份之间的教育指数差距明显缩小。如表 8-8 所示，1990 年 31 个省份的教育指数方差为 0.006 85，2017 年降低为 0.005 60，1990 年教育指数的最大值省份北京比最小值省份西藏的差异比率为 243.5%，2017 年降低为 83.1%。

从各分项指标看，1990 年平均受教育年限最高的省份北京比最小值省份西藏高出 305.4%，31 个省份的平均受教育年限方差为 1.350 18；2017 年平均受教育年限最高的省份北京比最小值省份西藏高出 145.3%，31 个省份的平均受教育年限方差为 1.463 22。31 个省份的预期受教育年限方差为 2.286 48，1990 年预期受教育年限最高的省份北京比最小值省份西藏高出 205.1%；2017 年预期受教育年限最高的省份有北京、上海和天津，它们比最小值省份青海高 52.4%，31 个省份的预期受教育年限方差为 1.987 76。从表 8-8 中可以看出，28 年间中国 31 个省份的教育指数差距有明显的缩小趋势，而平均受教育年限的差距是造成教育指数差距的主要原因。

表 8-8　1990—2017 年各省份教育指数统计量

指标	1990 年			2017 年		
	教育指数	平均受教育年限	预期受教育年限	教育指数	平均受教育年限	预期受教育年限
均值	0.449	6.216	8.828	0.672	9.263	13.070
最大值	0.636	8.629	12.543	0.863	12.546	16.000
最小值	0.185	2.129	4.111	0.471	5.114	10.501
差距比率/%	243.5	305.4	205.1	83.1	145.3	52.4
方差	0.006 85	1.350 18	2.286 48	0.005 60	1.463 22	1.987 76

六、提升中国教育指数、推动中国教育事业发展

（一）结论

1. 中国教育事业发展成效显著

自联合国的 HDI 于 1990 年问世以来，我国 HDI 由 1990 年的 0.485 增至 2018 年的 0.771，29 年间升幅达 58.97%，实现了人类发展由低水平向高水平的巨大迈进，成为同期全球人类发展进步最快的国家之一。在此期间，中国 HDI 中的教育指数由 0.441 升至 0.666，升幅为 51.0%，接近于 HDI 总指数的升幅，这充分说明了我国在此期间中教育事业所取得的巨大进步。

2. 教育事业发展尚存较大的发展空间

从国际横向对比来看，在联合国统计的 188 个国家（地区）中，中国的教育指数从全球水平来看位于第 106 名，不仅落后于欧美发达国家及韩国（排位 22）和日本（排位 26），即使在金砖五国中，也仅位列第四，与俄罗斯（排位 49）相差了 74 位，只比金砖国家中教育指数最低的印度（排位 129）领先 24 位。整体来看，中国教育的发展水平并不太高，但从预期-平均受教育年限差可知，中国教育有着较强的发展势头和极大的发展空间；与经济发展水平相似的金砖其余四国相比，中国教育的发展进程稍显缓慢，教育未能与经济社会的发展同步。通过国内对比分析可知，教育高发展水平地区由早期的东北逐渐向东部沿海地区转移，而西部地区教育水平的提升较为缓慢，中国教育事业发展呈现出较大的不平衡性。由此可见，中国教育事业的发展还任重道远。

（二）政策建议

1. 进一步夯实基础教育体系，努力提高儿童预期受教育年限

从逻辑顺序上看，预期受教育年限对平均受教育年限有前导作用，平均受教育年限将追随预期受教育年限，因此讨论预期受教育年限对平均受教育年限具有前瞻意义（邱国华等，2005）。通过与 G7、金砖其他国家的国际对比，发现在 HDI 教育指标体系内，相比平均受教育年限，中国的预期受教育年限更为薄弱，发展空间也更大。因此，进一步夯实基础教育体系，努力提高中国的儿童预期受教育年限势在必行。

2. 重视东西部教育水平差异，加强省际教育资源交流

通过国内对比分析可见，中国教育事业的差距主要是西部地区教育水平较低所致。我国各个省市的教育在发展过程中并没有实现区域协调发展，因此当前应重点关注教育的均衡发展问题。特别是在制定教育发展的相关政策时应向西部地区有所倾斜。地方财政教育支出对教育发展有着明显的正向拉动作用，因此一方面政府应加大对西部地区的教育财政资金支持，优化教育资金的使用结构和提高效率，通过教育经费的投入，提升西部学校基础设施水平，引进更优质的师资资源，帮助提高西部各省份的教育质量和水平。另一方面，

应加强东部学校对西部的对口支援规模，促进东西部的优质教育资源合理流动、合理利用，从而缩小教育水平的空间差距，最终达到教育区域协调发展。

3. 着力提升中西部和东北地区经济，促进其教育水平的提升

经济是社会发展的物质基础，教育的发展也必然以经济发展为支撑。金砖五国国际对比结果表明，在相似经济发展水平的国际环境中，相比金砖其余四国，中国教育的发展进程稍显缓慢，教育未能与经济的发展保持同步，教育水平的发展落后于经济发展。通过国内对比分析可知，教育高发展水平地区由早期的东北逐渐向东部沿海地区转移，而西部地区教育发展水平却一直不高，反映出中国教育发展的不平衡。因此，应该着力发展西部经济，同时推动东北等老工业基地的全面振兴，以经济发展带动教育发展。从供给的角度看，较高的经济发展水平有利于更多教育资源的投入；从需求的角度看，经济发展水平高的地方会吸纳更多的高素质人才，有利于刺激当地教育质量的提升。

4. 倡导社会发展教育为先的理念，提高教师薪酬水平

综上所述，人类发展的理论和实践都已充分证明：社会发展教育为先。要进一步推进中国教育事业的发展就需要进一步在全社会真正树立起尊师重教的社会风尚。所谓师者，传道受业解惑，教师在一个人受教育过程中起着重要的引导作用。因此，应当建立更加完善的教师薪酬和福利待遇体系，提升教师福利水平，提高教师地位待遇，让更多的教师能够"留得住、教得好"，让"尊师重教"的观念真正深入人心，同时也吸引更多高质量人才投入教育师资行业，推动中国教育事业更好更快地的发展。

第九章　中国收入指数的编制和分析

一、问题的提出

2020 年是联合国开发计划署（UNDP）创建人类发展指数 30 周年的重要时间节点。自 1990 年以来，UNDP 每年都发布了联合国各成员的人类发展指数，现已得到各国政府和国际组织的广泛认同，并发挥出越来越重要的作用（UNDP，2018）[1]。

新中国成立以来，中国的经济社会发展取得了全面的进步。特别是改革开放以来，中国经济得到了更加迅速的发展，人类发展水平也有了很大的提升。但值得注意的是：在 UNDP 发布的《中国人类发展报告 2016》中，提供了分析收入、教育、寿命三个指标对中国人类发展指数增长贡献的模拟计算。报告指出：根据 UNDP 公布的中国人类发展指数，在 1980—2010 年有完整数据的 124 个国家中，2010 年比 1980 年排名前移了 24 位。但控制收入以后，结果大不一样。通过两种控制收入的方法来模拟中国人类发展指数，结果均显示，1980—2010 年，中国的人类发展指数排名几乎没有变化，即中国的寿命指数和教育指数的增长没有实现赶超，没有收入指数增长表现得那么出色（联合国开发计划署，2016）[2]。这一研究结论对我国人类发展的完整性和可持续性提出了严峻的挑战。由此我们希望对反映人民生活的收入指数进行专项的分析研究，深入剖析收入指数在人类发展指数中的地位和作用，分析中国各地收入指数存在的差异和影响因素，进而找出我国人类发展进程中存在的问题。

二、国内外学者对收入指数的研究情况

自 20 世纪 30 年代 GDP 指标问世以来，经济学家们已逐渐习惯于用国内生产总值增长率来代表一国的发展能力，发展也被定义为一个国家或地区的国内生产总值年增长 6% 左右

---

① UNDP. Human development indices and indicators 2018 [M]. New York：Oxford University Press，2018.

② 联合国开发计划署驻华代表处，发展研究中心. 中国人类发展报告 2016 [M]. 北京：中译出版社，2019：15-18.

的能力（钱纳里，1989）[1]。到了 20 世纪 70 年代，由于国内生产总值的增长并没有给所有社会群体和阶层带来生活水平的改变，并且贫困人口反而呈现了增长的趋势，因此，一些发展经济学家如 M. S. Ahluwalia（1976）[2]、Hicks Norman 和 Paul Streeten（1979）[3]、A. Sen（1982）[4] 提出，发展不仅应关注经济的增长，还应该重视贫困、失业和收入不平等问题。基于此，受联合国开发计划署（UNDP）的委托，以 M. Haq 为首的专家小组创建了人类发展指数（HDI）。HDI 的创建者 M. Haq 强调人是一个国家真正的财富，发展的目标就是为了扩大人民的自由选择空间以及提高他们的生活水平，可以从收入、健康和教育三个维度反映人类发展水平的主要内容（M. Haq，1995）[5]。Kelly（1991）[6] 也提出，人们收入的提高会增加消费选择的种类和扩大其范围，进而影响人类发展指数的其余分项指标，因此，在完善人类发展指数（HDI）体系的时候应该考虑提升收入指数的权重。

国内学者对人类发展指数的研究重点集中在各地区发展差异的分析之上。如胡鞍钢通过分析中国各地的人类发展指数后认为：中国各地区发展差距越来越大，要想提升中国的人类发展水平，首先要从缩小地区间经济差异开始（胡鞍钢，2001）[7]。宋宏远、马永良认为人类发展指数用于在地区层面上的分析有利于揭示某一地区之间或地区内部的发展差异（宋宏远 等，2004）[8]。赵志强、叶蜀君认为，自 20 世纪 90 年代以来，中国东、中、西部地区人类发展指数（HDI）的差距并非如一些学者所研究的那样是不断扩大的，而是呈现出逐渐收敛的迹象（赵志强 等，2005）[9]。胡锡琴、杨英明、曾海认为，一国的人类发展水平与一国的经济的发展并没有显著的关系。经济虽然能给国家的发展提供物质上的保障，但是更多研究表明是健康和教育对经济的增长起着重大的促进作用（胡锡琴 等，2007）[10]。但汪毅霖的研究认为，人类发展还是需要经济作为其发展动力，只有经济水平上去了，其他方面才能跟上去（汪毅霖，2011）[11]。陆康强的研究发现：中国社会的贫富差距，特别是由于居民收入之间的不平等造成了贫富差距扩大的现象，因此提出了要减少居民收入差距的建议（陆康强，2012）[12]。李晶、李晓颖对我国各区域的人类发展指数研究也得到了类似

① 钱纳里. 发展的格局［M］. 北京：中国财政经济出版社，1989：62-65.
② AHLUWALIA M S. Inequality, poverty and development［J］. Journal of Development Economics, 1976, 3（4）：307-342.
③ NORMAN H, STREETEN P. Indicators of development：the search for a basic needs yardstick［J］. World Development, 1979, 7（6）：567-580.
④ SEN A. Rights and agency［J］. Philosophy & Public Affairs, 1982, 11（1）：3-39.
⑤ HAQ M. Reflection on human development［M］. New York：Oxford University Press, 1995.
⑥ KELLY A C. The human development index：handle with care［J］. Population and Development Review, 1991, 17（2）：315-324.
⑦ 胡鞍钢. 地区与发展：西部开发新战略［M］. 北京：中国计划出版社，2001：65-71
⑧ 宋洪远，马永良. 使用人类发展指数对中国城乡差距的一种估计［J］. 经济研究，2004（11）：4-15.
⑨ 赵志强，叶蜀君. 东中西部地区差距的人类发展指数估计［J］. 华东经济管理，2005（12）：22-25.
⑩ 胡锡琴，曾海，杨英明. 解析人类发展指数［J］. 统计与决策，2007（1）：134-135.
⑪ 汪毅霖. 人类发展指数测度方法的改进路径与方向：基于 HDR2010 和中国经验分析的思考［J］. 西部论坛，2011（7）：35-45.
⑫ 陆康强. 要素均衡：人类发展指数的算法改进与实证研究［J］. 统计研究，2012（10）：45-51.

的结论（李晶 等，2012）[1]。黄敏、任栋的研究发现：虽然中国区域发展仍然主要依靠经济发展速度来拉动，但西部部分省份依靠绿色指数的贡献提升了区域发展质量等级，显示了生态环境因素对发展质量的特殊贡献（黄敏 等，2019）[2]。

综上可见，无论是国外还是国内的研究文献，虽然在人类发展指数的研究方面有涉及与收入指数相关的内容，但我们尚未看到有直接以人类发展指数的收入指数为主要研究对象的文献，这种现状与人类发展指数的国际地位和收入指数在人类发展指数中的重要作用是不相匹配的。因此，本书选择对中国及各地区的收入指数进行专项研究，重点分析中国及各地收入指数的时空演化特征及影响因素，以下将从 1990—2018 年的中国及各省收入指数的编制和分析来展开。

三、1990—2018 年中国各地收入指数的编制

（一）收入指数编制方法的演变

作为人类发展指数的三个分项指数之一的收入指数，是反映人们生活水平和质量的指标，也是人类发展指数三个分项指数中主要反映经济维度的指标。收入指数的计算是各分项指数中计算最复杂，也是最困难的。因为在各国之间用收入指数进行对比分析时，收入指数的设定方式会受到各国内部的物价、税收、生活习惯等多方面因素的影响，而且还必须考虑各国间货币汇率等问题。为了解决这些问题，联合国开发计划署对人均 GNI 指标做了相同阈值的界定，并且通过购买力平价（PPP 美元）对人均 GNI 进行了换算，最后还将换算后的人均 GNI 做了对数处理。

事实上，从 1990 年第一次发布《人类发展报告》起，联合国开发计划署（UNDP）就致力于不断改进 HDI 及各分项指数的测算方法。2010 年以后，UNDP 制定的收入指数编制方法是：

（1）指标的选取。在 2010 年以前，反映人民生活水平的收入指数对应的指标是人均 GDP。2010 年，UNDP 对收入指数的指标选取做出了重大的改变，用人均 GNI 代替人均 GDP，因为相比于国内生产总值（GDP），国民总收入（GNI）能更准确地体现人民的生活水平和质量。

（2）阈值的设定。HDI 的各分项指标在标准化之前需要明确阈值的设定。在 2010 年以前，收入指数是用人均 GDP 的最大值 40 000 美元和最小值 100 美元作为各国收入的阈值。到了 2010 年，UNDP 用人均 GNI 代替了人均 GDP 成为收入指数的计算指标，2010 年的阈值设定为 40 000（PPP 美元）和 100（PPP 美元）。2013 年，UNDP 根据世界各国实际国民收入情况的变化，规定从 2014 年起，收入指数阈值范围中的最大值调整为 75 000（PPP 美元），最小值依然保持为 100（PPP 美元）。

---

① 李晶，李晓颖. 基于空间距离法的区域人类发展指数 [J]. 统计研究，2012（1）：61-67.
② 黄敏，任栋. 以人民为中心的高质量发展指标体系构建与测算 [J]. 统计与信息论坛，2019（10）：36-41.

（3）指标标准化为单项指数。

$$单项指数 = \frac{实际值 - 最小值}{最大值 - 最小值} \tag{9-1}$$

$$收入指数 = \frac{\log(人均\,GNI(PPP\,\$)) - \log100}{\log75\,000 - \log100} \tag{9-2}$$

当某个国家的人均 GNI（PPP 美元）大于或者等于 75 000 美元时，其收入指数等于 1；当某个国家的人均 GNI（PPP 美元）小于等于 100 美元时，其收入指数等于 0。1990—2018 年收入指数的阈值如表 9-1 所示。

表 9-1   1990—2018 年收入指数的阈值

1990—2009 年			2010—2013 年			2014—2018 年		
指标	最大值	最小值	指标	最大值	最小值	指标	最大值	最小值
人均 GDP（美元）	40 000	100	人均 GNI（PPP 美元）	40 000	100	人均 GNI（PPP 美元）	75 000	100

数据来源：根据 UNDP 历年发布的《人类发展报告》整理。

在 UNDP 发布的人类发展指数中，中国 2018 年的 HDI 为 1990 年的 1.55 倍，说明中国的 HDI 取得了长足的进步，正如联合国开发计划处官员在 2014 年度的人类发展报告发布时指出的：在 1990 年人类发展指数创立时处于低人类发展水平组别的 47 个国家中，中国是唯一一个已经跻身于高人类发展水平组的国家。

鉴于完整资料的可获得性，下面我们对 2012—2017 年 UNDP 公布的中国人类发展指数及各分项指数数值及世界排名资料分析如下（见表 9-2）。

表 9-2   2012—2017 年中国人类发展指数及各分项指数数值及世界排名

指数	年份					
	2012	2013	2014	2015	2016	2017
HDI	0.722(93)	0.729(90)	0.738(88)	0.743(87)	0.748(86)	0.752(86)
教育指数	0.617(110)	0.627(107)	0.637(106)	0.641(107)	0.644(107)	0.644(108)
寿命指数	0.855(57)	0.858(57)	0.861(57)	0.863(57)	0.865(58)	0.868(59)
收入指数	0.712(89)	0.721(86)	0.733(82)	0.741(80)	0.75 (77)	0.76 (76)

数据来源：根据 UNDP 历年发布的《人类发展报告》整理。

由表 9-2 的数据可以看到：2012—2017 年，中国 HDI 的世界排名上升了 7 个位次。从分项指数来看，教育指数上升了两个位次，寿命指数下降了两个位次，而收入指数上升了 13 个位次。简而言之，中国 HDI 的世界排名的上升几乎完全依赖于收入指数的拉动。这也证实了 UNDP 在《中国人类发展报告 2016》中的分析结论：中国的寿命指数和教育指数的增长没有实现赶超，没有收入指数增长表现得那么出色。

为了区分联合国各成员的人类发展水平，联合国开发计划署以人类发展指数数值高低将各国划分为极高、高、中、低四组。2014 年起，联合国开发计划署在全球范围内采用 0.55、0.7 和 0.8 分别作为低（低于 0.55）、中等（0.55~0.699）、高（0.7~0.799）和极高（大于或等于 0.8）人类发展水平的分界点。本书也采用了这一最新标准对 2012—2017 年度中国收入指数与世界各种发展水平国家（地区）的平均值进行了比较和分析（见表 9-3）。

表 9-3　2012—2017 年中国收入指数与世界平均水平比较

年份	极高人类发展水平国家（地区）	高人类发展水平国家（地区）	中人类发展水平国家（地区）	低人类发展水平国家（地区）	中国
2012	0.878	0.712	0.589	0.426	0.712
2013	0.880	0.714	0.596	0.426	0.721
2014	0.882	0.717	0.600	0.429	0.733
2015	0.885	0.719	0.607	0.429	0.741
2016	0.887	0.720	0.609	0.428	0.750
2017	0.890	0.723	0.610	0.429	0.760
增长率/%	1.367	1.545	3.565	0.704	6.742

数据来源：根据 UNDP 历年发布的《人类发展报告》整理。

由表 9-3 可见，中国的收入指数在 2012 年达到了高人类发展水平国家收入指数的平均数（0.712）之后，依然快速提升，到 2017 年已经远远超过了高人类发展水平国家收入指数的平均数。另外，从人类发展水平四个层级国家的收入指数五年的增长率来看，中国收入指数的增长率也远远高于各层级国家收入指数的增长。

（二）与金砖国家各国的对比分析

金砖国家由俄罗斯、印度、巴西、南非和中国五国组成。表 9-4 是 2012—2017 年金砖五国的收入指数值及在世界各国中的排位情况。

表 9-4　2012—2017 年金砖五国的收入指数值及在世界各国中的排位

国家	年份					
	2012	2013	2014	2015	2016	2017
俄罗斯	0.83(46)	0.832(44)	0.831(45)	0.827(49)	0.827(50)	0.829(52)
巴西	0.755(74)	0.759(74)	0.758(74)	0.750(77)	0.744(79)	0.744(80)
中国	0.712(89)	0.721(86)	0.733(82)	0.741(80)	0.750(77)	0.760(76)
南非	0.722(84)	0.723(85)	0.724(87)	0.724(90)	0.723(90)	0.722(90)
印度	0.584(129)	0.591(130)	0.600(129)	0.610(127)	0.619(125)	0.627(124)

数据来源：根据 UNDP 历年发布的《人类发展报告》整理。括号内的数字表示世界各国的排位。

从 UNDP 发布的数据来看，2012—2017 年，金砖五国中收入指数最高的是俄罗斯，收入指数最低的是印度。中国在 2016 年超过巴西，收入指数排到金砖国家的第二位。另外，在金砖五国中，虽然俄罗斯的收入指数还保持着原有的领先优势，但金砖五国中只有中国和印度的收入指数呈现增长态势。其次，从收入指数的世界排名上看，印度 2017 年的收入指数排名比 2012 年提高了 5 位，但是中国同期的收入指数排名却提高了 13 位，中国收入指数的世界排名与俄罗斯的世界排名位次差也从 43 减少到 24。由此可以看到，中国经济正以迅猛的速度和规模在发展，在人类发展指数的收入方面继续着历史的奇迹。

（三） 中国收入指数的国内省际对比分析

1. 中国收入指数的总体趋势

由图 9-1 可见，自 1990 年 UNDP 创立人类发展指数以来，中国的收入指数一直处于线性上升趋势，波动很微小，2018 年收入指数达到了 0.781，相对于 1990 年的 0.346 提高了1.26 倍。

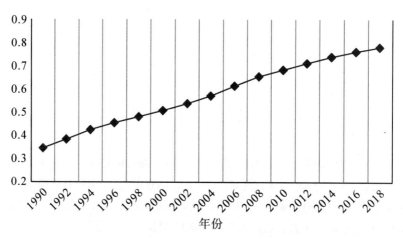

图 9-1　1990—2018 年中国收入指数趋势

2. 中国收入指数的国内四大区域分析

本书按照国务院关于经济区域的划分准则将中国 31 个省份分为中部、东部、西部和东北部四大区域，对收入指数的区域发展情况进行了分析。

从图 9-2 可见，1990—2018 年，中国四大区域的收入指数均呈现上升趋势，其中东部地区的收入指数一直处于最高的位置，处于第二位的是东北地区，而中部地区略高于西部地区。到 2015 年以后，东北地区和中部地区的收入指数逐渐向西部地区靠近。其原因是西部地区收入指数的强劲增长和东北地区收入指数的增速放缓。因此，至 2018 年，中国的收入指数已由过去四大区域的交错发展逐渐呈现为东部地区的收入水平与其余三个地区的收入水平这两种水平并行发展的现象。

3. 中国收入指数的省际分析

本书的数据分析显示（详见附表）：中国 31 个省份的收入指数在 1990—2018 年都是呈上升趋势，其中，上海、北京、天津的收入指数一直处于领先地位，浙江、江苏、广东一些东部地区等省市紧随其后。另外，我们也看到甘肃、云南、贵州、西藏、山西以及黑龙江等西北、西南甚至东北地区的一些省份的收入指数在 2018 年还较大落后于东部各省份，说明各地区收入指数发展的不平衡和不充分的矛盾依然存在。那么，在 1990—2018 年，中国各省收入指数的差异及其变动趋势情况如何呢？下面我们采用变异系数来考察中国各省份收入指数的差异性。

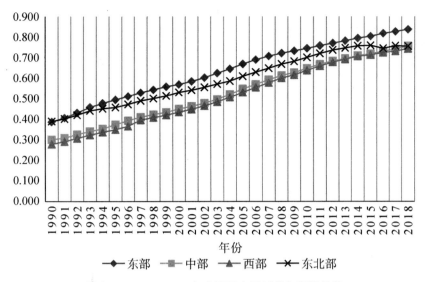

图 9-2　1990—2018 年中国四大区域收入指数趋势

变异系数作为反映 α 类收敛性的指标，可以准确反映我国各省份间收入指数的差异情况。从图 9-3 可以看到，全国各省份收入指数的变异系数在 1990—1994 年呈现短期波动，然后呈现出明显的下降趋势。总体来看，在 1990—2018 年，变异系数由 1990 年的 0.147 下降到 0.048，这充分证明了全国各省份之间的收入指数的差异在缩小，也充分说明了我国各地区之间发展的不平衡不充分的矛盾虽然依然存在，但这一矛盾正在逐步化解之中。

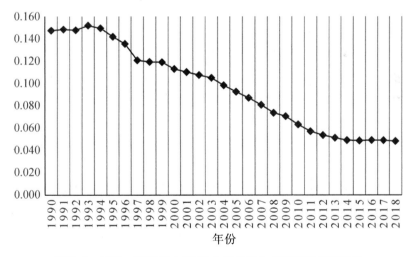

图 9-3　1990—2018 年中国 31 个省份收入指数变异系数趋势

进一步，我们参照 UNDP 在全球范围内采用 0.8、0.7、0.55 和 0.4 分别作为极高（大于或等于 0.8）、高（0.7~0.799）、中等（0.55~0.699）、低（0.4~0.549）和极低（低于 0.4）人类发展水平的方式，对我国 31 个省份 1990—2018 年的收入指数发展水平进行了划分和对比。1990—2018 年中国各省份收入指数的变动情况如表 9-5 所示。

表 9-5　1990—2018 年中国各省份收入指数的变动情况

收入指数水平	1990 年	2018 年
极高收入水平	无	上海、北京、天津、江苏、浙江、广东、福建、广东、山东、内蒙古、重庆
高收入水平	无	湖北、湖南、陕西、吉林、辽宁、宁夏、海南、河南、河北、青海、四川、江西、安徽、广西、黑龙江、新疆、西藏、贵州、山西
中等收入水平	北京、上海	甘肃、云南
低收入水平	天津、广东、辽宁	无
极低收入水平	江苏、浙江、广东、福建、山东、内蒙古、重庆、湖北、湖南、陕西、吉林、宁夏、海南、河南、河北、青海、四川、江西、安徽、山西、广西、黑龙江、新疆、西藏、贵州	无

由表 9-5 可见，从 1990 年来看，除了北京和上海位于中等收入水平之外，其他 29 个省份均位于低收入和极低收入水平。但从 2018 年来看，除甘肃和云南之外，其他 29 个省份的收入指数均已达到高收入和极高收入水平。可见，1990—2018 年，中国各地的收入水平的确发生了天翻地覆的变化。而且本书的分析还显示：云南、甘肃将迈入高收入水平地区，届时我国党和政府推进的"全面建成小康社会"的宏伟战略目标与各省份的收入指数全面进入高收入水平地区将不谋而合地同时实现，这也从另一角度证明了"全面建成小康社会"的宏伟战略目标的科学性。

4. 中国各地收入指数的空间特征和差异分析

样本数据区位信息中的非常重要的属性之一就是空间自相关，它主要是用来衡量所研究指标的地区分布情况以及地区之间的相互影响程度。通过 Geoda 软件的分析，发现根据空间权重矩阵测算各省份的 Moran's I 值均为正，说明中国 31 个省份的收入指数均存在空间正自相关性。其次，本书依此进行的全局空间自相关检验发现：中国各地的收入指数呈现出了明显的区域差异特征。

中国各地收入指数的分布存在明显的空间聚集效应，东部区域的收入指数处于较高水平，而中西部地区的收入指数水平比较落后，虽然在 2010 年西部的内蒙古和辽宁地区的收入指数有明显提高（而后又有回落），但整体来看中西部的收入指数一直落后于东部地区。而且从近几年来看，收入指数又呈现出南方高于北方地区的态势。

本书计算了 1990—2018 年中国各省份收入指数的全局 Moran's I 值如表 9-6 所示。

表 9-6　1990—2018 年中国各省份收入指数的全局 Moran's I 值

年份	1990	1995	2000	2005	2010	2015	2018
Moran's I	0.472	0.449	0.493	0.532	0.560	0.566	0.562
Z 检验统计值	2.480	2.346	2.600	2.806	3.066	3.077	3.079

表9-6(续)

年份	1990	1995	2000	2005	2010	2015	2018
P 值	0.030	0.030	0.030	0.040	0.026	0.034	0.033
标准差	0.199	0.200	0.196	0.195	0.190	0.190	0.178

由表9-6可见，1990—2018年，以五年为一个单位，在显著性水平为5%的情况下，全局 Moran's I 值均为正，而且1990—2018年的 Moran's I 估计值有逐步提高的趋势，显示出我国各省份收入指数的空间分布存在集中程度提高的特点。

进一步，我国各省份的 LISA 集聚图分析显示：我国各省份的收入指数有显著的集聚现象，如表9-7所示。

表 9-7　1990—2018 年中国各省份收入指数的具体分布情况

年份	H-H 集聚	L-H 集聚	L-L 集聚	H-L 集聚
1990	浙江、内蒙古、河北、山东、吉林、上海、辽宁、黑龙江、北京、天津	安徽、甘肃、河南、陕西、江西、湖南、西藏	广西、重庆、云南、四川、贵州	新疆、宁夏、福建、江苏、山西、青海、湖北、海南、广东
2000	浙江、河北、内蒙古、山东、上海、吉林、北京、天津、辽宁、黑龙江、湖南	江西、安徽、四川、河南、贵州	甘肃、陕西、西藏、宁夏、青海、广西、云南、	山西、湖北、海南、新疆、福建、江苏、重庆、广东
2010	浙江、上海、陕西、山西、山东、宁夏、内蒙古、辽宁、江西、吉林、湖南、湖北、黑龙江、河南、北京、天津、海南、福建、安徽、四川、江苏、河北	贵州、西藏、甘肃	云南	广西、新疆、青海、重庆、广东
2018	浙江、新疆、西藏、四川、陕西、山西、山东、宁夏、内蒙古、辽宁、江西、吉林、湖南、湖北、黑龙江、河南、北京、天津、海南、广西、福建、安徽、甘肃、广西、重庆、上海、江苏、河北	贵州、云南		青海、广东

从表9-7可见，从1990—2018年，根据收入指数划分集聚区域，进入高-高（H-H）集聚型区域的省份从最初的十个变为如今的27个；低-高（L-H）集聚型区域的省份从7个中、西部的省份变为两个西部省份；低-低（L-L）集聚型区域的省份逐渐变少直至从5个省份变为0个省份；高-低（H-L）集聚型的省份的也从9个省份变为两个省份。总体来看，我国各省份的收入指数在持续变化中，高值集聚型区域的省份在逐渐增加且占了绝大部分，低值聚集区域在逐渐减少，这充分说明了全国人民收入水平的显著变化。

四、中国各地收入指数的影响因素分析

通过前面的描述性统计分析和空间特征分析发现：我国在1990—2018年的省际收入指

数存在增长趋势、收敛现象以及空间集聚现象。要搞清楚是什么因素导致我国的收入指数出现这些现象，有必要根据我国各省份1990—2018年的面板数据利用空间计量模型进行影响因素的分析。

（一）影响因素的变量选择

本书对可能影响中国收入指数的诸多经济社会变量进行了广泛的筛选和比对，最终选择了以下变量。

（1）普通高等学校数。教育能够传承文明，进而创造物质财富。高等教育是教育水平和知识技能水平的集中体现。一地的普通高等学校数在一定程度上体现了一地的文化、知识和技能传承的规模和水平。

（2）社会贫富差距。虽然中国居民的收入水平得到了很大的提升，但还存在收入分配不平等的现象，社会贫富差距扩大带来的社会问题不容忽视。本书根据统计分析的惯例，采用各省的基尼系数来衡量了各地区间的社会贫富差距。

（3）城镇化率。城镇化率是城镇常住人口占常住总人口的比重。城镇化是农业部门的剩余劳动力往其他部门转移的现象，它不仅加大了工业、建筑业和服务业等领域劳动力的供应量，而且还促进了居民整体收入水平的提高。

（4）对外开放程度。对外开放是中国改革开放基本国策的重要方面。对外贸易的增长是对外开放的主要特征之一。中国的对外贸易拉动了整个国家经济的发展，也提高了中国居民的收入水平。本书用出口总额占国内生产总值的比例衡量了各地的对外开放程度。

（5）居民消费水平。消费是刺激经济增长的重要因素，居民收入水平和居民消费水平存在相互促进的作用。本书采用社会水平零售总额指标来衡量了居民的消费水平的变动。

（6）铁路营业里程。铁路营业里程是指在一定时期内办理客货运输业务的铁路正线总长度。交通运输是人员流动和货物流通的必要条件，在现代社会中，交通运输业的发展对国民经济的发展有极大的促进作用。

变量定义与说明如表9-8所示。

表9-8 变量定义与说明

变量符号	变量名称	变量定义	单位
II	收入指数	人均GNI计算得到	—
CV	居民消费水平	社会消费品零售总额	万元
RPG	社会贫富差距	基尼系数	—
CL	城镇化率	城镇人口占比	—
DWKF	对外开放程度	出口总额占GDP比重	—
OIHL	普通高等学校数	普通高等学校数量	所
ROM	铁路营业里程	营运铁路正线总长度	万公里

表9-9给出了表9-8中各变量的统计特征值。

表 9-9　1990—2018 年各变量的描述统计

变量名	平均数	标准差	中位数	最大值	最小值
II	0.553	0.150	0.553	0.902	0.228
CV	0.709	0.746	0.417	4.962	0.046
RPG	0.138	0.085	0.129	0.416	0.000
CL	0.415	0.179	0.419	0.919	0.003
DWKF	0.154	0.176	0.073	0.937	0.002
OIHL	52.343	33.305	47.000	147.000	3.000
ROM	0.253	0.171	0.230	1.230	0.010

（二）计量模型的选择

在空间计量模型分析中，空间相关性的存在是应用空间计量分析的前提条件。本书首先对全局 Moran's I 值进行计算和显著性检验，当数据具有空间相关性时，需要对空间滞后模型和空间误差模型进行模型选择。实证分析是通过观察 LMerror 和 LMsar 这两个统计量的数值大小和显著性情况来进行的。模型选择规则为：在统计量同样显著的情况下，如果 LMsar 比 LMerror 的统计值更大，那么说明空间自回归模型是更好的选择。两统计量的计算公式为

$$\text{LMerror} = \frac{\left[e'(I_T * W_N) \right] e / (e'e / NT) \right]^2}{tr\left[(I * W_N^2) \right] + (I_T * W'_N W_N)} \tag{9-3}$$

$$\text{LMsar} = \frac{\left[e'(I_T * W_N) \right] y / (e'e / NT) \right]^2}{\left[(W\hat{y}) M (W\hat{y}) / \hat{\sigma}^2 \right] + Ttr(W_N^2 + W'_N W_N)} \tag{9-4}$$

本书利用距离权重矩阵对以上数据的 LMsar 以及 LMerror 两个统计量进行计算和检验。其结果是：LMsar 统计值不仅通过了 1% 显著性水平，而且其值均大于 LMerror 统计量，说明空间自回归模型更加符合本书的实际情况，因此我们选择用空间自回归模型对数据进行建模分析。

（三）模型设定

根据上文的显著性水平分析和模型选择结构，为了进行模型参数的对比分析，本书分别对 1990—1998 年和 2008—2018 年的中国各地的收入指数及相关变量数据分段建立空间自回归模型。模型的具体形式如下：

$$\ln II_{i,t} = \alpha + \beta \ln(\text{CV}_{i,t}, \text{RPG}_{i,t}, \text{CL}_{i,t}, \text{DWKF}_{i,t}, \text{OIHL}_{i,t}, \text{ROM}_{i,t}) + \rho W_{i,j} \ln II_{i,t} + c_i + \mu_i + \varepsilon_{i,t} \tag{9-5}$$

其中，$II_{i,t}$ 表示第 i 个地区第 t 时间的收入指数，α 为 $1 * k$ 阶向量，β 为反映解释变量对被解释变量影响程度的待估参数，$W_{i,j}$ 为距离权重矩阵，ρ 度量的是邻近省市间收入指数的相互影响的位置参数。

(四) 模型结果与分析

1990—1998 年 SAR 模型实证结果如表 9-10 所示。

表 9-10　1990—1998 年 SAR 模型实证结果

模型	混合效应模型	时间固定效应模型	地区固定效应模型	随机效应模型
变量	系数	系数	系数	系数
居民消费水平	0.116 ***	0.008	0.016	0.005
社会贫富差距	0.060 ***	0.028 ***	−0.010	0.005
城镇化率	0.142 ***	0.100 ***	−0.028 *	−0.017
对外开放程度	0.195 ***	0.337 ***	0.075 ***	0.077 ***
普通高等学校数	0.001 ***	0.000 ***	−0.001 ***	0.000
铁路营业里程	−0.126 ***	−0.077 ***	−0.013	−0.017

注：*、**、*** 分别表示在10%、5%、1%水平上显著。

从表 9-10 可以看出，在空间自回归模型中，混合效应模型和时间固定效应模型各系数在 5% 的显著性水平下是显著的，其余两个效应模型也具有一定的显著性。各效应模型反映的基本情况是：除铁路营业里程与收入指数呈反比例的关系之外，其余各变量与收入指数均呈现正比例的关系。据此分析，在 1990—1998 年，中国各地均处于一个大规模的基本建设的阶段，全国各个地区对交通运输有极大需求，国家财政中对铁路建设的投入很高。但计量模型的分析显示，在 1990—1998 年，铁路的营业里程对收入指数有负向的影响。两变量的这一关系表明，财政对基本建设的投入过高会对收入指数的提升形成制约影响。
2008—2018 年 SAR 模型实证结果如表 9-11 所示。

表 9-11　2008—2018 年 SAR 模型实证结果

模型	混合效应模型	时间固定效应模型	地区固定效应模型	随机效应模型
变量	系数	系数	系数	系数
居民消费水平	0.113 ***	−0.046 **	−0.042 ***	−0.016 **
社会贫富差距	0.253 ***	0.282 ***	0.136 ***	0.194 ***
城镇化率	0.056 **	0.071 ***	0.030 ***	0.034 ***
对外开放程度	0.012 ***	0.020 ***	0.006 **	0.001
普通高等学校数	0.001 *	0.000	0.000	0.000
铁路营业里程	0.013	0.041 ***	0.032 **	0.016

注：*、**、*** 分别表示在10%、5%、1%水平上显著。

从表 9-11 来看，在 2008—2018 年，除普通高等学校数的回归系数的显著性较差之外，其他影响因素在各效应模型中均较为显著。实证结果主要反映在此期间居民消费水平与收入指数呈反比例关系，说明该期间中国各地的社会商品零售总额与中国各地居民的收入指数不相匹配。结合实际情况分析，这应该是反映出了近 10 年来中国各地房价的过快增长对中国居民的消费水平提高也形成了制约因素。

另外，我们将表 9-10 和表 9-11 进行对比分析，还可以发现一些更深层次的问题：第一，社会贫富差距变量的系数明显增大。但社会贫富差距变量属于反向指标，显示 2008—2018 年该变量对收入指数的制约影响有所增强。第二，城镇化率变量的系数明显提高。从 1990—1998 年的数据拟合情况来看，城镇化率变量的系数很低（有些效应模型的系数甚至为负），但从 2008—2018 年的数据拟合情况来看，城镇化率变量的系数明显提高，而且显著性明显增强，显示出近 10 年来我国的城镇化率指标对收入指数的正向作用十分显著，也反映出我国政府的新型城镇化的一系列相关政策取得了良好的成效。第三，对外开放程度变量的系数明显降低。从 1990—1998 年的数据拟合情况来看，对外开放程度变量的系数较高，但从 2008—2018 年的数据拟合情况来看，对外开放程度变量的系数明显降低，而且显著性也有所减弱，显示出口总额在 GDP 的比重指标对收入指数的正向作用有所减弱，也反映出我国前期支持的出口导向型经济已经明显受阻，应加速调整我国的经济导向，以新型的国内消费拉动为主取代传统的出口导向型为主的方式拉动我国的经济增长。

五、结论与建议

（一）研究结论

本书根据联合国开发计划署（UNDP）2016 年发布的人类发展指数中关于收入指数的最新算法和阈值范围，编制测算了 1990—2018 年中国人类发展指数中的收入指数，结果显示：中国人类发展指数的收入指数在 1990—2018 年，由 0.346 跃升到 0.781，增幅高达 1.26 倍，是同期世界各国中增长最快的国家，创造了人类发展历史上的奇迹。

从区域方面的角度来看，1990—2018 年，中国四大区域的收入指数均呈现上升趋势，其中东部地区的收入指数一直处于最高的位置，处于第二位的是东北地区，而中部地区略高于西部地区。但到 2015 年以后，东北地区和中部地区的收入指数逐渐接近于西部地区。这是西部地区的收入指数强劲增长和东北地区的收入指数增速放缓形成的。另外，省际之间收入指数的变异系数的分析也显示，31 个省份之间的收入指数的差异有明显的逐步减小的趋势。

对中国各省份收入指数进行空间探索分析可以看出，我国的收入指数的分布存在明显的空间正自相关性和空间聚集效应，东部和东北地区的收入指数从整体上来说不仅是明显高于中西部地区，而且东部和东北地区的省份差异也比较小。整体来看中西部的收入指数一直落后于东部地区，但从近几年来看，收入指数又呈现出南方地区高于北方地区的态势。

中国收入指数的影响因素分析发现，在 1990—1998 年，财政对基本建设的投入过高会对收入指数的提升形成制约影响。在 2008—2018 年，实证结果主要反映出在此期间居民消费水平与收入指数呈反比例关系，说明该期间内中国各地的社会商品零售总额与中国各地居民的收入指数不相匹配。结合实际情况分析，这应该是反映出了近 10 年来中国各地房价的过快增长对中国居民的消费水平提高也形成了制约因素。通过对比分析两个不同时段的计量模型还发现：第一，2008—2018 年，社会贫富差距对收入指数提高的制约影响有所增强。第二，2008—2018 年，城镇化率提高对收入指数提升的影响力明显增大，显示出近 10 年来我国推出的新型城镇化的一系列相关政策取得了良好的成效。第三，2008—2018年，对外开放程度变量的系数明显降低。显示出口总额占GDP的比重指标对收入指数的正向作用有所减弱，也反映出我国前期倡导的出口导向型经济已经明显受阻，应加速调整我国的经济导向。

（二）政策建议

结合以上研究结论，本书提出以下政策建议：

（1）重点关注收入指数较低的地区，防止收入指数在各地之间的差距进一步扩大。

目前，东部地区的收入指数与其他三个地区还有较大的差距，中西部地区各省份之间也有较大的差距，进一步细分就会发现，市县乡村各层级下面的收入差距就更大了。由前述分析可以看到，中国各地收入指数的差异是新时代社会的主要矛盾在居民收入分配领域中的体现，而且，减小各地收入指数的差异，与党和政府提出的全国同步建成小康社会的宏伟战略也是不谋而合的。因此，减小各地的收入差距具有十分重要的战略意义和现实价值。

（2）合理安排积累和消费的比例关系，适度加大财政对基本建设的投资比例。

从前述收入指数的影响因素分析来看，我国在改革开放前期对积累（或投资）的比例偏大，对收入指数形成了一定的制约影响，而近10年对此的比例掌控则相对比较适当。当前我国面临着经济增长趋势下行的压力，因此，保证经济的适度稳定增长，关系到民生保障和社会稳定以及全年经济社会发展目标任务的实现。因此，适当增大财政对基本建设的投入很有必要，但一定不能搞"大水漫灌"，否则将贻害无穷。

（3）稳定物价、保障就业，稳定和提高居民消费水平。

上述实证分析显示，近10年来居民消费水平与收入指数呈反比例关系，本书结合实际情况分析，认为近10年来中国各地房价的过快增长对中国居民的消费水平提高也形成了制约。除此之外，在新冠病毒感染疫情的影响之后，整体的消费市场进一步萎靡，消费信心不足、消费环境恶化。因此，进一步稳物价、稳就业、稳金融、稳投资、千方百计保障居民收入和消费稳中有升，增强人民群众获得感和安全感，保持经济持续健康发展和社会大局稳定，为全面建成小康社会打下决定性基础，是当前工作的重中之重。

（4）对进城务工经商的农村居民给予完全的城镇居民待遇，缩小城乡贫富差距。

由影响因素分析可见，提高城镇化率，缩小贫富差距有利于提高收入指数。因此各地政府应该加快完善农村居民进入城镇的优惠政策，积极解决农村务工人员的住房安置、保险缴纳、子女上学等一系列问题，鼓励农村青壮年积极投入城镇的各个工作上去，从而促进收入指数的增长。

（5）以国内消费拉动为主取代传统的出口导向型为主的方式拉动我国的经济增长。

实证分析显示：在2008—2018年，对外开放程度变量的系数明显降低。显示出口总额占GDP的比重指标对收入指数的正向作用有所减弱，也反映出我国前期支持的出口导向型经济已经明显受阻，应加速调整我国的经济导向，以新型的国内消费拉动为主取代传统的出口导向型为主的方式拉动我国的经济增长。

第四板块（十至十三章）：

中国人类发展指数的拓展及拓展指数的测算与分析

执笔人： 任栋、夏怡凡、吕平、古睿、叶丹、陈航

第十章　中国人类发展指数方法拓展与框架重构

一、问题的提出：人类发展指数的由来与方法拓展的必要

党的十九大报告多次强调，要坚持人民主体地位，坚持以人民为中心，不断促进人的全面发展，这是对马克思"人的自由全面发展"理论的继承和在新的历史条件下的发展，是马克思主义中国化的一个成果（常修泽，2017）[1]。这既为客观评价迄今为止中国人类发展取得的成就提供了基本指导思想，也为科学研判当前中国人类发展面临的基本态势、严峻挑战及其深层根源明确了战略指向，更为结合中国人类发展实际，创造性研究中国人类发展指数，进而促进新时代我国人和社会全面发展、促进社会公平照亮了前程。

由此，本章将以最新的人类发展指数编制方法对1990—2018年中国各地人类发展水平进行全面测算和分析，显示出中国人类发展在新的历史时期所处的新的历史地位，并尝试针对中国人类发展所面临的新的挑战，在因应对策上提出人类发展指数的新的拓展及理论框架的重构，旨在为科学求解中国人类发展中区域平衡发展政策的实施和各地区人类协调发展这一新的时代课题做出边际贡献。

（一）人类发展指数的诞生与演进

联合国开发计划署（UNDP）在1990年创建人类发展指数（HDI），并在首次发布的《人类发展报告》中指出，"一般而言，人们的需求是无限大的，并随着时间的变化而变化，但对任何发展水平而言，人们都有收入、健康和教育的需求"。所以，UNDP基于这三个维度指标构建了人类发展指数，包括体面的生活水平、健康长寿的生活和知识的获取。长期以来，人类发展指数的编制和发布逐渐得到了各国政府和社会各界的认同，并产生了巨大的国际影响力。正是由于人类发展指数对于衡量人类发展水平的重要作用及其广泛的应用，也引起了各国学者对人类发展指数的广泛研究和分析。

早期关于人类社会发展的研究大多关注的是经济增长方面，而对人类社会综合发展的

---

[1]　常修泽."不断促进人的全面发展"蕴含人类文明价值［N］. 经济日报，2017-11-24.

整体测度研究较少，且一般偏好选择 GDP 指标进行度量。但在许多国家或地区，虽然经济得到了快速发展，区域内的整体生活质量并未得到有效改善，于是人们对"发展"的内涵也进行了更新，对"发展"进行重新定义。如在 20 世纪六七十年代，经济学家往往用人均国内生产总值增长率来代表一国的发展能力，当时发展被定义为一个国家或地区的国内生产总值年增长 6% 左右的能力（钱纳里，1989）①。到了 20 世纪 70 年代，由于国内生产总值的增长并没有给所有群体和阶层的生活水平带来改变，并且贫困人口反而呈现了增长趋势，因此，一些发展经济学家提出，发展不仅应关注经济的增长，还应该重视贫困、失业和收入不平等问题（托达罗，1992）②。通过赋予它们同等的权重，分别反映人的长寿水平、知识水平和生活水平，这是对传统经济发展评价考察（如人均 GDP）等单一维度指标的拓展，同时蕴含了一种发展观的改变，即经济增长仅是人类发展的其中一个维度，生命健康和社会进步也是必不可少的组成部分（陈友华 等，2015）③。因此，HDI 内涵的多维度使其对民生状况的诠释优于 GDP 等单一维度的指标。

人类发展指数的创建者 M. Haq 率先提出人类发展应该包括经济社会领域的多项内容，强调人是一个国家真正的财富，发展的目标就是扩大人民的自由选择空间以及提高他们的生活水平，可以从收入、健康和教育三个维度反映人类发展水平的主要内容（M. Haq，1995）④。因此，人类发展指数（HDI）自 1990 年创立以来，坚持以"预期寿命、教育水准和生活质量"三项基础变量综合反映人类发展总体水平（即总指数由寿命指数、教育指数和收入指数综合而成），但指数的编制方法几经改进，直到 2014 年《计算注释》发布之后方趋于稳定。本书在中国各地人类发展指数（1990—2017）编制和分析中，统一采用了 2014 年联合国开发计划署发布的最新技术标准，数据具有动态可比性。

应当指出，人类发展指数自诞生起，其编制方法也受到了来自各方的质疑。如 McGillivray（1991）⑤ 等学者分别从 HDI 编制的技术方法方面提出了质疑。Srinivasan（1994）⑥ 批评 HDI 所使用的数据没有说服力，存在计量错误，因此计算的人类发展是有局限性的。Noorbakhash（1998）⑦、Luchters 和 Menkhoff（2000）⑧ 不认同人类发展指数的等权重假设，认为这种假设主观地认为三个分项指标对人类发展水平的贡献或影响总是恒定不变的，而且未能充分考虑三个分项指标之间可能存在的高度相关性。这些问题和质疑一方面在客观上促使 UNDP 不断地改进 HDI 的理论和方法体系，另一方面也推动了 HDI 的编制方法日益完善，并拓展运用到发展研究的诸多领域。

---

① 钱纳里. 发展的格局［M］. 北京：中国财政经济出版社，1989.

② 托达罗. 经济发展与第三世界［M］. 北京：中国经济出版社，1992.

③ 陈友华，苗国. 人类发展指数：评述与重构［J］. 江海学刊，2015（2）：90-98.

④ HAQ M. Reflection on human development［M］. New York：Oxford University Press，1995.

⑤ MCGILLIVRAY. The human development index：yet another redundant composite development indicator?［J］. World Development，1991，19（2）：1461-1468.

⑥ SRINIVASAN T N. Human development：a new paradigm or reinvention of the wheel?［J］. Human Development，1994，84（2）：238-243.

⑦ NOORBAKHASH F. The human development indices：some technical issues and alternative indices［J］. Journal of International Development，1998，10（2）：589-605.

⑧ LUTCHER'S G，MENKHOFF L. Chaotic signals from HDI measurement［J］. Applied Economics Letter，2000，17（1）：283-29.

2003 年，联合国在《人类发展报告——千年发展公约》中对中国的人类发展给予了高度的评价，同时也指出了中国面临的几个突出问题，其中特别提到中国各地区人类发展的不平衡。国内学者也对我国人类发展有一些相关的研究，而研究的内容主要集中在我国人类发展的地区差异方面。如赵志强等（2005）[①] 对人类发展指数的研究表明，在东部、西部和中部的人类发展水平的差距上并未发现其在增大，反而呈现收敛的趋势。杨永恒等（2006）[②] 对中国各地区人类发展水平的差异进行了省际层面的面板数据研究，指出地区间的表现来源于"一个中国"，却呈现出很强的地区差异即"四个世界"。李晶（2013）[③] 尝试运用空间计量的方法研究了区域的人类发展水平，发现中国的人类发展水平表现为空间上的正相关性，并且，在东中西部地区，显示出地区间发展的不一致。同时，也有一些学者提出了对中国人类发展指数的编制方法的改进意见和建议。但总体来看，正如李晶（2009）[④] 所指出的一样：中国学者在直接探讨人类发展测度问题方面的文献还比较缺乏，仅有个别学者对人类发展指数进行了探索，而且只是从解读 HDI 的角度，对中国各省份的 HDI 排名和差距进行实证研究。

国内外学者在对 HDI 的应用分析上主要采取了比较分析和相关分析两种研究方法。在比较分析上，HDI 在国际层面和地区层面都得到了较多的应用，从国际层面上来看主要用于考察某一类型的国家或单一国家在收入、经济、教育等方面的发展水平（Grimm et al.，2008；[⑤] Harttgen et al.，2012；[⑥] 陈体滇，2012[⑦]）。在地区层面上则主要用于揭示某一地区之间或地区内部的发展差异（宋洪远 等，2004；[⑧] 赵志强 等，2005；[⑨] 田辉 等，2007[⑩]）；在相关分析上，学者主要通过考察 HDI 的影响因素来揭示影响国家发展水平的主要因素，目前涉及的研究领域主要包括公共服务支出或政府支出（霍景东 等，2005[⑪]；陈庆秋 等，2015[⑫]）、环境状况（李晶，2007[⑬]，余智敏 等，2014[⑭]）、医疗卫生（Risquez et al.，

---

① 赵志强，叶蜀君. 东中西部地区差距的人类发展指数估计 [J]. 华东经济管理，2005（12）：22-25.

② 杨永恒，胡鞍钢，张宁. 中国人类发展的地区差距和不协调：历史视角下的"一个中国，四个世界"[J]. 经济学（季刊），2006（2）：803-816.

③ 李晶. 省域尺度下的中国区域协调发展指数研究 [J]. 西部论坛，2013（11）：53-61.

④ 李晶. 人类发展的测度方法研究 [M]. 北京：中国财政经济出版社，2009.

⑤ GRIMM M, HARTTGEN K. A human development index by income groups [J]. World Development, 2008, 36 (12)：2527-2546.

⑥ HARTTGEN K, KLASEN S. A household-based human development index [J]. World Development, 2012, 40 (5)：878-899.

⑦ 陈体滇. 2012 各国影响力评价报告 [J]. 未来与发展，2013（6）：1-25.

⑧ 宋洪远，马永良. 使用人类发展指数对中国城乡差距的一种估计 [J]. 经济研究，2004（11）：4-15.

⑨ 赵志强，叶蜀君. 东中西部地区差距的人类发展指数估计 [J]. 华东经济管理，2005（12）：21-25.

⑩ 田辉，孙剑平，朱英明. 东部六省市可持续发展状况：基于人类发展指数（HDI）的研究 [J]. 统计与决策，2007（16）：73-76.

⑪ 霍景东，夏杰长. 公共支出与人类发展指数——对中国的实证分析：1999—2002 [J]. 财经论丛，2005（4）：7-11.

⑫ 陈庆秋，陈涛. 政府教育、医疗支出及收入差距对人类发展指数的影响分析 [J]. 价格理论与实践，2015（3）：72-75.

⑬ 李晶. 在污染的迷雾中发展污染敏感的人类发展指数及其实证分析 [J]. 经济科学，2007（4）：94-108.

⑭ 余智敏，李慧敏，刘路婷. 环境因素对人类发展指数影响的实证研究 [J]. 中国市场，2014（8）：111-129.

2010；① Rodriguez et al.，2012②） 等。因此 HDI 的指标在不断地改进和完善中日渐成为研究国家或地区中不可或缺的数据依据，为许多国家的政策制定提供重要的参考。

（二）中国人类发展指数的拓展：理论基础与现实诉求

从人类发展指数的理论基础来看，UNDP 框架下的人类发展指数是建立在人的"可行能力"理论基础之上的，强调扩大人的选择能力和自由权利，这一理论集中体现了著名经济学家阿玛蒂亚·森对于人类贫困问题方面的精辟的论述。我们认为，在此基础之上，还应当充分汲取马克思关于"人的自由全面发展"思想、并结合"创新、协调、绿色、开放、共享"的新发展理念以及习近平新时代中国特色社会主义思想的人民性特质（侯勇，2018)③，坚持以人民为中心的发展思想为指导，拓展丰富人类发展指数的理论框架，相应地改进和优化 HDI 的指标体系，以用于综合评估和分析中国各地区的人类发展状况。

首先，中国人类发展指数拓展研究的现实诉求，首先是基于现阶段中国人类发展面临的诸多问题，既有中国自身发展模式引发的问题，也有与其他国家类似的有待解决的问题。中国拥有全世界最多的人口，经济体量较大，根治中国人类发展所面临的棘手难题，也有利于世界其他国家相关问题的改善。因此，通过人类发展指数全面审视中国经济社会发展中的问题，既有利于科学发展理念的创新，保证人民生活不断提高，又能为世界贡献中国发展的实践经验，提供中国发展的现实情况价值。

其次，对中国人类发展指数的深层次研究，有助于区域发展政策的实施，形成有针对性的中国各地区人类协调发展新思路。虽然区域协调发展战略、西部大开发、东北振兴、中部崛起等战略规划相继落实，人民生活水平整体来讲有较大的提高，但区域人类发展水平不协调问题仍未得到根本解决。以人类发展指数深入透视我国区域差异及其成因，能帮助各地区结合自身的能力、基础和资源，形成人口、经济社会、资源环境良性互动的发展新思路。

再次，中国人类发展指数创新性研究的现实意义更全面地体现在考虑广大人民群众的现实诉求，即从不同层面、不同角度对中国各地区现实的人类生活水平进行衡量。从 HDI 总指数的三大分项指数，即收入指数、教育指数和寿命指数这三个基本维度来看，收入指数衡量的是人类生存的经济状况，是人类发展的根基；教育指数代表人类整体素质的进步，是人类社会文明程度的测度，而且教育水平的高低与人类利用新技术等创新的能力显著相关；寿命指数综合反映了一个国家的人民生活和医疗水平的完善状况。本书在人类发展指数的三个分项指数基础上，追加了可持续发展指数和民生发展指数这两大分指数。其中，可持续发展指数又包括了科技创新指数和资源环境指数。这是因为，人类发展的历史和现

① RISQUEZ A, L ECHEZURIA, RODRIGUEZ-MORALES A J. Epidemiological transition in Venezuela: relationships between infectious diarrheas, is chemic heart diseases and motor vehicles accidents mortalities and the Human Development Index (HDI) in Venezuela, 2005—2007 [J]. Infect Public Health, 2010, 3 (3): 95-97.

② RODRIGUEZ A J, CASTANEDA HERNáNDEZ D M. Relationships between morbidity and mortality from tuberculosis and the human development index (HDI) in Venezuela, 1998—2008 [J]. International Journal of Infectious Diseases, 2012, 16 (9): 704-705.

③ 侯勇. 习近平新时代中国特色社会主义思想的人民性特质 [N]. 光明日报，2018-05-25.

实都已经充分证明，评价人类发展既不能忽略科技进步与创新，也不能忽视资源环境的保护，这是现代人类发展的不可或缺的动力和基础，脱离了科技进步和资源环境来评价人类发展，无疑是片面的，或陷于无源之水，或陷于竭泽而渔。另外，从马克思主义的观点来看，人类发展问题说到底是一个民生问题。民生问题万千，概而言之就是人民生活和社会保障问题。因此，我们设计的民生发展指数就包含了人民生活指数和社会保障指数。基于此，我们期望补充拓展后的中国人类发展指数，可以更加真实地反映中国各地区人民的人类发展水平的实际状况和现实诉求。

二、中国人类发展的巨大成就：基于 UNDP 编制方法的测评

联合国开发计划署（UNDP）将人类发展指数（HDI）用以衡量联合国各成员经济社会发展水平，并依此将各国划分为极高、高、中、低四组。2014 年，联合国开发计划署在全球范围内采用 0.55、0.7 和 0.8 分别作为低（低于 0.55）、中等、高和极高（高于 0.8）人类发展水平的分界点（指数的取值范围为 0~1）。我们在分析中也采用这一最新标准，按照最新的人类发展指数编制方法对中国各地人类发展水平进行了测算和分析，得出以下重要结论。

（一）中国的人类发展指数及关键分项指标已达到和超越了世界平均指标，指标增量远超世界平均水平

2018 年，中国的人类发展指数达到 0.771，比 2017 年提高了 0.009 个指数点。按具有数据可比性的 2017 年数据对比，中国 2017 年度的人类发展指数为 0.762，超越了世界各国2017 年的平均值 0.728；从各关键分项指标来看，2017 年，中国儿童预期寿命达到了 76.4 岁，超过世界各国平均值 4.2 岁；中国儿童的预期受教育年限达到了 13.8 年，超过世界各国平均值 1.1 年；中国居民以购买力平价计算的人均国民收入（GNI）达到 15 270（ppp＄），与同期世界各国的人均国民收入（GNI）平均值 15 295（ppp＄）基本持平（见表 10-1）。

表 10-1　2017 年中国与世界各国平均水平 HDI 的指标对比

指标	HDI 指数	儿童预期寿命	预期受教育年限	人均 GNI（ppp＄）
中国	0.762	76.4	13.8	15 270
世界各国平均	0.728	72.2	12.7	15 295
高发展水平国家平均	0.757	78	14.1	14 989

注：UNDP 根据 HDI 数据高低将世界各国划分为低、中等、高和极高人类发展水平国家。

从 2017 年与 1990 年的 HDI 指数及关键分项指标的动态增量比较分析可见（见表 10-2），中国 HDI 指数增量比世界各国平均水平的指数增量相比超过 92.3%，中国儿童预期受教育年限指标增量比世界各国平均水平的指数增量相比超过 44.1%，中国居民的人均 GNI（ppp ＄）指标增量比世界各国平均水平的指数增量相比超过 42.8%。这说明，中国人类发展的增速远超世界各国平均水平。

表 10-2　中国与世界各国 HDI 主要指标 2018 年与 1990 年的增量对比

指标	中国			各国平均			中国/各国平均
	2018 年	1990 年	增量	2018 年	1990 年	增量	增量比例
HDI 指数	0.762	0.502	0.26	0.728	0.598	0.13	2.000
儿童预期寿命	76.4	69.4	7	72.2	65.2	7	1.000
预期受教育年限	13.8	8.9	4.9	12.7	9.3	3.4	1.441
人均 GNI（ppp ＄）	15 270	1 108	14 162	15 295	5 381	9 914	1.428

由表 10-2 的数据可见，中国人类发展的各项关键指标在 1990 年整体远低于世界各国的平均水平（其中人均 GNI（ppp ＄）仅大约为世界各国平均水平的五分之一），但在 2018 年已经实现了全面的赶超。

（二）总体看，中国人类发展已达到高人类发展水平，正迈向极高人类发展水平

事实上，在表 10-1 中还可以看到 2017 年中国与世界"高人类发展水平"国家平均的 HDI 相关指标的对比数据。2017 年，世界"高人类发展水平"国家平均的 HDI 指数为 0.757，儿童的平均预期寿命为 78 岁，儿童的预期受教育年限为 14.1 年，以购买力平价计算的人均国民收入（GNI）为 14 989（ppp ＄）。数据显示：2017 年中国人类发展的各项关键指标与世界高发展水平国家的对应指标均十分接近、互有高低。可见，从综合水平来看，中国的人类发展水平在 2017 年就的确达到了"高人类发展"国家的水平。

此外，构成人类发展指数的三个分项指数的各期数据显示：1990—2018 年，中国人类发展指数中的寿命指数由 0.747 升至 0.879，升幅为 17.7%；教育指数由 0.441 升至 0.666，升幅为 51.0%；收入指数由 0.346 升至 0.781，升幅高达 125.7%。可见，收入指数升幅最大，提升超过 1.2 倍；教育指数次之，升幅超过 50%，寿命指数升幅稍小，但也超过 17%。

由图 10-1 可见，我国的寿命指数稳定居上，教育指数相对偏低，而收入指数虽然起步较低，但一直稳步上升。

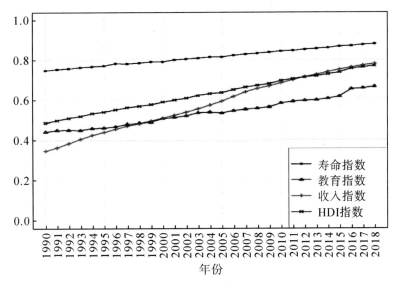

图 10-1　1990—2018 年中国 HDI 及三大分项指数变动情况

（三）分区域看，东部地区已率先进入极高人类发展水平，中西部和东北地区均已达到高人类发展水平

1. 东部地区人类发展已率先进入极高人类发展水平

1990—2018 年，东部地区人类发展指数从 0.524 升至 0.826，升幅为 57.6%。其间，东部地区分别于 1993 年、2005 年、2016 年进入中等、高、极高人类发展水平。同期东部地区人类发展的分项指数变化显示，寿命指数由 0.788 升至 0.905，教育指数由 0.468 升至 0.745，收入指数由 0.388 升至 0.836，各项指数升幅分别为 14.8%、61.1% 和 115.5%。

2. 中部地区人类发展稳居高人类发展水平，整体水平略领先于西部

1990—2018 年，中部地区人类发展指数从 0.466 升至 0.768，升幅为 64.8%。其间，中部地区分别于 1998 年、2011 年进入中等、高人类发展水平。同期中部地区人类发展的分项指数变化显示，寿命指数由 0.744 升至 0.878，教育指数由 0.447 升至 0.683，收入指数由 0.305 升至 0.757，各项指数升幅分别为 18.0%、52.8% 和 148.2%。

3. 西部地区人类发展指数已跨越中等发展水平分界点，迈入高人类发展水平

1990—2018 年，西部地区人类发展指数从 0.428 升至 0.747，升幅为 74.5%，在四大区域中升幅最大。其间，西部地区分别于 2001 年、2013 年进入中等、高人类发展水平。同期西部地区人类发展的分项指数变化显示，寿命指数由 0.637 升至 0.864，教育指数由 0.416 升至 0.650，收入指数由 0.296 提升至 0.742，各项指数升幅分别为 35.6%、56.3% 和 150.7%。

4. 东北地区人类发展指数稳居高人类发展水平，整体水平高于中西部地区

1990—2018 年，东北地区人类发展指数从 0.531 提升至 0.785，升幅为 47.8%。其间，东北地区分别于 1992 年、2008 年进入中等、高人类发展水平。同期东北地区人类发展的分项指数变化显示，寿命指数由 0.746 升至 0.915，教育指数由 0.514 升至 0.7，收入指数由

0.390 升至 0.756，升幅分别为 22.7%、36.2% 和 93.8%。

从图 10-2 可见，西部地区的 HDI 虽然起步很低，但一直强力拉升，现已接近于中部地区。而东北地区虽然起步较高，但增长势头偏弱，现也接近于中部地区。

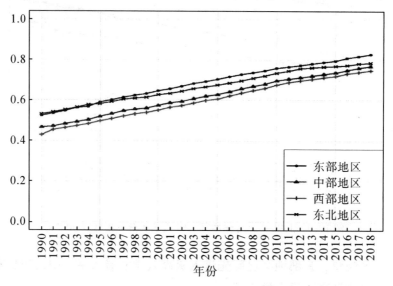

图 10-2　1990—2018 年中国各大区域 HDI 指数变动情况

（四）分省份看，全国 30 个省份即将全面达到高人类发展水平

根据本书的测算，2018 年全国 31 个省份（不含港澳台地区数据）中，已有 28 个省份跨越 0.7 的高人类发展水平线，其中北京、上海、天津、浙江、江苏、广东、山东、福建 8 个省份人类发展水平已跨越 0.8，迈入极高人类发展水平；剩余 3 个省份中，云南、甘肃两省的人类发展指数均已十分接近 0.7。这标志着在西部开发、东北振兴、中部崛起和东部率先的区域发展总体战略实施下，我国各省份人类发展总体水平显著提升，且各地区间的发展差异逐渐缩小。

三、中国人类发展新取向：基于挑战、对策分析的框架重构

客观地说，我国人类发展业已取得了巨大成绩，但随着我国由"生存型社会"向"发展型社会"的转变，相对于人民日益增长的美好生活需要来看仍存在"人类发展不平衡不充分"的现实问题，对进一步提高我国的人类发展水平提出了严峻的挑战。对此我们作出的相关分析和对策建议，指向了人类发展指数的拓展与理论框架的重构，强调对中国人类发展指数的深层次、创新性研究，有助于区域平衡发展政策的实施，形成有针对性的中国各地区人类协调发展新思路。

（一）各地区人类发展不平衡问题突出，西部落后地区人类发展水平仍亟待提升

分省份看，我国各省份人类发展水平均有不同幅度提升，但不同地区之间，特别是东部和西部地区之间，人类发展水平还有相当大的差距。2018 年，我国人类发展达到极高水平的省份全部位于京津冀、长三角和珠三角经济区，而西部的云南、甘肃和西藏还有待于进入高人类发展水平。如果我们进一步考察市县乡村层级的人类发展水平，这种发展的不平衡问题就更加突出。党的十九大报告明确指出："我国社会主要矛盾已经转化为人民日益增长的美好生活需要和不平衡不充分的发展之间的矛盾。"因此，努力提高西部落后地区人类发展水平，不仅是提高我国人类发展综合水平的需要，也是解决我国现阶段社会主要矛盾的需要。

由图 10-3 可见，中国各省份人类发展水平的差异还比较显著。特别是西北地区的新（疆）青（海）甘（肃）和西南地区的云（南）贵（州）（西）藏六个省份的人类发展水平落后明显于全国其他省份。那么应当如何提升这些落后地区的人类发展水平呢？实际上，人类发展指数的构成方式就已经明显地显示出了提高人类发展水平的途径，那就是主要应当从人民的收入、医疗卫生水平和文化教育程度三个主要的方向着力。虽然从动态上看，我国西部落后地区人民的收入、医疗卫生水平和文化教育程度已较过去有较大的提高，但是还不够，还应当在精准扶贫、完善医疗保障、防止留守儿童失学等具体的工作方面进一步着力，才能促进我国人类发展水平有更大的提升。

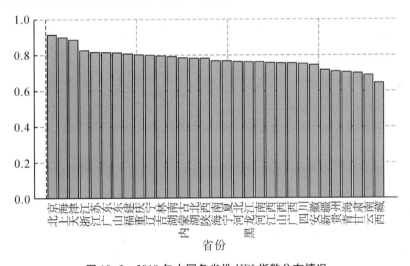

图 10-3　2018 年中国各省份 HDI 指数分布情况

（二）我国人类发展过多依赖经济增长的情况有待改善

为了更加精准地分析 HDI 各构成因素对 HDI 总指数的拉动作用，我们构建了关于 HDI 各构成因素的贡献率分析模型。通过该模型对中国人类发展指数各构成因素的贡献率分析发现：1990—2018 年，中国人类发展指数从由 0.485 提升至 0.771 的变化中，来自收入指数、教育指数、寿命指数增长的平均贡献率分别为 60.8%、26.7% 和 12.5%。可见，

1990—2018 年中国人类发展指数的主要拉动力是收入指数的增长。HDI 三大分指数分时段的贡献率分析如表 10-3 所示。

表 10-3　HDI 三大分指数分时段的贡献率分析

时期	寿命贡献率	教育贡献率	收入贡献率	合计
1990—1999	0.112 9	0.198 2	0.688 9	1.000 0
2000—2009	0.116 7	0.234 9	0.648 4	1.000 0
2010—2018	0.148 0	0.384 5	0.467 5	1.000 0
1990—2018	0.124 7	0.267 0	0.608 3	1.000 0

基于此，有两个问题值得思考：一是收入的高增长难以长期持续。事实上，如果把 1990—2018 年分为三个时间段来考察即可发现，收入指数在 1990—1999 年的贡献率是 68.89%，2000—2009 年的贡献率是 64.84%，在 2010—2018 年的贡献率下降至 46.75%。可见，随着时间推移，收入指数的贡献率明显降低；二是收入增长虽有助于促进人类发展，但其最终无法全面替代人类发展。如果未来我国人类发展仍过度依赖经济增长所带来的收入提升，既不符合人类发展为人民的根本宗旨，也违背了联合国开发计划署用人类发展指数替代 GDP 评价社会进步的初衷。因此，要清醒地认识到仅仅靠拉动经济增长来提升人类发展水平的作用是有限的，而且是不可持续的。我们应当以习近平新时代中国特色社会主义思想为指导，树立全面的、可持续的新发展理念，并落实在各项具体工作中。

（三）我国的寿命指数和教育指数并不高，拖累了我国人类发展指数的世界排名

在联合国开发计划署发布的《中国人类发展报告 2016》中，提供了分析收入、教育、寿命三个指标对 HDI 增长贡献的模拟计算。报告指出："根据 UNDP 公布的中国人类发展指数，在 1980—2010 年有完整数据的 124 个国家中，2010 年比 1980 年排名前移了 24 位。但控制收入以后，结果大不一样。通过两种控制收入的方法来模拟中国人类发展指数，结果均显示，1980—2010 年，中国的人类发展指数排名几乎没有变化，即中国的寿命和教育指数增长没有实现赶超，没有收入指数增长表现得那么出色。"这一研究结论对我国人类发展的完整性和可持续性提出了严峻的挑战。

事实上，由于联合国推动的人类发展综合评估工作的影响，世界各国政府都十分重视人类发展工作的重要性，世界各国人类发展水平都有明显提高。虽然我国的人类发展指数值提高比较明显，但其中收入指数的显著提升在一定程度上掩盖了教育指数和寿命指数方面的不足。这一方面体现出我国仍存在比较根深蒂固的"GDP 至上"的发展思维对全面人类发展的负面影响，还可能因此"挂一漏万"而轻视其他方面的工作。

据此，我们还进一步构建了关于 HDI 分区域的增量分析模型（见表 10-4）。通过该模型对 1990—2018 年我国四大区域人类发展指数的分析发现，各区域收入指数增幅均远超寿命指数和教育指数增幅，这就进一步表明：一方面，经济增长并不会自动带来国民健康和教育的改善；另一方面，与经济高速发展相比，我国在健康、教育等民生方面的发展明显滞后。因此，进一步重视我国在健康和教育方面的提升有利于进一步提升我国的人类发展水平。

表 10-4　1990—2018 年中国各大区域 HDI 指数增量分析

区域	寿命增量	教育增量	收入增量	HDI 增量
东部地区	0.113 2	0.263 9	0.438 2	0.293 7
中部地区	0.129 3	0.224 7	0.441 0	0.292 8
西部地区	0.221 1	0.225 0	0.437 0	0.310 6
东北地区	0.182 6	0.178 8	0.365 7	0.249 8
全国平均	0.128 1	0.216 7	0.425 4	0.278

（四）环境质量、科技创新和社会保障是我国经济社会发展的短板

人类发展指数创始人、诺贝尔经济学奖获得者阿玛蒂亚·森曾指出：人类发展指数虽只包含收入、教育和寿命三大指标，但它是一个开放的系统。为更加全面深入分析中国各地人类发展状况，本书在联合国人类发展指数基础上新增了反映高质量发展的"可持续发展指数"和反映人民美好生活需要的"民生发展指数"，以便更加全面和深入地分析中国各地的人类发展状况。

新增指数测算结果表明：由环境质量指数和科技创新指数合成的"可持续发展指数"以及由社会保障指数和人民生活指数合成的"民生发展指数"值虽然持续上升，体现出我国党和政府对可持续发展和民生问题的重视和努力，但两大新增指数的指数值仍然明显低于 HDI 指数，说明这几个方面发展的滞后制约了我国人类发展水平进一步提升，成为我国经济社会发展的短板。这一现象足以引起我们在以下两个方面的思考。一方面，由于我国的收入指数表现突出，不仅掩盖了我们在教育指数和寿命指数方面工作的不足，还掩盖了我们在民生发展和可持续发展方面的不足；另一方面，UNDP 构建的 HDI 指数，不论是从在理论基础还是在应用实践的角度来看，都还有待于进一步丰富和完善，也说明本书所提出的人类发展指数的理论框架需要完善和指标体系有必要新增的工作是十分有意义的。

由图 10-4 可见，虽然我国的可持续发展指数和民生发展指数上行速度很快，但与目前由寿命指数、教育指数和收入指数合成的人类发展指数还是存在着较大的距离。因此，要全面、稳固地提升我国的人类发展水平，也必须全面、稳固地提升我国的环境资源保护水平和民生发展水平。2017 年 12 月召开的中共中央经济工作会议再次强调，中国特色社会主义进入了新时代，经济已由高速增长阶段转向高质量发展阶段。因此，客观科学衡量、比较和分析中国各地人类发展进程和人类发展差距，对满足人民日益增长的美好生活需要、提升我国人类发展的整体水平具有十分重要的意义。

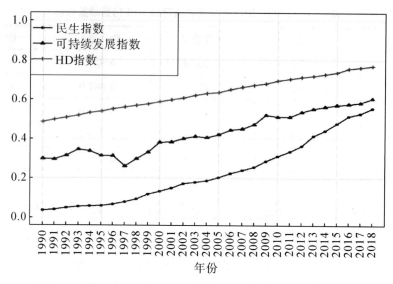

图 10-4　1990—2018 年中国可持续发展和民生发展指数变动情况

（五）进一步提高我国户籍人口城镇化率是提升我国人类发展水平的重要途径

本书通过对世界各国城镇化率排名和人类发展指数排名关系的研究发现，各国人类发展水平与城镇化率水平在数量上有极高的相关关系。分析其原因可能在于，城镇在医疗、教育和生活等多方面的生活居住条件均优于农村。进一步分析发现，中国常住人口城镇化率与中国人类发展指数均与世界平均水平大致相当，均位于世界 230 余个国家和地区的排名 85 位左右。但我们的研究发现，这里可能掩盖了一个十分重要的问题，那就是中国户籍人口城镇化率较大偏低于常住人口的城镇化率所带来的问题。中国国家统计局的数据显示：2018 年年末全国内地总人口 139 538 万人，其中城镇常住人口 83 137 万人，占总人口比重（常住人口城镇化率）为 59.58%，而户籍人口城镇化率仅为 43.37%。中国户籍人口城镇化率低于常住人口城镇化率超过 16 个百分点。这就说明我国按户籍人口计算城镇化发展水平明显滞后于 HDI 指数显示的人类发展水平。换言之，我国的 HDI 指数与我国的户籍人口城镇化率指标严重不相匹配。这也反映出我国相当一部分城镇的常住居民并没有真正完全享受到城镇居民的待遇，从而拉低了我国人类发展指数的数值水平。同时，这一数据差异对于提高我国人类发展水平也给出了一个十分重大的启示，那就是如果我们做好各方面的工作，改变目前进城务工经商人员的身份识别方式，赋予他们完全的城镇居民待遇，使我国的常住人口城镇化率和户籍人口城镇化率达到同一水准，我国的人类发展水平将得到极大的提高。因此，我国应当坚持以创新、协调、绿色、开放、共享的新发展理念为引领，着力提升我国城镇化水平，特别应注重提高户籍人口城镇化率，以新型城镇化建设为抓手，助推我国人类发展水平不断提升。

（六）我国对人类发展指数的研究和应用十分薄弱，亟待加强

为对比分析我国学术界对人类发展指数和 GDP 指标研究的情况，我们分别以人类发展

指数、中国人类发展指数、GDP、中国GDP为篇名和关键词，在CNKI（知网）全文数据库中进行检索，时间跨度为1990—2018年，检索得到的各类中文文献数量如表10-5所示。

表10-5　CNKI（知网）中文数据库查询的文献数量

搜索类别	人类发展指数	中国人类发展指数	搜索类别	GDP	中国GDP
篇名	117	0	篇名	13 072	5 400
关键词	541	1	关键词	48 774	5 135

可见，近30年来，我国学术界对人类发展指数的研究实在太为稀少，与GDP指标相比，差别很大。为了更加清楚地分析以人类发展指数为关键词的文献数量，我们按文献发表时间分布数据，绘制了如图10-5所示的文献发表年度分布图。

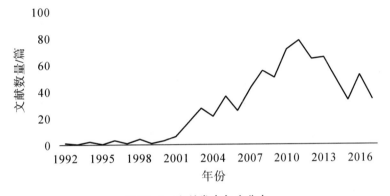

图10-5　文献发表年度分布

根据图10-5的文献发表年度分布情况可以发现，我国学术界对人类发展指数的研究在2001年前几乎可以忽略不计，在2002年后有所提高，但在2012年以后又开始走低。

由前述可知，人类发展指数经过近30年的应用和发展，现已成为一个国际上用以取代GDP指标，评价国家和地区经济社会综合发展最为重要的综合指标，是联合国、世界银行、国际货币基金组织等国际机构评估国家和地区发展的极其重要的导向性指标。但在我国不论是学术研究还是实际应用，都是十分薄弱的。事实上，我国近10年来人类发展指数排名一直徘徊在85名左右，与我国各界对此指标的重视程度严重不足有一定关系。我们认为，我国目前对人类发展指数的研究现状，与我国当下的国际地位和经济社会综合发展的实力相比，是极不相称的。

（七）中国人类发展指数的理论基础研究几乎还处于空白状态

由前述可知，UNDP框架下的人类发展指数是建立在著名经济学家阿玛蒂亚·森关于"人的可行能力理论"基础之上的。我们十分尊重阿玛蒂亚·森对人类发展问题所做出的卓越的理论贡献，但从马克思主义的人类发展观来看，单独在此理论的基础上来构建人类发展指数的理论框架并不够完整。从科学发展理念的角度来看，人类发展水平的测度不仅应当测度人类生活的状态，还应当测度人类可持续发展的能力。因此，本书提出在构建人类发展指数的理论框架时，特别是在编制和分析中国的人类发展指数时，还有必要充分汲取马克思关于"人的自由全面发展"思想、结合党的十八届五中全会上提出的"创新、协调、绿色、开放、共享"的新发展理念和习近平新时代中国特色社会主义思想，拓展丰富人类发展指数的理论框架。并由此相应地改进和优化中国人类发展指数的指标体系，用于综合评估中国各地区的人类发展水平。从图 10-5 中关于"中国人类发展指数"在知网全文数据库的搜索情况可以看到，我国学术界对人类发展指数的研究尚处于学习和初步应用的阶段，而从深入研究人类发展指数的理论框架的层面来看，我国在此方面的研究几乎还处于空白状态。

那么，应当怎样来构建符合中国特色的理论和现实情况的中国人类发展指数的指标体系呢？本书在此采用大数据的关联分析方法，在知网全文数据库中构建了"人类发展指数"的关键词共线网络图。在分析中我们以出现频次为 2 的节点过滤、关系选择邻近节点、聚类分析值选择 3，得到了图 10-6 所示的关键词共线网络图，从图 10-6 中可以发现与人类发展指数联系最为紧密的是科学发展观、可持续发展、生态文明、经济增长、社会发展、教育等关键词，由此可以看出对于我国人类发展指数的研究主要应该结合以上问题展开。

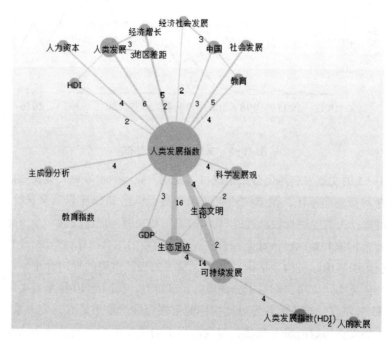

图 10-6　关键词共线网络

因此，本书提出在中国人类发展问题的研究中，应当在 UNDP 设计的人类发展指数的三大分项指数的框架上，增加可持续发展指数和民生发展指数这两大分项指数。其中，可持续发展指数又包括科技创新指数和资源环境指数。民生发展指数也包含了社会保障指数和人民生活指数。如前所述，我们认为，科技创新是人类社会发展的第一推动力，而良好的资源和环境既是人类经济社会发展的基础和条件，也是人类发展的重要目标之一。更重要的是，中国特色的社会主义制度始终坚持以马克思主义经济学为基本指导，而马克思主义经济学致力于人类发展中民生问题的科学求解。民生问题既包括劳动者民生的生活方面，诸如工资收入、生活环境、教育状况等，也包括劳动者民生的生产方面，如就业状态、劳动安全、社会保障的状态等，关切民生、改善民生、发展民生思想贯穿马克思主义经济学体系始终。其中，民生的改善和福祉的增进是以生产力的发展和提高为前提的，马克思指出，社会的发展"需要有一定的社会物质基础或一系列物质生存条件，而这些条件本身又是长期的、痛苦的发展史的自然产物"①。进一步地从根本上看，马克思主义经济学主张通过以生产资料所有制为基础的经济制度的变革，构建以发展、就业、分配为基础性机制，以社会保障、医疗教育为兜底性机制，以财政税收为调节性机制的民生实现的系统的经济机制，逐步实现人的全面发展的民生愿景②。而按照马克思、恩格斯在《共产党宣言》中所设想的未来社会，"每个人的自由全面发展是一切人的自由全面发展的条件"③。习近平总书记在 2019 年的新年贺词中特别关注发展中的民生问题，并将其概括为"各项民生事业加快发展，人民生活持续改善"，体现出我们党和国家始终把人民放在最高的位置的一以贯之的民生思想。上述分析，为新的人类发展指数理论研究框架的出场，提供了马克思主义民生思想指导下以国家富强、人民幸福为根本立场的中国性场景。因此，我们设计的中国人类发展指数的理论框架如图 10-7 所示。

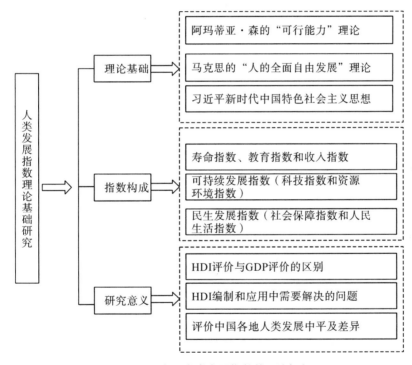

图 10-7　中国人类发展指数的理论框架

① 中共中央马克思恩格斯列宁斯大林著作编译局. 马克思恩格斯全集：第 44 卷 [M]. 北京：人民出版社，2001.

② 张鹏，李萍. 马克思经济学的民生向度：兼议改善和发展中国民生问题的实现路径 [J]. 教学与研究，2016（3）：50-57.

③ 中共中央马克思恩格斯列宁斯大林著作编译局. 马克思恩格斯选集：第 1 卷 [M]. 北京：人民出版社，1995.

我们认为，在此框架基础上构建的中国人类发展指数有助于破解当前中国人类发展难题的现实需求与理论供给矛盾，能更加全面地反映中国各地区人民的人类发展的真实状况，并提供更加深入地分析中国人类发展诸多方面的可能，揭示出发挥政府作用下中国人类发展的前景、规律和存在的问题，有效地促进中国人类发展水平的更大提升，以及为后起的发展中国家解决其人类发展问题贡献"中国智慧"和"中国理论"。

第十一章　基于新发展理念的
　　　　中国人类发展指数的改进

一、构建中国人类发展指数体系的依据

新时代新发展理念赋予了"发展"更加丰富的含义，发展已经成为一种超脱于经济、技术和行政管理的现象。HDI 指数体系侧重于从人类发展的视角进行测量，与我国党和政府"以人民为中心"的发展理念不谋而合，但仅仅从健康、知识和体面的生活三个维度进行统计，忽略了科技进步、生态文明、社会福利改善对人类发展的积极贡献，单纯使用 HDI 指数体系作为衡量我国发展现状的测度体系同样也有所欠缺。显然，我们需要结合我国发展现状和新时代的发展需求改进和完善人类发展指数体系，进一步创新人类发展指数，构建一套符合中国国情的中国人类发展指数体系（Chinese Human Develop Index，CHDI）。除了阿玛蒂亚·森的"可行能力"理论之外，还应该明确马克思主义的"人的自由全面发展"理论和习近平新时代中国特色社会主义思想中的新发展理念对构成中国人类发展指数的指导作用。马克思主义发展观的核心思想就是"以人为本"，因此我们在 CHDI 的构造中首先就加入了民生发展指数。新发展理念是新时期社会主义经济社会发展的科学总结，是习近平新时代中国特色社会主义思想的重要组成部分，所以我们在 CHDI 的构造中进一步补充了可持续发展指数。基于此，本书在人类发展指数（HDI）的基础上，构建了包含收入、健康、教育、可持续和民生共五个维度的中国人类发展指数（CHDI）。

（一）指数构建的基本原则

1. 针对性原则

CHDI 指数体系的构建，是针对当前我国"创新、协调、绿色、开放、共享"的新发展理念，做针对性的有效统计工作。本书的意图不在于用 CHDI 替代 GDP 等经济指标的核算、测评功能，更不在于利用 CHDI 测评结果对中国发展现状做全面解读，而在于通过中国人类发展指数的构建，丰富人类发展指数理论，借助中国区域人类发展指数的测算结果，促进对"发展不平衡不充分问题"的深刻理解并有效推进未来区域协调发展。因此，在指标选取方面，主要针对当前中国发展最受关注的科技、环境、民生要素，选取相应的元素指标构建中国人类发展指数体系。

2. 简洁透明易操作的原则

从理想的角度，构建中国人类发展中指数（CHDI）应该选取尽可能多的指标，反映更加全面的情况。但选择更多维度的指标体系，并不一定能够更好地描述中国人类发展的真实内涵。一方面，从技术处理层面，更多维度的指标必然增加信息冗余的统计风险，越是多维度的指标越是存在高度相关的可能性；另一方面，从可操作性层面，更多维度的指标势必伴随着更大难度的数据收集工作，从而增加数据统计的难度。正如联合国开发计划署（UNDP）确定人类发展指数（HDI）体系所秉承的宗旨，只选取三个最为基础的人的可行能力指标参与综合指数的计算。本书基于中国人类发展的具体情况，增设了可持续发展和民生改善两项维度指标。

3. 高度代表性的原则

按照简洁透明易操作的原则，指数维度不宜过多，但具体应该选择哪些指标进入指数体系是需要高度重视的问题。根据 UNDP 选取体面的生活、健康、受教育机会三个指标的解释：如果人无法获得这三项机会，其他方面将无从顾及。选取中国人类发展指数（CHDI）的分项指标，同样根据高度代表性原则，在选取收入、健康、受教育机会三个基础性指标的前提下，关注当前中国人民的重大关切，增加了可持续发展和民生改善两个具有高度代表性的分项指标。其中，可持续发展二级指标的选取抓住经济发展与环境保护矛盾的核心表现为：碳排放，以碳排放指数作为可持续发展的元素指标之一，同时考虑创新在社会可持续发展中所做的贡献，以 R&D 创新指数作为科学持续发展的另一个元素指标。民生改善指标用社会保障水平和恩格尔系数分别体现人民生活质量。

4. 协调发展的原则

CHDI 的区域测算始终秉承人类协调发展的原则，新发展理念中的"开放、共享"的发展要求，其实质也是在强调使财富增长用于满足人民对美好生活的追求。社会公平和善治是社会发展的核心，但对公平和善治的衡量需要科学的量化指标。各地区人类发展指数以多元化的社会评价指标，量化各地区社会发展承载力，其结果必然促使人们重新思考中国民众成长的社会基石，以及如何通过提高社会容纳能力促进社会进步。CHDI 的指标体系嵌入反映社会福利的民生指标，旨在客观反映中国实现经济增长促进人类包容性发展所取得的成就，真实映射了现阶段城镇化、信息化、人口流动、人口年龄结构等诸多因素造成的发展不平衡不充分问题。本书测算结果客观反映了区域差异，审视了地区社会公平现状，避免处在社会底层的边缘化人群陷入极端困难和剥夺，保障该群体拥有平等的生活能力和工作权利，从而提高社会的抗逆力和人的能动力，确保今后数十年内中国的人类发展拥有一个有利的社会环境。

（二）指标选取的主要依据

如前文所述，中国特色社会主义进入新时代，社会主要矛盾发生变化，沿用 HDI 指数体系，仅仅从收入、知识和健康三个维度描述和测度中国的人类发展问题不可取。我们需要关注中国人类发展的新需求，形成具有中国特色而又有实用性的中国人类发展指数（CHDI）。中国人类发展指数体系的构建意图不在于替代 GDP、HDI 等经济指标的核算、测评功能，而在于通过中国人类发展指数的构建，从是否满足"人民日益增长的美好生活需要"的需求导向，借助相应的测算结果，完善制度供给。因此，在指标选取方面，本书关注了当前中国人民的重大关切，构建了收入、健康、教育、可持续发展和民生共5个维度的指标体系。

（1）收入。中国人类发展指数主张从更全面的角度考察中国的发展问题，但这并不意味着要否定经济增长。从满足人民利益诉求的视角，只讲经济增长数量不讲经济增长质量，是缘木求鱼；只讲人类发展不讲收入增长，是竭泽而渔。因此，收入是保证人民群众获得体面生活的前提保障，在人类发展阶段，经济基础仍然具有决定性作用。

（2）健康。伴随着我国快速的工业化和市场化、城镇化、人口老龄化进程，诸多既存和新发的健康风险，如社会生活安全、环境污染、疾病的无国界传播、慢性病、职业伤害、精神压力、不良生活方式等严重危害到了人口的生命质量和生活质量（张蕾，2018）[①]。正所谓"身体是革命的本钱"，人类发展道路对人力资本提出了更高要求，客观上说，健康不仅仅是新时代人民追求美好生活的要素条件，也是推进国家人类发展的战略前提。

（3）教育。教育需求是人不断追求幸福的本能需求，在物质短缺时期，教育是一种稀缺产品，大多数人对其"求而不得"。伴随着物质条件的改善，必然产生更加强烈的受教育需求。"优化教育结构，促进义务教育均衡发展"是现阶段我国教育机制改革的工作理念，本质上是"以人为本"思想在教育工作领域的实践映射。国民受教育情况在客观上反映了新时代人民追求美好生活的期许，将教育指标纳入人类发展指数体系是必要的。

（4）可持续发展。一方面，收入等级的变革促使科技成为未来经济社会发展的更大动力，科学技术的进步对人民生活的影响日益显著，依靠科学技术投入创造新产业、生产新产品，是破解供给侧结构性矛盾的关键路径，是在"人类发展"中站稳脚跟的重中之重。另一方面，新时代，中国发展的主旋律从全力追求"金山银山"变为更要有"绿水青山"。生态环境问题受到全国自上而下的高度关注，"绿色"与"发展"的和谐并进成为国家谋求可持续发展的明智之举，绿色发展成为各级政府正在面临的共同主题。因此，科技与环境因素是中国人类可持续发展的必备要素。

（5）民生。社会公平和善治是社会发展的核心，但对公平和善治的衡量需要科学的量化指标。人类发展指数体系以多元化的评价指标量化国家和各地区发展质量，其结果必然促使中央和各级政府重新思考发展策略，以及如何改善发展质量促进社会进步。反映社会福利的民生指标，旨在客观反映中国实现经济增长促进民生改善方面所取得的成就，真实映射现阶段城镇化、信息化、人口流动、人口年龄结构变动等诸多因素所造成的发展不平衡不充分问题。

二、中国人类发展指数体系与测算方法

（一）中国人类发展指数的指标体系

CHDI旨在反映中国的现实情况，民生改善指标用社会保障水平和恩格尔系数分别体现人民生活质量。表11-1是中国人类发展指数体系结构的简表。

[①] 张蕾. 从"共享共建，全民健康"的战略主题看国民的健康需求 [J]. 人口与发展，2018，24（5）：6-8.

表 11-1　中国人类发展指数指标体系

中国人类发展的 五大维度	中国人类发展的 8 大领域	元素指标名称	指标 属性
体面的生活	收入	人均国民收入指数	正
寿命	寿命	平均预期寿命指数	正
知识的获取	教育现状	平均教育指数	正
	教育潜力	预期教育指数	正
可持续发展	创新能力	人均研发指数	正
	绿色发展	碳排放指数	逆
民生改善	社会保障	社会保障指数	正
	消费结构	恩格尔系数	逆

根据表 11-1 可以看出，CHDI 是一个由两级指标组成的简单指标体系，涉及 8 个元素指标。各个元素指标有其特殊的含义，在测算中也需要对各个指标的数据做进一步说明。下面仍然以表格形式对 CDHI 各元素指标含义做进一步解释（见表 11-2）。

表 11-2　中国人类发展指数元素指标诠释

	二级指标	三级指标	指标含义
中国人类发展指数 CHDI	收入指数 （II）	收入指数 （II）	经货币购买力折算的人均 GNI，是衡量经济状况的重要指标，反映人类发展的支撑指标。考虑到人类发展水平并不需要无限多的收入，在测算时对收入进行取对数调整
	寿命指数 （LEI）	预期寿命指数 （LEI）	预期寿命表示在各年龄组死亡率保持现有水平不变的情况下，同时出生的一代人一生可存活的年数
	教育指数 （EI）	人均教育指数 （MYSI）	平均受教育年限，特定时期特定区域某群体接受学历教育（包括成人学历教育，不包括各种学历培训）的年数总和的平均数
		预期教育指数 （EYSI）	五岁儿童可期望的一生能够获得的接受正规教育的平均年数。通过累加五岁以上各年龄人口的净入学率求得
	可持续发展指数 （SI）	创新发展指数 （IDI）	用 R&D 投入指数表示，反映地区研发和创新的投入强度。等于特定时期，某区域 R&D 投入总量与该时期该区域人口总量的比值
		绿色发展指数 （GDI）	用碳排放强度表示，客观反映绿色发展进展情况，是指每单位国民生产总值的增长所带来的二氧化碳排放量。等于一定时期某区域二氧化碳排放量与国民生产总值的比值
	民生指数 （LI）	社会保障指数 （SSI）	反映相关社会保障制度对于人一生中发生年老、疾病、失业、贫困等原因而造成经济困难的社会成员提供保障的能力。社会保障水平最重要的体现是社会保险水平代表社会保险水平的"人均社会保险基金支出"来衡量社会保障水平
		恩格尔指数 （EC）	用恩格尔系数表示，恩格尔系数是国际上通用的衡量居民生活水平高低的一项重要指标，随居民家庭收入和生活水平的提高而下降

根据以上两个简表，中国人类发展指数（CHDI）体系是在传统人类发展指数（HDI）的基础上，考虑经济发展中存在的环保问题、创新问题、社会保障和富裕程度的问题，增加了反映社会科学发展的可持续发展指数（Sustainable Index，SI）和反映人民生活状态的民生指数（livelihood Index，LI）。其中，可持续发展指数通过反映资源环境的绿色发展指

数（Green Development Index，GDI）和反映人类长远发展的创新发展指数（Innovation Development Index，IDI）合成。民生指数（LI）通过反映人民生活保障的社会保障指数（Social Security Index，SSI）和反映人民富裕程度的恩格尔指数（Engel Coefficient，EC）合成。遵循 HDI 方法论中"简单透明"的计算原则，增设的绿色发展指数（GDI）由碳排放强度表示，创新发展指数（IDI）由 R&D 投入指数表示，社保指数由社会保险基金总支出指数表示。不难看出，CHDI 指标体系充分汲取了联合国计划开发署的 HDI 指标体系精华，除了收入、知识、健康三个方面的指标维度，还增加了可持续发展和民生改善两大维度。可持续发展理念诞生于 20 世纪后半叶，经济学家基于经济发展与环境之间的矛盾进行反思提出了大量关于可持续发展的指标，如真实发展指数（Genuine Progress Indicator，GPI）、绿色生产总值（Green GDP，GGDP）、包容性财富指数（Inclusive Wealth，IW）等。秉承易于操作、通俗易懂的原则，抓住经济发展与环境保护矛盾的核心表现"碳排放"，以碳排放指数作为可持续发展的元素指标之一，同时考虑创新在社会可持续发展中所做的贡献，以创新指数作为科学持续发展的另一个元素指标。关于民生改善的维度，"民生"是一个具有中国特色的词汇，国际上关于"幸福"的诠释与之相近。1972 年，不丹国王提出"国民幸福指数（NHI）"概念，第六十五届联合国大会建议会员将"幸福"纳入"国家发展指数"考核中。幸福指数的现实意义不容置疑，但由于幸福感更倾向于个体的主观体验，使用指标量化颇受争议。本书用反映人民生活保障的社会保障指数和反映人民富裕程度的恩格尔指数的合成指数来表示民生指数，不仅能够客观反映人民对生活美好程度的感知，而且可以避免主观体验无法量化的不足。

（二）指标标准化与相关性处理

1. 逆指标反向化处理

统计指标中包括了正指标和逆指标，其中，反映绿色发展的碳排放指数和反映消费结构的恩格尔系数都属于逆指标。在对逆指标的处理中，都在指数计算过程中进行了反向化处理。

$$C_i = \frac{1}{C'_i} \ (C_i > 0, \ i = 1, \ 2) \tag{11-1}$$

其中，C'_i 表示两个逆指标值，C_i 表示反向化处理后参与运算的指标值。

2. 指标无量纲化处理

为避免不同层级指数之间的量纲影响，增强指标之间运算的有效性，各元素指标需要做进一步的标准化处理。

$$M_{ij} = \frac{C_{ij} - \min(C_{ij})}{\max(C_{ij}) - \min(C_{ij})} \tag{11-2}$$

其中，i 表示测度指标，j 表示不同的省份，C_{ij}、M_{ij} 表示原始的和标准化后的指标数值，$\max(C_{ij})$ 和 $\min(C_{ij})$ 分别表示测度指标的最大值和最小值。关于极值的选择，其中，收入、寿命、教育的极值使用《联合国人类发展报告 2016》中的数值，碳排放、研发、社会保障和消费结构的极值根据各省份发布的"十三五"规划的目标值确定，具体见表 11-3。

表 11-3　指标变量极值数据

元素指标	指标变量	最大值	最小值
收入	人均 GNI	75 000	100
寿命	平均预期寿命	85	20
教育现状	平均受教育年限	15	0
教育潜力	预期受教育年限	18	0
创新能力	R&D 投入强度	0. 003 45	0
绿色发展	碳排放强度	0. 062 55	0
社会保障	人均社会保障资金	5 050. 11	0
消费结构	恩格尔系数	0. 82	0. 2

3. 指标共线性（相关性）问题

按照理论上的指数体系构建原则，应该尽量避免指标之间的相关性。根据可行能力理论、人的自由全面发展思想和习近平总书记的新发展理念，人的发展是追求想要的生活的可能性，其中，收入、寿命和教育水平是个人实现发展最基础的条件，即便是这三个有限的维度之间也无法避免共线性问题，收入水平对寿命和教育水平具有显著影响的事实不言而喻，而对于 CHDI 中新增的可持续发展和民生改善两个决定人类发展的关键环境因素，其水平值与其他指标之间的相关性问题也同样难以避免。对此我们是这样认识的：没有经济的增长，医疗卫生和教育的提高是很难持续的，换言之，要让测量同一社会经济问题的各个分项指标完全不相关是不可思议的。所以我们在尽量避免指标信息冗余的同时，更多地考虑了各个指标是不是各自具有独立的社会经济意义。

4. 指标平衡性问题

指标设置不平衡问题亦是人类发展指数尚待完善的问题之一。最初的人类发展指数，本着简单透明的原则，每个维度都只选取一个指标，除了收入（人均 GNI）和寿命（平均预期寿命）之外，教育就采用了成人识字率指标。考虑到成人识字率在欠发达国家和地区十分敏感，但在发达国家却并不那么敏感，因此既要考虑教育的现状，也要考虑教育预期的做法恰恰是联合国开发计划署（UNDP）采纳学界合理建议后对教育指数所做的改进，这才产生了用两个指标即平均受教育年限和预期受教育年限来共同代表教育因素的做法，是一种侧重现实意义的相对科学的做法。CHDI 中新增的可持续发展和民生改善指数，同样是考虑到了这两大维度内涵比较广泛，所以也参照教育指数的构造方法，分别设置了两个二级指标。

（三）CHDI 分项指数的计算方法

中国人类发展指数（CHDI）体系是在传统人类发展指数（HDI）的基础上，增加了可持续发展指数（Sustainable，SI）和民生指数（Livelihood Index，LI），两个新的分项指数均为合成指数。除了这两个新增指数外，另外三个分项指数遵照联合国开发计划署的方法进行计算。以下给出本书新增的两个分项指数的计算方法。

（1）可持续发展指数（SI）

可持续发展指数（SI）是创新发展指数（IDI）与绿色发展指数（GDI）的几何平均。创新发展指数（IDI）的测算基础数据是人均 R&D 投入（MRD）。

$$MRD = \frac{R\&D}{P} \tag{11-3}$$

式（11-3）中，R&D 代表研发投入总量，P 表示区域人口总量。研发投入的数据主要来源于中国科技统计年鉴和中国统计年鉴。

绿色发展指数（GDI）的测算基础数据是碳排放强度（CI），等于一定时期某区域二氧化碳排放量与国民生产总值的比值。

$$CI = \frac{CO_2}{GDP} \tag{11-4}$$

其中，二氧化碳排放量和全国各区域 GDP 的数据主要来源于中国统计年鉴。

（2）民生指数（LI）

民生指数（LI）是社会保障指数（SSI）和恩格尔指数（EC）的几何平均。其中，恩格尔指数（EC）根据恩格尔系数数据标准化得来。食品支出总额和家庭消费支出总额数据来源于中国统计年鉴和各省统计年鉴。

社会保障指数（SSI）是根据人均社会保障基金支出数据标准化得来。社会保障支出等于财政性社会保障支出与社会保障基金支出之和。考虑到价格因素的干扰，在这里对社会保障支出做了可比价处理，将 1990 年的 CPI 水平作为基年。人均社会保障支出（MSS）则是区域人口的人均可比价社会保障支出。

$$MSS = \frac{GSS}{P} \tag{11-5}$$

$$SSI = \frac{MSS - 0}{5\,050.11 - 0} \tag{11-6}$$

式（11-5）中，GSS 表示区域可比价社会保障支出总额，P 表示区域人口总量。数据来源于中国国家统计局网站数据和 wind 咨询发布数据，各个省际区域的人口总数来自中国人口与就业统计年鉴。

三、中国人类发展指数合成方法的选择

（一）指数合成权重处理方法的探讨

1. 熵值赋权法

熵值法是依据指标的离散程度来赋予指标权重的客观方法，本书采用熵值法赋予指标权重会更加客观、有效，熵值法赋权的基本步骤概括如表 11-4 所示。

表 11-4　熵值法赋权的基本步骤

步骤	计算公式
第 1 步：第 i 年第 j 项指标的权重	$R_{ij} = \dfrac{X'_{ij}}{\sum\limits_{i=1}^{n} X'_{ij}}$
第 2 步：指标熵值的确定	$h_j = -\dfrac{1}{\ln m} \sum\limits_{i=1}^{n} R_{ij} \ln R_{ij}$
第 3 步：指标权重的确定	$w_j = \dfrac{1 - h_j}{\sum\limits_{j=1}^{n} (1 - h_j)}$
第 4 步：计算综合评价值	$U_i = \sum\limits_{j=1}^{n} w_j X'_{ij}$

2. 主成分分析与因子分析

关于指标权重的问题，自人类发展指数诞生以来，学术界对于等权重的赋权方法褒贬不一，学者也采取了包括主成分分析、不均衡修正算法在内的多种方法，试图给予人类发展指数更为"科学"的权重（Herrero et al.，2012）[1]。两种常用的权重拟定方法的比较如表 11-5 所示。

表 11-5　两种常用的权重拟定方法的比较

序号	主成分分析	因子分析
1	将分量表示为原观测变量的线性组合	将原观测变量表示为因子的线性组合
2	分量是比原变量更复杂的函数	因子比原变量单一
3	从原来量来分解出各分量	将原变量分解为公共因子和独特因子
4	分量数与原变量数相同	因子数与原变量数不同
5	分量与原变量之间存在可逆关系	理论上因子与原变量之间是不可逆的
6	$k=p$ 时可以精确合成分数，$k<p$ 时，合成分数值也比因子分析的估计准确	须采用回归方法估计因子得分，合成的因子分数不如主成分分析精准

3. 等权重合成方法

实际上，权重赋值的方法很多，不同的赋权方法有不同的依据和不同的结果，很难在各方面都达成共识。加之 HDI 十分强调"简洁透明易操作"的原则。因此，在 HDI 指数的构建中，等权重的赋权方法时至今日仍然未被抛弃，甚至有学者专门从不同的研究视角证明了等权重赋权方法的相对科学性（Lai，2003[2]；杨永恒 等，2005[3]）。基于这种考虑，本

---

[1]　HERRERO C, MARTÍNEZ R, VILLAR A. A Newer human development index [J]. Journal of Human Development & Capabilities, 2012, 13 (2)：247-268.

[2]　LAI D. Principal component analysis on human development indicators of China [J]. Social Indicators Research, 2003, 61 (3)：319-330.

[3]　杨永恒，胡鞍钢，张宁. 基于主成分分析法的人类发展指数替代技术 [J]. 经济研究，2005 (7)：4-17.

书将等权重的方法视作处理中国人类发展指数（CHDI）各项指标合成的重要途径。

从人类发展指数合成的演化过程来看，人类发展指数最初采取算术平均法合成各个分项指标，但该方法隐含了极强的指标可替代性，即某项低水平值的指标极易被其他高水平值指标所掩盖，从而忽略现实中人类发展的不平衡问题。长期以来，学者都在努力寻找更加恰当的方案解决这一弊端，目前的人类发展指数采用的几何平均的等权重指数合成法。

$$F_j = \sqrt[6]{\prod_{i=1 \cdots 6} M_{ij}} \tag{11-7}$$

其中，F_j 表示 j 省的综合指数得分，M_{ij} 表示收入、寿命、教育、可持发展、民生改善 5 个二级指标的数值。

（二）三种权重处理方案的结果比较

由上述三种方法计算我国 31 个省份收入、寿命、知识的获取、可持续发展和民生改善 5 大指标权重，并计算其得分与排名。首先将熵值法计算的结果汇报如表 11-6 所示。

表 11-6　各省份熵值法权重及得分、排名

省份	权重					得分	排名
	教育指数	收入指数	寿命指数	民生指数	可持续发展指数		
北京	0.044 3	0.152 6	0.016 1	0.750 8	0.036 2	0.497	1
天津	0.072 4	0.206 6	0.013 1	0.438 5	0.269 5	0.492 4	2
上海	0.043 8	0.102 6	0.007 6	0.678	0.168	0.487 2	3
青海	0.054 8	0.196 8	0.021 4	0.578 9	0.148	0.460 6	4
辽宁	0.035 3	0.111 6	0.007 4	0.768 8	0.077	0.446 7	5
陕西	0.060 9	0.299 4	0.012 6	0.540 4	0.086 6	0.445 8	6
吉林	0.036 7	0.259 5	0.018 9	0.619 2	0.065 7	0.438 7	7
江苏	0.068 9	0.223 5	0.007 0	0.473 9	0.226 7	0.425 9	8
安徽	0.040 4	0.194 3	0.005 1	0.483 6	0.276 7	0.425 9	9
黑龙江	0.032 7	0.262 2	0.016 9	0.438	0.250 2	0.425 6	10
甘肃	0.054 6	0.225 6	0.005 7	0.682 1	0.032 1	0.422 6	11
新疆	0.031 6	0.306 6	0.017 8	0.546 5	0.097 5	0.417 4	12
宁夏	0.057 8	0.209 4	0.008 3	0.588	0.136 5	0.417 3	13
重庆	0.075 7	0.201 4	0.011 6	0.397 3	0.314	0.415 8	14
山西	0.038 8	0.202 6	0.008 1	0.693 8	0.056 8	0.413 2	15
湖北	0.045	0.242 7	0.013 4	0.549 6	0.149 3	0.409 5	16
广东	0.085 4	0.148 6	0.003 8	0.492 3	0.269 9	0.399 2	17
浙江	0.069 6	0.117 6	0.005 4	0.471 1	0.336 3	0.395 8	18
四川	0.046 1	0.228 3	0.014 1	0.603	0.108 5	0.395 4	19
山东	0.066 9	0.182 4	0.007 1	0.539 7	0.204	0.389 4	20
云南	0.081 5	0.202 8	0.01	0.537 9	0.167 8	0.387 7	21

表11-6(续)

省份	权重					得分	排名
	教育指数	收入指数	寿命指数	民生指数	可持续发展指数		
湖南	0.043 2	0.204	0.010 5	0.465 3	0.276 9	0.380 6	22
西藏	0.170 7	0.203 5	0.016 8	0.418 8	0.190 2	0.379 6	23
江西	0.055 8	0.218 2	0.013 1	0.546 1	0.166 8	0.371 5	24
河南	0.049 4	0.221	0.003 7	0.518	0.207 9	0.365 5	25
贵州	0.062 3	0.288 9	0.008 9	0.524 5	0.115 5	0.361 3	26
内蒙古	0.032 7	0.262 2	0.016 9	0.438 0	0.250 2	0.360 6	27
河北	0.040 7	0.149 3	0.003 9	0.569 6	0.236 5	0.359	28
福建	0.079 2	0.154 2	0.009 7	0.473 2	0.283 8	0.358 9	29
广西	0.040 6	0.162 6	0.005 9	0.502 9	0.287 9	0.332 4	30
海南	0.043 8	0.134 9	0.007	0.470 8	0.343 5	0.329	31

　　熵值算法的各分项指数的权重存在差异，也就是差异化的赋权方式。根据表11-6的计算结果，民生指数的权重普遍大于其他分项指数，寿命指数的权重最小，有的省份甚至连1%的权重都没有达到。如果从权重贡献的视角来看，寿命指数对中国人类发展指数的贡献几乎是可有可无的，这显然不符合人类发展指数对人类发展的内涵界定。同时，从最终的综合指数得分全国大多数省份的得分都在0.3~0.4，按照联合国开发计划署的等级划分，这样的指数值为低发展水平，这与我们国家人类发展水平的实际情况不符。从各省份的排名情况来看，青海省的综合指数值排名紧跟上海，排在第四位，广东和浙江分别排在第十七位、第十八位，位列甘肃、新疆、宁夏之后，排名情况十分不合理。综上，我们基本可以否定熵值法的差异化赋权方式。接下来我们采用主成分方法和几何平均方法进行计算，计算结果如表11-7所示。

表11-7　主成分方法与几何平均方法下各省份的综合得分和排名

省份	主成分方法		几何平均方法	
	综合得分	排名	综合指数值	排名
北京	0.740 5	1	0.844	1
上海	0.675 9	2	0.790	2
天津	0.627 2	3	0.721	3
辽宁	0.585 8	4	0.682	4
陕西	0.572 8	5	0.638	12
江苏	0.567 7	6	0.656	6
广东	0.563 1	7	0.653	8
浙江	0.562 9	8	0.680	5
吉林	0.552 8	9	0.612	16
山东	0.549 2	10	0.649	10
黑龙江	0.544 8	11	0.630	13

表11-7(续)

省份	主成分方法		几何平均方法	
	综合得分	排名	综合指数值	排名
湖北	0.539	12	0.645	11
重庆	0.534 5	13	0.656	7
四川	0.526 3	14	0.651	9
福建	0.521 6	15	0.605	18
山西	0.520 8	16	0.577	22
湖南	0.515 8	17	0.626	14
河北	0.515 7	18	0.607	17
甘肃	0.511 2	19	0.605	19
安徽	0.510 6	20	0.616	15
河南	0.507	21	0.601	20
宁夏	0.505 4	22	0.563	27
海南	0.500 7	23	0.570	25
江西	0.498 1	24	0.598	21
青海	0.495 8	25	0.564	26
内蒙古	0.490 5	26	0.487	30
广西	0.486 7	27	0.572	23
新疆	0.480 2	28	0.555	28
云南	0.469 5	29	0.571	24
贵州	0.454 7	30	0.536	29
西藏	0.431 6	31	0.474	31

根据各省份主成分方法赋权和几何平均方法所计算的综合得分和排名情况来看，两种方法所得结果的综合指数值和排名相差不大，但主成分赋权方法也存在一些异常，比如，辽宁、陕西两省的综合得分超过了江苏、广东和浙江。从方法上考虑，主成分方法在多元统计中应用广泛，其基本原理是将多个指标转化为少数几个综合指标，旨在通过降维筛选出互不重复的信息，但凭借因子载荷值的大小来评价指标的重要性，容易导致信息丢失，且CHDI本身只有5个维度，使用主成分分析方法的必要性不大。几何平均是基于乘积的计算方法，任何一个分项指数都能反映出对总指数的贡献度，同时，这种方法对低水平指数的敏感性更强，也就是说同等幅度的变化，低水平指数值对总指数的影响更大。

（三）CHDI 指数合成方法的最优选择

经过反复比较研究发现，在所有这些替代方法中，几何平均法能够有效避免算术平均的数据拉动效应，对于合成人类发展指数具有更加显著的现实意义。一方面，几何平均方法简单易行、容易理解；另一方面，几何平均的指数合成方法对等权重的做法具有隐形的修正作用，任何一个分项指数都能反映出对总指数的贡献度，得分越低，对总指数的影响越大，从权重的角度来说，低水平的分项指标权重也就相对"增大"（Sagar et al.，1998；

Seth，2009）。这种方法对低水平指数的敏感性更强，也就是说同等幅度的变化，低水平指数值对总指数的影响更明显。如果采用几何平均法合成 CHDI，那么低发展水平区域将更加容易受到关注，这与我国区域协调发展的全新战略理念相符。因此，综合考虑，认为选择几何平均法对 CHDI 所包含的五个维度进行指数合成更具科学性。

诸多研究理论表明，人力资本积累是社会、经济发展的重要推动力，而人的全面发展则是社会、经济发展的最直接体现。谋求人的发展已经成为世界各国的共同目标。中国人口众多、经济规模大，绿色增长的理念影响、科技研发的辐射作用、社会保障的内生动力，均是今后乃至未来较长一段时间内中国人民获得全面发展的重点关注领域。研究表明，从收入、寿命、教育、可持续发展、民生改善五个维度进行测度的中国人类发展指数（CHDI）更加适合新时代中国区域发展战略的整体谋划和顶层设计需求。一方面，在区域政策和发展方向上，更为全面的中国人类发展指数（CHDI）能够促进社会公众和政策制定者充分理解区域发展的客观规律，纠正地方政府追求本地经济规模、投资和税收最大化的利益导向，促进经济发展欠发达地区正确发挥比较优势，防范国内资源要素误配和空间无效率。另一方面，在中国的发展全局上，中国人类发展指数（CHDI）有利于拓展地方之间的合作空间、强化区域的分工机制，实现全要素生产率（TFP）的提高和国内经济发展质量的升级，有利于形成区域协调发展的"大国"发展格局，获取大国应有的"规模红利"。基于此，从中国新时代发展背景出发制定的中国人类发展指数（CHDI）既能更好地体现人类发展的要义，也可提高人类发展指数的统计鉴别力，可作为计算中国人类发展测度的一种新选择。

第十二章　中国各地民生指数的编制和分析

一、问题的提出

（一）民生指数的概念和含义

"民生"一词泛指民众的生计和生活。《左传·宣公十二年》曰："民生在勤，勤则不匮。"现代意义上的民生概念有广义和狭义之分。广义的民生概念是指，凡是同民生有关的，包括直接相关和间接相关的事情都属于民生范围内的事情。这个概念的优点是充分强调民生问题的高度重要性和高度综合性，但其明显的不足在于概念范围太大。从直接相关和间接相关的角度看，广义的民生概念几乎可以延伸到经济、社会、政治、文化等领域，几乎是无所不包。这样一来，由于不易操作和把握，反倒容易冲淡人们对直接、切身、具体的民生问题的关注和改善，使民生问题难以同改善民生的具体政策和措施有效地结合起来。所以，在具体政策和实际生活领域，人们一般不使用广义上的民生概念。狭义上的民生概念主要是从社会层面上着眼的。从这个角度看，所谓民生，主要是指民众的基本生存和生活状态，以及民众的基本发展机会、基本发展能力和基本权益保护的状况等。党的十九大报告指出，中国特色社会主义进入新时代，我国社会主要矛盾已经转化为人民日益增长的美好生活需要和不平衡不充分的发展之间的矛盾[①]。可见在社会主要矛盾的全新表述中，对民生的考量放在了核心地位。习近平总书记还引用了《管子·牧民》中的"政之所兴在顺民心，政之所废在逆民心"来传达保障和改善民生的高度重要性[②]。

不言而喻，民生改善应当是社会发展或人类发展的重要方面。但从评价指标或方法的角度来看，联合国开发计划署（UNDP）发布的人类发展指数（HDI）虽然相比国内生产总值（GDP）能更好地反映人类社会的全面发展，但对民生领域的反映也还不够准确和完整。近年来虽有很多国内外学者在人类发展指数的构成方面做过一些研究，但也鲜有涉及民生领域。

---

① 习近平. 决胜全面建成小康社会 夺取新时代中国特色社会主义伟大胜利：在中国共产党第十九次全国代表大会上的报告 [M]. 北京：人民出版社，2017.

② 习近平. 在纪念毛泽东同志诞辰 120 周年座谈会上的讲话 [N]. 人民日报，2013-12-27.

人类发展指数的奠基人阿玛蒂亚·森在《贫困与饥荒——论权力与剥夺》[①] 一书中也提及了民生问题，他指出，"在市场经济中，一个人可以将自己所拥有的商品转换成另一组商品，这种转换可以通过贸易、生产或两者的结合来实现。在转换中，他能够获得的格纸商品组合所构成的集合，可以称为这个人所拥有东西的'交换权力'"，进而强调"交换权力不仅依赖于市场交换，还依赖于国家所提供的社会保障"[②]。即社会保障是市场交换的补充，是提升一个人交换权力的可行方法，是保障和改善民生的重点。这一理论体现出阿玛蒂亚·森对人类发展特别是弱势群体发展的关注。社会保障对于人类发展特别是弱势群体的发展极为重要。因此本书认为：社会保障因素应当成为民生领域研究首要关注的问题。

另外，居民生活质量也是民生问题的重要一环。俗话说"民以食为天"，食品的需求是人类生存最基本的条件，也是消除贫困的首要条件。食品消费所占总消费的比重即恩格尔系数是能够反映人民生活水平高低的指标。因此，本书选择人均社会保障水平和恩格尔系数作为两个重要指标，采用与 HDI 相同的构造方法，分别构造了民生指数的两个分指数，即社会保障指数和恩格尔指数。

（二）社会保障指数的概念和含义

马克思主义经济学的一个重要概念就是"人的自由全面发展"。国际学界对"发展"这一概念的变革过程在 20 世纪 80—90 年代有一个明显的分水岭。20 世纪 80—90 年代前，发展观更多地停留在物质指标方面，如 GDP、贫困率等。20 世纪 80—90 年代以后，发展观逐步将主要注意力转移到了"人"的身上，直至 UNDP 在 1990 年创立了 HDI，成为发展观变革的一个重要的标志。但随着对 HDI 研究的日渐深入，该度量体系也显现了一些弊端，例如环境保护、科技投入、民生福利等重要议题还没有得到高度的重视，因此，HDI 还无法"全面"衡量一国或地区的综合发展水平。另外，虽然绿色发展、可持续发展等方面已有较多前人的研究，但综合考量人类民生和社会福利的民生发展指数方面的研究寥寥。尤其是社会保障方面的研究，现有的研究文献多是从社保体系概况与相关的评价进行研究，尚未有学者尝试使用量化的方法对中国社保水平指数进行深入和详尽的研究，更遑论将其纳入一国或各地区综合发展评价体系。

中华人民共和国成立以来，中国的社保制度在曲折中逐步建立和完善。1949—1955 年，我国开始着手建立统一的社会保险制度体系。1951—1953 年《劳保条例》的制定和修改，代表着社会主义的社会保险体系在我国的基本建立。在 20 世纪 60 年代中期，我国已基本建立了计划经济时期的社会保障体系。1966 年以后的十年间，我国社会保障事业在曲折中艰难发展。直到改革开放的初期阶段，我国的社会保障层次水平还十分低下，主要只涉及中国城镇企业职工的工资等福利待遇问题。1978 年十一届三中全会的召开，推动了社保工作在全国范围内陆续开展。20 世纪 90 年代以来，社会保障制度改革全面深化。随着社会保

---

① 森. 贫困与饥荒：论权力与剥夺 [M]. 王宇，王文玉，译. 北京：商务印书馆，2000.

② 王艳萍. 阿玛蒂亚·森的"能力方法"在发展经济学中的应用 [J]. 经济理论与经济管理，2006（4）：27-32.

障制度的逐渐规范和完善，中国的社会保障体制已渐趋成熟，但中国各地区的社会保障发展水平如何、结构是否合理、发展是否均衡、是否可持续发展，还需要建立科学、可比的社会保障指标体系和评价体系来予以评价。

本书将社保指数作为构建中国人类发展指数的重要一环，从量化的角度综合评价中国各地区社保水平的发展。其理论意义主要有：第一，首次将社保因素纳入国家层面综合"发展"水平的评价体系，更全面地体现了社会发展的含义，能够从社会福利方面衡量各地区社会发展的综合水平；第二，采用量化方法评价和分析全国及各地社会保障体系，更能直接彰显各地社会保障的水平和差异；第三，可以对全国各地的社保水平进行横向比较，从省级层面探索各地的社会保障体制发展的不平衡、不充分的问题。

（三）恩格尔系数的概念和含义

2019年2月20日，《人民日报（海外版）》发表了题为《恩格尔系数再创新低对中国意味着什么》的报道。报道指出：据国家统计局局长在新闻发布会上介绍，2018年全国居民恩格尔系数为28.4%，比上年下降0.9个百分点。"有一个参照系是经济合作与发展组织（OECD）国家或者说发达国家是30%以下，我们在恩格尔系数上也达到了这个水平。"那么，中国的恩格尔系数突破了30%这个富裕生活水平线，对中国居民的生活和中国的人类发展意味着什么呢？这无疑是一个重要而生动的研究主题。本书将专门展开对中国各地的恩格尔指数的编制和研究。

综上所述，本书基于狭义民生概念，立足反映民众的基本生产和生活状态，坚持指数编制的科学性和简洁性原则，选取最能反映民众基本生活的社会保障指数和恩格尔指数作为民生指数的计算指标，构建了中国人类发展指数的民生分项指数。本章研究的主要问题是我国各地民生指数的编制方法、民生现状、发展趋势和区域差异，主要包含民生指数分项指标的选择、阈值的确定、指标的计算，全国民生指数的发展趋势、东中西部地区的发展趋势和区域差异，以及HDI拓展民生指数前后的对比分析。

二、相关研究及文献综述

（一）民生指数相关文献综述

1. 国外关于民生指数的相关研究

国外对民生方面的量化分析和关注较多，主要体现在人民生活质量和福祉方面。"生活质量"一词最先是由经济社会学家 J. K. Galbraith 在其作品《富裕社会》[①] 中提到，社会质量的内涵是人民能够在生活中得到的精神满足[②]。其后，国际学界对于生活质量的研究比较

---

① 加尔布雷思. 富裕生活 [M]. 赵勇，译. 南京：江苏人民出版社，2009.
② 王威海，陆康强. 社会学视角的民生指标体系研究 [J]. 人文杂志，2011（3）：161-171.

广泛，英①法②美等国家还先后发布了各自的国家民生、社会、经济报告。其中，最具影响力的民生指数体系是由美国海外发展委员会提出的人口生活质量指数（Population quality of life index, PQLI)，由 15 周岁及其以上人口的识字率、平均人类寿命和初生婴儿死亡率构成，合成方式是取这三个分指数的平均值。PQLI 关注了生命健康和教育，具有计算简便的特点，被研究者们广泛用于生活质量的衡量。但由于其涉及面较窄，在实际的学术研究中具有较大的局限性。现今，在国外文献中生活质量指标体系大体可分为三种：第一类是以日本、北欧等国家为代表的客观指标体系，主要描述生活水平指标。如日本的"新国民生活指标体系"，该体系分别从"生活领域"和"社会影响"两个方面度量居民生活水平。其中，"生活领域"包括教育、医疗、消费、居住、交际等 8 个方面；"社会影响"领域包括信息化、服务化、高龄化、集中化和国家化 5 个方面③。第二类是以美国为代表的主观指标体系，以生活的满意度调查为生活水平的测量方式，反映生活的幸福感、满意度和社会积极性。第三类是前两类的综合，即客观指标体系和主观指标体系的结合。早期出现在德国等西欧国家，之后被其他国家所采用。

国际上还有以下三个与民生相关的指数较为著名：

第一，全球经济福祉指数。由波士顿咨询公司（BCG）编制的衡量经济福祉的指标，除了包含 GDP、通货膨胀率和失业率之外，还包括健康、环境、教育和基础设施以及 GDP 增长波动和不平等指标，其中中国的排位是第 76 位。BCG 的研究认为：尽管中国经济增长迅速，但由于污染和其他因素的影响，经济的增长只能慢慢地转变为经济福利④。

第二，欧洲生活质量指标体系。欧盟为监测和分析欧盟各成员福利和生活质量的发展以及社会结构的变化而建立的指数。其概念框架主要是建立在生活质量、社会凝聚力和可持续发展之上，包括人口、家庭状况、住房条件、交通运输、休闲娱乐与文化、政治参与和社会整和教育与职业培训、劳动力市场和工作条件、收入与消费、健康、环境、社会安定、公共治安与犯罪以及整体生活情况，共 13 个一级指标⑤。

第三，不丹的国民幸福指数。1972 年不丹国王吉格梅·辛格·旺楚克首先提出国民幸福总值（Gross National Happiness, GNH）的概念。国民幸福指数也是针对国内生产总值不可以完全地反映人民生活水平而提出的，同时又符合不丹的文化传统和可持续发展理念。该体系包括心理幸福感、健康、时间利用、教育、文化、政府善制、社区活力、生态的多样性与恢复能力、生活水平九大领域。不丹的国民幸福指数强调指标体系与政策关联的重

① ANDREWS F M, WITHEY S B. Social indicators of well-being [M]. American's Perception of Life Quality, New York: Plenum, 1976.

② GLENN N D. The contribution of marriage to the psychological well-being of males and females [J]. Journal of Marriage and Family Relations, 1975, 37 (3): 594-600.

③ 王威海，陆康强. 社会学视角的民生指标体系研究 [J]. 人文杂志, 2011 (3): 161-171.

④ 全球经济福祉指数：挪威居首 中国居 76 位 [J]. 中国对外贸易, 2015 (7): 41.

⑤ Berger-Schmitt, Regina; No. 11, Heinz-Herbert. Conceptual Framework and Structure of a European System of Social Indicators, Europorting Working Paper No. 9, Subproject "European System of SocialIndicators", Mannheim: Center for Survey Research and Methodology (ZUMA), Social Indicators Department, 2000.

要性，并广泛吸收政策制定者和广大公众的意见①。

2. 国内关于民生指数的相关研究

我国民生指数的编制暂未有统一的标准，大部分学者都是以我国党和政府的政策思想为中心来构建民生指标体系，如孙鸿凌（2010）建立了民生指标体系，包括7项一级指标：教育、就业、收入、医疗卫生、养老保险、住房和交通，并通过指标测算发现我国社会化服务存在的问题，提出了改进建议②；张玉坤（2012）将收入、就业、消费、教育、医疗、社会保障、环境和公共安全等领域划分为生命安全、生存状态、生活质量和生计来源四个层面，建立了民生统计指标体系，并对吉林省的民生状况进行了分析提出了建议③。中国统计学会"地区发展与民生指数研究"课题组（2011），根据党的十八大精神构建了地区发展与民生指标体系，包括经济发展、民生改善、社会发展、生态建设、科技创新和公众评价，计算了2011年我国31个省份的地区发展与民生指数，指出我国地区发展指数呈平稳增长，其中中西部增速较快④。范如国等（2013）根据民生发展的不同层面，构建了由"收入与支出""社会保障"和"生活环境"三个方面组成的民生指数，并通过因子和聚类分析的方法对2009年我国各省份的截面数据进行了实证分析，发现我国东中西部地区的民生发展水平不平衡，中西部地区较落后⑤。廖化敏（2014）基于"十二五"规划纲要的指导思想构建了综合发展指数，包括科技创新、社会发展、民生改善、生态建设和经济发展五大类⑥。刘华军等（2015）在地区发展与民生指数的基础上进行了研究，利用社会网络分析方法研究发现各省市之间的民生发展存在相关性和互相带动的关系，其中东部处于主导地位，中部扮演"桥梁"的角色，西部较弱势⑦。王亚南（2015）基于"全面建成小康社会"民生标准，建立了中国人民生活发展指数检测体系，包括居民收入、居民消费、物质生活消费、非物质生活消费、居民积蓄。和地区发展与民生指数类似，从纵向看，2000年以来西部民生指数增长率最高，其次是中部，东北再次，最后是东部，这说明区域均衡发展已见成效；从横向看，2013年以来各省份的协调性和均衡性还不够，若能缩小这些差距，人民生活发展将得到显著提高⑧。国务院发展研究中心"中国民生指数研究"课题组（2015）从"改善和保障民生"的角度出发构建了包含民生客观和主观指数的中国民生指数，其中，民生客观指数包括居民生活、公共服务、公共安全和生态文明。通过测算得出近年来我国民生工作成效显著，但各省市的民生水平差距较大并有扩大趋势，最底层的居

---

① URA K, ALKIRE S, ZANGMO T, et al. Wangdi: an extensive analysis of GNH index [J]. The Centre fir Bhutan Staudies, Thimphu, 2012: 123-174.

② 孙鸿凌. 我国民生指标体系构建初探 [D]. 北京：中国地质大学，2010.

③ 张玉坤. 吉林省民生统计指标体系的建立及实证分析 [D]. 吉林：吉林财经大学，2012.

④ 中国统计学会"地区发展与民生指数研究"课题组《2011年地区发展与民生指数（DLI）报告》。

⑤ 范如国，张宏娟. 民生指数评价的理论模型及实证 [J]. 统计与决策，2013（6）：4-7.

⑥ 廖化敏. 综合发展指数理论与方法研究：以甘肃为例 [D]. 兰州：兰州商学院，2014.

⑦ 刘华军，张耀，孙亚男. 中国区域发展的空间网络结构及其影响因素：基于2000—2013年省际地区发展与民生指数 [J]. 经济评论，2015（5）：59-69.

⑧ 王亚南. 中国人民生活发展指数检测体系阐释与排行："全面建成小康社会"民生标准考量 [J]. 社会科学，2015（9）：40-54.

民对生活的满意度最低①。周绍杰等（2015）基于该中国民生指数的调查数据，讨论了如何提高我国人民的幸福感，指出民生改善较经济的增长更有利于国民幸福感的提升，并不是民生改善的客观状况越好则满意度越高，处于社会底层的人民由于在享受公共服务方面的劣势而具有较低的公共服务满意度②。

还有学者从社会学视角构建民生指标体系。仵凤清等（2012）从社会学的角度提出以改善民生为目标的民生指数构造方法，包括收入、教育、医疗、生活便利、社会保障、公共安全、居住和发展成果的分享，并就完善和应用民生指数提出了建议：希望完善民生统计指标体系并开展相应的社会调查，将客观和主观民生状况结合起来，应用到制度制定中去③。张祚等（2014）在王威海构建的民生指数的基础上研究了民生改善与经济增长的关系，结果得到2002—2012年民生指数与国内生产总值之间存在脱钩现象，而且脱钩趋势没有明显的扭转④。

纵观国内外关于民生与HDI的相关研究，虽然针对民生发展的指标体系研究很多，但在HDI框架的基础上拓展加入民生指数进行研究的还十分鲜见。究其原因，一方面可能是因为民生范围较广，其指标体系的建设较难继承HDI简洁透明的特点；另一方面可能是针对HDI指标选取的研究多集中于增加环境保护指标这一热门研究而忽略了民生领域。所以，本书考虑在联合国开发计划署（UNDP）研发的HDI基础上拓展加入民生指数，以此来丰富人类发展指数的内涵，使其更能反映我国经济社会及民生的综合发展情况。

（二）社会保障指数相关文献综述

1. 国外关于社会保障指数的相关研究

1920年庇古在《福利经济学》中指出，通过举办一些社会保障和社会服务设施，用以向穷人进行直接收入转移来缩减贫富差距；同样主张实施政府干预的还有凯恩斯，提倡依靠政府实施政策来缓解收入分配不公平问题；马斯格雷夫则将政策细化到了设定最低收入，借此防止收入不公；甚至坚定的市场自由主张者布坎南，也对市场机制的运行结果表示怀疑和失望，也就是说市场分配的结果并不如人意，需要政府出手干预。总而言之，结果公平是学者们普遍关注的重点，而社会保险、社会福利和社会救济等保障措施则是必不可少的手段。

除却理论方面社会保障研究的深化，各国的社会保障制度也日趋完善。各国主要是依靠征收社会保障税来统一安排调配社保资金。如国际劳工组织（ILO）、经济合作与发展组织（OECD）的等国际组织都会定期对社保资金转移支付情况进行检查。皮亚乔亚（1971）

---

① 国务院发展研究中心"中国民生指数研究"课题组. 我国民生发展状况及民生主要诉求研究："中国民生指数研究"综合报告 [J]. 管理世界，2015（2）：1-11.

② 周绍杰，王洪川，苏杨. 中国人如何能有更高水平的幸福感：基于中国民生指数调查 [J]. 管理世界，2015（6）：8-21.

③ 仵凤清，张立敏. 基于民生观的河北省社会发展水平评价研究 [J]. 燕山大学学报（哲学社会科学版），2012（12）：108-115.

④ 张祚，鲁阳，冯成骁. 民生改善与经济增长关系的实证考察 [J]. 统计与决策，2014（8）：91-94.

对英国社会保障制度中存在的"贫困陷阱"问题进行了研究[①]；诺德索斯、萨缪尔森对美国社会保障体系的转移支付效应进行了实证分析，结论认为美国的社保制度较为完善[②]。

2. 国内关于社会保障指数的相关研究

国内关于社会保障这一热点话题，学术界也有大量的理论和实证研究。这些研究主要集中在以下几个方面：①社会保障税的研究探索；②研究全国或地方社会保障支出的适度水平；③对社会保障预算的研究；④社保支出水平的影响因素分析；⑤农村的社会保障体系研究。

我国幅员辽阔、人口众多，不同地区的经济发展水平参差不齐，人口年龄结构也不相同，各地的失业率水平也有很大差异，因此社会保障水平发展差异巨大。在这样一个大背景下，对于社会保障支出的差异性（公平性）研究却鲜有人涉及。

林治芬在 2002 年就全国各地区社保强度、财政性社会保障支出占比、养老保险基金比例及缺口、抚养率、替代率等指标，分析了中国社会保障的地区差异[③]。刘乐山在 2006 年对社保支出的收入分配效应进行了理论层面的分析[④]。彭海艳在 2007 年率先采用了 GE 系数分解法，用以分析我国社保支出的地区差异及其贡献率。结果表明几个大区发展趋势不一致，并且贡献率差异大[⑤]。冉维在 2007 年的研究表明我国财政社会保障支出存在支出少、增长慢、结构失衡等问题，在未来将严重影响到经济发展和社会稳定，必须尽快采取战略行动[⑥]。刘畅在 2009 年分析了我国财政性社保支出现状和存在的问题，并尝试提出解决方案。董拥军（2012）运用散点图法和相关系数法研究了我国社会保障发展水平的不平衡性[⑦]。

（三）恩格尔系数相关文献综述

1. 恩格尔定律

恩格尔定律是由德国著名统计学家恩斯特·恩格尔（Ernst Enger）在 19 世纪中叶所提出。恩格尔通过对欧洲一些国家的居民收入与支出的研究过程中发现：如果一个家庭的总收入越少，那么食品支出在总支出的比例就越大；并且食品支出随着整个家庭收入的增加，其比重会逐渐下降，最后会稳定在某个值附近。这种经济规律与一个国家的富裕程度有关，当国家越富裕，食物支出占家庭支出比例就越低；当国家越贫穷，食物支出占家庭支出比例就越高，这种食品支出占家庭支出与居民收入呈反比例的经济规律被称为恩格尔定律，其表达公式为：

$$恩格尔系数 = 食品消费总额 / 家庭消费总额$$

① 郑春蓉.英国社会保障制度［M］.上海：上海人民出版社，2012.
② 梁君林，汪朝霞.社会保障理论［M］.合肥：合肥工业大学出版社，2011.
③ 林治芬.中国社会保障的地区差异及转移支付［J］.财经研究，2002（5）：37-45.
④ 刘乐山.财政调节收入分配差距的现状分析［M］.北京：经济科学出版社，2006.
⑤ 彭海艳.中国社会保障支出的地区差异分析［J］.财经研究，2007（6）：90-97.
⑥ 冉维.中国财政社会保障支出的现状分析［J］.重庆工商大学学报，2007（12）：61-72.
⑦ 董拥军.我国社会保障支出对效率与公平影响的实证分析［M］.成都：西南财经大学出版社，2012.

恩格尔系数反映了居民家庭食品消费支出在家庭总消费支出的比重随着收入的变化而反向变化这一趋势，在一定程度上揭示出居民消费支出与食品消费支出之间的变化关系。通过对世界各国不同情况的研究，联合国粮农组织提出了一个参考标准，参见表 12-1。

表 12-1　恩格尔系数的参考标准

恩格尔系数	居民生活水平
30%以下	最富裕水平
30%～40%（含）	富裕水平
40%～50%（含）	小康水平
50%～59%	温饱水平
60%及以上	绝对贫困水平

恩格尔定律提出之后，很多学者对其进行了研究，有学者将其与马斯洛需求层次理论进行了联系。美国著名心理学家马斯洛认为人处于不同的经济阶段时会有不同的需求，人们对不同的需求是有先后之分和高低之分的。该理论认为只有先满足了低层次的需求，人们才会被激发去追求更高一层次的需求。按从低到高排列，食品需求首先满足了人类最基本的需求：生理需求；当人们的收入得到提高后，消费就会升级到更高层次的需求上，相对来说，食品支出的比例就会降低。

在研究恩格尔定律时，我们需要注意，用恩格尔定律来研究消费结构问题时，还应当对当时当地居民的消费环境的变化等情况进行定性判断，不排除有可能出现生活水平提高的情况下恩格尔系数也同时提高的情况。因此，我们在研究我国各地的恩格尔系数时，还应该考虑当地经济发达程度、饮食习惯、消费习惯等环境因素。

2. 国外关于恩格尔系数的相关研究

Dorothy Brady 和 Barber Helen 早在 1948 年就分析了一个家庭是否存在子女对恩格尔系数大小有无影响。结果表明，在同等收入条件下，恩格尔系数在无子女家庭比在有子女家庭的小，并且家庭子女个数越多，恩格尔系数越大[1]。Angus Deaton 和 Anne Case（1992）通过对多个不同风俗地区的长期研究发现，文化风俗习惯、地区因素对恩格尔系数的演化有很大影响[2]。John Gibson（2002）认为，恩格尔系数受家庭户数、性别构成、性别、年龄和户主数据收集的影响[3]。Ian Crawford、Francois Laisney 和 Ian Preston（2003）通过建立经济计量模型，研究了家庭女性成员个数、女性消费行为对家庭恩格尔系数的影响。结果表明，女性成员较少的家庭的恩格尔系数通常大于同一收入水平女性成员较多的家庭[4]。Wing Thye Woo 等（2011）以城镇住户调查数据为样本做的研究发现，恩格尔系数和收入水平之间存

① BRADY D, HELEN B. The pattern of food expenditures [J]. The Review of Economics and Statistics, 1948 (3): 198-206.

② DEATON A, CASE A. Analysis of household expenditure [J]. LSMS Working Paper, 1992 (4): 133-162.

③ GIBSON J. Why does the engle method work food demand, economies of size and household survey methods [J]. Oxford Bulletin of Economics and Statistics, 2002 (4): 341-359.

④ CRAWFORD I, LAISNEY F, PRESTON I. Estimation of household demand systems with theoretically compatible Engel curves and unit value specifications [J]. Journal of Econometrics, 2003 (2): 221-241.

在着相互验证的关系，在最低收入、低收入、较低收入、中等收入、上中等收入、高收入和最高收入不同收入水平的调查户中，恩格尔系数是不同的[①]。Machado、Joana César 等（2012）研究了消费者偏好和品牌效应对他们的选择以及消费结构方面的影响关系，得出了由于消费者群体的反应特征，厂商的不同品牌策略是影响消费者偏好和消费结构的重要因素，当两个相似品牌进行兼并时，就会为消费者提供新的选择，从而引起消费结构的变化[②]。

3. 国内关于恩格尔系数的相关研究

根据姬雄华（2006）的研究，进口商品价格的波动对城市低收入家庭的消费结构有一定的影响[③]。王芳（2006）对城乡恩格尔系数的影响因素进行实证分析的结果表明，食物价格水平和 CPI 下降是近些年我国恩格尔系数迅速下降的主要原因之一[④]。罗国柱（2006）指出，影响恩格尔系数的主要因素除了收入外，还有消费体系、价格水平、耐用消费品、住房等大规模消费、自然条件以及主要消费者的特点[⑤]。郭长安、王浩林（2007）指出，恩格尔系数的演变幅度与收入的增速存在显著相关关系[⑥]。李生辉（2011）认为，恩格尔系数的下降是由于收入增长、CPI 升高和其他重要支出增加的综合拉动作用[⑦]。林文芳（2011）以福建省为例，对居民消费结构与收入、价格的关系进行了实证分析。结果表明，满足基本需求支出后，人们更喜欢提升食品消费档次，传统的"民以食为天"的概念影响着居民的消费行为[⑧]。王宋涛（2012）提出，我国农村居民恩格尔系数降低的一个十分明显的情况是收入分配差距的扩大[⑨]。张磊、范淑娟、赵悦辰（2013）认为，经济发展、价格变动和贫富差距对恩格尔系数有显著影响。其中，人均 GDP、恩格尔系数和基尼系数呈负相关，消费物价指数的相对变化系数与恩格尔系数呈正相关[⑩]。马敏娜、杨燕（2014）通过研究发现，城镇与农村恩格尔系数有反向的滞后调整效应，在广义货币供给量的变化和 CPI 的变化情况下尤为明显[⑪]。

综上所述，国外学者更倾向于用计量经济模型的方法来研究家庭成员数量、性别比例、年龄构成和区域文化差异对恩格尔系数的影响，而较少用恩格尔系数来分析居民的生活水平和生活质量。国内学者多倾向于关注恩格尔系数和宏观经济的相关因素，更加偏向于研究在宏观经济形势变动下，居民对食品消费的偏好变化，并对多因素进行系统分析。此外，

① WING THYE WOO, et al. The size and distribution of hidden household income in China [J]. Asia Economic Papers, 2011（10）：1-26.

② MACHADO, CÉSAR J, et al. Rebranding mergers：how attitudes influence consumer choices [J]. Journal of Brand Management, 2012（4）：513-524.

③ 姬雄华. 对恩格尔系数计量研究发展的思考 [J]. 商业研究, 2006（14）：60-63.

④ 王芳. 物价对城乡恩格尔系数的影响分析 [J]. 商业研究, 2006（14）：112-115.

⑤ 罗国柱. 影响我国恩格尔系数的因素分析 [J]. 武汉船舶职业技术学院学报, 2006（4）：117-120.

⑥ 郭长安，王浩林. 对恩格尔系数几个相关因素的分析 [J]. 宁波工程学院学报, 2007（3）：15-18.

⑦ 李生辉. 中国农村恩格尔系数的影响因素分析 [J]. 经济论坛, 2011（7）：138-139

⑧ 林文芳. 县域城乡居民消费结构与收入关系分析 [J]. 统计研究, 2011（4）：49-56.

⑨ 王宋涛. 收入分配对农村居民恩格尔系数的影响研究 [J]. 经济学, 2012（3）：1-6.

⑩ 张磊，范淑娟，赵悦辰. 我国农村恩格尔系数影响因素的研究 [J] 中国经济, 2013（2）：42-46.

⑪ 马敏娜，杨燕. CPI 和货币供应量的变化对恩格尔系数的影响分析 [J]. 当代经济, 2014（11）：130-131.

从大量的文献中发现，国内外对恩格尔系数及其影响因素的研究大多持续时间较短，导致了选取的样本时效性差，不能及时跟踪与现实经济形势的变化关系，并且普遍存在样本量小、统计口径不一等方面的不足。这就凸显出我们编制和研究中国各地恩格尔指数的重要意义。

三、中国各地民生指数的编制

（一）社会保障指数的编制

1. 社会保障指数的编制方法

一个国家或地区社保水平发展越高，越能从侧面反映出其人文关怀程度高，经济发达到足够支撑起良好优渥的福利体系，即发展水平越高。在中国，社会保障的主体是社会保险基金支出，辅之以财政性的社会保障支出。

但不是社会保障总支出越高就代表地方社保水平越高，该指标还受制于总体的范围，比如说人口数。简单的总量指标不能够度量社会保障发展水平，本书采用人均社会保障支出，使得不同地区不同规模的数据具有可比性。

$$人均社会保障支出 = \frac{社会保障总支出}{总人口} \tag{12-1}$$

人均社会保障支出是一个有平均意义的强度相对数，是一个国家或地区社会保障总支出与总人口数的比值，是一个反映国家或地区的社会保障水平高低的重要指标。由于一国或地区的人口数是相对稳定的，故该指标的高低主要受到社会保障总支出大小的影响。

在参考了大量的关于社会保障总支出研究的相关文献的基础上，本书社会保障总支出的统计口径，由财政性社会保障支出和社会保险基金支出两部分构成。其中，社会保险基金支出包括：养老保险基金支出、医疗保险基金支出、失业保险基金支出、工伤保险基金支出和生育保险基金支出。财政性社会保障支出是我国一般公共预算支出中的重要部分。根据政府在经济和社会活动中的不同职能，可以将财政性社会保障支出划分为中央财政性社会保障支出和地方财政性社会保障支出。财政性社会保障支出制度的统计口径在1990—2018年存在一定的变化。1990—1997年，财政性社会保障支出主要包括行政事业单位离退休费和抚恤以及社会福利救济费。1998—2006年，财政性社会保障支出加入了社会保障补助支出。2007年以后财政性社会保障支出将社会保障和就业管理事务、民政管理事务、财政对社会保险基金的补助、补充全国社会保障基金、行政事业单位离退休、企业改革补助、就业补助、抚恤、退役安置、社会福利、残疾人事业、城市居民最低生活保障、其他城镇社会救济、农村社会救济、自然灾害生活救助、红十字事务等合并为"社会保障和就业支出"进行统计。为使各省市之间数据的可比性，本书所采用的数据均为全覆盖后的数据。社会保障支出数据和总人口数据均来源于各年的中国统计年鉴。表12-2为中国社会保障指数编制体系。

表 12-2　中国社会保障指数编制体系

社会保障支出								
社会保险基金支出				财政性社会保障支出				
养老保险	医疗保险	失业保险	工伤保险	生育保险	社会福利	社会救助	优抚安置	其他行政事务金和民政单位管理费

为了使各年之间的社会保障指数具有可比性，利用居民消费价格指数（CPI）进行调整，CPI 以 1990 年为 100：

$$社会保障指数 = \frac{\dfrac{社会保障总支出}{CPI(1990=100)}}{总人口} = \frac{可比价社会保障总支出}{总人口} \qquad (12-2)$$

由于分析数据是 1990—2020 年的面板数据，为了使不同年份社保指数可比，此处引入可比价社会保障支出的概念，即可比价社会保障支出为社会保障总支出除以当年 CPI（1990 年为基期，CPI = 100），从而将价值量指标的名义值缩减为实际值，达到实际社保发展水平，进而采用同度量化和同方向化方法来构成归一化的社会保障指数。

2. 中国各地社会保障指数编制

本书采用了国家统计局和民政局官网数据作为计算社保指数的基础。社会保险基金总支出的内容包括养老保险、城镇基本医疗保险、生育保险、失业保险和工伤保险。各省份的各项保险金额（1990—2018）来源于国家统计局网站和 wind 资讯。各省份的社会服务事业费总支出数据来源于中华人民共和国民政局官网，各地的 GDP 总值来源于国家统计局网站。

本次研究的时间跨度为 1990—2018 年，而一些保险种类，如新型农村社会养老保险，是从 2009 年开始试点，2010 年开始实施；1992 年城镇职工基本医疗保险开始试点，1998年全面实施；工伤保险于 1996 年开始实施。对于这些保险险种，在保险政策实施之前的数据做补零处理。由此编制出中国 1990—2018 年的社会保障指数（见表 12-3）。

表 12-3　中国社会保障指数（1990—2018 年）

年份	1990	1991	1992	1993	1994	1995	1996	1997	1998
社保指数	0.003 3	0.003 7	0.005 6	0.006 9	0.007 6	0.008 2	0.009 6	0.012 1	0.016 2
1999	2000	2001	2002	2003	2004	2005	2006	2007	2008
0.024 2	0.028 2	0.033 8	0.043 6	0.046 8	0.052 0	0.059 7	0.069 6	0.081 3	0.095 5
2009	2010	2011	2012	2013	2014	2015	2016	2017	2018
0.114 3	0.133 6	0.155 5	0.182 0	0.208 4	0.234 7	0.272 8	0.313 9	0.347 7	0.316

在人类发展报告中，UNDP 对人类发展指数进行了发展水平区域的划分，分界点值是通过使用部件指标分布的四分位点计算 HDI 值得到的。同样地，我们延续 HDI 的区间分组方式，将社保指数划分为 4 个类别，如表 12-4 所示。

表 12-4　社保指数发展阶段区间划分

社保发展水平层次	低社保发展水平	中社保发展水平	高社保发展水平	极高社保发展水平
划分区间	$[0, 0.55)$	$[0.55, 0.7)$	$[0.7, 0.8)$	$[0.8, 1]$

（二）恩格尔指数的编制

1. 恩格尔指数的编制方法

由于我国国家统计局发布的恩格尔系数以及其居民消费数据都是按照城乡分类统计的，所以本书在国家统计局发布的城乡恩格尔系数的基础上，利用各省市的城乡人口数作为权重分别测算各省市的恩格尔指数。

设 X_{ij} 是某个国家或地区在某个时间恩格尔系数的实际值，$\max F_i$、$\min F_i$ 分别代表其最大值和最小值。因为恩格尔系数是一个逆向指标，需要进行正向化处理，由此我们参照上式将指数计算公式调整，并将恩格尔系数作正向化调整后的对应指标称为恩格尔指数：

$$（某国家或地区在某时间的）恩格尔指数 = \frac{\max F_i - F_i}{\max F_i - \min F_i} \quad (12-3)$$

由于 HDI 的指数体系中并无恩格尔指数，因此我们参照国际粮农组织的标准，再结合 HDI 的"简洁、透明、可操作"原则以及对实际观测数据的评估后，将恩格尔系数的最大值设定为 0.8，将最小值设定为 0.2。这样设置的恩格尔指数，应该可以回溯和延伸包括 1980—2030 年的指数值。这样构造的恩格尔指数具有时间和空间广泛的可比性，而且是一个越大越好的正向化指标，便于指标的对比、合成与评估。

本书选取了全国 31 个省份（不包括港澳台地区数据）的城镇与农村作为计算样本，包含的时间窗口为 1990—2018 年。主要选取的变量为城镇消费性支出、城镇食品支出、农村消费性支出、农村食品支出、城镇人口比例、农村人口比例。城镇居民人均消费性支出、城镇居民人均食品消费性支出、农村居民人均消费性支出、农村居民人均食品消费性支出均来自 1991—2018 年《中国统计年鉴》；城乡人口数据来自《中国统计年鉴》《中国人口与就业统计年鉴》；重庆 1990—1996 年的缺失数据通过《重庆市统计年鉴》补齐，其他缺失数据利用线性插值法补齐。

$$农村恩格尔指数 = \frac{\left(0.8 - \dfrac{f_{农村}}{c_{农村}}\right)}{(0.8 - 0.2)} \quad (12-4)$$

$$城镇恩格尔指数 = \frac{\left(0.8 - \dfrac{f_{城镇}}{c_{城镇}}\right)}{(0.8 - 0.2)} \quad (12-5)$$

$$混合恩格尔指数 = \frac{0.8 - \dfrac{f_{农村}r_{农村} + f_{城镇}r_{城镇}}{c_{农村}r_{农村} + c_{城镇}r_{城镇}}}{(0.8 - 0.2)} \quad (12-6)$$

其中，$f_{农村}$、$c_{农村}$、$r_{农村}$ 分别是农村食品支出、农村消费性支出、农村人口比例，$f_{城镇}$、$c_{城镇}$、

$r_{城镇}$城镇食品支出、城镇消费性支出、城镇人口比例。

2. 中国各地恩格尔指数编制

按照上述类似的方式，我们编制出了全国 31 个省份 1990—2018 年度的恩格尔指数，如表 12-5 所示。

表 12-5　1990—2018 年各省份恩格尔指数

年份	全国	北京	天津	河北	山西	内蒙古	……	辽宁省	吉林省
1990	0.387	0.440	0.389	0.480	0.482	0.458	…	0.445	0.426
1991	0.409	0.439	0.388	0.518	0.480	0.485	…	0.431	0.419
1992	0.419	0.465	0.405	0.486	0.440	0.499	…	0.445	0.433
1993	0.434	0.539	0.440	0.430	0.453	0.508	…	0.463	0.445
1994	0.431	0.554	0.449	0.450	0.467	0.502	…	0.434	0.432
1995	0.432	0.522	0.445	0.453	0.420	0.459	…	0.417	0.442
1996	0.462	0.557	0.475	0.506	0.469	0.483	…	0.458	0.505
1997	0.495	0.603	0.538	0.549	0.510	0.517	…	0.487	0.498
1998	0.529	0.646	0.594	0.592	0.523	0.550	…	0.543	0.517
1999	0.562	0.675	0.624	0.650	0.588	0.623	…	0.572	0.564
2000	0.616	0.728	0.656	0.708	0.673	0.697	…	0.624	0.644
2001	0.644	0.732	0.704	0.704	0.684	0.715	…	0.642	0.658
2002	0.660	0.772	0.722	0.713	0.731	0.748	…	0.658	0.689
2003	0.672	0.806	0.703	0.712	0.726	0.762	…	0.660	0.699
2004	0.657	0.796	0.708	0.676	0.708	0.743	…	0.634	0.689
2005	0.678	0.802	0.719	0.720	0.736	0.754	…	0.677	0.721
2006	0.702	0.819	0.746	0.752	0.775	0.789	…	0.689	0.749
2007	0.697	0.797	0.739	0.752	0.767	0.788	…	0.698	0.751
2008	0.676	0.770	0.708	0.736	0.745	0.754	…	0.679	0.745
2009	0.706	0.782	0.721	0.763	0.765	0.791	…	0.704	0.771
2010	0.717	0.800	0.731	0.780	0.784	0.807	…	0.740	0.778
2011	0.711	0.809	0.728	0.771	0.780	0.791	…	0.731	0.777
2012	0.717	0.809	0.723	0.772	0.798	0.857	…	0.741	0.783
2013	0.814	0.811	0.797	0.868	0.891	0.851	…	0.789	0.828
2014	0.817	0.815	0.786	0.879	0.884	0.847	…	0.861	0.882
2015	0.824	0.960	0.795	0.885	0.896	0.856	…	0.863	0.888
2016	0.842	0.979	0.811	0.897	0.921	0.872	…	0.872	0.906
2017	0.846	0.987	0.828	0.909	0.942	0.888	…	0.888	0.925
2018	0.864	0.999	0.852	0.909	0.924	0.882	…	0.887	0.908

数据来源：根据 1990—2019 年各省份统计年鉴数据整理。

由于篇幅的限制，我们不在此列出全国各省份 1990—2018 年恩格尔指数的全部数据，这里重点给出 2018 年度全国 31 个省份的恩格尔指数，如表 12-6 所示。

表 12-6   2018 年度全国 31 个省份的恩格尔指数

全国	北京	天津	河北	上海	江苏	浙江	福建
0.864	0.999	0.852	0.909	0.929	0.898	0.876	0.793
山东	广东	海南	山西	安徽	江西	河南	湖北
0.890	0.800	0.720	0.924	0.807	0.828	0.900	0.865
湖南	内蒙古	广西	重庆	四川	贵州	云南	西藏
0.870	0.882	0.826	0.802	0.778	0.876	0.875	0.713
陕西	甘肃	青海	宁夏	新疆	辽宁	吉林	黑龙江
0.888	0.849	0.866	0.916	0.852	0.887	0.908	0.886

由表 12-6 可见，我国 2018 年度的全国恩格尔指数已达到 0.864，相当于恩格尔系数达到了 0.283 6。超过了联合国粮农组织设定的 0.3 的恩格尔系数所表达的生活"非常富裕"的国际标准。按省份水平测算，我国 31 个省份 2018 年恩格尔指数所反映的生活水平均已达到"非常富裕"的水平。

（三）民生指数的编制

1. 民生指数的编制方法

本书所编制的民生指数由社会保障指数和恩格尔指数两个分指数构成，其合成方法采用了联合国开发计划署发布的 HDI 三个分项指数：收入指数、教育指数和健康指数最新（2010 年）的合成方法，即几何平均法。同时，在合成之前需要先分别对社会保障指数和恩格尔指数进行标准化。

民生指数计算方法如下：

$$民生指数 = (社会保障指数 \times 恩格尔指数)^{\frac{1}{2}} \qquad (12-7)$$

在上述编制方法的基础上，本书测算了 1990—2018 年我国 31 个省份的民生指数。

2. 民生指数阈值的确定与指数的标准化处理

为消除各指标间量纲的差异，需要对每一个指标进行标准化处理，指标标准化方法也采用同 HDI 指标标准化同样的方法，即

$$标准化值 = \frac{实际值 - 最小值}{最大值 - 最小值} \qquad (12-8)$$

而由于恩格尔系数是负向指标，为使恩格尔指数正向化，其标准化方法为

$$标准化值 = \frac{最大值 - 实际值}{最大值 - 最小值} \qquad (12-9)$$

表 12-7 是民生指数各分项指数的阈值。

表 12-7   民生指数各分项指数的阈值

阈值	最大值	最小值
社会保障指数	5 441.560	0
恩格尔系数	0.8	0.2

注：社会保障指数的最大值取自 31 省份"十三五"规划目标值中的最大值。

其中，恩格尔系数的阈值是本书在既参考全国各省份乃至世界各国实际数据的分布情况，又考虑数据的规范便于计算的情况下确定的。

社会保障指数的最小值确定为0是因为从1990—2018年的长期时间序列来看，我国早期的社会保障体制很不完善：城镇职工养老保险从1991年才开始实施，城镇居民养老保险2012年才实现全国覆盖，新型农村社会养老保险2010年全国覆盖；城镇职工医疗保险1999年实施，城镇居民医疗保险2009年才实现全覆盖；工伤保险、失业保险和生育保险分别于1996年、1986年和1994年才开始实施。故在本课题研究的时间范围内，从全社会看社会保障几乎是从零开始建立的。社会保障指数的最大值是按照我国各省份"十三五"规划中的最大值确定的。在本书关于全国各省份人均社会保障支出的测算中，由于上海市的人均社会保障支出连续四年（2016—2018）位列31个省份中的第一，故可通过预测上海市2020年人均社会保障支出作为社会保障指数的最大值。具体方法是：

（1）根据数据资料分析可得，上海市"十三五"规划中提出"到2020年将常住人口控制在2 500万人以内"，所以将2020年上海市人口目标值定为2 500万人。

（2）利用1990—2018年上海市社会保障支出数据建立趋势预测模型，预测出2020年上海市的社会保障支出为6 329.740亿元。

（3）利用1990—2018年上海市居民消费价格指数CPI（1990＝100）预测出2020年上海市CPI为4.653。

（4）2020 年 上 海 市 可 比 价 人 均 社 会 保 障 支 出 ＝ $\dfrac{\frac{2020\text{年上海市社会保障指出}}{2020\text{年上海市CPI}}}{2020\text{年上海市总人口}}$ ＝ 5 441.560(元／人)

即用可比价进行调整后的社会保障指数阈值的最大值为5 441.560元/人。

3. 民生指数测算举例

为更加详细地说明民生指数的测算方法，以下以北京市2018年民生指数的计算为例（见表12-8），直观简明地呈现民生指数的计算步骤。

表 12-8　2018 年北京民生指数相关指标及其数值

北京 2018 年指标	数值
社会保障总支出/亿元	3 664.65
总人口/万人	2 154
CPI（1990＝100）	3.902
城镇人口占比	0.865
农村人口占比	0.135
城镇居民人均消费性支出/元	42 925.6
城镇居民人均食品消费性支出/元	8 576.9
农村居民人均消费性支出/元	20 195.3
农村居民人均食品消费性支出/元	4 802.4

数据来源：2019年中国统计年鉴。

第一步：

$$人均社会保障支出 = \frac{社会保障支出}{总人口} = \frac{3\ 664.65\ 亿元}{2\ 154\ 万人} = 17\ 013.231\ （元／人）$$

第二步：

$$可比价人均社会保障支出 = \frac{人均社会保障支出}{CPI(1990 = 100)} = \frac{\dfrac{17\ 013.231\ 元}{人}}{3.902} = 4\ 360.131\ （元／人）$$

第三步：

$$社会保障指数 = \frac{可比价人均社会保障支出 - 0}{5\ 441.560 - 0} = 0.801$$

第四步：

$$恩格尔指数（未标准化）= \frac{城镇食品支出×城镇人口比例+农村食品支出×农村人口比例}{城镇消费性支出×城镇人口比例+农村消费性支出×农村人口比例}$$

$$= \frac{0.865×8\ 576.9+0.135×4\ 802.4}{0.865×42\ 925.6+0.135×20\ 195.3}$$

$$= 0.202$$

第五步：

$$恩格尔指数 = \frac{0.8 - 恩格尔指数（未标准化）}{0.8 - 0.2} = \frac{0.8 - 0.202}{0.6} = 0.997$$

第六步：

$$民生指数 = （社会保障指数 × 恩格尔指数）^{\frac{1}{2}} = （0.801 × 0.997）^{\frac{1}{2}} = 0.895$$

本书研究的1990—2018年的中国各省份民生指数，测算结果见表12-9。

表12-9　中国31个省份1990—2018年民生指数

地区	年份							
	1990	1995	2000	2005	2010	2015	2017	2018
全国	0.036	0.060	0.132	0.201	0.309	0.474	0.542	0.523
北京	0.072	0.108	0.221	0.371	0.517	0.758	0.858	0.895
天津	0.064	0.110	0.216	0.311	0.449	0.591	0.688	0.715
河北	0.035	0.052	0.108	0.185	0.286	0.426	0.489	0.484
山西	0.037	0.049	0.107	0.197	0.307	0.455	0.520	0.522
内蒙古	0.024	0.044	0.138	0.217	0.364	0.528	0.591	0.597
辽宁	0.050	0.078	0.189	0.296	0.442	0.641	0.719	0.689
吉林	0.039	0.063	0.146	0.258	0.350	0.514	0.559	0.549
黑龙江	0.040	0.063	0.148	0.249	0.364	0.568	0.629	0.604
上海	0.091	0.150	0.242	0.420	0.575	0.800	0.917	0.924
江苏	0.041	0.064	0.125	0.209	0.311	0.492	0.564	0.586
浙江	0.041	0.068	0.112	0.200	0.304	0.539	0.643	0.617

表12-9（续）

地区	年份							
	1990	1995	2000	2005	2010	2015	2017	2018
安徽	0.021	0.031	0.080	0.141	0.239	0.345	0.383	0.455
福建	0.026	0.037	0.096	0.168	0.247	0.373	0.434	0.411
江西	0.026	0.037	0.081	0.141	0.226	0.361	0.444	0.438
山东	0.034	0.054	0.101	0.191	0.292	0.457	0.506	0.482
河南	0.026	0.037	0.092	0.154	0.250	0.366	0.447	0.437
湖北	0.030	0.045	0.096	0.164	0.263	0.420	0.511	0.526
湖南	0.025	0.036	0.091	0.162	0.237	0.359	0.442	0.460
广东	0.037	0.061	0.118	0.201	0.282	0.420	0.474	0.440
广西	0.024	0.032	0.080	0.127	0.220	0.329	0.424	0.439
海南	0.040	0.057	0.105	0.172	0.285	0.425	0.457	0.464
重庆	0.030	0.044	0.119	0.178	0.299	0.474	0.582	0.543
四川	0.028	0.043	0.074	0.150	0.259	0.403	0.476	0.489
贵州	0.016	0.023	0.058	0.109	0.190	0.307	0.390	0.431
云南	0.029	0.041	0.098	0.145	0.216	0.336	0.445	0.426
西藏	0.029	0.044	0.084	0.136	0.224	0.359	0.465	0.493
陕西	0.029	0.043	0.110	0.183	0.292	0.438	0.492	0.510
甘肃	0.023	0.028	0.102	0.175	0.259	0.384	0.430	0.451
青海	0.035	0.051	0.154	0.239	0.424	0.498	0.558	0.612
宁夏	0.030	0.044	0.123	0.194	0.286	0.525	0.593	0.574
新疆	0.041	0.065	0.151	0.224	0.312	0.448	0.546	0.554

四、中国各地民生指数的分析

（一）中国各地社保发展水平空间差异分析

为了更好地展示社保指数在全国范围内的地域分布差异性，本书将 31 个省份划分为东部、中部、西部和东北四个大区，这是根据"十三五"规划中的分类进行的，较为科学地展示了我国不同区域的经济发展状况。东部包括北京、上海、河北等十个省份；中部包括湖北、湖南、河南、山西、安徽、江西六省份；西部包括云南、重庆在内的十二个省份；东北地区则为黑龙江、辽宁和吉林；港澳台地区暂时不在统计范围之内。

由图 12-1 可知，1990—2017 年，四大地区之间社保指数发展存在着较大差距，东部和东北地区的平均社保指数最高，显著高于全国一般水平；中、西部平均社保指数均显著低于全国水平，西部较中部稍高，中部社保仍处在相对落后的水平。

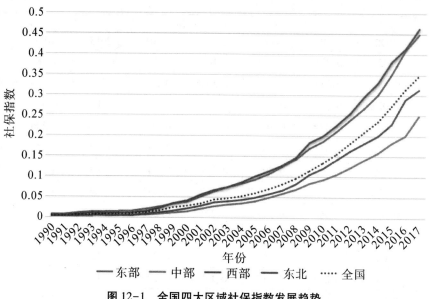

图 12-1　全国四大区域社保指数发展趋势

　　从各大区域社保发展情况来看，1990—2000 年，东北、东部与其他地区差距区分不大，2000 年起，东部和东北社保发展水平迅速上涨，最终形成较其他地区显著的领先地位，西部和中部发展相对落后。但从发展速度来看，中部社保指数年均增长速度最快，西部次之，均高于全国平均增长速度，发展潜力大、后劲足。

（二）中国各地恩格尔指数的时间变化趋势分析

　　根据前述计算结果，我们绘制了 1990—2018 年全国城镇与农村恩格尔指数趋势图，如图 12-2 所示。1990—2018 年全国（不含港澳台地区数据）的恩格尔指数整体上呈现逐年增长的趋势，从 1990 年的 0.387 1 到 2018 年的 0.864 4，实现了 123% 的增长。其中 1995—2000 年的增长速率最快。在 2003 年、2004 年，恩格尔指数由 0.671 6 降低为 0.657 3，出现 1990 年以来的第一次下滑，主要原因是城镇消费性支出与农村消费性支出的增幅下降，导致城镇与农村居民食品消费支出增幅大幅下降。第二次恩格尔指数出现下滑是在 2006—2008 年，由 0.702 下降到 0.675 9，由详细数据分析可知，是由于消费性支出增长不足导致的食品消费支出增长不足。2009—2012 年，恩格尔指数呈现稳中有增的趋势。2012—2013 年，恩格尔指数出现大幅增长，最主要的增长动力来源于消费性支出的增长，农村消费性支出最明显，其中城镇消费性支出增长了 10.9%，农村消费性支出增长了 27.7%。2013—2018 年，全国恩格尔指数保持持续稳定增长。

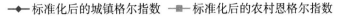
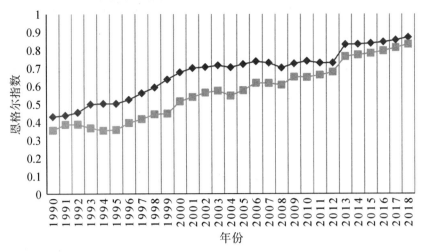

图 12-2　1990—2018 年城镇与农村恩格尔指数

　　总体来看，恩格尔指数经历了四个阶段的增长，第一阶段是 1990—1995 年，第二阶段是 1995—2000 年，第三阶段是 2000—2010 年，第四阶段是 2010—2018 年。恩格尔指数增长速度较快的阶段是 1995—2000 年，在此阶段，随着改革开放带来的经济增长，居民可支配收入增加，食品消费占比下降；第二次增长速度较快的阶段是 2010 年至今，当前我们处于新一轮的消费升级阶段，表现最明显的是服务消费的快速增长，如旅游、医疗、教育、娱乐、交通等领域，这些消费支出是满足更高层次的需求，是人类实现更深层次幸福的途径，这些领域的发展也推动着 IT、房地产、金融等行业的快速发展。

　　中国各省份部分年份民生各分项指数如表 12-10 所示。从表 12-10 中罗列的省份可以看出，北方地区普遍高于南方地区，东北地区和华北地区的省份普遍恩格尔指数较高。其中黑龙江、山西、河北、北京在各个年份都属于恩格尔指数"高"的区域，除去北京，这些地区都与我们所认为的经济发达地区不尽相符。但是，结合我国南北差异生活习俗来看，仍然是合理的。这和当地的饮食习惯和消费习惯有较大关系，以广东为例，广东人以讲究饮食著称，其社交、娱乐性活动主要在餐厅、茶楼中进行，这部分消费显然高于自己购买食材自己制作，由于这部分消费被计入食品消费支出，反而其恩格尔系数并不很低。

　　综上所述，可以发现我国恩格尔指数在空间地理分布上差异性较大，也与我们的感觉有一定的差距。这就说明，恩格尔指数（同理包括恩格尔系数）并不等同于人均 GDP 这种单纯的经济指标，而是一个内涵和意义更加宽泛的"社会-经济"指标，它反映了经济发展水平，同时也受到社会生活方式的重大影响。因此，对恩格尔指数（同理包括恩格尔系数）的认识和解释都不应当绝对化。除了要考虑中国各地的经济发展水平，还要结合城镇居民的生活习惯与农村居民收支结构来考虑。

表 12-10　中国各省份部分年份民生各分项指数

省份	恩格尔指数					社会保障指数				
	1990 年	2010 年	2015 年	2017 年	2018 年	1990 年	2010 年	2015 年	2017 年	2018 年
全国	0.387	0.717	0.824	0.846	0.864	0.003	0.134	0.273	0.348	0.316
北京	0.432	0.799	0.959	0.997	0.999	0.012	0.334	0.599	0.739	0.801
天津	0.367	0.729	0.801	0.816	0.852	0.011	0.276	0.436	0.58	0.600
河北	0.506	0.78	0.885	0.913	0.910	0.002	0.105	0.205	0.262	0.258
山西	0.511	0.784	0.896	0.931	0.925	0.003	0.12	0.231	0.291	0.295
内蒙古	0.29	0.806	0.856	0.876	0.883	0.002	0.164	0.325	0.399	0.403
辽宁	0.427	0.74	0.863	0.877	0.887	0.006	0.264	0.477	0.589	0.534
吉林	0.415	0.778	0.888	0.892	0.909	0.004	0.158	0.297	0.35	0.331
黑龙江	0.477	0.75	0.873	0.883	0.886	0.003	0.177	0.37	0.448	0.412
上海	0.421	0.772	0.888	0.913	0.929	0.02	0.429	0.722	0.922	0.919
江苏	0.449	0.719	0.853	0.871	0.898	0.004	0.134	0.284	0.365	0.383
浙江	0.459	0.762	0.852	0.857	0.876	0.004	0.122	0.34	0.482	0.434
安徽	0.373	0.686	0.76	0.79	0.807	0.001	0.083	0.156	0.186	0.257
福建	0.326	0.654	0.766	0.77	0.793	0.002	0.093	0.181	0.245	0.213
江西	0.362	0.639	0.774	0.802	0.828	0.002	0.08	0.168	0.246	0.232
山东	0.475	0.774	0.859	0.88	0.890	0.002	0.11	0.243	0.291	0.261
河南	0.478	0.759	0.859	0.886	0.900	0.001	0.082	0.156	0.225	0.212
湖北	0.417	0.669	0.809	0.83	0.865	0.002	0.103	0.219	0.314	0.320
湖南	0.403	0.66	0.805	0.849	0.870	0.002	0.085	0.16	0.23	0.243
广东	0.442	0.701	0.759	0.776	0.800	0.003	0.114	0.232	0.29	0.242
广西	0.395	0.645	0.755	0.785	0.826	0.001	0.075	0.144	0.229	0.233
海南	0.318	0.566	0.676	0.694	0.720	0.005	0.144	0.267	0.301	0.300
重庆	0.367	0.672	0.75	0.783	0.802	0.002	0.133	0.3	0.333	0.368
四川	0.356	0.628	0.724	0.756	0.778	0.002	0.107	0.225	0.299	0.307
贵州	0.247	0.63	0.796	0.825	0.876	0.001	0.057	0.118	0.184	0.212
云南	0.348	0.607	0.795	0.832	0.875	0.002	0.077	0.142	0.238	0.207
西藏	0.168	0.502	0.55	0.566	0.713	0.005	0.1	0.235	0.382	0.341
陕西	0.456	0.729	0.869	0.87	0.888	0.002	0.117	0.22	0.279	0.293
甘肃	0.386	0.668	0.81	0.841	0.849	0.001	0.1	0.182	0.22	0.239
青海	0.369	0.683	0.849	0.856	0.866	0.003	0.263	0.293	0.364	0.433
宁夏	0.465	0.755	0.89	0.922	0.916	0.002	0.108	0.309	0.382	0.360
新疆	0.499	0.708	0.805	0.856	0.852	0.003	0.137	0.249	0.349	0.361

（三）中国民生指数发展趋势及贡献率分析

1. 民生指数发展趋势分析

党的十九大报告中明确提出"人民生活不断改善，深入贯彻以人民为中心的发展思想，一大批惠民举措落地实施，人民获得感显著增强"。从全国民生指数的变化来看，也印证了民生领域的这一发展趋势。如表 12-11 和图 12-3 所示，1990—2018 年我国民生指数呈上升趋势，民生指数是由社会保障指数和恩格尔指数的几何平均值计算得来，因此民生指数的值位于社会保障指数和恩格尔系数之间。而由于社会保障指数的变化幅度较恩格尔指数的变化幅度要大，所以民生指数与社会保障指数的变化情况类似。在 2000 年以前民生指数发展较为缓慢且数值较低，民生指数值还未超过 0.15；2000—2013 年增速加快，直至 2013 年已突破 0.40；2013 年后增速进一步加快，2018 年民生指数达到 0.52。

表 12-11 1990—2018 年全国民生指数及分项指数

指数	1990 年	2000 年	2010 年	2015 年	2018 年	2018 年/1990 年
民生指数	0.036	0.132	0.309	0.474	0.523	14.528
恩格尔指数	0.387	0.619	0.717	0.824	0.864	2.233
社会保障指数	0.003	0.028	0.134	0.273	0.316	105.333

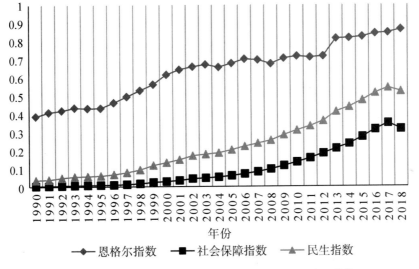

图 12-3 1990—2018 年民生指数及其分项指数发展趋势

注：数据来自国家统计局的历年统计年鉴。

从社会保障指数来看，相对恩格尔系数其具有起点低和数值小的显著特征。究其原因是我国社会保障制度体系的建立和完善相对较晚，是从无到有、从 0 到 1 的过程。突出表现在社会保险制度的建设方面。表 12-12 是我国社会保险制度的建立和完善时间。

表 12-12 社会保险制度体系建立和完善时间

社会保险	职工/居民/农村	制度建立和完善时间
基本养老保险	职工	1991 年建立，1995 年统账结合
	居民	2011 年试点，2012 年全覆盖
	农村	2009 年试点，2010 年全覆盖

表12-12（续）

社会保险	职工/居民/农村	制度建立和完善时间
基本医疗保险	职工	1998年建立，1999年实施
	居民	2007年试点，2009年全覆盖
工伤保险	1996年	
失业保险	1986年	
生育保险	1994年	

从表12-12可看出，我国社会保险制度建立和完善均较晚，且该制度在城乡之间和职工居民之间均存在较大差距。同样，财政性社会保障支出制度也存在建立较晚和城乡差距大的情况。我国社会救助制度中的最低生活保障制度，城市建立于1997年，农村建立于2007年。社会优抚制度建立于1998年。

综上所述，我国的社会保障在1990—2017年几乎是一个从无到有的过程，且随着社会保障制度的逐步完善，社会保障水平得到了加速的发展。

本书的恩格尔指数是国际上通用的恩格尔系数的变形。之所以需要进行变形是因为我国的恩格尔系数是分别计算的城镇恩格尔系数和农村恩格尔系数，而本书是在省份的维度下讨论的，所以需要合成各省份的恩格尔系数。从统计分析的角度考虑采用城乡人口各占的比例作为权重，从而合成恩格尔指数。通过城乡人口比例合成的恩格尔系数与传统恩格尔系数的对应关系及其含义如表12-13所示。

表12-13　恩格尔系数与恩格尔指数的对应关系及其含义

传统恩格尔系数	本书恩格尔指数	人民生活水平
[60%, 1]	[0, 33%]	绝对贫困
[50%, 60%)	[33%, 50%)	温饱
[40%, 50%)	[50%, 66%)	小康
[30%, 40%)	[66%, 83%)	富裕
[0, 30%)	[83%, 1)	最富裕

注：传统恩格尔系数分组标准来源于《当代西方社会发展理论新词典》中提到的联合国标准。

由前述可知，1990年我国的恩格尔指数是0.387，人民的生活水平处于温饱状态，1998年达到小康水平（0.529）。恩格尔指数所反映的人民生活水平与我国实际情况保持一致，反向验证了恩格尔指数的合理性。但1998年实现的是低水平、不全面、发展很不平衡的小康。我国"十三五"规划的目标是于2020年全面建成小康社会，并针对我国不平衡不充分的发展提出了一系列的改革制度。在我国不断深化改革的过程中取得了显著的成效，2005年恩格尔指数突破0.66达到富裕水平，2017年恩格尔指数达到0.85最富裕水平。而由于我国的经济发展战略是先沿海后内陆，先富带后富，加之各省之间的资源占有水平不一等原因导致我国仍处于不平衡的发展状态。正如党的十九大报告中所说"新时代我国的社会主要矛盾是人民日益增长的美好生活需要和不平衡不充分的发展之间的矛盾"。这就告诉我们民生领域的人类发展任重而道远。

2. 民生指数贡献率分析

民生指数各领域贡献率采用公式:

$$社会保障指数贡献率 = \frac{0.5 \times (lnx_1^1 - lnx_1^0)}{lny^1 - lny^0} \tag{12-10}$$

$$恩格尔指数贡献率 = \frac{0.5 \times (lnx_2^1 - lnx_2^0)}{lny^1 - lny^0} \tag{12-11}$$

其中,x_1 表示社会保障指数值,x_2 表示恩格尔指数值,y 表示民生指数值。社会保障贡献率和恩格尔指数贡献率主要用于研究民生指数增长率,如表 12-14 所示。

表 12-14　1990—2017 年全国民生指数各领域贡献率

年份	指数值			期间	贡献率	
	民生指数	恩格尔指数	社会保障指数		恩格尔指数	社会保障指数
1990	0.036	0.387	0.003	1990—1995	0.110	0.890
1995	0.060	0.432	0.008	1995—2000	0.225	0.775
2000	0.132	0.619	0.028	2000—2005	0.109	0.891
2005	0.201	0.678	0.060	2005—2010	0.064	0.936
2010	0.309	0.717	0.134	2010—2015	0.163	0.837
2015	0.474	0.824	0.273	2015—2018	0.241	0.727
2017	0.542	0.846	0.348	1990—2018	0.150	0.870
2018	0.523	0.864	0.316			

由表 12-14 数据可知,1990—1995 年,89%的民生指数增长是源于社会保障指数的增长,11%源于恩格尔指数。1995—2000 年,民生指数增长的最大源泉依旧是社会保障指数的增长,但略下降为 77.5%,恩格尔指数的贡献率上涨,从 11%上升到 22.5%。2000—2005 年,社会保障指数的贡献率又回升到 89.1%,恩格尔指数的贡献率回降到 10.9%。2005—2010 年,社会保障指数的贡献率达到 1990—2017 年的峰值 93.6%,恩格尔指数的贡献率减小到 6.4%。2010—2015 年,社会保障指数的贡献率下降为 83.7%,恩格尔指数的贡献率上升为 16.3%。2015—2018 年,社会保障指数的贡献率为 72.7%,恩格尔指数的贡献率为 24.1%。综合来看,1990—2018 年,社会保障指数的贡献率均值为 87.0%,恩格尔指数的贡献率均值为 15.0%。

第十三章 中国各地可持续发展指数的编制和研究

一、问题的提出

可持续发展已成为全球共识，如何实行可持续发展是摆在世人面前的重大问题。面对自然资源日趋减少、环境压力依然严重的发展现状，可持续发展的重要性不言而喻。本章通过在传统的人类发展指数（HDI）体系中新增科技创新指数和资源环境指数，构建了反映一国或地区经济社会可持续发展水平综合评价指数，并通过对中国 31 个省份 1990—2018 年的可持续发展水平进行测度和分析，提出了相关的研究结论和政策建议。

长期以来，中国用于评价经济社会发展水平的常用指标是国内生产总值。但是，各级地方政府单纯追求 GDP 的增长也带来了环境污染、生态恶化以及贫富差距扩大等社会问题。因此，本书尝试构建了基于人类发展指数框架的可持续发展指数，并用该指数对各省份可持续发展水平的现状及影响因素进行较为全面的分析，得到了一些十分重要的认识和结论。另外，从学术研究的视角来看，虽然学界关于环境和可持续发展之间关系的研究较多，但探讨科技对可持续发展影响的并不多见。在评价一国或地区的可持续发展水平时，若没有将环境和科技两大因素都涵盖进去，可能无法准确全面地分析我国各地的可持续发展水平，也无法根据各省份的实际情况制定适合的政策。为此，本书在人类发展指数（HDI）原有的指标系统中，新增环境资源和科技创新两个子指标，由二者合成了一个可以更加全面反映可持续发展水平的具有较强客观性的评价指标——可持续发展指数，对于完善人类发展指数的指标体系、促进中国经济社会的可持续发展，具有十分重要的理论和现实意义。

二、相关文献和理论概述

目前国内外已有许多学者对可持续发展理论及其应用进行了多角度、多层次的研究，形成了较为丰富的成果。自可持续发展概念提出以来，不同国家及国际组织对社会发展水平的评价和测量方法逐渐趋于多样，可持续发展水平评价指标体系的建立也取得了较大的进展。可持续发展测度指标从单一指标转变为多维指标评价体系。本章分别从可持续发展的单一指标测度和指标体系综合测度来展开。

（一）可持续发展的单一指标测度方法

GDP 是很多国家衡量和比较发展水平的常用指标甚至是唯一指标，但 GDP 并不能反映社会的收入分配状况、自然资源和环境的保护、经济与社会发展的协调性、人民实际生活水平如何等问题。就此，一些学者和国际组织也提出了各种替代 GDP 的可持续发展评价指标和方法。

1993 年，联合国统计署在《综合环境经济核算手册》中首次提出了绿色国内生产净值（EDP）这一概念，也称绿色 GDP，绿色 GDP 是用 GDP 减去环境污染和破坏所造成的直接损失，再扣除自然资源耗减成本和恢复生态所支付的费用，以及生态环境破坏所造成的负面效应，实质上是代表国民经济增长的净正效应，可以真实地反映社会生产力的发展和实际财富。徐涛和张德亮（1999）[①] 认为，尽管目前 EDP 的核算理论尚不成熟和完善，尤其在测算资源环境成本和生产资本损耗上面临较大障碍，但是从传统 GDP 到 EDP 的核算意义非凡，其价值在于为可持续发展的测度建立相应的核算数据系统，可以促进可持续发展战略思想的实施。葛连迎（2013）[②] 根据陕西省 2006—2011 年相关年度数据，对该省的绿色 GDP 进行间接核算，将核算结果与传统 GDP 之间的差别进行比较，在此基础上提出了相关建议。苏立志（2016）[③] 研究了现行 EDP 核算的优势及存在的不足，并针对中国的国情提出了关于实行 EDP 核算的建议。

1995 年，世界银行设计开发出一种货币化的可持续发展指标：真实储蓄。真实储蓄是指从国民总储蓄中扣除人造资本折旧和自然资本折旧（自然资源消耗和环境污染）。在 Hamilton 开发的模型基础上，张世秋和段彦新（2002）[④] 利用改进的真实储蓄对广州市整体的可持续发展态势进行了全局和局部判断。Giles Atkinson 与 Kirk Hamilton（2007）[⑤] 从真实储蓄率理论产生的研究背景、理论框架、核算方法研究等方面对真实储蓄的研究历程进行了总结。熊娜和杨云彦（2008）[⑥] 对世界银行提供的 1960—2006 年中国真实储蓄率的有效性进行了测度，经过研究发现对于同一理论的不同检验方法得出的结论相互抵触，原因在于检验模型的假设对于我国的数据不适合。田辉（2008）[⑦] 认为尽管"真实储蓄"使得可

① 徐涛，张德亮. 从"国内生产总值（GDP）"到"生态国内产出（EDP）"核算的必然选择 [J]. 经济问题探索，1999（4）：15-17.

② 葛联迎. 基于可持续发展的绿色 GDP 核算 [J]. 统计与决策，2013（17）：27-29.

③ 苏立志. EDP 核算问题研究 [J]. 经贸实践，2016（15）：222.

④ 张世秋，段彦新. 真实储蓄在城市可持续发展中的应用研究：以广州市为例 [J]. 中国发展，2002（1）：14-18.

⑤ ATKINSON G，HAMILTON K. Progress along the path：evolving issues in the measurement of genuine saving [J]. Environmental and Resource Economics，2007（37）：43-61.

⑥ 熊娜，杨云彦. 真实储蓄：中国可持续发展的测量与检验 [J]. 中国人口·资源与环境，2008（6）：162-168.

⑦ 田辉. 人类可持续发展指数构建及其应用研究 [D]. 南京：南京理工大学，2008.

持续发展体系向定量化迈进了一步，但该指标未能较好地体现不同国家基础条件的差异和不均衡，因而在实际应用中受到限制。尹小玲和宋劲松（2010）[①] 根据真实储蓄的理论基础，提出了对于一类经济高速增长城市的改进模型，并将该模型应用于广州、深圳、珠海三个城市，研究结果表明可持续发展能力与经济增长、人力资本投资增加呈正相关，与资源环境呈负相关。

生态经济学家 Rees（1992）提出利用"生态足迹"来衡量可持续发展状况，它是通过比较自然资源的消费量及承载力，同时判断人类的生产和消费是否处于自然资源承载力的范围内来推断社会可持续发展的可能性。Rees 和 Wackamegal（1996）进一步将生态足迹定义为"满足一定经济、人口规模的资源需求和吸纳他们产生的废弃物所必需的生态土地面积"。于震（2011）[②] 认为生态足迹的概念、结果都非常吸引人，但这并不意味着它没有缺点，生态足迹没有给技术进步方面赋予权重，在开采化石资源及水质量方面时没有体现出可持续性的问题。任丙南和耿静（2014）[③] 将生态足迹作为可持续发展测度的关键指标，分析其在不同行业的应用。任海军和唐晶（2016）[④] 以生态足迹作为生态变化的测量指标，选取 30 个省份 1999—2009 年的面板数据，采用 STIRPAT 模型研究了经济增长、能源效率和产业结构对生态影响的区域性差异，并将其区域分为三类，分别是稳定发展类、临界演化类、转型发展类，这与国家的总体功能区划在空间上保持高度一致。李红（2018）[⑤] 利用生态足迹这一方法，通过现有统计资料来计算中国各省份的生态足迹和生态承载力，进而研究各省的生态盈余或赤字情况，讨论各省的发展道路是否符合可持续发展的要求。

（二）可持续发展的指标评价体系测度方法

单一的评价指标除了其自身的缺陷外，还存在一个共同的问题，即无法多角度全面性地衡量一国或地区的可持续发展能力。随着时代的发展，可持续发展理论的内容不断丰富更新，这对可持续发展的测度方法和指标评价体系提出了更高的要求。许多学者和研究机构开始研究反映一国真实发展情况的科学的评估体系即可持续发展指标体系。

1998 年，牛文元院士主持的中国科学院可持续发展战略课题组发布了第一份《中国可持续发展战略报告》，报告里设计了一整套可持续发展指标体系，将可持续发展能力分为"生存支持系统""发展支持系统""环境支持系统""社会支持系统"和"智力支持系统"五个子系统，共计 47 个变量、240 多项指标。庄佳强（2013）[⑥] 通过构建中国各省份的包

① 尹小玲，宋劲松. 城市可持续发展核算之真实储蓄模型的应用：以广州、深圳、珠海为例 [J]. 地域研究与开发，2010（2）：53-58.

② 于震. 可持续发展测度指标综合分析 [J]. 现代商业，2011（33）：88.

③ 任丙南，耿静. 生态足迹作为可持续发展测度的关键指标在不同行业中的应用 [J]. 天涯学刊，2014（10）：155-166.

④ 任海军，唐晶. 生态足迹影响因素的区域差异分解 [J]. 统计与决策，2016（7）：103-107.

⑤ 李红. 中国各省生态足迹的发展研究 [J]. 长江丛刊，2018（13）：178-180.

⑥ 庄佳强. 省际可持续发展：基于包容性财富的测量和比较 [J]. 中国人口·资源与环境，2013，23（9）：90-99.

容性财富指标，对 1990 年以来不同省份的可持续发展能力和差异进行横向与纵向分析。丁浩等（2016）① 运用主成分分析法计算出山东省 2004—2013 年的资源、环境、社会、人口、经济 5 个子系统的得分，据此量化出山东省可持续发展的水平及变化趋势。孙晓等（2016）② 利用全排列多边形综合图示法为不同规模的城市建立了可持续发展指标体系，对中国 277 个地级及以上城市在 2000—2010 年的可持续发展能力进行了综合评价，探讨了不同规模的城市在可持续发展进程中可能会遇到的各种问题。

一些国际组织为可持续发展研究设计了一些指标体系框架：1992 年 6 月联合国可持续发展委员会（UNCSD）基于欧洲环境组织提出的"驱动力—状态—响应"概念模型，从经济、社会、环境、制度四个方面共选取了 134 个指标构成可持续发展评估体系。1995 年联合国环境问题科学委员会（SCOPE）从经济、社会、环境三个方面选取了 25 个指标，其中在环境方面，包括自然系统、空气水体污染、资源能源与生态环境四个领域。联合国经济合作与发展组织（OECD）提出三类可持续发展指标体系：核心环境指标体系、部门指标体系和环境核算类指标体系。

三、中国各地可持续发展指数的编制

（一）可持续发展指标的构建

1. 指标构建原则

建立中国各地不同区域的可持续发展评价指标，一方面，需要以现有的数据和统计制度为基准，另一方面，选择的指标应该能够反映中国发展现状中的突出矛盾或关键影响因素，就此本章建立评价指标时主要遵循以下原则。

（1）简洁性和代表性原则：指标体系不可能完全囊括体现可持续发展水平的各个维度和层次，因此选取的指标不宜过细，并且要具有很强的代表性。该原则同时也是联合国计划开发署构建人类发展指数时所依据的基本原则之一。

（2）可得性和可操作性原则：设置指标的数据来源尽可能为现有的统计资料，且统计数据易于获取，易于进行分析计算。本章的数据主要采集于国家统计局及地方统计局的统计年鉴，没有采用主观性较强的问卷调查法，因此数据具有较高的准确性和客观性。

（3）可量化和可比性原则：选取的指标要易于量化才能对后续分析提供数据支持，同时还需要能够进行横向和纵向的比较。历史数据的可比性是指标进行纵向比较的基本要求，以便掌握可持续发展水平的演变轨迹；横向比较指标在要求各省市之间的可比性，以便了解不同省份、不同区域可持续发展水平的差异性。

---

① 丁浩，蔡霖. 山东省可持续发展能力与影响因素研究 [J]. 河南科学，2016，34（4）：629-636.
② 孙晓，刘旭升，李锋. 中国不同规模城市可持续发展综合评价 [J]. 生态学报，2016（17）：5590-5600.

2. 分项指标的选择

从前文所述可知，人类发展指数（HDI）是目前国际上用来体现一个国家或地区发展水平的较为成功的方法之一，但仍有一定的缺陷，其中引起争议最多的就是指标选取问题。首先，它缺少反映环境破坏和资源消耗的指标，而可持续发展概念的出现源于日益加剧的环境问题，环境污染和资源匮乏是制约一国可持续发展水平进步的重要因素，如何破解可持续发展面临的环境资源瓶颈问题亟待解决，因此环境资源指标是可持续发展指标体系中不可或缺的因素。其次，它没有涵盖科技创新指标，早在1998年邓小平便提出"科学技术是第一生产力"的观点，实践证明，科技创新对促进可持续发展起到强大的推动作用，它是世界各国传统发展方式实现绿色转型的主要驱动力，国际社会日渐重视并依靠科技创新来支撑和引领可持续发展，我国作为一个快速发展的发展中国家，必须重视并坚持创新驱动发展战略，因此科技创新指标理应被纳入可持续发展水平的评判指标。

依据上述指标构建原则，本书在HDI原有的三个分项指数的基础上，新增了由科技创新指数和资源环境指数共同构建成的可持续发展指数，作为用来反映可持续发展水平的综合指标。

（二）中国各地可持续发展水平评价

依据前述的指标构建原则，本书整理并计算出了中国31个省份1990—2018年的科技创新指数和碳排放指数（其具体编制方法见后文），取二者的几何平均数可得到可持续发展指数。若对每个省市每年的可持续发展水平进行分析，分析过程和结果将过于繁杂，且时间跨度太短会使得相近年份的数据结果差异较小，相关政策效果无法得到很好的解释，因此先了解全国和四大区域的可持续发展指数的大致趋势，再以5年为周期对1990—2018年的可持续发展指数进行细致分析（因数据截至2018年，2015—2018年则为最后一个时间段）。通过对比和检视过去，从历史中获得经验从而指导未来中国的可持续发展。1990—2018年中国及各地区可持续发展指数走势见图13-1。

本章把我国31个省份（不含港澳台地区数据）分类为四大区域，分别为东部地区（京、津、冀、沪、苏、浙、闽、鲁、粤、琼）、中部地区（晋、皖、赣、豫、鄂、湘）、西部地区（川、黔、滇、藏、陕、甘、青、宁、新、渝、蒙、桂）、东北地区（辽、吉、黑）。

如图13-1所示，1990—2018年，全国和四大区域的可持续发展指数在0.2~0.6的范围内波动，整体呈上升趋势。2000年以前，各区域的可持续发展状况均不高，指数数值在0.3左右徘徊；进入21世纪以后，整体上升了一个台阶，其中，东部地区在2005年前后，其可持续发展指数领先于其他三个地区，并随时间推移将差距进一步拉大。

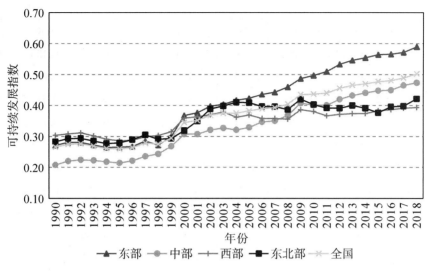

图 13-1　1990—2018 年中国及各地区可持续发展指数走势

四、中国各地可持续发展指数的分析

（一）中国各地可持续发展指数的基本状况

从表 13-1 可以看出，1990—2018 年，全国 31 个省份的可持续发展水平整体稳步提高，其中重庆、湖南、浙江三个省份的可持续发展效率最高，2018 年较 1990 年可持续发展指数增长率分别为 189.14%、181.39%、181.10%，内蒙古、西藏、陕西和吉林四个省份的可持续发展水平增长率处于全国较低水平，出现了负增长。

表 13-1　全国及各省份不同年份可持续发展水平

地区	1990 年	1995 年	2000 年	2005 年	2010 年	2015 年	2018 年	增长量	增长率/%
全国	0.266 2	0.259 9	0.344 7	0.382 6	0.436 9	0.477 0	0.502 2	0.236 1	88.69
北京	0.724 6	0.836 9	0.929 0	0.887 7	0.922 0	0.955 0	0.955 6	0.231 0	31.88
天津	0.335 1	0.371 9	0.455 4	0.497 5	0.555 9	0.640 3	0.677 9	0.342 8	102.27
河北	0.153 6	0.185 5	0.277 3	0.282 9	0.313 7	0.380 5	0.392 2	0.238 6	155.36
上海	0.495 3	0.490 1	0.463 9	0.540 8	0.603 1	0.698 7	0.718 9	0.223 6	45.15
江苏	0.358 9	0.342 3	0.361 9	0.459 5	0.531 1	0.574 2	0.610 0	0.251 1	69.96
浙江	0.219 1	0.257 4	0.291 1	0.418 6	0.495 3	0.572 9	0.615 8	0.396 7	181.10
福建	0.243 5	0.210 6	0.293 3	0.351 2	0.409 5	0.464 8	0.499 5	0.256 0	105.11
山东	0.354 1	0.299 0	0.308 2	0.380 6	0.462 8	0.526 2	0.539 9	0.185 8	52.47
广东	0.410 6	0.312 4	0.416 9	0.405 1	0.508 9	0.606 0	0.634 7	0.224 1	54.56

表13-1(续)

地区	1990 年	1995 年	2000 年	2005 年	2010 年	2015 年	2018 年	增长量	增长率/%
海南	0.150 8	0.073 8	0.161 2	0.169 2	0.229 0	0.261 4	0.286 7	0.135 9	90.13
山西	0.203 8	0.190 1	0.279 1	0.253 8	0.297 0	0.262 4	0.291 9	0.088 1	43.21
安徽	0.225 2	0.217 5	0.321 7	0.361 7	0.437 4	0.523 6	0.544 8	0.319 5	141.86
江西	0.186 2	0.271 3	0.256 1	0.331 2	0.374 2	0.390 7	0.422 2	0.236 0	126.77
河南	0.213 2	0.219 9	0.275 8	0.278 1	0.357 1	0.418 6	0.438 7	0.225 5	105.77
湖北	0.346 8	0.334 7	0.355 6	0.415 4	0.484 0	0.531 7	0.554 1	0.207 3	59.79
湖南	0.178 2	0.220 0	0.289 9	0.322 7	0.415 9	0.466 7	0.501 4	0.323 2	181.39
内蒙古	0.171 1	0.161 4	0.184 8	0.180 9	0.177 5	0.128 5	0.069 7	-0.101 4	-59.27
广西	0.147 2	0.132 6	0.256 7	0.237 8	0.315 8	0.306 5	0.360 0	0.212 8	144.53
重庆	0.180 7	0.191 7	0.315 6	0.396 9	0.425 9	0.479 4	0.522 4	0.341 7	189.14
四川	0.329 3	0.357 4	0.423 9	0.451 5	0.481 6	0.502 4	0.516 5	0.187 2	56.85
贵州	0.202 0	0.149 4	0.254 0	0.284 9	0.296 5	0.280 2	0.320 4	0.118 4	58.63
云南	0.200 4	0.223 4	0.235 4	0.304 6	0.297 8	0.337 6	0.353 0	0.152 6	76.16
西藏	0.332 8	0.150 2	0.179 0	0.133 0	0.202 3	0.186 4	0.177 4	-0.155 4	-46.70
陕西	0.558 1	0.626 4	0.686 8	0.613 6	0.537 4	0.480 9	0.441 5	-0.116 6	-20.89
甘肃	0.310 5	0.437 4	0.339 2	0.392 0	0.384 7	0.406 6	0.406 4	0.095 9	30.88
青海	0.182 7	0.246 7	0.276 7	0.286 0	0.323 6	0.235 7	0.303 6	0.120 9	66.19
宁夏	0.152 1	0.150 2	0.302 8	0.244 3	0.230 0	0.200 5	0.200 2	0.048 1	31.60
新疆	0.148 5	0.128 4	0.188 9	0.188 9	0.250 7	0.220 0	0.228 2	0.079 7	53.66
辽宁	0.269 6	0.339 3	0.357 3	0.458 1	0.439 9	0.395 3	0.481 4	0.211 8	78.58
吉林	0.370 8	0.403 2	0.332 8	0.393 2	0.338 6	0.356 1	0.331 7	-0.039 1	-10.54
黑龙江	0.283 4	0.320 4	0.261 9	0.355 7	0.397 1	0.368 6	0.403 7	0.120 3	42.45

图 13-2 为全国及各省份 2018 年较 1990 年可持续发展指数增长率的对比图，从图中可以看到，11 个省份在考察期间的增长率高于全国水平，这些省份主要分布在东部和中部地区；西部地区大部分省份的增长率均低于全国平均水平。在东部 10 个省份中，浙江省可持续发展指数的增长率居于首位，北京市的增长率最低，为 31.88%，江苏、广东、山东、上海、北京的增长率均低于全国水平；中部 6 省中，湖南省的可持续发展指数增长率排在首位，湖北和山西的增长率低于全国平均水平，分比为 59.79% 和 43.21%；西部 12 个省份中，重庆市的可持续发展增长率最高且位于全国首位，除了重庆、广西外，其余省份增长率均低于平均水平；而东北地区 3 省份的增长率均低于全国平均水平。

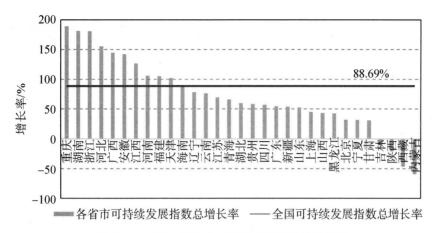

图 13-2　1990—2018 年可持续发展指数总增长率

此外，从表 13-2 中还可以发现，在不同的考察阶段，不同省份的可持续发展水平排名进退各异。考察期末与考察期初相比，北京、江苏、广东、四川、辽宁 5 个省份的排名未变；天津、河北、浙江、安徽、福建、江西、山东、河南、湖南、湖北、广西、海南、重庆、贵州、云南、新疆 16 个省份排名有不同程度的上升，其中重庆、湖南、浙江、广西排名上升 10 位以上（分别进步 14、13、12、10 位）；云南、宁夏、山东、青海、贵州、内蒙古、甘肃、黑龙江、山西、陕西、吉林、西藏 12 个省份的排名出现后退情况，其中西藏、吉林、陕西排名下降 10 位以上（分别退步 20、18、13 位）。截至 2018 年，可持续发展高水平省份基本分布在东部地区，只有海南和河北两个省份排名较低；中部地区各省份排名整体在全国中等水平，可持续发展水平也几乎与全国水平持平；西部地区大部分省份排名较靠后，只有重庆、四川、陕西三个省份排名较靠前，说明中西部地区的发展速度虽然快于东部地区，但与东部地区各省份的可持续发展水平仍然存在较大的差距；东北地区在 1990—2018 年的排名有升有降，其中吉林与黑龙江排名明显下降，从高于全国平均水平跌到平均线以下，辽宁省排名未发生变化，说明东北三省地区发展现状不容乐观，相较于 2005 年之前的发展状况明显后劲不足。

表 13-2　各省份可持续发展指数排名情况

地区	1990 年	1995 年	2000 年	2005 年	2010 年	2015 年	2018 年	排名总变差
北京	1	1	1	1	1	1	1	0
天津	9	6	4	4	3	3	3	6
河北	27	24	20	23	23	19	20	7
上海	3	3	3	3	2	2	2	1
江苏	6	8	7	5	5	5	6	0
浙江	17	15	17	8	7	6	5	12
福建	15	21	16	17	15	14	13	2
山东	7	13	14	14	10	8	9	-2
广东	4	12	6	10	6	4	4	0

表13-2（续）

地区	1990 年	1995 年	2000 年	2005 年	2010 年	2015 年	2018 年	排名总变差
海南	29	31	31	30	29	26	27	2
山西	19	23	19	25	25	25	26	-7
安徽	16	20	12	15	12	9	8	8
江西	22	14	25	18	18	18	17	5
河南	18	19	22	24	19	15	16	2
湖北	8	10	9	9	8	7	7	1
湖南	25	18	18	19	14	13	12	13
内蒙古	26	25	29	29	31	31	31	-5
广西	31	29	24	27	22	23	21	10
重庆	24	22	13	11	13	12	10	14
四川	11	7	5	7	9	10	11	0
贵州	20	28	26	22	26	24	24	-4
云南	21	17	27	20	24	22	22	-1
西藏	10	27	30	31	30	30	30	-20
陕西	2	2	2	2	4	11	15	-13
甘肃	12	4	10	13	17	16	18	-6
青海	23	16	21	21	21	27	25	-2
宁夏	28	26	15	26	28	29	29	-1
新疆	30	30	28	28	27	28	28	2
辽宁	14	9	8	6	11	17	14	0
吉林	5	5	11	12	20	21	23	-18
黑龙江	13	11	23	16	16	20	19	-6

注：排名总变差为正代表 2018 年较 1990 年排名上升，排名总变差为负代表 2018 年较 1990 年排名下降。

（二）中国各地可持续发展水平的区域差异

结合中国各地可持续发展水平排名和增速两方面来看，东部地区整体可持续发展基础较好，6 个省份可持续发展水平排名均在全国前列，但是上升速度差别较大，北京和上海的增速仅为 31.88% 和 45.15%，这也与基础好的地区再大幅上升比较困难的特点相一致；中部地区的发展态势最佳，大部分省份可持续发展排名均有所提升，6 个省份中有 4 个省份的可持续性上升速度高于全国平均水平；西部地区的可持续发展基础比其他三个地区都薄弱，尽管可持续发展水平较考察期初有较大幅度提升，但是提升速度和最终排名仍然处于较低水平；东北地区在考察期初的发展水平居于全国中上水平，但是经过二十多年的发展，当前的可持续发展排名情况和发展速度均不尽如人意。

为更好地对比中部、西部、东部、东北地区的可持续发展水平差异及变化趋势，分别计算得到 1990 年、1995 年、2000 年、2005 年、2010 年、2018 年四大区域发展水平的平均值、变异系数。具体如表 13-3 和表 13-4 所示。

表 13-3　各大区域可持续发展指数

地区	1990 年	1995 年	2000 年	2005 年	2010 年	2015 年	2018 年	总增长率/%
东部地区	0.271 3	0.265 9	0.367 4	0.422 9	0.497 2	0.564 1	0.589 3	117.22
中部地区	0.208 3	0.214 5	0.307 6	0.329 2	0.400 6	0.447 9	0.473 7	127.43
西部地区	0.303 9	0.286 1	0.359 0	0.369 1	0.380 3	0.382 6	0.393 6	29.52
东北地区	0.283 0	0.279 4	0.319 0	0.408 6	0.402 6	0.376 2	0.421 7	48.99

表 13-4　各大区域可持续发展水平的变异系数

地区	1990 年	1995 年	2000 年	2005 年	2010 年	2015 年	2018 年
东部地区	0.478 5	0.585 2	0.500 4	0.410 6	0.350 2	0.312 5	0.293 4
中部地区	0.250 2	0.197 4	0.111 3	0.161 8	0.152 3	0.211 5	0.194 7
西部地区	0.478 2	0.596 3	0.441 4	0.416 9	0.326 0	0.389 9	0.407 4
东北地区	0.145 5	0.100 2	0.127 5	0.105 2	0.105 9	0.043 8	0.150 7
全国	0.472 4	0.540 7	0.443 7	0.398 7	0.357 6	0.403 0	0.397 4

首先通过分析四大区域内部各省份可持续发展指数的均值来了解区域间发展的差距。从表 13-3 可以发现，考察期初（1990 年）四大区域发展水平从高到低依次为东部、东北部、西部、中部，到考察期末（2018 年）排名发生变化，从高到低依次为东部、中部、东北部、西部。中部地区可持续发展潜力最大，2018 年较 1990 年的可持续发展指数平均增长率达到 127.43%，这表明二十多年来，我国中部地区在科技创新方面有快速发展，环境资源得到合理开发，整体发展能力显著提高；东部地区地理环境优越，发展基础较好，可持续发展水平基础较大，平均增长率虽然低于中部地区，但整体水平仍位于全国前列；西部地区可持续发展水平虽然有一定程度增长，但增长率远低于平均水平，还有很大的发展空间；东北地区在 1900 年的可持续发展水平在四地区中较高，说明在考察期初，东北地区发展状况的基础较好，但其发展态势疲软，2010 年已经和中部地区发展程度十分相近，后被中部地区赶超，这主要是由于东北地区主要以工业生产带动其发展，这在早期极大地促进了东北地区的发展，但同时不可避免地也给环境资源带来了较大压力，人才流失和科技发展疲软也是东北地区排名降低的重要原因。

再考察区域层面可持续发展水平变异系数的历史变动趋势，从而了解四大区域内部各省份间的发展差距及其变化趋势。从全国角度来看，各省份之间的变异系数整体呈下降趋势，这充分说明了我国以西部大开发为代表的地区协同发展战略的巨大成效。从区域角度来看，除东北地区外，2018 年四大区域的可持续发展指数变异系数均小于 1990 年，这表明各区域内省份的发展水平差距缩减，其中东部地区可持续发展能力差距的缩小速度高于其他三个地区，东部地区内部发展不平衡问题得到了有效解决；中部地区的变异系数明显小于西部和东部地区，说明中部的发展差异内部发展差距小于东部和西部地区；东北地区是唯一一个变异系数有增加的地区，1990—2018 年，其变异系数来回波动，也说明东北地区内部发展不平衡问题并未从根本上得到解决；西部地区可持续发展水平的变异系数较高且减小速度仅为 14.81%，说明西部地区发展不平衡的矛盾最突出，从前面的分析中也可以看出，重庆和四川的可持续发展水平远高于西部地区其他省份。

五、中国各地科技发展指数的编制和研究

2019 年 5 月，国家统计局社科文司负责人万东华就国家统计局发布《研究与试验发展（R&D）投入规范（试行）》答记者问时指出：研究与试验发展（Research and Experimental Development，R&D）是国际上对科学技术活动进行测度所使用的一个通用术语，R&D 相关指标集中体现了一个国家或地区科技实力、特别是自主创新能力和水平。技术进步是经济增长的源泉和动力，而技术进步又主要依赖于 R&D 投入。国际上通常采用 R&D 活动的规模和强度指标反映一国的科技实力和核心竞争力。本书根据前述 HDI 指数构建的简洁易行的原则，选择 R&D 投入强度指标作为构建科技创新指数的代表性指标。

（一）研究文献和理论概述

1. 国外关于科技发展评价方法的研究

科技发展与创新问题一直是各国学者研究的重点，国外已有研究也给出了多样化的指标评价体系来对科技创新发展水平进行度量，但国外对区域科技创新能力的研究与评价主要集中在宏观视角，即进行国家层面科技发展与创新能力的比较。

1979 年，世界经济论坛发布含三大项指标"效能提升""基础条件""创新成熟度"的《全球竞争力报告》，用以衡量世界各国的创新竞争力。瑞士洛桑国际管理发展研究所也在 1989 年根据 260 项指标发布了《世界竞争力报告》，之后每年发布一次。1999 年起，经合组织（OECD）基于一个随着社会工业结构不断调整变化的动态指标体系给出了《科学、技术和工业：记分牌和指标》。自 2013 年以来，世界知识产权组织、康奈尔大学和英士国际商学院每年都编制《全球创新指数》（GII），这项指数涵盖多达八十余项指标，综合考察了包括创新驱动、技术运用、制度创新等众多方面。欧盟为推进欧洲创新进行并进行结果衡量，于 2010 年推出了《创新联盟记分牌》并于 2016 年将其改名为《欧洲创新记分牌》，该记分牌的评估对象涵盖大部分欧洲国家。基于该评估标准，国家创新能力被划分为保守型、中等型、强大型、领先型四类。

此外，一些学者基于对科技创新体系含义的差异化思考，给出了相异的指标体系来对区域科技创新水平进行衡量。Porter、Stern（2009）[1] 利用单一的"专利申请量"来衡量创新能力。Faber、Hesen（2004）[2] 在性质上将科技创新能力的内涵作为科技创新的评价基础，并在此基础上选择了专利数量这一绝对量及创新产品销售比重这一相对数作为创新评价指标。MC Hu 等（2005）[3] 给出了较为系统的评价指标体系，即从创新活动产出、创新环境、

---

① PORTER M E, STERN S. New challenge to America's prosperity [C]. Council on competitiveness, 2009.

② FABER J, HESEN A B. Innovation capabilities of European nations: cross-national analyses of patents and sales of product innovations [J]. Research Policy, 2004, 33 (2): 193-207.

③ MC HU, MATHEWS J A. National innovative capacity in East Asia [J]. Research Policy, 2005, 34 (9): 1322-1349.

基础设施及与创新活动直接相关的下游产出因素等方面进行构建。Nizar Becheikh 等①（2006）根据指标与科技创新的关联性，从直接指标和间接指标角度对科技创新评价指标进行了划分。少量学者在建立独特指标体系的基础上，对区域科技创新体系进行了评估，如 Hussler 等（2007）②将法国 94 个地区的创新活动用知识生产方程法进行了比较。整体而言，国外的不同测度主体根据其测度目标、需求，从不同角度构建了各具特色的指标体系，并利用特定方法对国家科技发展与创新能力进行了测度。

2. 国内关于科技发展评价方法的研究

刘东、邹祖烨（2007）③ 认为"世界知识竞争力指数"对评价国家创新水平具有较大参考意义，故用该指数报告的数据与指标进行了各地区科技创新能力的比较分析。田志康等（2008）④ 在神经网络算法基础上，借鉴"欧洲创新记分牌"对我国创新水平进行了研究，结果显示我国整体创新水平不容乐观，在参评的国家和地区中处于中下游位置。陈可南、马建华（2011）⑤ 较详细地介绍说明了《世界知识产权指标报告（2010 版）》。崔维军、郑伟（2012）⑥ 基于欧盟创新指数 2006—2010 年度报告，在创新能力上比较了我国与世界主要创新经济体，结果显示我国的创新能力仍在较大程度上落后于欧美发达国家。崔俊富等（2015）⑦ 分析了世界经济论坛等机构从四个维度给出的创新能力评价体系，即制度评价、载体评价、投入评价和产出评价，基于这一指标体系比较研究了中国、欧盟、美国及日本这几个主要经济体的创新能力，结果显示尽管就我国自身而言，各个维度均在不断进步，但与其他国家和地区的差距仍旧是明显的。且相较于国外，国内指标体系的研究多集中在中观或微观领域，即进行省份及以下层面的研究。

《中国区域创新能力报告》⑧ 中的科技创新评价指标体系得到了比较广泛的认可，该系统涵盖了知识创造、企业创新能力、创新经济效益和创新环境等维度，有 170 多项指标。中国人民大学基于创新投入、创新发展和创新实现三个方面，设计了八个具体指标来评估中国各省市的创新能力。为了研究北京高新技术产业的发展，一些学者基于技术创新等五个指标编制了中关村指数。与之类似的，张江指数和杭州创新指数也根据地区特点构建了对应的指标体系，分别用以评价上海和杭州的科技创新发展水平。这些指数在实践中也确

---

① BECHEIKH N, LANDRY R, AMARA N. Les facteurs stratégiques affectant l'innovation technologique dans les PME manufacturières [J]. Canadian Journal of Administrative Sciences/Revue Canadienne des Sciences de l'Administration, 2006, 23 (4): 275-300.

② HUSSLER C, RONDE P. Explaining the geography of co-patenting in the scientific community: a social network analysis [J]. Annales d'Economie et de Statistique, 2007: 351-372.

③ 刘东, 邹祖烨. 世界知识竞争力评价及其对创新型国家建设的启示 [J]. 科技进步与对策, 2007, 24 (10): 127-130.

④ 田志康, 赵旭杰, 童恒庆. 中国科技创新能力评价与比较 [J]. 中国软科学, 2008 (7): 155-160.

⑤ 陈可南, 马建华. 2010 年世界知识产权指标报告（Ⅱ）[J]. 科学观察, 2011 (4): 3.

⑥ 崔维军, 郑伟. 中国与主要创新经济体创新能力的国际比较：基于欧盟创新指数的分析 [J]. 中国软科学, 2012 (2): 42-51.

⑦ 崔俊富, 苗建军, 陈金伟. 如何保证中国经济长期平稳增长？：基于联立方程模型的讨论 [J]. 首都经济贸易大学学报, 2015, 17 (4): 3-8.

⑧ 邵云飞, 唐小我, 陈光. 中国区域技术创新能力的聚类实证分析 [J]. 中国软科学, 2003 (5): 113-118.

实取得了一定成效。

此外，国内许多学者从不同角度理解区域创新系统内涵，也构建了不同的区域创新能力评价指标体系。朱海就（2004）① 将网络创新、企业创新、创新环境作为评价区域创新能力的三个维度，并在此基础上构建了一些区域创新能力分析的二级指标。付利娟（2006）② 在研究中将科技创新系统划分为四个子系统，即基础环境子系统、投入能力子系统、产出能力子系统和性能子系统，最后进行综合以计算总指数。冯岑明等（2007）③ 在选择指标时进行了科技条件、科技投入、科技产出和科技贡献四个维度的分析并分别选择了具体指标。王守宝（2010）④ 认为在科技投入上主要应考虑两方面的问题，一是科技人员，如参加科学研究的工程师数量等；二是科技经费，如科研经费内部支出等。李海基（2011）⑤ 从科研主体这一分类角度进行了指标选取。在主体上主要考虑了企业、科研机构、科技服务机构、政府、大学等，分别对各主体选取了对应指标以分析其科技创新水平。陈国生等（2014）⑥ 认为科研投入分为两部分，即人力投入和经费投入，人力投入上一般选取"R&D 人员全时当量"等指标，经费投入上一般选取"R&D 经费内部支出"等指标。吴丹等（2017）⑦ 以专利申请量、专利授权量、技术市场合同数以及技术合同成交额作为科技创新能力指标，较为全面地分析了 1996—2014 年北京市科技发展水平的总体变化趋势，同时运用主成分分析法对这一时期内该市的科技创新能力指数进行了分析。结果显示该指数呈现出较为明显的增长态势。

（二）中国各地科技创新指数的编制方法

结合 UNDP 提出的 HDI 简约清楚的指标选择思想，且考虑到多指标评价体系存在指标数目选取、指标赋权、指标合成方式等诸多有争议的问题，而这些问题迄今为止尚无统一合理的解决方案，本书在科技发展指数的编制上采用了单指标评价方法。进一步地，编制科技发展指数所用指标为支撑科技发展的关键性基础指标——R&D 投入强度（R&D 投入强度＝R&D 经费内部支出/对应地区 GDP）。具体的指数计算公式为

$$Z_{ij} = \frac{X_{ij} - \min X_{ij}}{\max X_{ij} - \min X_{ij}} \tag{13-1}$$

式（13-1）中，Z_{ij} 为 i 省份第 j 年的科技发展指数值，X_{ij} 表示 i 省份第 j 年的 R&D 经费投入强度实际值。$\max(X_{ij})$ 和 $\min(X_{ij})$ 分别为先验确定的最大阈值和最小阈值。其中 $\max(X_{ij})$

---

① 朱海就. 区域创新能力评估的指标体系研究 [J]. 科研管理，2004，25（3）：30-35.

② 付利娟. 区域科技创新指数研究 [J]. 法制与社会，2006，8：177-177.

③ 冯岑明，方德英. 基于 RBF 神经网络的区域科技创新能力的综合评价方法 [J]. 科技进步与对策，2007，24（10）：140-142.

④ 王守宝. 科技进步与经济发展的相关性研究 [D]. 天津：天津大学，2010.

⑤ 李海基. 区域科技创新指数及其算法研究 [D]. 广州：华南理工大学，2011.

⑥ 陈国生，杨凤鸣，陈晓亮，等. 基于 Bootstrap-DEA 方法的中国科技资源配置效率空间差异研究 [J]. 经济地理，2014，34（11）：36-42.

⑦ 吴丹，胡晶. 基于主成分分析法和理想解法的区域科技资源配置效率评价 [J]. 中国集体经济，2017（1）：53-54.

取各省份在"十三五"规划中 R&D 投入强度目标的最大值，对于未给出明确目标的省份，用规划的 R&D 内部经费支出目标值与目标 GDP 值相比从而间接计算得出。查找资料并进行必要的计算对比后，最终得出 $\max(X_{ij})$ 取值为 6%。经比较可知，该值几乎大于所有省份在 1990 年至 2018 年这一历史时期内的最大值（仅北京市 2015 年的强度值大于 6%）。另外，在上述历史时期内，有不少科技发展水平欠佳的省份强度值小于 1%，几乎接近于 0，为保证可比性和科学性，$\min(X_{ij})$ 值取为 0。

计算四大地区 1990—2018 年的地区科技发展指数，以研究地区指数的发展趋势并进行相互比较，以期对地区科技发展的平衡性做出一些讨论。

地区科技发展指数的编制方法理论上有如下两种，一是参照式（13-1），将各个地区视为一个扩大了的省份，用地区 R&D 经费内部支出与地区 GDP 相比计算得出地区科技发展指数。二是求出特定地区所含省份指数值的几何平均数，将其作为该地区科技发展指数值。由于前者是本书编制科技发展指数的定义式，故选取该方法。得出地区指数计算公式为

$$Z'_{ij} = \frac{Y_{ij} - \min X_{ij}}{\max X_{ij} - \min X_{ij}} \tag{13-2}$$

式（13-2）中，Y_{ij} 为 i 地区第 j 年 R&D 投入强度，计算方法为：

$$Y_{ij} = \frac{i \text{ 地区所有省份第 } j \text{ 年 R\&D 经费内部支出加总}}{i \text{ 地区所有省份第 } j \text{ 年 GDP 加总}} \tag{13-3}$$

国家科技发展指数计算公式为

$$Z_j = \frac{W_j - \min X_{ij}}{\max X_{ij} - \min X_{ij}} \tag{13-4}$$

Z_j、W_j 分别表示第 j 年国家科技发展指数、第 j 年国家 R&D 投入强度。

另外，应该补充说明的是，在编制科技发展指数的指标选取上，除"R&D 投入强度"外，"人均 R&D 经费支出"这一指标也常为部分学者所讨论。实际上，本书正是在比较分析这两个指标的计算结果后，其中以"人均 R&D 经费支出"为基础计算的中国科技发展指数偏低，近几年刚刚突破 0.1，但在国内外众多关于科技发展与创新的评价指标体系中，我国均有着较好表现。如在世界知识产权组织（WIPO）、美国康奈尔大学、欧洲工商管理学院编制的 2018 年《全球创新指数》（GII）中，我国大陆得分为 53.06（100 分制），排名全球第 17 位。而以"R&D 经费支出强度"为基础指标编制的科技发展指数，其指数值相对较高，更为符合我国客观实际，故而下文结果及分析均以"R&D 经费支出强度"为基准指标。

（三）中国各地科技发展指数的编制结果及描述性统计分析

1. 科技发展指数的编制结果

以"R&D 经费支出强度"为基础指标进行科技发展指数的编制，中国及各地区科技发展指数计算结果如表 13-5 所示。

表 13-5 1990—2018 年中国及各地区科技发展指数

年份	东部	中部	西部	东北	全国	年份	东部	中部	西部	东北	全国
1990	0.078 3	0.045 6	0.096 9	0.090 9	0.075 3	2005	0.208 9	0.123 4	0.152 8	0.199 5	0.169 0
1991	0.083 9	0.051 3	0.099 8	0.097 5	0.080 3	2006	0.224 9	0.139 0	0.147 8	0.190 3	0.177 2
1992	0.084 4	0.053 2	0.102 3	0.097 6	0.081 7	2007	0.235 6	0.143 9	0.148 3	0.192 7	0.183 0
1993	0.079 7	0.052 4	0.096 4	0.090 2	0.077 5	2008	0.254 7	0.159 1	0.148 4	0.187 6	0.194 0
1994	0.075 8	0.050 7	0.089 3	0.085 8	0.073 4	2009	0.286 5	0.196 2	0.177 8	0.222 5	0.227 0
1995	0.076 8	0.049 5	0.086 9	0.089 1	0.072 9	2010	0.302 6	0.192 4	0.176 1	0.209 4	0.231 3
1996	0.077 8	0.052 9	0.088 5	0.095 6	0.075 3	2011	0.324 2	0.196 6	0.169 4	0.203 9	0.238 5
1997	0.088 4	0.059 8	0.095 3	0.106 0	0.083 7	2012	0.354 9	0.214 3	0.177 0	0.205 4	0.257 2
1998	0.080 6	0.063 8	0.097 8	0.095 3	0.082 0	2013	0.372 1	0.228 4	0.180 8	0.213 9	0.269 3
1999	0.097 7	0.077 2	0.105 5	0.096 8	0.094 0	2014	0.382 1	0.234 8	0.182 8	0.203 4	0.274 6
2000	0.146 8	0.101 4	0.137 0	0.115 2	0.128 7	2015	0.394 9	0.240 0	0.193 2	0.187 4	0.282 4
2001	0.154 8	0.101 7	0.140 6	0.138 0	0.134 5	2016	0.398 5	0.243 1	0.199 4	0.209 0	0.288 3
2002	0.174 0	0.111 7	0.146 7	0.170 9	0.148 7	2017	0.408 9	0.262 8	0.206 7	0.212 4	0.299 8
2003	0.181 3	0.117 3	0.156 1	0.182 0	0.156 5	2018	0.437 1	0.274 0	0.212 0	0.241 0	0.317 7
2004	0.196 6	0.114 7	0.144 6	0.196 7	0.159 2	—	—	—	—	—	—

注：计算所用数据全部来源于国家统计局、中国统计年鉴、中国科技统计年鉴以及各省科技统计年鉴。

2. 科技发展指数的描述性统计分析

从图 13-3 可见，在总体数值上，我国科技发展指数并不高，至 2018 年尚未突破 0.4。从发展趋势来看，1990 年以来，中国科技发展指数先经历了一段短暂的下降，至 1994 年左右达到最低点，之后指数值持续攀升，2018 年达到最高点 0.317 7，相对 1990 年增长了 3.2 倍。同时应注意到，虽然指数值在不断走高，但不可忽视的是自 2000 年起，其环比增长速度在不断下降。可见我国科技发展指数尽管上升势头明显，但上升后劲不足，应引起足够重视。随着近年来"创新引领发展"战略的提出与实施，这一现象有望得到改善。

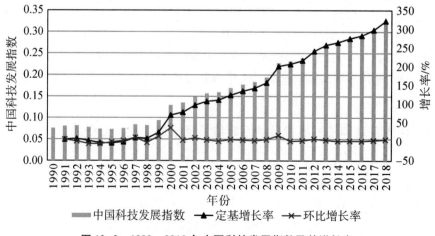

图 13-3 1990—2018 年中国科技发展指数及其增长率

由图 13-4 可知，1990—2018 年，四大区域的科技发展指数整体呈上升态势，但却未能突破 0.5。2000 年以前，各区域的科技发展状况差别不大，但较为堪忧，仅在 0.1 左右小幅波动；2000 年之后，四地区间差距开始显现，尤其是 2003 年之后，东部地区快速发展，与其他三地区的差距逐渐拉大；中部地区发展较为规律，一直平稳上升；西部地区稍逊于中部；而东北地区则在 2009 年左右出现下降，并在 0.2 上下波动。

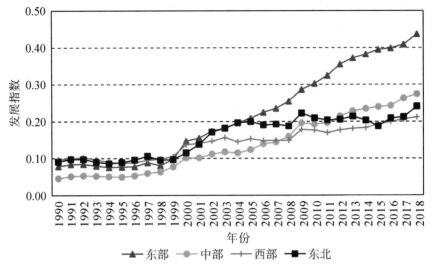

图 13-4　1990—2018 年中国及各地区科技发展指数走势

六、中国各地资源环境指数的编制和研究

良好的资源环境既是可持续发展的目的，又是可持续发展的手段。但如前所述，资源和环境是一个涵盖内容十分广泛的概念。本书秉承人类发展指数编制的简洁可行和代表性的原则，最终选择了最能代表资源环境条件和目标的碳排放强度作为资源环境的代表性指标来构造资源环境指数，并以此分析了中国各地资源环境保护和利用的状况。

由此本书编制的资源环境指数是由二氧化碳排放指标为根指标构成的。二氧化碳的排放不仅能够反映出不可再生资源的使用状况，而且还能够反映出环境及气候的变化。不可再生资源的使用主要体现在煤炭、石油、天然气等能源的加工燃烧，燃烧后产生大量的二氧化碳气体；环境的变化首先体现在气候的变化方面，而导致气候变化的主要温室气体是二氧化碳的排放，因此二氧化碳排放量指标是反映资源环境变化的根指标，并进一步反应可持续发展状况。按照 HDI 编制方法的"简洁、透明和代表性"原则，用二氧化碳排放量指标作为根指标来构成碳排放指数是最为适当的。同时，关于二氧化碳排放量的测算和分析在国内和国际都有大量的研究成果可供参考。

（一）研究文献和理论概述

1. 国外研究成果

目前，关于二氧化碳气体排放总量的测算在国际上有很多种方法，其中最早的是 1996 年的《IPCC 国家温室气体清单编制指南》[①]，由气候变化专门委员会组织编写并发布。以此为标准，欧洲根据实际情况编写了《欧盟的 EMEM/CORINAIR 大气排放数据库指南》[②]，美国根据其发布了《美国 EPA 的 AP42 空气污染物排放因子汇编中的排放因子和排放清单改进计划》[③]，荷兰发布了《荷兰大气污染物 PARCOM-ATMOS 排放因子手册》[④]。其中还有城市温室气体清单编制的方法，目前在国际中主要是《ICLEI》[⑤] 指南。本书关于二氧化碳排放总量的测算主要参考了《2006 年 IPCC 国家温室气体清单编制指南》。

约克（York）等（2003）分析了二氧化碳排放量的影响因素，结果发现城市化是影响二氧化碳排放的主要原因[⑥]。戴维斯（Davis）等（2003）发现能耗结构和能源效率的变化是美国汽车排放变化的主要原因[⑦]；B. W. Ang 等（2005）将能源消费结构、国民经济的增长和不同的产业结构等因素作为解释变量进行分析并研究了影响韩国二氧化碳的排放强度[⑧]。Lise（2006）的结论是，经济发展增加是土耳其碳排放的主要驱动因素[⑨]。Hatzigeorgiou 等（2008）应用了两种变体在州一级指数分解希腊的二氧化碳排放成四个因素，发现收入效应是增加碳排放的最重要因素[⑩]。B. Davidsdottir 等（2011）对美国四十八个州市从 1980—2000 年的二十年数据运用 Lass Bayes 序列和 Clustering 等方法探讨了二氧化碳的排放强度和经济发展的联系，研究显示美国在其国内实行具有时期性的策略能够最

---

① The IPCC National Greenhouse Gas Inventories Programme was managed from 1991 by the IPCC WG I in close collaboration with the Organisation for Economic Co-operation and Development（OECD）and the International Energy Agency（IEA）until its transfer to the IPCC's Task Force on National Greenhouse Gas Inventories（TFI）based in Japan in 1999.

② The joint EMEP/EEA air pollutant emission inventory guidebook supports the reporting of emissions data under the UNECE Convention on Long-range Transboundary Air Pollution（CLRTAP）and the EU National Emission Ceilings Directive.

③ AP-42, Compilation of Air Pollutant Emission Factors, has been published since 1972 as the primary compilation of EPA's emission factor information. It contains emissions factors and process information for more than 200 air pollution source categories. A source category is a specific industry sector or group of similar emitting sources.

④ Emission factors manual PARCOM-ATMOS: emission factors for air pollutants 1992; final version. Sponsored by the Netherlands Ministry of Housing, Physical Planning, and the Environment, Air and Energy Directorate, Ministry of Transport and Water Management.

⑤ ICLEI-Local Governments for Sustainability is the leading global network of more than 1,500 cities, towns and regions committed to building a sustainable future.

⑥ YORK R, ROSA E A, DIETZ T. Stirpat, Ipat and ImPACT: analytic tools for unpacking the driving forces of environmental impacts [J]. Ecological Economics, 2003, 46（3）: 351-365.

⑦ DAVIS WB, SANSTAD A H, KOOMEY J G. Contributions of weather and fuel mix to recent declines in US energy and carbon intensity [J]. Energy Econ, 2003, 25: 375-396.

⑧ ANG B W. The LMDI approach to decomposition analysis: a practical guide [J]. Energy Policy, 2005, 33（7）: 867-871.

⑨ LISE W. Decomposition of CO$_2$ emissions over 1980-2003 in Turkey [J]. Energy Policy, 2006, 34: 1841-1852.

⑩ HATZIGEORGIOU E, POLATIDIS H, HARALAMBOPOULOS D. CO$_2$ emissions in Greece for 1990-2002: a decomposition analysis and comparison of results using the Arithmetic Mean Divisia Index and Logarithmic Mean Divisia Index techniques [J]. Energy, 2008, 33: 492-499.

大限度保障在经济发展不受影响的条件下有效地降低能源强度和二氧化碳排放强度[①]。

2. 国内研究成果

在国内，国家组织多位专家编制了1994年和2005年中国国家气体清单。2015年8月，刘竹等对我国关于二氧化碳排放的测算方法提出疑问，认为其对二氧化碳排放的测算高出了40%左右[②]。蒋金何（2011）根据《IPCC国家温室气体清单编制指南》计算了我国二氧化碳排放总量，但是主要计算了化石能源燃烧产生的二氧化碳排放总量，并不十分精准[③]。王安静、冯宗宪（2015）利用投入产出模型从省级层面研究了碳排放的测算以及碳转移[④]。本书主要根据我国国内的温室气体排放指南和各省市的温室气体排放指南计算了化石能源燃烧产生的二氧化碳排放总量和水泥生产过程中产生的二氧化碳排放总量之和。鲁万波、仇婷婷和杜磊（2013）基于对数平均D氏指数技术对碳排放量进行了因素分解，发现工业部门是对二氧化碳排放量增长贡献最大的部门[⑤]。林伯强等（2010）利用了BP结构突变点对我国碳排放强度演变进行了阶段性划分，并对每一阶段的碳排放强度变化特征进行了分析，发现不同的阶段影响因素对碳排放强度的影响是不同的，这也与本书利用变系数空间计量模型所得到的结果吻合[⑥]。张翠菊（2017）利用空间计量研究了碳排放强度影响因素、收敛性以及溢出性，得到了我国各省市的碳排放强度具有明显的空间集聚性，相关区域具有相同的辐射效应，各省市之间存在条件β收敛[⑦]。本书在传统的空间计量的基础上，不仅分析了经济发展水平、能源结构系数、城市化水平、科技投入水平和周围省市相关因素对资源环境指数的影响，还利用时空地理加权回归模型分析了不同的影响因素在不同的时间和空间对资源环境指数的影响。关于地理加权回归模型，目前还没有在碳排放方面的应用，只有韩兆洲、林仲源（2017）利用了地理加权回归模型分析了最低工资增长机制的非平稳性[⑧]。

（二）中国各地资源环境指数的编制方法

资源环境的内涵很大，所包含的范围很广，需要进行总体评估。总体评估的方法很多，但总体来讲可以分为多指标的综合评估方法和单指标的代表性评估方法，这两种方法各有优缺点。多指标的综合评估方法必须解决好指标体系的构建、权重的决定、合成方法的选择等很多难以解决的问题，而且多指标数据的取得也不容易。单指标评价最主要的不足就

① DAVIDSDOTTIR B, AMATO A, et al. Climate change policies and capital vintage effects: the cases of US pulp and paper, iron and steel, and ethylene [J]. Journal of Environmental Management, 2012, 70 (3): 235-252.

② LIU Z, GUAN D, WEI W, et al. Reduced carbon emission estimates from fossil fuel combustion and cement production in China [J]. Nature, 2015, 524 (7565): 335.

③ 蒋金荷. 中国碳排放量测算及影响因素分析 [J]. 资源科学, 2011, 33 (4): 597-604.

④ WANG Q, CHIU Y H, CHIU C R. Driving factors behind carbon dioxide emissions in China: a modified production-theoretical decomposition analysis [J]. Energy Economics, 2015, 51: 252-260.

⑤ 鲁万波, 仇婷婷, 杜磊. 中国不同经济增长阶段碳排放影响因素研究 [J]. 经济研究, 2013 (4): 106-118.

⑥ 林伯强, 刘希颖. 中国城市化阶段的碳排放: 影响因素和减排策略 [J]. 经济研究, 2010, 8 (1): 22.

⑦ 张翠菊, 张宗益. 中国省域碳排放强度的集聚效应和辐射效应研究 [J]. 环境科学学报, 2017, 37 (3): 1178-1184.

⑧ 韩兆洲, 林仲源. 我国最低工资增长机制时空非平稳性测度研究 [J]. 统计研究, 2017 (6): 40-53.

是覆盖面不足，但是如果能够找到一个对该领域具有充分代表性的"根指标"，就可以在很大程度上解决这一问题。二氧化碳排放量的增多会导致全球温度的增高、全球极端气候出现的频率增加等，与此同时二氧化碳排放量的增加是化石能源的燃烧所致，二氧化碳排放量的变化能够较贴切地反映出我国资源环境发展的变化。因此，将二氧化碳排放指标作为资源环境发展的根指标。关于资源环境发展指数的计算主要采用将二氧化碳指标的逆指标无量纲化进行计算，其中主要的计算步骤为：单指标的选择、二氧化碳排放总量的确定、阈值的选择和无量纲化，碳排放指数的计算。具体的内容在下面展开介绍。

1. 评价指标的选择

衡量二氧化碳排放量的指标有很多，主要有二氧化碳排放总量、碳排放强度和人均二氧化碳排放三种主要的指标。由于我国地域辽阔，各省人口、经济的因素不同，采用二氧化碳排放总量无法有效地比较各省份之间的二氧化碳排放水平，因此，单指标不采用二氧化碳排放总量；而不采用碳排放强度的原因是由于人类发展指数（HDI）中收入指数中包含了经济发展水平因素，如果这里采用碳排放强度，会造成经济发展水平的重复计算，其次，由于我国各省份的经济发展速度和水平不同，因此，采用碳排放强度也无法有效地进行比较。在比较之下采用人均碳排放计算资源环境发展指数，采用人均二氧化碳排放指标不仅可以有效地进行各省之间比较，还可以进行国家之间的比较。

2. 二氧化碳排放总量的测算

目前在国内并没有统一的权威的二氧化碳排放总量的计算方法，但是在《2016IPCC国家温室气体清单指南》中提出了计算的思路。综合起来看，二氧化碳排放总量的测算所包含的范围如图13-5所示，大多数学者仅仅计算了化石能源燃烧产生的二氧化碳排放总量，但是这并不够准确，本书采用的方法是计算能源活动和工业生产活动产生的二氧化碳排放量之和。图13-5为二氧化碳排放总量构成框架。

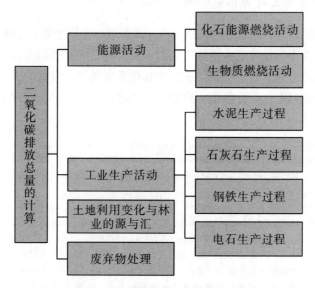

图13-5　二氧化碳排放总量构成框架

3. 二氧化碳排放总量的确定

二氧化碳排放源为能源活动、能源生产过程、土地利用变化、废弃物处理，但是，由《中国人类发展报告 2009/2010：迈向低碳经济和社会的可持续未来》中可发现，我国大约 90% 的二氧化碳排放量是由能源活动中的化学燃料燃烧所产生，大约 8.2% 是由工业排放中的水泥生产过程产生的，而且关于其他排放源的数据的获取比较困难，因此，这里利用我国化学燃料燃烧和水泥生产过程中排放的二氧化碳量来估算我国二氧化碳排放总量。在计算全国化学燃料采用的煤炭、石油、天然气时，这三种燃料的数据容易获得，而且全面概括了我国的化学燃料。关于各省的化学燃料，考虑到各省份之间化学燃料的转移，因此，将石油转化为汽油、柴油、煤油、燃料油，以此来计算各省份化学燃料燃烧产生的二氧化碳排放量。

4. 阈值的确定

本书计算的碳排放指数采用的是人均二氧化碳排放指标的无量纲化，由于人均二氧化碳指标是逆指标，因此需要计算各省份的人均二氧化碳排放量最大值。中国在"国家自主减排贡献方案"中提到二氧化碳排放总量将在 2030 年达到峰值，原因是目前我国仍属于发展中国家，在发展的过程中仍然需要能源的支撑。由于在 2030 年前，我国的碳排放和人口会处于一个增长的阶段，但是人口增长速度低于碳排放的增长速度，因此在 2030 年前，我国的人均碳排放量会处于增长的状态，我国的 INDCs①（国家自主减排贡献）中提到了具体的原因和措施。因此，需要计算 2030 年各省份人均碳排放量，并比较得出最大值。由于2030 年目前并没有办法去计算得出，但是可以通过《"十三五"节能减排综合工作方案》中各省份碳排放强度目标值和 GDP 值去计算出 2020 年各省市的人均碳排放值。

（三）中国各地碳排放指数的描述性统计分析

由图 13-6 可以看出，我国的资源环境指数呈现整体向下的发展趋势，在二氧化碳排放指标的计算中可以知道，1990—2018 年，我国人均二氧化碳排放量在逐渐增加，说明我国的资源环境也在逐渐变差，尤其在 2002—2013 年，我国的资源环境指数下降速度最快，在 2013—2018 年我国资源环境指数趋于平稳，说明我国在意识到资源环境的重要性后所采取的措施是有效的。四大区域所表现出的阶段特点与全国类似；将四地区分开看，中部表现最好，东部和西部在 2010 年以前不相上下，自 2011 年之后，西部有所落后；东北地区则稍低于其他三个区域。

---

① "国家自主减排贡献"，英文缩写为 "INDCs"，是根据《联合国气候变化框架公约》缔约方会议的要求，由各国自主提出的 2020 年后应对气候变化行动计划。

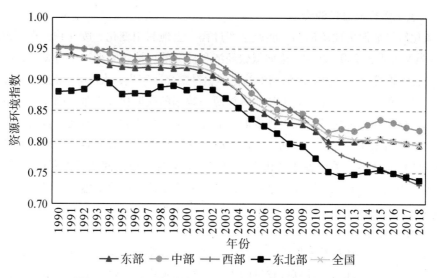

图 13-6　1990—2018 年中国及各地区资源环境指数走势

由表 13-6 可知，考察期末与考察期初相比，北京、上海、天津、湖南、河南、黑龙江、湖北、辽宁、广东、四川、吉林、甘肃 12 个省市排名有不同程度的上升，其中北京、上海、天津上升 10 位以上（分别上升 29、14、13 位）；除上述地区外，其余省份碳排放指数排名则出现后退情况，其中陕西排名下降最多，下降 12 名。具体来看，在 1990 年，碳排放指数排名前三位的是海南、广西和福建，三者均为南部临海省份；后三位的是上海、北京和天津。1990 年大力发展经济，1990 年的经济主要靠工业的发展，而北京、上海和天津的初期发展主要靠工业，而当时的工业主要靠化石燃料的燃烧，因此，在当时的资源环境指数很低。在 2018 年，资源环境指数排名前三位的是北京、湖南和四川，后三位的是山西、宁夏和内蒙古，山西、宁夏和内蒙古仍是以工业为主，而且距离矿区近，可以就近消费，然后将电或者其他半成品出至外省，因此这三个省份的排名较低。

表 13-6　各省份不同年份资源环境指数排名

地区	年份							排名总变差
	1990	1995	2000	2005	2010	2015	2018	
北京	30	28	26	23	7	2	1	29
天津	29	29	29	28	28	16	16	13
河北	21	22	24	25	24	23	23	−2
上海	31	30	30	27	23	18	17	14
江苏	18	20	18	20	18	20	20	−2
浙江	11	17	20	19	17	14	13	−2
福建	3	3	7	9	10	11	11	−8
山东	17	19	13	24	26	24	24	−7
广东	8	12	11	11	6	6	4	4
海南	1	1	1	1	1	7	8	−7

表13-6（续）

地区	年份							排名总变差
	1990	1995	2000	2005	2010	2015	2018	
山西	28	31	31	31	29	29	29	-1
安徽	7	8	10	5	11	13	14	-7
江西	5	5	5	3	3	9	9	-4
河南	13	9	9	16	16	8	6	7
湖北	12	11	17	12	15	5	7	5
湖南	10	10	3	6	5	1	2	8
内蒙古	24	24	27	30	31	31	31	-7
广西	2	2	2	2	2	4	5	-3
重庆	9	7	12	10	12	10	10	-1
四川	6	6	4	4	4	3	3	3
贵州	14	16	19	17	19	17	18	-4
云南	4	4	6	8	9	12	12	-8
西藏	19	13	14	14	13	25	25	-6
陕西	15	15	8	13	20	27	27	-12
甘肃	16	18	16	7	8	15	15	1
青海	20	14	15	15	14	26	26	-6
宁夏	25	26	25	29	30	30	30	-5
新疆	22	21	22	18	25	28	28	-6
辽宁	27	27	28	26	27	22	22	5
吉林	23	25	21	22	22	21	21	2
黑龙江	26	23	23	21	21	19	19	7

注：排名总变差为正代表2018年较1990年排名上升，排名总变差为负代表2018年较1990年排名下降。

七、研究结论和政策建议

（一）主要结论

本章根据HDI的编制理论与方法，分别以"R&D经费支出""人均碳排放量"为基础指标，在1990—2018年时期内对CHDI的重要分项指数"中国科技创新指数"和"碳排放指数"进行了编制，并将二者的几何平均数作为可持续发展指数，用来反映可持续发展水平的综合指标。通过对三个指数进行分析，有以下结论。

1. 我国可持续发展指数整体呈上升态势，东部表现好，中部潜力大，西部发展慢，东北部后劲不足

1990—2018年，中国各省份的可持续发展能力是稳步提升的，2018年较1990年可持续发展水平增长率较高的地区主要分布在东部和中部地区，而东北地区和西部地区的增长率

低于全国平均水平。在考察期初，四大区域平均可持续发展水平从高到低依次为东部地区、东北地区、中部地区和西部地区，到考察期末排名从高到低依次为东部地区、中部地区、东北地区和中部地区，中部地区发展态势良好，东北三省地区发展现状不容乐观，相较于2005年之前的发展状况明显后劲不足。全国及各大区域内可持续发展水平差异逐渐减小但彼此间仍存在一定差距，整体来看，全国可持续发展水平差距逐渐缩小，但发展不平衡现象仍然较为突出，从区域内部来看，西部地区发展不平衡问题最为突出，四川、西安、重庆的可持续发展水平明显高于西藏、新疆等其他省市；从区域之间来看，东部地区的发展水平位于全国最高水平，中部地区的发展速度最快，可持续发展潜力最大。

2. 我国科技创新指数整体偏低，但上升趋势平稳乐观

我国科技创新指数自1990年的0.0753增长至2018年的0.3177，虽然取得的成绩毋庸置疑，但不可否认在数值上仍然偏低。对中国科技创新指数计算定基增长速度和环比增长速度后发现，定基增长速度一直在上升，而环比增长速度自2000年起基本处于缓慢下降的状态。当然，尽管近年来环比增长率缓慢降低，也不需盲目地持悲观态度。一方面我国经济结构在不断调整，供给侧结构性改革在深入推进，在这种经济平稳向好的大环境下，科技创新必然会呈现积极良好的趋势。另一方面，在科学有力的顶层设计下，可以预见我国各地对科技创新与创新的投入力度和重视程度将会提高。实际上，近几年在国际舞台上我国科技创新一直得到较高的评价，在诸多国际权威评价指标体系中均有着明显进步。

3. 四大区域间科技创新指数的差异增大，且这种差异主要体现在东部地区与非东部地区间

从科技创新指数的角度看，四大地区中，东部地区科技创新情况最为良好，其在研究时期内一直领先于其他三大地区。中部地区增长趋势最为迅猛，1990—1998年，该地区一直居于四大地区中相对最低的位置，但自2003年起，中部地区在四年内相继超越西部和东北地区，实现了大跨越。另外，四大地区间的差异均呈现出不断扩大的趋势。综合来看，本书认为四大地区间呈现出的差异扩大趋势主要是由东部地区创新相对太过迅速而其他地区未能跟上步伐而导致的。

4. 我国碳排放指数呈现整体向下的发展态势，资源环境问题需继续加大重视力度

根据我国分阶段进行的分析（图13-6），可以看出，2003—2007年和2008—2011年各自的时间段内我国碳排放指数下降速度最快，但是在最后一阶段2012—2018年，我国碳排放指数变化不大，说明我国之前并没有很好地重视资源环境，一度地追求经济的发展，在经济快速发展的过程中，造成了资源的浪费和环境的污染。2011年后，我国加大了对资源环境的重视，采取了一系列有关资源环境的政策，发现2012年到2018年的资源环境发展指数没有持续下降，说明目前实施的政策非常有效，应该持续下去。将四大区域分开来看可以发现，中部表现最好，东部和西部在2010年以前不相上下，自2011年之后，西部则被落下很多；东北地区则稍低于其他三个区域。

（二）政策建议

1. 减小发展差异性，全面提高可持续发展水平

要针对当前可持续发展不平衡问题实施相应的政策，重点应关注发展水平较低的西部地区和发展速度较慢的东北地区：加快西部地区的开发进程，缩小东西部基础设施、投资环境、科技、人才等方面的差距，同时西部地区调整产业结构，扩大第三产业在三大产业中的比重；充分发挥东北地区的特色和优势，加快东北老工业基地调整转型，增强科技创新能力，着力加强生态建设和环境保护，构建可持续发展长效机制。同时加强各个省市和区域间可持续发展的空间交互作用，充分发挥高可持续发展水平省市及大型城市在文化、教育、科技上的集聚效应，推动周边地区可持续发展能力同步提高。

2. 加大科技创新力度，注重区域平衡创新

总体来看，我国科技创新水平还有待提高，而当前科技已经是国际竞争的重要角力场，故需要对我国这种科技创新现状引起极大重视。国家需要加大科技创新投入，特别是人力投入和经费投入，这两项在科研产出中具有重要地位。自党的十九大以来，"创新是引领创新的第一动力"的观念已深入人心，各级政府部门和科技企事业单位都在不断做出新的实践和尝试。应提起注意的是，基于当前区域科技创新呈现出一定不平衡性的现状，在全力推动科技创新的同时，要考虑平衡和协同创新。东部地区一直保持科技创新的高速创新，中部地区近年强势崛起，这些值得认可。但是，虽然我国一直在深入推进"西部开发"和"东北振兴"战略，西部地区和东北地区在科技创新方面的表现仍不乐观。其原因一方面是科技基础相对薄弱，另一方面也可能是西部和东北各省的注意力主要集中在经济创新方面对科技创新的重视程度不够。

3. 着重培养科研人才，改善科研环境，营造良好科研氛围

2009年推出的《促进中部地区崛起规划（2009—2015年）》取得了较好的成效，2016年12月，国务院又制定了《促进中部地区崛起规划（2016—2025年）》，旨在促进山西、安徽、江西、河南、湖北、湖南中部六省各方面继续创新，可以预见，中部地区在科技创新方面将会保持目前的创新态势，不断取得更好的成绩。西部地区和东北地区也应在结合自身现实条件的情况下积极寻求科技创新突破，而这种突破的关键性着力点之一就是人才。从上文的溢出效应模型分析结果可以看出，科研人员对科研产出的影响最为显著。科技要想创新，人才的培养必须受到重视。一方面应该为科研人员提供必要的良好研究环境和设备，保障科研活动的高效准确实施，另一方面也要给予其充分的人文关怀，改善其生活条件。政府要营造积极的研发环境，让创新创造的源泉充分涌流，也要促进团队合作，不断激发团队智慧，才有望取得理想的科研成果。

4. 完善我国二氧化碳排放量的相关统计数据库

在计算二氧化碳排放总量的过程中，发现我国有些部门的二氧化碳排放数据没有明确公开。我国应统一碳排放量的测度，给出较权威碳排放量数据，目前根据排放因子方法计算的碳排放量是不够精准的，有学者曾指出，随着科学技术的提高，各部门的碳排放因子应该是逐渐提高的，而不是始终保持不变的，因此，需要建立权威的碳排放总量测度方法，发布相关数据。

5. 建立健全省际的碳排放交易市场，促进经济转型

我国地域辽阔，不同的省份之间的碳排放指数相差较大，这主要是碳排放的差异导致的。我国的产煤大省所产生的煤炭，会通过电能的形式传送到其他发达地区，但是所产生二氧化碳属于本省，因此要完善相关的省份碳排放交易市场，不同的省份也要给与一定的碳排放限定，不能一概而论。另外，我国部分碳排放指数较低的省会，例如宁夏和山西，要加大科技的投入水平，更多地发展新型产业，更少地依赖传统的高耗能源传统产业，更早完成经济转型。

第五板块（十四至十七章）：

拓展前后中国人类发展指数的对比研究和因素分析

执笔人：任栋、黄祖军、龙思瑞、肖化群、贾若兰

第十四章 中国各地人类发展指数的拓展与比较研究

一、中国人类发展指数编制的沿革

（一）国内学界对中国人类发展指数编制的研究

国内学界关于中国人类发展指数编制方面的研究起步较晚。覃成林、罗庆（2004）[①] 尝试构建了中国的 HDI 指数分析体系，并对我国各省份的 1992—2002 年的人类发展水平进行了测算，研究分析表明：中国各区域之间的人类发展水平存在"东高西低，南高北低"的格局，呈现出逐渐扩大的两极分化形势。杨永恒、胡鞍钢等（2005）[②] 使用主成分分析法对 HDI 体系中的三个二级指数进行非均衡权重分配，并根据 UNDP 公布的二级指数数据对我国各省人类发展指数重新计算，根据计算结果发现我国各省市虽然在经济、健康、教育三方面取得了一定的进步，但是三个维度的发展却越发呈现出不协调的形势，显示出我国经济发展过分强调经济增长带来的负面影响。郭利平、方远平（2006）[③] 对我国各省 HDI 水平经过比较与分析，发现 HDI 与人均 GNI 之间存在正向相关关系，不仅东南沿海与西部地区之间差距很大，省市之间的差距也较为明显。邓晨（2012）[④] 在人类发展指数现有合成方法的基础上，提出一种新的 HDI 构建思路：考虑要素均衡为取向的维度交互平均法，采用不等权设置，均衡反映指数的均衡度并且均衡考虑了各指数的效用。最后通过对 187 个国家的模拟计算发现得到的人类发展指数并没有大幅度改变 UNDP 的排名，提供了新的人类发展指数改进方法。李晶、李晓颖（2012）[⑤] 借用空间距离法的思想重新构建了一个区域人类发展指数 RHDI，通过 RHDI 与 HDI 的比较分析，更为准确地刻画了中国各个地区的人类发展状况及差距。李晓西等人（2014）[⑥] 秉承着生态环境资源和经济社会可持续发

---

① 覃成林，罗庆. 中国区域人类发展差异研究 [J]. 经济经纬，2004 (6)：49-51.

② 杨永恒，胡鞍钢，张宁. 基于主成分分析法的人类发展指数替代技术 [J]. 经济研究，2005 (7)：4-17.

③ 郭利平，方远平. 中国各省市人类发展指数的比较与分析 [J]. 学术探索，2001 (S1)：172-174.

④ 邓晨. 以均衡为取向的人类发展指数算法研究与应用 [D]. 上海：复旦大学，2012.

⑤ 李晶，李晓颖. 基于空间距离法的区域人类发展指数 [J]. 统计研究，2012 (1)：61-67.

⑥ 李晓西，刘一萌，宋涛. 人类绿色发展指数的测算 [J]. 中国社会科学，2014 (6)：69-95.

展具有同等重要性的前提下，构建了含有 12 个元素为指数基础的人类绿色发展指数，并测算了全球 123 个国家的人类绿色发展水平，并将其与 HDI 数值进行了比较，并得出两种计算结果出现差异更有可能是受自然环境条件影响等。

（二）中国各地人类发展指数的编制

由上可知，人类发展指数自 1990 年创立以来，坚持以"预期寿命、教育水准和生活质量"三项基础变量综合反映人类发展总体水平，但指数计算方法几经改进，直到 2014 年《计算注释》发布之后方趋于稳定。本书在中国各地人类发展指数（1990—2018）编制中，统一采用了 2014 年联合国开发计划署发布的技术标准，数据具有动态可比性。

由此，可计算出 1990—2018 中国及各省份 HDI 指数值，如表 14-1 所示。

表 14-1　1990—2018 年中国各省份 HDI 指数值

地区	年份														
	1990	1992	1994	1996	1998	2000	2002	2004	2006	2008	2010	2012	2014	2016	2018
全国	0.485	0.508	0.531	0.550	0.568	0.588	0.608	0.631	0.651	0.672	0.696	0.713	0.728	0.757	0.771
北京	0.639	0.668	0.689	0.714	0.735	0.752	0.775	0.801	0.817	0.84	0.854	0.867	0.878	0.899	0.914
天津	0.596	0.611	0.64	0.661	0.679	0.705	0.729	0.758	0.783	0.808	0.827	0.843	0.854	0.873	0.884
河北	0.485	0.508	0.533	0.563	0.589	0.609	0.628	0.655	0.668	0.691	0.711	0.721	0.733	0.749	0.761
上海	0.647	0.68	0.705	0.724	0.737	0.755	0.774	0.806	0.83	0.839	0.845	0.852	0.864	0.882	0.898
江苏	0.523	0.549	0.532	0.607	0.623	0.651	0.67	0.692	0.719	0.733	0.757	0.772	0.788	0.815	0.816
浙江	0.509	0.54	0.52	0.604	0.624	0.647	0.676	0.706	0.728	0.742	0.761	0.783	0.792	0.812	0.826
福建	0.476	0.501	0.538	0.566	0.596	0.621	0.635	0.652	0.679	0.699	0.733	0.75	0.769	0.788	0.807
山东	0.505	0.528	0.557	0.579	0.597	0.624	0.653	0.675	0.701	0.719	0.746	0.76	0.782	0.798	0.813
广东	0.534	0.555	0.58	0.598	0.626	0.647	0.663	0.685	0.712	0.733	0.756	0.768	0.779	0.8	0.814
海南	0.489	0.525	0.549	0.551	0.576	0.597	0.618	0.64	0.659	0.681	0.706	0.725	0.739	0.754	0.766
山西	0.499	0.516	0.526	0.55	0.568	0.588	0.615	0.645	0.67	0.695	0.715	0.732	0.73	0.745	0.753
安徽	0.449	0.461	0.486	0.522	0.54	0.559	0.582	0.61	0.627	0.647	0.676	0.693	0.712	0.726	0.743
江西	0.442	0.461	0.479	0.507	0.531	0.552	0.569	0.6	0.622	0.654	0.681	0.703	0.719	0.737	0.755
河南	0.459	0.478	0.501	0.535	0.56	0.582	0.601	0.626	0.65	0.676	0.698	0.713	0.73	0.743	0.758
湖北	0.483	0.5	0.515	0.542	0.568	0.59	0.597	0.624	0.646	0.674	0.707	0.72	0.736	0.766	0.78
湖南	0.466	0.483	0.506	0.532	0.554	0.572	0.59	0.612	0.632	0.665	0.695	0.713	0.737	0.762	0.789
内蒙古	0.48	0.499	0.524	0.543	0.562	0.578	0.597	0.625	0.655	0.687	0.719	0.742	0.751	0.772	0.782
广西	0.446	0.471	0.499	0.522	0.54	0.559	0.577	0.603	0.629	0.648	0.677	0.698	0.72	0.74	0.752
重庆	0.461	0.488	0.515	0.523	0.563	0.577	0.603	0.626	0.654	0.687	0.718	0.738	0.76	0.783	0.802
四川	0.442	0.464	0.482	0.513	0.539	0.556	0.577	0.599	0.622	0.646	0.677	0.702	0.714	0.733	0.749
贵州	0.386	0.401	0.414	0.442	0.462	0.485	0.514	0.54	0.556	0.592	0.614	0.639	0.672	0.688	0.708
云南	0.415	0.433	0.445	0.478	0.497	0.514	0.523	0.55	0.569	0.591	0.617	0.638	0.654	0.676	0.688
西藏	0.323	0.353	0.352	0.39	0.425	0.444	0.487	0.511	0.529	0.556	0.579	0.591	0.592	0.628	0.644
陕西	0.463	0.483	0.508	0.526	0.549	0.579	0.599	0.637	0.66	0.691	0.719	0.737	0.75	0.769	0.78
甘肃	0.436	0.452	0.459	0.486	0.509	0.533	0.554	0.584	0.601	0.625	0.653	0.672	0.677	0.687	0.699
青海	0.437	0.443	0.454	0.467	0.481	0.512	0.535	0.563	0.587	0.616	0.639	0.655	0.676	0.691	0.703

表14-1(续)

地区	年份														
	1990	1992	1994	1996	1998	2000	2002	2004	2006	2008	2010	2012	2014	2016	2018
宁夏	0.463	0.485	0.497	0.519	0.542	0.567	0.594	0.618	0.64	0.674	0.7	0.716	0.729	0.749	0.765
新疆	0.394	0.414	0.421	0.462	0.489	0.512	0.535	0.565	0.589	0.624	0.648	0.675	0.695	0.704	0.716
辽宁	0.555	0.574	0.598	0.607	0.627	0.648	0.667	0.687	0.708	0.731	0.755	0.777	0.789	0.786	0.799
吉林	0.511	0.532	0.557	0.575	0.595	0.618	0.641	0.663	0.68	0.707	0.733	0.75	0.764	0.78	0.794
黑龙江	0.516	0.536	0.561	0.583	0.597	0.603	0.617	0.641	0.66	0.681	0.708	0.733	0.733	0.749	0.76

以 2018 年度的数据排序，HDI 指数值排名前五的省份分别是北京（0.914）、上海（0.898）、天津（0.884）、浙江（0.826）和江苏（0.816）；HDI 指数值排名后五的省份分别是贵州（0.708）、青海（0.703）、甘肃（0.699）、云南（0.688）和西藏（0.644）。

（三）中国各地人类发展水平的测度与分析

联合国开发计划署（UNDP）将人类发展指数（HDI）用以衡量联合国各成员的经济社会发展水平，并依此将各国划分为极高、高、中、低四组。2014 年，联合国开发计划署在全球范围内采用 0.55、0.7 和 0.8 分别作为低（低于 0.55）、中等（0.55~0.699）、高（0.7~0.799）和极高（大于或等于 0.8）人类发展水平的分界点（指数的取值范围为 0-1）。我们在分析中也采用这一最新标准，按照最新的人类发展指数编制方法对中国各地人类发展水平进行了测算和分析。

另外，在 1990—2018 年，虽然各省份的人类发展水平均有大幅度提高，但各省份人类发展水平的提高幅度也存在着较大的差异，详见表 14-2。

表 14-2　1990 和 2018 年中国及各省份 HDI 指数排位

地区	1990 年	排位	2018 年	排位	排位差
北　京	0.639	2	0.914	1	1
上　海	0.647	1	0.898	2	-1
天　津	0.596	3	0.884	3	0
浙　江	0.509	9	0.826	4	5
江　苏	0.523	6	0.816	5	1
广　东	0.534	5	0.814	6	-1
山　东	0.505	10	0.813	7	3
福　建	0.476	16	0.807	8	8
重　庆	0.461	20	0.802	9	11
辽　宁	0.555	4	0.799	10	-6
吉　林	0.511	8	0.794	11	-3
湖　南	0.466	17	0.789	12	5
内蒙古	0.48	15	0.782	13	2
湖　北	0.483	14	0.78	14	0
陕　西	0.463	18	0.78	15	3

表14-2(续)

地区	1990 年	排位	2018 年	排位	排位差
海 南	0.489	12	0.766	16	-4
宁 夏	0.463	19	0.765	17	2
河 北	0.485	13	0.761	18	-5
黑龙江	0.516	7	0.76	19	-12
河 南	0.459	21	0.758	20	1
江 西	0.442	24	0.755	21	3
山 西	0.499	11	0.753	22	-11
广 西	0.446	23	0.752	23	0
四 川	0.442	25	0.749	24	-1
安 徽	0.449	22	0.743	25	-3
新 疆	0.394	29	0.716	26	3
贵 州	0.386	30	0.708	27	3
青 海	0.437	26	0.703	28	-2
甘 肃	0.436	27	0.699	29	-2
云 南	0.415	28	0.688	30	-2
西 藏	0.323	31	0.644	31	0

注：排位差为正表示排位上升，排位差为负表示排位下降。

从 1990—2018 年各省份的 HDI 指数排位变动情况来看，1990 年排位前六的省份中，北京、上海、天津、江苏、广东在 2018 年基本保持了前六的排位，但原排位第 9 的浙江向上突进了 5 位，在 2018 年排位第 4，而原排位第 4 的辽宁，则向下滑落了 6 位，在 2018 年排位第 10。1990 年排位后六位的省份在 2018 年的排位基本依旧，值得一提的是新疆和贵州分别向上突进了 3 位，而青海甘肃和云南则分别下滑了 2 位。其他省份中排位向上变动较大的有：重庆由第 20 位上升至第 9 位；福建由第 16 位上升至第 8 位；湖南由第 17 位上升至第 12 位；山东由第 10 位上升至第 7 位等。其他省份中排位向下变动较大的有：黑龙江由第 7 位下降至第 19 位；山西由第 11 位下降至第 22 位；河北由第 13 位下降至第 18 位；海南由第 12 位下降至第 16 位等等。显示出在 1990—2018 年，在各省份人类发展水平全面上升的大背景下，有些省份人类发展水平突飞猛进，而有的省份人类发展水平的发展进程则相对缓慢。

二、中国人类发展指数体系的拓展

从前文中关于人类发展指数的编制方法及国内外学者对人类发展指数（HDI）的质疑中可以看到：目前 UNDP 设计的人类发展指数的指标体系的确存在指标高度概化、指标间高度相关等问题。这些问题集中表现在：由此编制的 HDI 指数仍然在很大程度上受到 GDP 指标的直接和间接的影响，却忽视了 GDP 增长所可能带来的资源和环境的破坏等负面效应。由此我们认为，要准确评价中国各地人类发展水平，有必要对中国人类发展指数体系进行拓展。

（一）中国人类发展指数体系拓展的理论依据和现实意义

首先，从人类发展指数的理论基础来看，UNDP 框架下的人类发展指数是建立在人的"可行能力"理论基础之上的，强调扩大人的选择能力和自由权利，这一理论集中体现了著名经济学家阿玛蒂亚·森在人类贫困问题方面的精辟论述。如前文所述，我们认为，构建中国人类发展指数还应当充分汲取马克思关于"人的全面自由发展"思想，并结合习近平新时代中国特色社会主义思想中的"创新、协调、绿色、开放、共享"新发展理念，坚持以人民为中心的发展思想为指导，拓展和丰富人类发展指数的理论框架。

其次，党的十九大报告明确提出："中国特色社会主义进入新时代，我国社会主要矛盾已经转化为人民日益增长的美好生活需要和不平衡不充分的发展之间的矛盾。"要准确地把握中国社会的主要矛盾，就有必要准确地认识中国各地人类发展的不平衡不充分的问题，因此，拓展对中国人类发展指数的深层次研究，更完整和更准确地测度中国各地的人类发展水平，有助于国家区域发展政策的实施，形成有针对性的中国各地区人类协调发展新思路，以更加完整准确的人类发展指数为指针，深入透视我国区域差异及其成因，也能帮助各地区结合自身的能力、基础和资源，形成人口、经济社会、资源环境良性互动的发展新思路。

再次，中国人类发展指数创新性研究的现实意义更全面地体现在考虑广大人民群众的现实诉求。从 HDI 总指数的三大分项指数来看，收入指数衡量的是人类生存的经济状况，是人类发展的根基；教育指数代表人类整体素质的进步，是人类社会文明程度的测度，而且教育水平的高低与人类利用新技术等创新的能力显著相关；寿命指数综合反映了一个国家的人民生活和医疗水平的完善状况。但由上述分析可见，仅此三个方面尚不足以全面、完整和准确地反映中国各地人类发展水平。因此，本书在人类发展指数的三个维度指数基础上，追加了可持续发展指数和民生发展指数这两个维度指数。其中，可持续发展指数又包括了科技投入指数和资源环境指数。这是因为，一方面评价人类发展既不能忽略科技进步与创新，也不能忽视资源环境的保护，这是现代人类发展的不可或缺的动力和基础，脱离了科技进步和资源环境来评价人类发展，无疑是片面的。另一方面，从马克思主义的观点来看，人类发展问题说到底是一个民生问题。民生问题万千，概而言之就是人民生活和社会保障问题。因此，我们设计的民生发展指数就包含了反映人民生活的恩格尔指数和社会保障指数。

（二）中国（拓展型）人类发展指数的编制

根据上述关于人类发展指数拓展的指导思想，本书构建了包含寿命指数、收入指数、教育指数、可持续发展指数、民生指数共五个维度的指数体系，并将拓展后的中国人类发展指数简称为 CHDI。CHDI 的构成指数如下。

其一是寿命指数。UNDP 计算寿命指数的指标是平均预期寿命，即同时出生的一批婴儿按照年龄死亡率计算能够活到的平均年龄。本书仍然选取了平均预期寿命作为衡量健康长寿的指标。

其二是收入指数。本书仍然使用 UNDP 指定的经过购买力平价调整后的人均 GNI 指标来衡量收入指数。

其三是教育指数。在《2016 中国人类发展指数》报告中，UNDP 衡量教育指数的指标是 15 岁以上人口平均受教育年限和学龄儿童预期受教育年限的平均数，本书仍然沿用此方法计算教育指数。

其四是可持续发展指数。衡量可持续发展程度的指标很多，参照 UNDP 在创建人类发展指数时提出的方法简洁、数据可获得和指标有高度代表性的思想，本书在构建可持续发展指数时，选择了能够综合反映科技进步程度的科技研发（R&D）投入强度指标和综合反映低碳经济发展的人均碳排放强度指标共同构成可持续发展指数。

其五是民生发展指数。反映民生方面的指标也很多，参照 UNDP 在创建人类发展指数时提出的思想，本书在构建民生指数时，选择了能够综合反映社会保障程度的人均社会保障水平指标和综合反映人民基本生活水平的恩格尔系数指标共同构成民生发展指数。

（三）中国各地（拓展型）人类发展水平的测度与分析

本书中的中国（拓展型）人类发展指数体系（CHDI）中指标阈值的确定方法是：

寿命指数、教育指数、收入指数的阈值直接采用 UNDP 确定的 HDI 的指标阈值。在本书中新增两大指数所包含的四个指标中，从我国各省份 1990—2018 年度的实际数据来看，科技研发投入强度、人均碳排放强度、人均社会保障水平的最小值接近于 0，因此将 0 定位为这三个指标的下限；指标上限的确定则是根据 31 个省份"十三五"规划的目标值中的最大值确定。恩格尔系数是根据 1990—2018 年计算得到的最大值和最小值（取整后）作为阈值的上下限。具体阈值情况见表 14-3。

表 14-3 CHDI 各分项指数的阈值

维度指数	变量要素	最大值	最小值
寿命指数	预期寿命	85	20
收入指数	人均 GNI（PPP）	75 000	100
教育指数	平均受教育年限 预期受教育年限	15 18	0 0
可持续发展指数	科研投入强度 人均碳排放	0.06 0.003 448	0 0
民生指数	人均社会保障水平 恩格尔系数	5 050.11 0.8	0 0.2

由此，可计算出 1990—2018 年中国及各省份 CHDI 指数值，如表 14-4 所示。

表 14-4 1990—2018 年中国及各省份 CHDI 指数值

地区	年份														
	1990	1992	1994	1996	1998	2000	2002	2004	2006	2008	2010	2012	2014	2016	2018
全国	0.256	0.281	0.295	0.311	0.342	0.392	0.426	0.445	0.473	0.5	0.539	0.569	0.603	0.639	0.671
北京	0.424	0.459	0.485	0.474	0.552	0.607	0.657	0.697	0.722	0.743	0.790	0.823	0.845	0.903	0.914

表14-4(续)

地区	年份														
	1990	1992	1994	1996	1998	2000	2002	2004	2006	2008	2010	2012	2014	2016	2018
天津	0.336	0.365	0.388	0.404	0.447	0.511	0.539	0.576	0.619	0.651	0.681	0.707	0.740	0.779	0.782
河北	0.242	0.263	0.273	0.291	0.314	0.371	0.407	0.418	0.454	0.477	0.506	0.533	0.564	0.601	0.611
山西	0.246	0.266	0.276	0.284	0.316	0.359	0.402	0.425	0.451	0.481	0.511	0.534	0.549	0.553	0.571
内蒙古	0.194	0.215	0.231	0.244	0.289	0.345	0.373	0.392	0.408	0.443	0.477	0.469	0.492	0.504	0.505
辽宁	0.308	0.333	0.346	0.365	0.399	0.452	0.504	0.529	0.553	0.576	0.613	0.636	0.666	0.690	0.712
吉林	0.275	0.299	0.313	0.330	0.365	0.409	0.467	0.490	0.500	0.515	0.546	0.567	0.597	0.619	0.627
黑龙江	0.267	0.288	0.301	0.319	0.354	0.390	0.430	0.459	0.494	0.517	0.556	0.574	0.603	0.620	0.648
上海	0.408	0.446	0.458	0.480	0.505	0.547	0.607	0.646	0.682	0.711	0.737	0.761	0.790	0.847	0.863
江苏	0.274	0.298	0.299	0.341	0.368	0.419	0.464	0.495	0.530	0.557	0.593	0.630	0.667	0.699	0.716
浙江	0.251	0.278	0.280	0.316	0.334	0.388	0.438	0.477	0.522	0.547	0.585	0.630	0.674	0.717	0.744
安徽	0.208	0.225	0.235	0.256	0.291	0.343	0.383	0.403	0.436	0.464	0.506	0.539	0.572	0.594	0.608
福建	0.225	0.249	0.259	0.277	0.306	0.372	0.405	0.436	0.466	0.486	0.528	0.557	0.594	0.628	0.689
江西	0.204	0.225	0.237	0.251	0.283	0.325	0.362	0.387	0.422	0.457	0.488	0.510	0.547	0.580	0.598
山东	0.243	0.266	0.284	0.304	0.329	0.379	0.436	0.457	0.489	0.524	0.566	0.597	0.639	0.669	0.688
河南	0.214	0.233	0.245	0.261	0.295	0.350	0.379	0.395	0.433	0.459	0.500	0.529	0.561	0.587	0.607
湖北	0.251	0.273	0.282	0.297	0.341	0.380	0.418	0.432	0.469	0.495	0.541	0.565	0.608	0.641	0.664
湖南	0.217	0.233	0.247	0.267	0.299	0.349	0.386	0.406	0.434	0.472	0.509	0.536	0.574	0.610	0.635
广东	0.281	0.308	0.319	0.338	0.368	0.417	0.457	0.480	0.505	0.535	0.577	0.610	0.646	0.678	0.698
广西	0.184	0.205	0.218	0.234	0.250	0.326	0.346	0.356	0.384	0.420	0.477	0.498	0.520	0.550	0.573
海南	0.234	0.250	0.259	0.269	0.299	0.326	0.360	0.389	0.402	0.428	0.473	0.511	0.535	0.557	0.567
重庆	0.227	0.250	0.259	0.266	0.309	0.372	0.397	0.426	0.465	0.497	0.547	0.582	0.612	0.658	0.676
四川	0.247	0.271	0.281	0.291	0.320	0.354	0.405	0.419	0.450	0.480	0.525	0.550	0.585	0.629	0.640
贵州	0.177	0.191	0.198	0.210	0.237	0.279	0.318	0.333	0.363	0.385	0.421	0.443	0.471	0.498	0.529
云南	0.210	0.226	0.234	0.249	0.282	0.317	0.345	0.362	0.386	0.404	0.435	0.463	0.491	0.532	0.539
西藏	0.172	0.198	0.206	0.214	0.271	0.267	0.319	0.316	0.322	0.378	0.389	0.406	0.413	0.448	0.459
陕西	0.281	0.298	0.314	0.328	0.367	0.428	0.469	0.490	0.506	0.538	0.570	0.586	0.612	0.629	0.632
甘肃	0.229	0.246	0.250	0.265	0.311	0.350	0.391	0.413	0.442	0.463	0.491	0.518	0.532	0.558	0.568
青海	0.228	0.243	0.253	0.259	0.310	0.358	0.398	0.420	0.432	0.438	0.519	0.522	0.522	0.539	0.560
宁夏	0.221	0.244	0.250	0.265	0.310	0.367	0.408	0.408	0.440	0.459	0.471	0.490	0.520	0.554	0.563
新疆	0.203	0.214	0.227	0.252	0.292	0.328	0.355	0.378	0.401	0.429	0.465	0.488	0.502	0.535	0.528

以 2018 年度的数据排序，CHDI 指数值排名前五的省份分别是北京（0.914）、上海（0.863）、天津（0.782）、浙江（0.744）和江苏（0.716）；CHDI 指数值排名后五的省份分别是青海（0.560）、云南（0.539）、贵州（0.529）、内蒙古（0.505）和西藏（0.459）。

（四）1990—2018 年中国（拓展型）人类发展指数（CHDI）的发展态势分析

1990—2018 年，中国（拓展型）人类发展指数（CHDI）及各维度指数的发展态势如图 14-1 所示。

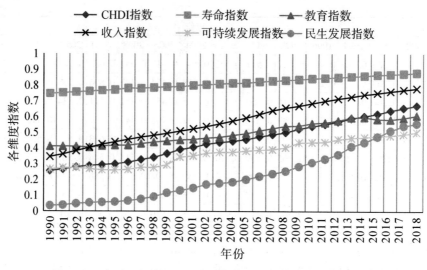

图 14-1 中国（拓展型）人类发展指数（CHDI）及各维度指数

由图 14-1 可得到以下结论：

第一，在中国（拓展型）人类发展指数（CHDI）及各构成指数中，HDI 的三个分项指数（寿命指数、教育指数和收入指数）都位于图形上方，而两个新增指数（可持续发展指数和民生发展指数）均位于图形的下方。这说明我国的可持续发展水平和民生发展水平还处于低位。这也是导致 CHDI 指数值低于 HDI 指数值的主要原因。

第二，在 CHDI 的五个分项指数中，可持续发展指数不仅增速平缓，而且在 2015 年之后，位于五大分项指数中的最低位，显示出我国可持续发展的态势堪忧。从表 14-5 的数据可见，导致我国可持续发展指数表现不佳的主要原因在于反映资源环境保护情况的碳排放指数的降低。因此，在保持经济社会稳定发展的同时，进一步加大节能减排的力度，对于提高我国的人类发展水平至关重要。

表 14-5　1990 年、2018 年 CHDI 及各构成指数的变动情况

指标	1990 年	2018 年	发展速度
CHDI 指数	0.256	0.671	2.62
寿命指数	0.747	0.880	1.18
教育指数	0.441	0.666	1.51
收入指数	0.346	0.781	2.26
可持续指数	0.315	0.565	1.79
科技投入指数	0.106	0.402	3.79
碳排放指数	0.941	0.794	0.84
民生发展指数	0.037	0.568	15.35
恩格尔指数	0.387	0.867	2.24
社会保障指数	0.004	0.372	93.00

第三，由图 14-1 可见，在 CHDI 的五个分项指数中，民生发展指数增速最为强劲，而且在 2015 年之后，超过可持续发展指数而逼近教育指数，显示出我国民生发展的良好势头。从表 14-5 的数据可见，我国民生发展指数表现优异的主要原因在于社会保障指数的大幅提升。在 1990 年之后，我国的社会保障制度几乎是从无到有的基础上建立起来，并且不断稳步提高，这对于提高我国的人类发展水平发挥了重要的作用。

（五）中国各地（拓展型）人类发展水平的测度与分析

上文关于 HDI 和 CHDI 的测算表明，CHDI 中新增的两个指数（可持续发展指数和民生发展指数）的指数值均低于 HDI 中的三大分项指数的数值，且 2018 年的全国的 CHDI 指数值为 0.671，正好低于同年的 HDI 指数值（0.771）0.1 个指数点。因此，可参照考虑将人类发展水平的组线下调 0.1 个指数点，分别将 0.45、0.6 和 0.7 作为低（低于 0.45）、中等（0.45~0.599）、高（0.6~0.699）和极高（大于或等于 0.7）人类发展水平的分界点。2018 年全国 31 个省份（不含港澳台地区数据）中，已有 19 个省份跨越 0.6 的高人类发展水平线，其中北京、上海、天津、浙江、江苏、辽宁 6 个省份人类发展水平已跨越 0.7，迈入极高人类发展水平；剩余的 12 个省份的（拓展型）人类发展指数（CHDI）均在 0.45~5.999，即为中等人类发展水平。这一测度也更加符合目前我国经济社会全面发展的实际情况。

另外，1990—2018 年，虽然各省份的（拓展型）人类发展水平均有大幅度的提高，但各省份人类发展水平的提高幅度也存在较大的差异，详见表 14-6。

表 14-6　1990 年和 2018 年中国各省份 CHDI 指数排位

地区	1990 年	排位	2018 年	排位	排位差
北京	0.424	1	0.914	1	0
上海	0.408	2	0.863	2	0
天津	0.336	3	0.782	3	0
浙江	0.251	10	0.744	4	6
江苏	0.274	8	0.716	5	3
辽宁	0.308	4	0.712	6	−2
广东	0.281	5	0.698	7	−2
福建	0.225	20	0.689	8	12
山东	0.243	14	0.688	9	5
重庆	0.227	19	0.676	10	9
湖北	0.251	11	0.664	11	0
黑龙江	0.267	9	0.648	12	−3
四川	0.247	12	0.64	13	1
湖南	0.217	22	0.635	14	8
陕西	0.281	6	0.632	15	−9
吉林	0.275	7	0.627	16	−9

表14-6（续）

地区	1990 年	排位	2018 年	排位	排位差
河北	0.242	15	0.611	17	-2
安徽	0.208	25	0.608	18	7
河南	0.214	23	0.607	19	4
江西	0.204	26	0.598	20	6
广西	0.184	29	0.573	21	8
山西	0.246	13	0.571	22	-9
甘肃	0.229	17	0.568	23	-6
海南	0.234	16	0.567	24	-8
宁夏	0.221	21	0.563	25	-4
青海	0.228	18	0.56	26	-8
云南	0.21	24	0.539	27	-3
贵州	0.177	30	0.529	28	2
新疆	0.203	27	0.528	29	-2
内蒙古	0.194	28	0.505	30	-2
西藏	0.172	31	0.459	31	0

注：排位差为正表示排位上升，排位差为负表示排位下降。

　　从 1990—2018 年各省份的 CHDI 指数排位变动情况来看，1990 年排位前六的省份中，北京、上海、天津在 2018 年保持了前三的排位，但原排位第 10 的浙江向上突进了 6 位，原排位第 8 的江苏向上突进了 3 位，在 2018 年排位第 4 的辽宁和第 5 的广东，则分别向下滑落 2 位，在 2018 年排位第 6 和第 7 位。1990 年排位后六位的省份中，原排位第 26 的江西向上突进了 6 位，原排位 29 的广西更是向上突进了 8 位。其他省份中排位向上变动较大的有：福建由第 20 位上升至第 8 位；山东由第 14 位上升至第 9 位；重庆由第 19 位上升至第 10 位；湖南由第 22 位上升至第 14 位，安徽由第 25 位上升至第 18 位等。其他省份中排位向下变动较大的有：黑龙江由第 9 位下降至第 12 位；陕西由第 6 位下降至第 15 位；吉林由第 7 位下降至第 16 位；山西由第 13 位下降至第 22 位；甘肃由第 17 位下降至第 23 位；海南由第 16 位下降至第 24 位；青海由第 18 位下降至第 26 位；等等。这显示出在 1990—2018 年，在各省份人类发展水平全面上升的大背景下，有些资源型和过多开发型的省份人类发展水平相对缓慢。

三、两种人类发展指数（HDI 与 CHDI）的比较分析

（一）全国 HDI 与 CHDI 总指数的比较分析

首先，我们来进行全国的 HDI 和 CHDI 总指数的比较和分析，参见图 14-2。

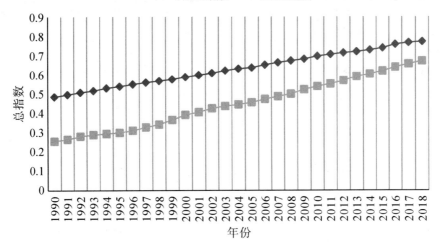

图 14-2　1990—2018 年中国 HDI 和 CHDI 总指数趋势

由图 14-2 分析可得出以下结论：

第一，全国 HDI 与 CHDI 总指数高度相关。本书用 1990—2018 年 HDI 和 CHDI 总指数作双变量的相关分析发现，两指数的 Pearson 相关系数高达 0.997，用两指数的 2018 年 31 个省份的排名序列进行双变量相关分析发现，两指数的 Pearson 相关系数高达 0.914，充分说明中国的 HDI 总指数和 CHDI 总指数在横向和纵向两个方面都高度相关。

第二，1990—2018 年，中国的 HDI 指数值和 CHDI 指数值的发展趋势都呈现为明显的线性趋势，没有出现较大的波动，反映出这期间中国人类发展的稳定性以及强烈的发展趋势。

第三，1990—2018 年，中国的 CHDI 总指数值明显低于 HDI 总指数值，反映了两种人类发展指数内涵上的差异。另外，两指数的差值由 1990 年的 0.23 逐步缩小到 2018 年的 0.1，显示出中国 CHDI 较之 HDI 有更强的上升趋势，体现出 CHDI 指数中新增的可持续发展指数和民生发展指数存在更加蓬勃的提升趋势。

（二）省际之间 HDI 与 CHDI 指数的比较分析

为了更为清楚地显示我国省际之间 HDI 与 CHDI 指数之间的差异，本书构建了 2018 年各省份 HDI 指数与 CHDI 指数排位表，将 2018 年各省份 HDI 指数排名与 CHDI 指数排名进行比较，得到 2018 年各省份两种指数排位差（HDI 排位减去 CHDI 排位），计算结果见表 14-7。在表 14-7 中，若排位差为正，则说明某地区社会发展得益于可持续发展和民生发展因素而使得排位上升，反之则说明某地区是因为牺牲了这两方面的因素而导致排位下降。

表 14-7　2018 年各省份 HDI 指数与 CHDI 指数排位

地区	2018 年	HDI 排位	地区	2018 年	CHDI 排位	排位差
北京	0.914	1	北 京	0.914	1	0
上海	0.898	2	上 海	0.863	2	0
天津	0.884	3	天 津	0.782	3	0
浙江	0.826	4	浙 江	0.744	4	0
江苏	0.816	5	江 苏	0.716	5	0
辽宁	0.799	10	辽 宁	0.712	6	4
广东	0.814	6	广 东	0.698	7	-1
福建	0.807	8	福 建	0.689	8	0
山东	0.813	7	山 东	0.688	9	-2
重庆	0.802	9	重 庆	0.676	10	-1
湖北	0.78	14	湖 北	0.664	11	3
黑龙江	0.76	19	黑龙江	0.648	12	7
四川	0.749	24	四 川	0.64	13	11
湖南	0.789	12	湖 南	0.635	14	-2
陕西	0.78	15	陕 西	0.632	15	0
吉林	0.794	11	吉 林	0.627	16	-5
河北	0.761	18	河 北	0.611	17	1
安徽	0.743	25	安 徽	0.608	18	7
河南	0.758	20	河 南	0.607	19	1
江西	0.755	21	江 西	0.598	20	1
广西	0.752	23	广 西	0.573	21	2
山西	0.753	22	山 西	0.571	22	0
甘肃	0.699	29	甘 肃	0.568	23	6
海南	0.766	16	海 南	0.567	24	-8
宁夏	0.765	17	宁 夏	0.563	25	-8
青海	0.703	28	青 海	0.56	26	2
云南	0.688	30	云 南	0.539	27	3
贵州	0.708	27	贵 州	0.529	28	-1
新疆	0.716	26	新 疆	0.528	29	-3
内蒙古	0.782	13	内蒙古	0.505	30	-17
西藏	0.644	31	西 藏	0.459	31	0

由表 14-7 分析可得到以下结论：

第一，北京、天津、上海、浙江和江苏五省份在加入可持续发展指数和民生发展指数后并没有如我们预想的那样出现排位的下降，这充分体现出这五个省份不仅寿命指数、收入指数和教育指数位居前列，而且在可持续发展和民生发展方面也位居前列。

第二，由表 14-7 可见，在 2018 年 HDI 与 CHDI 指数排位的对比中，位次提升比较显著

（3个位次以上）的省份有：辽宁上升四位（10-6），黑龙江上升七位（19-12），四川上升十一位（24-13），安徽上升七位（25-18），甘肃上升六位（29-23），显示出这几个地区在可持续发展和民生发展方面有比较深厚的底蕴，而在HDI指数的计算中被忽视了。

第三，由表14-7可见，在2018年HDI与CHDI指数排位的对比中，位次下降比较显著（3个位次以上）的省份有：吉林下降五位（11-16），内蒙古下降十七位（13-30），海南下降8位（16-24），宁夏下降八位（17-25），显示出这几个地区在可持续发展和民生发展方面有比较大的缺失，而这也在HDI指数的计算中被忽视了。

为了更加充分地说明以上结论，我们以在表14-7中位次提升最大的四川（上升十一位）和位次降低最大的内蒙古（下降十七位）做一简要的对比分析。从相似方面来看，四川和内蒙古都是我国少数民族人口比较多的省份；从相异方面来看，四川人口众多、文化底蕴较高，内蒙古地大物博、文化底蕴较低一些。经本书分析，两省份在民生发展指数方面并无显著的差异，但在可持续发展指数方面差异巨大（见图14-3）。

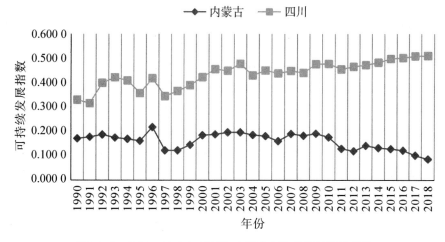

图14-3 1990—2018年四川和内蒙古可持续发展指数趋势

由图14-3可见，1990—2018年，四川的可持续发展指数呈现出明显的向上发展趋势，而同期内蒙古的可持续发展指数呈现出明显的下降趋势。具体而言，内蒙古的可持续发展指数的降低是碳排放指数的大幅降低和科技投入指数乏力所造成的。而四川在这两个方面的优势明显。限于篇幅，此处不赘述了。

综上所述，中国（拓展型）的人类发展指数（CHDI）较传统的人类发展指数（HDI）而言，理论基础更加坚实、指数内涵更加丰富、反映的客观情况更加完整和准确，更加适用于中国各地人类发展水平的测度与分析。

四、中国区域板块的 HDI 与 CHDI 测算结果比较

（一）中国东部地区人类发展指数的测算结果比较

如前文所述，在指数构建上，中国人类发展指数（CHDI）是在联合国开发计划署所提出的人类发展指数（HDI）的基础上，根据中国"创新、协调、绿色、开放、共享"的新发展理念所提出的发展测度指数。有必要就中国各区域现实数据对两类指数进行比对。按照现阶段惯用的"四大板块"区域划分方式，分别得出我国的东部、中部、西部、东北地区的 HDI 与 CHDI 测算结果。

根据表 14-8，东部地区人类发展已率先进入极高人类发展水平。1990—2017 年，东部地区人类发展指数从 0.524 升至 0.817，升幅为 55.92%。期间，东部地区分别于 1993 年、2005 年、2016 年进入中等、高、极高人类发展水平。同期东部地区人类发展的分项指数变化显示，寿命指数由 0.788 升至 0.901，教育指数由 0.469 升至 0.733，收入指数由 0.389 升至 0.827，各项指数升幅分别为 14.37%、56.32% 和 116.79%。改革开放后，东部地区充分发挥沿海地理优势，实现率先发展。20 世纪 80 年代，国家相继设立了深圳、珠海、汕头、厦门和海南 5 个经济特区，在大连、秦皇岛等 14 个沿海港口城市建立经济技术开发区，之后又相继把长江三角洲、珠江三角洲、闽南三角洲等开辟为沿海经济开放区。进入新世纪后，国务院先后批准上海浦东新区和天津滨海新区为全国综合配套改革试验区，先行先试一系列重大改革开放措施。东部沿海地区依靠本身的区位优势和改革开放的先发优势，长期在全国经济发展中处于引领地位，地区生产总值占据"半壁江山"，成为全国经济持续快速增长的"龙头"。

表 14-8　1990—2017 年度中国东部地区人类发展指数

年份	寿命指数	教育指数	收入指数	HDI 指数	年份	寿命指数	教育指数	收入指数	HDI 指数
1990	0.788	0.469	0.389	0.524	2004	0.846	0.609	0.646	0.693
1991	0.791	0.473	0.408	0.534	2005	0.850	0.614	0.669	0.704
1992	0.795	0.479	0.432	0.548	2006	0.855	0.625	0.690	0.717
1993	0.800	0.487	0.457	0.562	2007	0.859	0.634	0.707	0.727
1994	0.804	0.478	0.476	0.567	2008	0.863	0.639	0.721	0.736
1995	0.808	0.519	0.493	0.591	2009	0.868	0.651	0.732	0.745
1996	0.812	0.528	0.509	0.602	2010	0.873	0.671	0.746	0.759
1997	0.817	0.541	0.527	0.615	2011	0.876	0.675	0.758	0.765
1998	0.821	0.547	0.540	0.624	2012	0.880	0.681	0.770	0.773
1999	0.825	0.551	0.555	0.632	2013	0.885	0.688	0.781	0.781
2000	0.828	0.572	0.571	0.647	2014	0.889	0.693	0.794	0.788
2001	0.834	0.579	0.584	0.656	2015	0.893	0.700	0.803	0.795
2002	0.838	0.593	0.603	0.669	2016	0.897	0.720	0.817	0.808
2003	0.842	0.604	0.625	0.682	2017	0.901	0.733	0.827	0.817

（二）中国中西部地区人类发展指数的测算结果比较

根据表 14-9，中部地区人类发展稳居高人类发展水平，整体水平略领先于西部。1990—2017 年，中部地区人类发展指数从 0.466 升至 0.759，升幅为 62.88%。期间，中部地区分别于 1998 年、2011 年进入中等、高人类发展水平。同期中部地区人类发展的分项指数变化显示，寿命指数由 0.744 升至 0.874，教育指数由 0.447 升至 0.671，收入指数由 0.305 升至 0.746，各项指数升幅分别为 17.37%、50.31% 和 144.69%。自中部崛起战略实施以来，中部地区经济迅速发展，2006—2018 年，中部地区生产总值年均增长 10.8%，比全国平均增速高 1.9 个百分点；地区生产总值占全国比重由 18.6% 上升到 21.0%，提高了 2.4 个百分点。2018 年，中部地区生产总值增长 7.8%，固定资产投资增长 10.4%，社会消费品零售总额增长 10.0%，均居"四大板块"首位，为支撑全国经济稳定增长做出重要贡献。2016 年 12 月，《促进中部地区崛起规划（2016—2025 年）》颁布，提出中部地区"一中心、四区"新的战略定位，即全国重要先进制造业中心、全国新型城镇化重点区、全国现代农业发展核心区、全国生态文明建设示范区、全方位开放重要支撑区。"一中心、四区"是对"三基地、一枢纽"战略定位的继承与发展。中部地区制造业在政策红利的刺激下获得空前发展，地区制造业总产值占全国比重从 2006 年的 12.7% 提高到 2018 年的 25.0%[①]。

表 14-9　1990—2017 年中国中部地区人类发展指数

年份	寿命指数	教育指数	收入指数	HDI 指数	年份	寿命指数	教育指数	收入指数	HDI 指数
1990	0.744	0.447	0.305	0.466	2004	0.810	0.561	0.525	0.620
1991	0.747	0.453	0.309	0.471	2005	0.815	0.556	0.547	0.628
1992	0.751	0.458	0.327	0.483	2006	0.820	0.568	0.567	0.642
1993	0.756	0.463	0.342	0.493	2007	0.825	0.580	0.592	0.657
1994	0.761	0.471	0.355	0.503	2008	0.830	0.589	0.613	0.669
1995	0.766	0.487	0.375	0.519	2009	0.835	0.601	0.627	0.680
1996	0.771	0.498	0.393	0.533	2010	0.842	0.619	0.648	0.696
1997	0.776	0.514	0.411	0.547	2011	0.844	0.623	0.667	0.705
1998	0.781	0.517	0.423	0.555	2012	0.849	0.624	0.683	0.713
1999	0.786	0.515	0.435	0.560	2013	0.854	0.630	0.695	0.720
2000	0.786	0.533	0.451	0.574	2014	0.859	0.635	0.709	0.729
2001	0.796	0.546	0.465	0.587	2015	0.864	0.644	0.718	0.736
2002	0.801	0.543	0.481	0.593	2016	0.869	0.660	0.730	0.748
2003	0.805	0.557	0.500	0.608	2017	0.874	0.671	0.746	0.759

[①]　国家统计局. 新中国成立 70 周年经济社会发展成就系列报告之十八 [EB/OL]. [2019-08-19]. http://www.stats.gov.cn.

（三） 中国西部地区人类发展指数的测算结果比较

根据表 14-10，西部地区人类发展指数已跨越中等发展水平分界点，迈入高人类发展水平。1990—2017 年，西部地区人类发展指数从 0.428 升至 0.739，升幅为 72.66%，在四大区域中升幅最大。其间，西部地区分别于 2001 年、2013 年进入中等、高人类发展水平。同期西部地区人类发展的分项指数变化显示，寿命指数由 0.637 升至 0.858，教育指数由 0.416 升至 0.641，收入指数由 0.296 提升至 0.733，各项指数升幅分别为 34.70%、54.07% 和 73.34%。西部大开发战略实施后，西部地区经济增长持续发力，与东部发达地区的差距逐渐缩小。2007 年，西部地区生产总值增速超过东部，并连续 12 年快于东部，改变了长期以来东部地区经济增长领跑全国的格局。党的十八以来，西部地区经济获得进一步发展，部分省份发展势头强劲。1999—2018 年，西部地区生产总值占全国比重由 17.9% 提高到 20.1%，人均地区生产总值从相当于全国平均水平的 62.9% 提高到 75.4%。西部地区是我国脱贫攻坚的主战场之一，西部地区脱贫是推动区域协调发展、共同发展的关键所在。为实现全面建成小康社会的战略目标，党中央、国务院坚持推动扶贫开发与缩小地区发展差距相结合，多措并举推进西部脱贫攻坚工作。实施异地扶贫搬迁，改善移民地区基础设施和公共服务；推进教育扶贫、产业扶贫、旅游扶贫等专项行动，努力为贫困地区发展提供造血机能；不断加大对西部地区的扶持力度，加大东部地区对西部地区的对口支援和帮扶工作。2012—2018 年，西部地区农村贫困发生率由 17.6% 下降到 3.2%，累计下降 14.4 个百分点[①]。

表 14-10　1990—2017 年中国西部地区人类发展指数

年份	寿命指数	教育指数	收入指数	HDI 指数	年份	寿命指数	教育指数	收入指数	HDI 指数
1990	0.637	0.416	0.296	0.428	2004	0.785	0.540	0.506	0.598
1991	0.712	0.423	0.310	0.453	2005	0.790	0.533	0.527	0.606
1992	0.717	0.429	0.325	0.464	2006	0.796	0.549	0.550	0.622
1993	0.723	0.430	0.341	0.473	2007	0.801	0.556	0.578	0.636
1994	0.728	0.440	0.352	0.483	2008	0.807	0.561	0.600	0.648
1995	0.734	0.456	0.368	0.497	2009	0.813	0.571	0.615	0.659
1996	0.740	0.466	0.380	0.508	2010	0.821	0.592	0.637	0.676
1997	0.746	0.477	0.398	0.521	2011	0.824	0.600	0.659	0.688
1998	0.751	0.486	0.411	0.531	2012	0.830	0.602	0.678	0.697
1999	0.756	0.487	0.424	0.538	2013	0.835	0.605	0.691	0.704
2000	0.757	0.504	0.436	0.550	2014	0.841	0.610	0.706	0.713
2001	0.768	0.520	0.448	0.564	2015	0.847	0.618	0.713	0.720
2002	0.773	0.521	0.465	0.572	2016	0.852	0.634	0.724	0.731
2003	0.779	0.532	0.484	0.585	2017	0.858	0.641	0.733	0.739

---

① 国家统计局. 新中国成立 70 周年经济社会发展成就系列报告之十八 ［EB/OL］. ［2019-08-19］. http://www.stats.gov.cn.

（四）中国东北地区人类发展指数的测算结果比较

根据表 14-11，东北地区人类发展指数稳居高人类发展水平，整体水平高于中西部地区。1990—2017 年，东北地区人类发展指数从 0.531 提升至 0.781，升幅为 47.08%。其间，东北地区分别于 1992 年、2008 年进入中等、高人类发展水平。同期东北地区人类发展的分项指数变化显示，寿命指数由 0.746 升至 0.909，教育指数由 0.515 升至 0.693，收入指数由 0.390 升至 0.756，升幅分别为 21.85%、34.56% 和 93.85%。实际上，东北振兴战略实施以来，东北地区充分利用其东北亚核心地带优势，加强对外经贸往来。2018 年，东北三省进出口总额达到 1 791.7 亿美元，比 2003 年增长了 3.1 倍，年均增长 10.8%。辽宁沿海经济带、长吉图开发开放先导区、黑龙江沿边经济带开放步伐加快，大连金普新区、哈尔滨新区、长春新区、中德（沈阳）高端装备园、珲春国际合作示范区等重点开发开放平台正在加快建设。

表 14-11 1990—2017 年度中国东北地区人类发展指数

年份	寿命指数	教育指数	收入指数	HDI 指数	年份	寿命指数	教育指数	收入指数	HDI 指数
1990	0.746	0.515	0.390	0.531	2004	0.832	0.605	0.585	0.666
1991	0.755	0.519	0.402	0.540	2005	0.838	0.602	0.608	0.675
1992	0.761	0.526	0.420	0.552	2006	0.844	0.606	0.629	0.685
1993	0.767	0.530	0.442	0.564	2007	0.850	0.612	0.648	0.696
1994	0.773	0.549	0.452	0.577	2008	0.856	0.623	0.668	0.709
1995	0.779	0.550	0.458	0.581	2009	0.862	0.636	0.681	0.720
1996	0.785	0.560	0.473	0.592	2010	0.865	0.653	0.701	0.734
1997	0.791	0.571	0.490	0.605	2011	0.873	0.657	0.719	0.745
1998	0.796	0.568	0.501	0.610	2012	0.879	0.669	0.736	0.757
1999	0.802	0.563	0.514	0.615	2013	0.885	0.667	0.746	0.761
2000	0.814	0.572	0.531	0.628	2014	0.891	0.665	0.756	0.765
2001	0.814	0.577	0.541	0.634	2015	0.897	0.667	0.758	0.768
2002	0.820	0.587	0.556	0.644	2016	0.903	0.687	0.744	0.773
2003	0.826	0.602	0.571	0.657	2017	0.909	0.693	0.756	0.781

根据国家统计局发布的数据，中华人民共和国成立初期，中央加大了对中西部地区投资规模，促进了内陆地区经济发展，缩小了内陆和沿海地区经济差距。改革开放之初，沿海率先发展战略使东部地区一马当先，保持领先地位。进入 2000 年后，随着西部开发、东北振兴、中部崛起等区域发展战略的实施，区域经济走上协调发展轨道。党的十八大以来，"一带一路"建设、京津冀协同发展、长江经济带发展、粤港澳大湾区建设等的实施，区域发展协调性显著增强，发展差距逐渐缩小。70 年间，各区域经济发展的相对差距经历了从缩小到扩大再到缩小的变化过程。1952 年，人均地区生产总值最高的东北和最低的西部相对差值为 2.6 倍，到 1990 年下降至 1.9 倍。1991 年起，东部人均地区生产总值开始超过东北，居四区域之首，与其他区域的差距逐渐拉大，与最低的西部相对差值在 2003 年达到峰

值 2.5 倍。2003 年后，随着西部开发、东北振兴、中部崛起等区域发展战略持续发力，人均最高的东部和最低的西部之间相对差值逐渐缩小到 2018 年的 1.8 倍。党的十八大以来，按不变价格计算，东部、中部、西部、东北地区人均地区生产总值年均增速分别为 7.2%、8.2%、8.5% 和 6.1%，中西部地区发展速度领先于东部地区，形成了地区经济发展良性互动的局面[①]。

总之，我国人类发展已取得了巨大成绩，但各地区发展仍不均衡，西部落后地区人类发展水平亟待提升。进一步考察市县乡层级的人类发展水平后发现这种发展的不平衡问题更加突出。

为促进 CHDI 相对落后区域"强弱项""补短板"，实现区域人类协调发展，不断改善发展不平衡不充分格局，进一步剖析中国人类发展水平区域差异的具体情况，本书特别列出了中国人类发展水平处于前 3 位的区域和暂时处于后 3 位的区域便于比较观察。

实际上，党的十八以来，国家对西部地区的发展支持非常大，特别是在民生发展领域，然而西部大多数省份的民生改善指数排名仍不乐观，一方面原因是其自身发展基础差、起步晚等因素所致，另一个重要原因则不得不考虑政府转移支付的数量与结构配置优化问题。正如诸多学者所言，向欠发达地区的转移支付是必需的，但目前资源配给与当地发展需求并不匹配，不仅对当地经济发展和民生改善毫无益处，反而滋生了地方政府对于中央政府的依赖心理（陆铭，2017）[②]。值得说明的是，西部区域在各指数值上只是暂时落后。根据 2018 年 3 月 5 日的《政府工作报告》，各区域增长格局将继续呈现"西高东低"的格局，西部地区经济增长继续保持稳中向好的态势。从增速上看，2017 年西部地区实际经济增速最快的是西藏，达到 11.5%，其次是重庆和贵州，增速分别为 10.7% 和 10.5%。未来，随着国家发展理念和发展战略的优化调整，特别是乡村振兴战略的强势推进，有助于西部地区继续保持较快发展势头，西藏、内蒙古、贵州等人类发展水平暂时落后的区域将不断受惠于国内社会和经济发展的优良环境，不断提高各方面的发展水平。

---

① 国家统计局. 新中国成立 70 周年经济社会发展成就系列报告之十八 [EB/OL]. [2019-08-19]. http://www.stats.gov.cn.

② 陆铭. 城市、区域和国家发展：空间政治经济学的现在与未来 [J]. 经济学（季刊），2017（4）：1499-1531.

第十五章　CHDI 与 HDI 视域下中国人类发展的空间演变分析

一、中国人类发展空间演变分析的测量方法

（一）中国区域发展策略的简要回顾

中华人民共和国成立之初，全国沿海地区工业发展明显领先于内陆地区，全国 70% 的轻重工业都分布在沿海。针对当时的特殊国情，毛泽东提出了区域经济均衡发展的指导思想，要求树立全国上下统一的思想，工业相对发达的沿海地区应该支持并带动内地工业的发展。从当时我国社会经济发展需求和战略布局来看，积极发展内地工业，不仅对调整全国工业布局贡献显著，而且具有十分重要的国家安全战略意义。改革开放以后，面对国际和国内社会经济局势发展的新变化，邓小平通过建立经济特区带动沿海经济成片发展，以上海为核心引导沿江城市集群发展，推动中西部开发，促进西部地区资源要素实现优化配置，最终实现"共同富裕"的发展目标。届时，国家通过一系列的改革，扩大了地方政府的经济权益，初步建立起了国民经济的分级调控体系。同时，为加快改革开放的步伐，国家对一些率先进行改革和开放的地区，实行特殊的政策。这些政策的实施，充分调动了各级地方政府发展经济的积极性，增强了地区经济的活力，刺激了地区经济的增长，使地区经济呈现出日趋活跃的态势。然而，在推进改革与开放的过程中，由于各项政策的不配套、不协调，以及分级调控体系的不健全，也产生了一些新的矛盾和问题。

得益于不同时期审时度势的区域发展政策，20 世纪末至 21 世纪初，中国经济创造了持续数年的两位数以上经济总量增长速度。与此同时，国际和国内社会经济发展环境发生新的变化，我国社会经济发展进入"新常态"，区域经济发展的思想逐步向区域协调发展理念转变。党的十六届三中全会进一步提出了包括"统筹区域发展"在内的"五个统筹"的要求。统筹区域发展的新模式，要求重点解决地区发展中的不平衡问题，实现东西部地区的"双轮驱动"，促进"东西互动、城乡协调、远近兼顾"。从数据上看，随着区域发展战略的实施，我国各区域经济总量不断攀升，经济结构持续优化，区域发展差距总体呈缩小态势，区域发展取得辉煌成就。一方面，各区域经济总量获得巨大提升。中华人民共和国成立初期的 1952 年，东部、中部、西部、东北地区生产总值仅分别为 257 亿元、146 亿元、

127 亿元和 84 亿元，到 1978 年分别增加至 1 514 亿元、750 亿元、726 亿元和 486 亿元，均比中华人民共和国成立之初有明显增长。改革开放后，区域经济迅速发展，经济总量不断迈上新台阶。1991 年，东部地区生产总值首次突破 1 万亿元，2005 年首次突破 10 万亿元。中部和西部地区均在 1995 年首次突破 1 万亿元，并同时于 2011 年首次突破 10 万亿元。东北地区省份较少，2001 年首次突破 1 万亿元。党的十八大以来，区域经济持续保持快速发展，2018 年，东部、中部、西部和东北地区生产总值分别达到 48.1 万亿元、19.3 万亿元、18.4 万亿元和 5.7 万亿元。另一方面，各区域经济总体保持较快增长。按不变价格计算，1953—2018 年，东部、中部、西部、东北地区生产总值分别年均增长 9.4%、8.1%、8.6% 和 8.1%，取得了令人瞩目的发展成就。其中，1979—2018 年，东部、中部、西部、东北地区生产总值分别年均增长 11.3%、10.3%、10.3% 和 8.9%，改革开放后各区域经济增速明显快于改革开放前，并呈现东部地区领跑、各区域均衡发展的良好态势①。

党的十九大报告指出，我国经济已由高速增长阶段转向高质量发展阶段，强调了"协调"发展理念的重要指导作用。现阶段，区域协调发展的新理念已经成为推动中国实现共同富裕、人民实现全面发展的核心理念。未来，区域协调发展谋求的是区域之间的共建共享，促进形成"你中有我、我中有你"的区域协调发展新格局。2018 年 11 月 18 日《中共中央 国务院关于建立更加有效的区域协调发展新机制的意见》进一步指出，我国区域发展不平衡不充分问题依然比较突出，区域发展机制还不完善，未来，区域协调发展应当立足于发挥区域比较优势和缩小区域发展差距，坚决破除地区之间利益藩篱和政策壁垒，加快形成统筹有力、竞争有序、绿色协调、共享共赢的区域协调发展新机制。

基于以上政策背景，本书认为，新时期提出区域协调发展理念就是要"补齐短板"，追求共享共赢，将协调作为区域发展的标准和尺度意味着，社会发展不再只是经济增长在数量上的积累，而是追求经济与社会、人与自然的平衡发展。对中国人类发展区域协调发展程度的测度则是借助相应的统计方法，了解区域间人类发展情况的差距与变化趋势，判断各区域人类发展的协调程度。

（二）区域空间关系测量的建模基础

现有文献中关于区域关系的趋势测量最常用的方法是收敛分析。关于收敛问题的研究可以进一步概括为三种假说：σ 收敛、β 收敛和俱乐部收敛。

1. β 收敛

β 收敛主要关注与时间序列数据的相关性，具体表现为不同区域之间的经济数据变动率随时间推移呈现出负相关关系。β 收敛又按照具体情况区分为绝对 β 收敛和有条件的 β 收敛。如果回归结果不受是否加入其他有关附加变量的影响，均表现为负相关，那么就是绝对 β 收敛；如果只有在加入其他有关附加变量之后，回归结果才能得到负相关关系，就认为是条件 β 收敛。

---

① 国家统计局. 新中国成立 70 周年经济社会发展成就系列报告之十八 [EB/OL]. [2019-08-19]. http://www.stats.gov.cn.

以截面数据为例，绝对 β 收敛分析所常用的经济计量模型形式为：

$$\ln\left(\frac{y_{i,\,t}}{y_{i,\,t_0}}\right) = a + \beta \ln y_{i,\,t_0} + \varepsilon_i \tag{15-1}$$

其中，$y_{i,\,t}$ 是地区 i 在 t 时期的变量值，$y_{i,\,t_0}$ 是地区 i 在 t_0 时期的变量值，$\ln\left(\frac{y_{i,\,t}}{y_{i,\,t_0}}\right)$ 则是从 t_0 时期到 t 时期，地区 i 的变量值的增长速度；a 为常数项；ε_i 是扰动项，服从 0 均值，同方差的正态分布条件。如果估计结果显示，$\hat{\beta} < 0$，则表示研究变量存在绝对 β 收敛现象，反之则反。

在绝对 β 收敛模型的基础上添加其他与区域特征相关的控制变量，可以进一步得到常用的条件 β 收敛经济计量模型：

$$\ln\left(\frac{y_{i,\,t}}{y_{i,\,t_0}}\right) = a + \beta \ln y_{i,\,t_0} + \gamma X_{i,\,t} + \varepsilon_i \tag{15-2}$$

其中，$X_{i,\,t}$ 表示地区 i 在 t 时期的控制变量值。相应的，如果估计结果显示，$\hat{\beta} < 0$，则表示研究变量存在条件 β 收敛现象，反之则反。

β 收敛模型的构建是建立在各个区域样本满足相互独立的基本假设条件之上。遗憾的是，这一强假设条件在事实上是难以满足的，区域社会经济发展的相互影响是客观存在的事实。显然，在一个并不能满足的条件下进行建模，其模型估计结果必然导致偏误。因此，大多数 β 收敛模型的研究与应用当中都引入了空间相关性的影响。

2. σ 收敛

σ 收敛主要关注与截面数据的相关性，认为数据间的离差会随时间的推移呈现为下降趋势。泰尔指数是衡量 σ 收敛最常见的方法。泰尔指数又称为泰尔熵标准（Theil's entropy measure），其优点在于，可以同时衡量组内离差和组间离差对整体离差的贡献程度，能够较为全面地反映整体的差异情况。以衡量地区经济总量（GDP）差异为例，泰尔指数包括地区间的差异和地区内的差异两部分。具体计算公式为：

$$T = T_B + T_W = \sum_{i=j}^{n} Y_i \log \frac{Y_i}{P_i} + \sum_{i=j}^{n}\left(\sum_{j=i}^{m} Y_i \log \frac{Y_{ij}}{P_{ij}}\right) \tag{15-3}$$

其中，T 表示总体区域差异，T_B 表示地区间的差异，T_W 表示区域内的差异。n 表示区域数量总数，m 表示区域 i 中的子区域数量。在研究地区经济总量（GDP）差异的问题中，Y 和 P 分别表示区域 GDP 和人口数量。

除了泰尔指数以外，也有研究借助标准差、变异系数、变异加权系数等方法来衡量离差程度。与 β 收敛模型存在相同的问题，宏观经济学中关于 σ 收敛的研究成果都隐含了区域间相互独立的强假设条件。面对现实中区域经济社会发展相互关联的事实，过去绝大多数 σ 收敛的研究显然需要修正，应该放弃区域间相互独立的强假设条件，将区域相关性引入模型，才能客观科学地对地区间的经济社会变量发展趋势做出正确研判。

3. 俱乐部收敛

俱乐部收敛主要关注不同区域之间的结构性差异。其基本思想是，不同地区依其初始条件差异，会在发展中形成不同的俱乐部，俱乐部内部条件相似的地区在发展中会出现收敛，反之，内部条件差异较大的区域在发展过程中则难以呈现出收敛的趋势变化。

（三）空间计量模型的设定思路

本章借助空间经济学的思维方式，建立了 1990—2017 年中国人类发展面板数据的空间计量模型，以探讨中国人类发展的空间协调性，以及影响中国人类发展水平的各个空间因素。建模过程中涉及的相关模型如下：

1. 绝对收敛模型

在本章中，绝对收敛模型是一个最基础的模型，其不包含空间影响项，本书其余空间计量模型都是在此基础上进行拓展得到的。模型如下：

$$\frac{1}{T}\ln\left(\frac{\text{CHDI}_{i,\ t+T}}{\text{CHDI}_{i,\ t}}\right) = \alpha + \beta\ln(\text{CHDI}_{i,\ t}) + \varepsilon_i, \ i = 1,\ 2,\ \cdots,\ 31 \tag{15-4}$$

其中，$\text{CHDI}_{i,\ t}$ 代表中国第 i 个地区第 t 年的人类发展指数，$\text{CHDI}_{i,\ t+T}$ 则是代表第 $t+T$ 年的人类发展指数，ε_i 为随机扰动项。如果（15-4）式中的估测系数 $\beta < 0$，则说明我国各省份在 $t - t + T$ 时段内存在收敛，即人类发展指数相对较低的地区的发展比指数相对较高的地区要快，否则相反。本书中取 $T = 1$，以 10 年为一段进行面板数据的分析。

2. 空间滞后模型

空间滞后模型也被称为空间自回归模型，是在绝对收敛模型的基础上加入了各省份人类发展指数增长率的空间滞后变量所形成的，用以说明一个地区的人类发展指数的增长可能与周围地区及整个系统内的增长情况有关，即与自己所处的区位相关。模型如下：

$$\frac{1}{T}\ln\left(\frac{\text{CHDI}_{i,\ t+T}}{\text{CHDI}_{i,\ t}}\right) = \alpha + \beta\ln(\text{CHDI}_{i,\ t}) + \lambda\ W_i\ln\left(\frac{\text{CHDI}_{i,\ t+T}}{\text{CHDI}_{i,\ t}}\right) + \varepsilon_i,$$
$$i = 1,\ 2,\ \cdots,\ 31 \tag{15-5}$$

其中，空间权重矩阵为 W_i，是一个 i 阶对称矩阵，λ 是空间滞后项的系数，代表了相邻空间单元对本空间单元的影响程度。

3. 空间误差模型

空间误差模型是指对模型中的误差项设置空间自相关的回归模型，即在绝对收敛模型中引入了空间误差项，即式（15-6），在模型中各变量之间的相互关系通过其误差项的空间性质来展现，度量了邻接地区关于因变量的误差冲击对本地区观察值的影响程度，即相邻地区不可观测因素对本区域被解释变量的影响。

$$\varepsilon = \rho W\varepsilon + \mu,\ \varepsilon \sim N(0,\ \sigma^2 I) \tag{15-6}$$

4. SLX 模型

考虑到一个地区的指数增长与其初始指数具有密切的关系，于是拓展出了 SLX 模型，该模型是在绝对收敛模型的基础上将各省份初始人类发展指数的空间滞后变量引入模型，表明一个地区的人类发展指数的增长与周围地区及整个系统内的人类发展指数初始值有关。模型如下：

$$\frac{1}{T}\ln\left(\frac{\text{CHDI}_{i,\,t+T}}{\text{CHDI}_{i,\,t}}\right) = \alpha + \beta\ln(\text{CHDI}_{i,\,t}) + \gamma\,W_i\ln(\text{CHDI}_{i,\,t}) + \varepsilon_i$$

$$i = 1,\ 2,\ \cdots,\ 31 \tag{15-7}$$

5. 空间杜宾模型

考虑到一个地区的指数发展可能不是受到周边区域指数增长或初始指数的单一影响，而是受到两者的混合影响，因此，在绝对收敛模型的基础上将各省份人类发展指数增长率的空间滞后变量与初始人类发展指数的空间滞后变量添加进去，形成空间杜宾模型，如下：

$$\frac{1}{T}\ln\left(\frac{\text{CHDI}_{i,\,t+T}}{\text{CHDI}_{i,\,t}}\right) = \alpha + \beta\ln(\text{CHDI}_{i,\,t}) + \lambda\,W_i\ln\left(\frac{\text{CHDI}_{i,\,t+T}}{\text{CHDI}_{i,\,t}}\right) +$$

$$\gamma\,W_i\ln(\text{CHDI}_{i,\,t}) + \varepsilon_i,\ i = 1,\ 2,\ \cdots,\ 31 \tag{15-8}$$

6. SAC 模型

SAC 模型是在空间自回归模型的基础上加入了空间误差项，探讨被解释变量的空间滞后效应和空间误差效应的影响。

7. 空间杜宾误差模型

空间杜宾误差模型是在 SLX 模型的基础上加入了空间误差项，探讨的是各省份初始人类发展指数的空间滞后变量与空间误差项的影响。

8. 广义嵌套模型

广义嵌套模型是在空间杜宾模型的基础上加入了空间误差项，将各省份人类发展指数增长率的空间滞后变量、初始人类发展指数的空间滞后变量以及空间误差项都包含了进去，是考察空间影响项最为全面的一个模型。

根据以上模型设计思路，整个研究过程将涉及 7 种空间模型形式，归纳如表 15-1 所示。

表 15-1　研究模型类别

序号	I	II	III	IV	V	VI	VII
模型	空间滞后模型 SAR	空间自变量滞后模型 SLX	空间杜宾模型 SDM	空间误差模型 SEM	空间滞后误差模型 SAC	空间自变量滞后误差模型 SDEM	广义嵌套模型
表达式	(6-5)	(6-6)	(6-7)	(6-4)+(6-6)	(6-5)+(6-6)	(6-7)+(6-6)	(6-8)+(6-6)

需要说明的是，模型分析过程采取了逐步验证的方法，逐个引入多个可能解释中国人类发展空间协调性的计量模型，依次检验模型拟定效果，择优选取最贴合中国实际人类发展现实的模型进行分析。本章采用的是比较研究的视角，检验对象包括联合国开发计划署的人类发展指数（HDI）和本书所改进的中国人类发展指数（CHDI），因此，空间数据分别有 HDI 和 CHDI 两种，下文用 CHDI 进行模型的展示，具体筛选过程将在下文代入不同数据后详述。

二、中国人类发展指数的地理空间相关性检验

（一）空间权重矩阵的设定方法

地理空间权重设定是研究区域关联问题的基本前提。地理空间权重设定的方法主要分为空间邻接和空间距离两种规则。按照具体相邻关系和距离确定方法差异，地理空间权重设定的具体方案包括：

1. 基于邻接规则设定的空间权重矩阵

空间邻接关系分为车相邻、象相邻、后相邻，当两个区域存在相邻关系时，权重矩阵元素赋值为1，否则赋值为0。

$$w_{ij} = \begin{cases} 1(\text{区域具有相同的边界或顶点}) \\ 0(\text{区域没有相同的边界或顶点}) \end{cases} \tag{15-9}$$

其中，w_{ij} 表示区域 i 与区域 j 的空间权重，是空间权重矩阵的元素之一。在实践中，通常需要对空间权重矩阵进行标准化处理，标准化之后的权重矩阵具有一定的局限性：一是标准化的权重矩阵不再是对称矩阵；二是标准化的权重矩阵每行元素之和为1，蕴涵了区域 i 受到邻接区域的影响之和一定等于区域 j 所受到的邻接区域影响之和的强假设条件。

2. 基于空间距离设定的空间权重矩阵

空间距离设定权重矩阵以区域之间的距离判定相邻关系，通常需要事先给定距离临界值，也就是阈值。如果两个区域的距离在该阈值范围内，权重矩阵元素赋值为1，否则赋值为0。

$$w_{ij} = \begin{cases} 1(d_{ij} < d) \\ 0(d_{ij} \geqslant d) \end{cases} \tag{15-10}$$

其中，d_{ij} 表示区域 i 与区域 j 之间的距离，可以是地理距离也可以是其他经济距离或者网络距离等；d 是事先确定好的距离临界值（阈值）。

除此之外，还有多边形原则的空间权重确定方法，将空间上能够构成具有公共边界的多边形的 K 个点看作相邻关系，相邻则权重矩阵元素赋值为1，否则赋值为0。

$$w_{ij} = \begin{cases} 1(\text{区域 } i \text{ 与 } j \text{ 的距离属于最近的 } K \text{ 个点}) \\ 0(\text{区域 } i \text{ 与 } j \text{ 的距离不属于最近的 } K \text{ 个点}) \end{cases} \tag{15-11}$$

在理论上，基于空间距离设定的空间权重矩阵是建立在空间依赖性的假设前提基础上的；在应用上，由于阈值的确定具有一定的灵活性，空间权重的确定在研究各类问题时也具有一定的主观性和随意性，模型结果通常具有不够稳健的局限性。

3. 具体距离倒数权重改进的 CHDI 组合权重

基于距离倒数的空间权重确定方案主要是基于传统空间地理权重设定方法不能客观体现区域之间相互影响的差异性的缺陷，提出的一种空间权重的改进方案。空间权重矩阵的元素为区域距离的倒数值：

$$w_{ij} = \frac{1}{d_{ij}} \qquad (15-12)$$

其中，d_{ij} 表示区域 i 与区域 j 之间的距离。只考虑距离上的空间关系显然对考察全国人类发展指数的空间关联性欠妥，相邻区域或距离相近区域在彼此的影响关系上也可能相去甚远。例如，在地理位置上与北京相邻的天津与河北，在人类发展水平上却存在较大差异。因此，在距离的选择上，考虑选用区域之间的人类发展程度的差异，引入 CHDI 距离值的倒数的组合空间权重方案，对倒数空间权重的设定方案进行改进，形成第四种权重设定方案：

$$w_{ij} = \begin{cases} \left(\dfrac{\mathrm{CHDI}_i}{\mathrm{CHDI}_j} \right)^{1/2} \times \dfrac{1}{d_{ij}} (i \neq j) \\ \qquad\qquad 0 (i = j) \end{cases} \qquad (15-13)$$

其中，$\left(\dfrac{\mathrm{CHDI}_i}{\mathrm{CHDI}_j} \right)^{1/2}$ 代表了区域之间的人类发展指数差异，$\dfrac{1}{d_{ij}}$ 代表了区域之间的空间差异，从两个角度反映了区域之间的空间关联性。

根据上述思路，在加入 1996—2017 年中国人类发展指数的具体数据进行比较后，最终决定采用共点或共边原则（queen contiguity）的 0-1 空间权重矩阵，即当两个区域存在相邻关系时，权重矩阵元素赋值为 1，否则赋值为 0。

展开中国人类发展情况进行空间模型分析前，先对 1990—2017 年中国人类发展的 CHDI 空间数据进行空间相关分析，以保障时空模型分析结果的有效性。空间自相关的分析通常包括全局空间自相关和局部自相关。下面，分别从全局空间自相关与局部自相关两个方面对中国 1990—2017 年的人类发展情况进行分析。为了比较联合国开发计划署的人类发展指数（HDI）与本书改进后的中国人类发展指数（CHDI）的差异，分别加入两种数据进行比较分析。

（二）中国人类发展指数的全局空间自相关分析

全局空间自相关通常用于反映某一经济地理现象在整个区域的空间分布情况，莫兰指数（Moran's I）是衡量空间自相关程度的全局指标，可体现空间上邻接或者邻近区域单元特征的相似度。运用 GeoDa 软件可以直接计算出 CHDI 和 CHDI 两种指数值的全局 Moran's I 值，输出结果见表 15-2 和表 15-3。

表 15-2　1990—2017 年 HDI 的地理空间相关性检验结果

年份	1990	1991	1992	1993	1994	1995	1996
Moran's I	0.466 ***	0.466 ***	0.476 ***	0.490 ***	0.443 ***	0.516 ***	0.542 ***
Standardized	0.111	0.117	0.117	0.117	0.117	0.117	0.118
P 值	0.001	0.001	0.001	0.001	0.002	0.001	0.001
年份	1997	1998	1999	2000	2001	2002	2003
Moran's I	0.544 ***	0.538 ***	0.536 ***	0.547 ***	0.548 ***	0.556 ***	0.558 ***
Standardized	0.118	0.118	0.117	0.118	0.118	0.118	0.117
P 值	0.001	0.001	0.001	0.001	0.001	0.001	0.001

表15-2(续)

年份	2004	2005	2006	2007	2008	2009	2010
Moran's I	0.559***	0.558***	0.540***	0.532***	0.532***	0.531***	0.526**
Standardized	0.118	0.118	0.118	0.117	0.117	0.117	0.117
P 值	0.001	0.001	0.001	0.001	0.001	0.001	0.001
年份	2011	2012	2013	2014	2015	2016	2017
Moran's I	0.512***	0.509***	0.503***	0.491***	0.500***	0.500***	0.490***
Standardized	0.117	0.117	0.116	0.115	0.116	0.116	0.116
P 值	0.001	0.001	0.001	0.001	0.001	0.001	0.001

注:***、**、*分别表示在1%、5%、10%水平下显著。

从表 15-2 可以看出,1990—2017 年 HDI 的 Moran's I 均为正,其都通过了显著性检验,说明 HDI 在中国各省存在着较强的空间正相关性,这就表明对 HDI 进行分析不考虑空间效应的结果是非有效的,在模型分析中必须将空间效应的影响考虑进去。

表 15-3 1990—2017 年 CHDI 的地理空间相关性检验结果

年份	1990	1991	1992	1993	1994	1995	1996
Moran's I	0.270***	0.365***	0.271***	0.311***	0.250**	0.271***	0.276***
Standardized	0.115	0.116	0.116	0.116	0.115	0.115	0.115
P 值	0.008	0.001	0.009	0.003	0.013	0.008	0.007
年份	1997	1998	1999	2000	2001	2002	2003
Moran's I	0.303***	0.251***	0.245**	0.272***	0.238**	0.255**	0.240**
Standardized	0.115	0.112	0.112	0.113	0.113	0.114	0.115
P 值	0.003	0.011	0.013	0.007	0.016	0.012	0.017
年份	2004	2005	2006	2007	2008	2009	2010
Moran's I	0.254**	0.270***	0.295***	0.314***	0.292***	0.269***	0.249**
Standardized	0.115	0.115	0.115	0.114	0.115	0.114	0.113
P 值	0.012	0.008	0.004	0.002	0.005	0.008	0.013
年份	2011	2012	2013	2014	2015	2016	2017
Moran's I	0.244**	0.267***	0.298***	0.310***	0.314***	0.290***	0.281***
Standardized	0.113	0.114	0.115	0.115	0.115	0.115	0.116
P 值	0.015	0.008	0.004	0.003	0.002	0.005	0.006

注:***、**、*分别表示在1%、5%、10%水平下显著。

从表 15-3 可以看出,1990—2017 年 CHDI 的 Moran's I 均为正,且都在 5% 置信水平下显著,说明 CHDI 在中国各省存在着较强的空间正相关性,即 CHDI 高的地区在空间上比较集中,CHDI 低的地区在空间上也比较集中,具有较高或较低人类发展水平的省份倾向集聚在一起,且这种空间自相关或空间集聚随着人类生活水平与生活质量的提高越来越显著。我国的 CHDI 在省级尺度上呈现出空间强相依性特征,这就表明对 CHDI 进行分析考虑空间效应的结果是必要的。

（三）中国人类发展指数的局部空间自相关分析

从全局的视角来看，部分区域行为间的正相关和另一区域间的负相关存在相互抵消的可能。基于此，有必要在全局空间自相关的基础上进行局部空间自相关分析，即通过局部 Moran's I 散点图对局部空间差异实现可视化，从而更加直观地认识空间分布的特点，进而判断空间依赖或异质具体表现在哪一个区域上。在全局自相关分析结果的基础上，考虑国家区域政策布局的变化，除了要考察时间起止点年份之外，也要以西部大开发战略全面实施的 2000 年为时间节点考察中国人类发展水平的局部相关上的时空变化。分别根据 HDI 和 CHDI 的数据，绘制 LISA 集聚和 Moran 散点图，如图 15-1 和图 15-2 所示。

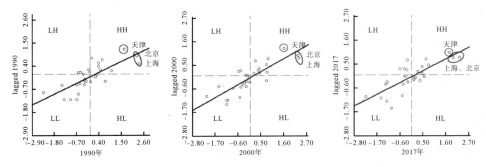

图 15-1　1990 年、2000 年、2017 年 HDI 的 Moran's I 散点图

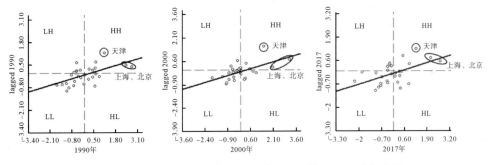

图 15-2　1990 年、2000 年、2017 年 CHDI 的 Moran's I 散点图

Moran's I 散点图呈现了人类发展不同的空间结构类型：第 Ⅰ 象限（高-高），代表该区域的 CHDI 较高，其邻居也较高，为高水平集聚状态；第 Ⅱ 象限（低-高），代表该区域的 CHDI 较低，但其邻居较高，二者存在较大差异；第 Ⅲ 象限（低-低），说明该地区与其邻居的 CHDI 水平都较低，为低水平集聚状态；第 Ⅳ 象限（高-低）则与第 Ⅱ 象限结构相反。Moran's I 散点图和 LISA 集聚图表明中国人类发展水平路径依赖特征明显。为了进一步了解各省份人类发展的分布情况，现在仍然以 1990 年、2000 年、2017 年为时间截点的 HDI 和 CHDI 数据为基准，在 Moran's I 散点图的基础上梳理出 31 个省份的关联模式，如表 15-4 和表 15-5 所示。

表 15-4　1990 年、2000 年和 2017 年 CHDI 区域关联模式象限分布

年份	HH	LL	LH	HL
1990	河北、黑龙江、浙江、吉林、江苏、辽宁、天津、上海、北京	新疆、西藏、云南、四川、青海、贵州、广西、甘肃、重庆、宁夏、湖南、陕西、河南	江西、安徽、内蒙古、福建	湖北、山西、山东、广东
2000	北京、天津、河北、山东、吉林、辽宁、黑龙江、上海、浙江、江苏、福建	西藏、青海、云南、新疆、四川、贵州、甘肃、广西、重庆、宁夏、湖南、湖北、陕西、山西	江西、安徽、内蒙古、河南	广东
2017	辽宁、吉林、浙江、福建、江苏、天津、上海、北京	西藏、云南、贵州、甘肃、新疆、青海、四川、宁夏、广西、河南、山西	江西、黑龙江、安徽、河北	陕西、内蒙古、湖北、湖南、山东、重庆、广东

根据表 15-4，1990 年的 HH 类型的省份有河北、黑龙江、浙江、吉林、江苏、辽宁、天津、上海、北京，在 2000 年时，山东、福建分别从 HL、LH 类型转变成了 HH 类型，表明其周边省份或自身的 HDI 发展速度较快，而到了 2017 年，河北、黑龙江、山东变成了 LH、HL 类型，表明河北、黑龙江自身的 HDI 发展速度相对周边省份较慢，山东则是周边省份的发展速度较慢。在 HL 类型中，湖北在 2000 年时转化为了 LL 类型，自身发展相对较慢，但到 2017 年又成为了 HL 类型，在这十多年间发展较快，在 LL 类型，重庆、湖南、陕西在 2017 年也均转为了 HL 类型，自身发展较快，其余省份的变化不大。

表 15-5　1990 年、2000 年、2017 年 CHDI 区域关联模式象限分布

年份	HH	LH	LL	HL
1990	北京、天津、上海、江苏、浙江、吉林、黑龙江	河北、河南、内蒙古、宁夏、福建、安徽	青海、西藏、新疆、甘肃、云南、山西、贵州、广西、湖南、江西、重庆、四川	广东、湖北、山东、陕西、辽宁
2000	北京、天津、上海、江苏、浙江、吉林	河北、河南、内蒙古、宁夏	青海、西藏、新疆、甘肃、云南、山西、贵州、广西、湖南、江西、福建、安徽、重庆	广东、湖北、山东、陕西、辽宁、黑龙江、四川
2017	北京、天津、上海、江苏、浙江	河北、河南、福建、安徽、江西	青海、西藏、新疆、甘肃、云南、山西、贵州、广西、吉林、内蒙古、宁夏	广东、湖北、山东、陕西、辽宁、黑龙江、四川、湖南、重庆

根据表 15-5，从空间辐射带动的总体效应上来看，分布在"HH（高高）"和"LL（低低）"象限的省份数量略有减少，"LH（低高）"和"HL（高低）"象限省份数量略有增加，说明地区间人类发展存在空间异质性增强的潜在风险。从各象限分布省份的数量来看，大多数省份在集聚在"HH（高高）"和"LL（低低）"象限，虽然进一步验证了前文所说的中国人类发展区域空间正相关，肯定了中国人类发展进程对区域辐射带动作用存在依赖性的结论，但这种正相关的空间依赖关系并不乐观，原因在于大多数区域并不是分布于"HH（高高）"象限当中，而是分布于"LL（低低）"象限当中，处于低水平的

集聚状态。北京、天津、上海、江苏、浙江长期处于高水平聚集发展状态，同时，青海、西藏、新疆、甘肃、云南、山西、贵州、广西一直处于低水平聚集发展状态。中国人类发展水平的这种持续稳态聚集效应十分值得关注，如何让长期处于低水平聚集状态的地区尽快摆脱现状是中国以人民为中心的区域发展政策必须要正确对待的问题。当然，从CHDI区域关联模式象限分布也可以看出近年来各项区域政策对改进中国人类发展所做的积极贡献，以及由此引致的空间布局变化。一方面，由于国家产业发展模式的升级和技术变革的快速更新，传统工业强省——吉林和黑龙江两省相继从"HH（高高）"聚集区域淘汰，其中，吉林省更是直接低至"LL（低低）"聚集区域。另一方面，在西部大开发战略和中部振兴政策的带动下，四川、重庆、湖南、江西四省从1990年的"LL（低低）"聚集区域越出，到2017年，四川、重庆、湖南跃居"HL（高低）"象限，发展水平超越周边临近省份，江西省跃居"LH（低高）"象限，说明其发展水平受到周边高水平区域的辐射影响得以提高。在区域异质性方面，以广东省为代表的湖北、山东、陕西、辽宁5省始终处于"HL（高低）"象限，说明相对于周边地区，其自身的人类发展水平较高，但却未能带动周围地区一同实现进步，是一种典型的"涓滴效应"。另外，河北与河南省在区域关联分布上始终位于"LH（低高）"象限，也就是虽然在地理位置上身处于相对高水平的区域，但其自身发展水平却始终未能得到提升。

三、中国人类发展指数空间协调性的实证分析

（一）参数估计与计量模型筛选

前文从离散的角度，针对各年度截面数据变化阐释了年度中国人类发展的空间布局变化，现在从连续的视角，借助空间计量的思维方式，建立1990—2017年中国人类发展模板数据的空间计量模型，探索中国人类发展的空间平衡效应，以及影响中国人类发展水平的各个空间因素。分析过程采取逐步验证的方法，逐个引入多个可能解释中国人类发展空间平衡效应的计量模型，依次检验模型拟定效果，择优选取最贴合中国实际人类发展现实的模型进行分析。

关于面板模型固定效应和随机效应的选择问题，考虑到所涉及的七个模型中，广义嵌套模型是最为全面的模型，因此以广义嵌套模型为基础，通过豪斯曼检验，确定广义嵌套模型应选取固定效应。下面分别对1990—2017年31个省份的HDI和CHDI面板数据进行上述七个空间模型的回归分析，模型均采用固定效应进行回归。两种数据的回归结果如下。

1. HDI空间模型估计和筛选

1990—2017年HDI空间模型估计结果如表15-6所示。

表 15-6　1990—2017 年 HDI 空间模型估计结果

模型	I	II	III	IV	V	VI	VII
β	-0.018 8***	-0.029 1***	-0.071 1***	-0.078 0***	-0.059 7***	-0.078 3***	-0.065 1***
	(-7.34)	(-8.06)	(-6.13)	(-7.16)	(-8.22)	(-7.56)	(-8.06)
λ	0.314 8***			0.348 6***	-0.887 6***		-0.858 3***
	(8.45)			(9.46)	(-15.46)		(-13.59)
γ			0.046 3***	0.061 7***		0.053 4***	0.018 1
			(3.97)	(5.59)		(5.04)	(1.52)
ρ		0.338 7***			0.834 7***	0.356 4***	0.825 8***
		(9.00)			(36.02)	(9.65)	(32.61)
Log-Likelihood	2 546.643 3	2 550.795 1	2 522.071 5	2 561.862 8	2 596.813 3	2 563.235 5	2 597.942 7
Pseudo r^2	0.140 2	0.147 7	0.094 5	0.088 0	0.127 2	0.009 9	0.100 5

注：***、**、* 分别表示在 1%、5%、10%水平下显著。

广义嵌套模型是包含了被解释变量空间滞后项、解释变量空间滞后项以及空间误差项的模型，因此以广义嵌套模型为基础，进行 LR 检验及 Wald 检验，讨论广义嵌套模型能否简化为 SAC、SDEM 或 SDM 模型。根据模型可知，若 $\gamma = 0$，则广义嵌套模型可以简化为 SAC 模型；若 $\lambda = 0$，则可以简化为 SDEM 模型；若 $\rho = 0$，则表明可以简化为 SDM 模型。如果可以简化，则再进行下一步的分析，探讨其是否可以简化为 SAR、SEM 或 SLX 模型，检验结果如表 15-7 所示。

表 15-7　检验结果

检验	统计值	P 值
LRtestfor SAC	2.26	0.132 9
LRtestfor SDEM	69.41***	0
LRtestfor SDM	72.16***	0
Waldtestfor SAC	2.32	0.127 4
Waldtestfor SDEM	1 063.29***	0
Waldtestfor SDM	184.80***	0

注：***、**、* 分别表示在 1%、5%、10%水平下显著。

从表 15-7 可知，不管是 LR 的检验结果还是 Wald 的检验结果，在针对 $\gamma = 0$ 的检验中均接受了原假设，而其他两个检验在 1%的显著性水平下拒绝了原假设，即是 $\gamma = 0$，而 λ、ρ 显著不为 0，因此，广义嵌套矩阵可以简化为 SAC 模型。同时结合赤池信息准则（Akaike Information Criterion，AIC）和贝叶斯信息准则（Bayesian Information Criterion，BIC）来进行模型的筛选。AIC 是衡量统计模型拟合优良性的一种标准，由日本统计学家赤池弘次在 1974 年提出，它建立在熵的概念上，提供了权衡估计模型复杂度和拟合数据优良性的标准，BIC 与 AIC 相似，也是用于模型选择。模型的 AIC、BIC 值越小，则代表该模型越好。结果见表 15-8。

表 15-8　各个模型的 AIC、BIC 值

模型	I	II	III	IV	V	VI	VII
AIC	-5 087.287	-5 095.59	-5 038.143	-5 115.726	-5 185.627	-5 118.471	-5 185.885
BIC	-5 073.097	-5 081.401	-5 023.953	-5 096.806	-5 166.707	-5 099.552	-5 162.236

通过对表中的 AIC、BIC 值分析，可以发现广义嵌套模型和 SAC 模型的 AIC 差距不大，但在检验更为严苛的 BIC 值的比较中，可以看到 SAC 模型的值更小，因此，根据法则判断，再结合前文的 LR、Wald 检验结果，可得出广义嵌套模型可以简化为 SAC 模型。针对 SAC 模型，再次利用 LR、Wald 检验来判断其是否可以简化为 SAR 或 SEM 模型，结果见表 15-9。

表 15-9　SAC 模型的 LR、Wald 检验结果

检验	统计值	P 值
LR testfor SAR	100. 34 ***	0
LR testfor SEM	92. 04 ***	0
Waldtestfor SAR	1 297. 23 ***	0
Waldtestfor SEM	238. 89 ***	0

注: *** 、 ** 、 * 分别表示在 1%、5%、10% 水平下显著。

所有的检验均在 1% 的显著性水平拒绝了原假设，即是 λ、ρ 显著不为 0，SAC 模型不能简化为 SAR、SEM 模型，因此，SAC 模型即为最优模型，以此模型进行后续的分析。

2. CHDI 空间模型估计和筛选

1990—2017 年 CHDI 空间模型估计结果如表 15-10 所示。

表 15-10　1990—2017 年 CHDI 空间模型估计结果

模型	I	II	III	IV	V	VI	VII
β	-0. 020 2 *** (-3. 80)	-0. 063 7 *** (-5. 44)	-0. 137 2 *** (-5. 80)	-0. 152 4 *** (-7. 97)	-0. 110 5 *** (-7. 33)	-0. 149 3 *** (-8. 44)	-0. 129 4 *** (-8. 17)
λ	0. 560 0 *** (18. 22)			0. 586 4 *** (19. 70)	-0. 663 7 *** (-1. 89)		-0. 575 6 *** (-7. 08)
γ			0. 109 3 *** (4. 47)	0. 142 4 *** (7. 19)		0. 127 3 *** (6. 06)	0. 096 5 *** (3. 59)
ρ		0. 593 1 *** (18. 77)			0. 844 1 *** (39. 89)	0. 594 2 *** (19. 96)	0. 819 6 *** (31. 47)
Log-Likelihood	1 596. 667 6	1 605. 960 3	1 486. 833 0	1 621. 494 2	1 632. 864 9	1 624. 000 1	1 638. 771 8
Pseudo r^2	0. 026 4	0. 032 2	0. 012 2	0. 010 5	0. 027 6	0. 009 9	0. 010 6

注: *** 、 ** 、 * 分别表示在 1%、5%、10% 水平下显著。

从表面上看，七个模型的回归系数均在 1% 的置信水平下显著，但究竟哪一个是最适合的空间计量模型，还需要进一步验证。从最大似然估计值（Log-Likelihood）的结果来看，模型 VI 的最大似然值最大，拟合效果最好，模型 VII 次之。那么，是否能将解释变量最为全面的模型 VII 直接简化呢？谨慎起见，以模型 VII 为基础，对各回归系数进行 LR 检验及 Wald

检验。若$\rho=0$，则表明可以简化为模型Ⅲ；若$\gamma=0$，则模型可以简化为模型Ⅴ；若$\lambda=0$，则可以简化为模型Ⅵ。现将检验结果汇报在表 15-11 中。

表 15-11　检验结果

检验	统计值	P 值
LRtestfor SAC	11.81***	0.000 6
LRtestfor SDEM	29.54***	0
LRtestfor SDM	34.56***	0
Waldtestfor SAC	12.87***	0.000 3
Waldtestfor SDEM	50.18***	0
Waldtestfor SDM	990.06***	0

注：***、**、* 分别表示在 1%、5%、10% 水平下显著。

检验结果显示，不管是 LR 的检验结果还是 Wald 的检验结果，均在 1% 的显著性水平下拒绝了原假设，即是γ、λ、ρ显著不等于 0，因此，广义嵌套模型不可以简化，模型Ⅶ应该为最佳拟合模型。同时，结合赤池信息准则（Akaike Information Criterion，AIC）和贝叶斯信息准则（Bayesian Information Criterion，BIC）来进行模型的筛选。具体输出结果见表 15-12。

表 15-12　各个模型的 AIC、BIC 值

模型	Ⅰ	Ⅱ	Ⅲ	Ⅳ	Ⅴ	Ⅵ	Ⅶ
AIC	−3 187.335	−3 205.921	−2 967.666	−3 234.988	−3 257.73	−3 240	−3 267.544
BIC	−3 173.146	−3 191.731	−2 953.477	−3 216.069	−3 238.81	−3 221.081	−3 243.894

通过对表中的 AIC、BIC 值分析，可以发现广义嵌套模型（模型Ⅶ）的 AIC、BIC 值是所有模型中最小的。由此，可以肯定广义嵌套模型（模型Ⅶ）是最优的空间回归模型。根据广义嵌套模型的输出结果来看，β的值小于 0，并且在 1% 的置信水平下显著，说明中国人类发展水平存在收效趋势的结论成立。空间滞后系数λ也是在 1% 显著性水平下拒绝了原假设，证明单个区域内人类发展水平的进步受益于地理空间相邻地区发展水平的改善以及整个区域内发展水平的系统性改进。系数γ均大于 0，并且在 1% 的置信水平下显著，表明区域 CHDI 的增长与周围地区及整个系统内的 CHDI 初始值正相关。空间误差项的系数ρ也在 1% 置信水平下的显著性，说明区域内人类发展水平的进步还与相邻区域的随机冲击效应相关联，也就是说影响一个地区 CHDI 增长的随机因素还会对周围地区产生扩散效应。

根据实证输出结果进一步结合中国长期发展实际不难发现，中国人类发展存在较为显著的空间影响效应，地理空间相邻区域以及整个区域系统的发展对单个区域具有显著影响作用。1990—2017 年是一个较长的发展时期，虽然中国的区域发展战略在不同时间段的具体任务和目标存在一定差异，但谋求中国人类发展水平实现更高层次跨越的总体发现和目标是一致的。可以说，中国人类发展始终保持收敛趋势，受益于中国特色社会主义制度"民本"之初心，不同时期的区域政策转换始终保持"人民本色"。另外，模型检验中还透露出一个重要信息，初始要素禀赋系数的显著性检验结果说明，中国各个区域对自身原始的发展状态表现出明显的路径依赖，初始要素禀赋对区域人类发展水平的进步有潜在干预，传统空间要素布局和整体空间系统发展环境使中国人类发展的空间布局具有较强的惯性。

这种人类发展水平区域惯性为何多年难以破除呢？除了长跨度的现实考察，也许还需要在时间维度上根据我国社会发展的时空分异进行阶段性的细分，以此来反观不同时期各项促进区域协调发展政策的指导功能是否得以精准发挥。

（二）分时段的 HDI 和 CHDI 空间模型估计比较

从 20 世纪 90 年代初到现在，我国先后经历了不同的党和国家领导人和领导集体，面对不同时期国家发展的重大需求和具体时代任务时，会有不同的区域发展战略，同时形成与之相呼应的执行策略和具体措施。众所周知，经济周期与政治周期具有相关性。中国作为世界上最大的发展中国家，政府有意识、有计划地推动社会经济发展是必然的，也是增进市场经济体制效率的必不可少的非市场化手段。中华人民共和国成立以来，制定中长期的经济社会发展战略与规划已经成为中央政府的一项常态化工作，在坚持总体方向和基础原则的前提下，每一届领导集体都会在前一任领导人和领导集体的工作基础上，研判下一段所面临的新问题、新矛盾，并制定与之适应的发展战略和中长期规划。基于这一先验的认知，这一部分的研究根据不同的政治周期来划分，考察了不同时期人类发展空间布局的阶段性特征。根据所收集数据的情况，将党的十四大以后（1993—2017 年）的数据纳入阶段性特征的考察研究中。在结合政治周期的同时，为保证建模具有足够的样本容量，按照 10 年一个跨度进行划分，同时，考虑到政策的连续性，学习林光平教授（2005）[1] 的方法，对各个跨度的数据进行滚动化处理，滚动周期选取 5 年，如此分别建立 1993—2002 年（党的十四大和党的十五大时期）、1998—2007 年（党的十五大和党的十六大时期）、2003—2012 年（党的十六大和党的十七大时期）、2008—2017 年（党的十七大和党的十八大时期）四个阶段性空间计量模型。

根据上一部分内容对空间计量模型筛选的结果，广义嵌套模型（模型Ⅶ）为最优，在这里直接使用该模型进行各阶段的空间面板数据分析。现将 HDI 和 CHDI 各时段的回归结果汇报如下。分时段 HDI 的空间模型估计结果如表 15-13 所示。

表 15-13　分时段 HDI 的空间模型估计结果

阶段	1993—2002 年党的十四大和十五大	1998—2007 年党的十五大和十六大	2003—2012 年党的十六大和十七大	2008—2017 年党的十七大和十八大
β	−0.212 2***	−0.107 1***	−0.093 4***	−0.184 2***
	(−5.90)	(−3.77)	(−4.05)	(−6.83)
λ	−0.949 2***	−0.766 0***	−0.604 4***	−0.726 0***
	(−11.11)	(−6.72)	(−4.69)	(−6.11)
ρ	0.873 8***	0.840 5***	0.834 8***	0.800 5***
	(27.04)	(21.92)	(20.47)	(17.71)
Log-Likelihood	720.965 2	868.000 4	936.757 0	936.110 5
Pseudo r^2	0.071 5	0.072 2	0.161 4	0.107 9

注：***、**、* 分别表示在 1%、5%、10% 水平下显著。

---

[1]　林光平，龙志和，吴梅. 我国地区经济收敛的空间计量实证分析：1978—2002 年 [J]. 经济学（季刊），2005，4（s1）：71-86.

从结果中可以看到，四个时段的解释变量的系数 β 都小于 0，且都通过 1% 水平的显著性检验，表明我国各省份的 HDI 随着时间的推移在不断收敛，即 HDI 相对较低的地区的发展比 HDI 相对较高的地区要快。且收敛速度经历了一个减速再增速的过程，从 2003—2012 年的系数值为 $-0.093\,4$ 到 2008—2017 年的系数值为 $-0.184\,2$，可见近几年的收敛速度得到了极大的提升。各个时段的被解释变量的空间滞后项的系数 λ 也是在 1% 显著性水平下拒绝了原假设，表明了一个地区的人类发展指数的增长与周围地区及整个系统内的增长情况有关，且 λ 值均小于 0，表明此时周围省份的 HDI 增长对本地区 HDI 的增长有负向的影响。空间误差项的系数 ρ 在四个时间段中也是通过了 1% 水平下的显著性检验，表明一个地区 HDI 的增长还与周围地区 HDI 的随机冲击有着密切的关联，也就是说影响一个地区 HDI 增长的其他因素还会对周围地区的 HDI 增长有扩散效应。系数 ρ 的值都比较大，均是大于 0.8，表明周围省份的随机冲击对 HDI 的增长具有较强的正向影响作用。分时段 HDI 的空间模型估计结果如表 15-14 所示。

表 15-14　分时段 HDI 的空间模型估计结果

阶段	1993—2002 年 党的十四大和十五大	1998—2007 年 党的十五大和十六大	2003—2012 年 党的十六大和十七大	2008—2017 年 党的十七大和十八大
β	$-0.309\,1^{***}$ (-6.87)	$-0.599\,2^{***}$ (-12.26)	$-0.184\,3^{***}$ (-5.16)	$-0.365\,3^{***}$ (-9.56)
λ	$-0.470\,5^{***}$ (-2.94)	$0.748\,5^{***}$ (11.86)	$-0.528\,0^{***}$ (-3.54)	$0.903\,9^{***}$ (39.81)
γ	$0.303\,8^{***}$ (2.77)	$0.547\,2^{***}$ (11.86)	$0.183\,3^{**}$ (2.42)	$0.350\,3^{***}$ (9.00)
ρ	$0.821\,4^{***}$ (15.96)	$-0.603\,9^{***}$ (-3.77)	$0.844\,6^{***}$ (21.22)	$-0.932\,9^{***}$ (-8.88)
Log-Likelihood	478.132 8	610.498 7	671.676 3	722.459 2
Pseudo r^2	0.020 9	0.036 8	0.011 0	0.004 1

注：***、**、* 分别表示在 1%、5%、10% 水平下显著。

从分时段的 CHDI 空间模型估计结果可以看出：①四个时段的解释变量的系数 β 都小于 0，且都通过 1% 水平的显著性检验，表明我国各省份的 CHDI 随着时间的推移在不断收敛，即 CHDI 相对较低的地区的发展比 CHDI 相对较高的地区要快。②各个时间段的被解释变量的空间滞后项的系数 λ 也是在 1% 显著性水平下拒绝了原假设，且系数值也较大，表明了一个地区的 CHDI 的增长与周围地区及整个系统内的增长情况有关。且在 β 值较小的两个时间段（1998—2007、2008—2017）中，该系数大于 0，说明该地区的区位对 CHDI 的增长有较强的正向效应，而在 β 值较大的两个时间段（1993—2002、2003—2012）中，该系数小于 0，此时该地区的区位对 CHDI 的增长有较强的负向的抑制作用。③解释变量的空间滞后项的系数 γ 均大于 0，2003—2012 年的系数 γ 通过了 5% 水平下的显著性检验，其余时间段均是在 1% 的水平下通过了显著性检验，表明一个地区的 CHDI 的增长与周围地区及整个系统内的 CHDI 初始值有关，且呈现出一个正效应。④空间误差项的系数 ρ 在四个时间段中也是通过了 1% 水平下的显著性检验，表明一个地区的 CHDI 的增长还与周围地区 CHDI 的随机冲击有着密切的关联，也就是说影响一个地区 CHDI 增长的其他因素还会对周围地区的 CHDI 增长具有扩散效应，在 β 值较小的两个时间段（1998—2007、2008—2017）中，ρ 值均小于 0，此时的随机冲击对本地区 CHDI 增长呈现负向影响，而在 β 值较大的两个时间段（1993—2002、2003—2012）中，ρ 值大于 0，此时的随机冲击对本地区 CHDI 的增长是正向的影响。可见，相比 HDI 的输出结果更加贴合我国区域发展的现实，着实可见忽略民生、科技、绿色发展等因素的 HDI 指数体系是不够完善的，也验证了对 HDI 指数体系进行改进的可行性。

（三）基于 CHDI 的人类发展指数空间效应分析

为能够直观考察我国不同时期以上四种空间效应的变化，将四个时期各空间效应系数的变化分析如下。从各个时期的发展变化情况来看：

（1）四个时期我国人类发展的收敛系数均为负值，但收敛速度经历了一个增速、降速、再增速的过程，也就是说加入党的十六大及以后时期的表现值后，中国省际区域之间人类发展水平收敛的平均速度明显快于党的十四大和党的十五大时期，但在党的十六大时期的表现值基础上加入党的十七大及以后时期的表现值，这种收敛的总体态势没有改变，但收敛的速度下降明显，在党的十七大时期的表现值基础上加上党的十八大及以后时期的表现值，中国省际区域之间人类发展水平收敛的平均速度出现反弹，但平均收敛速度仍然不及党的十五大和党的十六大时期。

（2）外部效应的系数在四个时期中变化较大，可以看到周边省份对本地的影响经历了一个负向影响、正向影响、负向影响、正向影响的变化过程，也就是在党的十四大和党的十五大时期，外部效应是一个负效应，但在党的十五大时期表现值的基础上加入党的十六大时期的表现值以后，该效应转变为了正效应，在党的十六大时期的表现值基础上加入党的十七大时期的表现值以后，该效应又转变为了负效应，在党的十七大时期的表现值基础上加上党的十八大时期的表现值以后，该效应再次转变为了正效应，且该正向影响较大，系数接近 1。

（3）初始值效应在四个时期中的系数均为正值，但经历了一个增加、减少、增加的过程，也就是在加入党的十六大时期的表现值之后，初始值对 CHDI 发展的影响明显高于党的十四大和党的十五大时期，但党的十六大和党的十七大时期的影响却较党的十五大和党的十六大有了一个较大的下降，在党的十七大的基础上加上党的十八大以后的表现值出现了一个小的反弹，但也低于党的十五大和党的十六大时期。

（4）随机效应在四个时期中变动也较大，其所经历的过程与外部效应相反，经历了一个正效应、负效应、正效应、负效应的过程，也就是说在加入党的十六大时期以后，其他因素的影响从党的十四大和党的十五大时期的正效应转变为了负效应，但在党的十六大时期的表现值基础上加入党的十七大时期的表现值，该效应又转变为了正效应，在党的十七大时期的表现值的基础上加入党的十六大时期之后，该效应再次转变为了负效应，且该负向影响也较大，系数接近 -1。

重点分析党的十八大时期以后的空间效应可以发现，融入党的十八大时期以后的时空数据后，外部空间效应对本地的人类发展水平的影响逐步转化为正向影响，但区域发展惯性强度较之前呈现出强化迹象。两种力量的较量下，全国区域人类发展水平的平均收敛速度虽然较之前有所提高，但提升速度并不显著。区域协调发展战略是党的十八大以来我国区域发展的统领性战略，党中央国务院也在不断探索中国空间重塑的适宜路径，通过推进"一带一路"建设、京津冀协调发展、联通长江经济带等区域总体发展战略，为区域正外部效应提供了可以支撑的政策解释。然而，需要特别关注的是，由于中国经济进入"新常态"，加上区域初始要素禀赋的惯性作用，使一系列空间重塑的政策边际效应降低，空间发展转型难度加大。一方面，以信息网络技术为核心的新一代技术进步，大大降低了要素的空间流动，在一定程度上加剧了优质资源（特别是人力资源）在先发地区的空间聚集，并进一步强化了先发地区与相对落后地区在产业布局和发展质量上的差距。以产业布局为例，2017年，上海、北京所得税收入占地方 GDP 的比重都接近 5%，而湖南、黑龙江等地仅在 0.6% 左右，青海、甘肃等地区财政收支差占地方 GDP 的比重超过了 30%。另一方面，中国区域政策和区域规划趋于"泛化"，导致区域资源配置效率恶化，全要素生产率增长率放缓（陆铭，2017[①]；孙久文 等，2017[②]）。不可否认，国家在东北振兴与京津冀、长三角一体化、港珠澳大湾区等空间战略方面对未来空间发展平衡做出了明确的方向指针，但都缺乏深层次的横向协调向导。特别是在地区选择、优先性、政策调整的周期频率、政策的延续性等方面缺少精准的设计，相对落后地区虽然享有大量支持性政策，但在许多区域性政策偏离了自身比较优势，造成政策在执行过程中相互"抵消"、相互"冲突"（孙志燕 等，2019）[③]。良制是善治之前提，要促进中国人类发展走区域协调道路，就需要建立更加精准、有效的区域协调发展新机制。

---

① 陆铭. 城市、区域和国家发展：空间政治经济学的现在与未来 [J]. 经济学（季刊），2017，16（4）：1499-1532.

② 孙久文，张可云，安虎森，等."建立更加有效的区域协调发展新机制"笔谈 [J]. 中国工业经济，2017（11）：26-61.

③ 孙志燕，侯永志. 对我国区域不平衡发展的多视角观察和政策应对 [J]. 管理世界，2019，35（8）：1-8.

第十六章 基于人类发展指数框架的 中国各地社会发展协调度分析

一、引言

2020 年是联合国开发计划署（UNDP）创立人类发展指数（HDI）30 周年的时间节点。30 余年来，人类发展指数从收入、寿命、教育三个方面衡量了社会发展水平，为人类发展的综合评价，做出了重要的贡献，但也受到了一些质疑。事实上，在人类社会的快速发展中，生态环境变化、科技和民生的发展也越来越多地影响着整个社会的发展。基于此，我们结合我国人类发展的实际情况，拓展了传统的指数维度，增加民生指数、可持续发展指数构成了中国人类发展指数（CHDI），以便更全面、准确地衡量我国的人类发展情况（刘呈军 等，2020)[①]。

人类发展应当是多元化的全面的综合发展，也应当是可持续的协调发展。过去 30 多年中国举世瞩目的经济成就和生态环境的恶化并存（杨万平 等，2020)[②]，这反映了我国发展的不平衡问题。在党的十八届五中全会上，习近平总书记代表党中央提出了新发展理念，并把协调发展定位于全局重要位置，重点关注发展不平衡问题的解决。在党的十九届五中全会上，习近平总书记指出："我国发展环境面临深刻复杂变化，发展不平衡不充分问题仍然突出，经济社会发展中矛盾错综复杂，必须从系统观念出发加以谋划和解决，全面协调推动各领域工作和社会主义现代化建设。"从系统论的观点来看，社会发展的多个子系统之间存在着一种平衡，子系统间相互促进又相互制约，当子系统间发展程度和趋势都接近时，相互促进作用大于制约作用；而当某个或某些子系统的发展落后于均衡发展，制约作用大于促进作用，子系统间平衡打破，发展就会变得不协调。因此，关注协调发展问题对于社会长远、可持续发展具有重要意义。

本章致力于从人类发展大背景下研究中国各地经济社会协调发展情况。我国各地经济

---

① 刘呈军，聂富强，任栋. 我国人类发展水平的测度研究：基于新发展理念的 HDI 拓展研究 [J]. 经济问题探索，2020（3）：58-73.

② 杨万平，李冬. 中国生态全要素生产率的区域差异与空间收敛 [J]. 数量经济技术经济研究，2020，37（9）：80-99.

社会发展不协调具有长期性和多样性，主要有区域发展差距大、经济和社会其他系统发展不协调等问题。习近平总书记曾提出，"区域协调发展是统筹发展的重要内容，与城乡协调发展紧密相关。区域发展不平衡有经济规律作用的因素，但区域差距过大也是个需要重视的政治问题。区域协调发展不是平均发展、同构发展，而是优势互补的差别化协调发展"（仇小敏，2016）[①]。从人类发展指数的研究视角来看，协调发展涵盖了各指标间的协调发展和各地区间的协调发展两个方面的重要内容。因此，本章将协调度分析分解为指标协调度和区域协调度，用于分析国家层面四大区域下各省份的区域内协调度和区域间协调度，有利于分析中国各地经济社会综合发展的协调程度。

二、文献综述与指数编制

（一）国外相关文献综述

UNDP 构建的人类发展指数（HDI）由收入、寿命和教育 3 个分项指数构成，自 HDI 问世以来，尽管不少学者就对其编制方式提出了质疑，但这一大的框架并未发生改变（UNDP，2018）。这些年来不少国外学者都在关注 HDI 的修正和延伸发展问题，提出了很多相关的人类发展指数计算模型。如 T. N. Srinivasan（1994）[②]、Francesco Carlucci、Stefano Pisani（1995）[③] 较早提出了人类发展指数覆盖面不全、不应局限于 UNDP 所提出的三个维度的问题。后来，Ambuj D Sagar、Adil Najam（1998）[④] 又提出 HDI 没有考虑到国家或地区内部收入分配的差距问题。José Pineda（2012）[⑤] 提出经过可持续调整的人类发展指数，研究将可持续纳入现有人类发展的衡量体系中去。Mario Biggeri、Vincenzo Maura（2018）[⑥] 提出面向更可持续的人类发展指数，是环境与自由的结合，提出基于多维综合指标（MSI）的可持续人类发展指数（SHDI），旨在解决将 HDI 中缺失的两个重要的可持续性相关维度融入 SHDI 即环境和自由等问题以及使用所提出的新类索引进行聚合的方法。

在协调发展研究方面，MIN CHEN（2016）[⑦] 将复合系统协调度模型分为三类协调度模型：距离协调模型、变动协调模型和综合协调模型。通过总结研究对象、研究方法、评估

---

① 仇小敏. 共享：发展理念的价值取向 [J]. 甘肃理论学刊，2016（3）：32-36.

② SRINIVASAN T N. Human development：a new paradigm or reinvention of the wheel？[J]. The American Economic Review，1994，84（2），238-243.

③ CARLUCCI F, PISANI S. A multiattribute measure of human development [J]. Social Indicators Research，1995，36（2）：145-176.

④ SAGAR A D, NAJAM A. The human development index：a critical review [J]. Ecological Economics，1998，25（3）：249-264.

⑤ JOSÉ PINEDA. Sustainability and human development：a proposal for a sustainability adjusted human development index [J]. Theoretical and Practical Research in Economic Fields，2012，3（2）：71-98.

⑥ BIGGERI M, MAURO V. Towards a more "sustainable" human development index：integrating the environment and freedom [J]. Ecological Indicators，2018，91：220-231.

⑦ CHEN M. Review on quantitative evaluation model of coordination degree of composite systems [C]. Proceedings of The 2nd Asia-Pacific Management and Engineering Conference（APME 2016）. 2016：229-237.

结果等各个模型的优缺点以及适用性特征可知，不同的研究背景和不同研究视角决定了不同的研究方法。测量协调度的方法各有优缺点和适用场景，因此需要从各个角度了解多种协调方法，选择最合适的协调程度评价方法，以便为实际应用提供参考。因为协调度主要研究子系统之间相互统一、协调发展的程度，较适合研究社会各体系的相互发展关系，其中经济、环境、资源、人口、交通、科技等都是协调度模型中研究较多的系统。如 Zhang Pingyu 等（2008）[①] 对城市人口、经济、空间、环境的协调分析研究，用系统分析的思想，建立了城市规模上的人口、空间、经济、环境的协调评价体系，采用主成分分析方法和回归分析方法对协调度进行了定量评价，通过静态与动态两方面的协调度分析反映了城市发展可持续性。Kerstin Jantke、Uwe Andreas Schneider（2010）[②] 对欧洲湿地物种的经验模型应用解决了保护规划中五种不同的协调方案，包括分类、政治和生物地理规划协调，其结果表明，保护规划中的最大协调比无协调提高了区域效率。

（二）国内相关文献综述

国内学者研究中国 HDI 具体适用情况的起步稍晚，关于 HDI 的研究多集中于指标间或地区间的差异性、HDI 的发展情况、影响人类发展水平的因素分析等方面。关于差异性研究方面，赵志强、叶蜀君（2005）[③] 依据 HDI 指数计算出了我国东中西部的收入三个系统的指数及 HDI 综合指数，发现收入指数的差异在地区之间出现不断扩大的趋势，发展不平衡问题显著。也有部分学者进行了国际对比（李钢 等，2018[④]；任栋 等，2020[⑤]）。国内学者也根据我国实际状况提出了对 HDI 的改进，如张美云（2016）[⑥] 梳理了已有研究 HDI 指标的相关缺陷以及相关测算方法的改进，提出未来 HDI 发展的展望。随着时代发展，人们越来越认识到经济的发展和生态资源及环境对人类发展均有着重要的作用（李晓西 等，2014）[⑦]，人类绿色发展指数被提出，资源环境与经济的协调发展也被不少学者（魏和清等，2018）[⑧] 所重视。王圣云、姜婧（2020）[⑨] 基于 HDI 对中国人类福祉的区域差距变化与影响因素分析认为：随着人类发展水平的不断提升，中国人类发展水平的区域差距稳步减小。促进人类发展水平及人类福祉区域协调发展势必是今后一段时期里中国践行区域协调

---

① ZHANG PINGYU, SU FEI, LI HE, et al. Coordination degree of urban population, economy, space, and environment in shenyang since 1990 [J]. China Population, Resources and Environment, 2008, 18（2）: 115-119.

② JANTKE K, SCHNEIDER U A. Multiple-species conservation planning for European wetlands with different degrees of coordination [J]. Biological Conservation, 2010, 143（7）: 1812-1821.

③ 赵志强，叶蜀君. 东中西部地区差距的人类发展指数估计 [J]. 华东经济管理，2005（1）: 22-25.

④ 李钢，张建英. 中印两国人类发展指数比较研究 [J]. 中国人口科学，2018（2）: 13-23, 126.

⑤ 任栋，吴翔，曹政改. 中国各地人类发展水平的测度与影响因素分析 [J]. 中国人口科学，2020（1）: 41-52, 127.

⑥ 张美云. 人类发展指数研究前沿探析及未来展望 [J]. 改革与战略，2016, 32（7）: 33-36, 118.

⑦ 李晓西，刘一萌，宋涛. 人类绿色发展指数的测算 [J]. 中国社会科学，2014（6）: 69-95, 207-208.

⑧ 魏和清，李颖. 我国绿色发展指数的空间分布及地区差异探析：基于探索性空间数据分析法 [J]. 当代财经，2018（10）: 3-13.

⑨ 王圣云，姜婧. 中国人类发展指数（HDI）区域不平衡演变及其结构分解 [J]. 数量经济技术经济研究，2020, 33（4）: 85-106.

发展战略的新焦点。

国内学者也很重视关于协调问题的研究。协调多被定义为子系统间或是系统各组成要素间发展中的协调。而且，各系统间发展的不平衡问题备受关注。胡乃武、韦伟（1995）[①]在区域经济协调发展论中提出我国在协调发展中一个突出的矛盾就是经济发展不平衡，而通过宏观经济的有效调控能帮助实现各区域经济的协调发展。汤玲等（2010）[②]的研究认为，系统理想协调状态的确定，在整个系统协调发展评价中起着关键性作用，并通过引入欧式距离，构建了距离协调度模型，并依此提出一种改进的定量评价系统协调发展的方法。另外，在协调度分析技术的应用方面，武剑和杨爱婷（2010）[③]运用空间计量经济学中的ESDA 和 CSDA 技术，对 1992—2007 年京津冀地区经济空间结构的格局和演变进行了分析。结果表明，京津冀地区的经济中心和行政中心错位是导致目前京津冀空间结构不合理的一个重要原因。姜磊等（2017）[④]着重讨论并修正了耦合度公式出现的错误，并将之推广到 n个系统。运用修正后的耦合度公式，建立经济发展-资源禀赋-生态环境综合评价指标体系。研究发现，在 2003—2014 年，从总体来看，耦合度和协调度呈现逐年上升态势。储雪俭等（2019）[⑤]采用耦合协调度模型分别测算了 2003—2017 年我国物流业与金融业的耦合关联度和协调度，结果显示：我国物流业与金融业之间的耦合协调水平不断上升，经历了由失调到良好协调的状态改变；铁路营运里程、物流业就业人口数量、物流业投入产出比、社会融资规模和存贷比是物流业与金融业相互作用的关键因素。

（三）HDI 相关理论的拓展

传统的人类发展指数由教育、收入、寿命三个一级指标所构成。但随着社会的进步，科技、生活环境对人类生活质量的影响越来越重要，人类对生活福利、生活质量也有了越来越高的要求。《中国各地 HDI 指数的编制与研究》课题组对传统 HDI 指数进行了完善，引入了民生指数和可持续发展指数，使之能更全面地反映中国人类发展情况。完善后的中国人类发展指数简称 CHDI，CHDI 包含教育指数、收入指数、寿命指数、民生指数、可持续发展指数五个一级指标，CHDI 计算公式为

$$CHDI = \sqrt[5]{教育指数 \times 收入指数 \times 寿命指数 \times 民生指数 \times 可持续发展指数} \quad (16-1)$$

每个一级指标下设一至两个二级指标：

（1）教育指数：有平均受教育指数和预期受教育指数两个二级指标。平均受教育指数衡量小学及以上学校教育的平均年限，预期受教育指数衡量预计的受小学及以上学校教育的平均年限。教育指数由两者平均得到。

---

① 胡乃武，韦伟. 区域经济协调发展论 [J]. 发展论坛，1995（2）：4.

② 汤玲，李建平，余乐安，等. 基于距离协调度模型的系统协调发展定量评价方法 [J]. 系统工程理论与实践，2010，30（4）：594-602.

③ 武剑，杨爱婷. 基于 ESDA 和 CSDA 的京津冀区域经济空间结构实证分析 [J]. 中国软科学，2010（3）：111-119.

④ 姜磊，柏玲，吴玉鸣. 中国省域经济、资源与环境协调分析：兼论三系统耦合公式及其扩展形式 [J]. 自然资源学报，2017，32（5）：788-799.

⑤ 储雪俭，钱赛楠. 基于耦合协调度和灰色关联度的中国物流业与金融业协调发展研究 [J]. 工业技术经济，2019，38（7）：93-100.

（2）收入指数：以各地区的人均 GNI 指数衡量收入指数，衡量人均国民收入水平。

（3）寿命指数：以各地区预期寿命指数衡量我国地区人口的寿命情况。

（4）民生指数：包括恩格尔指数和社会保障指数两个二级指标。恩格尔指数衡量人民经济方面的民生水平。社会保障指数衡量国民在社会保障方面的民生水平。民生指数由两者平均得到。

（5）可持续发展指数：包括科技创新指数和碳排放指数两个二级指标。科技创新指数通过 R&D 指数从科技发展角度衡量可持续发展，碳排放指数通过碳排放强度从环境角度衡量可持续发展。可持续发展指数由两者平均得到。

由此可测算出 2000—2017 年中国各省份人类发展各项指数如表 16-1 所示（限于篇幅，只列出 2000 年、2017 年的数据）。

表 16-1　2000 年、2017 年中国各省份人类发展各项指数

省份	寿命指数		教育指数		收入指数		民生指数		可持续指数		CHDI 指数	
	2000年	2017年	2000年	2017年	2000年	2017年	2000年	2017年	2000年	2017年	2000年	2017年
北京	0.863	0.963	0.729	0.864	0.676	0.887	0.221	0.858	0.929	0.955	0.614	0.904
天津	0.845	0.938	0.660	0.820	0.627	0.882	0.216	0.688	0.455	0.656	0.510	0.789
河北	0.808	0.870	0.558	0.679	0.502	0.735	0.108	0.489	0.277	0.377	0.368	0.603
上海	0.894	0.959	0.689	0.823	0.708	0.890	0.242	0.917	0.464	0.697	0.547	0.852
江苏	0.829	0.899	0.589	0.745	0.568	0.862	0.125	0.564	0.362	0.587	0.417	0.718
浙江	0.842	0.920	0.550	0.726	0.588	0.840	0.112	0.643	0.291	0.588	0.388	0.734
福建	0.808	0.899	0.532	0.691	0.560	0.823	0.096	0.434	0.293	0.478	0.368	0.638
山东	0.830	0.902	0.554	0.725	0.533	0.807	0.101	0.506	0.308	0.517	0.377	0.673
广东	0.820	0.884	0.561	0.730	0.580	0.819	0.118	0.474	0.417	0.609	0.420	0.687
海南	0.814	0.899	0.539	0.667	0.485	0.742	0.105	0.457	0.161	0.275	0.325	0.562
东部	0.827	0.901	0.572	0.732	0.569	0.826	0.125	0.562	0.367	0.571	0.416	0.706
山西	0.795	0.875	0.556	0.681	0.459	0.701	0.107	0.520	0.279	0.285	0.360	0.573
安徽	0.798	0.875	0.506	0.627	0.432	0.726	0.080	0.383	0.322	0.522	0.339	0.603
江西	0.753	0.874	0.506	0.661	0.434	0.728	0.081	0.444	0.256	0.409	0.322	0.598
河南	0.793	0.859	0.545	0.674	0.452	0.736	0.092	0.447	0.276	0.422	0.346	0.604
湖北	0.786	0.885	0.553	0.693	0.473	0.779	0.096	0.511	0.356	0.536	0.371	0.666
湖南	0.779	0.883	0.532	0.695	0.451	0.779	0.091	0.442	0.290	0.482	0.345	0.633
中部	0.786	0.874	0.533	0.672	0.449	0.740	0.090	0.455	0.308	0.465	0.350	0.620
内蒙	0.767	0.884	0.525	0.653	0.478	0.807	0.138	0.591	0.185	0.091	0.345	0.478
广西	0.789	0.879	0.515	0.663	0.428	0.719	0.080	0.424	0.257	0.345	0.324	0.572
重庆	0.796	0.900	0.531	0.709	0.456	0.787	0.119	0.582	0.316	0.503	0.373	0.681
四川	0.788	0.891	0.506	0.621	0.437	0.728	0.074	0.476	0.424	0.515	0.353	0.629
贵州	0.707	0.814	0.452	0.598	0.349	0.703	0.058	0.390	0.254	0.313	0.277	0.530
云南	0.700	0.789	0.445	0.593	0.431	0.689	0.098	0.445	0.235	0.341	0.315	0.547
西藏	0.683	0.789	0.317	0.479	0.425	0.710	0.084	0.465	0.179	0.179	0.268	0.467

表16-1（续）

省份	寿命指数		教育指数		收入指数		民生指数		可持续指数		CHDI 指数	
	2000年	2017年	2000年	2017年	2000年	2017年	2000年	2017年	2000年	2017年	2000年	2017年
陕西	0.770	0.875	0.572	0.712	0.438	0.762	0.110	0.492	0.687	0.457	0.429	0.639
甘肃	0.730	0.819	0.495	0.606	0.410	0.667	0.102	0.430	0.339	0.400	0.349	0.564
青海	0.708	0.823	0.433	0.558	0.443	0.737	0.154	0.558	0.277	0.296	0.357	0.562
宁夏	0.772	0.856	0.528	0.669	0.450	0.751	0.123	0.593	0.303	0.201	0.369	0.552
新疆	0.729	0.858	0.562	0.679	0.497	0.721	0.151	0.546	0.189	0.222	0.357	0.551
西部	0.757	0.858	0.504	0.641	0.434	0.731	0.096	0.484	0.359	0.391	0.356	0.597
辽宁	0.821	0.901	0.594	0.728	0.560	0.773	0.189	0.719	0.357	0.472	0.450	0.703
吉林	0.817	0.914	0.589	0.693	0.497	0.769	0.146	0.559	0.333	0.334	0.410	0.619
黑龙江	0.806	0.914	0.536	0.654	0.515	0.722	0.148	0.629	0.262	0.393	0.387	0.639
东北部	0.814	0.909	0.572	0.693	0.530	0.756	0.165	0.656	0.319	0.397	0.419	0.659
全国	0.791	0.875	0.506	0.681	0.509	0.772	0.132	0.542	0.345	0.489	0.392	0.656

资料来源：各年度的《中国统计年鉴》、31个省份统计年鉴、《中国人口和社会保障统计年鉴》《中国教育统计年鉴》及中经网数据等。

三、协调度模型的理论及对比研究

（一）协调度相关概念

1. 指标协调度与区域协调度

本书协调度研究分为两类，一是对各省教育、收入、寿命、民生、可持续五个子系统的协调度研究，将该协调度定义为指标协调度。二是区域协调，将我国按地理位置划分为东、中、西、东北四个区域，研究每个区域内省际之间的协调度，将该协调度定义为区域协调度。

2. 协调度指标的计算

（1）各指标表示

D：协调度，研究整体的协调发展程度。

C：协调度系数，反映各子系统相互影响、相互协调的程度。

T：综合协调指数，反映子系统的整体发展程度。

U_i：协调度研究涉及的各个子系统。

μ_{ij}：第 i 个的子系统的第 j 个的指标变量，其具体取值为 X_{ij}。

（2）前期计算公式

原始数据标准化：由于模型中涉及多个指标变量，各指标的具体数值范围、单位以及指标的方向性都不同，简单代入会影响指标权重甚至有指标反向发展的情况。将数据标准化后便于系统性处理，这里采用极差法作标准化处理。标准化处理需遵循两个原则：一是将原始数据标准化处理的数据范围固定在 0~1，避免因取值差异影响数据权重。二是要区分正负指标不同处理方式，保证指标同向化。

$$X'_{ij} = \begin{cases} (X_{ij} - \min X_j)/(\max X_j - \min X_j) & (正效应) \\ (\max X_j - X_{ij})/(\max X_j - \min X_j) & (负效应) \end{cases} \qquad (16-2)$$

（3）后期计算公式

协调度模型首先根据不同模型选择的研究方法确定协调度系数 C，下文模型介绍中有提到不同模型的协调度系数计算方法，此处不再提及。

一组发展水平都低的系统与另一组发展水平都高的系统可能都具有高协调度系数，这会出现协调度系数难以区分的情况，因此需要增加协调指数 T 反映系统整体发展水平。最终协调度的计算为

$$D = \sqrt{C \times T} \qquad (16-3)$$

式（16-3）中，C 根据模型不同，计算不同；$T = \gamma_1 U_1 + \gamma_2 U_2 + \cdots \gamma_n U_n$。

（4）协调等级评定标准（见表 16-2）

表 16-2　协调等级评定标准

协调等级	协调度 D	协调等级	协调度 D
极度失调	(0，0.1]	勉强协调	(0.5，0.6]
严重失调	(0.1，0.2]	初级协调	(0.6，0.7]
中度失调	(0.2，0.3]	中级协调	(0.7，0.8]
轻度失调	(0.3，0.4]	良好协调	(0.8，0.9]
濒临失调	(0.4，0.5]	优质协调	(0.9，1]

资料来源：储雪俭，钱赛楠. 基于耦合协调度和灰色关联度的中国物流业与金融业协调发展研究 [J]. 工业技术经济，2019，38（7）：93-100.

（二）离差系数对协调度研究分析

离差系数式（16-4）是一组数的标准差除以平均数的值，表示这组数据离散程度的指标。离差系数协调度模型属于距离协调模型。离差系数越小，系统间距离越小，协调度系数高，系统间发展较为同步；反之，则系统整体协调度系数低，系统间发展差异大。

离差系数：
$$C_v = \frac{\sigma}{(U_1 + U_2 + \cdots + U_n)/n} \qquad (16-4)$$

式（16-4）中，σ 为标准差。对式（16-4）进行变形，则有：

$$C_v = \sqrt{n \times \frac{U_1^2 + U_2^2 + \cdots + U_n^2}{(U_1 + U_2 + \cdots + U_n)^2} - 1} \qquad (16-5)$$

C_v 越小，代表系统间的差距就越小，系统的协调程度也就越好。从式（16-5）来看，C_v 越小的条件就是 $\dfrac{U_1^2 + U_2^2 + \cdots + U_n^2}{(U_1 + U_2 + \cdots + U_n)^2}$ 越小越好，所以设定离差系数协调度模型的协调度系数为：

$$C_1 = \frac{U_1^2 + U_2^2 + \cdots + U_n^2}{(U_1 + U_2 + \cdots + U_n)^2} \tag{16-6}$$

为反映子系统之间协调发展情况，加入协调指数 T，根据式（16-3）得到离差系数最小化模型协调度：

$$D_1 = \sqrt{C_1 \times T} \tag{16-7}$$

（三）耦合度模型对协调度研究分析

耦合指两个及以上的系统（要素）通过某些交互作用产生的相互影响的物理现象，模块之间的关联程度，即依赖性的度量叫耦合度。实证研究常使用耦合度函数测度系统间耦合关系的强弱，耦合度越高，系统结构有序性越强，关系越趋于稳定。经过统计学延伸，建立耦合度模型用于度量系统之间互相依赖、互相促进、彼此协调的程度，在研究社会系统之间相互影响的程度上有着广泛应用。

耦合度（协调度系数）：

$$C_n = \sqrt[n]{\frac{U_1 \times U_2 \times \cdots \times U_n}{\prod (U_i + U_j)}} \quad (i \neq j) \tag{16-8}$$

因为 $U_i + U_j \geq 2\sqrt{U_i \times U_j}$，则有 $\prod (U_i + U_j) \geq 2^n \prod U_k$，其中 $k = 1, 2, \cdots, n$。代入式（16-8）有：$C_n \leq \sqrt[n]{\frac{1}{2^n}} = (\frac{1}{2^n})^{\frac{1}{n}} = \frac{1}{2}$。因此，$C_n$ 取值范围为 $[0, 1/2]$. 其最大值为 $1/2$，容易出现耦合度被低估的情况，因此采用公式（16-9）：

$$C_2 = C_n = \left[\frac{U_1 \times U_2 \times \cdots \times U_n}{\left(\frac{U_1 + U_2 + \cdots + U_n}{n} \right)^n} \right]^{\frac{1}{n}} \tag{16-9}$$

式（16-9）中，因为 $\frac{U_1 + U_2 + \cdots + U_n}{n} \geq \sqrt[n]{U_1 \times U_2 \times \cdots \times U_n}$，得 C 取值为 $[0,1]$。耦合度取值最高为 1，相比采用式（16-8）降低了耦合度被低估概率，便于分析。

同样，为反映系统之间协调发展情况，加入协调指数 T，根据式（16-3）得到耦合协调度：

$$D_2 = \sqrt{C_2 \times T} \tag{16-10}$$

（四）模型的差异分析与研究模型选择

1. 优缺点差异分析

耦合协调度模型：优点是在研究子系统间的互动关系、协调发展方面较有优势，有直观性和易解释性。耦合有助于各系统之间合力的发展，不仅促使各子系统自我的发展，还加强了各个子系统彼此的协调配合程度。缺点是耦合的系统不能太多，相互影响的系统过多会干扰结果。

离差系数最小化模型：优点是结构较简单，应用范围广。通过距离来表示系统间协调程度，计算公式源于离差系数公式，理解容易，计算方便。缺点一是用距离远近表示系统间的协调程度，而对类型不同的系统之间，协调并不等同于系统间距离远近。二是各子系统协调的理想值为子系统间整体发展的算术平均值，对于衡量发展的综合水平有一定合理性。

2. 适用性差异分析与研究模型选择

耦合协调度模型可以进行某地不同发展领域的系统间问题分析，在分析变量之间的互动关系、协调发展方面较有优势，适合于不同省份基于人类发展研究下的教育、收入、寿命、民生、可持续发展系统下的协调分析。故在进行各省内指标协调度研究分析时选用耦合协调度模型。

离差系数最小化模型通过距离来衡量系统间协调程度，可以对同一领域不同地区的协调进行分析，系统数量受限较小，更适合于省际间发展的区域协调研究。区域协调度分析东、中、西、东北四个区域的区域协调度，东部和西部地区省份较多，系统较多情况下耦合协调度模型结果易受到多系统干扰，离差系数用距离衡量协调度，不受系统数量影响。因此省际间的区域协调度分析选择离差系数最小化模型。

四、两类协调度研究分析

（一）指标协调度研究分析

1. 指标协调度的 CHDI 指标选择和协调度分析

指标协调度是对修改的 CHDI 中五个一级指标的协调分析。涉及 2000—2017 年的数据（不含港澳台地区数据）。子系统的选择源自 CHDI 指数中的五个一级指标教育、寿命、收入、民生、可持续发展。由于各系统选取的指标数量较少，但代表性较强，无需主成分分析降维。CHDI 指数中，各指标已经标准化处理，可直接代入协调度计算。

耦合协调模型借助耦合度研究某地区不同发展领域的系统间互动关系，文中用于各省基于人类发展研究下的教育、收入、寿命、民生、可持续发展子系统下的指标协调分析。首先通过描述性统计来分析我国指标协调发展情况。

2. 指标协调度描述分析

（1）各省份指标协调度。为便于时空对比分析，我们根据式（16-10）分别计算了 2000—2017 年度中国及各省份的指标协调度（见表 16-3）。

表 16-3　2000—2017 年度中国及各省份指标协调度计算结果

地区	年份									
	2000	2002	2004	2006	2008	2010	2012	2014	2016	2017
北京	0.831	0.848	0.863	0.869	0.875	0.894	0.908	0.919	0.949	0.952
天津	0.765	0.780	0.793	0.812	0.824	0.836	0.847	0.865	0.884	0.893
河北	0.725	0.733	0.737	0.750	0.756	0.769	0.774	0.790	0.804	0.807
上海	0.777	0.804	0.824	0.839	0.850	0.862	0.872	0.887	0.918	0.924
江苏	0.739	0.754	0.762	0.778	0.786	0.800	0.813	0.833	0.848	0.859

表16-3(续)

地区	年份									
	2000	2002	2004	2006	2008	2010	2012	2014	2016	2017
浙江	0.732	0.749	0.766	0.784	0.787	0.802	0.816	0.838	0.856	0.866
福建	0.718	0.728	0.738	0.752	0.758	0.775	0.785	0.806	0.819	0.826
山东	0.732	0.747	0.754	0.767	0.775	0.791	0.801	0.821	0.834	0.837
广东	0.737	0.751	0.762	0.772	0.781	0.798	0.808	0.825	0.839	0.844
海南	0.692	0.705	0.716	0.734	0.742	0.757	0.767	0.786	0.794	0.798
东部	0.738	0.752	0.763	0.777	0.784	0.800	0.810	0.829	0.845	0.852
山西	0.706	0.719	0.726	0.731	0.739	0.753	0.760	0.763	0.765	0.774
安徽	0.690	0.709	0.718	0.732	0.742	0.761	0.771	0.790	0.799	0.804
江西	0.684	0.702	0.709	0.728	0.741	0.756	0.766	0.788	0.798	0.808
河南	0.707	0.720	0.727	0.744	0.753	0.768	0.778	0.796	0.807	0.814
湖北	0.714	0.724	0.730	0.743	0.751	0.774	0.781	0.806	0.823	0.836
湖南	0.703	0.715	0.723	0.736	0.745	0.764	0.776	0.799	0.815	0.827
中部	0.702	0.716	0.724	0.739	0.747	0.765	0.774	0.792	0.805	0.815
内蒙	0.707	0.719	0.720	0.706	0.720	0.724	0.697	0.710	0.709	0.699
广西	0.693	0.703	0.706	0.719	0.743	0.766	0.767	0.778	0.792	0.804
重庆	0.706	0.721	0.734	0.749	0.758	0.778	0.788	0.805	0.829	0.840
四川	0.695	0.709	0.714	0.735	0.738	0.762	0.774	0.792	0.812	0.813
贵州	0.647	0.668	0.674	0.691	0.699	0.717	0.725	0.744	0.760	0.769
云南	0.671	0.680	0.690	0.701	0.704	0.724	0.737	0.758	0.776	0.784
西藏	0.613	0.658	0.669	0.670	0.686	0.695	0.701	0.706	0.733	0.733
陕西	0.738	0.756	0.763	0.768	0.777	0.788	0.793	0.805	0.812	0.817
甘肃	0.692	0.711	0.719	0.731	0.736	0.751	0.762	0.765	0.781	0.784
青海	0.678	0.701	0.713	0.721	0.727	0.757	0.761	0.765	0.774	0.781
宁夏	0.705	0.714	0.718	0.726	0.732	0.730	0.719	0.736	0.750	0.752
新疆	0.705	0.723	0.729	0.740	0.742	0.752	0.755	0.757	0.772	0.770
西部	0.694	0.709	0.716	0.731	0.737	0.756	0.763	0.776	0.792	0.798
辽宁	0.736	0.755	0.761	0.774	0.783	0.801	0.811	0.830	0.839	0.849
吉林	0.728	0.747	0.755	0.762	0.769	0.782	0.790	0.806	0.816	0.819
黑龙江	0.721	0.734	0.743	0.758	0.764	0.778	0.786	0.803	0.812	0.821
东北部	0.729	0.746	0.755	0.767	0.774	0.790	0.798	0.814	0.824	0.832
全国	0.713	0.727	0.735	0.748	0.755	0.772	0.782	0.799	0.818	0.827

　　由表16-3数据可见,在2000—2017年,中国大多数省份的指标协调度明显上升,东部沿海地区发展领先,中部一些省份近几年开始凸显,但西部地区有些省份协调度上升仍较慢,其中内蒙古反而出现了协调度下降的问题。

　　(2)各区域指标协调分析。为分析不同区域的指标协调度情况,按地理位置将我国分为东、中、西、东北四个大区域,对每个区域的协调发展趋势、协调等级变化等进行分析,图16-1展现了2000—2017年四个区域的指标协调度的变化情况。

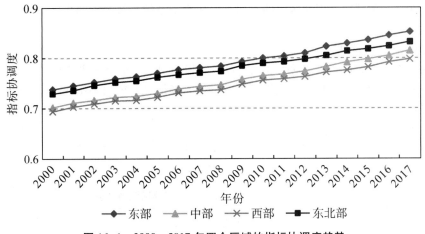

图 16-1　2000—2017 年四个区域的指标协调度趋势

东部地区指标协调度从 2000 年的中级协调发展到 2017 年的良好协调，协调程度居于四个地区的首位。以经济发展最好的北京、上海为代表，两市协调度始终排全国前两位。东部各省大多是沿海省份，交通发达且方便海内外贸易，经济发展水平始终高于其他地区，收入指标是东部协调发展的最突出优势。当前可持续发展指标也是最好的，但分指标分析显示：东部流动人口比重较大，社会保障水平较低的外来务工人口流入多，造成了东部社会保障不充分、社会保障两极分化、贫富差距大等民生问题。

从 2000—2017 年，我国中部地区指标协调等级从中级协调达到了良好协调，指标协调水平低于东部和东北部。分指标分析显示：相比 2000 年，2017 年收入指标发展增速超过50%，快于东部与东北部，指标协调度较好的湖北与湖南收入指标增速更是达 64.5% 和72.7%。而目前中部地区社会保障水平不高，中部民生指数在四大区域最低，民生指标发展缓慢，其中江西省和安徽省民生指数中部最低，甚至低于很多西部省份。

西部指标协调等级由 2000 年的初级协调上升到 2017 年的中级协调，在全国四大区域中的协调度最低。分指标分析显示：西部地区的收入指标在四大区域中增速最快，增速达68%，但整体来看，由于工业基础较为薄弱、科技和文化水平以及自然和气候条件较差，西部地区在各个方面的发展都相对落后，教育、寿命、收入、可持续发展等各项指标均低于其他地区。

东北部从 2000—2017 年，指标协调度从中级协调等级变为良好协调等级，协调发展程度仅次于东部区域。民生指数是其优势，甚至高于东部，造成民生指数差异的主要原因是社会保障方面的差异，东北是老工业基地，国家社保享受面大；另外东北经济发展缓慢，社会保障水平较低的农村劳动力流出，缩小了社保享受人群的差异。东北地区提升较慢的是可持续发展水平，可持续发展指数不升反降，影响了协调发展的水平。因为我国工业重心的转移，东三省的支柱性产业由兴转衰，经济发展速度放缓，协调度也受到一些影响。

（二）区域协调度研究分析

1. 区域协调度指标选择

我国四大区域都有自己独特的地理环境，也有不同的协调发展程度。区域协调度是分别针对四个区域的研究，以地区内的不同省份作为子系统，每个省的指标协调度作为每个子系统的代表指标。

2. 四大区域协调度分析

本书以东、中、西、东北四大区域内各省的指标协调度的算术平均值作为区域协调的中心值，首先利用离差系数最小化模型，通过距离来衡量系统间协调程度，再进一步分析四大区域协调发展情况。

（1）计算结果。

利用式（16-7）离差系数最小化模型协调度计算 2000—2017 年东部、中部、西部、东北部四个区域的区域协调度，结果如表 16-4 所示。

表 16-4　2000—2017 年四个区域的区域协调度

年份	东部	中部	西部	东北部	年份	东部	中部	西部	东北部
2000	0.819	0.764	0.794	0.697	2009	0.849	0.794	0.823	0.723
2001	0.822	0.769	0.800	0.700	2010	0.853	0.797	0.827	0.724
2002	0.827	0.772	0.804	0.705	2011	0.855	0.798	0.826	0.726
2003	0.831	0.775	0.806	0.707	2012	0.859	0.802	0.828	0.728
2004	0.833	0.776	0.808	0.709	2013	0.864	0.807	0.833	0.732
2005	0.836	0.778	0.810	0.712	2014	0.868	0.812	0.835	0.736
2006	0.841	0.783	0.813	0.714	2015	0.872	0.814	0.838	0.738
2007	0.843	0.786	0.817	0.716	2016	0.877	0.817	0.843	0.740
2008	0.845	0.788	0.818	0.717	2017	0.880	0.822	0.845	0.744

（2）区域协调度描述分析。

如表 16-4、图 16-2 所示，东部区域协调度在四个区域中最高，并以稳定的速度发展。2000 年起 17 年上升了 7.45%。从地理上看东部是我国的沿海地区，海洋运输业、贸易业有优于内陆的优势，经济发达，可以拉动其他体系更快发展。区域协调度一部分表示省份之间的相互影响的关系，另一部分是地区整体发展情况，由于东部发展程度都高于其他区域，所以其协调度情况也远好于其他区域。

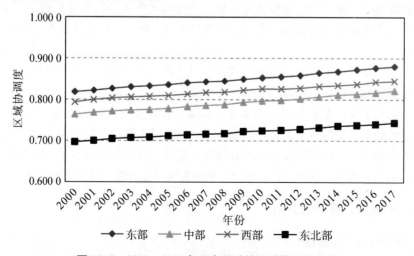

图 16-2　2000—2017 年四个区域的区域协调度趋势

中部区域协调度发展速度与东部地区接近，从2000—2017年增加7.59%。中部地区省份大部分位于从东部沿海向内陆延伸的平原地区，平原地区易于城市的扩张，又与沿海省份相邻，近来协调发展速度是四个地区中最快的，中部的江西、湖北、安徽更是全国协调发展速度最快的三个省份。到2017年除山西外五省达到良好协调，协调发展程度虽然是第三位，整体却具有较好的协调发展前景。

西部区域协调度一直高于中部地区，但中部区域协调度的发展速度快于西部地区，两地区区域协调度差距逐渐缩小。西部多位于我国高原地带，更有环境恶劣的高寒地区和沙漠地区，发展受到很大限制。从西部各省的发展情况来看，省内协调发展不如中部地区，但是省份之间相互关联程度高于中部地区，使得西部的区域协调度高于中部地区。随着重庆市、四川省等快速发展，而内蒙古、宁夏发展相对缓慢，省份间协调发展差距扩大，区域协调度发展缓慢，有被中部地区超越的可能。

东北部区域的协调度在四大区域中居于末位，原因可能是东北三省之间的协调关联度不够。自从东北重工业基地走向衰退后，东北三省发展受到重创，黑龙江省指标协调度最先开始低于全国指标协调度，近两年吉林省协调度也开始低于全国协调度，使得东北部区域协调发展受到影响。

五、区域协调度的影响因素分析

（一）模型设定与变量选择

协调是多个子系统共同作用下的结果，其发展受多种因素的影响，分析影响区域协调度的主要影响因素，便于为区域协调发展提供更好的政策建议。本章通过对可能影响各地人类发展区域协调度的诸多经济社会变量进行筛选和比对，最终选择了如下7个可能的影响因素，如表16-5所示。

表16-5　影响因素信息

名称	简写	单位
区域协调度	DC	—
人均财政教育支出	PE	元/人
人均财政医疗支出	PM	元/人
人均实际GDP	PGDP	元/人
人均财政社会保障和就业支出	PS	元/人
人均碳排放	PC	吨/人
人均财政R&D支出	PR&D	元/人
城镇化率	Urban	%

影响因素分析以全国31个省份为个体，本书建立了时间跨度为2000—2017年的空间面板数据进行空间计量回归分析，模型的被解释变量为对应的区域协调度，模型解释变量共

7个，为缩小数据的绝对数额，并获得平稳数据，对除城镇化率之外的六个变量取自然对数，最终变量为 ln（PE）、ln（PM）、ln（PGDP）、ln（PS）、ln（PC）、ln（PR&D）、Urban。

（二）模型设定误差检验

一般而言，模型设定中存在遗漏变量将会影响扰动项而导致内生性问题，所得到的估计量是有偏且不一致的。解决遗漏解释变量主要有采用面板数据、增加解释变量、进行随机实验或自然实验、寻找工具变量等方法。

因此，本书选择稳健的 DWH 检验来识别各解释变量是否为内生变量，结果如表 16-6 所示。

表 16-6　DWH 检验结果

变量	Durbin chi2(1)	P 值	Wu-Hausman F	P 值
ln(PE)	0.016 7	0.897 1	0.013 8	0.907 0
ln(PM)	0.007 2	0.932 2	0.006 0	0.938 7
ln(PGDP)	0.322 5	0.570 1	0.266 9	0.607 5
ln(PS)	3.480 2	0.062 1	3.074 6	0.084 9
ln(PC)	0.111 7	0.738 2	0.092 2	0.762 6
ln(PR&D)	0.326 3	0.567 8	0.270 1	0.605 3
Urban	0.696 1	0.404 1	0.579 2	0.449 8

由表 16-6 可见，所有统计量对应的 p 值都是大于 0.05 的，即在 5% 的显著性水平下接受"所有解释变量均是外生变量的原假设"，表明本书所构建的模型未出现内生性问题。综合来看，本书不存在较为严重的遗漏解释变量问题，变量选择是充分和合理的。

（三）平稳性检验

在进行时间序列分析时，一般要求时间序列都平稳，变量都不存在随机趋势或某种确定性趋势，避免"伪回归"现象的出现。由于本书中数据是时间 T 大于界面 N 的长面板数据结构，时序长的数据建立的模型往往和时序有关，也需要对各指标进行平稳性检验，本书选用 Levin-Lin-Chu（即 LLC）方法对各个变量进行了单位根检验，结果如表 16-7 所示。被解释变量和 7 个解释变量 LLC 检验对应的 P 值都小于 0.05 的显著性水平，因此计量模型的所有变量都是平稳的。

表 16-7　变量平稳性检验

变量	LLC 检验 P 值	变量	LLC 检验 P 值
DC	0.034 8	ln（PE）	0.002 7
ln（PM）	0.006 7	ln（PGDP）	0.000 0
ln（PS）	0.000 0	ln（PC）	0.000 0
ln（PR&D）	0.000 0	Urban	0.007 0

(四) 莫兰指数检验

按照常用的 Rook 接邻法，根据全局空间自相关莫兰指数计算方法，得到结果如表 16-8 所示。从表 16-8 中可以看出，2000—2017 年区域协调度的全局莫兰指数都通过了显著性水平 1% 下的检验，且得出的莫兰指数值都大于 0，表示全国省份之间区域协调度具有显著的空间正相关性。

表 16-8　Moran 指数检验

年份	Moran's I	P 值	年份	Moran's I	P 值
2000	0.394	0.000	2009	0.383	0.000
2001	0.381	0.000	2010	0.358	0.000
2002	0.380	0.000	2011	0.332	0.001
2003	0.375	0.000	2012	0.342	0.000
2004	0.371	0.000	2013	0.380	0.000
2005	0.386	0.000	2014	0.393	0.000
2006	0.388	0.000	2015	0.393	0.000
2007	0.390	0.000	2016	0.380	0.000
2008	0.406	0.000	2017	0.385	0.000

(五) 分析模型的选择

根据前文对省份之间的莫兰指数检验可知，各地区区域协调度在空间上并不是随机分布的，而是存在显著的空间依赖性，为更加准确地进行建模，使用空间计量模型进行分析。

经过豪斯曼检验，检验结果通过 1% 的显著性水平下的检验，因此拒绝原假设，使用个体固定效应。另外，空间面板数据分析模型主要分为空间滞后模型（SLM）和空间误差模型（SEM），模型的适用性可通过拉格朗日乘子检验（见表 16-9）进行判断。对本书空间面板数据的拉格朗日乘子检验的结果如表 16-8 所示，根据拉格朗日乘数误差统计量 LM-lag 与滞后统计量 LM-error 的 P 值可知，二者在 1% 的显著性水平下都是显著的。另外，R-LM-lag 的 P 值为 0.042，R-LM-error 的 P 值为 0.007，二者都在 1% 的显著性水平下显著，且 R-LM-lag 的 P 值 > R-LM-error 的 P 值。根据判定准则，空间误差模型（SEM）更适合对此空间数据展开回归分析。

表 16-9　拉格朗日乘子检验

Test	Value	Prob
LM-lag	13.289 1	0.000
R-LM-lag	4.153 4	0.042
LM-error	16.357 7	0.000
R-LM-error	7.222 1	0.007

根据上述分析，本书使用了空间误差模型进行分析，其公式为：

$$Y_{it} = \beta X_{it} + u_i + \varepsilon_{it} \tag{16-11}$$

$$\varepsilon_{it} = \lambda W \varepsilon_{it} + \nu_{it} \tag{16-12}$$

$$i = 1,\ 2,\ \cdots,\ N;\ t = 1,\ 2,\ \cdots,\ T$$

其中 i 表示个体数，t 表示时期；Y_{it} 是被解释变量；X_{it} 是解释变量；u_i 是空间固定效应；β 是回归系数；ε_{it} 是为随机误差项；λ 为空间自相关系数；W 为空间权重矩阵，本书采用 Rook 接邻法设定矩阵。

(六) 模型实证分析

通过前文各项检验，使用个体固定效应的空间误差模型 (SEM) 进行实证分析，建模的结果如表 16-10 所示。

表 16-10　区域协调度空间误差回归模型

变量	系数	Z 值
ln（PE）	0.015 ***	3.860
ln（PM）	0.010 ***	3.590
ln（PGDP）	0.021 ***	3.460
ln（PS）	0.012 ***	5.990
ln（PC）	−0.031 ***	−14.980
ln（PR&D）	−0.010 ***	−4.720
Urban	0.001 ***	3.920
λ	0.547 ***	13.470
Within R-sq	0.915 5	

注：*、**、*** 分别表示在 10%、5%、1% 水平上显著。

根据 SEM 模型的回归结果可知，空间项的回归系数为正值且在 1% 显著性水平下显著，与 Moran 检验相吻合。对于变量的系数估计，人均财政教育支出、人均财政医疗支出、人均实际 GDP、人均财政社会保障和就业支出、人均碳排放、人均财政 R&D 支出、城镇化率七个因素对因变量区域协调度的变化有显著影响。在固定其他因素不变的情况下，人均财政教育支出、人均财政医疗支出、人均 GDP 和人均财政社会保障和就业支出每增加原来的 1%，平均来说，区域协调度分别增加 0.015、0.010、0.021 和 0.012 个单位；人均碳排放和人均财政 R&D 支出每增加原来的 1%，区域协调度平均减少 0.031 和 0.010 个单位；城镇化率每增加 1 个单位，区域协调度平均增加 0.001 个单位。

六、结论及建议

（一）研究结论

1. 各省份协调度逐年稳步提高，但整体上仍有较大上升空间

2000—2017 年，基本各个省份的指标协调度都呈现增长趋势，而且大多数省份指标协调度都是逐年递增的，说明从教育、收入、寿命、民生、可持续发展这五个系统衡量的各省份人类协调发展处于不断进步当中，社会整体对各系统的协调发展都有了更多重视。但是从协调度的评级等级看，到 2017 年所有省份中仅北京市和上海市达到了优质协调等级，19 个省份达到良好协调，9 个省份达到中级协调，内蒙古自治区处于初级协调当中，整体的协调发展还有较大的进步空间。

2. 相邻省份间协调发展空间聚集性明显（见表 16-11）

表 16-11　典型省份协调度相关系数

地区	相关系数	地区	相关系数
湖南 & 湖北	0.997	安徽 & 江西	0.997
北京 & 天津	0.989	河北 & 山西	0.967
辽宁 & 吉林	0.996	黑龙江 & 吉林	0.996

在对各省份的指标协调度分析中，相邻省份之间会出现指标协调度相近的空间聚集效应。例如湖南和湖北两省上下相邻，在指标协调度上相差不超过 0.01，发展趋势也接近。类似的还有北京与天津，河北与山西、安徽与江西等，这几组相邻省份间协调度的相关系数都在 0.95 以上。发展速度相对缓慢的东北三省也有指标协调度、发展速度高度相似的现象，相邻省份的协调度相关系数都是 0.996。在对指标协调度的空间相关性检验中，全局莫兰指数检验显著，全国整体存在空间自相关性；局部自相关性检验中，大部分省份呈高-高聚集与低-低聚集的正空间相关性。无论发展快或慢的省份，相邻省份在指标协调度、发展速度上都会出现高相似性，但是协调度表现出空间聚集性是把双刃剑，发展快的相邻省份相互促进加快彼此协调发展，发展缓慢的省份会相互制约影响彼此协调。

3. 收入等因素对区域协调度拉动作用较强，碳排放则对其抑制效应更明显

在协调度的空间计量分析中，七个指标都对区域协调度有显著影响，其中正向影响因素中，收入、教育两类因素对区域协调的影响力较大；负向影响因素中，人均碳排放对区域协调度增长的抑制最为明显。收入关乎经济，是国家的第一生产力，能直接带动其他系统发展，对协调结果影响作用较强。教育是社会进步和民族振兴的重要力量，是国家新兴人才的培养，可以给社会源源不断的发展动力。碳排放常被视为经济社会活动的非期望产出，它的增加会给生态系统带来负担或损害，过往经济发展历程也表明，以牺牲环境、资源为代价来换取经济社会的发展是不可持续的。经济增长在使得社会各方面进步的同时，

却也带来了碳排放等生态环境问题，从而导致了经济系统和生态系统不协调的问题。

4. 各地区之间区域协调水平差异较大，指标协调水平分层不明显

相比 2000 年，2017 年无论区域协调还是指标协调，各地区均有明显上升。其中，区域协调分层比较明显，东部表现较好，中西部发展平稳，东北有明显掉队现象。从两类协调度来看，四大区域中均是东部地区最高，协调发展程度相对最好，但协调的发展速度东部要略低于中部。中部受山西省影响，区域协调度低于西部排名第三，指标协调度低于东北部也排名第三，但两类协调度的发展速度最快，协调发展前景较好。西部指标协调度最低，但区域协调度却较高，说明省份间发展差距较小。作为重工业基地，东北指标协调程度仅次于东部，但是发展速度最慢；区域协调度在四大区域中最低。关于我国当前区域协调发展现状总结为：东部区域经济发展速度较快，协调发展水平较高；中西部区域发展相对落后，但有较大开发潜力和发展空间；东北地区区域协调程度较低，反映出传统的重工业面临新经济模式转型。

（二）政策建议

1. 积极总结发展中的经验，促进协调度向更高水平进阶

协调作为新发展理念中重要一环，是持续健康协调发展的内在要求。当前社会整体协调发展处于中级协调到良好协调的程度，但未来的协调发展还有很大的进步空间。协调发展对于社会和谐、高效发展都有很重要的作用，全社会应该把各省、各地区的协调发展放在发展全局的重要位置考虑，坚持统筹兼顾，在发展当中总结过去的经验教训，分析发展中经济和社会、区域间不协调因素并积极矫正的同时有效促进发展中协调的因素。

2. 把握住协调发展空间聚集性这把双刃剑，发挥高发展水平地区的拉动作用

相邻省份间的协调发展具有空间聚集性，一方面在发展较好省份的带动下，周边省份会有更快的发展；另一方面在协调发展滞后省份的制约下，周边省份发展也会受到限制。针对事物的发展表现出的多面性，我们应该扬长避短。实际应用中应该准确把握相邻省份协调发展的高相似性，协调发展好的城市多多向周边扩散发展，而周边省份自身也要主动适应和学习，跟上前者的步伐。以长江三角洲城市群为例，城市群包含上海、浙江、江苏、安徽部分城市。上海指标协调全国第二，各项系统发展都是领先的，其发展优势迅速发展到周边地区，整个长三角城市群协调发展水平都较高，浙江、江苏的指标协调度更是位于全国前五，落实习近平总书记在 2018 年推进长江经济带发展的座谈会上要求的下好区域协调发展"一盘棋"。

3. 社会协调发展要全方位兼顾，促进经济社会发展全面绿色转型

区域协调度的统计分析表明，收入、教育、民生、可持续等方面因素对区域协调度影响显著。其中，人均 GDP 关系人均收入，收入作为发展的基础，持续而稳定的发展对于区域协调是至关重要的，促进区域协调发展需要人均 GDP 的持续发展，同时也要避免民生、可持续等问题成为影响社会协调发展的"短板"。碳排放对于指标协调度的影响程度最大，人均碳排放对指标协调度增长的抑制最为明显，因此减少碳排放将对指标协调度的增长大有益处。另外，减少碳排放也有利于加快推动绿色低碳发展，《中共中央关于制定国民经济

和社会发展第十四个五年规划和二〇三五年远景目标的建议》（以下简称《建议》）已明确提出"降低碳排放强度，支持有条件的地方率先达到碳排放峰值，制定二〇三〇年前碳排放达峰行动方案"。以牺牲环境、资源为代价来换取经济社会的发展是不可取的，经济社会发展必然全面向绿色转型，建设人与自然和谐共生的现代化，使社会发展更协调。

4. 缩小地区差异，推动区域协调发展，为实现社会整体协调谋发展

地区差距是影响社会协调发展的重要的因素，因为资源有限性，每个省份独立发展都会受到限制，需要突破瓶颈，不局限于单独省份的发展，对于协调发展程度好的地区，在自身更协调发展的同时鼓励其共享更多资源到周边，形成区域联动协调发展。根据区域协调度影响因素的区域差异化分析，建议东部增加财政在社会保障和就业方面的投入；中部需加快经济发展进程，提高 GDP 水平，并增加财政在社会保障和就业的支出；西部建议促进经济发展建设和城镇化建设、控制人均碳排放量；东北部加强碳排放的管控，加快恢复发展活力。为推动区域协调发展，正如《建议》所提出的那样，我们要"推动西部大开发形成新格局，推动东北振兴取得新突破，促进中部地区加快崛起，鼓励东部地区加快推进现代化"，同时还要健全区域战略统筹、市场一体化发展、区域合作互助、区际利益补偿等机制，更好促进发达地区和欠发达地区、东中西部和东北地区共同发展。

第十七章　城镇化对中国人类发展的影响研究

一、研究背景和意义

人类发展指数反映了一个国家或地区在健康、教育和收入等方面的综合发展水平。UNDP 发布的 2018 年人类发展指数和指标报告显示，2017 年澳大利亚、德国、加拿大、美国、英国和日本的人类发展指数分别为 0.939、0.936、0.926、0.924、0.922 和 0.909，均在 0.9 以上，其相应的城镇化率为 90%、76%、81%、83% 和 94%，也均处于城镇化发展较高水平；而中国人类发展指数为 0.752，常住人口城镇化率为 58.52%，户籍人口城镇化率仅为 42.35%，相比泰国人类发展指数为 0.755，城镇化率为 49%，印度人类发展指数为 0.64，城镇化率为 33%。可以看到，城镇化率高的国家人类发展指数也高，城镇化率低的国家人类发展水平也相对较低。随着近年来中国城镇化水平的快速发展，我国经济实力不断提升，科技创新能力也日渐增强，人们的生活水平也得以有较大的提升。可见，城镇化不仅大大促进了城市的发展，同时也进一步拉开了城乡的差距，使得贫富分化较大。

21 世纪以来，我国城镇化进程快速推进，越来越多的人口从农村流向了城市。2011 年，我国城镇常住人口首次超过农村人口，占比达到 51.27%。而就在这一时期，我国经济也在高速增长。工业化的发展与城镇化的发展并行，这使得农民通过转移就业提高了收入，扩大了我国内需。毫无疑问，城市的蓬勃与生机是经济增长的巨大动力。根据国家统计局数据显示，2018 年我国城镇总人口比重增加到了 59.58%，而我国 GDP 也首次突破 90 万亿元，位居世界第二。我国之所以能在较短的时间里成为世界第二大经济体，实现数亿人的脱贫，很大程度上要归功于城镇化率提高所带来的贡献。城镇化的发展也改变了人们的生活水平、生活方式和思想观念，提高了人们的综合素质，加快了人的发展。随着城镇经济水平、公共服务水平的提升，以及城镇功能的不断完善，人们物质生活越来越殷实充裕，精神生活也变得更加丰富多彩。但受户籍制度限制，城镇化加大了贫富差异，使得城乡二元分化结构逐步形成，阻碍了我国经济社会的发展。2018 年，我国户籍人口城镇化率仅为 43.37%，比常住人口城镇化率低约 16%。而在户籍制度限制下，常住城镇的农村户籍居民没有完全享受到城市的社会保障、教育和公共服务。因此只看重城镇经济的增长不是明智之举，我们应该更加注重城镇化发展的质量。党的十八大以来，新型城镇化深入推进。与以往不同，新型城镇化更加注重人的发展，强调城镇常住人口的市民化，这使得进城的农村户口居民能够享受与城市居民一样的待遇。新型城镇化的建设是实现城镇化从量变到质变的开端。

因此，为了深入了解新型城镇化发展对我国人类发展的影响，探究促进我国人类发展的方法，本书将对我国各省新型城镇化综合水平和 HDI 进行测算，并通过动态面板广义矩估计方法（GMM）构建模型，分析各省新型城镇化水平与 HDI 之间的关系。

首先，在我国政府积极推动下，新型城镇化进程不断加快。城市的蓬勃发展使得中国在经济社会发展方面都取得了丰硕的成果。2001 年约瑟夫·斯蒂格利茨这样说：“中国的城市化与美国的高科技发展将是影响 21 世纪人类社会发展进程的两件大事。”过去几十年里，城市是推动我国经济增长的主要动力，但是城市的发展也给人类发展带来了一些问题。从而，通过实证分析了解新型城镇化对我国经济社会发展的影响显得尤为重要。

其次，与以往相比，新型城镇化强调城镇化水平的全面提升，更加注重城镇化发展质量与城乡的协调发展。本书通过建立评价指标体系对新型城镇化水平进行测度，更加全面、具体。除此之外，以往由于受经济条件限制，人们主要关注的是物质需求的提升，但随着我国经济的迅速发展，人们不再只关心温饱问题，对精神层面的发展也提出了更高要求，这就对一个国家的全方位发展提出了要求。联合国开发计划署 1990 年提出的人类发展指数体系由健康、教育和收入三个方面的指标构成，能够全面反映出中国各地区的经济社会发展水平。本书利用该指数体系可以计算出中国各地区完整的 HDI 数据，了解中国各地区发展现状。

最后，现有的城乡二元的户籍制度，对提升城镇化率对经济社会发展贡献的效力有明显的制约作用，本书将通过实证分析说明减小农民转移户籍阻碍、提高户籍人口城镇化率的重要性。

二、城镇化对人类发展的重要促进作用

Urbanization 的含义最早由西班牙工程师 A. Serda 于 1867 年在其著作中提出①。20 世纪 70 年代后期，该词在国内也流行开来，有的学者将其译为“城镇化”，也有的学者将其译为“城市化”。在世界上的许多国家，城镇化一般只是指人口向城市（city）的转移，而在中国人们的聚落类型除了农村居民点以外，按照规模尺度还分为城市（city）和镇（town），因此本书将采用“城镇化”一词。目前学术界对城镇化的定义有多种说法，社会学家认为城镇化是城镇生活方式向农村普及的过程；经济学家以为城镇化是由于经济和技术的发展，人口从农村向城市转移的过程；人口学家将城镇化看作是城镇地区的扩大或者各个城镇人口的增多；而地理学家认为城镇化是经济区位和人口向城镇集中的过程。

---

① 周一星. 城市地理学 [M]. 北京：商务印书馆，1995.

例如，从城乡角度出发，简新华等（2010）认为城镇化一方面是城市的发展，即人口从农村转移到城市和非农产业，第二产业、第三产业也在城市聚集；另一方面是农村的发展，农村的生产和生活方式向城市转变，物质和精神文明得以提升①。而在国家住建部颁发的《城市规划基本术语标准》中又将城镇化解释为人类生产和生活方式由乡村型向城市型转化的历史过程，表现为乡村人口向城市人口转化以及城市不断发展和完善的过程。

1. 中国城镇化发展历程

在过去几十年里，城镇化发展的相关问题得到了社会的广泛关注和研究。Northam（1975）把城镇化的发展过程划分为三个阶段：当城镇化率处于 30% ~ 50% 时，为发展初期；当城镇化率处于 50% ~ 70% 时，为发展中期；城镇化率超过 70% 后，城镇化就进入了缓慢稳定的发展阶段②。但张京祥对此提出了质疑，就中国经济发展情况而言，他认为高速增长的城市化水平有害而无益，我国不能简单套用诸如诺瑟姆（Ray M. Northam）的城市化 S 型进程曲线③。方创琳等（2008）对我国城镇化发展历程进行深入分析后提出了与我国经济发展相一致的城镇化发展 4 阶段论，即城市化起步期（城镇化率小于 30%）、中期（城镇化率介于 30% ~ 60%）、后期（城镇化率介于 60% ~ 80%）和后期（城镇化率介于 80% ~ 100%）④。目前，已有大量学者对我国城镇化水平进行了测度与评价，他们对于我国所处城镇化发展阶段持不同看法。21 世纪初期，大部分学者认为我国城镇化发展水平是还处于初级阶段，但也有一小部分学者认为我国城镇化发展水平是隐性超城市化。简新华（2010）等从经济、工业化和非农化三个角度进行了分析，认为中国城镇化水平是滞后的，并且低于其他发展水平或发展阶段相一致的其他国家的城镇化水平。初向华（2015）也认为我国的城镇化水平滞后于经济发展和工业化水平，还未能实现协调发展⑤。

纵观历史，自 1949 年中华人民共和国成立之后，中国便开始了规模性的城镇转型。大量有助于经济和城市发展的政策陆续出台，经济活力逐渐得到释放，从而推动了我国城镇的转型。根据城镇化发展的特点，可以把我国 1949 年以来的城镇化历程分为 3 个阶段："波浪起伏"期、缓慢发展期和快速城镇化时期。

1949—1977 年为"波浪起伏"期。在中华人民共和国成立初期，经济的慢慢复苏和工业化进程的推进使得城镇化发展稳步上升，但后来由于受到一系列影响，城镇化进程出现了严重的停滞和衰退。因此在这一阶段城镇化发展的主要特征为上下波动。

1978—1995 年为缓慢发展期。1978 年改革开放解放生产力，引进外部资金，使得我国经济得以迅速发展，农村人口不断向城市转移，城市规模不断扩大，城镇化进程稳步提升。这一阶段，我国城镇化的重点目标是发展中小城市而限制大城市发展。与此同时，政府也出台了相应政策，放松了对人口流动的限制，并允许劳动力、资金和技术在农村流动。政策的提出大大刺激了农村经济的发展，使得大量农村剩余劳动力进入城镇。

① 简新华，黄锟. 中国城镇化水平和速度的实证分析与前景预测 [J]. 经济研究，2010（3）：28-39.
② NORTHAM R M. Urban geography [M]. Hoboken：John Wiley & Sons，1975.
③ 张京祥. 对我国城市化研究的再考察 [J]. 地理科学，1998（6）：555-560.
④ 方创琳，刘晓丽，蔺雪芹. 中国城市化发展阶段的修正及规律性分析 [J]. 干旱区地理，2008，31（4）：512-523.
⑤ 初向华. 我国城镇化滞后的成因及对策研究 [J]. 理论学刊，2015（9）：74-79.

1996 年至今为快速城镇化时期。持续的经济改革和迅猛发展的制造业成为推动城镇化的双引擎。与制造业持续扩张相伴随的是农产品需求的相对低迷，二者相互叠加一方面制约了农村的发展，另一方面也推动着农业剩余劳动力向城市迁移。与此同时，在外资高度集中的东南沿海地区，蓬勃发展的外向型经济成为农业剩余劳动力向城市迁移的巨大拉力。

经过梳理我国城镇化发展历程可以清楚地看到，城镇化主要以人口从农村向城市转移为主。城镇化的发展从根本上提高了农村村民和城市居民的收入水平，推动了城市的建设。中国发展成为今天的世界大国与城镇化息息相关。

2. 城镇化对人类发展的促进方式

人类发展是人们不断通过自身努力满足自身需求并不断提升需求的过程，这促进了城市的兴起和发展。而城市的发展也为人类实现自身需求提供了很好的条件。季曦等（2010）指出城市的兴起和演化是人们选择的必然结果，并提出了坚持促进"人类发展"的城市化的强烈呼声①。从全世界各国的发展历程来看，城镇化是经济社会发展的必然走向，其发展不断改善着人类生存发展的环境，从而促进人类发展。下面将从经济、社会和生活三个方面分析城镇化对人类发展的环境的影响。

3. 城镇化是经济增长的重要动力

城镇化发展使得城市经济水平大幅提升。改革开放后我国生产力得到解放，使得大量人口从农村向城市转移，增加了城市的劳动力，为城市工业发展注入动力。与此同时，政府也制定了一系列政策加大对农村的发展与支持力度，使得农村经济也稳步上升。

从需求、供给和产业三个方面出发，陈淑清（2003）探究了城镇化为何有助于经济增长。她分析认为，城镇化发展主要通过促进劳动力转移来提高供给能力，通过促进消费来扩大需求，通过发展第三产业助力产业增长，最后通过需求、供给和产业三个方面促进我国经济增长②。从影响机制出发，杨开忠（2001）通过构建投入-产出联系驱动、劳动力迁入城市驱动城市部门发展和区域贸易一体化 3 个模式分析了城镇化对经济增长的影响③。而徐雪梅等（2004）运用经典函数从宏观角度证明了城镇化对 GDP 的各变量均具有推动作用，并且还通过竞争、福利等分析从微观层面说明了城镇化对经济增长的促进作用④。总的来说城镇化优化了第一产业，促进了非农产业发展，加速了产业结构的升级，从经济方面显著促进了人类的发展。

4. 城镇化有利于社会环境改善

城镇化从地理上导致了人口的聚集，一方面大大提高了社会资源的利用率，另一方面又刺激了经济的活力。从两方面促进了社会环境的发展。从社会资源方面来讲，一来城镇化必然会促成基础设施的建设和发展，比如道路交通、水电系统、通信系统、医疗设施、

① 季曦，刘民权. 以人类发展的视角看城市化的必然性 [J]. 南京大学学报（哲学·人文科学·社会科学），2010，47（4）：46-53.
② 陈淑清. 城市化：我国经济长期增长的动力之源 [J]. 经济与管理研究，2003（5）：22-25.
③ 杨开忠. 中国城市化驱动经济增长的机制与概念模型 [J]. 城市问题，2001（3）：4-7.
④ 徐雪梅，王燕. 城市化对经济增长推动作用的经济学分析 [J]. 城市发展研究，2004（2）：49-53.

体育设备、住房、教育等。资源的集中和共享，极大地改善和提高了社会资源的利用率，也显著提升了居民的生活品质。二来，从基建再上升到精神文明的建设，比如可以显著提高幸福指数的休闲设施，风俗文化的弘扬，人文景色的建设。随着城镇化的日益深入，社会环境将不断优化，人口的幸福指数和素质也不断提升，彰显了现代文明的力量，改善了人类的生存发展。从经济和社会活动方面来讲，人口的集中化，可以改善经济的结构，增进贸易的增长，扩大市场的规模，促进了第二产业、第三产业的发展。对于每个个体，城镇化造就了更多的就业机会，提高了居民的总体收入水平。更加便捷的交流合作，更加丰富和高效的人际网络，调动了经验和知识的共享，从而从经济方面极大地改善了人们的生活水平。

不断完善的公共基础设施，逐渐增强的服务能力，以及日益改善的居住环境，使得人们享受到了城镇发展的成果。人们生存发展环境的改善，促进了人的生存发展。并且，随着经济的发展，就业渠道扩大，就业机会增多，人们相互之间的交流合作也增强，这不仅丰富了人们的关系网络，也增长了人们的才智和生存的技能，从而提高了人生存发展的能力。

5. 城镇化促进科技的发展

关于城镇化对科技发展的影响，有不少学者做了相关研究。他们的研究主要分为两大类，有的学者认为城镇化产生的知识外部性促进了科技的发展；也有学者认为城镇化通过基础设施改善吸引了大量科技人员从而促进了科技发展。Rosenthal 等（2004）[①] 和 Tappeiner 等（2008）[②] 认为，由于城镇规模变大，空间也更加聚集，增加了人与人的交流，加速了信息的流动，从而产生了知识的外部性，并且激发了创新。赵永铭等（2008）通过技术相似度方法，实证分析得出了纯知识外溢有助于我国创新产出的结论，但不同创新组织和不同创新水平的影响存在着差异[③]。Masahisa 等（1999）提出城镇的发展可以推动产业的空间集聚的说法，他们认为这是产生技术溢出的外部性的原因，而这个外部性提升了创新效率[④]。Kolko（2010）也有同样的看法，城镇的发展使得要素集聚于城镇中，这促进了产业协同创新效应的提升[⑤]。

李宝礼等（2016）通过构建空间计量模型实证分析后发现，人口城镇化能够推动技术进步，而土地城镇化则通过改善城市硬件设施增加了对技术人员的吸引力，从而提升了城

① ROSENTHAL S S, STRANGE, WILLIAM C. Evidence on the nature and sources of agglomeration economies [M] Handbook of Regional and Urban Economics. Elsevier B. V, 2004.

② TAPPEINER G, HAUSER C, WALDE J. Regional knowledge spillovers: fact or artifact? [J]. Research Policy, 2008, 37 (5): 0-874.

③ 赵永铭, 杨生斌, 杨蜀康. 纯知识外溢对我国创新产出的影响 [J]. 科学学与科学技术管理, 2008 (10): 76-79.

④ MASAHISA, FUJITA, et al. On the evolution of hierarchical urban systems [J]. European Economic Review, 1999, 43 (2): 209-251.

⑤ KOLKO J. Urbanization, agglomeration, and coagglomeration of service industries [J]. Nber Chapters, 2010: 151-180.

镇的科技创新能力，有助于技术创新①。田逸飘等（2018）通过研究在不同时期城镇化对我国区域科技创新水平的影响得出，城镇化有利于我国科技创新水平的增强，并且在分析各因素后发现，人口城镇化是助力科技创新水平提高的重要因素②。可见，城镇化通过人口聚集产生的知识外溢和产业空间聚集产生的技术外溢推动着科技的创新与发展。伴随着信息科技的进步与发展，不断涌现的科技成果正日益改善着人们的生活环境，促进着人类的发展。

三、新型城镇化有利于可持续的人类发展

以上说明了城镇化对人类发展的有利之处，从上面的分析可以看到，我国城镇化发展改善了经济、社会和科技水平，但是也带来了一些问题。

（一）我国城镇化问题的现状

1. 户籍制度加剧城乡二元化

从世界各国发展历程来看，城镇化带来了诸如"过度城市化""城市病"等问题。由于经济体系和发展阶段的不同，我国并没有出现这类现象。虽然城市发展推动经济发展，我国经济总量已位列世界第二，但是城乡差距却比较大。2018 年我国人均国民总收入为9 732 美元，仅高于中等收入国家。城镇化的发展在一定程度上加大了城乡分化和城市内部分化。

Maehael 等（1977）③ 认为，发展中国家之所以持续贫困，其主要原因在于城市偏向政策。这种偏向城市的政策会使城市和农村之间产生不平等的交换机制。事实上确实如此，城镇化发展过程中，在政策的引导下，优质资源不断向城市汇聚，农民由农村向城市转移，提供了大量的廉价劳动力。除此之外，农村还为城市提供了廉价的农副食品、原材料等。但在户籍制度限制下，资源分配也会不均，使城乡差距进一步加大，不利于经济社会的持续发展。Shi（2002）通过调查数据，实证分析了户籍制度与城乡差距之间的关系，发现城乡收入差距中有 28% 可以被户籍制度解释④。城镇化的发展没能使农民的生存发展从根本上发生改变，户籍制度像一堵无形的墙将城市居民与农村居民分割开来。

2. 生态环境遭到严峻挑战

粗放式的城镇化发展给我国资源环境带来了巨大挑战，能源不足、环境污染等问题凸显。城镇的工业发展消耗了大量煤炭、石油和天然气等能源，并且我国能源消费主要为化

① 李宝礼，胡雪萍. 城镇化、要素禀赋与城市产业结构升级：基于中国 345 个城市的空间计量分析 [J]. 贵州财经大学学报，2016，182（3）：13-22.
② 田逸飘，刘明月，张卫国. 城镇化进程对区域科技创新水平的影响 [J]. 城市问题，2018（4）：4-11.
③ MAEHAEL L. Why poor people stay poor：urban blasin world development [M]. London：Temple Smith, 1977.
④ SHI, XINZHENG. Empirical research on urban-rural income differentials：the case of China. unpublished manuscript, CCER, Beijing University, 2002.

石能源（2018年占总消耗的85.7%），是不可再生的能源，这对我国的可持续发展提出了挑战。与此同时，空气污染、水污染等破坏了我们的生态环境，对人类的生存发展不利。随着经济的发展，我国城市汽车数量急剧上升，其尾气排放成为城市空气污染的主要来源[①]。

随着问题的日益凸显，学者们也纷纷对城镇化发展的问题进行分析并提出了自己的观点。有的人依然坚持大城市化道路的策略，认为城市有100万~400万人是最好的模式。也有人支持小城镇的道路，认为应该促进小城镇的发展。还许多学者提出了发展新型城镇化的观点，并且其中大部分学者都提出了破除城乡二元体制的呼吁，认为应该改变我国户籍制度，从根本上解决农民生存发展问题。李程骅（2012）提出，我国应该走科学合理的新型城镇化道路，应该打破因户籍制度产生的城乡界限，使得资源在城乡能够均等配置，提高资源利用效率[②]。宣晓伟（2013）指出，"身份等级"观念是我国城镇化发展的主要观念，户籍制度使得人们因为出生地被分成了隐含等级。他倡议政府应该确保基本公共服务均等化，坚持走"人人平等"的新型城镇化道路[③]。

（二）新型城镇化的内涵

城镇化带来的各种问题使得政府和学者们渐渐认识到发展可持续城镇化的重要性，于是"新型城镇化"开始受到大量关注和讨论。"新型城镇化"一词由来已有近二十年，目前虽然有大量学者对新型城镇化的内涵进行分析与说明，但是学术界对此尚未达成共识。

新型城镇化是在传统城镇化概念的基础上的拓展，一些学者认为它是更注重人的城镇化，城镇化发展应该以满足人们福利和幸福为目的；还有一些学者认为新型城镇化应该以民生、可持续发展和质量为内涵，以实现区域统筹与协调一体。因为城镇化不仅仅是农村人口向城市人口转移并融入已有城市生活体系的过程，在城镇化建设的过程中，城市也会慢慢发生改变。虽然城镇化的发展使得人们的经济水平提高了，但是忽视城市质量的建设也带来了很多问题。城市生活方式削弱了亲属关系、降低了家庭的社会意义，也可能破坏社会团结的传统基础。因此新型城镇化应该是更加注重城市发展质量的城镇化。对此，国内的学者们从不同角度进行了分析和论证。

单卓然等（2013）从我国未来、我国过去、国际经验以及当届政府4个不同角度解读并指出：新型城镇化应该是强调民生、可持续发展和质量的城镇化[④]。任远（2014）指出新型城镇化的本质是"人的城镇化"，并且强调在城镇化推进过程中应当更加注重社会的平等与公平，注重人民群众的福利与幸福[⑤]。段进军等（2014）从发展机制、发展阶段、发展模式、发展动力、城市空间和发展目标这几个方面对新型城镇化的内涵进行了深入解读，

① 仇保兴. 我国城镇化中后期的若干挑战与机遇：城市规划变革的新动向 [J]. 城市规划, 2010 (1)：15-23.
② 李程骅. 科学发展观指导下的新型城镇化战略 [J]. 求是, 2012 (14)：37-39.
③ 宣晓伟. 过往城镇化、新型城镇化触发的中央与地方关系调整 [J]. 改革, 2013 (5)：68-73.
④ 单卓然, 黄亚平. "新型城镇化"概念内涵、目标内容、规划策略及认知误区解析 [J]. 城市规划学刊, 2013 (2)：16-22.
⑤ 任远. 人的城镇化：新型城镇化的本质研究 [J]. 复旦学报：社会科学版, 2014 (4)：134-139.

他认为现在的新型城镇化要以市场为指导，由土地城镇化变成人的城镇化，由消费拉动城镇化发展，走内生式的城镇化道路①。仇保兴（2013）指出，使人们生活得更加美好才是城市的本质内涵，因此应该把城镇化的发展重心从数量型转向质量型，从高环境冲击型转向低环境冲击型②。彭红碧等（2010）认为我国应以科学发展观为新型城镇化发展指导思想，以集约化和生态化为发展模式，以功能多元化、体系合理化为基本内容，并且以城乡一体化为基本目标来化解传统城镇化道路面临的诸多矛盾③。由此可见，学者们普遍认为新型城镇化发展应是更注重城镇化发展质量的提高，城镇化的发展应从注重经济发展转变为注重人的发展。

虽然学术界对新型城镇化没有给出统一的定义，但是，新型城镇化实际上就是由以往的片面发展转变为综合发展，资源分配由城镇偏向型转变为人人均等型。新型城镇化不再通过牺牲农民利益来实现城镇的发展，它将渐渐打破户籍制度的隔阂，让农民也平等享受到城镇发展成果。新型城镇化是以人为本，更加注重城镇发展质量的城镇化。

（三）新型城镇化水平测度

1. 新型城镇化水平测度相关研究

以往对于城镇化水平的评价，国外学者对城镇化水平的研究主要是从城市扩张水平和城市宜居水平进行评价，评价方法主要是单一指标法；国内学者都基于不同研究区域和目的从不同角度对城镇化水平进行了许多探讨，评价方式主要是单一指标法和构建评价指标体系的方法。简新华等（2010）采用城市人口占总人口的比重来衡量城市化水平，通过国际比较和实证分析认为，总体而言中国城镇化水平是滞后的，不仅滞后于经济发展、工业化或者非农化进程，而且也滞后于国外同等发展水平国家。国家城调总队福建省城调队课题组（2005）在调查研究中选取了经济发展质量、生活质量、社会发展质量、基础设施质量、生态环境质量以及统筹城乡与地区发展等方面指标来构建了指标体系。虽然在他们的研究结果中并没有提到新型城镇化的概念，但其建立的指标体系在当时也是比较全面的评价指标体系④。

2010 年后新型城镇化备受关注，大量学者也在新型城镇化内涵基础上对城镇化质量评价指标体系进行了修改，构建了许多关于新型城镇化水平的综合评价指标体系。曾志伟等（2012）在对新型城镇化内涵进行分析后，以我国环长株潭城市群为例，从环境保护、经济发展和社会建设三个方面选取 43 个二级指标对新型城镇化新型度进行了探讨⑤。从一级指标看，社会建设权重（0.411）超过经济发展权重（0.339）成为最重要的指标，而在众多

① 段进军, 殷悦. 多维视角下的新型城镇化内涵解读 [J]. 苏州大学学报 (哲学社会科学版), 2014 (5)：38-43.

② 仇保兴. 新型城镇化：从概念到行动 [J]. 理论参考, 2013 (5)：13-15, 26.

③ 彭红碧, 杨峰. 新型城镇化道路的科学内涵 [J]. 理论探索, 2010 (4)：75-78.

④ 国家城调总队福建省城调队课题组. 建立中国城市化质量评价体系及应用研究 [J]. 统计研究, 2005 (7)：15-19.

⑤ 曾志伟, 汤放华, 易纯, 等. 新型城镇化新型度评价研究：以环长株潭城市群为例 [J]. 城市发展研究, 2012 (3)：131-134.

二级指标中，第二产业、第三产业从业人员比值等的权重（0.031）最大。沈清基（2013）从生态文明、新型城镇化内涵出发，并在传统城镇化和新型城镇化比较思考的基础上，提出了若干基于生态文明的新型城镇化发展的议题，强调了基于生态文明的新型城镇化发展的必要性[①]。卢丽文等（2014）采用空间计量模型方法对提出的经济发展水平、第二产业、第三产业等理论假设进行了验证，得出人口的城镇化是我国提高城镇化质量的一个重要方面，这也表明新型城镇化应该注重人的发展[②]。王建康（2015）运用熵值法对全国 31 个省份的截面数据从经济高效、功能完善、城乡统筹、社会和谐方面对全国的新型城镇化发展水平进行了评价[③]。他的研究结果表明，影响新型城镇化发展的主要因素与经济发展水平高度相关，而基础设施、产业支撑力度、城镇管理水平、生态安全格局等也是影响新型城镇化发展水平提升的重要因素。王冬年等（2016）运用主成分分析和聚类分析的方法从经济发展、生态环境、城乡统筹、公共服务质量四个方面对 2013 年河北省 11 个市的新型城镇化质量进行了评价[④]。查阅现有的文献可知，学者们从不同角度，运用不同方法对我国城镇化水平和新型城镇化水平进行了分析与研究。关于新型城镇化水平评价的研究已有一些成果（见表 17-1），相应的指标体系也在逐渐完善。

表 17-1　新型城镇化水平评价指标体系相关研究

作者	一级指标	指标赋权方法	年份
叶裕民[⑤]	经济现代化、基础设施现代化、人的现代化	主观赋权法	2001
袁晓玲等[⑥]	物质文明、精神文明、生态文明	因子分析法	2008
陈明星等[⑦]	人口城市化、经济城市化、土地城市化、社会城市化	熵值法	2009
何平等[⑧]	人口就业、经济发展、社会发展、公共安全、居民生活、资源环境、城乡一体化	专家赋权法	2013
齐红倩等[⑨]	人口发展、经济发展、社会发展、资源与环境、基础设施、创新与研发	因子分析法	2015

---

① 沈清基. 论基于生态文明的新型城镇化 [J]. 城市规划学刊，2013 (1)：29-36.

② 卢丽文，张毅，李永盛. 中国人口城镇化影响因素研究：基于 31 个省域的空间面板数据 [J]. 地域研究与开发，2014，33 (3)：54-59.

③ 王建康. 新型城镇化发展水平评价指标体系及其应用：基于全国 31 省市截面数据的实证分析 [J]. 青海社会科学，2015 (3)：56-60.

④ 王冬年，盛静，王欢. 新型城镇化质量评价指标体系构建及实证研究：以河北省为例 [J]. 经济与管理，2016，30 (5)：67-71.

⑤ 叶裕民. 中国城市化质量研究 [J]. 中国软科学，2001 (7)：27-31.

⑥ 袁晓玲，王霄，何维炜，等. 对城市化质量的综合评价分析：以陕西省为例 [J]. 城市发展研究，2008 (2)：42-45，49.

⑦ 陈明星，陆大道，张华. 中国城市化水平的综合测度及其动力因子分析 [J]. 地理学报，2009，64 (4)：387-398.

⑧ 何平，倪苹. 中国城镇化质量研究 [J]. 统计研究，2013 (6)：13-20.

⑨ 齐红倩，席旭文，高群媛. 中国城镇化发展水平测度及其经济增长效应的时变特征 [J]. 经济学家，2015，203 (11)：28-36.

表17-1(续)

作者	一级指标	指标赋权方法	年份
福建省城调队课题组①	经济发展质量、生活质量、社会发展质量、基础设施质量、生态环境质量、统筹城乡与地区发展	层次分析法	2005
曾志伟等②	环境保护、经济发展、社会建设	熵值法、多目标线性加权	2012
张占斌等③	水平适当性、速度适中性、发展可持续性、城乡协调性	主观赋值法	2014
王际宇等④	经济城镇化、人口城镇化、社会城镇化、环境城镇化	主观赋权法	2015
王建康⑤	经济高效、功能完善、城乡统筹、社会和谐	熵值法	2015
王冬年等⑥	经济发展、生态环境、城乡统筹和公共服务质量	主成分分析、聚类分析	2016
庄海燕等⑦	人口城镇化、土地城镇化、经济城镇化、社会城镇化、生活城镇化	层次分析法、专家调查问卷法	2016
王宾等⑧	经济、社会、生态、人居和城乡子系统	熵值法	2017
熊湘辉等⑨	人口城镇化、经济城镇化、基础设施城镇化、公共服务均等化、生活质量城镇化、资源环境	因子分析和主成分分析法	2018

2. 新型城镇化水平的测度方法

通过整理上述文献可知，以往对于城镇化水平的评价，学者比较常用的是单一指标法，即用一个指标来衡量一个地区的城镇化发展水平。通常用城镇人口占总人口的比重来表示城镇化率。该指标非常简单且容易理解，数据也比较容易获得，可以反映人口城镇化的变化情况，在判断一个国家或地区的城镇化水平中一直居于主导地位。但新型城镇化是一个复杂的过程，其涵盖的内容也很多，仅仅用单个指标来衡量，说服力不强，不能全面反映出一个地区的新型城镇化发展情况。因此有学者们主要使用指标体系法来评价地区的新型城镇化水平。评价指标体系将代表不同方面的不同指标构成一个整体，并对这些指标按照一定的方法赋权，最后求出一个综合分数来代表实际的新型城镇化水平。该方法的核心就

① 国家城调总队福建省城调队课题组.建立中国城市化质量评价体系及应用研究 [J].统计研究，2005（7）：15-19.
② 曾志伟，汤放华，易纯，等.新型城镇化新型度评价研究：以环长株潭城市群为例 [J].城市发展研究，2012（3）：131-134.
③ 张占斌，黄锟.我国新型城镇化健康状况的测度与评价：以35个直辖市、副省级城市和省会城市为例 [J].经济社会体制比较，2014（6）：38-48.
④ 王际宇，易丹辉，郭丽环.中国新型城镇化指标体系构建与评价研究 [J].现代管理科学，2015（6）：64-66.
⑤ 王建康.新型城镇化发展水平评价指标体系及其应用：基于全国31省市截面数据的实证分析 [J].青海社会科学，2015（3）：56-60.
⑥ 王冬年，盛静，王欢.新型城镇化质量评价指标体系构建及实证研究：以河北省为例 [J].经济与管理，2016，30（5）：67-71.
⑦ 庄海燕，张继焦.五指山市新型城镇化发展水平综合评价 [J].中国人口资源与环境，2016（S1）：369-372.
⑧ 王宾，杨琛，李群.基于熵权扰动属性模型的新型城镇化质量研究 [J].系统工程理论与实践，2017，37（12）：115-123.
⑨ 熊湘辉，徐璋勇.中国新型城镇化水平及动力因素测度研究 [J].数量经济技术经济研究，2018，35（2）：44-63.

是权重的确定，而确定权重的方法有两种，一种是客观赋权法，通过因子分析法、熵值法等方法来确定权重；另一种是主观赋权法，如专家打分法、层次分析法等。为了客观、全面地反映我国各地区新型城镇化发展水平，本书将构建评价指标体系对新型城镇化水平进行衡量，并且采用熵值法对指标进行赋权。

3. 评价指标体系的构建

考虑到实证检验的需要，本书首先对数据进行了标准化处理从而消除量纲。为确保指标体系的合理性，在进行指标体系构建时主要从以下三个方面进行考虑：一是科学性，如实反映城镇化状况。二是全面性，充分反映出新型城镇建设过程中的人口转移、经济发展、生活质量、基础设施、社会保障、生态环境、城市发展空间等内容。三是可操作性，确保原始指标口径一致，减少分析误差。根据新型城镇化的内涵，借鉴学者们已有的相关成果，本书将从人口城镇化、经济城镇化、社会城镇化、生态环境城镇化、城乡协调发展五个方面来构建评价指标体系，并且根据数据的可得性和真实性，本书主要选取了 19 个二级指标来对新型城镇化进行评价（见表 17-2）。本书主要采用熵值法来确定指标的权重，从而能够使结果更加客观。信息熵在信息系统中是用来度量系统状态不确定性程度的指标。在由 m 个样本、n 个评价指标体系所构成的数据矩阵中，信息熵的值越大，其提供的信息越少，对综合评价的影响越小，因此其权重应该越小；反之，信息熵的值越小，其提供的信息越多，对综合评价的影响越大，因此其权重应该越大。下面将对新型城镇化各项指标的熵值大小、变异程度及权重进行计算。

由于指标的量纲和数量级差异很大，并且选取的指标既有正向指标也有反向指标，因此需将数据进行标准化处理。正向指标的计算公式为

$$z_{tij} = (x_{tij} - x_{j\min})/(x_{j\max} - x_{j\min}) \tag{17-1}$$

反向指标的计算公式为

$$z_{tij} = (x_{j\max} - x_{tij})/(x_{j\max} - x_{j\min}) \tag{17-2}$$

其中 x_{tij} 表示第 t 时期第 i 个省第 j 个指标的原始值，$x_{j\min}$ 和 $x_{j\max}$ 分别表示第 j 个指标的最大值和最小值，z_{tij} 表示第 t 时期第 i 个省第 j 个指标的标准化值。然后再计算第 t 时期第 i 个省第 j 个指标值的权重：

$$p_{tij} = z_{tij}/\sum_{i=1}^{m}\sum_{t=1}^{T} z_{tij} \tag{17-3}$$

其中 p_{tij} 表示第 t 时期第 i 个省在第 j 个指标下的占比，T 表示时期跨度，本书一共选取了 14 年的数据，所以 T 为 14。m 表示省份的个数，在本书中为 31 个，j 的取值为 1 至 n，n 表示指标个数，本书中为 13 个。再计算第 j 个指标的信息熵：

$$e_j = -\frac{1}{\ln Tm}\sum_{i=1}^{m}\sum_{t=1}^{T} (p_{tij} \times \ln p_{tij}), \text{其中} 0 \leqslant e_j \leqslant 1 \tag{17-4}$$

所以第 j 个指标的信息冗余度为：

$$d_j = 1 - e_j \tag{17-5}$$

第 j 个指标的权重为：

$$W_j = d_j/\sum_{j=1}^{n} d_j \tag{17-6}$$

第 t 时期第 i 个省的第 j 个指标得分为：

$$s_{tij} = W_j \times z_{tij} \qquad (17\text{-}7)$$

第 t 时期第 i 个省的新型城镇化水平得分为：

$$s_{ti} = \sum_{j=1}^{n} s_{tij} \qquad (17\text{-}8)$$

具体指标选取情况和相应权重如表 17-2 所示。

表 17-2　新型城镇化水平评价指标体系

	指标	方向	信息熵	权重
人口城镇化	常住人口城镇化率	正向	0.982 6	0.041 4
	城市人口密度	反向	0.988 4	0.027 7
经济城镇化	人均 GDP	正向	0.961 0	0.092 8
	城镇居民人均可支配收入	正向	0.956 7	0.103 1
	农村居民人均可支配收入	正向	0.955 4	0.106 1
	二、三产业总产值比重	正向	0.994 2	0.013 7
社会城镇化	国家财政性教育经费投入占 GDP 比	正向	0.953 1	0.111 7
	每十万人在校大学生数	正向	0.970 2	0.070 9
	R&D 科研经费投入占比am	正向	0.956 0	0.104 6
	城镇常住人口基本养老保险覆盖率	正向	0.987 5	0.029 9
	城镇常住人口基本医疗保险覆盖率	正向	0.986 0	0.033 2
	每万人拥有公共汽车数量	正向	0.980 1	0.047 4
	人均城市道路面积	正向	0.981 7	0.043 6
	城市燃气普及率	正向	0.996 3	0.008 8
生态环境城镇化	人均公园绿地面	正向	0.992 9	0.016 8
	工业废水排放量	反向	0.984 5	0.036 8
	二氧化硫排放量	反向	0.985 1	0.035 5
城乡协调	城乡人均收入差距	反向	0.981 6	0.043 7
	城乡人均消费差距	反向	0.986 4	0.032 4

四、城镇化对中国各地人类发展的实证研究

（一）人类发展水平简析

1. 人类发展水平概况

从图 17-1 可以看到，2003—2018 年，我国人类发展指数稳步上升，并在 2011 年达到 0.7，迈入高人类发展水平行列。2018 年我国人类发展指数为 0.772，比 2005 年增加了 0.136，取得了显著的进步。人类发展指数的三个分项指标预期寿命指数、教育指数和收入指数也均呈上升趋势，其中预期寿命指数的上升趋势最平缓，HDI 和收入指数趋势趋同。

这表明我国健康水平、教育水平和收入水平都在不断提升，而人类发展水平也随之提升。根据联合国开发计划署发布的《2014 年人类发展报告》的划分方式，我国属于高人类发展水平国家。

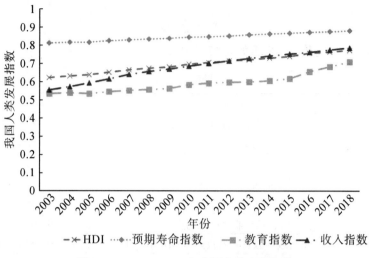

图 17-1　2003—2018 年我国人类发展指数

2018 年发展中国家平均 HDI 指数值为 0.686，高于中等人类发展水平的临界值，世界平均 HDI 指数值为 0.731，高于发展中国家平均值。与发展中国家平均水平相比，我国人类发展水平较高，并且高于世界平均水平。2018 年世界人类发展水平如图 17-2 所示。

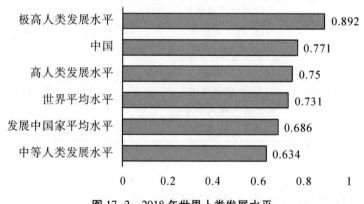

图 17-2　2018 年世界人类发展水平

2. 我国人类发展水平与 G-7 成员人类发展水平比较（见表 17-3）

表 17-3　2018 年我国人类发展水平与 G-7 成员人类发展水平比较

地区	HDI	预期寿命	平均受教育年限	预期受教育年限	人均 GNI（ppp）
德国	0.939	81.2	14.1	17.1	46 946
加拿大	0.922	82.3	13.3	16.1	43 602
英国	0.920	81.2	13.0	17.4	39 507
美国	0.920	78.9	13.4	16.3	56 140

表17-3(续)

地区	HDI	预期寿命	平均受教育年限	预期受教育年限	人均 GNI(ppp)
日本	0.915	84.5	12.8	15.2	40 799
法国	0.891	82.5	11.4	15.5	40 511
意大利	0.882	83.4	10.2	16.2	36 141
中国	0.771	77.1	9.5	14.1	18 107
世界	0.731	72.6	8.4	12.7	15 745

数据来源：联合国开发计划署发布的 *Human Development Report* 2019。

G-7 集团是由七个最发达的工业化国家共同组成的。从表 17-3 可以看到，与 G-7 集团的几个发达国家相比，我国人类发展水平较低，我国与这些发达国家的人类发展水平差距较大，这体现在预期寿命、教育和收入三个方面。在健康方面，我国预期寿命比预期寿命最高的日本少 7 年，比最低的美国少约 2 年；在教育方面，我国平均受教育年限比德国少 4.6 年，比意大利少约半年，我国预期受教育年限比英国少 3.3 年，比日本少 1.1 年；在收入方面，我国人均 GNI 为美国人均 GNI 的 32.25%，这说明虽然我国经济总量位居世界第二，但与发达国家相比，我国人均收入仍然处于较低的水平。2010—2018 年中国和 G-7 成员人类发展趋势如图 17-3 所示。

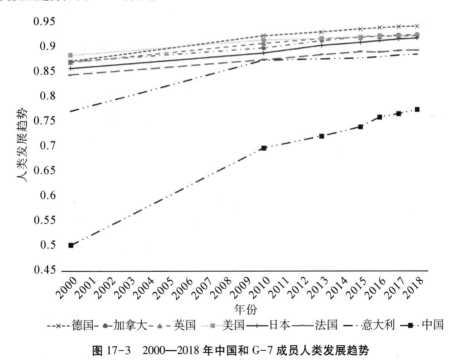

图 17-3　2000—2018 年中国和 G-7 成员人类发展趋势

虽然我国人类发展指数值较低，但是 2000—2018 年我国人类发展指数上升速度快，与 G-7 成员之间的差异在逐渐缩小。

3. 人类发展水平区域分布情况

本书通过对中国大陆地区 31 个省份（不含港澳台地区数据）2005—2018 部分年份的人

类发展水平进行研究得出，我国东部沿海地区的 HDI 指数值较高，其次是中部的各个省份，HDI 指数值也比较高，而西部地区的 HDI 指数值相对较低。具体情况下面将根据 2018 年 31 个省份的 HDI 排名来进行分析，排名情况如表 17-4 所示。

表 17-4　2018 年我国 31 个省份的 HDI 排名

省份	HDI	排名	地区	HDI	排名
北　京	0.914	1	新　疆	0.766	17
上　海	0.894	2	河　北	0.763	18
天　津	0.883	3	山　西	0.762	19
江　苏	0.848	4	宁　夏	0.762	20
浙　江	0.833	5	黑龙江	0.761	21
广　东	0.816	6	河　南	0.76	22
山　东	0.814	7	江　西	0.758	23
福　建	0.809	8	广　西	0.754	24
重　庆	0.801	9	四　川	0.748	25
辽　宁	0.800	10	安　徽	0.745	26
湖　北	0.797	11	贵　州	0.709	27
陕　西	0.792	12	青　海	0.702	28
吉　林	0.789	13	甘　肃	0.697	29
湖　南	0.780	14	云　南	0.695	30
内蒙古	0.777	15	西　藏	0.654	31
海　南	0.771	16			

　　2018 年我国 31 个省份的人类发展水平均高于中等人类发展水平临界值 0.634，北京 HDI 指数值最高，为 0.914，其次是上海，为 0.894，这两个地区的 HDI 超过了 2019 年人类发展报告中的极高人类发展水平界限 0.892，属于及高人类发展水平地区，然后依次是天津、江苏、浙江、广东、山东、福建，以上这前 8 个地区均位于我国东部。一直以来我国东部地区具有良好的地理优势，经济发达，也是我国教育高度发达的地区之一，这些因素使得我国东部地区的人类发展水平在全国范围内一直以来处于领先地位。重庆 HDI 指数值为 0.801，位于全国第 9 位，也是西部地区中 HDI 最高的地方。除此之外我们还可以看到西部地区中内蒙古和新疆 HDI 较高，其主要原因是这两个人口较少，人均 GNI 比其他省高，而西藏和青海虽然人口也很少，但其国民总收入不高，所以人均 GNI 也不高。

　　总的来说，我国东部地区人类发展水平最高，其中有 2 个省份（北京、上海）为极高人类发展水平，剩下 8 个省份（天津、江苏、浙江、广东、山东、福建、河北、海南）为高人类发展水平。其次是中部地区，中部地区有 5 个省份（湖北、湖南、山西、河南、江西）为高人类发展水平，有 1 个省份（安徽）为中等人类发展水平。东北三省（辽宁、吉林、黑龙江）均为高人类发展水平。我国西部地区人类发展水平相对而言较低，其中 6 个省份（重庆、陕西、内蒙古、新疆、宁夏、广西）为高人类发展水平，另外 6 个省份（四川、贵州、青海、甘肃、云南、西藏）为中等人类发展水平。

（二）中国各地区新型城镇化发展现状

1. 分析的数据来源

根据新型城镇化的发展历程和数据可得性考虑，本书选取了2005—2017年的数据。所有数据均来自《中国统计年鉴》《中国人口与科技统计年鉴》、2005—2017年全国科技经费投入统计公报、各省统计年鉴和国家统计局官网（http://www.stats.gov.cn/）。

2. 中国各地区新型城镇化水平测度结果

根据前文构建的指标体系，可计算出2005—2017年中国及31个省份的新型城镇化综合水平，见表17-5。

表17-5　2005—2017年中国及31个省份新型城镇化综合水平

地区	年份												
	2005	2006	2007	2008	2009	2010	2011	2012	2013	2014	2015	2016	2017
全　国	0.23	0.23	0.25	0.27	0.28	0.29	0.31	0.34	0.36	0.38	0.39	0.43	0.45
北　京	0.52	0.54	0.54	0.57	0.59	0.59	0.62	0.65	0.66	0.68	0.69	0.71	0.74
上　海	0.44	0.48	0.47	0.48	0.50	0.50	0.52	0.54	0.54	0.56	0.58	0.61	0.64
天　津	0.38	0.42	0.43	0.44	0.46	0.47	0.52	0.55	0.60	0.60	0.61	0.62	0.64
浙　江	0.31	0.33	0.36	0.39	0.40	0.42	0.45	0.47	0.50	0.53	0.54	0.56	0.59
江　苏	0.28	0.32	0.35	0.38	0.39	0.40	0.44	0.46	0.47	0.50	0.51	0.54	0.57
辽　宁	0.27	0.30	0.31	0.33	0.34	0.36	0.38	0.40	0.41	0.42	0.44	0.46	0.48
山　东	0.21	0.27	0.30	0.32	0.33	0.35	0.38	0.40	0.42	0.44	0.46	0.49	0.51
广　东	0.24	0.26	0.28	0.31	0.34	0.36	0.39	0.41	0.42	0.43	0.45	0.47	0.48
福　建	0.26	0.27	0.29	0.31	0.32	0.34	0.36	0.38	0.41	0.43	0.44	0.46	0.49
吉　林	0.25	0.29	0.30	0.32	0.33	0.34	0.35	0.37	0.39	0.40	0.41	0.43	0.44
湖　北	0.23	0.28	0.29	0.31	0.32	0.33	0.34	0.36	0.39	0.41	0.42	0.44	0.46
宁　夏	0.22	0.24	0.28	0.30	0.32	0.34	0.35	0.37	0.40	0.42	0.43	0.45	0.47
黑龙江	0.26	0.28	0.29	0.31	0.33	0.33	0.35	0.36	0.37	0.39	0.40	0.41	0.42
海　南	0.21	0.25	0.25	0.27	0.29	0.31	0.34	0.37	0.39	0.40	0.41	0.42	0.44
内蒙古	0.20	0.24	0.26	0.28	0.29	0.30	0.33	0.35	0.39	0.40	0.41	0.44	0.45
安　徽	0.20	0.24	0.25	0.28	0.30	0.31	0.32	0.34	0.38	0.40	0.41	0.43	0.45
重　庆	0.19	0.23	0.25	0.27	0.28	0.30	0.33	0.35	0.38	0.40	0.41	0.43	0.45
河　北	0.19	0.24	0.25	0.27	0.28	0.30	0.31	0.34	0.37	0.38	0.40	0.44	0.45
陕　西	0.21	0.22	0.24	0.26	0.29	0.31	0.32	0.34	0.37	0.38	0.40	0.42	0.44
青　海	0.23	0.26	0.27	0.28	0.29	0.30	0.31	0.33	0.35	0.36	0.37	0.38	0.40
江　西	0.21	0.23	0.25	0.28	0.29	0.30	0.31	0.33	0.36	0.37	0.38	0.41	0.43
四　川	0.19	0.23	0.24	0.25	0.26	0.28	0.31	0.33	0.36	0.37	0.39	0.40	0.44
湖　南	0.20	0.22	0.24	0.27	0.28	0.29	0.30	0.32	0.34	0.36	0.38	0.40	0.42
西　藏	0.22	0.27	0.26	0.26	0.28	0.31	0.30	0.31	0.33	0.34	0.39	0.37	0.39
新　疆	0.23	0.23	0.25	0.25	0.26	0.28	0.30	0.32	0.35	0.36	0.38	0.40	0.41

表17-5(续)

地区	年份												
	2005	2006	2007	2008	2009	2010	2011	2012	2013	2014	2015	2016	2017
山　西	0.18	0.23	0.24	0.26	0.27	0.28	0.30	0.32	0.35	0.36	0.36	0.39	0.40
广　西	0.16	0.20	0.21	0.22	0.24	0.25	0.28	0.30	0.33	0.34	0.36	0.38	0.40
甘　肃	0.15	0.20	0.21	0.23	0.25	0.26	0.27	0.28	0.31	0.32	0.33	0.35	0.37
河　南	0.14	0.18	0.20	0.21	0.23	0.24	0.26	0.28	0.30	0.32	0.33	0.37	0.39
云　南	0.17	0.19	0.21	0.22	0.22	0.24	0.25	0.26	0.30	0.32	0.33	0.36	0.37
贵　州	0.14	0.15	0.16	0.19	0.20	0.22	0.23	0.24	0.29	0.31	0.32	0.35	0.37

3. 全国新型城镇化发展情况

2005—2017 年全国新型城镇化水平走势如图 17-4 所示。

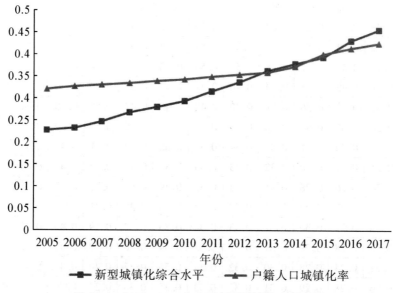

图 17-4　2005—2017 年全国新型城镇化水平走势

从图 17-4 中可以看到，根据新型城镇化综合评价指标体系测算出来的 2005—2017 年的中国新型城镇化发展水平是在增加的，我国新型城镇化发展水平呈现出稳步的上升趋势。2005—2017 年我国户籍人口城镇化率也在逐渐上升，换句话说就是拥有城镇户口的人越来越多。农民由农村户口变为城市户口后能够享受到更多的教育、医疗、就业等资源，这有利于新型城镇化的发展，但户籍城镇化率上升速度比较缓慢。

4. 区域分布情况

根据计算结果对我国 31 个省份（不含港澳台地区数据）2005—2017 年的新型城镇化水平绘制的分布地图可知，2005—2017 年我国各地区新型城镇化综合水平普遍呈上升趋势，而新型城镇化综合水平相对较高的省份主要分布在经济较为发达的东部沿海地区。一直以来，北京是新型城镇化综合水平最高的地区，2017 年达 0.735；其次是上海，2017 年新型城镇化综合水平为 0.635。我国新型城镇化综合水平较低的省份主要集中在西部地区，其中贵州新型城镇化综合水平最低，2017 年仅为 0.369。从四张图来看，我国高新型城镇化综合水平呈现出东高西低的分布。

通过上述分析发现，人类发展水平在我国的分布情况与新型城镇化发展水平的分布基本一致，都呈现出东高西低的分布状况，并且 2005—2017 年各地区人类发展水平和新型城镇化水平都呈现出稳步上升态势。为准确了解新型城镇化与人类发展之间的关系，下面将构建模型进行分析。

（三）新型城镇化分析模型

面板数据综合了横截面数据和时间序列数据，同时反映了空间和时间两个维度的经验信息，使得样本信息得以被更加充分利用。因此，本书将利用面板数据，通过一阶差分动态面板广义矩法（GMM）来构建实证模型。模型构建主要分为以下三个步骤：首先，在构建动态面板模型之前先对各个解释变量和被解释变量进行平稳性检验；其次根据 Arellano 和 Bond（1991）提出的一阶差分广义矩估计方法构建动态面板模型，最后对残差进行过度识别约束检验和相关性检验。

1. 平稳性检验

不平稳的序列可能会导致伪回归现象的出现，使得两个本来毫不相关的变量间也能建立统计显著的数量关系。为避免这样的情况出现，在建立动态面板模型之前，本书将对各个变量进行单位根检验。表 17-6 是 LLC、IPS、ADF 和 PP 检验的统计量值和 p 值。

表 17-6 单位根检验结果 1

变量	LLC	IPS	Fisher-ADF	Fisher-PP
LHDI	−14.806 *** (0.000)	−5.340 ** (0.000)	138.020 *** (0.000)	348.451 *** (0.000)
Urb	−13.080 *** (0.000)	−7.208 *** (0.000)	160.683 *** (0.000)	196.352 *** (0.000)

注：表中 **、*** 分别表示 5% 和 1% 的显著性水平。

以上四种单位根检验的原假设均为单位根过程，从表 17-6 中我们知道，LHDI（HDI 的对数）和 Urba 两个变量的所有单位根检验结果都拒绝了原假设，即这两个变量均是平稳的，因此我们接下来可以设定回归模型进行分析。

2. 模型设定

对于人类发展指数，本书计算出了其对数（LHDI）作为模型的被解释变量。本章主要研究的是新型城镇化与人类发展之间的关系，因此模型的核心解释变量为新型城镇化综合水平（Urb）。除此之外，由于人类发展是一个循序渐进的过程，上一期的健康状况、教育情况以及收入情况肯定会对人类发展产生影响。所以，人类发展是一个连续动态的过程，本书将把滞后因变量加入模型，作为另一解释变量，这与理论现实相符。加入滞后因变量后模型由静态变为动态。对于动态模型如果仍然使用随机效应或者固定效应进行估计，很有可能会导致解释变量与随机扰动项相关，从而使得参数估计是有偏且非一致的估计，因此本书将用 Arellano 和 Bond 提出的一阶差分 GMM 估计方法来进行参数估计，该方法可以有效减少内生性和残差的异方差性。一般地，动态面板模型为：

$$\text{LHDI}_{it} = \alpha + \alpha_1 \text{Urb}_{it} + \alpha_2 \text{LHDI}_{i,\,t-1} + \mu_i + \varepsilon_{it} \qquad (17-9)$$

一阶差分后得：

$$\Delta\text{LHDI}_{it} = \alpha_1 \Delta\text{Urb}_{it} + \alpha_2 \Delta\text{LHDI}_{i,\,t-1} + \Delta\varepsilon_{it} \qquad (17-10)$$

其中 t 表示时间，i 表示各省份，ε 为随机扰动项，α_1 和 α_2 为各解释变量的系数。

3. 实证结果与检验

本书运用 Eviews10.0 软件对我国 31 个省份的面板数据进行了 GMM 估计，得到的回归结果如表 17-7 所示。

表 17-7　回归结果 1

变量	系数
Urb	0.080 3 *** （17.777）
$\text{LHDI}_{i,\,t-1}$	0.834 2 *** （143.056）

注：*** 表示 1% 的显著性水平。

为确保估计结果的有效性和稳健性，本书对残差进行了过度识别约束检验和相关检验。结果显示，Sargan 检验的 P 值为 0.386，大于 0.05，不能拒绝原假设，即不存在过度识别。并且在 5% 显著性水平下残差的一阶序列存在负自相关，二阶序列不存在自相关，说明模型的设定是合理的。

根据表 17-7 的实证结果可以看出，新型城镇化综合水平在 5% 水平显著为正，说明新型城镇化对促进人类发展有较为明显的正向作用。同样地，上一期的人类发展水平也对人类发展具有明显的正向推动作用。为进一步了解新型城镇化各个分系统对人类发展的影响，根据上述思路，本书将把人口城镇化（pUrb）、经济城镇化（eUrb）、社会城镇化（sUrb）、生态城镇化（enUrb）和城乡协调（bUrb）作为解释变量构建动态面板模型。

五、新型城镇化各子系统对人类发展的影响分析

在进行回归分析之前，本书先对变量进行了变量间的相关分析和平稳性检验，结果如表 17-8 所示。

表 17-8　单位根检验结果 2

变量	LLC	IPS	Fisher-ADF	Fisher-PP
pUrb	−13.686 *** （0.000）	−11.164 *** （0.000）	222.565 *** （0.000）	309.076 *** （0.000）
eUrb	−5.051 *** （0.000）	−2.272 ** （0.012）	44.285 （0.956）	94.388 *** （0.005）

表17-8（续）

变量	LLC	IPS	Fisher-ADF	Fisher-PP
D（eUrb）	−8.421*** (0.000)	−2.604*** (0.004)	82.997** (0.038)	86.247** (0.022)
sUrb	−29.293*** (0.000)	−19.976*** (0.000)	259.091*** (0.000)	375.522*** (0.000)
enUrb	−9.830*** (0.000)	−3.002*** (0.001)	108.387*** (0.000)	109.541*** (0.000)
bUrb	−4.327*** (0.000)	−0.746* (0.227)	55.858 (0.695)	60.622 (0.525)
D（bUrb）	−11.057*** (0.000)	−7.854*** (0.000)	165.700*** (0.000)	183.407*** (0.000)

注：表中 *、**、*** 分别表示 10%、5% 和 1% 的显著性水平。

通过单位根检验结果我们可以看到，在新型城镇化指标体系的各子系统中人口城镇化（pUrb）、社会城镇化（sUrb）和生态系统城镇化（enUrb）在四种检验方法下均拒绝原假设，即序列是平稳的。经济城镇化（eUrb）在 Fisher-ADF 检验中不能拒绝原假设，在 LLC、IPS 和 Fisher-PP 检验方法下拒绝原假设，因此认为该序列不平稳的。而城乡协调（bUrb）只有在 LLC 检验中拒绝原假设，在其他检验中不能拒绝原假设，因此认为该序列也是不平稳的。但是经济城镇化和城乡协调的一阶差分是平稳的，所以人类发展指数与人口城镇化（pUrb）、经济城镇化（eUrb）、社会城镇化（sUrb）、生态系统城镇化（enUrb）城乡协调（bUrb）之间可能存在协整关系。对此本书采用 Kao 和 Pedroni 两种方法进行了协整检验，检验结果见 17-9。

表 17-9　协整根检验结果

Kao	ADF	−5.101	0.000
Pedroni	Group rho	8.915	1.000
	Group PP	−21.120	0.000
	Group ADF	−4.344	0.000

从表 17-9 结果可以看到，Kao 检验的 P 值小于 0.001，说明各面板变量之间存在协整关系，而 Pedroni 方法中除了统计量 Group rho 没通过显著性检验外，另外两个都通过了显著性检验，也说明了变量间存在着协整关系。据此我们可以认为 LHDI 和 pUrb、eUrb、sUrb、enUrb、bUrb 之间有长期稳定的关系。本书将人口城镇化（pUrb）、经济城镇化（eUrb）、社会城镇化（sUrb）、生态系统城镇化（enUrb）和城乡协调（bUrb）作为主要解释变量来建立回归模型，模型形式如下：

$$LHDI_{it} = \beta + \beta_1 pUrb_{it} + \beta_1 eUrb_{it} + \beta_3 sUrb_{it} + \beta_4 enUrb_{it} + \beta_5 bUrb_{it} + \beta_6 LHDI_{i,\,t-1} + \mu_i + \varepsilon_{it}$$

其中 t 表示时间，i 表示各省份，ε 为随机扰动项 $\beta_1 \sim \beta_6$ 为各解释变量的系数。

根据前述的相关分析，运用 Eviews10.0 软件对我国 31 个省份的面板数据进行了 GMM 估计，得到的回归结果如表 17-10 所示。

表 17-10　回归结果 2

变量	系数	t 值
pUrb	0.733 ***	31.861
eUrb	0.198 ***	5.889
sUrb	0.110 ***	10.494
enUrb	0.625 ***	4.377
bUrb	−0.202 ***	−4.353
$HDI_{i,t-1}$	0.747 ***	31.861

注：表中 **、*** 分别表示 5% 和 1% 的显著性水平。

在对残差的检验中 Sargan 检验的 P 值为 0.226，大于 0.05，不存在过度识别。并且在 5% 显著性水平下残差的一阶序列存在负自相关，二阶序列不存在自相关，说明模型的设定是合理的。

从表 17-10 的结果可以看到，在 5% 显著性水平下，新型城镇化综合指标的系数显著为正，说明总体而言，新型城镇化综合水平能够促进我国各地区人类发展。从新型城镇化的各个方面来看，根据表 17-10 的结果，我们可以看到，各变量系数均在 1% 水平下显著为正。其中人口城镇化、经济城镇化、社会城镇化和生态系统城镇化对各地区人类发展影响效果显著为正，即通过人口、经济、社会和生态建设能够有效推动我国各地区人类发展。而城乡协调指标系数显著为负，说明减小城乡差距有利于人类发展。

综上所述，一阶差分动态面板模型（GMM 模型）的回归结果比较理想，反映了我国新型城镇化的发展对各地区人类发展的显著促进作用，也反映了新型城镇化发展的各个方面对人类发展的影响情况。

六、研究结论与建议

（一）研究结论

首先，本书根据 UNDP2014 年公布的人类发展指数（HDI）计算方法对 2005—2018 年我国 31 个省份的人类发展水平进行了测度，并对比分析了我国人类发展同 G7 成员人类发展的差距，以及我国人类发展的空间分布情况。其次，在阅读相关文献的基础上，本书根据新型城镇化的内涵，从人口、经济、社会、生态环境以及城乡协调五个角度，共选取 19 个指标构建了新型城镇化综合评价指标体系，并通过熵值法对 2005—2017 年我国 31 个省份的新型城镇化综合水平进行了测度。根据测度结果，本书对我国新型城镇化发展区域分布情况进行了深入剖析。最后，在此基础上，本书运用面板数据分析方法中的一阶差分广义矩估计方法（GMM）构建动态面板模型，分析了新型城镇化综合水平以及新型城镇化各子系统对各地区人类发展的影响情况。经过上述研究，本书的主要结论如下。

1. 我国人类发展呈东高西低分布

从人类发展指数来看，总体上我国人类发展水平都在不断提高，2018 年我国人类发展指数为 0.772，高于世界平均水平，属于高人类发展水平国家。但与 G-7 集团的发达国家相比，我国人类发展水平有一定差距，在预期寿命、教育和收入三个方面，我国都还需要做进一步提升。从地区分布情况来看，我国东部沿海省份的 HDI 指数值均较高，其次是中部的各个省份，HDI 指数值也比较高，而西部地区的 HDI 指数值相对较低。2005 年东部各地区人类发展指数均值为 0.717 9，中部各地区人类发展指数均值为 0.627 9，与东部地区差距较大；2018 年东部各地区人类发展指数均值为 0.826 5，中部各地区人类发展指数均值为 0.757 3，与东部地区的差距在慢慢减小。2005 年西部各地区人类发展指数均值为 0.600 2，2018 年均值为 0.729 2，与中部地区相比有一定差距，但差距比较小。

2. 新型城镇化发展促进我国人类发展

总体而言，2005—2017 年的我国新型城镇化综合水平呈现出稳步的上升趋势。从地区来看，自 2005—2017 年我国各地区新型城镇化综合水平普遍呈上升趋势，新型城镇化综合水平相对较高的省份主要分布在经济较为发达的东部沿海地区，新型城镇化综合水平较低的省份主要集中在西部地区，而中部地区新型城镇化发展综合水平也较低。不过随着西部地区的快速发展，西部地区大部分省份与东部地区的新型城镇化综合水平差距在慢慢减小。与人类发展一样，新型城镇化发展呈现出"东高西低"的地域分布，并且从省际动态面板模型的回归结果来看，新型城镇化对我国各地区的人类发展有显著的促进作用。

3. 提高户籍人口城镇化率促进人类发展

在新型城镇化综合评价体系的五个子系统中，人口城镇化系数和经济城镇化系数在 1% 的显著性水平下显著为正，说明通过人口转移和经济发展能够显著促进我国人类发展。城市的发展增强了人口流动性，推动了第二产业、第三产业的发展，促进了经济的发展。经济水平的提高使得人们收入上涨，获取生活所需物质资源的能力增强，从而提高了人们的生活品质，促进了人们的生存与发展。但同样的，社会城镇化和生态环境城镇化系数在 1% 的显著性水平下也显著为正，说明教育、科技、社会保障的普及和生态环境的改善对人类发展也至关重要，但在我国，受户籍制度限制，农村进城务工人员没有完全享受到教育、医疗等保障福利，因此减小农民在城市落户的阻碍，提高城市的户籍人口城镇化率，让农民享受到相应的社会保障才是提高新型城镇化发展水平和促进人类发展的有效方法。

近年来，人类赖以生存的环境不断遭到破坏和资源的紧缺将严重影响人们的未来生活，绿色的生态环境是人类持续发展的基础。

城乡协调在 1% 的显著性水平下显著为负，表明城乡差距加大阻碍着人类的发展。

（二）对策建议

1. 加快推进农业转移人口市民化，给予进城的农村居民完全的城镇居民待遇

新型城镇化的发展应当使所有人都能够充分融入城市生活，当前城市资源分配的不均衡，使一部分人作为城市的建设者却不能充分享有城市建设带来的成果，从而造成了城乡分化和城市内部分化。受城乡二元的户籍制度限制，生活在城市里的农村户口居民没能充

分享受到应有的权益，很难真正融入城市生活，流动性大，使得城镇化质量不高。只有打破这一局面才能让城市的发展变得稳定与和谐，从而激发出更多人的潜能，让大家都有强烈的归属感，也只有所有人的共同进步才能真正实现人类的发展。

要实现这一目标，首先需要做的就是加快推进农业转移人口市民化，提高户籍人口在城市的占比，让所有为城市做出贡献的人都能够享有平等地接受教育、获得医疗保障以及公共服务的权利；其次是要完善社会保障制度，帮助减小健康、就业等给低收入人群带来的影响。

2. 坚持走可持续发展的新型城镇化道路

可持续既是指生态环境的可持续，也是人类发展的可持续。政府应当推行可持续的城镇发展模式，倡导资源能源节约。各省份根据自身拥有的资源禀赋以及环境的可承载能力，合理有效地利用资源，制定各自城市的发展方向。对于污染物的排放监督与治理应当有所担当，有所作为，制定切实可行的管理措施，建立污染物减排、环境质量改善等相关考核体系，把环境保护与治理放在重要位置。

首先，从企业生产开始，构建绿色生产体系，政府引导企业推行节能减排的各种生产技术、工艺和设备，加大绿色新能源的研发和应用，制定节能减排的奖惩措施并严格执行。其次，加强对绿色能源的宣传力度，推行绿色的消费理念，从源头上减少传统能源的消耗和污染物的排放。最后，保护城市自然生态系统，构筑城市绿色生态圈。完善城市河流治理与监督制度，加强城市公园绿地建设，提高城市生态环境的自我修复、自我调节以及承载能力。

3. 注重新型城镇化区域协调发展

从前述分析中可以看到，我国新型城镇化发展在省份与省份之间差距明显，东、中、西部地区发展极不均衡，存在非常明显的东高西低的分布态势。西部地区的大部分省份的新型城镇化水平都处于全国较低水平，中部各省份的新型城镇化水平也较低，因此我国中部、西部各省份都需要加强新型城镇化建设，努力提高新型城镇化水平，缩小地区间的差距。各地区政府应在人口、经济、社会、生态环境和城乡协调等方面建立更加完善的新型城镇化体系。

第六板块（十八至二十章）：

不平等调整和全球视域下
中国人类发展指数的分析

执笔人：任栋、吴翔、余毅翔、贾俊

第十八章 基于不平等调整的中国人类发展指数（IHDI）的分析

一、问题的提出

（一）研究背景与意义

中华人民共和国成立以来，尤其是改革开放 40 多年来，我国取得了众多辉煌的成就。但与此同时，区域发展不协调的问题依旧突出。我国政府针对发展不平衡的问题也相继制定并且实施了许多改善区域发展不平衡、不协调的政策，例如实施了西部大开发、"一带一路"建设、京津冀协同发展、长江经济带一体化发展等，实施这些政策的目的就是为了可以完善我国的区域发展机制，进而可以更好地推进我国区域之间的协调发展，并且在这些政策的实施中也取得了较大的成就。伴随着我国全面建成小康社会这一百年奋斗目标的到来，我国对区域发展的平衡性以及协调性也提出了更加明确、具体的要求，那就是要通过推动资源的有效配置和产业的转型升级，进而将区域差距控制在适当范围内。因此，怎样精确、真实地衡量我国各地区之间的发展差距以及变化情况，实现我国的可持续发展和社会的长治久安，一直是政府工作的重要内容，也是社会关注的核心话题。

改革开放初期，区域差距测度的指标体系构建开始受到国内外大多学者的广泛关注，在较为早期的研究中学者们习惯于使用单一的 GDP 指标从经济的角度来测度区域差距。但是，随着经济社会的不断发展，区域差距的逐渐显著，仅仅使用单一 GDP 指标来衡量如今的区域差距存在诸多问题。除此之外，为了适应人类的全面发展并解决 GDP 指标存在的问题，20 世纪 90 年代初联合国开发计划署（UNDP）提出了人类发展指数（HDI），用这一指数可以更加全面地衡量一个国家或者一个地区的经济社会发展程度以及区域之间发展的差距。

习近平总书记在中共十八届五中全会第二次全体会议上指出："我们说的缩小城乡区域发展差距，不能仅仅看作是缩小国内生产总值总量和增长速度的差距，而应该是缩小居民收入水平、基础设施通达水平、基本公共服务均等化水平、人民生活水平等方面的差距。"[1] 武英涛、刘艳苹（2019）指出我们以前提到的区域协调发展，考虑的最多就是经济这一个层面，但是如果只是用经济的差距来衡量我国区域之间的发展差异是不全面的，改革开放以来，我国发展得又快又好，人们的生活水平日益提升，我国的主要矛盾已经发展了变化，所以新的区域协调发展的理念应当考虑得更加全面，而不是单单只考虑经济的发展[2]。这完全符合人类发展指数的内涵。但是人类发展指数也存在一定的问题，例如不平等这一情况，已经变成了我们当前时期一个至关重要的问题，并且这一问题导致人类发展水平的降低。2018 年人类发展报告中指出：不平等导致全球 HDI 降低了五分之一，它对中等人类发展水平和低人类发展水平的国家所造成的冲击更加严重，人们的机会和选择的严重失衡主要源于收入的不平等，但是也来自教育、健康、话语权等。人类发展之间的差异主要体现在男女性别之间、收入的不同以及获得的教育资源、医疗资源以及就业机会不平等等这些层面。较高程度的不平等甚至有可能会对整个社会的凝聚力以及国家制定的制度以及政策的实施造成一些负面影响，进而使人类发展的脚步变慢甚至停滞。所以我们可以知道当今世界各国之间、一国各地区之间的人类发展水平仍然存在着较大的差异，这种不平等对于一个国家或者一个地区不同群体的人类发展水平有着显著的影响，也不利于社会的和谐稳定，因此，通过利用人类发展水平进行不平等调整后的这一指标来测度区域之间的差距，这对于促进区域协调发展有着十分重要的现实意义。

在区域发展差距测度这一问题上，大多数学者采用的都是变异系数、泰尔系数等这些传统的测度方法，没有体现空间因素的影响。而实际上，我们可以知道在通常的情况下我国的自然资源、资本要素等多方面在空间上的分布并不均匀，而且各个地区之间的资源是彼此相互流动的，同时，距离越近的地区之间的资源交换发生得越频繁，彼此之间的依赖度也越高。因此，考虑空间因素至关重要。

综上所述，本书选题的角度是利用不平等调整后的人类发展指数来测度地区之间的差异，同时利用空间计量的方法把空间的因素纳入本书的研究中，进而可以更加全面地研究我国区域协调性这一问题。

（二）文献综述

关于发展差距的测度问题，早期的学者们大多都是基于经济这一维度出发进行指标及指标体系的构建，但随着经济社会的不断发展、人民素质的不断提高，单一经济指标的测度会逐渐显现诸多问题。随着研究的不断深入，诸如环境问题以及贫富差距加大等诸多问题的逐渐显现，20 世纪 70 年代学者们开始进行多维指标体系的构建研究，并取得了一些研究成果。其中，1990 年 UNDP 提出的人类发展指数（HDI）在国际上的影响最为广泛。但是，该指数在提出后被认为存在"被平均"问题，于是在 2010 年的联合国人类发展报告中提出：为了取得人类发展的综合性进步，避免区域不平等发展的问题，所以在原有的 HDI 的基础上提出不平等调整后的 HDI，即 IHDI（Inequality-adjusted Human Development Index），

① 习近平. 在党的十八届五中全会第二次全体会议上的讲话（节选）[EB/OL]. [2015-10-29]. https://news.12371.cn/2015/12/31/ARTI1451569653433470.shtml.
② 武英涛，刘艳苹. 习近平新时代区域经济协调发展思想研究 [J]. 上海经济研究，2019（6）：29-37.

IHDI 的提出为 HDI 指数体系的丰富和发展做出了贡献。

另外，经济高速发展在我国也形成了较大的区域差距，这些问题也逐渐引起了学者们的广泛注意。Tsui（1991）通过利用人均国民总收入计算了中国 1952—1985 年每个省份的区域发展差距得出：在 1970 年之前，由于我国整体发展较为缓慢所以我国区域之间的差距相对较小，但改革开放以后，我国部分地区的区位优势就逐渐表现了出来，以人均国民收入所测度的区域差距呈现出明显的扩大趋势①。Long G、Ng M K（2001）从经济、社会以及文化这三大方面出发，通过对改革开放以后的江苏省省内的差距展开实证分析，发现该省内部之间的发展差距呈现的是逐年扩大的趋势并实证研究了上述这三大方面是如何扩大该省内部之间的发展差距的②。Demurger S 从制度政策、地理位置和基础设施配置三个维度出发研究了区域的经济差异，并发现这三方面对区域经济差异都会产生显著的影响③。

随着对区域差距问题的逐渐重视，越来越多的国内学者开始对区域差距这一领域展开了相应的研究。主要有两种分析的角度，一种是从经济的角度来研究区域经济的差异，另一种是从多角度进行综合评价，两者采用的研究方法主要是非空间的测度以及空间的测度两种④。而本书讨论的主要是基于人类发展来衡量我国的区域差距，所以选择的是后一种分析角度。宋洪远、马永良（2004）在衡量我国城乡差距时较先地对城乡分别计算人类发展指数并且得出结论：我国城乡的人类发展指数都有一定程度上的增加，但是城乡之间的差距却有扩大的趋势，其中城乡在收入层面的差距一直都是最大的，并且一直在增大⑤。赵志强、叶蜀君（2005）将中国的各省份划分为东部、中部和西部，通过计算 HDI 分项指数来汇总得出了相应的人类发展指数，通过实证分析得到：我国的东中西部确实存在着差距，但是并没有想象的那么大且有缩小的趋势⑥。杨永恒等（2006）利用聚类的方法对 HDI 分析得到地区发展差距越来越多地体现为经济发展差距，缩小这一差距主要在于推动落后地区的经济发展⑦。梁伟杰（2018）通过选用 2011—2016 年相关的数据并且采用主成分分析的方法给指标赋予权重，测度了我国东中西北的区域发展程度，通过分析发现存在经济增长缓慢、经济结构不合理等一系列原因⑧。胡鞍钢、石智丹、唐啸（2018）利用方差分解的办法对我国地区的 HDI 和地区差距变动进行分解，实证发现：改革开放以来，各省份的

① TSUI K Y. China's economy inequality, 1952–1985［J］. Journal of Comparative Economics, 1994, 15（1）: 1-12.

② LONG G, NG M K. The political economy of intra-provincial disparities in post-reform China: a case study of Jiangsu province［J］. Geoforum, 2001, 32（2）: 215-234.

③ DEMURGER S. Infrastructure development and economic growth: an explanation for regional disparities in China?［J］. Journal of Comparative Economics, 2001, 29（1）: 95-117.

④ 庞玉萍，陈玉杰. 区域协调发展内涵及其测度研究进展［J］. 发展研究，2018（9）: 73-79.

⑤ 宋洪远，马永良. 使用人类发展指数对中国城乡差距的一种估计［J］. 经济研究，2004（11）: 4-15.

⑥ 赵志强，叶蜀君. 东中西部地区差距的人类发展指数估计［J］. 华东经济管理，2005（12）: 22-25.

⑦ 杨永恒，胡鞍钢，张宁. 中国人类发展的地区差距和不协调：历史视角下的"一个中国，四个世界"［J］. 经济学（季刊），2006（2）: 803-816.

⑧ 梁伟杰. 区域经济协调发展的测度及政府策略研究［D］. 哈尔滨: 哈尔滨商业大学，2018.

HDI 普遍提高，同时地区差异明显缩小①。王圣云等（2018）通过利用空间基尼系数、泰尔系数分解等方法研究发现：第一，我国区域差异整体表现出递减的态势；第二，通过与区域内部对比分析后发现我国区域之间则相差更大②。吴珊（2019）通过分析我国长三角区域内 2002—2017 年的 31 个省份的数据得到：长三角区域经济的绝大差距表现为逐年扩大的趋势，而相对差异则在 2004 年之后变小，从空间格局来看表现为从东到西依次递减③。

在应用 HDI 指数研究区域不平衡发展方面，杨永恒、胡鞍钢、张宁（2005）根据基于协方差的主成分分析法计算了我国 1995—1999 年的省际人类发展指数④。李晶、李晓颖（2012）指出 HDI 存在一定的缺陷，并且借用空间距离法的思想重新构建了一个区域人类发展指数 RHDI，通过 RHDI 与 HDI 的比较分析，可以更加精确地描绘我国各地区的人类发展现状以及差距⑤。李晶（2013）还通过"惩罚"不均衡发展的思路出发，构建了地区协调发展指数（HDIr），分析认为：对于发达地区而言不光经济、教育和寿命这三个维度的发展程度都较高而且各维度发展都比较协调，然而就落后的地区来说不仅发展落后同时各维度之间也不协调⑥。李俞（2013）在 HDI 上加入了不平等这一因素，分别对 HDI 的三个维度进行不平等调整进而测算出了我国各省份的经过不平等调整后的人类发展指数⑦。李晓西、刘一萌、宋涛（2014）在 HDI 的基础上构建了人类绿色发展指数（HGDI）并对全球123 个国家进行了测算⑧。

在空间计量方面：吴玉鸣（2006）通过对我国省域经济的研究发现地理上的集聚性和空间效应在不断增强⑨。武剑、杨爱婷（2010）采用 ESDA 和 CSDA 技术以京津冀地区的经济空间结构为研究对象并得出以下结论：第一，京津冀县域经济之间的空间差异有减小的趋势；第二，京津冀的区域经济空间上存在分异现象；第三，京津冀空间结构不合理⑩。刘玲玲（2016）通过空间的角度利用人类发展指数测度了我国区域在经济、教育、医疗之间存在的空间不平衡⑪。赫胜彬、杨开忠（2016）改进了空间权重矩阵，并以京津冀为例分析得出该地区存在显著的空间自相关，且"HH"区域由北京周边向沿海区域转移，"LL"

① 胡鞍钢, 石智丹, 唐啸. 中国地区 HDI 指数差异持续下降及影响因素（1982—2015）[J]. 新疆师范大学学报（哲学社会科学版），2018, 39（4）：47-55, 2.

② 王圣云, 罗玉婷, 韩亚杰, 等. 中国人类福祉地区差距演变及其影响因素：基于人类发展指数（HDI）的分析 [J]. 地理科学进展, 2018, 37（8）：1150-1158.

③ 吴珊. 长三角区域经济发展不平衡测度与优化研究 [D]. 合肥：安徽大学, 2019.

④ 杨永恒, 胡鞍钢, 张宁. 基于主成分分析法的人类发展指数替代技术 [J]. 经济研究, 2005（7）：4-17.

⑤ 李晶, 李晓颖. 基于空间距离法的区域人类发展指数 [J]. 统计研究, 2012, 29（1）：61-67.

⑥ 李晶. 省域尺度下的中国区域协调发展指数研究：基于人类发展视角的实证分析 [J]. 西部论坛, 2013, 23（6）：53-61.

⑦ 李俞. 进行不平等调整后的人类可持续发展指数研究 [D]. 成都：西南财经大学, 2013.

⑧ 李晓西, 刘一萌, 宋涛. 人类绿色发展指数的测算 [J]. 中国社会科学, 2014（6）：69-95, 207-208.

⑨ 吴玉鸣. 中国省域经济增长趋同的空间计量经济分析 [J]. 数量经济技术经济研究, 2006（12）：101-108.

⑩ 武剑, 杨爱婷. 基于 ESDA 和 CSDA 的京津冀区域经济空间结构实证分析 [J]. 中国软科学, 2010（3）：111-119.

⑪ 刘玲玲. 中国人类发展的空间分异与空间模型 [D]. 大连：东北财经大学, 2016.

区域由河北的西北向中部以及东南部转移①。向铮（2017）将空间计量的方法用在浙江省区域经济的不平等研究中，通过利用空间杜宾模型分析得出浙江省城市经济发展的空间溢出效应②。张雄（2017）利用 ESDA 技术研究发现 HDI 的冷点区域开始慢慢集中在我国的西部地区，空间集聚分布格局变得越来越复杂③。高情、赵娟霞（2019）基于空间的角度对山东省 17 个地级市进行实证分析得到山东省区域经济的差异在逐年增加，但是增长的速率在减慢④。

综合以上的分析，我们可以发现国内外已经有很多学者利用了人均 GDP、HDI 以及相关的衍生指标来对区域差距进行测度并且展开分析，但是大多数都忽略了空间因素的影响。因此，本书在 HDI 的基础上把不平等纳入研究，编制了中国各地的 IHDI 指数，进而利用 ESDA 和 CSDA 方法对我国区域发展这一问题展开相关的分析。

二、相关理论和指数体系

（一）相关理论

1. 区域均衡发展理论

区域均衡发展理论的中心思想是认为区域经济的能否实现均衡增长主要取决于生产要素的分配与投入情况是否最优。只有当社会资源能够实现最优分配，区域不平等发展问题才能够得到解决，区域均衡发展也才可以最终实现。因此，根据市场模式的不同特点，要想实现区域均衡发展，首先需要建立完全竞争市场的模式，其次需要让市场充分发挥资源分配的作用实现稀缺资源的最优分配，最后区域之间才能有望实现均衡增长。其主要包括以下四种理论。

第一，纳尔森的低水平陷阱理论。该理论以马尔萨斯理论中所提出的不发达地区的低水平收入陷阱为前提进行研究并寻求解决之道。低水平陷阱理论认为，不发达经济的症结表现为人均实际收入仅能够维持个人的基本生活需求，从而使得个人乃至整个社会的储蓄和投资受到限制，国家和地区将因此长期深陷于这样的贫困状态。而如果以增大国民收入试图摆脱陷阱的束缚，必然会导致人口增长，从而又将人均收入推回到低水平均衡状态中，这样的情况就像一个陷阱，会导致贫困地区长期陷入贫困之中，无法摆脱。为了帮助不发达地区跳出陷阱，该理论指出，只有当贫困地区找到能够实现使人均收入增长率超过人口增长率的方法，不发达地区才能够从根本上摆脱此陷阱。

第二，罗森斯坦·罗丹的大推进理论。该理论主要针对的是发展中国家的发展不均衡问题。理论指出均衡投资才能带来均衡发展，只有这样才能打破不平等发展这一局面，从

① 赫胜彬，杨开忠. 京津冀区域经济空间差异研究 [J]. 统计与决策，2016 (11)：109-113.
② 向铮. 浙江省城市经济空间关联性及溢出效应研究 [D]. 杭州：浙江理工大学，2017.
③ 张雄. 中国区域人类发展水平的空间集聚及时空格局演变 [J]. 对外经贸，2017 (12)：84-88.
④ 高情，赵娟霞. 基于空间分析的区域经济研究：以山东省为例 [J]. 经济研究导刊，2019 (17)：32-36.

而实现国家整体的发展。

第三，纳克斯的贫困恶性循环理论和平衡增长理论。这一理论主要针对的是不发达国家的发展不均衡问题。这一理论表明注入资本是能够改善资金的供给和需求状况的有效方法，不发达国家通过调整资金注入的大小，可以使地区内部以及地区间形成互相关联的产业格局从而解决资金供需矛盾，进而实现区域的均衡发展。

第四，赖宾斯坦的临界最小努力命题论。该理论强调要找到能够使国家在一段时间内突破欠发达桎梏的最小人均收入，并且以此为目标，使该国家或地区的经济长期保持以超过该临界值的方式实现增长，从而冲破低水平均衡状态，实现长期且均衡的增长。

2. 区域非均衡发展理论

随着区域发展均衡理论的发展，作为其对立面的区域发展非均衡理论的研究也以相似的速率在不断深入。通过对区域均衡发展理论的分析，我们可以很明确地知道，区域均衡理论的发展是建立在一种完全理性的假设上来进行的，但现实中，要想实现区域均衡理论中所要求的完全竞争市场是不可能的，因此为了解决此问题，区域非均衡发展理论应运而生。对于资源有限而且正处于初级阶段的发展中国家来说，这一种理论相比于上一种理论无疑更加具有实际意义。非均衡发展理论主要包括以下六种：

第一，弗里德曼的中心—外围理论。这一理论是把经济系统空间结构分成中心以及外围，中心部分的生产要素等充足，可以快速发展；而外围部分则相对缺乏生产要素，不太适合自身发展。在经济发展的初始阶段，生产资源会首先流向中心区形成单核结构，随着经济发展的不断进行，外围区也会被中心区所拉动，从而形成多核结构。

第二，冈纳·缪尔达尔的循环累积因果论认为，由于区位优势的不同，优越的地方往往最先开始发展，这就会造成区域之间存在着发展的差距，这时就会出现两种效应："回流效应"和"扩散效应"。回流效应是指发达区域与滞后区域间所产生的生产要素从不发达区域向发达区域流动的现象，从而进一步强化和加剧地区之间的不平衡；而扩散效应指的是生产要素从发达区域向不发达区域流动的现象，从而进一步缩小和降低区域间的不平衡。这两种效应往往会同时存在，如果回流效应大于扩散效应，则会造成的结局就是发达地区变得更加发达，而落后地区变得更加落后。反之，结果则是实现共同发展。为了有效避免区域不均衡发展现象的出现，在经济发展的初期，生产要素的分配往往需要由专有部门进行监督和管理。

第三，区域经济梯度推移理论。该理论的产生是建立在"产品生命周期理论"的思想基础上。这一理论认为每一个国家或者地区都处在一定的经济发展梯度上，而处在高梯度区的国家和地区所产生的新产业、新产品将会随着时间的推移向低梯度区传递，从而不断缩小地区之间的不平等，实现区域的均衡发展。

第四，佩鲁的"增长极"理论。法国经济学家佩鲁将增长极概念首次运用到抽象的经济空间，这一理论认为区域经济发展应着重培养经济增长点，从而带动整体全面发展。

第五，威廉姆逊的倒"U"形理论。该理论将时间作为变量引入分析，并且在库兹涅茨的收入分配倒"U"形假说基础上，创新性地提出了区域经济差异的倒"U"形理论。他的理论指出，在国家经济发展的初期，区域间发展差异呈现出逐渐扩大的趋势，即也就是出现了区域间的不平等发展现象；随着经济的不断发展，区域之间的不平衡程度将趋向于稳定的状态，在某一特定发展水平下不平衡的情况将开始被"逆转"；当国民经济过渡到成熟的阶段后，地区之间的增长差距则将会慢慢地缩小，即不断趋于均衡增长。

第六，阿尔伯特·赫希曼的不平衡增长论。这一理论认为由于发展中国家存在有限的资本、资源的稀缺等多方面的问题，就使得发展中国家不可能对所有部门或者地区均衡投资，所以就只能够选择将一些主导的部门和行业集中在部分地区和城市，使其快速发展从而辐射带动其他地区共同发展。

（二）区域差距测度指标

1. HDI 的缺陷以及 IHDI

人类发展指数（HDI）是由联合国开发计划署（UNDP）的专家小组根据当代人类发展的基本理念所设计，用以衡量各成员的经济社会发展水平。但是 HDI 指标的选取标准和阈值范围和权重分配在学术界一直饱受争议。Haq 和 Sen 回应时一致认为 HDI 指数是一个动态开放的体系，它是可变的。同时在 HDI 指数的计算中，使用的是一个地区的平均指标，但是在同样的平均指标情况下，数据分布可能存在着较大的差异，存在数据"被平均的问题"，因此在 2010 的《人类发展报告》中，为了可以更加全面地衡量人类发展又提出了三个新的综合指数，它们分别是多维贫困指数（MPI）、不平等调整后的人类发展指数（IHDI）以及性别不平等指数（GII）。本章重点研究区域发展的不平等程度，故而选择基于 IHDI 的角度来展开下文的分析。

2. 相关指数体系

本书通过参考 UNDP 提出的 HDI，同时结合我国当前的发展理念，在我国各省份的人类发展指数的基础上进行了补充。习近平总书记指出，我们说的缩小城乡区域发展差距，不能仅仅看作是缩小国内生产总值总量和增长速度的差距，而应该是缩小居民收入水平、基础设施通达水平、基本公共服务均等化水平、人民生活水平等方面的差距。党的十九大报告中再次提出：我国社会主要矛盾是人民日益增长的美好生活需要和不平衡不充分的发展之间的矛盾，所以必须要坚持以人民为中心的发展理念。中央经济工作会议上又一次明确地提出了区域协调发展的目标：要实现基本公共服务均等化，基础设施通达程度比较均衡，人民生活水平大体相当。[①] 这就为我们指明了 HDI 改进的方向，本书通过对人类发展指数进行不平等调整来构建了新的人类发展指数。

三、不平等调整后的人类发展指数

（一）IHDI 的必要性

在 HDI 指数的计算中，所使用的数据都是所对应的区域（一国或地区）的平均指标，

---

① 习近平. 中央经济工作会议在北京举行 [N]. 人民日报, 2018-12-22 (1).

而不是单个个体的指标，而在同样的平均指标之下，数据的分布可能会存在很大的差异，存在数据被"被平均的问题"。因此，HDI 指数值也可能掩盖了这种差异性。

区域之间存在着比较严重的发展不均衡或不平等的现象，已经变成了我们当前时期一个至关重要的问题，并且这一问题导致了人类发展水平的降低。2018 年人类发展报告中指出，不平等因素导致全球 HDI 降低了五分之一。其中，它对中等人类发展水平和低人类发展水平的国家所带来的影响最为严重。

为了测度各个国家内部的人类发展水平的分配状况，不平等调整后的人类发展指数（IHDI）在 2010 年的人类发展报告中应运而生。IHDI 在 HDI 的基础上考虑了各个维度上的不平等程度，因此它可以反映的是当收入、教育、以及寿命这三个维度内部存在不平等时，该地区的 IHDI 就会低于该地区的 HDI。随着不平等程度的增大，IHDI 就会越低（与 HDI 的差距越大），不平等程度降低，IHDI 就会增加（与 HDI 的差距减小）。在 HDI 的基础上考虑了不平等程度，全球的 HDI 因此平均损失大约五分之一。损失范围可从日本的 3.6% 直至科摩罗的 45.3%。从全球来看，收入这一维度上的不平等程度对 HDI 损失的程度影响最大，而教育层面、寿命层面的影响相对较小[1]。较高程度的不平等甚至有可能会对整个社会的凝聚力以及国家制定的制度以及政策的实施造成一些负面影响，进而使人类发展的脚步变慢甚至停滞。在其他条件不变的情况下，如果两个国家（地区）的人均收入相同但收入分布不相同，两个国家（地区）人们的发展水平相同吗？答案显然是不同的，HDI 仅仅代表的是一个国家（地区）在健康、教育和收入这三个维度上的平均值。与所有的平均值一样，它隐藏了这一地区人们发展的差异。具有不同分布的两个国家然后可以具有相同的平均 HDI 值。而经过不平等调整后的指数不仅考虑了平均值，而且也考虑了各个变量不同的分布。所以可以更加全面地评价人类发展指数。

（二）IHDI 的计算方法

关于不平等调整后人类发展指数的测度，UNDP 给出的计算方法是借鉴 Atkinson 在 1970 年提出的阿特金森指数，针对的主要是各个国家的人类发展指数的调整，但由于我国各省份的统计年鉴中所需要的相关数据缺失，这就使得这一方法并不太适合计算我国各省的 IHDI 指数；而 Anand 和 Sen（1994）[2]，Sen（1997）[3]，Hicks（1997）[4] 提出了基于基尼系数进行不平等调整并据此得出了不平等调整后的人类发展指数。参考这两种计算方法，考虑到我国各省份的数据可得性问题，并且参考了国内外相关的一些文献，基于 HDI 的各个维度上面的不平等调整，对收入和教育层面采用基尼系数的方式来进行计算，在寿命层面上由于数据的大量缺失，参考李俞的计算方法来对寿命层面的不平等做出调整。下文针

---

[1]　Human Development Report 2010-Chinese.

[2]　ANAND S, SEN A. Human development index: methodology and measurement [R]. Human Development Report Office Occasional Paper12. New York: United Nations Development Programme, 1994.

[3]　SEN A. On Economic inequality (Enlarged Edition) [M]. Oxford: Clarendon Press, 1997.

[4]　HICKS D A. The inequality-adjusted human development index: a constructive proposal [J]. World Development, 1997, 25: 1283-1298.

对这三个维度的计算公式进行了介绍并得出最终指标的合成结果。

本书对人类发展指数进行不平等调整的研究中，参考的是 Atkinson（1970）对测度不平等程度所提出的计算公式：

$$A(X) = 1 - \frac{W(X)}{\mu(X)} \qquad (18-1)$$

其中，$A(X)$ 代表 X 层面上的不平等水平，$\mu(X)$ 代表 X 层面上的算术平均数，$W(X)$ 则为 X 层面的福利水平。上式（18-1）等价为：

$$W(X) = \mu(X)[1 - A(X)] \qquad (18-2)$$

Anand 和 Sen（1994）认为 HDI 中的各个层面上的数据均为平均指标，而非单个个体的指标，因而 HDI 并不能体现各个层面上数据的分布状况。对于收入这一层面上的分布情况，国内外学者使用得最为广泛的是基尼系数。下式中 G 表示的是基尼系数，m 则表示的是我国国民的人均收入，则上式（18-2）可转化为：

$$W = m(1 - G) \qquad (18-3)$$

Sen（1997）用基尼系数来测度不平等程度，$G(X)$ 是 X 维度上的基尼系数：

$$S(X) = \mu(X)[1 - G(X)] \qquad (18-4)$$

因此，结合上述计算公式（18-4），同时借鉴联合国不平等调整的思路来计算我国各省份的人类发展指数在各个维度上的不平等程度，公式如下：

$$I_X^* = (1 - A_x) \times I_X \qquad (18-5)$$

式（18-5）中，I_X 代表的是构成 HDI 的三个不同的层面：收入、教育和预期寿命；A_x 代表的是每个层面上的不平等程度，在本书中代表的是各层面上的基尼系数，可以分别针对上述的三个层面来进行计算；I_X^* 分别表示的是 HDI 在三个不同的层面上分别经过不平等调整后的结果。

IHDI 的计算方法则是经过依次不平等调整后的收入、教育以及寿命指数这三者的几何平均数。结果如式（18-6）所示：

$$\begin{aligned}
\text{IHDI} &= (I_{\text{Health}}^* \times I_{\text{Education}}^* \times I_{\text{Income}}^*)^{1/3} \\
&= [(1 - A_{\text{Health}}) \times (1 - A_{\text{Education}}) \times (1 - A_{\text{Income}})]^{1/3} \times \text{HDI} \qquad (18-6)
\end{aligned}$$

由于不平等所造成 HDI 的损失程度，公式如下（18-7）：

$$\text{Loss} = 1 - [(1 - A_{\text{Health}}) \times (1 - A_{\text{Education}}) \times (1 - A_{\text{Income}})]^{1/3} \qquad (18-7)$$

四、中国 IHDI 的测算

（一）研究变量释义

由上述的计算方法可知，进行不平等调整需要分别依次计算收入、教育以及寿命这三个维度的值以及它们各自对应的不平等系数，因而本书从这三个维度分别展开加以说明。

1. 收入和收入不平等指数

关于收入指数（II）的测度，本书参考的是联合国人类发展指数报告中的计算方法，就是用购买力平价（PPP）折算后的人均国民收入（GNI）来进行测算的，计算公式如式（18-8），其中参考联合国的人类发展报告将最大最小的阈值分别设置为 75 000 和 100。

$$II = \frac{\ln(GNI) - \ln(100)}{\ln(75\,000) - \ln(100)} \qquad (18\text{-}8)$$

关于收入不平等程度的测度，国际上有很多衡量指标，其中就包括人口收入份额度量法、泰尔系数、极化指数、阿特金森指数以及基尼系数等。参考朱博（2014）的博士论文《中国基尼系数问题研究》，论文从基尼系数的适用条件、自身存在的缺陷等多个方面分析，论证了基尼系数虽然饱受争议，但是在现阶段对我国来说仍然适用①。因此，本书选用基尼系数来衡量我国各省份的居民收入的不平等程度。而在收入基尼系数测算的层面上，主要的计算方法有平均差法、矩阵法以及几何法等②。在全国层面的测度上，胡祖光（2004）提出了简易的基尼系数的计算公式并进行了实证的数学研究，得出我国的基尼系数就等于最高收入组所占的比例与最低收入组所占的比例之差，即用公式表示为 $G = P_5 - P_1$③；崔华泰（2017）则是基于城乡汇总测算我国居民的基尼系数，通过分析得出我国基尼系数在全国层面上呈现出比较平稳的趋势④。而在我国各省份层面上的测度中，周恭伟（2011）在中国人类发展指数的研究中采用了胡祖光的计算全国层面的简易的计算公式来测度我国各省份的基尼系数，但是本书认为这种估算的方法用来计算我国各省份是不合实际的，因为这种计算方法对各省份城镇富裕人数和农村贫穷人数的要求很高，这显然不符合我国各省份的现实情况⑤；李俞（2013）则是利用我国各省份的城镇居民的基尼系数来替代城乡居民整体的值，这也是存在误差的；而田卫民（2012）则提出了关于计算我国各省份居民的收入基尼系数的公式，该思路就是先根据城镇收入分组情况来计算我国各省份的城镇收入的不平等状况，然后再利用农村分组情况计算我国各省份的农村收入不平等情况，最后利用加权分组的方法来求得我国各省份城乡居民整体的收入基尼系数⑥。所以基于以上的分析，本书最后采用的是田卫民教授的计算方法。

综上所述，本书在测算收入指数时使用的是联合国给出的计算方法，而在测算收入的不平等这一目标时则是通过分别计算各省份内部城乡的不平等程度，最后加权得到我国各省份所有居民的收入基尼系数。

具体的计算过程如下，本书首先采用田卫民教授论文中求收入基尼系数的公式（18-9）来分别求出城乡居民的基尼系数：

---

① 朱博. 中国基尼系数问题研究 [D]. 成都：西南财经大学，2014.
② 李转霞，王庆. 基尼系数测算方法与应用的研究综述 [J]. 陇东学院学报，2019，30（3）：102-105.
③ 胡祖光. 基尼系数理论最佳值及其简易计算公式研究 [J]. 经济研究，2004（9）：60-69.
④ 崔华泰. 城乡二元视角下的我国基尼系数变化分析 [J]. 经济社会体制比较，2017（3）：33-44.
⑤ 周恭伟. 中国人类发展指标体系构建及各地人类发展水平比较研究 [J]. 人口研究，2011，35（6）：78-89.
⑥ 田卫民. 省域居民收入基尼系数测算及其变动趋势分析 [J]. 经济科学，2012（2）：48-59.

$$G = 1 - \frac{1}{PW} \sum_{i=1}^{n} (W_{i-1} + W_i) * P_i \qquad (18\text{-}9)$$

式（18-9）中，G 表示的基尼系数，W 表示的是总收入，P 表示的是总人口数，而 $W_i = \sum_{i=1}^{n} y_i$。

由于我国较多数的省份关于农村居民的收入情况的分布都是给出的是分组数据，这样的分组数据就存在开区间的状况。这也就是说明最低收入组开区间表示的是数据比某一个值小的一组数据，而最高收入组开区间所表示的意思就是数据比某一个值大的一组数据。为了处理上述这种缺失组中值的情况，本书选用的是田卫民教授在论文中计算求得的各组的平均收入来替代相应的开区间的组中值（见表 18-1）。

表 18-1　开区间组别的平均值

最低收入组	平均值/元	最高收入组	平均值/元
100 以下	-300	1 000 以上	3 000
200 以下	-200	2 000 以上	4 000
300 以下	-100	3 000 以上	5 000
400 以下	0	4 000 以上	6 000
500 以下	100	5 000 以上	8 000
600 以下	200	7 000 以上	10 000
1 000 以下	300	8 000 以上	11 000
2 000 以下	600	15 000 以上	18 000

根据上式分别求出各省份的城乡居民收入基尼系数，然后参考 Sundrum（1990）发表的"加权分组法"来测算我国各省份整体居民的收入基尼系数[①]：

$$A_{\text{Income}} = P_c^2 \frac{u_c}{u} G_c + P_r^2 \frac{u_r}{u} G_r + P_c P_r \frac{u_c - u_r}{u} \qquad (18\text{-}10)$$

式（18-10）中，A_{Income} 代表的是我国各省份居民的收入基尼系数；G_c 代表的是我国各省份城镇居民的收入基尼系数；G_r 则代表的是我国各省份农村居民的收入基尼系数；P_c 代表的是我国城镇人口占总人口的比重；P_c 则表示的是我国各省份农村人口数占总人口数的比重；u 表示的是我国各省份的人均收入；u_c 表示的是我国城镇居民的人均收入；u_r 表示的是我国农村居民的人均收入。

2. 教育以及教育不平等指数

关于教育指数的测度，本书参考了联合国的人类发展报告中相关的计算方法，通过预期受教育指数（EYSI）和平均受教育指数（MYSI）来表示，计算方法如式（18-11）所示：

$$\text{EI} = \frac{\text{MYSI} + \text{EYSI}}{2} \qquad (18\text{-}11)$$

[①] SUNDRUM R M. Income distribution in less development countries [M]. London and New York：Routledge，1990：50.

其中，平均受教育指数以及预期受教育指数的计算表达式分别如下列公式（18-12）和（18-13），常数 0、15 和 18 分别为联合国 2018 年发展报告中设定的学校受教育年数的最小值、最大值和预期受教育年数最大值。

$$MYSI = \frac{MYS - 0}{15 - 0} \qquad (18-12)$$

$$EYSI = \frac{EYS - 0}{18 - 0} \qquad (18-13)$$

在上述的公式中，MYS 表示的是人均受教育年限，而 EYS 表示的则是预期受教育年限。

关于人均受教育年限的计算方法如下：

$$MYS = \sum P_i E_i / P \qquad (18-14)$$

在上述的计算公式（18-14）中，P_i 表示的是拥有第 i 种文化程度的人数；E_i 表示的则是第 i 种文化程度的人所上学的年份数，P 则表示的是一个地区的总人口。

关于预期受教育年限的计算方法如下：

$$EYS = \lambda_{小学} \times 6 + \lambda_{初中} \times 3 + \lambda_{高中} \times 3 + \lambda_{大学} \times 4 \qquad (18-15)$$

式（18-15）中，λ_i 表示各文化程度的净入学率，但是由于数据的可得性，本书采用的是用毛入学率替代。

关于教育不平等的测度，国内外学者们采取的方法主要有以下几种：教育基尼系数、广义熵指数和教育变异系数。金钰莹、叶广宇（2019）在衡量教育不平等程度时指出教育基尼系数相对来说有较强的稳定性以及准确性[1]。同时以往学者们大多也都是利用教育基尼系数来测算教育层面的不平等并进行相关的研究，例如：颜敏、王维国（2010）通过辽宁省统计的数据测算了辽宁关于教育不平等的状况，通过研究发现该省教育不平等情况得到了较好的改善[2]；朱红琼、王雅媛、李小庆（2019）利用教育基尼系数等多种指标对贵州省教育发展的不均衡性进行实证研究，得出目前该省与全国其他大部分省份都存在明显的差距，该省不光要单纯地加大在教育经费上的投入，同时也要注重各地教育的均衡性[3]；汪丽娟（2019）通过测度 2000 年、2007 年以及 2015 年的教育基尼系数以及进行系数分解来研究了凉山地区的教育差异[4]；陈岳堂、雷志翔（2019）根据我国 2010—2017 年的教育数据计算出了全国、东部、中部、西部以及各省内的教育基尼系数，并通过比对国际组织所制定的标准发现：从全国整体情况来看，我国的教育情况（0.21～0.22）处在比较公平的阶段（0.20～0.30）；通过对比区域间的情况来看，东部地区的教育基尼系数最低，西部地

---

[1] 金钰莹，叶广宇. 我国教育公平与区域经济增长的耦合协调性分析：基于 2003—2016 年省际面板数据 [J]. 湖南社会科学，2019（4）：115-122.

[2] 颜敏，王维国. 教育不平等的测度与分解：基于辽宁省统计数据的实证分析 [J]. 教育科学，2010，26（3）：12-19.

[3] 朱红琼，王雅媛，李小庆. 教育发展非均衡分析：基于贵州省的实证 [J]. 统计与决策，2019，35（15）：93-96.

[4] 汪丽娟. 凉山地区教育获得差异与教育精准扶贫新思路：基于民、汉学生受教育年限的基尼系数分析（2000—2015）[J]. 民族教育研究，2019，30（2）：22-30.

区的教育基尼系数最高，东中部之间的差距逐年加大，中西部之间的差距在逐年降低；而东部各省份的差距被逐渐拉大，中部各省份的差距则相对较小，西部各省份教育欠发达但省际差距在缩小[①]。

通过参考上述的大量文献，本书最后选用教育基尼系数来测度教育这一层面上的不平等，通过整理收集到的数据，按照人们的文化程度把人数划分成以下五组，它们分别是不识字或者识字很少、小学、初中、高中（含中专）和大学（含大专和研究生），这五组彼此独立且排他，并且包含于同一总体。特别说明：因为我国的统计年鉴中，按照文化程度统计的门槛就是6岁，所以本书把6岁以下的人全部划分为不识字或者识字很少的这一组中。因此，本书采用的是（Thomas et al.，2000）在测算教育基尼系数时所使用的公式[②]：

$$A_{\text{Education}} = \frac{1}{\mu} \sum_{i=2}^{n} \sum_{j=1}^{i-1} p_i \, |y_i - y_j| \, p_j \tag{18-16}$$

式（18-16）中，$A_{\text{Education}}$ 代表的是教育基尼系数，μ 代表的是平均受教育年限，其中 $\mu = \sum_{i=1}^{n} p_i * y_i$，而 p_i 和 p_j 分别表示的是具有不同的教育年限（上述5组）的人数比例，y_i 和 y_j 代表的是不同文化程度上所受到的教育年限，n 则表示的是按照不同的文化程度所划分的组数。

3. 预期寿命以及预期寿命不平等指数

本书参考了联合国2018年的人类发展报告中用来测度人类生活健康水平的度量指标——预期寿命指数（LEI）。计算方法如下：

$$\text{LEI} = \frac{\text{LE} - 20}{85 - 20} \tag{18-17}$$

式（18-17）中，和联合国设定的阈值一样，本书将预期寿命（LE）的最大值设定为85，把最小值设定为20岁。

由于所需要的相关数据严重缺乏，为了解决这一问题，本书参考了李俞（2013）关于预期寿命不平等系数的计算方法，即本书进行的健康不平等调整采用的是各省份内各市区的死亡率，参考阿特金森不平等调整的方法，计算公式（18-18）如下：

$$A_{\text{Health}} = 1 - g/\mu = 1 - \frac{\sqrt[n]{m_1 \times m_2 \times \cdots \times m_n}}{(m_1 + m_2 + \cdots + m_n)/n} \tag{18-18}$$

式（18-18）中，A_{Health} 表示的是寿命层面上的不平等程度，m 表示的是我国各省份内不同市区的死亡率，n 则表示的是我国各省份内市区的数量。

（二）数据的来源以及相关的处理

考虑到不平等调整后的人类发展指数所需要的基础变量特别多，同时考虑到所需数据

---

① 陈岳堂，雷志翔. 中国教育公平发展的差异与趋势：主要基于教育基尼系数的区域比较 [J]. 湖南农业大学学报（社会科学版），2019，20（3）：90-96.

② THOMAS V，YAN WANG，XIBO FAN. Measuring education inequality：Gini coefficients of education [R]. Policy Research Working Paper，The World Bank Institute，2000：3-27.

的完整性这一问题，所以本书选取的是我国 31 个省份（不含港澳台地区）2010—2017 年的数据。

1. 收入层面

要计算我国各省份的收入指数所需要的原始数据来源于我国各省份的统计年鉴；本书中在测算收入不平等程度时所需要的按照收入等级分组的各省份城乡分别的家庭人均可支配收入的分组数据取自我国不同省份的统计年鉴。在收集相关数据的时候，由于我国部分省份（例如山东、天津、湖南、云南和青海等）在部分年份的统计年鉴中都没有提供收入等级的分组数据，本书通过相近年份中的数据对其进行替代，如果数据缺失太多，就用发展程度相近的省份去替代。此外，我国各省份城乡的收入分组数据有的是分为了 5 份（低收入 20%，中低收入 20%，中等收入 20%，中高等收入 20%，高收入户 20%），而有些省份的这些数据则是分为了 7 组（最低收入 10%，低收入 10%，中等偏下 20%，中等收入 20%，中等偏上 20%，高收入 10%，最高收入 10%），但是这并不影响收入基尼系数的计算。而对于我国的农村来说，有些省份的农村关于收入的分组数据就类似于上述的分组方式，也有些省份的农村则是按照收入的值划分的，这就需要结合前文进行计算。

2. 教育层面

本书所使用的平均受教育年限数据来源于《中国人口统计年鉴》。因为 2010 年国家发布的"规划纲要"对我国教育事业的发展产生了巨大的影响，且 2010 年进行了第六次全国人口普查。因此，本书将选取《中国人口统计年鉴》中 2010—2018 年的数据进行计算，统计口径为"六岁及六岁以上人口"。

3. 预期寿命层面

各省份的预期寿命除了全国人口普查的年份，剩余的基本都是用线性插值插出来的数据，关于各地的预期寿命的分布，由于没有数据，本书是用各省份的死亡率数据的分布来近似代替预期寿命的分布。其中数据量还是缺失很多，所以本书采用了相邻地区填补的方法，数据取自各省份的统计年鉴。

（三）中国各省份的测算结果

1. 收入基尼系数的测算

由于我国某些省份的收入数据在某些年份缺失严重，仅仅只是给出了最低收入组以及最高收入组各自的平均收入。对此，本书的解决方案是采用简单估算的方法 $G = P_5 - P_1$ 计算（胡祖光，2004）。例如山西 2011 年的数据。

本书是计算的 2010 年以后各省份的数据，其中收入基尼系数的测算结果见表 18-2。

表 18-2 2010—2017 年各省份居民的收入基尼系数

省份	年份							
	2010	2011	2012	2013	2014	2015	2016	2017
北京	0.274 0	0.284 0	0.276 4	0.271 3	0.263 1	0.296 3	0.288 6	0.293 2
天津	0.296 0	0.305 3	0.293 8	0.278 9	0.259 3	0.255 0	0.262 1	0.262 9

表18-2（续）

省份	年份							
	2010	2011	2012	2013	2014	2015	2016	2017
河北	0.387 0	0.374 3	0.368 9	0.357 9	0.345 3	0.343 5	0.343 8	0.344 1
山西	0.417 9	0.428 4	0.412 6	0.409 7	0.388 3	0.385 3	0.382 6	0.378 2
内蒙古	0.419 1	0.415 3	0.409 5	0.401 4	0.405 2	0.401 4	0.391 7	0.395 3
辽宁	0.357 7	0.355 5	0.341 6	0.349 6	0.355 6	0.341 0	0.327 4	0.329 4
黑龙江	0.348 4	0.339 3	0.326 2	0.332 3	0.341 8	0.336 6	0.325 5	0.326 1
上海	0.267 6	0.264 1	0.266 3	0.271 2	0.256 3	0.275 5	0.264 3	0.263 1
江苏	0.373 7	0.359 1	0.352 4	0.359 4	0.355 1	0.348 2	0.342 7	0.343 6
浙江	0.356 8	0.348 1	0.343 8	0.351 9	0.318 5	0.320 5	0.326 5	0.332 1
安徽	0.388 9	0.380 9	0.363 4	0.372 7	0.343 3	0.342 5	0.351 6	0.351 4
福建	0.385 4	0.386 2	0.374 6	0.358 9	0.352 4	0.348 0	0.344 8	0.357 7
江西	0.364 3	0.362 2	0.356 6	0.340 6	0.339 2	0.331 5	0.332 3	0.337 2
河南	0.393 9	0.383 3	0.377 0	0.373 8	0.365 3	0.347 1	0.341 8	0.346 9
湖北	0.380 0	0.362 4	0.358 5	0.352 0	0.330 4	0.334 3	0.339 2	0.341 2
湖南	0.388 0	0.379 5	0.378 4	0.369 5	0.362 4	0.365 5	0.365 3	0.366 1
广东	0.398 6	0.388 0	0.369 8	0.369 6	0.352 1	0.339 0	0.335 3	0.339 5
广西	0.440 6	0.441 7	0.430 9	0.424 8	0.390 4	0.385 5	0.384 5	0.381 1
重庆	0.363 9	0.355 7	0.348 9	0.354 3	0.396 2	0.390 7	0.392 6	0.390 4
四川	0.398 7	0.385 0	0.386 7	0.387 9	0.388 4	0.379 2	0.388 0	0.394 4
贵州	0.475 6	0.468 6	0.459 3	0.449 7	0.429 3	0.424 1	0.428 6	0.429 4
云南	0.461 2	0.451 1	0.439 9	0.431 3	0.412 2	0.405 6	0.409 5	0.413 1
陕西	0.419 8	0.403 8	0.399 6	0.419 4	0.412 8	0.409 9	0.410 7	0.408 6
甘肃	0.450 9	0.451 6	0.444 7	0.436 5	0.420 1	0.427 6	0.429 2	0.430 0
青海	0.460 8	0.464 1	0.444 8	0.437 7	0.433 4	0.438 5	0.438 4	0.442 1
宁夏	0.416 6	0.409 8	0.408 5	0.399 5	0.428 7	0.410 8	0.418 2	0.416 2
新疆	0.412 3	0.392 0	0.371 6	0.381 1	0.401 0	0.429 4	0.437 5	0.424 9
山东	0.388 4	0.379 1	0.373 6	0.360 9	0.346 1	0.341 9	0.341 7	0.341 2
海南	0.407 2	0.408 7	0.399 1	0.397 4	0.379 0	0.373 2	0.377 2	0.375 4
西藏	0.468 1	0.427 0	0.405 4	0.438 5	0.465 3	0.489 8	0.495 2	0.491 4
吉林	0.347 9	0.359 2	0.347 1	0.323 8	0.298 7	0.300 8	0.307 2	0.298 0

数据来源：原始数据出自中国各省份相应年份的统计年鉴。

为了可以直观地显示出表18-2的信息，本书将计算出的我国各省份居民的收入基尼系数选取部分年份绘制成图18-1，通过该图我们观察到，中国各省份相关的值绝大部分都处在 0.3~0.5，这就反映出我国各省份存在相对较高的省内不平等分布。而通过对比可知，北京、上海、天津内部的收入不平等程度远低于我国其他地区；而西藏等地的内部不平等程度则相对较高；在 2010—2017 年，我国大多数省份的收入基尼系数都出现了稍微下降的趋势，也就说明了我国各省份的内部不平等程度有缩小的趋势，这可能是因为健全了分配制度、完善了税收制度以及城镇化的快速推进等；然而仅有新疆、西藏等一些极少部分省份的不平等程度表现出了上涨的态势，这很可能是因为新疆和西藏等省份一方面其内部不同的城市发展极不平衡，另外，可能也是这些省份的农业发展环境不好、收入分配制度不健全、金融发展严重失衡等原因所造成的。

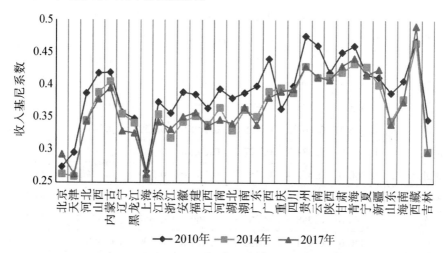

图 18-1　各省份城乡居民整体的收入基尼系数

2. 教育基尼系数的测算

我国 31 个省份（不含港澳台地区）的平均受教育年限（见附表），教育基尼系数见表 18-3，同时将其绘制成图 18-2。从图 18-2 可以看出，我国各省份内部的教育不平等情况整体上比较公平。通过对比分析可知，北京、上海、天津和山西等城市的教育基尼系数均小于 0.2，其他省份的也基本均在 0.2 附近；2010—2017 年，北京、天津、上海等极少部分省份的教育基尼系数呈现出了下降的趋势，而其他多数省份都出现了明显的上升趋势，而且基尼系数超过 0.25 的省份基本都位于西部地区。造成多数省份教育基尼系数扩大的原因可能是因为我国城乡之间存在很大的差距，目前我国农村中有大量的青年辍学出去打工，这部分人一般都从事社会底层的工作，收入相对较少；而城市的人对子女在教育的投资在逐年加大，这就造成城乡之间差距也在逐年加大。最近几年我国人口普查的数据表明我国农村的人均受教育年限远低于城市，而且城乡的教育经费、师资力量、基础设施等也存在较大的差距，与此同时我国农民工子弟还存在因户口等原因上学难的情况，最近几年普通高校的毕业生就业难度加大，这就让更多农村的人认为读书无用，不如出去打工赚钱，这都会扩大我国城乡之间的教育差距。

表 18-3　2010—2017 年各省份的教育基尼系数

省份	年份							
	2010	2011	2012	2013	2014	2015	2016	2017
北京	0.179 8	0.179 3	0.174 2	0.174 0	0.176 3	0.175 3	0.169 9	0.162 8
天津	0.191 7	0.195 6	0.197 3	0.195 3	0.200 4	0.193 9	0.196 0	0.189 8
河北	0.182 7	0.178 8	0.179 8	0.185 8	0.187 2	0.200 8	0.205 1	0.195 9
辽宁	0.183 6	0.186 0	0.196 3	0.193 1	0.190 4	0.191 2	0.191 4	0.187 9
上海	0.195 1	0.187 8	0.185 6	0.204 2	0.199 3	0.198 3	0.199 2	0.189 4
江苏	0.210 3	0.214 8	0.221 2	0.209 7	0.220 0	0.227 6	0.231 7	0.232 3
浙江	0.228 9	0.234 5	0.229 5	0.234 6	0.237 2	0.242 2	0.241 0	0.235 9
福建	0.199 8	0.225 6	0.215 6	0.219 8	0.232 7	0.242 6	0.237 9	0.237 6
山东	0.215 2	0.221 6	0.220 9	0.213 3	0.216 2	0.230 4	0.229 3	0.228 0
广东	0.182 2	0.193 1	0.186 4	0.181 6	0.191 5	0.196 2	0.202 9	0.196 8
海南	0.199 0	0.194 3	0.199 1	0.192 2	0.194 4	0.203 7	0.198 6	0.199 5
山西	0.178 0	0.180 8	0.180 0	0.182 2	0.186 9	0.194 2	0.190 3	0.184 6
吉林	0.185 6	0.187 9	0.177 5	0.189 1	0.196 6	0.198 9	0.198 6	0.206 5
黑龙江	0.181 0	0.181 9	0.185 5	0.187 1	0.193 5	0.197 2	0.204 8	0.197 3
安徽	0.240 9	0.225 7	0.238 7	0.230 1	0.231 4	0.232 1	0.227 3	0.229 7
江西	0.200 9	0.199 2	0.200 7	0.194 2	0.198 3	0.216 3	0.215 7	0.210 5
河南	0.198 7	0.205 4	0.195 6	0.202 1	0.208 4	0.211 0	0.206 5	0.205 4
湖北	0.212 3	0.219 6	0.221 8	0.215 1	0.222 6	0.230 0	0.225 0	0.232 1
湖南	0.192 1	0.201 4	0.202 4	0.195 7	0.196 3	0.206 2	0.203 4	0.202 9
内蒙古	0.211 3	0.213 6	0.207 3	0.207 1	0.213 5	0.230 7	0.223 1	0.229 7
广西	0.193 5	0.209 1	0.195 0	0.197 8	0.200 4	0.210 9	0.199 7	0.196 7
重庆	0.219 9	0.230 0	0.224 8	0.219 8	0.236 7	0.233 0	0.222 7	0.217 6
四川	0.225 1	0.234 4	0.235 2	0.241 3	0.239 1	0.251 7	0.246 2	0.242 6
贵州	0.253 8	0.269 2	0.264 7	0.258 9	0.268 9	0.276 0	0.264 6	0.261 2
云南	0.238 1	0.245 1	0.270 4	0.246 4	0.240 9	0.260 2	0.252 4	0.247 0
西藏	0.461 9	0.418 2	0.452 9	0.501 9	0.530 3	0.483 5	0.501 1	0.474 8
陕西	0.207 4	0.213 7	0.210 2	0.207 4	0.219 0	0.227 4	0.218 7	0.231 0
甘肃	0.262 1	0.261 9	0.252 9	0.241 8	0.255 6	0.280 1	0.258 6	0.270 2
青海	0.299 0	0.285 4	0.306 7	0.306 6	0.304 0	0.327 1	0.294 2	0.280 7
宁夏	0.238 4	0.239 2	0.235 8	0.242 0	0.244 8	0.261 4	0.241 7	0.245 2
新疆	0.206 1	0.218 0	0.215 7	0.215 4	0.211 9	0.227 6	0.220 8	0.223 2

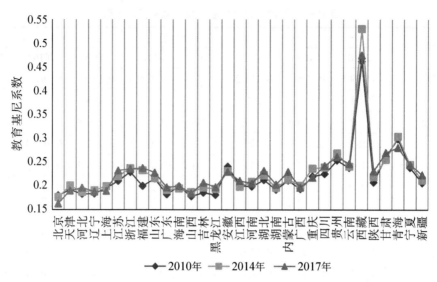

图 18-2 我国各省份内部教育基尼系数分布

数据来源：上图数据来源于中国教育统计年鉴。

3. 预期寿命指数的不平等系数的测算

此处再次强调一下，由于数据的可得性问题，才选用了上述所说的计算方法。我国各省份在 2010—2017 年的预期寿命指数见附表，健康不平等系数见表 18-4，为了方便直观地观察而绘制成图 18-3。通过图 18-3 我们知道，我国各省份内部的健康基尼系数都在 0.15 以下，因而可以说明我国各省份内部的健康不平等状况较好，但是不同省份之间还是存在着较大的差异，例如黑龙江、西藏、青海和新疆等地区内部的健康不平等状况则高于其他省份。从纵向来看，我们大部分省份的健康不平等系数在减小。

表 18-4　2010—2017 年各省份的健康不平等系数

省份	年份							
	2010	2011	2012	2013	2014	2015	2016	2017
北京	0.057 6	0.048 6	0.041 9	0.046 4	0.041 9	0.043 7	0.033 9	0.005 4
天津	0.025 9	0.024 3	0.022 7	0.020 1	0.018 9	0.017 6	0.016 4	0.013 6
河北	0.023 4	0.024 1	0.024 8	0.025 1	0.025 7	0.026 4	0.023 5	0.019 6
辽宁	0.028 4	0.018 4	0.026 4	0.018 6	0.012 9	0.017 3	0.018 8	0.034 5
上海	0.036 8	0.048 6	0.041 9	0.046 4	0.041 9	0.043 8	0.033 9	0.015 4
江苏	0.048 4	0.023 5	0.018 9	0.017 6	0.008 4	0.007 8	0.010 2	0.007 2
浙江	0.009 8	0.008 1	0.005 4	0.009 1	0.007 8	0.007 9	0.006 7	0.005 6
福建	0.055 8	0.054 3	0.053 7	0.051 9	0.048 2	0.043 7	0.040 2	0.036 8
山东	0.014 2	0.032 3	0.026 1	0.013 9	0.012 5	0.011 6	0.010 9	0.016 8
广东	0.103 0	0.008 1	0.005 4	0.009 1	0.007 8	0.007 9	0.006 7	0.005 6
海南	0.041 0	0.013 8	0.013 7	0.013 3	0.009 3	0.014 0	0.009 1	0.013 6
山西	0.019 7	0.010 1	0.009 7	0.011 1	0.012 1	0.011 8	0.011 6	0.013 0

表18-4(续)

省份	年份							
	2010	2011	2012	2013	2014	2015	2016	2017
吉林	0.030 4	0.043 1	0.092 2	0.069 8	0.052 8	0.072 8	0.113 1	0.022 7
黑龙江	0.052 2	0.020 3	0.022 6	0.025 9	0.023 9	0.018 6	0.113 1	0.022 7
安徽	0.034 8	0.023 5	0.018 9	0.017 6	0.008 4	0.007 8	0.010 2	0.005 5
江西	0.013 5	0.013 8	0.013 7	0.013 3	0.009 3	0.014 0	0.009 1	0.013 6
河南	0.004 7	0.004 7	0.006 7	0.005 5	0.005 7	0.004 6	0.003 5	0.003 2
湖北	0.039 6	0.023 5	0.018 9	0.017 6	0.008 4	0.007 8	0.010 2	0.005 5
湖南	0.035 6	0.023 5	0.018 9	0.017 6	0.008 4	0.007 8	0.010 2	0.005 5
内蒙古	0.013 5	0.013 3	0.013 6	0.013 7	0.012 3	0.012 5	0.012 1	0.011 8
广西	0.041 0	0.013 8	0.013 7	0.013 3	0.009 3	0.014 0	0.009 1	0.013 6
重庆	0.034 6	0.027 3	0.025 9	0.014 9	0.014 3	0.018 4	0.014 4	0.036 4
四川	0.017 9	0.014 2	0.015 9	0.012 9	0.010 3	0.015 9	0.016 6	0.028 5
贵州	0.026 8	0.013 8	0.013 7	0.013 3	0.009 3	0.014 1	0.009 1	0.013 6
云南	0.014 3	0.013 8	0.013 7	0.013 3	0.009 3	0.014 0	0.009 1	0.013 6
西藏	0.056 5	0.025 9	0.118 5	0.026 8	0.042 6	0.065 9	0.051 9	0.043 8
陕西	0.009 1	0.010 1	0.009 7	0.011 1	0.012 1	0.011 8	0.011 6	0.013 0
甘肃	0.014 9	0.015 1	0.014 8	0.014 6	0.014 7	0.011 0	0.014 2	0.013 3
青海	0.077 2	0.093 2	0.020 2	0.036 4	0.031 3	0.027 1	0.032 1	0.031 6
宁夏	0.012 2	0.003 1	0.015 9	0.013 1	0.011 0	0.003 2	0.005 7	0.008 5
新疆	0.045 8	0.025 9	0.118 5	0.026 7	0.042 6	0.065 9	0.051 9	0.043 8

数据来源：原始数据出自中国各省份相应年份的统计年鉴。

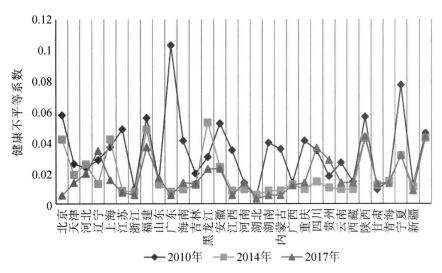

图 18-3 我国各省份的健康不平等系数的分布

4. 中国各省份的 HDI 和 IHDI 的测算结果

通过前文对各个维度的测算结果，再结合本书第二章中关于 HDI 以及 IHDI 相关的计算公式，可以得出 2010 年以后我国各省份的人类发展指数（HDI），数据见附表；本书还对 2010 年之后我国各省份的人类发展指数进行了不平等调整（IHDI），数据如表 18-5 所示。

表 18-5 2010—2017 年我国各省份的 IHDI 的测算结果

省份	年份							
	2010	2011	2012	2013	2014	2015	2016	2017
北京	0.705 2	0.707 6	0.720 4	0.727 3	0.733 4	0.728 5	0.745 7	0.757 3
天津	0.682 2	0.685 0	0.694 0	0.705 2	0.714 0	0.720 9	0.730 4	0.736 3
河北	0.560 6	0.568 6	0.574 6	0.580 7	0.589 5	0.591 4	0.599 4	0.607 7
上海	0.700 6	0.702 9	0.708 7	0.702 9	0.717 5	0.716 4	0.731 8	0.744 8
江苏	0.589 2	0.603 9	0.610 8	0.618 9	0.625 6	0.633 5	0.648 1	0.661 2
浙江	0.602 4	0.611 8	0.623 6	0.625 1	0.636 3	0.638 3	0.649 3	0.658 1
福建	0.567 8	0.569 8	0.581 8	0.593 3	0.600 6	0.606 1	0.618 0	0.622 2
山东	0.582 1	0.584 4	0.594 5	0.613 0	0.625 6	0.626 9	0.636 1	0.641 5
广东	0.577 9	0.602 3	0.614 8	0.618 4	0.627 4	0.635 8	0.646 9	0.653 5
海南	0.544 0	0.555 6	0.565 8	0.573 8	0.584 9	0.587 4	0.596 9	0.603 3
山西	0.556 6	0.560 4	0.572 3	0.569 7	0.576 5	0.580 5	0.589 0	0.593 6
安徽	0.518 1	0.533 5	0.541 1	0.547 2	0.565 3	0.570 5	0.575 4	0.583 0
江西	0.542 3	0.552 2	0.561 2	0.576 1	0.580 1	0.583 3	0.593 2	0.600 7
河南	0.549 1	0.556 6	0.566 3	0.570 8	0.579 8	0.587 4	0.598 9	0.604 0
湖北	0.549 7	0.562 7	0.567 8	0.579 5	0.590 8	0.597 8	0.610 8	0.621 9
湖南	0.543 4	0.554 0	0.561 3	0.575 3	0.588 5	0.594 2	0.605 2	0.621 4
内蒙古	0.551 7	0.563 6	0.573 8	0.577 9	0.580 6	0.584 2	0.599 0	0.598 6
广西	0.512 8	0.524 5	0.536 2	0.545 6	0.565 0	0.568 4	0.583 2	0.590 2
重庆	0.563 7	0.575 8	0.584 2	0.592 5	0.585 2	0.592 8	0.608 2	0.613 4
四川	0.521 4	0.534 6	0.543 2	0.546 3	0.552 0	0.556 4	0.563 8	0.564 1
贵州	0.447 4	0.455 5	0.468 1	0.485 4	0.500 9	0.504 4	0.515 0	0.522 2
云南	0.457 4	0.466 0	0.471 5	0.484 9	0.498 5	0.503 9	0.513 7	0.520 0
西藏	0.376 5	0.408 8	0.393 9	0.386 8	0.376 2	0.394 2	0.394 5	0.409 5
陕西	0.555 2	0.564 4	0.573 8	0.574 0	0.577 1	0.583 1	0.592 3	0.597 2
甘肃	0.483 9	0.488 4	0.499 1	0.504 9	0.509 6	0.503 3	0.513 2	0.514 0
青海	0.449 1	0.457 7	0.473 2	0.480 8	0.490 4	0.483 8	0.502 2	0.508 6
宁夏	0.532 9	0.543 5	0.548 0	0.557 7	0.550 1	0.559 2	0.569 9	0.572 8
新疆	0.526 0	0.542 5	0.535 4	0.555 9	0.556 4	0.541 6	0.551 7	0.564 1
辽宁	0.603 6	0.613 1	0.623 4	0.630 0	0.632 6	0.637 1	0.638 2	0.643 4
吉林	0.587 0	0.587 1	0.590 9	0.607 3	0.620 5	0.617 6	0.616 7	0.642 3
黑龙江	0.563 3	0.583 3	0.595 6	0.589 4	0.589 1	0.595 4	0.584 5	0.611 0

数据来源：原始数据出自中国各省份相应年份的统计年鉴。

通过对比 HDI 指数和 IHDI 指数，可以得到在 2010—2017 年，无论是人类发展指数还是经过不平等调整后的人类发展指数，其发展程度最高的都是北京、上海和天津，而发展程度最低的也都是西藏、云南和贵州。这似乎就表明了经济发展程度越高的地区其社会不平等程度越低。从纵向来看，我国各省份的人类发展指数和经过不平等调整后的人类发展指数在 2010—2017 年均呈现上升的趋势，这就说明了我国各省份的人类发展水平在总体上是逐年递增的。

我国人类发展指数最高的省份依次为北京、上海以及天津，这些地区都是从 2010 年开始就已经进入了极高人类发展水平，2010 年，我国东部海南地区发展也发展较快，已经处于高人类发展水平，随着我国区域协调的各种政策出台，我们可以看出中西部地区大部分省份都迈进了极高人类发展水平，仅有西部少数几个地理位置较大、当地环境较差的省份处于中等人类发展水平；而反观 IHDI 指标的图，经过不平等调整后，我国没有极高人类发展水平的省份，所有的省份都下降了一个等级，这也证实了前文所说的经过不平等调整会降低人类发展水平，这也给我们敲了一个警钟，告诉我们不能满足于现在的人类发展指数，而应该注意到自身存在的问题，并做出改变。

（四）中国按地区划分以及全国的 HDI 和 IHDI 的测算

1. 我国按地区划分的 HDI 和 IHDI 的测算

为了进一步分析 HDI 与 IHDI 的不同，本书按照四大经济区域的划分准则将我国的 31 个省份分为西部地区 12 个省份、中部地区 6 个省份、东部地区 10 个省份和东北地区 3 个省份。关于我国按照地区划分后的 HDI 和 IHDI 的测度，本书采用的计算方式是用各省份的人数与全国人数的比值作为权重来对每个地区内的省份的 HDI 和 IHDI 分别进行加权计算，并将其绘于表 18-6、表 18-7。为了更直观，将其绘制为图 18-4，从图 18-4 中可以看出，2010—2017 年，我国各地区的 HDI 以及 IHDI 从大到小的排序依次为东部、东北部、中部、西部，从全局的角度来看，这个排序结果与我国各地区的经济发展水平相似。通过图 18-4 可知，HDI 总是大于 IHDI，这就表明不平等程度对人类的发展水平具有负向的影响作用。

表 18-6 2010—2017 年分地区 HDI 指数

地区	年份							
	2010	2011	2012	2013	2014	2015	2016	2017
东部地区	0.758 5	0.765 2	0.772 7	0.780 5	0.787 9	0.794 5	0.807 9	0.816 8
中部地区	0.696 1	0.705 2	0.712 5	0.720 3	0.728 6	0.736 2	0.748 1	0.757 5
西部地区	0.676 5	0.687 7	0.696 7	0.704 2	0.712 6	0.719 6	0.731 2	0.737 8
东北部	0.733 8	0.744 5	0.756 4	0.760 9	0.765 1	0.768 4	0.772 8	0.781 1

数据来源：原始数据出自中国各省份相应年份的统计年鉴。

表 18-7 2010—2017 年分地区 IHDI 指数

地区	年份							
	2010	2011	2012	2013	2014	2015	2016	2017
东部地区	0.592 5	0.603 2	0.613 1	0.621 1	0.630 7	0.634 8	0.646 0	0.654 0
中部地区	0.542 9	0.553 1	0.561 4	0.569 7	0.580 5	0.586 3	0.596 3	0.605 1
西部地区	0.509 4	0.520 5	0.528 6	0.536 8	0.543 9	0.546 7	0.557 5	0.562 0
东北部	0.585 3	0.596 1	0.605 5	0.610 1	0.614 4	0.617 7	0.614 1	0.631 8

数据来源：原始数据出自中国各省份相应年份的统计年鉴。

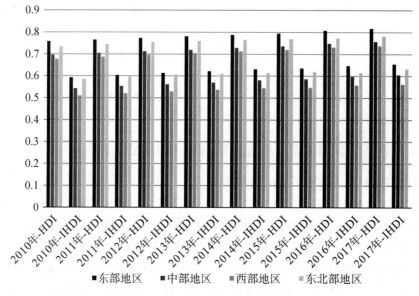

图 18-4 2010—2017 年分地区 HDI 和 IHDI 的绘制图

2. 我国整体 HDI 和 IHDI 的测算并与国际其他国家对比

为了进一步研究我国整体的 HDI 和 IHDI 的差异，本书首先从中国统计年鉴中收集得到了相关的数据，再依次对全国的收入指数、寿命指数以及教育指数进行测算，最终汇总得出我国整体的 HDI 值；其次分别对全国的寿命指数、收入指数以及教育指数按照全国的基尼系数进行调整，最后得出全国的 IHDI 指数，结果如表 18-8 所示，通过表中分析我们可以发现，进行了不平等调整后的人类发展指数出现下降，这就说明不平等程度造成了我国人类发展水平的下降。

表 18-8 2010—2017 年全国的 HDI 和 IHDI 测算结果

年份	2010	2011	2012	2013	2014	2015	2016	2017
HDI 值	0.695 6	0.704 9	0.713	0.719 2	0.728 3	0.737 6	0.756 9	0.771 8
IHDI 值	0.537 3	0.544 6	0.552 8	0.558 7	0.568	0.573 2	0.588	0.599 3

根据表 18-9 我们可以得到，2017 年我国的 HDI 位于全球第 86 位，而 IHDI 则相较于 HDI 来说排名上升了 5 位，这就说明我国相较于其他部分国家来说不平等程度相对较低。

表 18-9　世界各国的 HDI 与 IHDI 对比

国家	HDI 值	IHDI 值	HDI 排名	IHDI 位次变化
挪威	0.953	0.876	1	−1
瑞士	0.944	0.871	2	−2
…	…	…	…	…
美国	0.924	0.797	13	−11
日本	0.909	0.876	19	16
…	…	…	…	…
中国	0.752	0.643	86	5
…	…	…	…	…
尼日尔	0.354	0.25	189	3

注：数据来源于 2018 年人类发展报告。

（五）HDI 与 IHDI 的对比分析

1. 各省份 HDI 与 IHDI 的对比分析

为了对比 HDI 和 IHDI 的变化情况，此处对 2010—2017 年的 HDI 和 IHDI 分别进行了排序。为了分析各省份 IHDI 相对于 HDI 的变化情况，本书计算了各省份每年的 IHDI 与 HDI 的顺序差，如表 18-10 示。

表 18-10　2010—2017 年 HDI 与 IHDI 排序的位次差

省份	2010位次差	2011位次差	2012位次差	2013位次差	2014位次差	2015位次差	2016位次差	2017位次差
北京	0	0	0	0	0	0	0	0
天津	0	0	0	0	0	0	0	0
河北	−2	−4	−4	−6	−6	−3	−3	−3
上海	0	0	0	0	0	0	0	0
江苏	1	1	1	1	2	3	1	−1
浙江	1	1	0	0	0	−1	−1	1
福建	0	3	2	2	1	1	1	1
山东	0	1	1	2	0	1	1	2
广东	3	0	−1	−2	−2	−2	0	0
海南	1	1	4	5	2	1	1	1
山西	0	3	1	−1	2	1	0	0
安徽	0	0	−1	−1	−3	−3	−2	−2
江西	−1	−1	−1	−1	−5	−3	−5	−4
河南	−2	−2	2	−3	−1	−5	−5	−4
湖北	0	0	−1	2	−5	−3	−3	−4
湖南	−1	−1	−1	0	−1	−2	−2	0
内蒙古	4	4	3	1	5	5	3	6
广西	2	3	1	2	1	0	0	−1

表18-10（续）

省份	2010位次差	2011位次差	2012位次差	2013位次差	2014位次差	2015位次差	2016位次差	2017位次差
重庆	-2	-1	-1	0	4	3	2	3
四川	1	0	0	-1	1	1	1	1
贵州	0	0	1	1	-1	-1	-1	0
云南	-1	-1	-1	-1	-1	-2	-2	-2
西藏	0	0	0	0	0	0	0	0
陕西	4	1	2	3	7	8	6	6
甘肃	1	0	0	0	0	2	0	0
青海	1	1	0	0	2	1	3	2
宁夏	3	3	3	4	5	5	6	7
新疆	-4	-3	0	1	-2	0	0	0
辽宁	-3	-2	0	0	0	-1	-2	-1
吉林	-2	-2	1	1	-1	-1	-1	-3
黑龙江	-4	-5	-6	-8	-4	-5	2	-5

注：结果表示的是各省的 IHDI 排序-HDI 的排序，值>0 表示下降，值<0 表示上升。

如表 18-10 所示，2010—2017 年中，北京、天津和上海这些城市不光人类发展水平极高，而且他们的不平等程度也是中国省份中最低的。北京、上海和天津不论是人类发展水平还是不平等调整后的人类发展水平都处于我国的前三名，不光是因为这些地区的经济、社会等层面的发展程度都处于我国的前几位，同时这些省份所包含的区域也相对较小。通过对比我国各省份的 IHDI 与 HDI 的排名变化，可以发现上升较为明显的分别是河北、安徽、江西、河南、湖南、湖北、云南、新疆以及东北部地区的辽宁、吉林和黑龙江，这就说明这些省份的不平等程度相对较低；而对于山东、福建、海南、山西、内蒙古、广西、重庆、陕西以及宁夏来说，它们的 IHDI 相较于自身 HDI 的排名呈现下降的趋势，这也反映了这些省份的不平等程度相对较高。我们以陕西为例来进行深入的分析，陕西在经过不平等调整后的分析对比中，IHDI 比 HDI 排名多年下降了 6 位以上，虽然陕西省经济总量和人均 GDP 近几年在全国排名中显著上升，但是关中、陕北和陕南地区之间的经济发展的不平等程度是很高的，其中关中地区发展最好，这就导致了陕西的 IHDI 排名相对于 HDI 排名有明显的下降。与此同时我们可以观察到江苏、浙江等地一些经济发展程度很高的省份在经过不平等调整后人类发展水平竟然下降了，而新疆、江西、河南等一些经济发展水平不是那么高的地区在经过不平等调整后的人类发展水平有所上升。综上所述，不平等程度较大会加剧降低人类发展的水平，我们在促进人类发展水平的同时还要兼顾内部的不平等程度，这样就可以更好地提高我国的人类发展水平。

2. 全国 HDI 和 IHDI 的对比分析

此处通过前文计算不平等损失值的公式（18-7），计算了我国 2010 年以来不平等的损失程度，如表 18-11 所示。

表 18-11　2010—2017 年全国 HDI 与 IHDI 对比分析

年份	HDI 值	IHDI 值	loss
2010	0.695 6	0.537 3	0.227 5
2011	0.704 9	0.544 6	0.227 5
2012	0.713 0	0.552 8	0.224 7
2013	0.719 2	0.558 7	0.223 2
2014	0.728 3	0.568 0	0.220 1
2015	0.737 6	0.573 2	0.222 9
2016	0.756 9	0.588 0	0.223 2
2017	0.771 8	0.599 3	0.223 5

通过表 18-11 我们可以直观地看出，从 2010 年以后全国每年的不平等损失程度基本保持大体一致，但还是出现了轻微的下降，可以看出我国发达地区的城市不平等程度明显下降，但是一些偏远地区的不平等程度仍然很高，这就导致了我国整体的不平等损失程度下降很小。

（六）不平等程度的损失值

1. 我国各省份的测度

根据前文计算不平等损失值的公式（18-7），得出我国各省份由于不平等调整而导致了 HDI 的损失值，将其绘制成图 18-5，通过观察可知，2010—2017 年中国所有省份的损失值都表现出明显下降的趋势。北京、天津以及上海相较于其他省份来说不平等水平导致的 HDI 损失值最小，所以他们有相对较低的不平等程度；而反观青海、贵州、甘肃和西藏等地不平等水平导致的 HDI 损失较大，因而它们有较高的不平等程度。

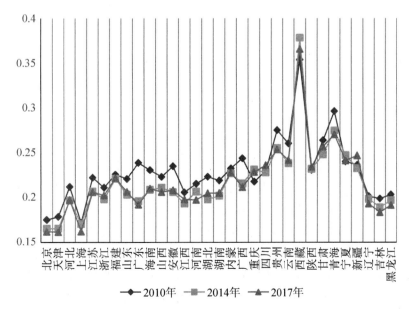

图 18-5　我国各省份的不平等损失值

2. 分地区的测度

同样根据前文计算不平等损失值的公式（18-7），得出我国按地区划分成的区域由于不平等调整而导致 HDI 的损失值，将其绘制成图 18-6，由图 18-6 可知，在通过地区划分后，我国人类发展指数在经过不平等调整后损失程度从大到小的顺序为：西部地区、中部地区、东部地区、东北部地区。这也表明了当前发展越好的地区其内部的不平等程度可能相对较低。

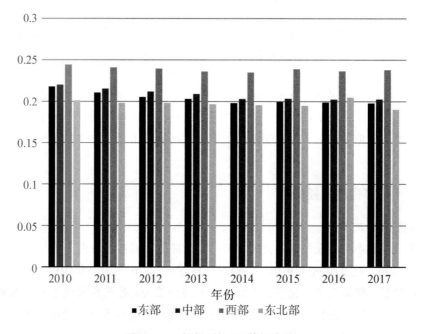

图 18-6　分地区的不平等损失值

五、研究结论与建议

（一）研究结论

不言而喻，区域协调发展不仅仅只单纯地体现在经济层面，还表现在教育、医疗等多方面共同的发展。这才更符合协调发展的理念。本章的研究主题是协调发展，包括指标的协调和区域的协调，把 HDI 修正为 IHDI 是为了分析指标的协调，而 HDI 与 IHDI 的区域差异分析又有助于研究区域协调的问题，因此本书借鉴 UNDP 计算 IHDI 的思路构建了专门适合计算我国各省份的 IHDI，即从收入、寿命和教育水平三个维度构建了适合计算我国各省份的 IHDI 指数，并且计算了中国各省份 2010—2017 年的 IHDI 和 HDI，对两种指数的测度结果进行了比较，同时也说明了 IHDI 的必要性。最后在本书的实证研究过程中采用的是2010—2017 年我国 31 个省份（不含港澳台地区）的面板数据并且使用了 ESDA 和 CSDA 技术，通过使用 GeoDa 软件、Arcgis 软件以及 Stata 软件将空间因素纳入了本书中关于我国区域发展差异的研究，通过对我国不平等调整后的人类发展指数进行了空间分析和建模回归，得出的结论主要有以下几点：

第一，从本书测算的不平等系数来看，我国绝大部分省份的健康不平等系数都在下降，而我国大多数省份的教育不平等系数却相对较高，这就反映出我国许多省份在教育资源的分配上仍然有很大的问题，这无疑会减缓我国区域协调发展的脚步。而且本书计算的各省份的收入基尼系数仍然普遍偏高，说明我国各省份内部的收入差距也应该获得较大的关注，而且通过比较我们发现收入层面上的不平等程度对 IHDI 的影响是最大的。从 HDI 和 IHDI 排名对比分析发现，有些省份 HDI 排名在前，但是 IHDI 排名却相对靠后；也有些省份 HDI 排名靠后，但是 IHDI 排名反而有所提升，这也就说明了人类发展水平需要兼顾各方面的发展，统筹发展，只有这样才能实现全面的提高。

第二，本书对 IHDI 进行全局自相关分析，通过计算所得到的 Global Moran's I 都比 0.3 要大，这就说明经过不平等调整后的人类发展水平在空间上呈现出了明显的依赖性，也就是说明我国 IHDI 相近的省份在空间中呈现的是聚集状态，而并非表现为相互独立和随机分布。

第三，本书通过对不平等调整后的人类发展指数进行局部空间自相关分析，研究结果如下：①我们从 Moran 散点图可知 2010—2017 年，我国大多数省份的 IHDI 都处在第一象限和第三象限，这就表明我国省份之间存在明显的空间正相关效应。具体表现为 IHDI 高的地区集聚在一块，彼此相互促进，协调发展；与此同时，我国 IHDI 水平低的省份也聚集在一块，难以发展，故可以选择发展中心点，然后通过点来辐射周边的地区。②从 LISA 集聚图可以直观地得到经过不平等调整后的人类发展水平在空间上呈现出了块状分布，我国东部那些沿海较为发达的省份都出现在"高-高"集聚区，比如说：上海、江苏和浙江等地都位于东部沿海地区，它们有优越的地理条件和早期的开放政策；相反我国处在"低-低"集聚区的省份大多数都位于西部地区，如西藏、新疆、青海等地，这些省份主要都是一些高原和山地，交通不太发达、环境恶劣，众多 IHDI 低的省份集聚在一块，缺少一些核心城市来带动它们发展，虽然我国现在出台了很多针对西部地区的政策，但是这些并不是可以实现长远发展的核心动力。例如，四川和重庆成为西部地区仅有的两个处于高人类发展水平省份，尤其是四川成都成了西部地区经济发展的核心，虽然国家有很多优惠政策，但是辐射周边省份的发展还是存在很多困难；同时处在"低-高"集聚区的有山西、河南以及安徽等一些省份，它们既没有我国东部沿海地区的地理优势，也没有我国针对西部地区的政策支持和财政的支持。

第四，本书通过分析 SDM 模型的实证结果，我们可以看出，对于交通基础设施这一变量来说，加强本省份的交通基础设施建设可以促进周边邻近省份的发展，与此同时，加强周边邻近地区的交通基础设施建设对本省份的发展来说同样有促进作用。对于产业结构升级和人均教育经费结论也是如此。同时，采用二阶 queen 近邻权重矩阵进行测算后发现，我国各省份之间的 IHDI 的溢出效应不光体现在相邻的省份，而且还体现在相近的、非邻接的省份之间。

（二）建议

由以上分析我们提出以下几点建议：

1. 推动我国各层面的改革，降低不平等程度

由于本书把影响 HDI 三个层面的不平等因素纳入考量，因此我国的 HDI 指数发生了一定的变化，因而就造成了我国的人类发展指数在测算过程中下降了很多的情况。因此，为了能够有效提升人类发展水平，减少地区之间的发展差异并进一步消灭不平等现象，我们需要从三个测算维度分别着手最终才能根本地、系统地解决我国的区域不平等问题，但是这三个维度相比，收入层面的不平等程度最为严重，急需解决。

第一，从收入来说，为了解决收入水平所呈现的"金字塔"现象，最关键之处其实在于如何有效地将低收入群体从低收入陷阱中解救出来，根据区域非均衡发展理论，政府如果能够在资源分配上对低收入人群有所倾斜，如加大精准扶贫、定点帮扶、深化收入分配体制改革等政策。而且，从国家统计局公布的数据来看，我国城乡收入差距仍然在增加，因此，为了缩小城乡收入的差距，一方面可以加快城镇化的步伐，例如推进城镇户口的改革制度；另一方面可以增加农民的收入，例如我国可以加大对农业的投入和政策的支持、保障农民工的合法权益，收入不平等问题将会被有效缓解乃至消灭。

第二，从教育来说，首先我国的九年义务教育已经能有效提高国民的基本教育水平，在此基础上，继续扩大高等教育招生，如硕士研究生的招生规模、加强职业技术学院的技能培训，可以有效推动我国的人才向高质量人才发展，并有效带动社会整体水平上的进步，与此同时可以提升我国教师的社会地位，提高教师的收入，吸引人才，从而建设更加优秀的教师队伍；其次我国多数省份城乡之间教育不平等程度在逐年增大，这就需要我们加大对农村地区的教育资金的投入，加大对农村地区的信息化建设，可以通过远程视频教学，让其他地方的名师可以有机会指导农村地区的学生，让他们享受到更好的教育资源，出台相关政策以及提高乡村教师的工资来吸引更多的大学生到农村地区当老师，同时也要加快推进城乡一体化的发展，同时加大对农村地区的宣传教育的同时也要保证大学生的就业。针对外来务工的这部分群体，可以让其办理城镇户口或者出台工作证明，保障其子女可以在城市中上学。另外国家应该鼓励各大高校适度扩招，同时继续加大对贫困地区的定向招聘，这样做就可以缓解我国多数省份的教育不平等状况。

第三，从健康的角度来说，我国的人均寿命与国内的体检与医疗体系直接相关，因此要合理布局医疗服务体系，完善医疗保障体系，具体做法为：首先，可将健康检查纳入企业的对务工人员及其家属的应尽职责中，并为员工及其家属建立健康记录"云档案"，同时设立举报电话，有效维护员工权利。其次，我国的医疗水平应当尝试突破地区差异，并进一步实现医疗扶"贫"，鼓励并奖励扶持偏远地区医疗的医务人员。最后，医保制度覆盖的范围以及报销的金额可以进一步扩大，并对贫困地区进行知识普及，鼓励贫困人口有病尽早医治，这样也可以在一定程度上缓解我国医疗的不平等。

2. 加强交通基础设施建设，发挥辐射效应

通过前文分析可知，交通基础建设不仅仅可以促进本省份自身有效的发展，而且对周

边邻近的省份也存在正向的辐射作用，这就表明完善一个省份的交通基础设施建设还能带动其他省份的人类发展水平的提高。所以，本书认为要以全局的眼光来看我国的交通基础设施建设，从而让我国逐步地构建出一个便捷、高效的交通网。一方面，应该发挥我国一些发达省份的交通辐射作用（如京津冀地区、长三角地区等），从而可以提高生产要素运营的效率，优化资源配置，进而降低贸易成本；另一方面，应该大力发展我国那些较为落后省份的交通基础设施建设，如贵州等地，这样做不仅可以有效地增加本地区就业的岗位，刺激当地经济发展，同时也可以为承接产业打下基础。考虑到我国中西部地区复杂的地形、恶劣的环境以及资金的短缺，国家应当对一些重大项目予以扶持。只有完善了我国的交通基础设施，才能更好地促进我国各省份的协调发展。必须要加快我国高铁、高速公路以及航道的建设，全面提高高铁、高速公路以及航道在我国的覆盖率，同时全面提高我国的运输服务水平以及运输的效率，把我国打造成交通强国，只有这样才能更好地发挥出交通的辐射作用。

3. 加大教育经费的投入，同时优化产业结构升级

在本书实证的研究结果中：一方面，人均教育经费的支出这一变量呈现出了显著的正向空间溢出效应。因此，政策在制定政策的时候，应适当加大教育经费的投入，促进自身发展的同时也辐射周边地区的发展。另一方面，基于本书的分析可以得出，经济程度越高的省份，其在整体层面的不平等程度就会相对较低，同时它的发展水平也会更高。因此，为了我国区域之间的协调发展，提高各省份的经过不平等调整后的人类发展水平，努力发展我国各地的经济依然是目前政府部门重要的工作内容。特别是我国经济进入了新常态以后，转变经济发展方式，优化产业结构升级至关重要。在此之前我国主要是依靠加大投资和提高出口来推动我国经济的发展，现在我们也应该寻求新的出路。而目前我国国内市场前景发展潜力巨大，我国绝大部分人口都分布在农村地区，所以提高农村地区的消费能力至关重要，因此要大力开发农村市场，同时提高农村的经济水平对于缩小我国区域之间的差距非常有利。此外，随着我国东部地区的要素价格不断上涨，而东南亚地区的劳动力价格较低，这就使我国作为世界加工工厂的地位受到了很大的冲击，因此我国必须优化产业结构升级，让东部沿海的一些省份出台政策鼓励、支持当地发展第三产业，同时让我国中西部地区引入第二产业，把中西部地区打造成第二产业的中心地区，继而带动中西部地区的发展。

4. 发挥区域带动效应，以点带面联动发展

对于 Moran 散点图中的 "LL" 区，当中的绝大部分省份主要集中在我国的中西部地区，我们可以参考我国东部沿海的一些发达的地区，一方面建立一些具有影响力的城市群，另一方面可以加大对这些地区政策的支持，以此来促进我国中西部地区的发展，帮助其更快地脱离 "LL" 区。如今，我国东部的一些城市群已经形成了一定的规模，彼此之间联系紧密，在自身发展的同时还能辐射周围其他的地区，极大程度上推动了我国东部沿海一些省份的发展。因此，我们可以在我国的 "LL" 区内部扶持一些同样具有影响力的城市群，通过辐射周围地区进而带动 "LL" 区的发展。例如：在我国的西北部地区可以建立兰州、西宁等城市群作为核心带动其他周围地区的发展；在我国的西南部地区可以建立昆明、南宁、

贵州以及成渝城市群，它们都可以辐射周围地区从而带动整体的发展。同时由前文的分析我们可以知道，区域之间的辐射作用不仅仅只存在于相邻的省份之间，同时也能辐射到相近但是不相邻的省份。因此，我们可以通过建设诸多的城市群，来让这些地区辐射带动周围其他地区的经济、文化等各方面综合发展。

第十九章 全球 HDI 的空间差异演化及影响因素分析

一、研究背景和意义

一直以来，人类发展是全球广泛关注的话题，谋求经济社会的发展归根结底是为了人的发展。长期以来，人们都是用经济水平的发达程度来衡量人类发展水平，最典型的莫过于用 GDP 指数。然而，正如西方经济学家 Krugman 所强调的，"经济增长本身并不一定能自动带来医疗和教育的改善"。鉴于此，1990 年，联合国首次提出了人类发展指数（HDI）这一概念，从多个维度来综合、全面地衡量人类社会的发展程度。

人类发展指数从衡量人类发展程度入手，对人类发展状况进行了动态的反映。随着各国在经济、教育以及健康方面的投入，生活在全球多数国家的大部分人口其人类发展水平正在稳步提高，全球 HDI 的均值从 2000 年的 0.630 上升到了 2017 年的 0.717，全球人类发展总体上实现了较大的进步，这主要得益于全球在经济发展、教育投入以及健康卫生投入方面的不懈努力。

然而，人类发展进程并不是一帆风顺。2008 年，美国爆发了次贷危机，进而蔓延到全世界，引发了全球的经济危机，影响了世界上绝大部分的经济体，部分国家货币出现贬值，经济增长率大幅度降低，大量工业企业倒闭，成千上万的民众失业；民粹主义的抬头等无一不影响着人类发展的进程，人类发展还存在着区域不均衡问题、性别不均衡问题等。而公平是人类发展的一个很重要的理念，所以有必要对全球人类发展的不均衡问题进行系统的分析。

另外，全球各国的人类发展水平之间还存在着巨大的差异，特别是发达国家与发展中国家之间，所以，分析全球各国的人类发展水平的时空变异情况对全面了解全球 HDI 来说至关重要，这对于更深入地了解人类发展指数，提升各国的人类发展水平具有重要意义。

综上可知，全球人类发展水平总体上是上升的，但是伴随着不平衡的问题。国家内部各区域之间、国家之间、世界七大区域内部、世界七大区域之间、不同人类发展水平国家之间都存在着这些问题。所以，全面地了解全球 HDI 的总体演化过程和特征，全球 HDI 三大分指标（收入指数、教育指数、寿命指数）的演化过程和特征，了解全球不同区域间的人类发展水平的差异，以及在收入、教育、寿命方面取得的进步以及存在的问题，了解不同人类发展水平等级国家的 HDI 的演化过程，以及全球 HDI 及其三项分指数的影响因素，对改善国民的福祉具有重要的意义。

二、相关理论和文献综述

自从人类发展指数这一概念问世以来，国内外学术界对其进行了大量的研究，取得了较为丰硕的研究成果。

在国外方面，Lai（2000）运用加权主成分分析法及秩相关系数估计对中国和俄罗斯历年的人类发展的变化趋势进行了分析[①]；Decancq K. 等（2009）从不平等的角度，对 1975—2000 年不同国家幸福水平不平等的变化进行了研究，发现收入的变化对于世界各国的幸福不平等起着决定性的作用[②]；Noorbakhash（2010）指出 HDI 指数的内在组成部分存在不合理的因素，对指数进行了改进[③]；M-Lenuta（2015）分析了 HDI 三个指标在 37 个欧洲国家的比重问题[④]。

学术界除了对 HDI 理论本身进行了大量研究，还对 HDI 的具体应用分析进行了深入的探索，区域间的人类发展的时空差异问题就是研究的重点之一。

Tianlun Jian 等（1996）通过分析 1952—1993 年中国各省份的人均收入情况，得出结论：在改革开放前，各省的人均收入差距在不断扩大，人均收入存在着时空差距扩大的现象，其原因在于当时的很多改革更有利于大城市的经济发展，而在改革开放开始到 1990 年左右，中国各省份的人均收入呈现时空收敛现象，因为改革开放极大地促进了农村生产力的解放，缩小了农村和城市的差距，而 1990 年以后，随着改革开放的浪潮从农村走向城市，沿海城市获得了前所未有的发展，城乡的人均收入差距又逐渐扩大[⑤]；Decancq 等（2009）从对不同国家收入、教育、寿命的不平等情况入手，发现 1975—2000 年，这三方面呈现出不同的发展趋势，而其中收入的凹型发展对世界人类发展的不平衡起着至关重要的作用[⑥]；

---

① LAI D. Temporal analysis of human development indicators：principal co-mponent approach ［J］. Social Indicators Research，2000（51）：331-366.

② DECANCQ K，DECOSTER A，SCHOKKAERT E. The evolution of world inequality in well-being ［J］. World Development，2009，37（1）：11-25.

③ NOORBAKHASH. The human development indices：some technical issues and alternative indice ［J］. Journal of International Development，2010（10）：589-605.

④ M-LENUTA. Analyzing the composition of HDI in European ［J］. Studies in Business and Economics，2015，10（3）：119-127.

⑤ JIAN T，SACHS J D，et al. Warner. Trends in regional inequality in China ［J］. NBER Working Paper Series No. 5412，Massschusesetts，MA，1996：10-15.

⑥ DECANCQ K，DECOSTER A，SCHOKKAERT E. The evolution of world inequality in well-being ［J］. World Development，2009，37（1）：11-25.

Marchante（2006）等对 1980—2001 年西班牙的人类发展演化过程进行了分析①。

国内方面的大部分研究是从分析中国省际或者市际之间的人类发展差距方面着手：范剑勇等（2002）运用基尼系数分析了我国东中西部差距形成的主要原因，并分析了产业结构对地区不平等的影响，指出产业结构的调整才是破除区域差距的关键步骤，并将基尼系数进行分解，然后分析了第二产业、第三产业在造成地区差异方面的比重②；马拴友等（2003）运用条件 β 收敛和绝对 β 收敛，系统分析了转移支付对缩小地区经济差距的作用，发现我国区域经济发展差距并没有缩小，转移支付也并不能降低地区之间的经济差距，可能的原因为转移支付的分配制度还不规范、合法③；彭国华（2005）将全要素生产率的收敛与收入的收敛情况进行了对比，发现都只有条件收敛，东部地区存在"俱乐部趋同"现象；杨永恒、胡鞍钢等（2006）采用聚类分析方法，对中国各省份的人类发展水平进行了分类，发现中国各省份的人类发展区域主要是收入差距起主要作用④；田辉等（2007）对我国东部经济最为发达的六个省份的人类发展状况进行了分析，并比较了这六个省份在收入、教育、寿命三个方面的发展差异⑤；牛媛媛等（2011）利用 ESDA 方法对中国 65 个区县的人类发展状况进行分析，发现关中-天水经济区内的大多数区县的人类发展水平都较低，并且区县之间的差距明显，各区县之间的人类发展水平呈现较强的正相关性，而在 HDI 三个分项指标中，收入方面的差距是最明显的⑥；胡艳兴等（2015）利用耦合发展模型和协调发展模型分析了"四化"的耦合发展和协调发展，发现中国地级市的协调发展表现出正相关关系，并利用 GWR 方法分析了四化协调发展的影响因素，得出"四化"协调发展的正相关因素只有人均 GDP⑦；张雄（2017）利用莫兰指数对中国各省的人类发展的空间关联性进行了分析⑧；胡鞍钢等（2018）通过对 1982—2015 年中国各地区人类发展指数的分析，发现改革开放以来，中国的人类发展水平实现了跨越式的发展，且地区间的差异明显减小，但是收入水平的差异是导致地区发展不同的主要因素，教育和健康方面的差距对地区发展不平等的贡献在逐年增加⑨；靳有雯（2018）对 2001—2012 年中国的转移支付和 HDI 情况进行了分析，发现加入转移支付这一变量后，存在着 β 条件收敛现象，转移支付有效缩小了东部和西部之间的人类发展水平的差距⑩；刘帅（2019）运用 Dagum 基尼系

① MARCHANTE A J, ORTEGA B, SÁNCHEZ J. The evolution of well-being in spain（1980-2001）：a regional analysis [J]. Social Indicators Research, 2006, 76（2）：283-316.

② 范剑勇, 朱国林. 中国地区差距演变及其结构分解 [J]. 管理世界, 2002（7）：37-44.

③ 马拴友, 于红霞. 转移支付与地区经济收敛 [J]. 经济研究, 2003（3）：26-33, 90.

④ 杨永恒, 胡鞍钢, 张宁. 中国人类发展的地区差距和不协调-历史视角下的"一个中国, 四个世界"[J]. 经济学季刊, 2006, 5（3）：803-816.

⑤ 田辉, 孙剑平, 朱英明. 东部六省市可持续发展状况-基于人类发展指数（HDI）的研究 [J]. 统计观察, 2007（8）：74-76.

⑥ 牛媛媛, 任志远. 关中-天水经济区人类发展水平空间差异分析 [J]. 人口与发展, 2011, 17（1）：16-22.

⑦ 胡艳兴, 潘竟虎, 陈蜒, 等. 基于 ESDA 和 GWR 的中国地级及以上城市四化协调发展时空分异格局 [J]. 经济地理, 2015, 35（5）：45-54.

⑧ 张雄. 中国区域人类发展水平度的空间集聚及时空格局演变 [J]. 对外经贸, 2017（12）：84-88.

⑨ 胡鞍钢, 石智丹, 唐啸. 中国地区 HDI 指数差异持续下降及影响因素（1982—2015）[J]. 新疆师范大学学报（哲学社会科学版）, 2018, 39（4）：47-55, 2.

⑩ 靳有雯. 财政转移支付推动西部地区社会均衡发展成效分析 [J]. 重庆大学学报（社会科学版）, 2018, 24（2）：1-14.

数对中国各地区经济发展质量的区域差异进行了实证分析，并分析了导致差异的影响因素[①]。

　　此外，学术界还对 HDI 的影响因素进行了大量的分析，但主要局限于一国或部分地区。在国外方面，Serghini M 等（2006）利用主成分分析法对 HDI 三项分指标的比重问题进行了研究，并对 HDI 与寿命之间的相关性进行了分析，发现两者之间拥有较强的正相关性，促进卫生健康方面的投入能够促进人类的发展[②]；Böhnke 等（2010）运用主客观综合的测评方法，对欧洲各国福祉及其不平等的影响因素进行了研究[③]；Noor Hashim Khan（2010）采用自回归分布滞后模型（ARDL）、和矢量误差修正模型（VECM）分析了通信技术、经济增长与人类发展指数的关系[④]；Goff 等（2016）利用生活满意度数据来分析了人类发展的不平衡问题，并总结了人类发展的影响因素[⑤]。

　　另外，王小鲁（2004）分析了我国收入差距的演变规律，分析了资本、劳动力、人力资本等因素对收入差距的影响；卢春龙（2010）通过对 191 个国家和地区以及中国 31 个省份的人类发展指数情况进行分析，发现开放贸易能够显著地促进该地区人类发展水平，但是随着时间的推移，其影响程度会逐渐减弱[⑥]；王升等（2011）分析了交通基础设施和 HDI 的关系，发现二者具有较强的相关关系，并且，道路建设投资有利于人类的发展，与此相反，水路建设方面的投资却对人类发展起着相反的作用[⑦]；梁辉（2013）分析了湖北省的人类发展状况，发现虽然湖北各市的人类发展水平一直都在稳步提高，但是市际之间的差距在不断扩大，人类的发展和性别比之间呈现出负向的相关关系，而且经济发展程度和社会财富的分配方式也对人类发展起着至关重要的作用[⑧]；谷民崇（2013）重新计算了辽宁省各市的人类发展指数，并分析了公共服务支出及其子支出对 HDI 的影响，得出它们的弹性系数为正的结论[⑨]；陶涛等（2014）利用路径分析法分析了科技、环境和经济对新疆兵团人类发展的影响，发现上述三种因素对兵团的发展同时有着直接影响和间接影响，但直接影响要显著高于间接影响，而且经济发展能够极大地促进人类发展[⑩]；龚璞、杨永恒（2016）分析了投资率、政府支出结构、人口规模、城镇化率和开放程度对人类发展的影响，发现政府社会性公共支出占比对 GDP 增长和人类发展起正向作用，而经济性公共支出

---

　　① 刘帅. 中国地区增长质量的地区差异与随机收敛 [J]. 数量经济技术经济研究，2019（9）：24-41.

　　② SERGHINI M, DAVID C, JAYPEE S. The demographic dividend：a new perspective on the economic conse-quences of population change [J]. 2006（2）：501-505.

　　③ BÖHNKE P, KOHLER U. Well-being and inequality [C]. Hand-book of European societies. Springer, New York, NY, 2010：629-666.

　　④ NOORBAKHASH. The human development indices：some technical issues and alternative indice [J]. Journal of In-ternational Development，2010（10）：589-605.

　　⑤ GOFF L, HELLIWELL J F, MAYRAZ G. The welfare costs of well-being inequality [R]. National Bureau of Eco-nomic Research，2016.

　　⑥ 卢春龙. 贸易开放与中国的经济社会发展：基于跨国和分省数据的比较 [J]. 首都经济贸易大学学报，2010（11）：19-29.

　　⑦ 王升，吴群琪. 交通基础设施建设与人类发展指数关系的统计检验 [J] 统计与决策，2011（8）：81-83.

　　⑧ 梁辉. 从人类发展指数看湖北省人口、资源、环境的协调发展 [J]. 湖北社会科学，2013（12）：65-69.

　　⑨ 谷民崇. 辽宁省人类发展指数与政府公共服务支出关联性研究 [J]. 商业时代，2013（7）：133-135.

　　⑩ 陶涛，张宜琳，许丽萍. 兵团人口发展水平解析及影响路径分析 [J]. 新疆农垦经济，2014（6）：39-43.

占比对人类发展起负向作用，而且两者支出的比重对不同地区的影响情况也不相同①；刘旼晖等（2016）利用省际面板数据分析了金融深化、经济发展水平、政府财政政策、城乡收入差距等对 HDI 的影响，发现金融深化能够促进我国总体和东部的人类发展，但在区域间存在着不同的影响程度②。

在人类发展指数的空间差异演化方面，国内外学者都是基于省际或市际来分析 HDI 空间差异的变化规律。也有少数学者进行了某几个国家之间的比较，而在全球人类发展的时空演变方面，相关研究还很匮乏。

在 HDI 的影响因素方面，国内外学者分析了贸易、公共支出、科技、城市化等对人类发展的影响，但相关研究都局限于一省或一国，还没有对不同区域的国家以及不同人类发展水平的国家进行相关分析，没有进行不同国家之间横向的比较。

本书旨在克服上述不足之处，从全球的角度分析 HDI 的时空变动情况，以及系统地分析 HDI 的影响因素，为各国的人类发展，特别是发展中国家和贫困地区提升本国的 HDI 建言献策。

三、全球人类发展指数的整体演变分析：2000—2017

本书从联合国开发计划署官网上获取了 189 个国家的 HDI 数据，由于部分国家部分年份的数据缺失严重，为了研究的科学性和准确性，我们选择其中 172 个数据完备的国家作为研究对象进行分析。

（一）全球 HDI 指数演变的整体态势分析

表 19-1 为 2000—2017 年全球人类发展指数（HDI）的整体演进态势。

表 19-1　2000—2017 年全球人类发展指数（HDI）的整体演进态势

年份	2000	2001	2002	2003	2004	2005
最大值	0.917	0.916	0.918	0.924	0.934	0.932
最小值	0.252	0.258	0.263	0.266	0.274	0.283
极差	0.665	0.658	0.655	0.658	0.660	0.649
平均值	0.630	0.636	0.641	0.647	0.653	0.660
变异系数	0.267	0.264	0.261	0.260	0.255	0.251

---

① 龚璞，杨永恒. 地方公共支出结构对我国区域综合发展的影响研究 [J]. 经济学报，2016，3（3）：43-60.

② 刘旼晖，刘阳. 金融深化对我国人类发展水平的影响：基于省际面板数据的实证分析 [J]. 金融与经济，2016（2）：22-26.

表19-1（续）

年份	2006	2007	2008	2009	2010	2011
最大值	0.936	0.938	0.938	0.938	0.942	0.943
最小值	0.289	0.294	0.303	0.308	0.318	0.325
极差	0.647	0.644	0.635	0.630	0.624	0.618
平均值	0.667	0.674	0.679	0.683	0.689	0.694
变异系数	0.246	0.241	0.237	0.231	0.228	0.224
年份	2012	2013	2014	2015	2016	2017
最大值	0.942	0.946	0.946	0.948	0.951	0.953
最小值	0.336	0.340	0.345	0.347	0.351	0.354
极差	0.606	0.606	0.601	0.601	0.600	0.599
平均值	0.699	0.704	0.708	0.712	0.714	0.717
变异系数	0.220	0.218	0.216	0.214	0.213	0.212

从表 19-1 中可以看到：2000—2017 年，全球人类发展水平取得了明显的进步。在 2000 年，全球 HDI 值最小的国家是尼日尔，为 0.252；全球 HDI 值最大的国家是挪威，为 0.917。而到了 2017 年，全球 HDI 最小的国家依旧是尼日尔，但 HDI 值上升到了 0.354；全球 HDI 最大的国家是挪威，上升到了 0.953。总的来说，2000—2017 年，HDI 平均水平由 0.630 上升到了 0.717，增长率达 13.81%。

另外，由极差和变异系数也能看到，全球各国 HDI 指数呈逐年收敛趋势：2000 年各国之间的 HDI 绝对差距较大，为 0.665，而到了 2017 年则明显减小至 0.599；2000 年各国 HDI 的变异系数为 0.267，2017 年为 0.212，表明各国 HDI 的差异在逐渐降低。

（二）全球 HDI 三项分指数演变的整体态势分析

1. 全球收入指数演变的整体态势分析

表 19-2 为 2000—2017 年全球收入指数的整体演变情况。

表 19-2　2000—2017 年全球收入指数的整体演变情况

年份	2000	2001	2002	2003	2004	2005
最大值	1.000	1.000	1.000	1.000	1.000	1.000
最小值	0.256	0.250	0.252	0.181	0.244	0.248
极差	0.744	0.750	0.748	0.819	0.756	0.752
平均值	0.646	0.649	0.651	0.654	0.659	0.664
变异系数	0.293	0.290	0.290	0.290	0.286	0.285
年份	2006	2007	2008	2009	2010	2011
最大值	1.000	1.000	1.000	1.000	1.000	1.000
最小值	0.251	0.266	0.269	0.274	0.275	0.282
极差	0.749	0.734	0.731	0.726	0.725	0.718
平均值	0.671	0.678	0.681	0.680	0.683	0.685
变异系数	0.281	0.277	0.274	0.269	0.267	0.264

表19-2（续）

年份	2012	2013	2014	2015	2016	2017
最大值	1.000	1.000	1.000	1.000	1.000	1.000
最小值	0.286	0.269	0.271	0.277	0.281	0.286
极差	0.714	0.731	0.729	0.723	0.719	0.714
平均值	0.689	0.692	0.694	0.697	0.698	0.701
变异系数	0.261	0.260	0.257	0.257	0.258	0.257

由表 19-2 可以分析出：2000—2017 年，全球收入发展水平也进步明显：2000 年，全球收入指数最小的国家是莫桑比克，为 0.256；全球收入指数最大的国家是科威特等国，为 1。而到了 2017 年，全球 HDI 最小的国家是中非共和国，收入指数上升到了 0.286；全球收入指数最大的国家是新加坡，为 1。2000—2017 年，全球收入指数平均水平由 0.646 上升到了 0.701，增长率达 8.5%。

另外，由历年收入指数的极差值和变异系数能够看出，全球各国收入指数呈逐年收敛趋势：2000 年各国之间的收入水平绝对差距较大，为 0.744，而到了 2017 年则明显缩小为 0.714；2000 年各国 HDI 的变异系数为 0.293，2017 年为 0.257，表明各国 HDI 的差异在逐渐降低。

2. 全球教育指数演变的整体态势分析

表 19-3 为 2000—2017 年全球教育指数的整体演进态势。

表 19-3　2000—2017 年全球教育指数的整体演进态势

年份	2000	2001	2002	2003	2004	2005
最大值	0.895	0.896	0.895	0.894	0.913	0.902
最小值	0.116	0.120	0.124	0.126	0.137	0.144
极差	0.779	0.776	0.771	0.768	0.776	0.758
平均值	0.548	0.557	0.565	0.574	0.581	0.589
变异系数	0.338	0.332	0.327	0.323	0.316	0.311
年份	2006	2007	2008	2009	2010	2011
最大值	0.913	0.917	0.921	0.924	0.928	0.932
最小值	0.149	0.154	0.162	0.170	0.180	0.189
极差	0.764	0.763	0.759	0.754	0.748	0.743
平均值	0.597	0.604	0.613	0.619	0.626	0.633
变异系数	0.304	0.299	0.293	0.286	0.281	0.275
年份	2012	2013	2014	2015	2016	2017
最大值	0.935	0.941	0.936	0.940	0.940	0.940
最小值	0.200	0.204	0.207	0.208	0.212	0.214
极差	0.735	0.737	0.729	0.732	0.728	0.726
平均值	0.640	0.646	0.651	0.655	0.659	0.661
变异系数	0.269	0.268	0.266	0.264	0.262	0.260

从表 19-3 中可以得到：2000—2017 年，全球教育发展水平得到明显提升。2000 年，全球教育指数最小的国家是尼日尔，为 0.116；全球教育指数最大的国家是澳大利亚，为 0.895。而到了 2017 年，全球教育指数最小的国家依旧是尼日尔，但教育指数上升到了 0.214；全球教育指数最大的国家是德国，上升到了 0.940。总的来说，自 2000 年到 2017 年，全球各国教育发展平均水平由 0.548 上升到 0.661，增长了 20.6%。

另外，由极差和变异系数也能大致得到，全球各国教育指数呈收敛趋势：2000 年各国之间的教育水平绝对差距较大，为 0.779，而 2017 年则明显缩小，为 0.726；2000 年各国 HDI 的变异系数为 0.338，2017 年为 0.260，表明各国 HDI 的差异在逐渐降低。

3. 全球寿命指数演变的整体态势分析

表 19-4 为 2000—2017 年全球寿命指数的整体演进态势。

表 19-4　2000—2017 年全球寿命指数的整体演进态势

年份	2000	2001	2002	2003	2004	2005
最大值	0.941	0.945	0.949	0.952	0.955	0.958
最小值	0.288	0.302	0.318	0.333	0.349	0.363
极差	0.653	0.643	0.631	0.619	0.606	0.595
平均值	0.724	0.728	0.732	0.737	0.742	0.748
变异系数	0.214	0.213	0.211	0.208	0.203	0.199
年份	2006	2007	2008	2009	2010	2011
最大值	0.961	0.963	0.965	0.967	0.969	0.971
最小值	0.378	0.392	0.403	0.413	0.424	0.435
极差	0.583	0.571	0.562	0.554	0.545	0.536
平均值	0.753	0.759	0.765	0.771	0.776	0.782
变异系数	0.193	0.187	0.181	0.175	0.169	0.164
年份	2012	2013	2014	2015	2016	2017
最大值	0.974	0.977	0.979	0.982	0.984	0.986
最小值	0.447	0.459	0.471	0.483	0.490	0.496
极差	0.527	0.518	0.508	0.499	0.494	0.490
平均值	0.787	0.791	0.796	0.800	0.804	0.807
变异系数	0.160	0.156	0.152	0.149	0.147	0.144

从表 19-4 可以得到：2000—2017 年全球寿命发展水平一直都在提升。2000 年，全球寿命指数最小的国家是塞拉利昂，为 0.288；全球寿命指数最大的国家是日本，为 0.941。而 2017 年，全球寿命指数最小的国家依旧是尼日尔，但寿命指数值上升到了 0.496；全球寿命指数值，上升到了 0.986。全球寿命平均水平由 2000 年的 0.724 上升到 2017 年的 0.807，增长了 11.46%。

另外，由表 19-4 中的极差和变异系数可发现：历年全球各国寿命指数呈收敛趋势，2000 年各国之间的寿命水平绝对差距较大，为 0.653，而 2017 年则明显缩小，为 0.490；2000 年各国 HDI 的变异系数为 0.214，2017 年为 0.144，表明各国寿命方面的差异在逐渐降低。

下面将对全球 HDI 及其三项分指数的历年增速做进一步分析，以此来初步获得全球 HDI 指数及其分项指数的历年变动情况（见图 19-1）。

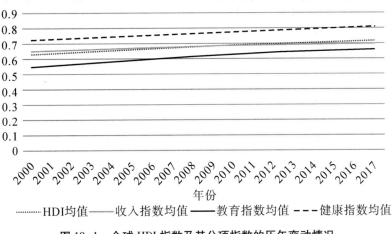

图 19-1　全球 HDI 指数及其分项指数的历年变动情况

从图 19-1 可以看出：

（1）2000—2017 年，HDI 平均水平从 0.630 上升到 0.717，增长了 13.81%。从全球平均 HDI 增速来看，全球人类发展水平增速逐步趋缓。

（2）全球 HDI 的三个分项指数中，教育指数和寿命指数均有很大提升。HDI 三个分项指数值其绝对值由高到低依次为寿命指数、收入指数和教育指数。教育指数虽然得分最低，但增长最快，表明全球各国在教育方面的提升最为显著，但是也要意识到，教育指数的绝对值还是很低，教育发展还任重而道远。寿命指数得分最高，但是增速不如教育指数。收入指数的增速最低。

（3）总的来说，人类发展的三个指标均取得了进步，但三大指标中，教育指数进步明显，收入指数的增速最低，说明全球各国在收入增长方面还做得不够。另外，不管是 HDI 指数，还是其三项分指数，增速都逐年趋缓，即都表现出了空间趋同这一现象。

（三）全球不同人类发展水平国家的 HDI 演变态势分析

联合国开发计划署对人类发展指数的划分标准为（见表 19-5）：

表 19-5　人类发展指数的划分标准

人类发展指数水平区间	人类发展水平级别
0.900≤HDI≤1.000	极高人类发展水平
0.800≤HDI≤0.899	高人类发展水平
0.500≤HDI≤0.799	中等人类发展水平
HDI≤0.499	低人类发展水平

按照上述标准，本书将全球人类发展指数不同级别的国家数整理出来如表19-6所示。

表 19-6 全球 HDI 历年不同级别的国家数

年份	低人类发展水平	中人类发展水平	高人类发展水平	极高人类发展水平
2000	46	96	29	1
2001	46	93	30	3
2002	45	94	30	3
2003	44	91	34	3
2004	43	92	34	3
2005	40	91	36	3
2006	37	93	34	5
2007	34	95	33	8
2008	29	99	34	10
2009	30	98	36	8
2010	28	98	30	16
2011	28	98	30	16
2012	23	99	33	17
2013	21	99	34	18
2014	20	99	33	20
2015	21	96	34	21
2016	20	97	32	23
2017	18	96	34	24

可以看到，变化最大的是低人类发展水平和极高人类发展水平两个级别的国家数，2000 年，处于低人类发展水平的国家有 46 个，极高人类发展水平的国家只有 1 个；而到了 2017 年，处于低人类发展水平的国家数减少到了 18 个，而极高人类发展水平的国家增加到了 24 个，增幅特别明显。而中等人类发展水平的国家数基本不变，高人类发展水平的国家数处于缓慢增长的状态，在部分年份，这一等级的国家数还在下降。

总的来说，全球各国的人类发展水平都实现了发展，有一半多的国家摆脱了低人类发展水平，实现了人类发展质的飞跃。

下面进一步对低、中等、高人类发展水平国家的 HDI 及其三项分指数的整体变动情况进行分析。各人类发展水平等级国家的 HDI 均值如图 19-2 所示。

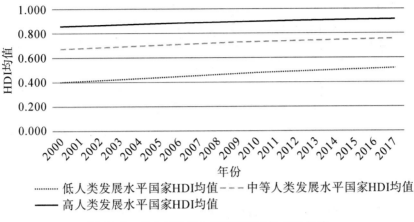

图 19-2　各人类发展水平等级国家的 HDI 均值

从图 19-2 可以看出，高人类发展水平国家的 HDI 均值从 2000 年的 0.854 上升到 2017 年的 0.914，增长了 7%；中等人类发展水平国家的 HDI 均值从 2000 年的 0.671 上升到 2017 年的 0.754，增长了 12.4%；低人类发展水平国家的 HDI 均值从 2000 年的 0.399 上升到 2017 年的 0.512，增长了 28.3%。总的来说，2000—2017 年，低人类发展水平国家在人类发展方面取得了非常大的进步，远超中等和高人类发展水平国家。

下面再对各人类发展水平国家的三项分指标的发展情况进行分析（见图 19-3）。

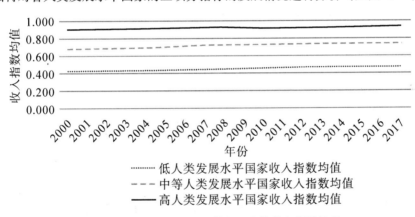

图 19-3　各人类发展水平等级国家的收入指数均值

从图 19-3 可以看出，高人类发展水平国家的收入指数均值从 2000 年的 0.901 上升到 2017 年的 0.929，增长了 3.1%；中等人类发展水平国家的收入指数均值从 2000 年的 0.676 上升到 2017 年的 0.738，增长了 9.2%；低人类发展水平国家的收入指数均值从 2000 年的 0.417 上升到 2017 年的 0.473，增长了 13.4%。与 HDI 的情况类似，低人类发展水平国家在提升收入方面的进步超越了中等和高人类发展水平的国家。

再接着对教育发展的情况进行分析（见图 19-4）：

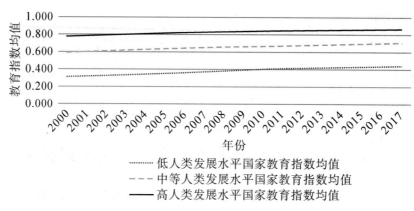

图 19-4　各人类发展水平等级国家的教育指数均值

由图 19-4 可得，高人类发展水平国家的教育指数均值从 2000 年的 0.777 上升到 2017 年的 0.866，增长了 11.5%；中等人类发展水平国家的教育指数均值从 2000 年的 0.592 上升到 2017 年的 0.702，增长了 18.6%；低人类发展水平国家的教育指数均值从 2000 年的 0.309 上升到 2017 年的 0.440，增长了 42.4%。可见，低人类发展水平国家在教育发展方面取得的进步最大。

下面再对健康发展方面的情况进行分析（见图 19-5）。

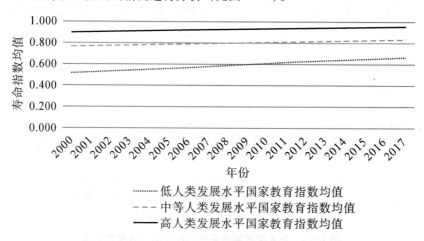

图 19-5　各人类发展水平等级国家的寿命指数均值

由图 19-5 可得，高人类发展水平国家的寿命指数均值从 2000 年的 0.896 上升到 2017 年的 0.952，增长了 6.3%；中等人类发展水平国家的寿命指数均值从 2000 年的 0.769 上升到 2017 年的 0.833，增长了 8.3%；低人类发展水平国家的寿命指数均值从 2000 年的 0.516 上升到 2017 年的 0.659，增长了 27.7%。跟前述一样，低人类发展水平国家在健康发展方面取得的进步依旧最大。

综上所述，低人类发展水平国家不管是在教育、收入还是健康方面都取得了显著的进步，增长率大幅度超过中等和高人类发展国家。但同时应该注意到，虽然低人类发展水平的国家在教育发展方面取得了很大的进步，但是，教育方面的落后依然是整个国家或地区人类发展水平落后的主要因素，所以，加大对教育方面的投入，才能从根源上尽快地提升当地的人类发展水平；对于中等人类发展水平的国家，可以发现，除了在教育方面取得18.7%的增长率外，在收入和健康方面仍旧需要继续努力；对于高人类发展水平的国家，收入指数的增长最慢，相关国家应该侧重增加居民的收入，例如多提供就业岗位、多提供就业培训等方法来提升本国的人类发展水平。

本节对2000—2017年全球HDI及其三项分指数的情况进行了分析，发现：①不管是HDI还是三项分指数，全球都取得了较大的进步，但是增速已经开始趋缓；②HDI三个分项指数值其绝对值由高到低依次为寿命指数、收入指数和教育指数。教育指数虽然得分最低，但增长最快，表明全球各国在教育方面的提升最为显著。寿命指数得分最高，但是增速不如教育指数。收入指数的增速最低；③中等和高人类发展水平国家在教育、收入和健康方面的进步都不如低人类发展水平的国家，特别是在教育方面。④2000—2017年，全球有许多国家摆脱了低人类发展水平的现状，迈向了更高一层的人类发展水平。2000年，处于低人类发展水平的国家有46个，极高人类发展水平的国家只有1个；而到了2017年，处于低人类发展水平的国家数减少到了18个，而极高人类发展水平的国家增加到了24个，增幅特别明显。

四、全球 HDI 的空间差异演化分析：2000—2017

下面我们从两个角度来分析全球HDI的空间差异演化情况：①分析在HDI三项分指数中，各指标对HDI的空间差异演化的影响程度；②分析在HDI的空间差异演化中，区域间差异和区域内差异所起的作用。

当前学术界研究经济指标空间差异演化的方法主要有变异系数、基尼系数、泰尔指数、马尔科夫链等。本书通过对现有文献进行整理，采用空间基尼系数和泰尔指数分别从两个角度来分析了全球HDI的空间差异演化情况。

（一）全球 HDI 的空间基尼系数

空间基尼系数由克鲁格曼于1991年提出，当时是为了测量美国制造业行业的空间集聚情况，由于该方法能够精确反映产业的集聚情况，因而得到了广泛的应用，后来逐渐发展成为一种衡量产业空间集聚程度的指标。本书也采用了这一方法来测度全球人类发展的不平衡状况。

参考万广华（2008）[1] 提出的人类发展指数空间基尼系数的计算方法，公式为 $G=PQI$，其中 Q 是一条对角线为0，对角线上下方分别为1与-1的方阵；G 可分别代表HDI、教育指数、收入指数、寿命指数的空间基尼系数，P 为一个包含 n 个数据的一维行向量，将所有国家或地区的人口比例按照各国HDI值（或三项分指数其中之一）从小到大排序，所得

---

① 万广华. 不平等的度量与分解 [J]. 经济学（季刊），2008，8（1）：347 - 368.

的行向量即为 P；I 是各国 HDI 总量占比的列向量。特别指出的是，联合国公布的 HDI 是一个人均指标，即一个国家或地区的 HDI 指数表示这个地区所有人平均的 HDI 指数值，但为了研究方便，参照胡鞍钢（2006）[①] 的做法构造出 HDI 总量这个概念，用一个国家（或地区）人均 HDI 值与人口总量的乘积来表示 HDI 总量，以此来反映这个国家（或地区）总的人类发展水平。类似的，构造出教育指数总量、收入指数总量、寿命指数总量这三个概念。

空间基尼系数除了能够反映经济等指标的空间差异变动情况，而且能够进行要素分解，分析其组成部分中对于不平等程度的贡献情况。

先对空间基尼系数 G 进行要素分解：$G = \sum_{i=1}^{3} S_i G(Y_i) R_i$。其中，$S_i$ 表示各分项指数占 HDI 的份额；$G(Y_i)$ 表示 HDI 的三个分项指数的空间基尼系数；R_i 是两个相关系数的比值，R_i 的分子为 HDI 总值排序总收入排序与对应的分项指数的相关系数，而分母为分项指数与其排序的相关系数。

进一步的，$S_i G(Y_i) R_i / G \times 100\%$ 表示第 i 个分项指数对 G 的贡献率；$G(Y_i) R_i / G$ 称为相对集中系数，如果某个分项指数的相对集中系数值大于 1，则说明该分项指数对人类发展不平等现象具有促进作用，即正向推动了人类发展不平等现象的变化；若该值小于 1，则说明该分项指数对人类发展不平等现象具有反向作用；若相对集中系数值等于 1，则表示该分项指标对总的人类发展不平等没有影响。

另外，地区差距扩大有两个方面的因素，一个是分项指数份额的变化所导致的地区不平衡问题，第二个是各分项指数的空间差异性改变所导致的，前者称为"结构效应"，后者称为"集中效应"。

具体的分解步骤和计算公式为

$$\Delta G = \sum_{i=1}^{n} \Delta S_{it} C_i + \sum_{i=1}^{n} S_i \Delta C_{it} + \sum_{i=1}^{n} \Delta S_i \Delta C_i \qquad (19\text{-}1)$$

其中，ΔG 为全球 HDI 空间基尼系数的变化量；$\sum_{i=1}^{n} \Delta S_{it} C_i$ 表示"结构效应"；$\sum_{i=1}^{n} S_i \Delta C_{it}$ 表示"集中效应"；$\sum_{i=1}^{n} \Delta S_i \Delta C_i$ 中既有结构效应，又有集中效应，称为"综合效应"。

各效应值大于 0 则说明该效应与基尼系数变动的方向一致，小于 0 则方向相反。

（二）全球 HDI 及其三项分指数的空间基尼系数

按照上文提出的 HDI 空间基尼系数的计算公式，对 2000—2017 年全球 HDI 及其三项分指数的空间基尼系数进行测算和分析，得到图 19-6。

---

① 胡鞍钢. 中国人类发展趋势与长远目标［M］//21 世纪中国人口与经济发展. 北京：社会科学文献出版社，2006.

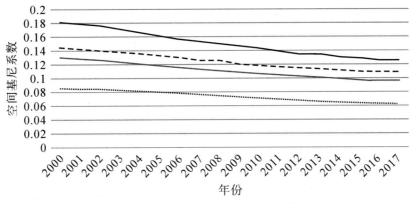

——基尼系数 - - 收入基尼系数——教育基尼系数⋯⋯寿命基尼系数

图 19-6 全球 HDI 及其分项指数的空间基尼系数

由图 19-6 可知：2000—2017 年，不管是 HDI 总指数还是三个分项指数的基尼系数都是逐年减小的，表明全球人类发展水平及其三项分指数的空间不均衡程度逐年降低，都趋于空间收敛的状态。在 HDI 的三项分指标中，首先国家之间教育的不均衡问题一直以来都是最严重的，是造成区域人类发展不平衡的最主要的因素；其次是收入方面的差距；最后，对区域人类发展不均衡影响最小的是在健康方面的差距，而且，健康的基尼系数降低的速度明显低于其他两项指标。

（三）空间基尼系数的要素解析

按照上文的 HDI 空间基尼系数的要素分解公式，对 2000—2017 年全球 HDI 空间基尼系数进行要素分解，得到表 19-7。

表 19-7 2000—2017 年全球 HDI 空间基尼系数及其分项指数空间基尼系数的贡献率

年份	相对集中系数			贡献率/%		
	收入	教育	寿命	收入	教育	寿命
2000	1.1	1.4	0.6	37.4	39.2	23.4
2001	1.1	1.4	0.6	36.9	39.2	23.9
2002	1.1	1.4	0.6	36.6	39.0	24.4
2003	1.1	1.4	0.6	36.6	38.9	24.5
2004	1.1	1.4	0.6	36.8	38.7	24.5
2005	1.1	1.4	0.6	36.9	38.5	24.6
2006	1.1	1.3	0.6	37.1	38.4	24.5
2007	1.1	1.3	0.6	37.1	38.6	24.3
2008	1.1	1.3	0.6	37.2	38.8	24.0
2009	1.1	1.4	0.6	36.6	39.3	24.1
2010	1.1	1.4	0.6	36.8	39.4	23.8
2011	1.1	1.3	0.6	37.0	39.4	23.6

表19-7（续）

年份	相对集中系数			贡献率/%		
	收入	教育	寿命	收入	教育	寿命
2012	1.1	1.3	0.6	37.2	39.3	23.5
2013	1.1	1.3	0.6	37.1	39.6	23.3
2014	1.1	1.3	0.6	37.1	39.6	23.3
2015	1.1	1.3	0.6	37.2	39.5	23.3
2016	1.1	1.3	0.6	37.4	39.3	23.3
2017	1.1	1.3	0.6	37.5	39.2	23.2

由表19-7可知：①寿命指数的相对集中系数小于1，即健康水平的发展对全球HDI的空间不均衡起到抑制作用，即减缓了全球HDI空间不均衡的严重程度；而收入和教育指数的相对集中系数都大于1，即收入和教育发展的不均衡都对全球HDI的空间不均衡起到促进作用，相比较而言，教育指数的贡献要大于收入指数。②从三项分指数自身发展不平衡对总的人类发展不平衡的贡献率来说，从2000—2017年，教育指数的贡献率一直都是最高的，表示导致区域人类发展不平衡的主要因素是教育方面的不平衡；之后是收入指数，而寿命指数的贡献率在三者中都是最低的，表明健康方面的不平衡不是引起区域人类发展不平衡的主要因素。

（四）空间基尼系数的效应分析

运用式（19-1）对全球HDI空间基尼系数进行分解，得到表19-8。

表19-8　全球HDI的效应分解

年份区间	基尼系数变化（10^{-7}）	基尼系数变化结构效应/%			集中效应/%			结构效应/%		
		结构效应	集中效应	综合效应	收入	教育	寿命	收入	教育	寿命
2000—2001	-1.5	-5.6	105.4	0.2	70.2	48.9	-13.7	2.2	-11.4	3.6
2001—2002	-1.6	-7.3	106.9	0.3	54.9	69	-17	5.6	-17.3	4.4
2002—2003	-2.3	-7.1	106.8	0.3	38.2	59.4	9.2	1.2	-13.7	5.4
2003—2004	-2.2	-6.7	106.5	0.2	28.4	59	19.1	-2.8	-10	6
2004—2005	-2.2	-6	105.7	0.3	34.4	59.3	12	-2.2	-9.2	5.4
2005—2006	-2.2	-7.4	107.2	0.2	28.5	49.9	28.8	-3.2	-11.2	7
2006—2007	-2.4	-5.5	105.4	0.1	42.2	36.2	26.9	-7	-4.5	6
2007—2008	-1.8	-5.6	105.5	0.1	30.2	38.7	36.6	3.8	-13.6	4.3
2008—2009	-2.8	-1.4	101.4	0	54.1	27.6	19.7	3.3	-5.4	0.6
2009—2010	-1.7	-7.4	107.3	0.1	30.8	40.6	35.9	-2	-12.1	6.7
2010—2011	-1.9	-5.6	105.4	0.2	22.9	55	27.5	1.7	-11.7	4.4
2011—2012	-2.1	-3.8	103.7	0.1	28.7	48.3	26.7	0.3	-7.3	3.2
2012—2013	-1.2	-5.4	105.4	0	39.4	29.8	36.3	2.5	-12.2	4.3

表19-8(续)

年份区间	基尼系数变化（10^{-7}）	基尼系数变化结构效应/%			集中效应/%			结构效应/%		
		结构效应	集中效应	综合效应	收入	教育	寿命	收入	教育	寿命
2013—2014	-2	-4.7	104.5	0.1	35.9	48.3	20.4	-0.3	-8.3	3.9
2014—2015	-1.4	-3.8	103.7	0.1	31.3	53.5	18.9	-0.9	-6.3	3.3
2015—2016	-1.4	-3.5	103.4	0.1	28.5	57.7	17.2	0.2	-6.7	3
2016—2017	-0.7	1.5	98.5	0	31	30.3	37.1	-12.4	13.6	0.4

根据表19-8可以看到：全球HDI的集中效应为正，结构效应为负，说明全球人类发展的差异缩小是因为三大指数的不平衡在缩小；2000—2001年和2001—2002年，健康指数的集中效应为负，其他时间段，三个指标的集中效应均为正；教育的结构效应一直为负，寿命的结构效应一直都为正，而收入的结构效应在某些年间是正的，某些年间是负的。

(五) 全球 HDI 的泰尔指数分析

泰尔指数，又被称为泰尔熵标准，由荷兰经济学家 H. Theil 在 1967 年首次提出。H. Theil 将信息论中的熵概念进行了推广，将它应用到了收入不平等的计算中，用来衡量地区间的收入不平等程度。

在随后的研究中，泰尔指数逐渐发展成为一种测量一组数据之间差异程度的指标。这组数据可以是某个地区的收入水平，也可以表示成某种资源的分布。通过计算泰尔指数就能够得出这组数据之间的差异程度。泰尔指数越大，表示这组数据间的差异程度越高，即资源分配不公平；泰尔指数越小，表示这组数据间的差异程度越低，即资源分配越公平。

泰尔指数作为一种衡量区域资源分配不平等程度的指标，其优势在于它拥有非常好的可分解性质：将样本数据分成多个子样本时，可以将总体的不公平性分解为组内的差异性和组间的差异性，然后通过分别计算组内差距和组间差距，来分析两者对总体不平等的贡献程度。

泰尔指数的计算公式如下：

$$I = \sum (y_i/Y) * \ln[(y_i/Y)/(x_i/X)] \tag{19-2}$$

其中，X 和 Y 分别表示全球人口总量和 HDI 总量，x_i 和 y_i 分别表示第 i 个国家的人口总量和 HDI 总量。

根据泰尔指数的分解方法，将总体区域发展的不平衡分解为区域内差异和区域间差异两部分：

$$I = I_{inter} + I_{intra} \tag{19-3}$$

$$I = \sum (Y_i/Y) \times \ln[(Y_i/Y)/(X_i/X)]$$

$$\sum_i \frac{Y_i}{Y} \sum_j \frac{Y_{ij}}{Y_i} \ln[(y_{ij}/Y_i)/(x_{ij}/X_i)] \tag{19-4}$$

其中,i 表示将全球划分为 i 个区域,j 表示某个区域里第 j 个国家,I_{inter} 表示区域间差异,I_{intra} 表示区域内差异;x_{ij} 和 y_{ij} 分别表示第 i 个区域内的第 j 个国家的人口总量与 HDI 总量,X_i 和 Y_i 分别表示第 i 个区域的人口总量和 HDI 总量。

UNDP 官网上公布了 189 个国家的 2000—2017 年的历年 HDI 数据及其三项分指标数据,因为有的国家和地区的 HDI 数据不完整,所以从中选择 172 个数据没有缺失的国家和地区,并依照各国的地理位置,将这 172 个国家和地区划分为亚洲、北美洲、非洲、大洋洲、拉丁美洲和加勒比海、东欧以及西欧七大区域。

（六）全球 HDI 的空间差异演变分析

依照上面提出的泰尔指数的计算公式,对 2000—2017 年全球 HDI 及其三项分指数的泰尔指数进行计算,并利用结果绘制成图 19-7。

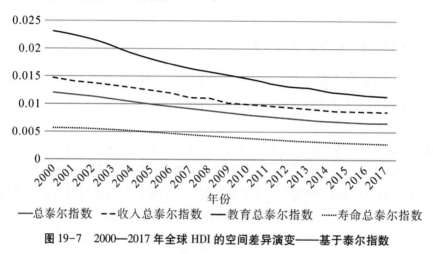

图 19-7　2000—2017 年全球 HDI 的空间差异演变——基于泰尔指数

通过图 19-7 可以看出,2000—2017 年全球 HDI 及其分项指数的泰尔指数均呈现下降趋势,表明全球 HDI 及其三项分指数的空间差异都在不断减小。这是因为新世纪以来,全球各国在发展经济、加大医疗卫生投入、加大教育投资方面加大了力度,缩小了国与国之间的人类发展水平。然而,另外,虽然差距在不断减小,但是区域间教育的不平衡问题依然严峻,这值得学术界和政府进行深思。

1. 泰尔指数的区域间和区域内分解

依照上面提出的泰尔指数的分解公式,对 2000—2017 年全球 HDI 的泰尔指数进行分解,得到区域之间和区域内部的人类发展不均衡的状况,如图 19-8 所示。

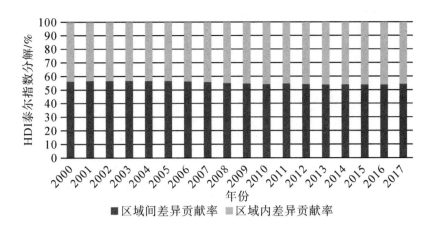

图 19-8 2000—2017 年全球 HDI 泰尔指数分解

从图 19-8 可以看出，在 2000—2017 年，区域间差异一直是导致全球人类发展水平差异的主要因素，2000 年区域间贡献率达 56.1%，此后一直降到 2017 年的 53.9%。不同区域之间文化、宗教信仰、经济发展水平、地理等因素使得区域之间的人类发展水平的差异占主导地位。另外，随着全球化浪潮滚滚向前，各国之间的经济、政治和文化联系日益密切，同时国际合作越来越频繁，如在科技、医疗卫生等方面，这使得落后地区的人类发展水平快速上升，从而地区间的人类发展水平差距逐渐缩小，"人类命运共同体"现象逐渐形成，导致全球区域间的 HDI 不平衡程度逐渐降低。

下面继续对全球 HDI 的三个分项指数的泰尔指数进行分解，先对收入指数的泰尔指数进行分解（见图 19-9）。

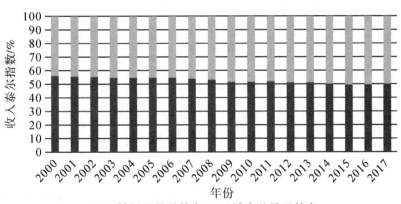

图 19-9 2000—2017 年全球收入泰尔指数分解

由图 19-9 知，全球收入泰尔指数中，一方面，区域间差异一直占主要部分，除了 2015 年区域内差异贡献率略高于区域间差异贡献率，这表明在收入不平等方面，地区间的差距一直是主要因素。但另一方面，区域间差异的贡献率却在逐年降低，从 2000 年的 56% 到 2017 年的 50%，最近两年区域间和区域内的差异贡献率均各占一半。

再对教育指数的泰尔指数进行分解（见图 19-10）：

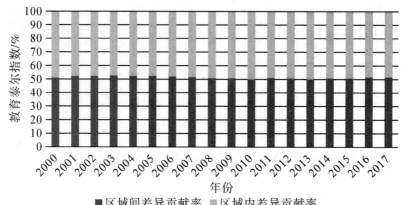

图 19-10　2000—2017 年全球教育泰尔指数分解

由图 19-10 可以看出，新世纪以来，区域间差异一直是全球教育不平等的主要动力，但是区域间差异和区域内差异两者相差不大。总的来说，在 2000—2005 年，教育区域间的差异一直明显高于区域内差异，而且大致保持上升趋势；在 2006—2012 年，教育区域间差异贡献率大致呈现逐渐下降的趋势；在 2012—2017 年，教育区域间差异贡献率有上升的迹象，说明全球各区域间的教育发展水平差距有扩大的倾向，值得我们警惕。

最后对全球寿命泰尔指数进行分解（见图 19-11）：

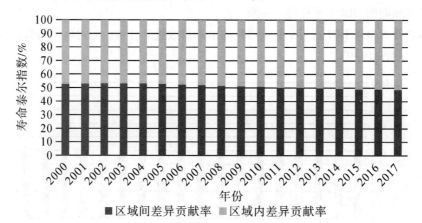

图 19-11　2000—2017 年全球寿命泰尔指数分解

由图 19-11 可以发现：在全球健康水平不平等发展的过程中，区域间差异的贡献率逐年降低。在 2012 年之前，区域间差异的贡献率一直占主导地位，而 2012 年之后，区域内差异就成为影响健康发展不平等的主导力量。并且，区域内差异贡献率还有进一步上升的趋势。这表明，随着医疗技术的提升以及世界各国在医疗卫生方面的合作日益密切，全球区域间的健康发展差距已经逐渐缩小，这种情况将有利于全球人类健康的发展。

2. 各地区泰尔指数

为了深入了解全球七大区域间的人类发展水平以及在教育、收入和健康方面的发展水平，下面进一步对全球七大区域的 HDI 及其三项分指数的泰尔指数进行分析（见图 19-12）。

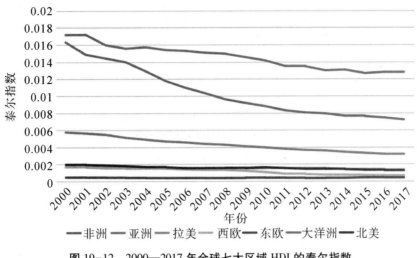

图 19-12 2000—2017 年全球七大区域 HDI 的泰尔指数

图 19-12 为全球七大区域内部的泰尔指数，可以发现这七大区域的 HDI 的空间差异演化规律：①七大区域各自内部的人类发展的空间差异都呈现出逐年降低的趋势，这说明这七大区域内部的发展差异在逐渐缩小。七大区域里，大洋洲内部的不同国家的人类发展差异最大，2000 年为 0.017，2017 年下降到 0.013。往后依次为非洲、亚洲、北美、拉美、西欧以及东欧。可以发现，大洋洲、非洲和亚洲的人类发展不平衡程度远高于其他四个地区，而其他四个地区内部的发展不平衡程度相差不大；②在这七大区域中，非洲在克服内部发展不平衡方面进展最为显著，人类发展状况改善最为明显；大洋洲、亚洲和西欧地区内部也在解决发展不平等方面取得了较大的进展，而北美、拉美和东欧地区内部的发展不平等状况没有显著的改善，究其原因，北美洲因为其人类发展水平一直以来已经很高了，内部的发展不平衡问题已经长期维持在"低位"，存在人类发展水平的"天花板"问题，而拉美洲和东欧地区，因为长期经济实力、医疗卫生条件、教育投资等都相对较弱，所以整体的人类发展水平较低，内部之间的差距也相对较小。③七大区域中的大洋洲虽然在解决发展不平衡方面取得了显著的进步，但近两年，其内部的发展不平衡趋势大有上升的趋势，这种现象值得当局警惕。

此外，本书进一步分析了七大区域内部三个分项指标发展的差异问题：

通过图 19-13 可以看出：①全球七大区域的收入不平等现象总体来说呈现逐渐降低的趋势，表示各区域在消除收入不平等方面已经取得了进步。在 2004 年以前，全球收入差距最大的是非洲，其次是大洋洲，然后是亚洲，而西欧、东欧、拉美、北美洲在改善收入差距方面进展都不大；2004 年以后，大洋洲的收入差距成为七大洲里面最大的，非洲位居第二；②虽然各区域的收入不平衡趋势总体上是下降的，但个别区域在部分年份呈现上升趋势，例如大洋洲的收入泰尔指数呈现倒"U"形，表示大洋洲的收入不平衡程度先呈上升趋势，而后呈下降趋势，且最近两年，又朝着收入差距扩大的方向发展。

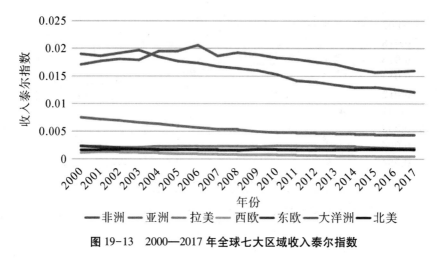

图 19-13　2000—2017 年全球七大区域收入泰尔指数

图 19-14 为七大区域内部的教育泰尔指数，从图中可以看出：①七大区域的教育泰尔指数都呈下降的趋势，表明各区域内部的教育差距都在减小。其中，大洋洲内部的教育差距是最大的，其次是非洲，这两大地区的教育差距远大于其他地方，其次是亚洲，而其他地区的教育差距呈略微下降的趋势；②在七大区域里，大洋洲和非洲在改善教育不平等方面取得了明显的进步，亚洲在这方面所取得的进展也令人印象深刻，其他地区在改善教育不平等方面进步不太明显；③大洋洲虽然显著地改善了内部的教育不平衡问题，但最近几年，教育不平衡现象又加剧了。

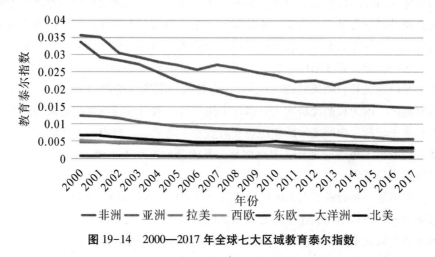

图 19-14　2000—2017 年全球七大区域教育泰尔指数

图 19-15 为七大区域内部的寿命泰尔指数，从图中可以看出：除了非洲区域在改善地区健康方面取得了显著的进步，其他六个地区进步都不大。在 2012 年以前，非洲地区的健康差距远高于其他地区，但是呈现逐年减小趋势，大洋洲的健康差距也比较大，但历年变动不大。在 2012 年之后，非洲地区的健康泰尔指数被大洋洲超越，大洋洲成为健康不均衡最严重的地区。

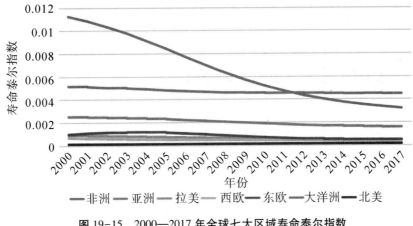

图 19-15　2000—2017 年全球七大区域寿命泰尔指数

综上所述，亚洲、拉美洲、北美、东欧、和西欧的三项分指标从新世纪以来，差距维持在一个相对稳定的状态，呈略微下降趋势，而非洲和大洋洲在三项分指标方面内部差距都比较严重，但呈历年逐渐缩小的趋势。

以上我们从基尼系数和泰尔指数两个角度来分析全球 HDI 的空间演化情况：

（1）2000—2017 年，不管是 HDI 总指数还是三个分项指数的基尼系数都是逐年减小的，表明全球人类发展水平及其三项分指数的空间不均衡程度逐年降低，都趋于空间收敛的状态。在 HDI 的三项分指标中，国家之间教育的不均衡问题一直以来都是最严重的，是造成区域人类发展不平衡最主要的因素。

（2）健康水平的发展减缓了全球 HDI 空间不均衡的严重程度，而收入和教育发展的不均衡都对全球 HDI 的空间不均衡起到了促进作用。2000—2017 年，教育指数的贡献率一直都是最高的，表示导致区域人类发展不平衡的主要因素是教育方面的不平衡。

（3）2000—2017 年，区域间差异一直是导致全球人类发展水平差异的主要因素；全球收入泰尔指数中，区域间差异一直占主要部分，这表明在收入不平等方面，区域间的差距一直是主要因素；新世纪以来，区域间差异一直是全球教育不平等的主要动力，但是区域间差异和区域内差异两者相差不大；在全球健康水平不平等发展的过程中，区域间差异的贡献率逐年降低。在 2012 年之前，区域间差异的贡献率一直占主导地位，而 2012 年之后，区域内差异就成为影响健康发展不平等的主导力量。并且，区域内差异贡献率还有进一步上升的趋势。

（4）七大区域各自内部的人类发展的空间差异都呈现出逐年降低的趋势，这说明这七大区域内部的发展差异在逐渐缩小。在这七大区域中，非洲在克服内部发展不平衡方面进展最为显著，人类发展状况改善最为明显；大洋洲、亚洲和西欧区域内部也在解决发展不平等方面取得了较大的进展；而北美、拉美和东欧地区内部的发展不平等状况没有显著的改善。

（5）除了非洲区域在改善地区健康方面取得了显著的进步，其他六个区域进步都不大。在 2012 年以前，非洲区域的健康差距远高于其他区域，但是呈现逐年减小趋势，大洋洲的健康差距也比较大，但历年变动不大。在 2012 年之后，非洲区域的健康泰尔指数被大洋洲超越，大洋洲成为健康不均衡最严重的区域。

五、全球 HDI 影响因素的实证分析

（一）变量的选取及数据来源

1. 变量的筛选

人类发展指数包含生活、教育和寿命三个维度，是一个综合性指数，因此三个分项指数对 HDI 的影响最大，也就是说，影响每个分项指数的因素均会影响到 HDI 的值。通过对现有文献的梳理，选取以下几个因素作为影响因素（见表 19-9）：

表 19-9 筛选的变量

影响因素	总人口	城市化水平	科技发展程度	贸易总额	开放程度	通货膨胀
指标	总人口数	城镇人口占比	移动网络使用量/每百人	贸易总额	国际旅游支出和收入的总额	通货膨胀率

（1）总人口。毋庸置疑，人口数量会影响一个国家或地区的人类发展水平，像中国这样拥有着 14 亿人口的大国，要想提升全国的人类发展水平，必须得付出艰苦卓绝的努力，而像芬兰、挪威这样的国家，因为人口没有像中国这样多，所以政府可以提供各种政策性福利，诸如 12 年义务教育、全民免费医疗等。

（2）城市化水平。城市化是指一个国家在经济发展的过程中，农村会进行相应的产业结构调整，慢慢地向城市转型的过程。城市化进程加速了产业的更新换代，淘汰了一批落后产业，给人们提供了更多的就业岗位，增加了人民的收入。而且城市化会带动教育资源的进步，城市化的进程中，城市对优秀的教师资源及硬件设备等具有较强的吸引力，会带动教育的发展。另外，城市化也能推动医疗卫生的进步，大城市拥有更好的医疗资源及硬件设备。同时，城市化一个显著的标志就是道路交通的改善，而交通的改善反过来能够极大地促进当地的经济社会的发展，并且道路的改善也会促进教育、医疗等方面的交流，更有利于教育和医疗卫生的发展。

（3）科技发展程度。正如邓小平同志所说的，"科学技术是第一生产力"，这句话就是说，科技不光能够对社会的发展起作用，而且是起着巨大的推动作用。根据西方经济学里的观点，科技的进步会提升人们的收入，而且科技的进步使得医疗器械更加先进，人们能获得更好的治疗条件。而且，科技的进步对教育的推动作用也是巨大的，现如今，远程教学已经成为许多学生的日常，各种学习辅助产品层出不穷。同时，科技的进步，特别是互联网的发展使得人们获取知识更加便捷。

（4）贸易总额。贸易，主要是指商品的买卖活动，包括国内贸易和国际贸易。贸易使得买卖双方互通有无，实现共赢。增加国际贸易，能够提升本国人民的收入水平，而且有利于国内企业的发展，能够提升本国人民的福祉。

（5）开放程度。对外开放程度标志着一个国家与其他国家之间的交往密切与否。中国40多年的改革开放历程生动地向世界诠释了改革开放的巨大好处。开放能够获得与世界各国更好的联系，从而拥有着稳定的外贸交易，从而能够为本国人民创收增收。同时，对外开放能够提升本国企业的竞争力，更有利于本国企业的发展，为本国人民谋福祉。

（6）通货膨胀。通货膨胀是指由于金融方面的原因，物价持续上涨的经济现象。通货膨胀会导致货币贬值，货币变相地流入富人的口袋。适当的通货膨胀有利于经济的增长，但如果过度，则物价上涨会导致人们的收入变相地减少，这不利于人们的幸福生活，从而不能促进人的好的发展。

综上所述，本书选取了总人口、城市化水平、科技发展程度、贸易总额、开放程度和通货膨胀六个解释变量，采用面板模型的方法分析各影响因素对全球 HDI 的影响程度。

2. 数据的获取

本书选取的样本涵盖了 2005—2017 年全球 145 个国家或地区的数据，选取的被解释变量分别为人类发展指数及其三个分项指数。

解释变量包括总人口数（TP）、城镇人口占比（UN）、移动数据使用量/每百人（MCS）、贸易总额（CTR）、国际旅游支出和收入的总额（ITR）、通货膨胀率（IFR）。其中，通货膨胀率利用 GDP 平减指数得到。

（二）建模分析

面板数据分析方法是属于计量经济学中新发展起来的一个研究方向，通常分为三类，即混合模型、固定效应模型和随机效应模型。固定效应模型又分为个体固定效应模型、时点固定效应模型和个体时点双固定效应模型。

面板数据也会存在伪回归的问题，所以跟时间序列数据一样，也要进行单位根检验，常见的面板数据单位根检验方法有 LLC 检验 IPSADF 和 PP 检验等。

如果面板单位根检验结果显示为平稳，则可进行下一步骤——建模和估计；如果结果显示变量不平稳，就要进行协整检验。

1. 面板数据单位根检验

面板数据经常会呈现相同的变化趋势，但变量之间也许并没有任何关系，这就有可能导致伪回归的问题。所以为了消除这种可能性，使得实验结果科学性较强，必须对面板数据中的各变量进行时间序列的平稳性检验，也即面板单位根检验。

对上述六个变量进行面板单位根检验，结果如表 19-10 所示。

表 19-10　变量的单位根检验

Index	Levin, Lin & Chu t*	Prob.	检验结果
ln（HDI）	−5.835 92	0.000 0	平稳
EDUCATION	−3.257 58	0.000 0	平稳
INCOME	−9.256 98	0.000 0	平稳
HEALTH	−6.358 88	0.000 0	平稳

表19-10(续)

Index	Levin, Lin & Chu t*	Prob.	检验结果
TP	−13. 089 7	0. 000 0	平稳
ln（UN）	−18. 295 6	0. 000 0	平稳
MCS	−4. 916 51	0. 000 0	平稳
CTR	−14. 281 3	0. 000 0	平稳
ln（ITR）	−7. 961 04	0. 000 0	平稳
IFR	−3. 258 87	0. 000 0	平稳

由表 19-10 可以看出，取对数以后的 HDI 值、城市化水平、国际旅游总额均是平稳时间序列，教育指数、收入指数、寿命指数、总人口、移动数据使用量、贸易总额、通货膨胀率也都是平稳时间序列，从而可以继续进行回归分析。

2. 对全球 HDI 的回归分析

由于对于每个国家来说，各国的国情不同，其对 HDI 及其三个分项指数的影响肯定是不一样的，即具有个体的异质性，同时在每个时间点上的数据也不同，所以选择双向固定效应变截距模型来对面板数据进行估计，即同时控制地区固定效应和时间固定效应，提高参数 β 的精确性，得到如下回归结果（见表 19-11）。

表 19-11　各变量对 HDI 的回归结果

Variable	Coefficient	Std. Error	t-Statistic	Prob
C	−1. 625 231	0. 060 860	−26. 704 61	0. 000 0
CTR	9. 60E−05	4. 34E−5	2. 213 926	0. 027 0
ln（UN）	0. 308 443	0. 015 453	19. 960 54	0. 000 0
ln（ITR）	−0. 005 566	0. 001 888	−2. 947 886	0. 003 2
IFR	−0. 000 136	7. 05E−05	−1. 930 054	0. 053 8
MCS	0. 000 170	2. 87E−5	5. 935 912	0. 000 0
TP	4. 48E−10	7. 55E−11	5. 932 212	0. 000 0

由表 19-11 可以看出，在 10% 的显著性水平下，所有指数均通过检验。由表 19-11 的模型输出结果可以看出，通货膨胀率、国际旅游总额占比对 HDI 产生负向的影响，其他变量对 HDI 指数均产生正向的影响。相比较而言，贸易总额和通货膨胀率对 HDI 的影响没有那么显著。

回归结果显示，城镇化率每上涨 1%，人类发展指数将增加 0.308%；移动数据使用量每上涨 1 单位，人类发展指数将增加 0.000 17%；国家旅游总额每上涨 1%，人类发展指数将减少 0.005 566%；通货膨胀率每上涨 1 单位，人类发展指数将减少 0.000 136%。

原因分析：

首先，贸易对一个国家或地区至关重要，贸易能够带来商品的交换，丰富本国人民的物质和精神生活，同时还有利于国与国之间艺术、学术等方面的交流。自由的贸易让买卖双方都获益匪浅，而且，在西方经济学里，商品的买卖不管是对卖出国还是买入国，都能促进其民众福利的提升。而国门紧闭不仅不能提高人的发展，还会让国民成为井底之蛙。

城镇化也对人的发展起到了至关重要的影响。城市发展会带动相关产业的发展，实现经济的腾飞，也会吸引更多优质企业。

良性的通货膨胀有利于经济的发展，但是一旦经济膨胀率过高，则会严重损害大家的财富，会让人手里的资金贬值，而且会引起部分商品价格的哄抬，造成恐慌。总的来说，通货膨胀率不利于人的健康发展，对人类发展指数起着负的作用。

科技是第一生产力。现代科技的发展已经深刻地改变着我们生活的方方面面，而且还在继续改变着。科技的发展能够极大地改善我们的生活，比如5G网络的发展丰富了我们的娱乐生活，移动支付的普及提前让我们进入"无现金社会"。

人口是一个国家赖以存在的基石，也是一个国家发展的最根本的力量和财富。"人口红利"的存在使得人口相对较多的国家人才济济，有利于国民经济的持续繁荣，为本国建设添砖加瓦。

3. 对HDI三项分指数的回归分析

再分别对教育指数、健康指数、收入指数做回归，得到以下回归结果（见表19-12）。

表19-12　各变量对教育指数的回归结果

Variable	Coefficient	Std. Error	t-Statistic	Prob
C	0.220 833	0.048 636	4.540 490	0.000 0
CTR	−6.71E−05	3.46E−05	−1.935 368	0.053 1
ln（UN）	0.106 645	0.012 349	8.635 992	0.000 0
ln（ITR）	−0.005 422	0.001 509	−3.592 851	0.000 3
IFR	2.25E−06	5.63E−05	0.039 864	0.968 2
MCS	9.76E−05	2.29E−05	4.254 717	0.000 0
TP	2.25E−10	6.04E−11	4.231 536	0.000 0

由表19-12可以看出，在10%的显著性水平下，除通货膨胀率外所有指数均通过检验。

由表19-12的模型输出结果可以看出，通货膨胀率对教育指数的影响不显著，贸易总额对教育指数的影响显著性不明显，城镇化、移动数据使用量和总人口对教育指数均产生正向的影响。

结果显示，城镇化率每上涨1%，教育指数将增加0.107%；国际旅游总额每上涨1%，人类发展指数将减少0.005 4%。

原因分析：城镇化有利于促进教育公平，会带动教育资源的进步，城市化的进程中，城市对优秀的教师资源及硬件设备等具有较强的吸引力，会带动教育的发展。这大大有利于教育的公平。

毫无疑问，科技能够改变教育的方式与方法。计算机的发明、手机的发明，都大大降低了教育成本，教学形式得以多样化发展。而且，科技的发展在一定程度上促进了教育的公平。由此对寿命指数进行回归分析见表19-13。

表 19-13　各变量对寿命指数的回归结果

Variale	Coefficient	Std. Error	t-Statistic	Prob
C	0. 113 864	0. 045 655	2. 494 031	0. 000 0
CTR	8. 63E−05	3. 25E−05	2. 653 921	0. 008 0
ln（UN）	0. 173 889	0. 011 592	15. 000 83	0. 000 0
ln（ITR）	−0. 007 419	0. 001 416	−5. 237 384	0. 000 0
IFR	−5. 60E−06	5. 29E−05	−0. 105 966	0. 915 6
MCS	3. 53E−05	2. 15E−05	1. 640 629	0. 101 1
TP	−6. 10E−11	5. 67E−11	−1. 076 479	0. 281 9

由表 19-13 可以看出，在 5% 的显著性水平下，通货膨胀率、移动数据使用量和总人口指标没有通过检验，其他指标均通过检验。

由表 19-13 的模型输出结果可以看出，国际旅游总额对健康产生负向的影响，贸易总额和城镇化对健康指数均产生正向的影响。

结果显示，城镇化率每上涨 1%，健康指数将增加 0.17%；国际旅游总额每上涨 1%，健康指数将减少 0.007 4%。

原因分析：

贸易促进了医疗卫生方面的沟通与交流，同时还促进了其他有利于身心健康的产品的销售，而这有利于人的身体健康。贸易也能够让人获得好的报酬，而这有利于自身去看病求医，促进了人类健康水平的发展。

城市化也能推动医疗卫生的进步，大城市拥有更好的医疗资源及硬件设备。同时，城市化一个显著的标志就是道路交通的改善，而交通的改善反过来能够极大地促进当地经济社会的发展，并且道路的改善也会促进教育、医疗等方面的交流，更有利于教育和医疗卫生的发展。

当今，科技在方方面面改善着我们的生活，现代医学的发展离不开高科技的发展，科技与医疗在许多方面有了交叉和融合，比如显微机器人就被用于拯救病人，高精密的医学仪器等这些都促进了人类在健康方面的发展。

再对收入指数进行回归分析（见表 19-14）：

表 19-14　各变量对收入指数的回归结果

Variable	Coefficient	Std. Error	t-Statistic	Prob
C	0. 485 427	0. 046 082	10. 533 87	0. 000 0
CTR	8. 36E−05	3. 28E−05	2. 547 079	0. 010 9
ln（UN）	0. 034 304	0. 011 701	2. 931 818	0. 003 4
ln（ITR）	0. 010 010	0. 001 430	7. 000 965	0. 000 0
IFR	−0. 000 234	5. 34E−05	−4. 390 644	0. 000 0
MCS	0. 000 020 2	2. 17E−05	9. 288 337	0. 000 0
TP	4. 53E−10	5. 72E−11	7. 916 060	0. 000 0

由表 19-14 可以看出，在 5% 的显著性水平下，所有指数均通过检验。

由表 19-14 的模型输出结果可以看出，通货膨胀率对收入产生负向的影响，其他变量均对收入指数均产生正向的影响。

结果显示，城镇化率每上涨 1%，收入指数将增加 0.03%；移动数据使用量每上涨 1 单位，收入指数将增加 0.000 202%；国际旅游总额每上涨 1%，收入指数将增加 0.01%；通货膨胀率每上涨 1 单位，收入指数将减少 0.000 234%。

原因分析：

贸易能提高经济运行效率并缩小收入差距，对收入有着显著的影响。

城市化会提供很多工作的机会，改善人们的收入情况，推动经济的发展。城市化也会带来产业转型升级，提高自身的竞争力。并且，城市化可以提高生产力，造就更多的财富，有利于人类的发展。

科技能够创造财富，科技能够促使生产率快速提升，一般来说科技发展程度高的国家，其经济水平也就相应的高。科技的发展关乎着一个国家和地区的经济发展程度。

以上我们采用面板模型处理方法，以人类发展指数为研究对象，对以国家或地区为单位的人民生活质量进行研究。结果显示贸易总额和城镇化对全球人类发展指数及其三项分指数都具有正向影响；国际旅游总额对 HDI、教育指数、健康指数都有负向影响，对收入指数具有正向影响；通货膨胀率对 HDI 和收入指数都有负向影响，对教育指数和健康指数影响都不显著；移动数据使用量对健康影响不显著，对 HDI、教育指数和收入指数都有正向影响；总人口对 HDI、收入指数、教育指数都有正向影响，对健康指数没有影响。

六、研究结论与政策建议

（一）研究结论

（1）2000—2017 年，HDI 平均水平从 0.630 上升到 0.717，增长了 13.81%。从全球平均 HDI 增速来看，全球人类发展水平增速逐步趋缓。在全球 HDI 的三个分项指数中，教育指数和寿命指数均有很大提升。HDI 三个分项指数值其绝对值由高到低依次为寿命指数、收入指数和教育指数。教育指数虽然得分最低，但增长最快，表明全球各国在教育方面的提升最为显著。寿命指数得分最高，但是增速不如教育指数。收入指数的增速最低。总的来说，人类发展的三个指标均取得了进步，但三大指标中，有的指标进步明显，有的增速则缓慢。另外，不管是 HDI 指数，还是其三项分指数，增速都逐年趋缓。2000 年，处于低人类发展水平的国家有 46 个，极高人类发展水平的国家只有 1 个；而到了 2017 年，处于低人类发展水平的国家数减少到了 18 个，而极高人类发展水平的国家增加到了 24 个，有一半多的国家摆脱了低人类发展水平，增幅特别明显。

（2）2000—2017 年，不管是 HDI 总指数还是三个分项指数的基尼系数都是逐年减小的，表明全球人类发展水平及其三项分指数的空间不均衡程度逐年降低，都趋于空间收敛的状态。在 HDI 的三项分指标中，国家之间教育的不均衡问题一直以来都是最严重的，是造成区域人类发展不平衡的最主要的因素。

（3）健康水平的发展减缓了全球 HDI 空间不均衡的严重程度，而收入和教育发展的不均衡都进一步导致了全球 HDI 的空间不均衡。2000—2017 年，教育指数的贡献率一直都是最高的，表示导致区域人类发展不平衡的主要因素是教育方面的不平衡。

（4）2000—2017 年，区域间差异一直是导致全球人类发展水平差异的主要因素；全球收入泰尔指数中，区域间差异一直占主要部分，这表明在收入不平等方面，地区间的差距一直是主要因素；新世纪以来，区域间差异一直是全球教育不平等的主要动力，但是区域间差异和区域内差异两者相差不大；在全球健康水平不平等发展的过程中，区域间差异的贡献率逐年降低。2012 年之前，区域间差异的贡献率一直占主导地位，而 2012 年之后，区域内差异就成为影响健康发展不平等的主导力量。并且，区域内差异贡献率还有进一步上升的趋势。

（5）七大区域各自内部的人类发展的空间差异都呈现出逐年降低的趋势，这说明这七大区域内部的发展差异在逐渐缩小。在这七大区域中，非洲在克服内部发展不平衡方面进展最为显著，人类发展状况改善最为明显；大洋洲、亚洲和西欧区域内部也在解决发展不平等方面取得了较大的进展，而北美、拉美和东欧区域内部的发展不平等状况没有显著的改善。

（6）除了非洲区域在改善地区健康方面取得了显著的进步，其他六个区域进步都不大。2012 年以前，非洲区域的健康差距远高于其他区域，但是呈现逐年减小趋势，大洋洲的健康差距也比较大，但历年变动不大。2012 年之后，非洲地区的健康泰尔指数被大洋洲超越，大洋洲成为健康不均衡最严重的地区。

（7）贸易总额和城镇化对全球人类发展指数及其三项分指数都具有正向影响；国际旅游总额对 HDI、教育指数、健康指数都有负向影响，对收入指数具有正向影响；通货膨胀率对 HDI 和收入指数都有负向影响，对教育指数和健康指数影响都不显著；移动数据使用量对健康影响不显著，对 HDI、教育指数和收入指数都有正向影响；总人口对 HDI、收入指数、教育指数都有正向影响，对健康指数没有影响。

（二）政策建议

以上研究表明，各国应该加大同其他国家的贸易量，加快本国的城镇化水平，降低国内的通货膨胀率，大力普及科技产品，促进各国的人类发展水平。

第一，提高本国的城市化水平，通过面板数据分析发现，城市化水平对人类发展以及健康、教育和收入的影响显著。所以要想改善本国的人类发展状况，就要努力提升本国的城市化进程，而且城市化会带动教育资源的进步和道路交通的改善。

第二，加大对落后和贫困地区的教育投入，有效缩小地区间的教育差异是推动地区协调发展的关键前提，也能促进社会缩小区域间的教育差距。要帮助他们改善硬件设施和软件设施，构建完善的教育体系，教育才是对人类发展最有效的方法。

第三，帮助贫困地区改善医疗卫生条件。当今世界，医疗卫生间的联系越来越紧密了，全球健康水平进步特别明显，但是也存在着区域内的问题，有些国家的医疗卫生条件特别差，如非洲等。全人类已成为一个"命运共同体"，我们需共同克服一些疾病、病毒等。

第四，重视科技的发展。科技的进步会提升人们的收入，而且科技的进步使得医疗器械更先进，人们能获得更好的治疗条件。而且，科技的进步对教育的推动作用也是巨大的，特别是互联网的发展使得人们获取知识更加便捷。

第五，重视贸易。增加国际贸易，能够提升本国人民的收入水平，而且有利于国内企业的发展，能够提升本国人民的福祉。同时开放能够获得与世界各国更好的联系，从而拥有稳定的外贸交易，为本国人民创收增收。同时，对外开放能够提升本国企业的竞争力，更有利于本国企业的发展，为本国人民谋福祉。

第二十章　中国人类发展水平的
国际比较与分析

一、问题的提出

人类发展是全球广泛关注的重大问题。长期以来，人们习惯用 GDP 来衡量人类发展水平，由此带来了很多弊端。诺贝尔经济学奖得主、著名福利经济学家阿玛蒂亚·森认为，目前不大可能发明一种全新指标来取代 GDP，只可能以 GDP 为关键指标，再将教育和生活质量等重要因素加入其中，来建立综合指标体系。根据阿玛蒂亚·森的倡议，1990 年，联合国开发计划署（UNDP）在《人类发展报告（1990）》中首次发布了人类发展指数（HDI）（UNDP，1990）。

三十余年来，随着各国在经济、教育以及健康方面的进步，生活在全球多数国家的大部分人口其人类发展水平正在稳步提高，全球 HDI 的均值从 1990 年的 0.598 上升到了 2018 年的 0.728，全球人类发展水平总体上实现了较大的进步。HDI 现已成为国际公认的评价国家或地区社会发展程度的重要指标，并在指导发展中国家制定相应发展战略方面发挥了极其重要的作用。

自中华人民共和国成立以来，中国的经济和社会发展取得了举世瞩目的成绩。有学者估算，1950 年中国的 HDI 仅为 0.145，甚至落后于印度的 0.167，人类发展水平处于名副其实的"极贫时代"（胡鞍钢 等，2017）[1]。改革开放以后，中国经济飞速发展，人民生活水平迅速提高，人民受教育程度普遍提升，国民素质不断加强，中国人类发展水平也不断提高。在 1990—2018 年，我国 HDI 由 1990 年的 0.485 增至 0.771，升幅达 58.97%，成为同期全球人类发展进步最快的国家之一。我国 HDI 于 1996 年突破 0.55 大关，进入中等人类发展水平；于 2011 年突破 0.7 大关，步入高人类发展水平国家行列[2]。

UNDP 发布的《中国人类发展报告 2016》提供了分析收入、教育、寿命三个指标对中

---

[1] 胡鞍钢，王洪川. 中国人类发展奇迹（1950—2030）［J］. 清华大学学报（哲学社会科学版），2017，32（2）：148-157，199.

[2] 2014 年起，联合国开发计划署在全球范围内采用 0.55、0.7 和 0.8 分别作为低（低于 0.55）、中等（0.55~0.699）、高（0.7~0.799）和极高（大于或等于 0.8）人类发展水平的分界点。

国人类发展指数增长贡献的模拟计算。该报告指出，1980—2010 年，中国 HDI "排名前移了 24 位"，但控制收入以后模拟计算结果却显示排名几乎没有变化，"即中国的寿命和教育指数增长并没有实现赶超，没有收入指数增长表现得那么出色"。2010 年中国已经成为世界第二大经济体，但在 169 个国家的 HDI 排名中仅名列第 89 位。这一年报告的首席撰稿人库鲁格曼（Krugman）在提及中国的时候直接指出："经济增长本身并不一定能自动带来医疗和教育的改善"。

上述结论对我国人类发展的完整性和可持续性提出了严峻的挑战。需要我们认真思考以下几个问题。第一，与世界各国的人类发展水平相比，中国的人类发展的具体情况如何？第二，中国的经济发展速度无须置疑，但代表人类发展的其他两大维度，即教育指数和寿命指数与国际水平相比，到底差距几何？第三，导致中国人类发展水平国际排名不高的弱项或短板是什么，如何才能更好更快地提升中国的人类发展水平？本章将在研究文献的回顾和数据分析的基础上来回答上述问题。

二、文献综述：中国人类发展国际比较研究的缺失

自从 HDI 问世以来，国内外学术界对其进行了大量的研究。在国际对比方面，Lai（2000）[①] 运用加权主成分分析法对中国和俄罗斯历年人类发展的变化趋势进行了分析；Decancq 等（2009）[②] 对 1975—2000 年不同国家福祉水平不平等的情况进行了研究，发现不同国家在收入、教育、寿命等三个方面呈现出不同的发展趋势，而其中收入的凹型发展对世界人类发展的不平衡起着至关重要的作用；Marchante 等（2006）[③] 对 1980—2001 年西班牙的人类发展演化过程进行了分析。Noorbakhash（2010）[④] 指出 HDI 指数的内在组成部分存在不合理的因素；Maria-Lenuta（2015）[⑤] 分析了 HDI 构成的三个指标在 37 个欧洲国家的比重问题。

国内学者对人类发展指数的研究大都集中在分析中国国内各地区人类发展水平的差异性方面。范剑勇和朱国林（2002）[⑥] 运用基尼系数分析了我国东中西部差距形成的主要原因，并分析了产业结构对地区不平等的影响；马拴友和于红霞（2003）[⑦] 运用条件 β 收敛

① LAI D. Temporal analysis of human development indicators: principal component approach [J]. Social Indicators Research: An International and Interdisciplinary Journal for Quality-of-Life Measurement, 2000 (51): 331-366.

② DECANCQ K, DECOSTER A, SCHOKKAERT E. The evolution of world inequality in well-being [J]. World Development, 2009, 37 (1): 11-25.

③ MARCHANTE A J, ORTEGA B, SÁNCHEZ J. The evolution of well-being in Spain (1980-2001): A Regional Analysis [J]. Social Indicators Research, 2006, 76 (2): 283-316.

④ NOORBAKHASH F. The human development index: some technical issues and alternative indices [J]. Journal of International Development, 2010 (10): 589-605.

⑤ MARIA-LENUTA C. Analyzing the composition of HDI in European countries [J]. Studies in Business and Economics, 2015, 10 (3): 119-127.

⑥ 范剑勇，朱国林. 中国地区差距演变及其结构分解 [J]. 管理世界，2002 (7): 37-44.

⑦ 马拴友，于红霞. 转移支付与地区经济收敛 [J]. 经济研究，2003 (3): 26-33.

和绝对 β 收敛，系统分析了转移支付对缩小地区经济差距的作用；杨永恒等（2007）[①] 采用聚类分析方法，对中国各省份的人类发展水平进行了分类，发现中国各省份的人类发展水平差异主要是由收入差距所致；牛媛媛和任志远（2011）[②] 利用 ESDA 方法对中国 65 个区县的人类发展状况进行分析，发现区县之间的差距明显，各区县之间的人类发展水平呈现较强的正相关性；胡艳兴等（2015）[③] 利用耦合发展模型和协调发展模型分析了"四化"的耦合发展和协调发展，发现中国地级市的协调发展表现出正相关关系；胡鞍钢等（2018）[④] 通过对 1982—2015 年中国各地区人类发展指数的分析，发现改革开放以来，中国的人类发展水平实现了跨越式的发展，且地区间的差异明显减小；李钢和张建英（2018）[⑤] 对中印两国人类发展指数进行了比较研究，在中国人类发展指数的国际比较方面做了十分有益的尝试。

由上可见，迄今为止国内学者关于中国人类发展的国际比较研究还十分鲜见。甚至从国内外整体来看，还没有见到关于中国人类发展水平国际比较的系统性研究文献。因此，本书将以中国与世界各国人类发展指数的对比分析为主线，对中国人类发展水平进行相应的国际比较研究，从而更加清楚地认识中国人类发展水平的国际地位，了解中国人类发展进程中的优势和短板，以促进中国人类发展水平的进一步提升。

三、中国人类发展总指数（HDI）的国际对比分析

UNDP 发布的 2019 年人类发展报告指出，中国的 HDI 2018 年比 1990 年增长了约 51.1%。从全球各国的 HDI 平均值来看，2018 年比 1990 年增长了约 22.2%。中国人类发展指数的增长率超过全球各国平均数的一倍以上。可见，中国的人类发展水平近年来取得了巨大进步。受限于详细数据的可得性，本书以下数据分析的样本期为 2000—2017 年。

（一）HDI 总指数演变的整体态势分析

1. 全球 HDI 演变的整体态势

本书用于分析全球 HDI 的相关数据来自联合国开发计划署官网。为保证研究的科学性和一致性，本书剔除了极少数数据缺失严重的国家和地区，最终采用 172 个数据完备的国家和地区在 2000—2017 年度的数据进行分析。由此计算的 2000—2017 年全球 HDI 总指数的演变情况如表 20-1 所示。

---

① 杨永恒. 基于主成分分析法的人类发展指数替代技术 [J]. 经济研究, 2007（5）：4-17.

② 牛媛媛, 任志远. 关中—天水经济区人类发展水平空间差异分析 [J]. 人口与发展, 2011, 17（1）：16-22.

③ 胡艳兴, 潘竟虎, 陈蜒, 张建辉. 基于 ESDA 和 GWR 的中国地级及以上城市四化协调发展时空分异格局 [J]. 经济地理, 2015, 35（5）：45-54.

④ 胡鞍钢, 石智丹, 唐啸. 中国地区 HDI 指数差异持续下降及影响因素（1982—2015）[J]. 新疆师范大学学报（哲学社会科学版）, 2018, 39（4）：47-55, 2.

⑤ 李钢, 张建英. 中印两国人类发展指数比较研究 [J]. 中国人口科学, 2018（2）：13-23, 126.

表 20-1　2000—2017 年全球 HDI 总指数的演变情况

年份	2000	2001	2002	2003	2004	2005	2006	2007	2008
各国 HDI 均值	0.630	0.636	0.641	0.647	0.653	0.66	0.667	0.674	0.679
各国 HDI 极差	0.665	0.658	0.655	0.658	0.66	0.649	0.647	0.644	0.635
HDI 变异系数	0.267	0.264	0.261	0.26	0.255	0.251	0.246	0.241	0.237
年份	2009	2010	2011	2012	2013	2014	2015	2016	2017
各国 HDI 均值	0.683	0.689	0.694	0.699	0.704	0.708	0.712	0.714	0.717
各国 HDI 极差	0.63	0.624	0.618	0.606	0.606	0.601	0.601	0.6	0.599
HDI 变异系数	0.231	0.228	0.224	0.22	0.218	0.216	0.214	0.213	0.212

由表 20-1 的数据分析可知：全球人类发展水平取得了明显的进步。整体来看，2000—2017 年，各国 HDI 平均水平由 0.630 上升到 0.717，增长率为 13.81%。在 2000 年，全球 HDI 值最低的国家是尼日尔，为 0.252；全球 HDI 值最高的国家是挪威，为 0.917。而到了 2017 年，全球 HDI 最低的国家依旧是尼日尔，但 HDI 值上升到 0.394；全球 HDI 最高的国家仍为挪威，HDI 值上升到 0.953。

另外，由图 20-1 可知，伴随着全球各国 HDI 平均值的逐年提升，反映各国 HDI 离散程度的变异系数却呈逐年下降趋势。2000 年各国 HDI 的变异系数为 0.267，2017 年下降为 0.212，表明各国 HDI 的差异程度在逐渐降低。

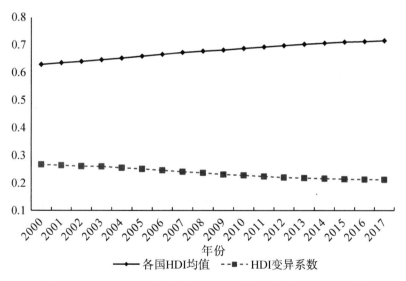

图 20-1　2000—2017 年全球各国 HDI 均值和变异系数变动态势

2. 中国 HDI 总指数演变的整体态势

为保证中国与全球 HDI 对比的科学性和一致性，本书中关于中国 HDI 计算的统计范围是 2000—2017 年中国 31 个省份（不含港澳台地区数据）的相关数据。表 20-2 是 2000—2017 年中国 HDI 总指数的演变情况。

表 20-2 2000—2017 年中国 HDI 的整体演进态势

年份	2000	2001	2002	2003	2004	2005	2006	2007	2008
中国 HDI 值	0.588	0.598	0.608	0.621	0.631	0.636	0.651	0.663	0.672
省际极差	0.324	0.333	0.327	0.347	0.353	0.343	0.334	0.315	0.312
省际变异系数	0.117	0.111	0.112	0.112	0.107	0.110	0.105	0.101	0.097
年份	2009	2010	2011	2012	2013	2014	2015	2016	2017
中国 HDI 值	0.681	0.696	0.705	0.713	0.719	0.728	0.738	0.757	0.763
省际极差	0.295	0.306	0.301	0.289	0.284	0.287	0.275	0.267	0.276
省际变异系数	0.095	0.089	0.085	0.085	0.084	0.082	0.079	0.078	0.077

由表 20-2 数据分析可知：与世界平均水平相比，中国人类发展水平取得了更大的进步。总的来说，2000—2017 年，中国各省份 HDI 平均水平由 0.588 上升到 0.763，增长率达 29.76%，远远超过同期全球各国 13.78% 的平均水平。在 2000 年，中国 HDI 值最低的省份是西藏，为 0.323；中国 HDI 值最高的省份是上海，为 0.647。而到了 2017 年，中国 HDI 值最低的省份依旧是西藏，但 HDI 值上升到 0.636；中国 HDI 值最高的省份是北京，达到 0.906。

另外，由图 20-2 也能看到，伴随着中国各省份 HDI 平均值的逐年提升，反映各省份 HDI 指数离散程度的变异系数呈逐年收敛趋势。2000 年各省份 HDI 的变异系数为 0.117，2017 年为 0.077，表明各省份之间人类发展水平的差异在逐渐降低。值得注意的是，2017 年中国 HDI 值的变异系数为 0.077，远低于世界各国同期 0.212 的差异程度。

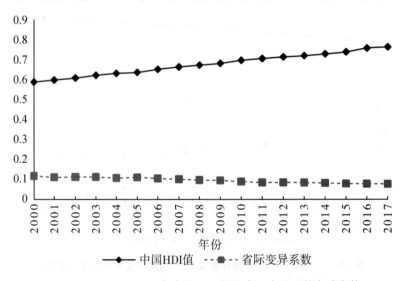

图 20-2 2000—2017 年中国 HDI 值及省际变异系数变动态势

3. 中国 HDI 与全球 HDI 的演变态势对比分析

由上述关于全球 HDI 与中国 HDI 的整体演变态势，进一步可以做出如下对比分析（见表 20-3、图 20-3）。

表 20-3　2000—2017 年中国与世界各国 HDI 均值的对比

年份	2000	2001	2002	2003	2004	2005	2006	2007	2008
各国 HDI 均值	0.632	0.636	0.641	0.647	0.653	0.66	0.667	0.674	0.679
中国 HDI 值	0.588	0.598	0.608	0.621	0.631	0.636	0.651	0.663	0.672
差值	−0.042	−0.038	−0.033	−0.026	−0.022	−0.024	−0.016	−0.011	−0.007
年份	2009	2010	2011	2012	2013	2014	2015	2016	2017
各国 HDI 均值	0.683	0.689	0.694	0.699	0.704	0.708	0.712	0.714	0.717
中国 HDI 值	0.681	0.696	0.705	0.713	0.719	0.728	0.738	0.757	0.763
差值	−0.002	0.007	0.011	0.014	0.015	0.02	0.026	0.043	0.046

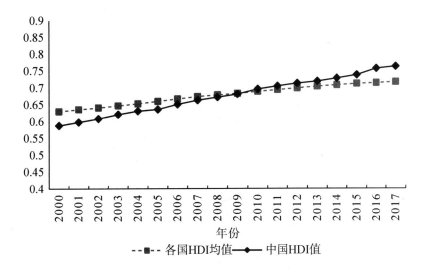

图 20-3　2000—2017 年中国与世界各国 HDI 均值的对比

由表 20-3 与图 20-3 可知，2000—2017 年，全球和中国的人类发展水平都取得了较大的进步，但中国人类发展水平的提高幅度明显高于全球各国的平均水平。在 2000 年，全球各国 HDI 均值高于中国 HDI 值 0.042 个指数点。而到了 2017 年，中国 HDI 却反超全球各国 HDI 均值 0.046 个指数点。

由表 20-4 与图 20-4 可知，2000—2017 年，在中国人类发展水平的提升幅度明显高于全球各国的平均水平的同时，中国 HDI 指数的离散程度仍然保持了持续降低的趋势。在 2000 年，中国 HDI 的离散系数低于全球 HDI 的离散系数，差值为 0.15。而到了 2017 年，中国 HDI 的离散系数仍低于全球 HDI 的离散系数，差值为 0.135。中国在 HDI 均值显著提升的背景下，依旧保持各省际之间差异程度的降低实属不易。

表 20-4　2000—2017 年中国与各国变异系数的对比

年份	2000	2001	2002	2003	2004	2005	2006	2007	2008
各国 HDI	0.267	0.264	0.261	0.26	0.255	0.251	0.246	0.241	0.237
中国 HDI	0.117	0.111	0.112	0.112	0.107	0.11	0.105	0.101	0.097
差值	−0.15	−0.153	−0.149	−0.148	−0.148	−0.141	−0.141	−0.14	−0.14

表20-4(续)

年份	2009	2010	2011	2012	2013	2014	2015	2016	2017
各国 HDI	0.231	0.228	0.224	0.22	0.218	0.216	0.214	0.213	0.212
中国 HDI	0.095	0.089	0.085	0.085	0.084	0.082	0.079	0.078	0.077
差值	−0.136	−0.139	−0.139	−0.135	−0.134	−0.134	−0.135	−0.135	−0.135

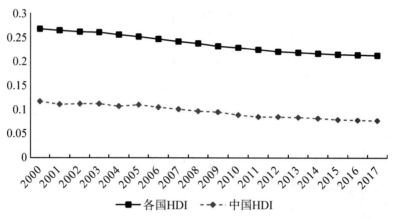

图 20-4　2000—2017 年中国与各国变异系数的对比

（二）HDI 各分项指数的演变态势分析

1. 全球 HDI 各分项指数的演变态势

下面将对全球 HDI 总指数及其构成总指数的三项分指数历年增速做进一步分析，以此来了解全球 HDI 指数及其三项分指数的历年演变情况（见图 20-5）。

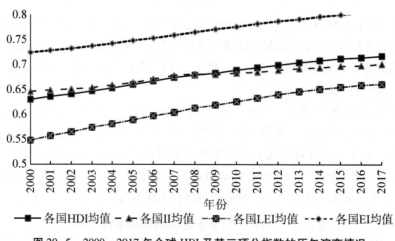

图 20-5　2000—2017 年全球 HDI 及其三项分指数的历年演变情况

从图 20-5 可以归纳出以下结论：

（1）2000—2017 年，世界各国 HDI 的平均水平从 0.630 上升到 0.717，增长了 13.81%。从全球平均 HDI 增速来看，全球人类发展水平增速逐步趋缓。

（2）在全球 HDI 的三个分项指数中，教育指数（LEI）和寿命指数（EI）均有明显提升，而收入指数（II）的提升幅度最小。HDI 三个分项指数值的绝对值由高到低依次为寿命指数、收入指数和教育指数。教育指数虽然分值最低，但增长最快，表明全球各国在教育方面的提升较为显著，尽管如此，教育指数的分值在三大分项指数中依旧处于最低位，教育发展依旧任重而道远；另外，寿命指数的分值最高，但其增速落后于教育指数；收入指数的增速最低，明显拖累了全球 HDI 的提升。

（3）总的来说，全球的人类发展在三大分项指标方面均取得了进步。整体来看，全球 HDI 指数及其三大分项指数的增速在逐年趋缓，即都表现出了空间趋同特征。

2. 中国 HDI 各分项指数的演变态势

下面，本节将对中国 HDI 及其三项分指数的历年增速做进一步分析，以此来初步获得中国 HDI 及其三项分指数的历年演变情况（见图 20-6）。

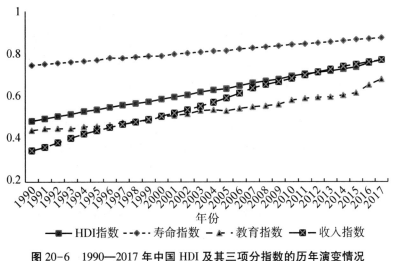

图 20-6　1990—2017 年中国 HDI 及其三项分指数的历年演变情况

从图 20-6 可以归纳出以下结论：

（1）2000—2017 年，中国 HDI 水平从 0.588 上升到 0.763，增长了 29.76%。与全球人类发展水平增速逐步趋缓的态势相比较，中国人类发展水平保持了持续稳定的提升。

（2）在中国 HDI 的三大分项指数中，收入指数提升幅度最大。HDI 三个分项指数值由高到低依次由 2000 年的寿命指数、教育指数和收入指数，转变为 2017 年的寿命指数、收入指数和教育指数，表明中国在收入方面的提升最为显著。同时也看到，中国的教育指数虽然近年来有明显的提升，但指数值依然偏低；寿命指数虽然得分最高，但增速不如教育指数。

（3）总的来说，反映中国人类发展的三个分项指数均取得了明显进步，但在三大分项指数中，收入指数进步明显，寿命指数增速最缓，教育指数排位最低，显示出寿命指数和教育指数都在一定程度上拖累了中国 HDI 总指数的提升。对此我们将在后文中分别就三个分项指数进行国际对比的具体分析。

（三）中国 HDI 的全球排位分析

受限于数据获取的有限性，下面我们对 2012—2017 年 UNDP 公布的中国人类发展指数及各分项指数数值及世界排名资料进行分析（见表 20-5）。

表 20-5　2012—2017 年中国 HDI 及分项指数数值及世界排名

年份	2012	2013	2014	2015	2016	2017	位次变动
HDI	0.722(93)	0.729(90)	0.738(88)	0.743(87)	0.748(86)	0.752(86)	+7
教育指数	0.617(110)	0.627(107)	0.637(106)	0.641(107)	0.644(107)	0.644(108)	+2
寿命指数	0.855(57)	0.858(57)	0.861(57)	0.863(57)	0.865(58)	0.868(59)	−2
收入指数	0.712(89)	0.721(86)	0.733(82)	0.741(80)	0.75(77)	0.76(76)	+13

数据来源：根据 UNDP 历年发布的《人类发展报告》整理。

由表 20-5 可以看到：2012—2017 年，中国 HDI 的世界排名上升了 7 个位次。从分项指数来看，教育指数上升了两个位次，寿命指数下降了两个位次，而收入指数上升了 13 个位次。中国 HDI 世界排名的上升几乎完全依赖于收入指数的拉动。这也证实了 UNDP 在《中国人类发展报告 2016》中的分析结论：中国的寿命指数和教育指数的增长没有实现赶超，没有收入指数增长表现得那么出色。

为进一步分析我国预期寿命指数、收入指数、教育指数世界排名变化，本书根据联合国开发计划署各指数最新编制方法进行了计算，如表 20-6 所示。结果显示：其一，1990年，预期寿命指数世界排名 97 位，与收入指数（174 位）、教育指数（122 位）相比基础较好。其二，1990—2018 年，HDI 总指数上升 18 位，其中收入指数大幅上升 100 位，从 1990年的 174 位上升至 2018 年的 74 位；教育指数上升 19 位，幅度居中；预期寿命指数只上升了 11 位，远远低于收入指数对 HDI 总指数的贡献度。

表 20-6　中国人类发展指数以及分指数世界排名变化

年份	1990	1995	2000	2005	2010	2015	2018	排位上升
HDI 总指数	0.49 (103)	0.549 (110)	0.649 (104)	0.643 (101)	0.7 (89)	0.743 (87)	0.758 (85)	18 位
寿命指数	0.747 (97)	0.776 (95)	0.791 (98)	0.815 (89)	0.844 (87)	0.867 (88)	0.887 (86)	11 位
收入指数	0.412 (174)	0.488 (146)	0.543 (138)	0.61 (132)	0.687 (105)	0.741 (80)	0.768 (74)	100 位
教育指数	0.338 (122)	0.383 (131)	0.449 (114)	0.504 (116)	0.569 (111)	0.641 (107)	0.644 (103)	19 位

注：数据来源为 UNDP 网站，括号内数值为世界排名。

具体的，我们用 2017 年中国与世界各国 HDI 指数及其三项核心指标进行对比分析，如表 20-7 所示。

表 20-7 2017 年中国与世界各国平均水平 HDI 的指标对比

指标	HDI 指数	儿童预期寿命	预期受教育年限	人均 GNI(ppp＄)
中国	0.762	76.4	13.8	15 270
世界各国平均	0.728	72.2	12.7	15 295
高发展水平国家平均	0.757	78.0	14.1	14 989

注：UNDP 根据 HDI 数据高低将世界各国划分为低、中等、高和极高人类发展水平国家。

由表 20-7 可知，2017 年中国的 HDI 为 0.762，高于世界各国的平均数 0.728，甚至高于高人类发展水平国家的平均数 0.757（不含极高人类发展水平的国家），中国作为高人类发展水平国家的地位无须置疑。从 HDI 的主要影响指标来看，2017 年，中国的儿童预期寿命为 76.4 岁，高于世界各国的平均数 72.2 岁，但未达到高人类发展水平国家的平均数 78.0 岁；2017 年，中国儿童的预期受教育年限为 13.8 年，高于世界各国的平均数 12.7 年，但略低于高人类发展水平国家的平均数 14.1 年；2017 年，中国人均 GNI 为 15 270 国际元，与世界各国的平均数基本持平，高于高人类发展水平国家的平均数 14 989 国际元。由此可见，2017 年中国的 HDI 高于高人类发展水平国家的平均数，主要应归功于人均 GNI 指标的贡献。

由表 20-8 可知，从中国与世界各国 HDI 主要指标的增量对比来看，2017 年与 1990 年相比，中国 HDI 的增量为 0.26 个指数点，正好为同期世界各国 HDI 增量的两倍。从儿童预期寿命来看，中国的增量为 7 岁，正好与同期世界各国平均的儿童预期寿命的增量持平。而从预期受教育年限和人均 GNI 这两项指标来看，中国与各国平均数的增量比例均超过 40%，为中国 HDI 增量的显著提升做出了重大的贡献。

表 20-8 2017 年与 1990 年中国与世界各国 HDI 主要指标的增量对比

指标	中国			各国平均			中国/各国平均
	2017 年	1990 年	增量	2017 年	1990 年	增量	增量比例
HDI 指数	0.762	0.502	0.26	0.728	0.598	0.13	2.000
儿童预期寿命	76.4	69.4	7	72.2	65.2	7	1.000
预期受教育年限	13.8	8.9	4.9	12.7	9.3	3.4	1.441
人均 GNI（ppp＄）	15 270	1 108	14 162	15 295	5 381	9 914	1.428

综上所述，中国 HDI 较之于世界平均数的优势十分明显，但这种优势主要是由于中国收入指数的强力拉动。中国教育指数的国际排位明显落后于国际平均水平；中国预期寿命指数的国际排位虽然较高，但近年来的增长趋势却低于国际平均水平。因此，有必要分别就收入指数、教育指数和预期寿命指数进行国际对比分析，才能发现中国人类发展的弱项和短板，为提升中国的人类发展水平提供有价值的参考意见。

四、中国收入指数（Ⅱ）的国际对比分析

（一）中国与世界各国收入指数（Ⅱ）的对比分析

1. 2000—2017 年全球收入指数的演变态势（见表 20-9）

表 20-9　2000—2017 年全球收入指数的演变态势

年份	2000	2001	2002	2003	2004	2005	2006	2007	2008
各国Ⅱ均值	0.646	0.649	0.651	0.654	0.659	0.664	0.671	0.678	0.681
各国Ⅱ极差	0.744	0.75	0.748	0.819	0.756	0.752	0.749	0.734	0.731
Ⅱ变异系数	0.293	0.29	0.29	0.29	0.286	0.285	0.281	0.277	0.274
年份	2009	2010	2011	2012	2013	2014	2015	2016	2017
各国Ⅱ均值	0.68	0.683	0.685	0.689	0.692	0.694	0.697	0.698	0.701
各国Ⅱ极差	0.726	0.725	0.718	0.714	0.731	0.729	0.723	0.719	0.714
Ⅱ变异系数	0.269	0.267	0.264	0.261	0.26	0.257	0.257	0.258	0.257

由表 20-9 以及图 20-7 可知：2000—2017 年，全球收入发展水平进步明显，收入指数平均水平由 0.646 上升到了 0.701，增幅为 8.5%。2000 年，全球收入指数最低的国家是莫桑比克，为 0.256；全球收入指数最高的国家是科威特，为 1。而到了 2017 年，全球 HDI 最低的国家是中非共和国，收入指数上升到了 0.286；全球收入指数最高的国家是新加坡，为 1。

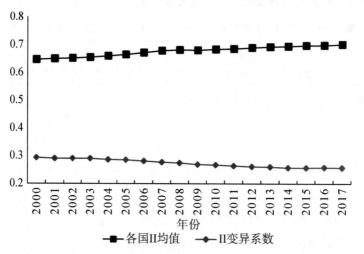

图 20-7　2000—2017 年全球各国收入指数平均值与变异系数变动趋势

另外，由历年收入指数的极差值和变异系数能够看出，全球各国收入指数呈逐年收敛趋势：2000 年各国之间的收入水平绝对差距为 0.744，而到了 2017 年则明显缩小为 0.714；2000 年各国 HDI 的变异系数为 0.293，而 2017 年为 0.257，表明各国 HDI 水平的差异在逐渐变小。

2. 中国收入指数与世界各国平均水平的对比分析

自改革开放以来，中国的经济发展取得了令人瞩目的成就，从联合国开发计划署发布的 2000—2017 年中国的 HDI 可以看到，中国居民的人类发展水平也得到了显著的提高。2000—2017 年全球收入指数的演变态势如表 20-10 所示。

表 20-10　2000—2017 年全球收入指数的演变态势

年份	2000	2001	2002	2003	2004	2005	2006	2007	2008
中国收入指数	0.509	0.523	0.538	0.555	0.573	0.593	0.615	0.639	0.656
各国平均收入指数	0.646	0.649	0.651	0.654	0.659	0.664	0.671	0.678	0.681
年份	2009	2010	2011	2012	2013	2014	2015	2016	2017
中国收入指数	0.669	0.685	0.700	0.714	0.727	0.740	0.751	0.762	0.772
各国平均收入指数	0.68	0.683	0.685	0.689	0.692	0.694	0.697	0.698	0.701

2000—2017 年中国与世界各国平均收入指数变动趋势如图 20-8 所示。

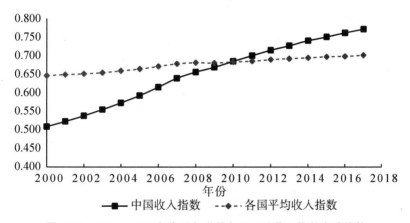

图 20-8　2000—2017 年中国与世界各国平均收入指数变动趋势

为了区分联合国各成员的人类发展水平，UNDP 在全球范围内采用 0.55、0.7 和 0.8 分别作为低（低于 0.55）、中等（0.55～0.699）、高（0.7～0.799）和极高（大于或等于 0.8）人类发展水平的分界点。本书也采用这一最新标准对 2012—2017 年中国收入指数与世界各种发展水平国家（地区）的平均值进行了比较和分析（见表 20-11）。

表 20-11　2012—2017 年中国收入指数与世界平均水平比较

年份	极高人类发展水平	高人类发展水平	中人类发展水平	低人类发展水平	中国
2012	0.878	0.712	0.589	0.426	0.712
2013	0.88	0.714	0.596	0.426	0.721
2014	0.882	0.717	0.6	0.429	0.733
2015	0.885	0.719	0.607	0.429	0.741
2016	0.887	0.72	0.609	0.428	0.751
2017	0.89	0.723	0.61	0.429	0.761
增长率/%	1.367	1.545	3.565	0.704	6.742

数据来源：根据 UNDP 历年发布的《人类发展报告》整理。

由表 20-11 可知，中国的收入指数从 2012 年达到了高人类发展水平国家收入指数的平均数（0.712）之后，依然快速提升，到 2017 年已经远远超过了高人类发展水平国家收入指数的平均数。另外，从人类发展水平四个层级国家收入指数五年的增长率来看，中国收入指数的增长率也远远高于各层级国家收入指数的增长。

（二）中国收入指数与金砖国家各国的对比分析

金砖国家由俄罗斯、印度、巴西、南非和中国五国组成。表 20-12 是 2012—2017 年金砖五国的收入指数值及在世界各国中的排位情况。

表 20-12　2012—2017 年金砖五国的收入指数值及在世界各国中的排位

国家	2012 年	2013 年	2014 年	2015 年	2016 年	2017 年	位次变动
俄罗斯	0.830（46）	0.832（44）	0.831（45）	0.827（49）	0.827（50）	0.829（52）	-6
巴西	0.755（74）	0.759（74）	0.758（74）	0.750（77）	0.744（79）	0.744（80）	-6
中国	0.712（89）	0.721（86）	0.733（82）	0.741（80）	0.750（77）	0.760（76）	+13
南非	0.722（84）	0.723（85）	0.724（87）	0.724（90）	0.723（90）	0.722（90）	-6
印度	0.584（129）	0.591（130）	0.600（129）	0.610（127）	0.619（125）	0.627（124）	+5

数据来源：根据 UNDP 历年发布的《人类发展报告》整理。

首先，从金砖五国的收入指数排名上看，2012—2017 年金砖五国中收入指数最高的是俄罗斯，收入指数最低的是印度，中国在 2016 年超过巴西，收入指数排在金砖国家的第二位。虽然俄罗斯的收入指数依旧保持着原有的领先优势，但金砖五国中只有中国和印度的收入指数呈现增长态势。其次，从收入指数世界排名上看，印度 2017 年的收入指数排名比 2012 年提高了 5 位，但是中国同期的收入指数排名却提高了 13 位，中国收入指数的世界排名与俄罗斯的世界排名位次差也从 43 位减少到 24 位。由此可见，中国正以迅猛的速度和规模发展，在 HDI 的收入方面延续着历史的奇迹。

五、中国教育指数（LEI）的国际对比分析

（一）中国与世界各国教育指数（LEI）的对比分析

1. 2000—2017 年全球教育指数的演变态势

由表 20-13 及图 20-9 可知：2000—2017 年，全球教育发展水平得到明显提升，全球各国教育发展平均水平由 0.548 上升到 0.661，增幅为 20.6%。2000 年，全球教育指数最小的国家是尼日尔，为 0.116；全球教育指数最大的国家是澳大利亚，为 0.895。而到了 2017

年，全球教育指数最小的国家依旧是尼日尔，但教育指数上升到了 0.214；全球教育指数最大的国家是德国，上升到了 0.940。

另外，由极差和变异系数变动图也能看到，全球各国教育指数呈收敛趋势：2000 年各国之间的教育水平绝对差距较大，为 0.779，而 2017 年则明显缩小，为 0.726；2000 年各国教育指数的变异系数为 0.338，2017 年为 0.260，表明各国教育指数的差异也在逐渐缩小。

表 20-13　2000—2017 年全球教育指数的演变态势

年份	2000	2001	2002	2003	2004	2005	2006	2007	2008
各国平均值	0.548	0.557	0.565	0.574	0.581	0.589	0.597	0.604	0.613
极差	0.779	0.776	0.771	0.768	0.776	0.758	0.764	0.763	0.759
变异系数	0.338	0.332	0.327	0.323	0.316	0.311	0.304	0.299	0.293
年份	2009	2010	2011	2012	2013	2014	2015	2016	2017
各国平均值	0.619	0.626	0.633	0.64	0.646	0.651	0.655	0.659	0.661
极差	0.754	0.748	0.743	0.735	0.737	0.729	0.732	0.728	0.726
变异系数	0.286	0.281	0.275	0.269	0.268	0.266	0.264	0.262	0.26

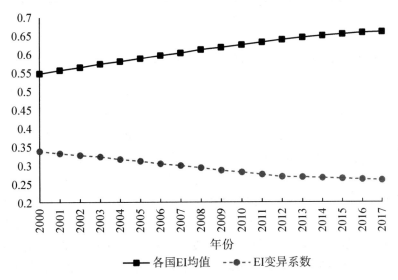

图 20-9　2000—2017 年世界各国平均教育指数变动趋势

2. 中国与世界各国教育指数（LEI）的对比分析

由于目前 UNDP 网站上能查询到的相关数据情况的限制，本书主要以 2016 年的教育指数数据为例进行国际对比分析（见表 20-14）。

2016 年中国 HDI 为 0.748，略高于世界平均水平 0.707，在 1990 年的 0.502 的基础上取得了显著进步。2016 年中国教育指数为 0.654，略高于世界平均水平 0.650。在联合国统计的 187 个国家（地区）中，教育发展水平排名前三的国家分别是德国、澳大利亚、丹麦。另外，中国的教育指数从全球水平来看位于第 106 名，而与相邻且有较多经济文化联系的韩国（0.862，排第 22 名）和日本（0.846，排第 26 名）相比，差距较大。

表 20-14 2016 年世界各国教育发展水平

国家	HDI	HDI 排名	教育指数	平均受教育年限	预期受教育年限	教育指数排名
德国	0.934	4	0.94	14.1	17	1
澳大利亚	0.938	3	0.929	12.9	22.9	2
丹麦	0.928	10	0.92	12.6	19.1	3
…	…	…	…	…	…	…
韩国	0.9	23	0.862	12.1	16.5	22
日本	0.907	19	0.846	12.7	15.2	26
…	…	…	…	…	…	…
圣文森特和格林纳丁斯	0.721	99	0.655	8.6	13.3	105
中国	0.748	86	0.654	9.3	12.39	106
泰国	0.748	86	0.65	7.6	14.3	107
…	…	…	…	…	…	…
厄立特里亚	0.436	178	0.279	3.9	5.4	187
尼日尔	0.351	188	0.212	1.9	5.4	188

数据来源:以上数据来源于 UNDP 网站（http://hdr.undp.org/en/data）。

（二）中国与 G7 国家教育指数的对比分析

西方七大工业国美国、英国、法国、德国、意大利、加拿大、日本组成了 G7 发达国家集团。从表 20-15 可以看到，中国教育水平比 G7 发达国家中教育指数最低的意大利要低 17%，说明中国的教育水平与发达国家相比还有较大的差距。G7 发达国家中德国的教育指数最高，其平均受教育年限也最高，达到 14.1 年，中国的平均受教育年限比德国少 4.8 年；G7 发达国家中平均受教育年限最短的是意大利，为 10.2 年，中国的平均受教育年限比意大利少 0.9 年。G7 发达国家中预期受教育年限最长的是英国，为 17.4 年，中国的预期受教育年限比英国少 5.0 年；G7 发达国家中预期受教育年限最短的是日本，为 15.2 年，中国的预期受教育年限比日本少 2.8 年。在 G7 发达国家中，只有德国和英国的教育指数排名减去 HDI 排名为负值，表示德国和英国的教育指数排名领先于 HDI 排名；其他五个国家的 HDI 排名领先于教育指数的排名，特别是从意大利来看，HDI 排名比教育指数排名领先了 18 位。我国与意大利情况相同，HDI 排名比教育指数排名要领先 20 位，说明我国的教育发展速度还弱于 HDI 的发展速度，国家亟待进一步加强对教育事业的关注。

表 20-15 中国与 G7 发达国家教育指数的比较

国家	HDI	HDI 排名	教育指数	平均受教育年限	预期受教育年限	教育指数排名	HDI 排名-教育指数排名
德国	0.934	4	0.940	14.1	17.0	1	−3
英国	0.920	14	0.914	12.9	17.4	7	−7
美国	0.922	12	0.903	13.4	16.5	12	0

表20-15（续）

国家	HDI	HDI 排名	教育 指数	平均受教育 年限	预期受教育 年限	教育指数 排名	HDI 排名-教育 指数排名
加拿大	0.922	12	0.894	13.1	16.4	14	2
日本	0.907	19	0.846	12.7	15.2	26	7
法国	0.899	24	0.840	11.5	16.4	28	4
意大利	0.878	28	0.791	10.2	16.3	46	18
中国	0.748	86	0.654	9.3	12.4	106	20

数据来源：以上数据来源于 UNDP 网站（http://hdr.undp.org/en/data）。

（三）中国与金砖国家教育指数的对比分析

"金砖国家"（BRICS）由印度、俄罗斯、巴西、中国和南非五国构成。由于金砖国家都拥有众多人口，且经济发展活力较强，在全球经济和社会发展中占有重要地位。

金砖国家中（见表20-16），HDI 指数值最高的是俄罗斯，为 0.815，在世界上排名第 49 位；HDI 指数值最低的是印度，为 0.636，在世界上排名第 129 位；中国的 HDI 数为 0.748，在世界排名 86 位，排名与最高的俄罗斯相比差 37 位，排名比印度领先 43 位。在教育指数方面，金砖国家中教育指数最高的是俄罗斯，在世界上排名第 32 位，中国的教育指数在世界上排名 106 位，在五个金砖国家中位列第四，与俄罗斯相差 74 位，比印度领先 24 位。

中国平均受教育年限为 9.3 年，处于中等位置。平均受教育年限最高的是俄罗斯，为 12.0 年，比中国高 2.7 年。中国的预期受教育年限位于金砖国家中的第四名，仅仅比印度多 0.1 年，低于其他金砖国家。教育指数与 HDI 排名差距中，俄罗斯和南非的教育指数排名都远高于其 HDI 在世界上的排名；而巴西、中国和印度的教育指数排名要低于 HDI 的排名，这表明中国在金砖国家中比较来说，教育事业的发展仍值得更加重视。

表 20-16　中国与金砖国家之间教育指数的比较

国家	HDI	HDI 排名	教育 指数	平均受教育 年限	预期受教育 年限	教育指数 国际排名	HDI 排名-教育 指数排名
俄罗斯	0.815	49	0.832	12.0	15.5	32	-17
南非	0.696	111	0.708	10.1	13.3	79	-32
巴西	0.758	79	0.686	7.8	15.4	92	13
中国	0.748	86	0.654	9.3	12.4	106	20
印度	0.636	129	0.556	6.4	12.3	130	1

六、中国预期寿命指数（EI）的国际对比分析

（一）全球寿命指数演变的整体态势

2000—2017年中国与世界各国预期寿命指数均值的比较如表20-17所示。

表20-17   2000—2017年中国与世界各国预期寿命指数均值的比较

年份	2000	2001	2002	2003	2004	2005	2006	2007	2008
各国平均值	0.724	0.728	0.732	0.737	0.742	0.748	0.753	0.759	0.765
极差	0.653	0.643	0.631	0.619	0.606	0.595	0.583	0.571	0.562
变异系数	0.214	0.213	0.211	0.208	0.203	0.199	0.193	0.187	0.181
年份	2009	2010	2011	2012	2013	2014	2015	2016	2017
各国平均值	0.771	0.776	0.782	0.787	0.791	0.796	0.8	0.804	0.807
极差	0.554	0.545	0.536	0.527	0.518	0.508	0.499	0.494	0.490
变异系数	0.175	0.169	0.164	0.16	0.156	0.152	0.149	0.147	0.144

由表20-17及图20-10可知：2000—2017年，全球寿命发展水平一直在提升，全球寿命平均水平由2000年的0.724上升到2017年的0.807，增长了11.46%。

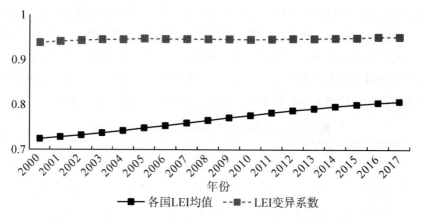

图20-10   2000—2017年世界各国平均预期寿命指数变动趋势

另外，由表20-17中的极差指数和变异系数可发现：历年全球各国寿命指数呈收敛趋势，2000年各国之间的寿命水平绝对差距较大，为0.653，而2017年则明显缩小，为0.490；2000年各国HDI的变异系数为0.214，2017年为0.144，表明各国寿命方面的差异在逐渐减少。

（二）中国预期寿命指数水平演变态势

1990—2018 年中国分性别预期寿命指数变动如表 20-18 所示。

表 20-18　1990—2018 年中国分性别预期寿命指数变动

年份	1990	1995	2000	2005	2010	2015	2018
总体	0.754	0.776	0.795	0.821	0.846	0.872	0.887
男性	0.721	0.752	0.764	0.782	0.806	0.825	0.831
女性	0.776	0.791	0.821	0.852	0.883	0.914	0.917

根据国家统计局公布的人口普查数据结合预期寿命指数计算结果，1990 年我国居民平均预期寿命为 68.55 岁，预期寿命指数为 0.754，2018 年平均预期寿命为 77 岁，预期寿命指数为 0.887。自改革开放以来，我国各项事业稳步发展，人民物质生活水平显著提高，29 年间我国居民平均预期寿命和预期寿命指数分别提高了 8.45 岁和 0.133，增幅达 17.64%。由图 20-11 可以看出，整体预期寿命指数也表现出平稳增加的态势。

根据中国历次人口普查数据结合表 18 来看，2018 年我国男性人口预期寿命指数为 0.831，比 1990 年提高 0.11（6.80 岁），比 2010 年提高 0.025（4.01 岁）；2018 年女性预期寿命指数为 0.917，比 1990 年提高 0.14（8.96 岁），比 2010 年提高 0.034（2.06 岁）。1990 年男女预期寿命指数之差为 0.055，而 2018 年为 0.086，可见两者之间的差距在不断扩大。同时图 20-11 也显示：在预期寿命指数增长的同时，女性增长程度明显大于男性增长程度，且两者间的差距也呈继续扩大的趋势。

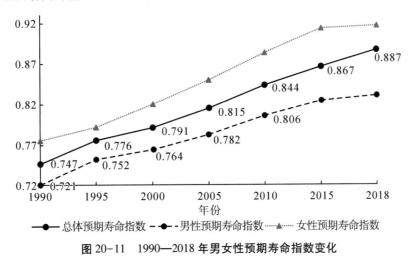

图 20-11　1990—2018 年男女性预期寿命指数变化

（三）中国预期寿命指数的国际比较分析

为了能够更加清晰准确地描述中国预期寿命指数的演变过程，便于进行国际纵向比较，文章整理计算了 1990—2018 年世界平均预期寿命指数，并以 G7 成员（美、英、法、德、意、加、日）作为世界发达国家的代表，金砖五国（中国、俄罗斯、巴西、印度、南非）作为经济社会发展程度与中国基本相当的国家代表与中国预期寿命指数进行国际对比分析。

表 20-19　1990—2018 年中国预期寿命指数的国际比较分析

年份	中国预期寿命指数	世界排名	世界平均预期寿命指数	G7 国家平均预期寿命指数	金砖国家（除中国）平均预期寿命指数
1990	0.747（68.56）	97	0.698（65.43）	0.870（75.59）	0.678（64.10）
1995	0.776（70.44）	95	0.711（66.28）	0.884（77.48）	0.672（63.72）
2000	0.791（71.42）	98	0.731（67.55）	0.904（78.76）	0.669（63.54）
2005	0.815（72.98）	89	0.752（68.92）	0.919（79.79）	0.674（63.84）
2010	0.844（74.86）	87	0.777（70.56）	0.937（80.96）	0.718（66.71）
2015	0.867（76.36）	88	0.799（71.95）	0.946（81.55）	0.759（69.36）
2018	0.887（77.66）	86	0.805（72.39）	0.951（81.83）	0.770（70.07）

注：数据由历年 UNDP 发布的《人类发展报告》整理计算得到，括号内为预期寿命具体数值。

由表 20-19 分析可得：

（1）整体来看，1990—2018 年中国预期寿命指数在绝对数值和世界排名上都有显著提升。指数值从 0.747 上升到 0.887，预期寿命从 68.55 岁上升至 77.65 岁，世界排名也从 97 位上升到 86 位。这反映出中国人口健康状况的巨大改善和对世界人类健康所做出的突出贡献。

（2）与世界平均预期寿命指数相比，中国预期寿命指数显著较高。1990 年，中国预期寿命指数比世界平均水平高 0.049（3.13 岁）；2018 年，中国预期寿命指数比世界平均水平高 0.082（5.27 岁），增幅明显高于世界平均水平。目前中国居民的主要健康指标总体上优于中高收入国家平均水平，提前实现了联合国千年发展目标。

（3）与中国发展程度相当的其他金砖四国相比，中国预期寿命指数显著高于其他金砖四国平均值。具体来看，1990 年其他金砖四国平均预期寿命指数与中国预期寿命指数相差 0.069（1.40 岁），2018 年这一数值达到 0.117（7.58 岁），同样展现出 29 年间得益于中国各项事业的飞速发展，中国的人口预期寿命得到了大幅提升。

（4）与世界发达国家的代表 G7 成员相比，1990 年中国预期寿命指数与 G7 国家的平均预期寿命指数值相差 0.123（7.04 岁），2018 年还相差 0.064（4.17 岁），虽然 29 年来我国预期寿命指数得到了很大的提高，但与 G7 成员平均值相比仍有较大差距。尽管差距有明显的缩小趋势，但需要清醒地认识到我们在提升预期寿命指数方面仍有很长的路要走。

七、中国人类发展进程中存在问题的分析

综上分析可见，虽然我国人类发展事业已取得了巨大成就，但随着我国由"生存型社会"向"发展型社会"的转变，相对于人民日益增长的美好生活需要来看仍存在"人类发

展不平衡不充分"的现实问题，对进一步提高我国的人类发展水平提出了严峻的挑战。对此我们做出如下分析和对策建议。

（一）各地区人类发展不平衡问题突出，西部地区人类发展水平仍亟待提升

分省份看，我国各省份人类发展水平均有不同幅度提升，但不同地区之间，特别是东部和西部地区之间，人类发展水平还有较大的差距。2018 年，我国人类发展程度达到极高水平的省份位于京津冀、长三角和珠三角经济区，而西部的云南、甘肃和西藏还未进入高人类发展水平组。如果进一步考察市县乡村层级的人类发展水平，这种发展的不平衡问题就更加突出。党的十九大报告明确指出：我国社会主要矛盾已经转化为人民日益增长的美好生活需要和不平衡不充分的发展之间的矛盾。因此，努力提高西部落后地区人类发展水平，不仅是提高我国人类发展综合水平的需要，也是解决我国现阶段社会主要矛盾的需要。那么应当如何提升这些落后地区的人类发展水平呢？实际上，人类发展指数的构成方式就已经明显地显示出了提高人类发展水平的途径，那就是主要应当从人民的收入、医疗卫生水平和文化教育程度这三个主要的方向着力。虽然从动态上看，我国西部落后地区人民的收入、医疗卫生水平和文化教育程度已较过去有较大的提高，但仍有较大提升空间，应当在提高贫困百姓收入水平、完善医疗保障、防止留守儿童失学等具体的工作方面进一步着力。

（二）我国人类发展过多依赖经济增长的情况有待改善

为了更加精准地分析 HDI 各构成因素对 HDI 总指数的拉动作用，我们构建了关于 HDI 各构成因素的贡献率分析模型。通过该模型对中国人类发展指数各构成因素的贡献率分析发现：1990—2018 年，中国人类发展指数提升的过程中，来自收入指数、教育指数、寿命指数增长的平均贡献率分别为 60.84%、26.7% 和 12.47%（见表 20-20）。可见，1990—2018 年中国人类发展指数的主要拉动力是收入指数的增长。

表 20-20　中国 HDI 三大分项指数分时段的贡献率分析

年份	寿命贡献率	教育贡献率	收入贡献率	合计
1990—1999	0.112 9	0.198 2	0.688 9	1.000 0
2000—2009	0.116 7	0.234 9	0.648 4	1.000 0
2010—2018	0.148 0	0.384 5	0.467 5	1.000 0
1990—2018	0.124 7	0.267 0	0.608 3	1.000 0

基于此，有两个问题值得思考：一是收入的高增长难以长期持续。事实上，如果把 1990—2018 年分为三个时间段来考察即可发现，收入指数在 1990—1999 年的贡献率是 68.89%，2000—2009 年的贡献率是 64.84%，在 2010—2018 年的贡献率下降至 46.75%。可见，随着时间推移，收入指数的贡献率明显降低。二是收入增长虽有助于促进人类发展，但其最终无法全面替代人类发展。如果未来我国人类发展仍过度依赖经济增长所带来的收入提升，就既不符合人类发展为人民的根本宗旨，又违背了联合国开发计划署用人类发展指数替代 GDP 评价社会进步的初衷。因此，要清醒地认识到仅仅靠拉动经济增长来提升人类发展水平的作用是有限的，而且是不可持续的。我们应当以习近平新时代中国特色社会

主义思想为指导，树立全面的、可持续的新发展理念，并落实在各项具体工作中。

（三）我国的寿命指数和教育指数并不高，影响了我国人类发展指数的世界排名

由前述分析可知，虽然我国的 HDI 数值提高比较明显，但其中收入指数的显著提升在一定程度上掩盖了教育指数和寿命指数方面的不足。

据此，我们进一步构建了关于 HDI 分区域的增量分析模型。通过该模型对 1990—2018年我国四大区域人类发展指数的分析发现，各区域收入指数增幅均远超寿命指数和教育指数增幅，这就进一步表明：一方面，经济增长并不会自动带来国民健康和教育的改善；另一方面，与经济高速发展相比，我国在健康、教育等民生方面的发展明显滞后。因此，进一步重视我国在健康和教育方面的提升有利于提升我国的人类发展水平。1990—2018 年中国各大区域 HDI 指数增量分析如表 20-21 所示。

表 20-21　1990—2018 年中国各大区域 HDI 指数增量分析

区域	寿命增量	教育增量	收入增量	HDI 增量
东部地区	0.113 2	0.263 9	0.438 2	0.293 7
中部地区	0.129 3	0.224 7	0.441 0	0.292 8
西部地区	0.221 1	0.225 0	0.437 0	0.310 6
东北地区	0.182 6	0.178 8	0.365 7	0.249 8
全国平均	0.128 1	0.216 7	0.425 4	0.278

（四）进一步提高我国户籍人口城镇化率是提升我国人类发展水平的重要途径

本书通过对世界各国城镇化率排名和人类发展指数排名关系进行研究后发现，各国人类发展水平与城镇化率水平在数量上有极高的相关关系。其原因可能是城镇在医疗、教育和生活等条件方面均优于农村。进一步分析后发现，中国常住人口城镇化率与中国人类发展指数均与世界平均水平大致相当，均位于世界 230 余个国家和地区的第 85 位左右。这初看起来似乎比较正常，但其实掩盖了一个十分重要的问题：那就是由中国户籍人口城镇化率低于常住人口的城镇化率所带来的问题。中国国家统计局的数据显示：2018 年年末全国总人口 139 538 万人，其中城镇常住人口 83 137 万人，占总人口比重（常住人口城镇化率）为 59.58%，而户籍人口城镇化率仅为 43.37%。中国户籍人口城镇化率低于常住人口城镇化率超过 16 个百分点。这表明我国按户籍人口计算城镇化发展水平明显滞后于 HDI 显示的人类发展水平。换言之，我国的 HDI 与我国的户籍人口城镇化率指标存在不相匹配的情况。这也反映出我国相当一部分城镇的常住居民并没有真正完全享受到城镇居民的待遇，从而拉低了我国 HDI 的数值水平。同时，这一数据差异对于我国提高人类发展水平也有一个重大启示：如果改变目前进城务工经商人员的身份识别方式，赋予其完全的城镇居民待遇，使我国的常住人口城镇化率和户籍人口城镇化率达到同一水准，我国的人类发展水平将得到极大的提高。因此，我国应当坚持以"创新、协调、绿色、开放、共享"的新发展理念为引领，着力提升我国城镇化水平，特别注重提高户籍人口城镇化率，以新型城镇化建设为抓手，助推我国人类发展水平不断提升。

第七板块（二十一章、二十二章）：

以地级市为例的中国人类发展指数的分析

执笔人：任栋、刘诗雅、刘怡然、彭玲军

第二十一章　地级市人类发展指数的编制和分析

——以江苏省为例

一、引言

（一）问题的提出

早在 20 世纪 80 年代，被称作"穷人的经济学家"，诺贝尔经济学奖得主——阿玛蒂亚·森在他的著作《以自由看待发展》中提出了一种全新的聚焦于自由的发展观。他指出"发展是扩展人们享有的真实自由的过程，发展可以看作人们选择和追求自己珍视的自由"。阿玛蒂亚·森提出了"人的发展观"，即发展的目的是"人"，"人的发展"才是真正的社会发展，而不是片面地追求 GDP 的增长与个人收入水平的提高。以阿玛蒂亚·森的"自由发展观"为基础，1990 年联合国开发计划署（UNDP）提出了一个新的测算其各成员经济社会发展综合水平的指标——人类发展指数（HDI），该指数从健康水平、教育水平、生活质量水平三个维度来综合评价了一个国家或区域的社会进步程度。

新中国成立以来，党和政府也将更多精力投入对经济增长以外的社会问题方面的关注。但中国的地域辽阔，各地经济社会发展差异较大，区域社会发展不平衡问题尤为突出，我国在寻求国家范围内缩小社会发展水平差距的解决方法的同时，关注点也应更为细化——各个省内各市、区之间的社会发展水平的不平衡问题也应当得到地方政府的重视。

人均 GDP 作为一项衡量经济发展的指标，在一定程度上反映了社会财富的增加与综合国力的增长，但在其经济快速发展的表象之下可能伴随着社会财富分配不均以及收入水平差异的加大，因此，单单从 GDP 出发去衡量一个国家或地区的社会综合发展水平显然是过于片面的。1990 年，联合国开发计划署（UNDP）出版了《人类发展报告》，提出以"人类发展指数（HDI）"作为评估各国经济社会发展水平的重要指标。该指标从经济发展、教育水平、健康长寿这三个维度出发，构建了综合评价模型，较为全面地测度了一国或一个地区的发展实力。

由前述可知：中国地域辽阔，各地区社会经济发展差异很大，加上数据收集的可得性，本书主要基于省级层面进行了各地人类发展水平的研究。对于地级市层面，本书只能进行一些典型性的研究。在本章中，我们就以江苏省为例，研究江苏省各地级市的人类发展情况，并进行相应的对比和分析。

江苏省位于中国东部沿海地区，地处长江经济带，其与浙江、上海、安徽共同组成长江三角洲城市群。作为下辖13个地级市全部跻身百强市的省份，江苏省在人均GDP、经济综合竞争力等方面均位居全国第一，同时以其活跃的经济活力为中国综合发展水平最高的省份之一。选择江苏省作为研究对象，对其进行人类发展指数方面的相关分析将会对探究并解决我国社会发展水平的不平衡问题提供十分有意义的参考。

（二）相关文献综述

人类发展指数（HDI）自提出以来，就受到国际社会的高度重视，被广泛运用于国家或地区社会经济发展水平的测量与比较，国内外学者也不断致力于该方面的研究。

宋洪远、马永良（2004）[1] 较早使用人类发展指数估计了我国的城乡差距，并得出了我国城乡差距始终存在并波动性扩大的结论。任媛、谢学仁（2011）[2] 借鉴联合国对于人类发展指数的编制方法，首次对山西省各地级市的社会发展水平进行了测算比较，得出山西省区域社会经济发展不平衡的主要原因在于经济基础较差、城市化进程慢、城乡贫富差距大，同时地理位置的偏僻、资源组成的单一也是重要原因。李晶（2013）[3] 在省份尺度下研究了中国各区域的协调发展指数，发现中国各地人类发展水平有较大的差异，中国各区域的协调发展指数偏低。张菁晶（2015）[4] 计算出我国各省行政区的HDI数值，得出全国总体上呈现东高西低、南高北低的空间格局的结论。同时基于HDI的框架，通过对各省份三个维度指标间的对比，进一步得出高级别人类发展指数的行政区的三项指标表现协调度高，而处于中等级别人类发展的行政区在经济和教育水平方面呈现出相对薄弱的特征。包玉香、李玉江（2009）[5]以山东省109个市直辖区、县和县级市为例，用聚类分析的方法，分析了山东省各地级市人类发展指数的差异。沈健（2017）[6] 参考了人类发展指数的框架，提出了促进江苏义务教育优质均衡发展的分析和建议。王圣云、翟晨阳（2018）[7] 从世界范围角度入手，对于1990—2014年的人类发展的空间差异演变和影响因素进行了分析，以基尼系数和Thiel指数方法为基础工具对人类发展指数（HDI）进行重新测算，发现世界人类发展水平得到明显提高，空间差异明显减小。

---

① 宋洪远，马永良. 使用人类发展指数对中国城乡差距的一种估计 [J]. 经济研究，2004 (11)：4-15.

② 任媛，谢学仁. 人类发展指数的解析及应用：基于山西省各地级市的测算与比较 [J]. 西北人口，2011，32 (4)：63-66.

③ 李晶. 省域尺度下的中国区域协调发展指数研究：基于人类发展视角的实证分析 [J]. 西部论坛，2013，23 (6)：53-61.

④ 张菁晶. 人类发展指数的地区差异分析：基于省级比较 [J]. 时代金融，2015 (11)：64-65.

⑤ 包玉香，李玉江. 基于人类发展指数（HDI）的聚类分析：以山东省109个市直辖区、县和县级市为例 [J]. 商场现代化，2009 (14)：158-160.

⑥ 沈健. 促进江苏义务教育优质均衡发展 [J]. 群众，2017 (14)：46-47.

⑦ 王圣云，翟晨阳. 全球人类发展指数（HDI）的空间差异演化与要素分析 [J]. 经济地理，2018，38 (7)：34-42.

本章从人类发展指数入手测度江苏省各地级市间的经济社会发展水平的差异，并探究了造成人类发展指数差异的内在因素。由于地级市层面的相关历史数据获取上的困难，本章在江苏省各地级市人类发展指数的数据分析样本期确定为 2010—2017 年。

二、江苏省各地级市人类发展指数的测算

人类发展指数（HDI）是一个综合指标，由预期寿命指数、教育指数和收入指数这三个分项指标构成。HDI 及各分项指数的计算结果均介于 0～1，数值越大，代表社会经济发展水平越高；反之，数值越小，代表其人类发展水平低。HDI 的三个分项指数的测算方法如下。

（一）预期寿命指数

预期寿命指数是关于预期寿命的功效系数法指数，其中满意值和不允许值由联合国开发计划署（UNDP）规定，分别为83.3 和 20，而由于各年统计资料的不完备性，对于 2010—2017 年的江苏省各地级市预期寿命的测算我们采用对于六次人口普查年份的相关数据进行模型回归拟合。

（二）教育指数

该指数是由平均受教育年限指数和预期受教育年限指数构成。这两个分指数同样也是功效系数法的综合指数，其满意值与不允许值也由联合国规定。其直接指标在江苏省统计数据中不可得，因而采用以下公式对其进行计算。

$$\text{平均受教育年限} = \frac{6 \text{岁及以上人口接受学历教育年数的总和}}{6 \text{岁及以上人口总数}}$$

$$= \frac{6 \times \text{小学文化人数} + 12 \times \text{初中文化人数} + 12 \times \text{高中文化人数} + 16 \times \text{大学文化人数}}{6 \text{岁及以上人口数}}$$

(21-1)

由于非普查年份的江苏省各地级市的受教育程度人数不可得，本书采取以下指标对各个程度文化水平人数进行替代：小学文化人数＝小学毕业生数 − 初中毕业生数；初中文化人数＝高中毕业生数 − 初中毕业生数；高中文化人数＝高等教育毕业生数 − 高中毕业生数；大学文化人数＝高等教育毕业生数。

$$\text{预期受教育年限} = 6 \times 入_{小学} + 3 \times 入_{初中} + 3 \times 入_{高中} + 4 \times 入_{大学}$$ (21-2)

其中，$入_{小学}$、$入_{初中}$、$入_{高中}$、$入_{大学}$ 分别为小学净入学率、初中毛入学率、高中毛入学率、大学毛入学率（含专科、本科和研究生）[1]。

---

[1] 邱国华，朱佳生. 关于人口平均受教育年限与平均预期受教育年限的思考 [J]. 辽宁教育研究，2005 (3)：21-24.

（三）收入指数

收入指数的技术指标是人均 GNI（ppp 美元），阈值也由联合国开发计划署确定。人均 GNI 的数据可由人均 GDP 转化计算，可直接查找相关地域的统计资料得到。以江苏省为例，江苏省各地级市的人均 GDP 资料及相关人口数资料可在《江苏省统计年鉴》查询，必要的补充数据来自江苏省各地级市统计局网站。

由以上三个分项指数的测算方法，可得到 2010—2017 年江苏省及其各地级市人类发展指数如表 21-1 所示。

表 21-1　2010—2017 年江苏省及其各地级市人类发展指数

省份	年份							
	2010	2011	2012	2013	2014	2015	2016	2017
江苏省	0.772	0.757	0.774	0.789	0.805	0.820	0.826	0.849
南京市	0.852	0.782	0.837	0.875	0.901	0.929	0.926	0.974
无锡市	0.862	0.672	0.813	0.838	0.862	0.877	0.890	0.976
徐州市	0.716	0.737	0.739	0.746	0.764	0.770	0.776	0.782
常州市	0.822	0.731	0.804	0.840	0.852	0.877	0.878	0.939
苏州市	0.872	0.653	0.797	0.823	0.900	0.933	0.935	1.049
南通市	0.735	0.712	0.770	0.794	0.806	0.821	0.843	0.870
连云港市	0.695	0.715	0.701	0.697	0.708	0.719	0.719	0.718
淮安市	0.703	0.604	0.714	0.733	0.740	0.756	0.778	0.825
盐城市	0.688	0.692	0.722	0.729	0.734	0.743	0.758	0.769
扬州市	0.764	0.778	0.780	0.815	0.833	0.867	0.885	0.913
镇江市	0.778	0.589	0.759	0.774	0.793	0.816	0.835	0.913
泰州市	0.708	0.644	0.744	0.756	0.770	0.793	0.818	0.865
宿迁市	0.714	0.690	0.716	0.714	0.727	0.741	0.739	0.752

三、江苏省各地级市人类发展指数的统计分析

（一）人类发展指数的横向与纵向对比分析

通过观察表 21-1 可以看出，江苏省的人类发展指数（HDI）到 2017 年已经达到约 0.85 的水平，约为 2010 年水平的 10%，从高层次的 HDI 上升发展至极高层次的人类发展指数水平。其中，连云港市和盐城市从 2010 年的中级人类发展指数水平至 2012 年为止全部增长至高层次人类发展指数水平。

同时，江苏省及其各地级市的人类发展指数随着年份的推进呈现一定程度上的波动。2010—2017 年，各地级市在总趋势向上的基础上，都有着指数降低的年份。除了连云港市在 2012 年出现指数回落，绝大部分地级市（除了徐州市、盐城市和扬州市呈现轻微幅度的

上升或是保持持平趋势）在2011年都伴随着人类发展指数的小幅度下降，随后在2012年指数水平开始回升。

而从纵向角度观察地区间差异可以发现，在江苏省的13个地级市中，2010年高于省级平均水平的地级市有5个，包括南京市、无锡市、常州市、苏州市和镇江市，到2017年，除了原先在列的5个地级市，扬州市与泰州市也发展成为高于省级水平的地级市之一，这一点部分说明江苏省以及相关地级市的改革发展政策的有效实施，越来越多地区的居民生活发展水平达到省级水平以上。然而，与此同时，各地级市间人类发展指数（HDI）的极差也由原先的0.07扩大至0.13，从极端值处展现出各地级市间的水平差异随着时间增长不断扩大。

图21-1以江苏省及其各地级市为单位，直观展现了省际及其下辖的13个县市人类发展指数的时间波动。通过观察折线图的变化，可以看出除了苏州市近年来增长幅度较大，排名跨越水平较广，其余各地级市的时序增长幅度差别不大，表现为各地级市的时序折线在不同水平上基本呈现相似增长曲线。同时，由各条曲线之间的疏密程度在横向与纵向上的对比，我们可以知道：虽然居民总体生活水平提高了，但是地区之间差距的总趋势却在随着时间不断扩大。由于各个年份的人类发展指数的平均水平不同，为了衡量单位水平上的差异，我们计算离散系数（标准差系数）来度量地区间差异程度。从表21-2可以看出，江苏省各地市间的标准差系数在经历了2010年、2011年两年的短暂下降之后，从2012年开始呈现出波动上升的趋势，这表明江苏省各地市间人类发展指数的差异程度随时间变动在不断扩大，各地市间的社会发展不平衡性愈加突出。

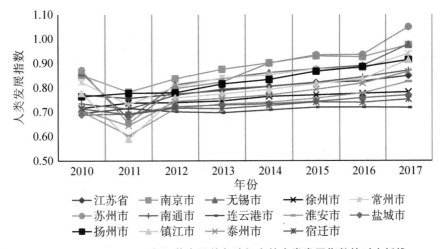

图21-1　2010—2017年江苏省及其各地级市的人类发展指数的时序折线

表21-2　2010—2017年江苏省各地级市人类发展指数的标准差系数

年份	2010	2011	2012	2013	2014	2015	2016	2017
均值	0.762	0.692	0.761	0.780	0.799	0.819	0.829	0.873
标准差	0.065	0.057	0.041	0.054	0.063	0.070	0.068	0.096
标准差系数	0.086	0.083	0.054	0.069	0.079	0.085	0.082	0.110

（二）人类发展指数各分项指数的对比分析

由三个分指标的时序折线可以看出，有关江苏省经济社会发展水平的三个要素发展水平在时间上和地区上都呈现出发展的不均衡性。由图 21-2 可得，预期寿命指数在时序上的波动幅度较小，总体上呈上升趋势，这表明江苏省各地级市的居民健康水平近年来不断提升，但是同时地区间的差距也呈现出扩大的趋势，地区间发展的不均衡性更为严重。

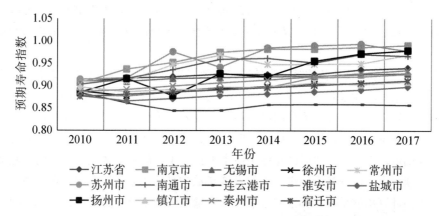

图 21-2　2010—2017 年江苏省及其各地级市的预期寿命指数的时序折线

由人均 GNI 决定的各地级市的收入指数在不同水平上呈现着基本相同的增长趋势，且各个年份 13 个地区间的排序位次也不尽相同。图 21-3 指出江苏省各地级市的经济发展水平在 2010—2017 年有着较大幅度的提高，表明江苏省居民的生活质量在不断提升。值得注意的是，收入指数是唯一一个在三个指标中的地区差异呈现缩小趋势的，这与江苏省近年来致力于平衡地区间经济发展差异的有力政策密不可分，理应继续发挥相关政策的有效性。虽然从总体来看，各地市间的经济发展水平差异程度在缩小，但这并不能掩盖区域间发展不平衡仍旧十分突出的问题。地理位置影响、基础设施建设、国家政府扶持以及其他因素所导致的各地级市区域之间经济发展的差异问题仍然是江苏省需要解决的重中之重。

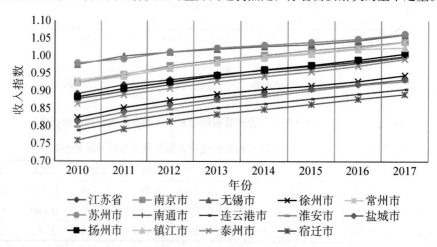

图 21-3　2010—2017 年江苏省及其各地级市的收入指数的时序折线

由表 21-3 可以看出教育指数的各地级市间的不平衡性十分明显，2010—2017 年其差异程度一直在较高水平上下波动，2011 年和 2017 年差异程度尤其大，可见江苏省教育发展的不均衡性以及政府对于区域性的教育扶持力度不大。这说明，政府在加强调节居民收入水平区域性平衡时也应该将眼光放到教育事业的平衡与发展之上。

表 21-3　2010—2017 年江苏省苏南、苏中、苏北地区的教育指数的变异程度

年份	2010	2011	2012	2013	2014	2015	2016	2017
均值	0.746	0.605	0.700	0.712	0.733	0.754	0.758	0.825
标准差	0.069	0.106	0.029	0.036	0.050	0.061	0.056	0.113
标准差系数	0.093	0.175	0.042	0.050	0.068	0.081	0.074	0.136

通过观察人类发展指数以及构成其的三个分指标所展现的时序趋势图，我们不难发现图 21-4 展现的教育指数的趋势线与总体的人类发展指数极为相似，由表 21-4 所列的预期寿命指数，收入指数以及教育发展指数与人类发展指数之间的相关系数可以很好地佐证这一观点：教育指数与人类发展指数（HDI）的相关系数高达约 98%，同时收入指数与 HDI 相关系数约为 95%，这在一定程度上解释了 HDI 曲线为何呈现出与教育曲线基本相同的趋势并且以更高的幅度增长率延续其走向。

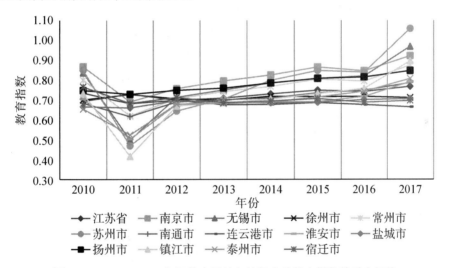

图 21-4　2010—2017 年江苏省及其各地级市的教育指数的时序折线

表 21-4　人类发展指数与"寿命、收入、教育"指数的相关系数

指标	预期寿命指数	收入指数	教育指数
相关系数	0.780	0.952	0.979

（三）江苏省各地级市人类发展指数的聚类分析

由于各年来江苏省 13 个地级市的人类发展指数排名并无显著波动，我们对 2017 年的各地级市的人类发展指数进行了聚类分析，结果见图 21-5。

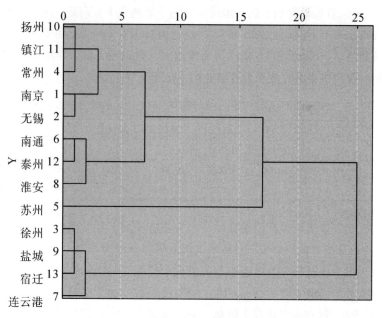

图21-5 江苏省13个地级市关于人类发展指数的聚类分析谱系图

通过对表21-5的具体数值和图21-5聚类结果的分析,江苏省的社会经济发展的区域间的不平衡性十分显著。第一梯队苏州市为人类发展指数最高的区域,具体数值为1.05,而人类发展指数最低的下辖地级市是第四梯队中的连云港市,HDI数值仅为0.72。最高值与最低值相距约0.3个单位,即连云港市的经济社会发展水平只相当于苏州市的70%。

表21-5 2017年江苏省各地级市的人类发展指数及其分指标

地级市	人类发展指数	教育指数	寿命指数	收入指数
南京市	0.974	0.921	0.991	1.041
无锡市	0.976	0.968	0.928	1.061
徐州市	0.782	0.711	0.911	0.945
常州市	0.939	0.874	0.969	1.040
苏州市	1.049	1.059	0.978	1.063
南通市	0.870	0.786	0.967	0.997
连云港市	0.718	0.664	0.858	0.906
淮安市	0.825	0.791	0.927	0.928
盐城市	0.769	0.706	0.898	0.933
扬州市	0.913	0.847	0.979	1.006
镇江市	0.913	0.895	0.910	1.023
泰州市	0.865	0.807	0.935	0.991
宿迁市	0.752	0.696	0.912	0.891

各个类别区域间的主要特征也有所不同。第一类只包含苏州市一个区域，该类是四个类别包含城市最少的一类。该类的特点是各项指标数值都特别高，教育发展指数和收入指数都位列全省第一，预期寿命指数仅次于南京市和扬州市，位列第三位，且三项指标均超过095，也是全省13个地级市中唯一一个HDI超过1的城市。这表明苏州市的社会发展水平最高，人口、经济和教育的社会协调程度也最好。

　　第二类包含无锡市、南京市、常州市、镇江市、扬州市这5个地级市，该类是四个类别包含城市最少的一类。这类城市的主要特征是三个指标的发展比较平均，不管是在预期寿命、居民收入水平还是受教育水平均在江苏省前列，就数值而言，预期寿命指数相对较低一些。这表明第二类区域的社会发展程度也属于十分高的水平，且基本实现了各个方面的均衡发展。今后的发展关键还是应该加强对居民健康问题的重视。

　　第三类区域包含淮安市、南通市和泰州市三个地级市，其三个分指标在总体上处于中等偏下水平。这类区域的主要特征是其经济发展水平和健康水平尚且还行，但是教育发展水平就比较低了。因此，这类区域的发展最重要的是提高教育发展水平，同时也要关注经济问题和健康问题。

　　第四类区域包含盐城市、徐州市、连云港市和宿迁市。该类区域的主要特征是居民收入水平、预期寿命水平和经济发展水平都是最低的，尤其是教育发展水平。这四个城市全部处于苏北地区，可见江苏省在地理位置上的差异尤其突出。教育水平的提高对经济水平和居民健康水平有着一定因果关系的影响。想要扭转其社会发展落后的局面，不仅要高度重视教育，把教育发展视为社会发展水平提升的重中之重，其他两个方面的发展也不能松懈。该区域也是江苏省提高其省级总体社会发展水平的关键。

（四）江苏省人类发展指数的地域性（苏南、苏中、苏北）差异分析

　　江苏省的地理区域性社会发展水平的不平衡问题一直是江苏省政府工作的重点关注点。

　　江苏省的13个地级市按照地理位置可以划分为苏南、苏中、苏北三个区域。苏南地区位于我国东南沿海的长江三角洲区域，包括南京市、无锡市、常州市、苏州市、镇江市，是江苏省区域最发达的区域，也是我国最发达的区域之一。苏中地区即江苏省的中部地区，包括扬州市、泰州市、南通市三个地级市，其余的五个地级市——淮安市、盐城市、徐州市、连云港市、宿迁市被划分为苏北地区，自然资源丰富，但是经济社会发展水平较为落后。

　　结合前文中的聚类分析我们发现，苏南地区的全部地级市都归属于第一类别或是第二类别，苏中地区除了扬州市属于第二类其余属于第三类别，苏北地区除了淮安市处于第三类别，其余都属于第四类别；由此可以看出，人类发展指数作为衡量社会发展水平的代表性指标，也呈现出地域性的差异。

　　由于各个年份的平均水平不同，为了反映人类发展指数以及各项分指标在苏南、苏中、苏北间的差异程度随时间变化的趋势，我们采用时序上的各个指标地域间的标准差系数进行衡量。

表 21-6 为江苏省人类发展指数以及其包含的三个分指标——教育指数、收入指数和寿命指数的标准差系数随时间变化的汇总表。

表 21-6 2010—2017 年江苏省人类发展指数及其三个分指标的地域性标准差系数时序表

年份	2010	2011	2012	2013	2014	2015	2016	2017
收入指数	0.073	0.064	0.062	0.058	0.056	0.054	0.052	0.051
寿命指数	0.012	0.020	0.028	0.028	0.028	0.027	0.029	0.029
教育指数	0.165	0.116	0.109	0.141	0.155	0.167	0.159	0.188
HDI 指数	0.075	0.017	0.045	0.056	0.065	0.070	0.070	0.094

通过观察表 21-6，我们不难看出，收入指数在地理区域间的标准差系数随着时间的推移在不断缩小，与之相反的是，预期寿命指数的差异程度却在不断扩大，而教育水平指数以及总体的人类发展指数（HDI）则并未呈现出单一的扩大或缩小趋势，而是随时间波动上升，最大值出现在 2017 年，最小值出现在 2011 年。同时，值得注意的是各个指标的标准差系数水平相差较大，预期寿命指数和教育水平指数的差异程度显著地区别于其余两个指标，这表明虽然各个区域的教育水平指数之间的差异趋势不像预期寿命指数那样在明显扩大，但是其差异程度仍旧远远大于其余两个分指标，平衡苏南、苏中、苏北的地区间的教育水平差异应该成为江苏省协调区域间发展的首要任务。

通过观察与对比图 21-6、图 21-7 和图 21-8，我们可以看出各个地域的教育指数的水平差异很大（苏南地区由约为 0.65 上升至 0.85 左右，苏中地区由 0.7 左右上升至 0.75，苏北地区则在 0.53 附近小幅度波动）同时，教育指数上升幅度十分显著，对比苏中与苏北地区的该指数指标的发展趋势（苏中地区也呈现明显上升趋势但上升幅度较小，苏北地区则无显著的上升或是下降趋势），因此我们可以合理猜测江苏省分地域性的教育水平指数之所以会随着时间不断扩大是由差别较大的教育水平和发展趋势两方面因素导致的。

而苏南、苏中、苏北地区的收入指数呈现出逐年下降的趋势表现也可由图中的折线看出：江苏省各个区域的收入指数都呈现出极为相似的扩大趋势，且指数数值水平相差不大。

苏中地区的预期寿命指数呈现出波动中上升的趋势，且在三个区域中上升幅度最大，但也明显低于收入指数的上升幅度；苏南和苏北地区的该指标则无明显上升趋势，苏北地区更是基本维持 0.9 的水平位置不变，其余两个地区的指数水平也仅仅从 0.9 上升到 0.95 左右，这一点可以部分解释为何江苏省各个地理区域的预期寿命指数虽然差异程度在逐年扩大，但却一直处于 0.01 至 0.03 的较低水平，仅仅是教育指数的 1/6 左右。但是我们仍旧不能对此掉以轻心，应该致力于扭转江苏省地理区域之间的教育水平指数差异不断扩大的趋势，维持其区域平衡。

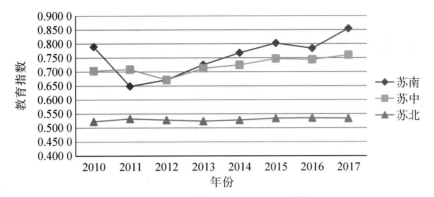

图 21-6　2010—2017 年苏南、苏中、苏北——教育指数变化时序折线图

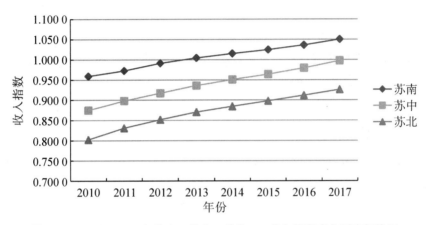

图 21-7　2010—2017 年苏南、苏中、苏北——收入指数变化时序折线图

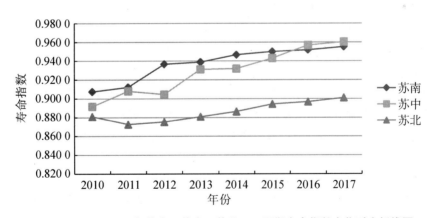

图 21-8　2010—2017 年苏南、苏中、苏北——预期寿命指数变化时序折线图

四、结论与建议

（一）结论

1. 江苏省各地区的人类发展指数从时序上看自 2010—2011 年回落之后便呈现出持续增长的趋势，但伴随着标准差系数的不断扩大，各个地级市间的差异更为明显。

2. 江苏省各地级市三个分指标的发展也很不平衡。除了收入指数之外，教育发展指数和预期寿命指数的地区间差距都在不断扩大，其中教育指标的差距为最主要的因素。就其总体的平均水平来看，教育发展指数相较于收入指数和预期寿命指数也处于较低水平。由此可见，江苏省的教育问题为江苏省全部 13 个地级市的社会发展中最薄弱的环节，其发展水平问题和区域平衡问题为江苏省最需要解决的。

3. 江苏省的地理性区域发展不平衡问题尤其突出。第一类和第二类城市全部处于苏南、苏中地区，第四类城市全部处于苏北地区，可见江苏省的地理位置对各地级市经济社会发展水平的影响十分显著。

（二）政策建议

1. 江苏省应坚持新发展理念，在关注 GDP 增长的同时不应该忽视经济社会发展水平的全面提高，应将关注的重点从单纯的经济增长转为关注健康、教育、社会的整体发展。持续完善并实施《江苏省循环经济发展规划》，走绿色发展道路。大力发展科技创新，创建资源节约、环境友好的现代化经济体制，使江苏省的经济发展具备持久的强大竞争力，在不断提升经济实力的同时从整体上提升社会发展水平，实现人类发展指数的进一步增长。

2. 转变义务教育发展机制，大力发展教育事业，实现江苏省教育水平的不断提升和均衡发展。完善教育经费保障机制，江苏省的教育投入体制一直以来都贯彻"以县为主"的准则，据统计，2015 年关于义务教育的公共财政预算事业费用最高的县是最低县的 4 倍，这种原则与机制更加制约了江苏省教育的均衡发展，只有转变这种教育经费负责机制，将县级责任由市级甚至省级辅助以及承担才能赋予江苏省教育事业更多发展动力。为了省内教育水平的平衡与发展，还应促进教育资源的合理配置，新增优质师资配置向薄弱地区、薄弱学校倾斜。增加偏远落后地区的教师补贴，增强师资转移平衡动力。

3. 缩小苏南、苏中、苏北的社会发展水平差距，实现江苏省区域联动发展。加大对落后区域的扶持力度，积极优化苏北地区产业结构，改变劳动密集型产业为主的现状，重点发展高新技术产业。同时充分发挥苏北丰富的自然和农副产品资源，优化资源配置，实行区域间的资源互补。大力发展和延长区域产业链，加强区域间合作，推动产业升级，将苏南地区的高发展水平惠及全省。转变单一的经济导向区域协调模式，推动区域互动从一味的经济补偿向协调经济发展、提升教育水平、完善健康机制转变，实现真正的利益相关、文化交融、资源共享、协同发展，将缩短江苏省的区域差距放在推动江苏省发展的关键位置。

第二十二章 地级市人类发展指数的编制和分析
——以安徽省为例

一、引言

自联合国开发计划署的《人类发展报告》首次提出人类发展指数的概念以来，HDI 逐渐成为世界不同国家与地区度量其经济社会发展程度的综合性指标，主要用于衡量各个国家的人类发展水平。

HDI 将反映社会发展各个方面的三个指标即预期寿命、教育水平和生活质量作为基础，关注的对象也聚焦于人的生活质量及福利水平提升。HDI 这一指标对国家福利评价更全面，不仅包括经济增长，还结合了社会进步与环境改善。与此同时，HDI 还具有方法简单、计算简洁、数据易获的特点。

我国地域广阔、人口众多、地区发展不平衡，经过改革开放以来的经济腾飞，人民生活水平和生活质量都得到了提高，但地区间的差距也逐渐有所扩大，对地区经济不平衡等一系列问题的研究在当下具有较强的时代意义，通过 HDI 这一具有时代性的新指标来研究这些问题具有一定创新价值。由前文所述：中国地域辽阔，各地区社会经济发展差异很大，加上数据收集的可得性，本书主要是基于省级层面进行的各地人类发展水平的研究。对于地级市层面，本书只能进行一些典型性的研究。在本章中，我们以安徽省为例，研究了安徽省各地级市的人类发展情况，并进行了相应的对比和分析。

安徽省位于中国中部地区省份，紧临长江三角洲城市群，具有比较优越的地理位置。同时安徽省也是我国中部崛起战略的中流砥柱，在全国发展格局中具有日益提升的战略地位。近几年来，安徽省的发展既承国家政策之大势，又有独特的区域经济特征，即经济发展格局存在较明显的不均衡现象。在反映地区经济不平衡问题上，安徽省具有较强的代表性，能提供一定研究价值。在此背景下，通过 HDI 来研究安徽省各地级市各维度社会差距问题具有重要的现实意义。

目前的 HDI 研究主要着眼于国家之间或者国内省际间进行对比研究，相对而言单独研究一个省内各地市 HDI 的文献极少。而本章主要是通过 HDI 指标来分析安徽省各地级市社会发展水平的差异，以一个较新的视角探究地区的人类社会发展水平差距，具有一定研究意义。

人类发展指数自提出以来，得到国内外研究学者的广泛关注。对于 HDI 指标的设计以及方法上的完善，学者们的研究讨论多是对其本身、指标的设计方法以及指标之间的权重分配等方面，结合新因素在实际应用中加以改良与发展。相关文献已在前文中有较多的展现，在此仅就地级市层面关于人类发展指数的编制和分析做一些补充。

林慧（2018）[①] 通过比较研究法和主成分分析法，对广西壮族自治区各地级市人类发展水平进行了测算和评价，明确了广西壮族自治区整体与全国的 HDI 差距在不断缩小，而省内各个地级市间差距进一步扩大的现象，并提出推进广西壮族自治区脱贫，缩小省内差距的政策建议。王玲（2019）[②] 以我国西部地区一些地级市的资料为例，对我国西北民族地区人类绿色发展指数水平和差异性进行了分析。黄晟（2019）[③] 通过灰色关联分析研究了造成安徽省区域经济差异的成因，发现作为农业大省，安徽省需要在农业发展的基础上强化创新的价值。其提出皖北各城市进行产业结构转移，皖中地区抓住合肥发展中心，皖南发挥地域优势，与江浙沪经济互联的建议。

本章通过对安徽省 16 个地级市人类发展指数的测算，进而对近几年来安徽省社会经济发展情况进行了探究。数据来自安徽省统计局以及中国经济数据库等。先从时序和地区的角度比较分析 2010—2018 年安徽省各地级市人类发展指数的现状及其所具有的变化趋势，探究各地级市之间的发展差距。再对安徽省不同地级市组成的区域经济进行对比，从地区生产总值、基础教育、医疗卫生三个维度分析区域经济特征，并探究对各区域人类发展指数影响最大的维度与指标，进而提出政策建议。

二、安徽省各地级市人类发展指数测算

人类发展指数是一个综合的指标体系，由寿命、教育和收入三个维度构成。本书首先对各个维度指标数据进行了收集整理，如预期寿命、平均受教育年限、人均国民生产总值；其次对原始数据进行标准化处理，即各个维度原始数据分别与最低标准值作差，再将差与变量的范围相除；最后由三个指标标准化处理后的值相乘，乘积的 1/3 即可以计算得出人类发展指数的最终结果。HDI 的三个分项指数的测算方法如下。

1. 预期寿命指数

根据联合国 2014 年的修订后阈值规定，预期寿命指数的阈值分别为 85 和 20，由于部分年份统计数据的缺失，本书采用六次人口普查年份的相关数据进行回归拟合来测算 2010—2018 年的安徽省各地级市预期寿命。

---

① 林慧. 广西人类发展指数测算 [D]. 长春：吉林大学，2018.
② 王玲. 西北民族地区人类绿色发展指数差异研究 [D]. 兰州：西北民族大学，2019.
③ 黄晟. 安徽省区域经济差异成因的灰色关联分析 [J]. 山西农经，2019 (11)：40.

2. 教育指数

指标由平均受教育年数和预期受教育年数构成，阈值同样根据联合国规定确定。其中，平均受教育年限的阈值为15和0，而预期受教育年限的阈值为18和0。平均受教育年限数据来自安徽省统计年鉴，借鉴毛旋（2010）的对平均受教育年限的计算方法，本书计算的平均受教育年限，与中国统计年鉴统计的受教育情况一致，均为6岁及6岁以上人口。

$$平均受教育年限 = \frac{6 \times P_{小学} + 9 \times P_{初中} + 12 \times P_{高中} + 16 \times P_{大学}}{P_{6岁及以上}} \tag{22-1}$$

其中，$P_{小学}$、$P_{初中}$、$P_{高中}$、$P_{大学}$分别代表小学文化程度的人数、初中文化程度的人数、高中文化程度的人数和大学文化程度的人数（含普通高等学校与普通中等学校）。

$$预期受教育年限 = 6 \times \lambda_{小学} + 3 \times \lambda_{初中} + 3 \times \lambda_{高中} + 4 \times \lambda_{大学} \tag{22-2}$$

其中，$\lambda_{小学}$、$\lambda_{初中}$、$\lambda_{高中}$、$\lambda_{大学}$分别为小学净入学率、初中净入学率、高中毛入学率、大学毛入学率（含普通高等学校与普通中等学校）。

3. 收入指数

由于安徽省各地级市人均GNI数据难以获得，通过统计资料可得到人均GDP。借鉴林慧（2018）的处理方法，以人均GDP替代人均GNI。据2011年的统计年鉴可得，按人民币计算的2010年中国GDP为397 983亿元，而按购买力平价计算的GDP为100 848亿美元，因此可计算2010年人民币PPP汇率：1美元＝3.95元。假定该汇率不变，即可把人均GDP换算成美元，然后采用75 000和100的阈值来计算收入指数。

由以上三个分项指数的测算方法，可得到安徽省各地级市2010—2018年度人类发展指数及各分项指数如表22-1所示。

表22-1　2010—2018安徽省及各地级市人类发展指数

地级市	年份								
	2010	2011	2012	2013	2014	2015	2016	2017	2018
安徽省	0.649	0.675	0.675	0.684	0.690	0.698	0.706	0.717	0.721
合肥市	0.761	0.775	0.770	0.782	0.791	0.809	0.819	0.833	0.841
淮北市	0.674	0.692	0.698	0.711	0.713	0.716	0.722	0.732	0.738
亳州市	0.591	0.616	0.619	0.628	0.634	0.639	0.648	0.658	0.660
宿州市	0.619	0.679	0.666	0.679	0.688	0.693	0.699	0.707	0.711
蚌埠市	0.660	0.673	0.681	0.689	0.694	0.707	0.715	0.730	0.732
阜阳市	0.588	0.602	0.609	0.620	0.626	0.630	0.638	0.649	0.653
淮南市	0.673	0.689	0.696	0.702	0.697	0.674	0.683	0.692	0.690
滁州市	0.639	0.665	0.667	0.675	0.686	0.691	0.699	0.710	0.716
六安市	0.603	0.619	0.626	0.634	0.637	0.649	0.655	0.664	0.665
马鞍山市	0.728	0.747	0.735	0.741	0.740	0.743	0.749	0.766	0.771
芜湖市	0.719	0.742	0.733	0.743	0.748	0.763	0.771	0.785	0.787
宣城市	0.637	0.680	0.669	0.682	0.688	0.692	0.698	0.710	0.713
铜陵市	0.732	0.790	0.774	0.785	0.787	0.730	0.744	0.758	0.765
池州市	0.641	0.687	0.675	0.688	0.695	0.702	0.709	0.719	0.723

表22-1(续)

地级市	年份								
	2010	2011	2012	2013	2014	2015	2016	2017	2018
安庆市	0.628	0.693	0.669	0.673	0.683	0.692	0.695	0.706	0.711
黄山市	0.652	0.703	0.693	0.700	0.705	0.709	0.716	0.726	0.736

三、安徽省各地级市人类发展指数测算分析

（一）安徽省各地级市人类发展指数综合对比分析

由图22-1可以看出，安徽省人类发展指数呈逐年上升的趋势。这说明整体的地区发展势态是上升的，具有较好的发展前景。同时，安徽省2010—2018年人类发展指数的极差为0.071 5，也说明了安徽省整体的综合发展较平稳，具有匀速稳定增长的发展现状。

从各地级市具体指标对比来看，合肥市、淮北市、蚌埠市、马鞍山市、芜湖市、铜陵市、黄山市七个地区的人类发展指数在2010—2018年均不低于安徽省平均值，而亳州市、宿州市、阜阳市、滁州市、六安市五个地区的人类发展指数在2010—2018年均低于安徽省平均值，体现出明显的地区差异，也说明安徽省省内地区发展的异质性与相对多元的发展状况。其中合肥市的人类发展指数远超其他市，说明合肥市作为安徽的省会城市，城市发展水平最高。拥有相对集中的资源和经济优势，人民综合生活福利属于省内最高水平，社会整体发达程度较高。在2010年各地级市人类发展指数的极差为0.173 6，而2018年各地级市人类发展指数的极差为0.188 5，也说明地区间发展差异化依旧存在。2010—2018年安徽省各地级市人类发展指数如图22-1所示。

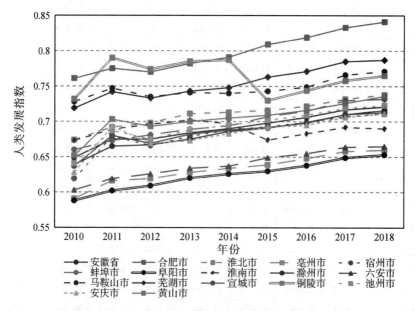

图 22-1　2010—2018 年安徽省各地级市人类发展指数

从图 22-1 可以较明显看出，随着时间变化，忽略极个别值影响的情况下，安徽省大部分地级市的人类发展指数均呈现出明显上升趋势，只有淮南市和铜陵市呈现出先升后降的变化趋势。

具体而言，铜陵市的人类发展指数波动较多，体现出地区发展的不稳定性，同时也说明该地区具有发展的潜力，但需要更加平稳长期的战略规划才能让地区发展呈现稳定持久的上升趋势。

淮南市的人类发展指数变化与政策变动有密切联系。在 2015 年以前，淮南市人类发展指数均高于安徽省平均水平，并呈现出上升趋势，而 2015 年人类发展水平呈现明显下滑，此后的发展略有停滞且低于省平均水平。查阅相关年份资料后发现 2015 年原属六安市的国家级贫困县寿县被归入淮南市，同年六安市人类发展指数有明显上升。这进一步验证了人类发展指数对地区发展水平评价的科学性和灵敏性。从这一人类发展指数的变化可以看出安徽省这一政策调整的有效性，充分发挥了城市辐射作用，经济质量得到优化，提升了整体地区发展水平。

通过比较表 22-2 的人类发展指数的变异系数，可以看出安徽省各地级市社会发展的差异程度在 2010—2015 年持续下降，并于 2015 年达到最小值，说明"十二五计划"的实施对缓解安徽省内各地级市的发展差异有正向作用。自 2016 年起，人类发展指数的变异系数开始有上升趋势，但变化幅度不大。再比较 2018 与 2010 年的变异系数可以发现，2018 年变异系数较 2010 年下降幅度为 14.84%，说明 2010—2018 年地区人类发展指数的差异化得到一定程度的调整与改善，但地区总体发展仍然处于不均衡状态，而且自 2016 年来社会发展差距有进一步扩大的趋势，需要实施政策加以调整。

表 22-2　2010—2018 安徽省各地级市人类发展指数及各维度指标变异系数

年份	2010	2011	2012	2013	2014	2015	2016	2017	2018
LEI	0.031	0.074	0.043	0.043	0.046	0.047	0.045	0.045	0.046
EI	0.082	0.075	0.078	0.077	0.076	0.081	0.084	0.086	0.092
II	0.140	0.121	0.115	0.112	0.108	0.095	0.093	0.093	0.092
HDI	0.075	0.073	0.067	0.066	0.065	0.061	0.061	0.062	0.064

在三个维度的指标中，收入指数的变异系数明显高于其他指数，说明不同地区经济领域具有明显的差异。同时收入指数基本呈现出下降的趋势，2018 年收入指数的较 2010 年下降 34.71%，也说明国家大力平衡经济差异的政策得到有效的执行，地区间经济差异逐渐减小。

预期寿命指数在地区间差距最小，最高值出现在 2011 年，最低值出现在 2010 年，但整体变化幅度不大，但自 2016 年开始有进一步扩大差距的趋势。

教育指数的变异系数波动较大，且自 2015 年来呈现出上升趋势，说明地区间教育水平的差距扩大，有待进一步加大落实政策力度，推动不发达地区的教育发展，平衡地区教育差距。

（二）安徽省各地级市人类发展指数聚类分析

本书拟根据 2010—2018 年的安徽省各地级市数据，通过 SPSS 聚类分析，来探究安徽省人类发展指数的聚类情况（见图 22-2）。

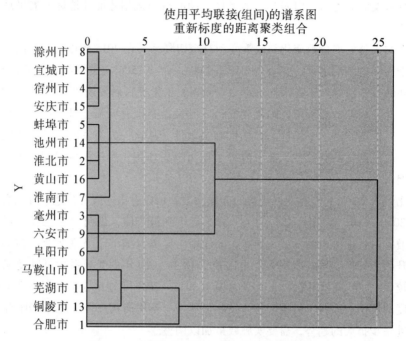

图 22-2　安徽省各地级市人类发展指数谱系图

通过聚类分析，可以将安徽省各地级市的人类发展指数分为四类。合肥市为第一类，马鞍山市、铜陵市、芜湖市为第二类，淮北市、黄山市、蚌埠市、滁州市、宣城市、宿州市、安庆市、池州市、淮南市为第三类，亳州市、六安市、阜阳市为第四类。结合图 22-3 可以看出四类之间人类发展指数的平均值依次递减，具有较为明显的区分度。安徽省经济呈现四个梯度，而且与地理位置有一定联系。

合肥市作为安徽省的省会城市，大学集中，医疗资源丰富，经济繁荣，具有较高的城市发达程度。应发挥教育资源的优势，带动省内其他教育欠发达地区的教育发展步伐。而第二梯度的马鞍山市、铜陵市、芜湖市三市位于以上海市作为龙头的长三角城市群，具有明显的位置优势，在未来的战略部署中，应取长补短，进一步发挥长三角城市群优势，增强与发达城市的经济、文化、医疗合作。最后一个梯度的亳州市、六安市、阜阳市位于安徽省的西北部，是政府需要加大扶植力度的区域，需要政府在充分利用地级市资源的同时，加大人口流动，增强与周边市的联系，招商引商，缓解由地理位置局限带来的经济、教育等方面的差距。

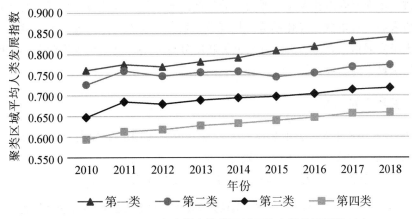

图 22-3　2010—2018 年安徽省聚类区域平均人类发展指数时序

四、安徽省人类发展指数的区域差异分析

安徽省的经济差异与地理位置有一定联系，而根据地域的划分，安徽省由皖北、皖中、皖南三大区域构成。皖北是包括宿州、淮北、亳州、阜阳、蚌埠、淮南在内的 6 个淮河以北地区直辖市，皖中指长江以北，淮河以南地区，包括合肥、安庆、滁州、六安 4 个市，而皖南则是包含芜湖、马鞍山、池州、铜陵、黄山、宣城在内的长江以南 6 个市。

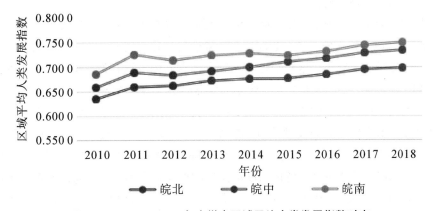

图 22-4　2010—2018 年安徽省区域平均人类发展指数时序

结合图 22-4 可以看出，在 2010—2018 年，皖南的平均人类发展指数均高于其他两区域，而皖北的平均人类发展指数始终位于最低水平。三区域的平均人类发展指数呈现出明显的差异，具有较鲜明的分类层次。其中皖南具有较高社会发展水平，皖中次之，而皖北的社会发展水平最低。

再结合图 22-4，社会发展水平明显优于其他区域的第一梯队和第二梯队分属于皖中和皖南，第三梯队主要位于皖中，社会发展情况较落后的第四梯队的直辖市 2/3 都位于皖北，这一分布再次说明安徽省的人类发展指数具有地域上的差异。

为了进一步探究安徽省人类发展指数的区域差异，下文拟从时序角度对变异系数进行对比来分析人类发展指数差异化趋势，从健康、教育、收入三个维度探究皖北、皖中、皖南地区的人类发展指数差异，再通过灰色关联度分析分别找到三个维度中对不同区域人类发展指数影响最大的指标。

（一）变异系数分析

根据2010—2018年安徽各地级市的人类发展指数（HDI）、预期寿命指数（LEI）、教育指数（EI）、收入指数（II）的值分别计算出皖北、皖中和皖南区域的人类发展指数和健康、教育、收入三维度的指数，再据此测算区域的变异系数。

表 22-3　2010—2018 年安徽省区域人类发展指数及三维度指数的变异系数

年份	2010	2011	2012	2013	2014	2015	2016	2017	2018
HDI	0.032	0.039	0.031	0.031	0.030	0.028	0.028	0.028	0.030
LEI	0.008	0.029	0.009	0.010	0.011	0.012	0.011	0.011	0.011
EI	0.025	0.020	0.024	0.020	0.022	0.028	0.028	0.029	0.033
II	0.095	0.084	0.079	0.077	0.075	0.068	0.067	0.065	0.065

通过观察表22-3可以发现，2010—2018年皖北、皖中、皖南三区域的人类发展指数变异系数的变动波动较多，有增有减，这说明安徽省社会发展具有复杂性和艰巨性。要解决区域发展不平衡、不协调、不可持续的长期问题，需要在把握内外部发展机遇的同时稳打稳扎，进行长远的战略规划。

收入指数变异系数呈现出持续下降趋势，说明安徽省在缩减区域经济差异上取得了显著成效，2011年收入指数的变异系数发生明显幅度的变化，皖北、皖中、皖南三区域的收入指数之间的差异明显减小，这些变化与2011年安徽省的政策有关。2011年是安徽省"十二五"规划实施的第一年，"十二五"规划的实施致力于推动国民经济和社会发展，自此安徽省全面实施东向发展、中心城市带动、城乡统筹的战略。包括皖中和皖南各地级市在内的皖江城市带对全省发展的辐射带动力显著增强，皖北的发展速度加快，区域经济间差距减小。从收入指数在2011—2015年变异系数的持续下跌可以看出"十二五"规划的有效性，增强了区域经济的协调性，各区域联动发展的格局逐渐形成。在安徽省进一步协调经济的战略规划中可以总结其中的进步经验，辅以创新，进一步协调区域经济。

教育指数变异系数在2010—2018年呈现出先减后增的趋势。在2011年，教育指数变异系数相对明显下降，达到最低点，此后略有波动。这是因为2011年加大教育扶持后，地区间基础教育间差距得到改善。但自2014年起教育指数变异系数开始呈现逐年递增的趋势。这是因为安徽省高等教育资源分布极不均衡，合肥市高校数就占了全省半壁江山。在全省各市的基础教育需求基本满足后，大力发展教育，获得高等教育人数增加的同时，地区间的教育差异只会越来越大。

预期寿命指数的变异系数远远小于其他两个指数，可见要解决区域发展不平衡问题，更重要的是平衡经济和教育维度的差距。

（二）时间序列分析

通过图 22-5、图 22-6、图 22-7 的对比分析可知，在教育指数上，皖中在大部分年份都具有最高的指数值。这也充分体现出包含教育大市合肥市在内的皖中地区作为安徽省教育资源最集中地区，在教育发展上的领先地位。在推动区域协调的过程中，可以鼓励合肥市带动其他市，通过提高教师福利、建立学校分校、充分利用各区域不同产业和资源结构，建立对应研究机构等一系列方式深入在其他区域的教育改革，提高劳动力素质，从而推动区域发展。

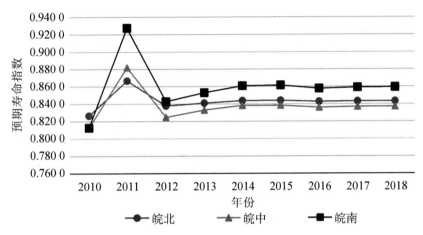

图 22-5　2010—2018 年安徽省区域预期寿命指数时序

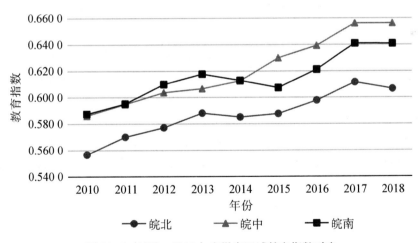

图 22-6　2010—2018 年安徽省区域教育指数时序

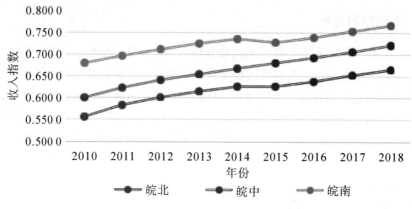

图 22-7　2010—2018 年安徽省区域收入指数时序

而皖南在预期寿命指数和收入指数上基本高于皖北和皖中地区，具有经济和医疗领域的优势，这与皖南地区坐拥长江之利、便利的省内外交通和繁盛的商贸密不可分。将皖南地区作为与外省贸易往来窗口的同时，可以将产品的生产结合其他区域的资源优势分派到其他区域，通过政策鼓励在皖中、皖北建厂，充分利用资源，带动区域协调发展。

皖北作为人口重心，预期寿命指数位于三区域的中流位置，但根深蒂固的农业中心传统让皖北在收入指数、教育指数上均落后于皖中、皖南，是区域平衡战略中的重中之重。

（三）灰色关联度分析

灰色关联分析方法是多因素的统计分析方法，主要取决于参考序列和比较序列，通过曲线形状的相似程度来反映关联度大小。关联度的值越大，比较序列与参考序列相关性越强，具体分析方法如下。

1. 确立指标体系。在对影响各区域人类发展指数的维度因素定性分析的基础上，以各区域人类发展指数为因变量，以各区域预期寿命指数、教育指数、收入指数为自变量，构建参考序列 $x_0 = \{x_0(1)，x_0(2)，\cdots，x_0(n)\}$ 和比较序列 $x_i = \{x_i(1)，x_i(2)，\cdots，x_i(n)\}$，其中 $i = 1，2，\cdots，N_n$。

2. 原始数据无量纲化。影响人类发展指数的三维度指标代表意义不同，导致数据具有不同量纲，不利于进行对比分析。故而在灰色关联度分析师要进行均值化无量纲处理形成新的参考序列 x_0 和比较序列 x_1。计算公式为

$$x_0{}^*(k) = \frac{x_0(k)}{\frac{1}{n}\sum_{k=1}^{n} x_0(k)}，\quad x_i{}^*(k) = \frac{x_i(k)}{\frac{1}{n}\sum_{k=1}^{n} x_i(k)} \tag{22-3}$$

3. 差值计算。分别计算比较序列 $\Delta_i(k) = |x_0{}^*(k) - x_i{}^*(k)|$ 与参考序列 ζ 在 k 点的绝对差值，计算公式为

$$\zeta_i(k) = \frac{\min_i \min_k \Delta_i(k) + \rho \max_i \max_k \Delta_i(k)}{\Delta_i(k) + \rho \max_i \max_k \Delta_i(k)} \tag{22-4}$$

4. 关联系数计算。计算比较序列 x_1 和参考序列 x_0 在 k 点的关联系数 ζ，计算公式如下：

$$\zeta_i(k) = \frac{\min_i \min_k \Delta_i(k) + \rho \max_i \max_k \Delta_i(k)}{\Delta_i(k) + \rho \max_i \max_k \Delta_i(k)} \qquad (22-5)$$

其中，$\max_i \max_k \Delta_i(k)$ 代表的是比较序列和参考序列在 k 点两极最大差，而 $\min_i \min_k \Delta_i(k)$ 代表的是比较序列和参考序列在 k 点两极最小差。ρ 表示分辨系数，取值在 $0 \sim 1$ 且常取 0.5。

5. 根据关联系数计算关联度。计算公式为

$$\gamma_i = \frac{1}{n} \sum_{i=1}^{n} \zeta_i(k) \qquad (22-6)$$

根据表 22-4、表 22-5、表 22-6 可以看出，预期寿命指数对于三个区域而言，重要性都位于末位。对皖南地区人类发展指数影响最大的是收入指数，为 0.907，而对皖北和皖中地区人类发展指数影响最大的均为教育指数，分别为 0.959 和 0.956。这进一步说明使用人类发展指数进行社会评价不仅考虑了 GDP 所描述的经济因素，其他纳入衡量体系的教育指数也是有效的。

表 22-4　皖北地区人类发展指数三维度指标关联度

评价项	关联度	排名
LEI-N	0.627	3
EI-N	0.959	1
II-N	0.828	2

表 22-5　皖中地区人类发展指数三维度指标关联度

评价项	关联度	排名
LEI-C	0.679	3
EI-C	0.956	1
II-C	0.874	2

表 22-6　皖南地区人类发展指数三维度指标关联度

评价项	关联度	排名
LEI-S	0.584	3
EI-S	0.706	2
II-S	0.907	1

在皖北、皖中和皖南地区，三维度指标间的关联度排名差异体现出地区社会整体发展具有差异化，即政府在进行政策调整时需要对三区域部署不同发展战略。皖北和皖中地区关联度排名位于第二的经济指标与排在首位的教育指标之间差距不大，说明整体而言，经济发展对各区域的社会发展都有重要意义。

三区域中有皖北和皖中两个区域教育指数的关联度排名都位于首位，体现出教育维度在社会发展中具有重要战略地位。这一现象背后，是安徽省的社会发展逐渐向高新技术产业转移，开始从劳动力密集型需求向知识型劳动力需求过度，以提高劳动力素质为主要目

标的教育维度在社会发展中的影响力与日俱增，加强教育建设在安徽省未来的发展中将占据愈发重要的地位。

分析表明，要缩小区域社会发展的差异，就要因地制宜，分别对皖北、皖中加强教育投入力度，在打造皖南经济发展龙头趋势的同时，也要重视教育建设，以此形成各区域齐头并进、协调平衡的新格局。

五、结论与建议

（一）研究结论

1. 安徽省各地级市发展存在长期不平衡、地区发展具有异质性与相对多元的特征，地理位置对人类发展指数及分维度指标有着重要影响。合肥市作为安徽省省会城市，在经济、教育和医疗资源上有着先发优势。各个地级市之间存在区域聚类特征。皖北地区长期以农业为基础，产业结构相对单一，皖中地区有明显教育优势，而皖南地区的经济发展长期在省内领先。要实现协调还需三区域取长补短，互为引导。安徽省过去的政策对各地级市的发展有着有效的影响，通过变异系数体现出的区域各维度差距有所减小。与此同时，发展长期不平衡、不协调、不可持续的问题依然突出，解决区域不平衡问题、带动全省的整体发展需要一套长远的整体战略规划。

2. 人类发展指数对安徽省社会发展的变化反映具有灵敏性，对社会衡量相对更全面，具有有效性。影响各个区域人类发展指数最重要的因素不尽相同。对皖北和皖中地区影响最大的首先是教育维度的因素，其次是经济维度，最后是健康维度的因素。但皖南地区作为省内经济高度发达区域，受经济维度影响最大，其次才是教育维度，同样受健康维度影响最小。这也说明在制定整体战略时要优先考虑教育和经济维度。

（二）政策建议

1. 安徽省整体的未来发展要积极抓住国家推动中部崛起和扩大内需的机遇，建立长远的发展战略。利用省内资源优势凸显工业主导地位，根据不同区域的资源特点优化产业结构，在稳定农业基础地位的前提下加快发展高新技术产业，进而因地制宜，在整体经济稳步上升的同时，协调城乡以及皖北、皖中、皖南的区域发展，保持发展劲头，加强自主创新能力。同时也要坚持转型发展，在供给侧改革的同时优化需求结构，把主要依靠投资拉动的经济增长转向三大需求协同，增强全省总体社会经济发展的驱动力；在经济发展的同时重视教育维度的发展，充分发挥科技第一生产力和人才资源的作用，提高整体核心竞争力。而在健康维度，要构建保障民生的长效机制，推进公共服务建设，提高医疗保障水平，建立优社会福利机制，形成可持续发展的发展趋势。

2. 对于安徽省各区域发展不平衡的地理特征，在经济维度上，要形成以发达地区带动发展中地区的社会模式，进一步扩大中心城市。在发展合肥经济圈、皖江城市带的同时，推动经济布局向西北地区延伸，以提高皖北地区的发展速度，建立更完善的区域交通体系，增强区域经济联系。同时要坚持开放发展的立场，强化合作意识，全面参与长江三角洲地区的分工合作，加强与其他省份的经济交流，拓展境外合作领域与范围，进而提高对外开放水平。协调省内外两个市场，加速融入国内外经济体系。在教育维度上，加强社会建设，结合不同区域的文化底蕴，在提高各区域人民基础教育普及率的同时，推动文化事业和文化产业的发展。通过建立学校分校、充分利用各区域不同产业和资源结构以及建立对应研究机构等一系列方式来协调区域教育水平的差异。通过研究机构对各区域的深入调研，也可以充分发挥各区域特有的价值，提高区域核心竞争力，百花齐放且齐头并进。在健康维度，加大医疗投入，提高医学生培养比例。

3. 建立不同区域发展的优先级，先发展重点因素，再发展次要因素，循序渐进。皖南地区需以经济作为第一优先级，同时也要兼顾教育。而皖北、皖中要大力提升教育指标在发展战略中的排序。在发展各区域的同时，对各个地级市细化政策，缩小各地级市间的差异，保持持续协调增长的趋势。

参考文献

白丽飞，李艳佳，张佳强，2019. 经济发展与交通基础设施建设二者间的关系研究：以"一带一路"沿线我国西北五省为例 [J]. 综合运输，41（12）：34-39.

白雅洁，陈鑫鹏，许彩艳，2018. 我国西部地区经济发展空间分布特性及影响因素分析 [J]. 兰州财经大学学报（2）：86-98.

常修泽. "不断促进人的全面发展"蕴含人类文明价值 [N]. 经济日报，2017-11-24.

钞小静，沈坤荣，2014. 城乡收入差距、劳动力质量与中国经济增长 [J]. 经济研究，49（6）：30-43.

陈国伟，伍啸青，林艺兰，2015. ARIMA 模型在厦门市居民人均期望寿命预测中的应用 [J]. 中国卫生统计，32（6）：1045-1047.

陈静，杨凯，张勇，等，2008. 灰色协调度模型在产业用水系统分析中的应用 [J]. 长江流域资源与环境（5）：688-692.

陈庆秋，陈涛，2015. 政府教育、医疗支出及收入差距对人类发展指数的影响分析 [J]. 经济理论与实践（3）：73-75.

陈仁杰，陈秉衡，阚海东，2014. 大气细颗粒物控制对我国城市居民期望寿命的影响 [J]. 中国环境科学，34（10）：2701-2705.

陈诗一，陈登科，2018. 雾霾污染、政府治理与经济高质量发展 [J]. 经济研究（2）：22-36.

陈淑清，2003. 城市化：我国经济长期增长的动力之源 [J]. 经济与管理研究（5）：22-25.

陈涛，2016. 我国人类发展指数的演变及影响因素研究 [D]. 广州：华南理工大学.

陈体滇，2013. 2012 各国影响力评价报告 [J]. 未来与发展（6）：1-25.

陈西川，2015. 新时期我国区域经济格局发展变化及其研究 [J]. 管理世界（2）：170-171.

陈希孺，2002. 数理统计学简史 [M]. 长沙：湖南教育出版社.

陈友华，侔莉，2014. 人的全面发展：内涵、测度与主体责任 [J]. 人口与社会，30（4）：3-9.

陈友华，苗国，2015. 人类发展指数：评述与重构 [J]. 江海学刊 (2)：90-99.

陈玉琨，2001. 教育评价学 [M]. 北京：人民教育出版社.

陈岳堂，雷志翔，2019. 中国教育公平发展的差异与趋势：主要基于教育基尼系数的区域比较 [J]. 湖南农业大学学报（社会科学版），20 (3)：90-96.

仇保兴，2010. 我国城镇化中后期的若干挑战与机遇：城市规划变革的新动向 [J]. 城市规划 (1)：15-23.

仇保兴，2013. 新型城镇化：从概念到行动 [J]. 理论参考 (5)：13-15，26.

初向华，2015. 我国城镇化滞后的成因及对策研究 [J]. 理论学刊 (9)：74-79.

储雪俭，钱赛楠，2019. 基于耦合协调度和灰色关联度的中国物流业与金融业协调发展研究 [J]. 工业技术经济，38 (7)：93-100.

崔华泰，2017. 城乡二元视角下的我国基尼系数变化分析 [J]. 经济社会体制比较 (3)：33-44.

崔述强，2011. 基于定基指数的经济社会协调发展评价方法探讨 [J]. 统计研究，28 (5)：64-66.

戴珊珊，2007. 中国人类发展指数及其与政府支出的相关分析 [J]. 经济体制改革 (3)：40-43.

单卓然，黄亚平，2013. "新型城镇化"概念内涵、目标内容、规划策略及认知误区解析 [J]. 城市规划学刊 (2)：16-22.

丁宏，成前，倪润哲，2018. 城镇化的不平等、市民化与居民健康水平 [J]. 南开经济研究，204 (6)：22-37.

丁阳，2015. 生态—经济—社会协调发展模型研究 [D]. 武汉：武汉理工大学.

董黎晖，杨平宇，黄熙熙，2017. 产业升级与区域经济发展的互动关系分析 [J]. 云南财经大学学报，33 (1)：55-62.

段进军，殷悦，2014. 多维视角下的新型城镇化内涵解读 [J]. 苏州大学学报（哲学社会科学版）(5)：38-43.

范柏乃，张维维，贺建军，2013. 我国经济社会协调发展的内涵及其测度研究 [J]. 统计研究 (7)：5-10.

范定祥，欧邵华，2012. 碳排放强度控制与人文发展：基于中国的实证分析 [J]. 生态经济（学术版）(2)：63-66.

范剑勇，朱国林，2002. 中国地区差距演变及其结构分解 [J]. 管理世界 (7)：37-44.

范如国，张宏娟，2013. 民生指数评价的理论模型及实证 [J]. 统计与决策 (6)：4-7.

方创琳，刘晓丽，蔺雪芹，2008. 中国城市化发展阶段的修正及规律性分析 [J]. 干旱区地理，31 (4)：512-523.

冯立天，贺峻峰. 论析衡量人口生活质量的宏观方法（之二）：人类发展指数 [J]. 人口与经济（3）：32-39.

付海莲，邱耕田，2018. 习近平以人民为中心的发展思想的生成逻辑与内涵 ［M］. 中共中央党校学报，22（4）：21-30.

高培勇，杜创，刘霞辉，等，2019. 高质量发展背景下的现代化经济体系建设：一个逻辑框架 ［J］. 经济研究，54（4）：4-17.

高情，赵娟霞，2019. 基于空间分析的区域经济研究：以山东省为例 ［J］. 经济研究导刊（17）：32-36.

弓联兵，马天宇，2019. "一带一路"背景下国内节点城市协同发展的动力条件与路径机制 ［J］. 青海社会科学（2）：50-57.

龚璞，杨永恒，2016. 地方公共支出结构对我国区域综合发展的影响研究 ［J］. 经济学报，3（3）：43-60.

谷民崇，2013. 公共服务支出对人类发展指数影响的逻辑思考与实证检验 ［J］. 社会科学辑刊（4）：51-56.

谷民崇，2013. 辽宁省人类发展指数与政府公共服务支出关联性研究 ［J］商业时代（7）：133-135.

顾佳峰，2008. 中国公共教育财政溢出效应分析：基于空间经济计量方法 ［J］. 山西财经大学学报，30（8）：12-18.

郭利平，方远平，2001. 中国各省市人类发展指数的比较与分析 ［J］. 学术探索（S1）：172-174.

郭文，2018. 中国产业结构升级对经济增长的空间效应研究 ［D］. 杭州：浙江工商大学.

郭小聪，朱侃，2019. 十八大以来基本公共服务研究的系统回顾与评估 ［J］. 上海行政学院学报（3）：13.

国家城调总队福建省城调队课题组，2005. 建立中国城市化质量评价体系及应用研究 ［J］. 统计研究（7）：15-19.

国家发展改革委经济研究所课题组，2019. 推动经济高质量发展研究 ［J］. 宏观经济研究（2）：5-17，91.

国家统计局，2019. 中华人民共和国 2018 年国民经济和社会发展统计公报 ［J］. 中国统计（3）：8-22.

国家统计局. 新中国成立 70 周年经济社会发展成就系列报告 ［EB/OL］. （2019-07-01）. http://www.stats.gov.cn.

国务院发展研究中心"中国民生指数研究"课题组，2015. 我国民生发展状况及民生主要诉求研究："中国民生指数研究"综合报告 ［J］. 管理世界（2）：1-11.

韩庆祥，陈曙光，2018. 中国特色社会主义新时代的理论阐释 ［J］. 中国社会科学

（1）：5-16.

郝颖，辛清泉，刘星，2014. 地区差异、企业投资与经济增长质量 ［J］. 经济研究，49（3）：101-114，189.

赫胜彬，杨开忠，2016. 京津冀区域经济空间差异研究 ［J］. 统计与决策（11）：109-113.

洪银兴，刘伟，高培勇，等，2018.“习近平新时代中国特色社会主义经济思想”笔谈［J］. 中国社会科学（9）：4-73，204-205.

侯勇. 习近平新时代中国特色社会主义思想的人民性特质 ［N］. 光明日报，2018-05-25.

胡鞍钢，2001. 地区与发展：西部开发新战略 ［M］. 北京：中国计划出版社.

胡鞍钢，2006. 中国人类发展趋势与长远目标 ［J］. 国情报告，9（上）：80-94.

胡鞍钢，石智丹，唐啸，2018. 中国地区 HDI 指数差异持续下降及影响因素（1982—2015）［J］. 新疆师范大学学报（哲学社会科学版），39（4）：47-55，2.

胡鞍钢，王洪川，2017. 中国人类发展奇迹（1950—2030）［J］. 清华大学学报（哲学社会科学版），32（2）：148-157，199.

胡鞍钢，王洪川，魏星，2013. 中国各地区人类发展：大进步与大趋同（1980—2010）［J］. 清华大学学报（哲学社会科学版）（5）：55-68，159-160.

胡佛，1990. 区域经济学导论 ［M］. 北京：商务印书馆.

胡乃武，韦伟，1995. 区域经济协调发展论 ［J］. 发展论坛（2）：39-42.

胡锡琴，曾海，杨英明，2007. 解析人类发展指数 ［J］. 统计与决策（1）：134-135.

胡雪梅，李文博，张卫，2011. 人类发展指数存在的问题浅析 ［J］. 黑龙江对外经贸（11）：88-89.

胡艳兴，潘竟虎，陈蜒，等，2015. 基于 ESDA 和 GWR 的中国地级及以上城市四化协调发展时空分异格局 ［J］. 经济地理，35（5）：45-54.

胡英，2010. 中国分城镇乡村人口平均预期寿命探析 ［J］. 人口与发展，16（2）：41-47.

黄甘霖，姜亚琼，刘志锋，等，2016. 人类福祉研究进展：基于可持续科学视角 ［J］. 生态学报，36（23）：7519-7527.

黄建欢，杨晓光，胡毅，2014. 资源、环境和经济的协调度和不协调来源：基于 CREE EIE 分析框架 ［J］. 中国工业经济（7）：17-30.

黄敏，任栋，2019. 以人民为中心的高质量发展指标体系构建与测算 ［J］. 统计与信息论坛，34（10）：36-42.

霍景东，夏杰长，2005. 公共支出与人类发展指数——对中国的实证分析：1999—2002 ［J］. 财经论丛（4）：7-11.

霍露萍，张强，2020. 我国大都市区集聚与扩散的空间计量分析：基于空间面板数据

［J］. 经济企业（1）：99-107.

戴晓峰，谢世坤，2019. 基于 SEM 的云南省 URTT 复合系统耦合协调机制研究［J］. 经济地理，39（6）：46-57.

李曦，刘民权，2010. 以人类发展的视角看城市化的必然性［J］. 南京大学学报（哲学·人文科学·社会科学），47（4）：46-53.

加尔布雷思，2009. 富裕生活［M］. 赵勇，周定瑛，舒小昀，译. 南京：江苏人民出版社.

简新华，黄锟，2010. 中国城镇化水平和速度的实证分析与前景预测［J］. 经济研究（3）：28-39.

姜昊，2011. 人类发展指数（HDI）测算：以内蒙古四子王旗地区为例［J］. 内蒙古财经学院学报（1）：82-87.

姜亚洲，2010. 全民教育与全纳教育关系辨析［D］. 上海：华东师范大学.

金碚，2018. 关于"高质量发展"的经济学研究［J］. 中国工业经济（4）：12-25.

金浩，李瑞晶，李媛媛，2018. 基于 ESDA-GWR 的三重城镇化协调性空间分异及驱动力研究［J］. 统计研究，35（1）：75-81.

金钰莹，叶广宇，2019. 我国教育公平与区域经济增长的耦合协调性分析：基于 2003—2016 年省际面板数据［J］. 湖南社会科学（4）：115-122.

靳友雯，甘霖，2013. 中国人类发展地区差异的测算［J］. 统计与决策（13）：11-14.

靳有雯，2013. 财政转移支付推动西部地区社会均衡发展成效分析［J］. 重庆大学学报（社会科学版），242：（1-14）.

黎鹏，2003. 区域经济协同发展研究［M］. 北京：经济管理出版社.

李宝礼，胡雪萍，2016. 城镇化、要素禀赋与城市产业结构升级：基于中国 345 个城市的空间计量分析［J］. 贵州财经大学学报，182（3）：13-22.

李程骅，2012. 科学发展观指导下的新型城镇化战略［J］. 求是（14）：37-39.

李钢，张建英，2018. 中印两国人类发展指数比较研究［J］. 中国人口科学（2）：13-23，126.

李海燕，刘晖，2007. 教育指标体系：国际比较与启示［J］. 广州大学学报（社会科学版）（8）：50-55.

李红，2007. 谈人类发展指数的理论评价与应用［J］. 经济问题（5）：14-15.

李慧勤，伍银多，杨晋，等，2015. 教育发展指数的测算和比较：基于公平-效率视角的分析［J］. 昆明理工大学学报（社会科学版），15（6）：77-83.

李金昌，史龙梅，徐蔼婷，2019. 高质量发展评价指标体系探讨［J］. 统计研究（1）：4-14.

李经纬，刘志锋，何春阳，等，2015. 基于人类可持续发展指数的中国 1990—2010 年人类-环境系统可持续性评价 [J]. 自然资源学报，30 (7)：1118-1128.

李晶，2007. 在污染的迷雾中发展污染敏感的人类发展指数及其实证分析 [J]. 经济科学 (4)：94-108.

李晶，2009. 人类发展的测度方法研究 [M]. 北京：中国财政经济出版社.

李晶，2013. 省域尺度下的中国区域协调发展指数研究：基于人类发展视角的实证分析 [J]. 西部论坛，23 (6)：53-62.

李晶，李晓颖，2012. 基于空间距离法的区域人类发展指数 [J]. 统计研究，29 (1)：61-67.

李晶，庄连平，2007. 对人类发展指数的权重结构探讨：基于中国的实证分析 [J]. 统计教育 (12)：8-10.

李晶，庄连平，2008. HDI是测度人类发展程度的可靠指数吗？ [J]. 统计研究 (10)：63-67.

李克强. 政府工作报告 [N]. 人民日报，2018-03-23.

李兰冰，刘秉镰，2015. 中国区域经济增长绩效、源泉与演化：基于要素分解视角 [J]. 经济研究，50 (8)：58-72.

李连友，2016. 中国社会发展指数的构建与实证 面向全面小康社会 [M]. 北京：中国市场出版社.

李楠，秦慧，2017. 阿玛蒂亚·森可行能力平等理论评析及其启示 [J]. 思想教育研究 (8)：51-54.

李松柏，2006. 用人口质量指数分析人口质量的缺陷 [J]. 西北农林科技大学学报（社会科学版）(1)：59-62.

李万青，李素萍，2005. 以人为本与马克思主义哲学 [M]. 成都：西南交通大学出版社.

李晓西，刘一萌，宋涛，2014. 人类绿色发展指数的测算 [J]. 中国社会科学 (6)：69-95，207-208.

李新颖，2018. 能源-经济-环境系统耦合协调度分析：以江苏省为例 [J]. 现代商业 (7)：71-73.

李俞，2012. 进行不平等调整后的人类可持续发展指数：关于度量人类全面发展指标体系的探讨 [J]. 改革与战略 (9)：8-13.

李俞，2013. 进行不平衡调整后的人类可持续发展指数研究：以中国为例 [D]. 成都：西南财经大学.

李祯琪，欧国立，卯光宇，2016. 公路交通基础设施与区域经济发展空间关联研究 [J]. 云南财经大学学报，32 (1)：50-61.

李转霞，王庆，2019. 基尼系数测算方法与应用的研究综述 [J]. 陇东学院学报，30

（3）：102-105.

联合国开发计划署驻华代表处，国务院发展研究中心，2017. 中国人类发展报告 2016 [M]. 北京：中译出版社.

梁鸿，2004. 人口质量指数（PQLI）适用性评估 [J]. 中国社会医学（6）：12-13，16.

梁辉，2013. 从人类发展指数看湖北省人口、资源、环境的协调发展 [J]. 湖北社会科学（12）：65-69.

梁伟杰，2018. 区域经济协调发展的测度及政府策略研究 [D]. 哈尔滨：哈尔滨商业大学.

廖化敏，2014. 综合发展指数理论与方法研究：以甘肃为例 [D]. 兰州：兰州商学院.

林伯强，杨芳，2009. 电力产业对中国经济可持续发展的影响 [J]. 世界经济（7）：3-13.

林光平，龙志和，吴梅，2005. 我国地区经济收敛的空间计量实证分析：1978—2002 年 [J]. 经济学（季刊），4（s1）：71-86.

刘秉镰，边杨，周密，等，2019. 中国区域经济发展 70 年回顾及未来展望 [J]. 中国工业经济（9）：24-41.

刘东，封志明，杨艳昭，2012. 基于生态足迹的中国生态承载力供需平衡分析 [J]. 自然资源学报，27（4）：614-624.

刘复兴，薛二勇，2014. 中国教育发展指数 [M]. 北京：北京师范大学出版社.

刘国平，诸大建，2011. 中国碳排放、经济增长与福利关系研究 [J]. 财贸经济（6）：83-88.

刘华军，张耀，孙亚男，2015. 中国区域发展的空间网络结构及其影响因素：基于 2000—2013 年省际地区发展与民生指数 [J]. 经济评论（5）：59-69.

刘欢，邓宏兵，李小帆，2016. 长江经济带人口城镇化与土地城镇化协调发展时空差异研究 [J]. 中国人口·资源与环境，26（5）：160-166.

刘慧，2006. 区域差异测度方法与评价 [J]. 地理研究（4）：710 - 718.

刘靖，张车伟，毛学峰，2009. 中国 1991—2006 年收入分布的动态变化：基于核密度函数的分解分析 [J]. 世界经济，32（10）：3-13.

刘玲玲，2016. 中国人类发展的空间分异与空间模型 [D]. 大连：东北财经大学.

刘隆健，1990. 影响中国人口平均预期寿命的社会因素模式 [J]. 中国卫生统计（1）：6-8.

刘旼晖，刘阳，2016. 金融深化对我国人类发展水平的影响：基于省际面板数据的实证分析 [J]. 金融与经济（2）：22-26.

刘沛，2018. 技术创新、产业结构升级对经济增长的影响研究 [D]. 湘潭：湘潭大学.

刘帅，2019. 中国地区增长质量的地区差异与随机收敛 [J]. 数量经济技术经济研究 (9)：24-41.

刘耀彬，宋学锋，2005. 城市化与生态环境的耦合度及其预测模型研究 [J]. 中国矿业大学学报 (1)：94-99.

刘长生，郭小东，简玉峰，2008. 社会福利指数、政府支出规模及其结构优化 [J]. 公共管理学报 (3)：91-99，126.

刘志彪，2000. 产业升级的发展效应及其动因分析 [J]. 南京师大学报（社会科学版）(2)：3-10.

卢春龙，2010. 贸易开放与中国的经济社会发展：基于跨国和分省数据的比较 [J]. 首都经济贸易大学学报 (11)：19-29.

卢丽文，张毅，李永盛. 中国人口城镇化影响因素研究：基于 31 个省域的空间面板数据 [J]. 地域研究与开发，2014，33 (3)：54-59.

卢佐安，安婷，薛锋，等，2018. 交通基础设施-经济-环境系统协调度评价模型研究 [J]. 综合运输，40 (7)：20-24，72.

陆翠岩，2010. 在科学发展观视野下构建社会评价指标体系 [J]. 统计与信息论坛，25 (9)：30-33.

陆康强，2007. 贫困指数：构造与再造 [J]. 社会学研究 (4)：4-25，246.

陆康强，2012. 要素均衡：人类发展指数的算法改进与实证研究 [J]. 统计研究 (10)：45-51.

陆铭，2017. 城市、区域和国家发展：空间政治经济学的现在与未来 [J]. 经济学（季刊），16 (4)：1499-1532.

陆铭，陈钊，严冀，2004. 收益递增、发展战略与区域经济的分割 [J]. 经济研究 (1)：54-63.

骆娟娟，2017. 我国各省的社会发展差异分析：以人类发展指数为视角 [J]. 淮海工学院学报（人文社会科学版），15 (2)：89-91.

吕文慧，2011. 马克思与阿玛蒂亚·森关于人的自由全面发展思想的比较研究 [J]. 当代经济研究 (11)：22-28.

马健永，2019. 习近平人类命运共同体思想的马克思主义人学意蕴 [J]. 理论导刊 (5)：20-27.

马骏，周伟，2010. 中国需要可持续发展指标 [J]. 资本市场 (9)：8-11.

马可，2018. 从民惟邦本到以人为本：中国共产党对传统民本思想的传承与超越 [J]. 江西社会学，38 (6)：18-24.

马克思，恩格斯，1995. 马克思恩格斯选集：第 1 卷 [M]. 北京：人民出版社.

马克思，恩格斯，2002. 马克思恩格斯全集：第 3 卷 [M]. 北京：人民出版社.

马骊，2007. 空间统计与空间计量经济方法在经济研究中的应用 [J]. 统计与决策 (19)：29-31.

马拴友，于红霞，2003. 转移支付与地区经济收敛 [J]. 经济研究 (3)：26-33，90.

毛强. 试论毛泽东对社会主义经济建设道路的思考：以《读苏联〈政治经济学教科书〉的谈话》为中心的考察 [N]. 中国共产党历史和文献网，2017-12-26.

茅于轼，2009. 从 GDP 到人类发展指数 HDI [J]. 民主与科学 (3)：34-35.

聂富强，丁少玲，路紫萌，2019. 中国互联网金融发展绩效测度研究 [J]. 统计与信息论坛，34 (8)：42-49.

牛媛媛，任志远，2011. 关中-天水经济区人类发展水平空间差异分析 [J]. 人口与发展，17 (1)：16-22.

诺斯，路平，何玮，2002. 新制度经济学及其发展 [J]. 经济社会体制比较 (5)：5-10.

欧健，邱婷，2019. 习近平人民中心观的形成逻辑与基本内涵 [J]. 社会主义研究 (1)：20-27.

欧阳慧，阳国亮，2019. 基于 Haken 模型的区域协同发展测度方法 [J]. 统计与决策，35 (12)：9-13.

潘家华，2002. 人文发展分析的概念构架与经验数据：以对碳排放空间的需求为例 [J]. 中国社会科学 (6)：15-25，204.

潘雷驰，2006. 我国政府支出对人类发展指数影响的经验分析 [J]. 当代经济科学 (2)：52-59，126.

庞玉萍，陈玉杰，2018. 区域协调发展内涵及其测度研究进展 [J]. 发展研究 (9)：73-79.

裴育，贾邵猛，2020. 高质量发展与基本公共服务供给趋势分析 [J]. 审计与经济研究，35 (1)：9-11.

配第，2014. 政治算术 [M]. 陈冬野，译. 北京：商务印书馆.

彭国华，2005. 中国地区收入差距、全要素生产率及其收敛分析 [J]. 经济研究 (9)：19-29.

彭红碧，杨峰，2010. 新型城镇化道路的科学内涵 [J]. 理论探索 (4)：75-78.

钱纳里，1989. 发展的格局 [M]. 北京：中国财政经济出版社.

乔咏波，龙静云，2017. 习近平政治经济学的伦理内蕴 [J]. 马克思主义研究 (6)：82-89.

任保平，2018. 新时代中国经济从高速增长转向高质量发展：理论阐释与实践取向 [J]. 学术月刊，50 (3)：66-74，86.

任力，项露菁，2013. 中国区域人类发展状况对碳排放的影响研究 [J]. 当代经济研究 (10)：24-30，93.

任媛，谢学仁，2011. 人类发展指数的解析及应用：基于山西省各地市的测算与比较 [J]. 西北人口，32（4）：63-66，70.

任远，2014. 人的城镇化：新型城镇化的本质研究 [J]. 复旦学报：社会科学版（4）：134-139.

桑燕妮，张杏梅，张俊丽，2019. 中国人类发展水平空间分异研究 [J]. 商洛学院学报，33（2）：54-63.

森，2001. 贫困与饥荒：论权力与剥夺 [M]. 王宇，王文玉，译. 北京：商务印书馆.

森，2002. 以自由看待发展 [M]. 任赜，于真，译. 北京：中国人民大学出版社.

尚海洋，宋妮妮，2018. 人类可持续发展指数测算与演变特征：对我国 31 个省 2005、2010、2014 年的分析 [J]. 兰州财经大学学报，34（4）：109-117.

沈清基，2013. 论基于生态文明的新型城镇化 [J]. 城市规划学刊（1）：29-36.

施祖麟，黄治华，2009. 基于核密度估计法的中国省区经济增长动态分析 [J]. 经济经纬（4）：60-63.

舒星宇，温勇，宗占红，等，2014. 对我国人口平均预期寿命的间接估算及评价：基于第六次全国人口普查数据 [J]. 人口学刊，36（5）：18-24.

宋洪远，马永良，2004. 使用人类发展指数对中国城乡差距的一种估计 [J]. 经济研究（11）：4-15.

孙才志，李欣，2015. 基于核密度估计的中国海洋经济发展动态演变 [J]. 经济地理，35（1）：96-103.

孙鸿凌，2010. 我国民生指标体系构建初探 [D]. 北京：中国地质大学.

孙久文，张可云，安虎森，等，2017. "建立更加有效的区域协调发展新机制"笔谈 [J]. 中国工业经济（11）：26-61.

孙钰，李泽涛，姚晓东，2012. 中国省际低碳经济发展水平的评价研究及对策分析 [J]. 地域研究与开发，31（6）：319-323.

孙志燕，侯永志，2019. 对我国区域不平衡发展的多视角观察和政策应对 [J]. 管理世界，35（8）：1-8.

孙智君，陈敏，2019. 习近平新时代经济高质量发展思想及其价值 [J]. 上海经济研究（10）：25-35.

覃成林，罗庆，2004. 中国区域人类发展差异研究 [J]. 经济经纬（4）：47-51.

汤铃，李建平，余乐安，等，2010. 基于距离协调度模型的系统协调发展定量评价方法 [J]. 系统工程理论与实践，30（4）：594-602.

唐建荣，1999. 社会发展综合指数的比较 [J]. 统计与决策（4）：42-43.

唐建荣，徐惠娟，1999. 可持续发展指标的建设及启示 [J]. 统计与预测（5）：10-12，5.

唐晓岚, 2003. 美国及联合国社会指标模型评析 [J]. 发展研究 (4)：51-52.

陶涛, 张宜琳, 许丽萍, 2014. 兵团人口发展水平解析及影响路径分析 [J]. 新疆农垦经济 (6)：39-43.

陶西平, 1998. 教育评价辞典 [M]. 北京：北京师范大学出版社.

田国强, 2019. 中国经济高质量发展的政策协调与改革应对 [J]. 学术月刊, 51 (5)：32-38.

田辉, 2007. 人类可持续发展指数 (HSDI) 构建及其应用研究 [D]. 南京：南京理工大学.

田辉, 孙剑平, 朱英明, 2007. HSDI：植入环境敏感性因素的人类可持续发展指数 [J]. 中国软科学 (10)：86-92.

田辉, 孙剑平, 朱英明, 2007. 东部六省市可持续发展状况：基于人类发展指数 (HDI) 的研究 [J]. 统计与决策 (16)：74-76.

田辉, 孙剑平, 朱英明, 2008. 我国各地区经济社会发展的综合测度分析：基于 HDI 的研究 [J]. 经济管理 (2)：69-76.

田卫民, 2012. 省域居民收入基尼系数测算及其变动趋势分析 [J]. 经济科学 (2)：48-59.

田逸飘, 刘明月, 张卫国, 2018. 城镇化进程对区域科技创新水平的影响 [J]. 城市问题 (4)：4-11.

童丽珍, 李春森, 2009. 论国民寿命与 GNP、文化程度的关系 [J]. 统计与决策 (23)：95-98.

托达罗, 1992. 经济发展与第三世界 [M]. 北京：中国经济出版社.

万广华, 2008. 不平等的度量与分解 [J]. 经济学 (季刊), 8 (1)：347-368.

汪丽娟, 2019. 凉山地区教育获得差异与教育精准扶贫新思路：基于民、汉学生受教育年限的基尼系数分析 (2000—2015) [J]. 民族教育研究, 30 (2)：22-30.

汪毅霖, 2011. 人类发展指数测度方法的改进路径与方向：基于 HDR2010 和中国经验分析的思考 [J]. 西部论坛, 21 (4)：35-45.

王朝力门, 2019. 产业结构升级对经济增长的影响研究 [D]. 长春：吉林大学.

王丛霞, 陈黔珍, 2007. 生态文化与人的自由全面发展 [J]. 贵州社会科学 (10)：37-40.

王冬年, 盛静, 王欢, 2016. 新型城镇化质量评价指标体系构建及实证研究：以河北省为例 [J]. 经济与管理, 30 (5)：67-71.

王枫云, 2018. 习近平新时代治国理政思想研究：理论成果与未来走向 [J]. 经济社会体制比较 (6)：18-29.

王建康, 2015. 新型城镇化发展水平评价指标体系及其应用：基于全国 31 省市截面数

据的实证分析 [J]. 青海社会科学 (3)：56-60.

王建康，2018. 中国省际市场分割程度的时空格局及影响因素 [J]. 地理科学，38 (12)：1988-1997.

王谋，康文梅，张斌，2019. 改革开放以来中国人类发展总体特征及驱动因素分析 [J]. 中国人口·资源与环境，29 (10)：70-78.

王善迈，袁连生，田志磊，等，2013. 我国各省份教育发展水平比较分析 [J]. 教育研究 (6)：29-41.

王升，吴群琪，2011. 交通基础设施建设与人类发展指数关系的统计检验 [J]. 统计与决策 (8)：81-83.

王圣云，2009. 区域发展不平衡的福祉空间地理学透视 [D]. 上海：华东师范大学.

王圣云，2016. 中国区域人类福祉的产出绩效与模式演进：1990—2010 [J]. 经济问题探索 (4)：106-113.

王圣云，罗玉婷，韩亚杰，等，2018. 中国人类福祉地区差距演变及其影响因素：基于人类发展指数 (HDI) 的分析 [J]. 地理科学进展，37 (8)：1150-1158.

王圣云，翟晨阳，2018. 全球人类发展指数 (HDI) 的空间差异演化与要素分析 [J]. 经济地理，38 (7)：34-42.

王威海，陆康强，2011. 社会学视角的民生指标体系研究 [J]. 人文杂志 (3)：161-171.

王伟光，2017. 当代中国马克思主义的最新理论成果：习近平新时代中国特色社会主义思想学习体会 [J]. 中国社会科学 (12)：4-30，205.

王小鲁，樊纲，2004. 中国地区差距的变动趋势和影响因素 [J]. 经济研究 (1)：33-44.

王兴芬，杨海平，2017. 中国土地城镇化与人口城镇化协调发展研究述评 [J]. 企业经济，36 (1)：166-173.

王亚南，2015. 中国人民生活发展指数检测体系阐释与排行："全面建成小康社会"民生标准考量 [J]. 社会科学 (9)：40-54.

王艳萍，2006. 克服经济学的哲学贫困：阿玛蒂亚·森的经济思想研究 [M]. 北京：中国经济出版社.

王艳萍，2006. 阿玛蒂亚·森的"能力方法"在发展经济学中的应用 [J]. 经济理论与经济管理 (4)：27-32.

王源涛，李传桐，2014. 地区间协调发展评估研究：以临沂市、日照市为例 [J]. 山东工商学院学报，28 (6)：18-22.

王志平，2007."人类发展指数"(HDI)：含义、方法及改进 [J]. 上海行政学院学报 (3)：47-57.

魏和清,李颖,2018. 我国绿色发展指数的空间分布及地区差异探析:基于探索性空间数据分析法 [J]. 当代财经 (10):3-13.

魏后凯,1995. 区域经济发展的新格局 [M]. 昆明:云南人民出版社.

魏敏,李书昊,2018. 新时代中国经济高质量发展水平的测度研究 [J]. 数量经济技术经济研究 (11):4-21.

吴珊,2019. 长三角区域经济发展不平衡测度与优化研究 [D]. 合肥:安徽大学.

吴艳华,2015. 中国经济结构与人类发展相关性研究 [J] 现代交际 (1):34-35.

吴映梅,彭福亮,2007. 西部民族地区社会和谐发展研究 [J]. 云南师范大学学报 (哲学社会科学版) (5):7-11.

吴玉鸣,2006. 中国省域经济增长趋同的空间计量经济分析 [J]. 数量经济技术经济研究 (12):101-108.

吴忠民,2017. 普惠性公正与差异性公正的平衡发展逻辑 [J]. 中国社会科学 (9):33-44.

仵凤清,张立敏,2012. 基于民生观的河北省社会发展水平评价研究 [J]. 燕山大学学报 (哲学社会科学版),13 (4):108-115.

武剑,杨爱婷,2010. 基于 ESDA 和 CSDA 的京津冀区域经济空间结构实证分析 [J]. 中国软科学 (3):111-119.

武英涛,刘艳苹,2019. 习近平新时代区域经济协调发展思想研究 [J]. 上海经济研究 (6):29-37.

习近平,2017. 决胜全面建成小康社会 夺取新时代中国特色社会主义伟大胜利:在中国共产党第十九次全国代表大会上的报告 [M]. 北京:人民出版社.

习近平,2017. 习近平谈治国理政:第 2 卷 [M]. 北京:外文出版社.

习近平. 在党的十八届五中全会第二次全体会议上的讲话 (节选) [EB/OL]. [2015-10-29]. https://news.12371.cn/2015/12/31/ARTI1451569653433470.shtml.

习近平. 在纪念毛泽东同志诞辰 120 周年座谈会上的讲话 [N]. 人民日报,2013-12-27.

习近平. 在庆祝全国人民代表大会成立 60 周年大会上的讲话 [N]. 人民日报,2014-09-06.

习近平. 中央经济工作会议在北京举行 [N]. 人民日报,2018-12-22.

夏先良,2018. 新时代开放型社会治理体系的构建与完善 [J] 人民论坛·学术前沿 (6):19.

向铮,2017. 浙江省城市经济空间关联性及溢出效应研究 [D]. 杭州:浙江理工大学.

徐晓望,1988. 论影响人类社会发展的四种因素 [J]. 中共福建省委党校学报 (10):25-27.

徐雪梅，王燕，2004. 城市化对经济增长推动作用的经济学分析 [J]. 城市发展研究 (2)：49-53.

徐应兰，2018. 安徽省产业结构升级对劳动力就业的影响研究 [D]. 蚌埠：安徽财经大学.

许宪春，郑正喜，张钟文，2019. 中国平衡发展状况及对策研究：基于"清华大学中国平衡发展指数"的综合分析 [J]. 管理世界，35 (5)：15-28.

宣晓伟，2013. 过往城镇化、新型城镇化触发的中央与地方关系调整 [J]. 改革 (5)：68-73.

延希宁，1997. 人口、持续经济增长和可持续发展 [J]. 人口研究 (4)：67-70.

颜敏，王维国，2010. 教育不平等的测度与分解：基于辽宁省统计数据的实证分析 [J]. 教育科学，26 (3)：12-19.

杨家亮，2014. 中国人文发展指数比较分析 [J]. 调研世界 (1)：10-13.

杨开忠，2001. 中国城市化驱动经济增长的机制与概念模型 [J]. 城市问题 (3)：4-7.

杨立勋，陈海龙，2010. 基尼系数的拓展：中国地区发展差异分析 [J]. 统计与决策 (15)：19-21.

杨湘豫，陈靓，许知行，2014. 基于环境指数的人类发展水平的应用研究 [J]. 财经理论与实践，35 (191)：127-130.

杨永恒，胡鞍钢，张宁，2005. 基于主成分分析法的人类发展指数替代技术 [J]. 经济研究 (7)：4-17.

杨永恒，胡鞍钢，张宁，2006. 中国人类发展的地区差距和不协调：历史视角下的"一个中国，四个世界" [J]. 经济学季刊，5 (3)：803-816.

姚进忠，2018. 福利研究新视角：可行能力的理论起点、内涵与演进 [J]. 国外社会科学 (2)：53-67.

叶初升，2019. 中等收入阶段的发展问题与发展经济学理论创新：基于当代中国经济实践的一种理论建构性探索 [J]. 经济研究，54 (8)：167-182.

叶晓璐，2019. 纳斯鲍姆可行能力理论研究：兼与阿玛蒂亚·森的比较 [J]. 复旦学报 (社会科学版)，61 (4)：52-59.

易培强，2011. 努力促进人的自由全面发展 [J]. 当代经济研究 (10)：51-55.

于斌斌，金刚，2014. 城市集聚经济与产业结构变迁的空间溢出效应 [J]. 产业经济评论 (山东大学)，13 (4)：89-123.

余智敏，李慧敏，刘路婷，2014. 环境因素对人类发展指数影响的实证研究 [J]. 中国市场 (8)：111-112，129.

张博，周建波，莫介邦，等，2013. 可持续发展度量指标研究新进展 [J]. 经济学动态 (1)：118-125.

张虎，韩爱华，2019. 制造业与生产性服务业耦合能否促进空间协调：基于285个城市数据的检验［J］. 统计研究，36（1）：39-50.

张蕾，2018. 从"共享共建，全民健康"的战略主题看国民的健康需求［J］. 人口与发展，24（5）：6-8.

张文合，2011. 区域经济发展理论、模式与战略探讨［J］. 科学管理研究（1）：4-8.

张雄，2017. 中国区域人类发展水平度的空间集聚及时空格局演变［J］. 对外经贸（12）：84-88.

张雪花，王小双，陶贻侠，2013. 人类绿色发展指数的构建与测度方法研究［J］. 中国人口·资源与环境，23（专刊）：304-307.

张野，周嘉，刘继生，等，2018. 基于人类发展指数的金砖五国资源诅咒效应分析［J］. 世界地理研究，27（5）：167-175.

张潆元，2015. 不断改进完善的人类发展指数［J］. 中国统计（3）：37-38.

赵利敏，彭莉莎，2010. 河南省各地市人文发展水平差异的统计分析［J］. 网络财富（10）：51-52.

赵秋成，1998. PQLI法的不足及其改进［J］. 上海统计（1）：32-34.

赵涛，李晅煜，2008. 能源-经济-环境（3E）系统协调度评价模型研究［J］. 北京理工大学学报（社会科学版）（2）：11-16.

赵温题，2011. 以人为本学说的创立与发展［M］. 济南：山东大学出版社.

赵旭东，2018. 互惠人类学再发现［J］. 中国社会科学（7）：107-118，207-208.

赵永铭，杨生斌，杨蜀康，2008. 纯知识外溢对我国创新产出的影响［J］. 科学学与科学技术管理（10）：76-79.

赵志强，叶蜀君，2005. 东中西部地区差距的人类发展指数估计［J］. 华东经济管理（12）：22-25.

曾天山，吴景松，崔洁芳，等，2015. 国际教育指标的选择、应用与借鉴［J］. 教育发展研究，35（1）：21-26.

中共中央文献编辑委员会，1986. 毛泽东著作选读（下册）［M］. 北京：人民出版社.

中共中央宣传部，2018. 习近平新时代中国特色社会主义三十讲［M］. 北京：学习出版社.

中共中央宣传部，2019. 习近平新时代中国特色社会主义思想学习纲要［M］. 北京：学习出版社、人民出版社.

中国教育科学研究院中国教育发展报告课题组，方晓东，高丙成，2013. 中国教育综合发展水平研究［J］. 教育研究，34（12）：32-39.

中国人类发展报告特别版课题组，2019. 中国人类发展报告特别版［M］. 北京：中译出版社.

周恭伟，2011. 中国人类发展指标体系构建及各地人类发展水平比较研究 [J]. 人口研究，35（6）：78-89.

周靖祥，2018. 中国社会与经济不平衡发展测度与治理方略研究 [J]. 数量经济技术经济研究，35（11）：21-38.

周小川，李剑阁，苏中，1985. 经济增长模型的递推规划方法与最优平衡问题 [J]. 系统工程理论与实践（3）：10-19.

朱成全，2011. 以自由看发展：马克思自由发展观视阈中的人类发展指数扩展研究 [M]. 北京：人民出版社.

朱成全，李立男，2011. 基于 HDI 的辽宁省"四个文明"指数的理论建构与测量分析 [J]. 辽宁师范大学学报（社会科学版），34（5）：16-22.

朱红琼，王雅媛，李小庆，2019. 教育发展非均衡分析：基于贵州省的实证 [J]. 统计与决策，35（15）：93-96.

朱江丽，李子联，2015. 长三角城市群产业-人口-空间耦合协调发展研究 [J]. 中国人口·资源与环境，25（2）：75-82.

朱巧玲，2011. 人的发展指标的构建：基于马克思主义人的自由全面发展理论的分析 [J]. 改革与战略（9）：1-8.

朱巧玲，杨威，2009. 对马克思关于"人的发展"理论的再认识 [J]. 改革与战略，25（10）：9-13.

诸大建，刘国平，2011. 碳排放的任务发展绩效指标与实证分析 [J]. 中国人口·资源与环境，21（5）：73-79.

ACKERMAN, FRANK, KIRON D, et al., 1997. Human well-being and economic goals [M]. San Francisco：Island Press.

AHLUWALIA M S, 1976. Inequality, poverty and development [J]. Journal of Development Economics, 3（4）：307-342.

AKAIKE H, 1975. A new look at the statistical model identification [J]. IEEE Trans on Automatic Control, 19（6）：716-723.

ALKIRE S, FOSTER J E, 2010. Designing the inequality-adjusted human development index [J]. Human Development Reports：1-50.

ANAND S, SEN A, 1994. Human development index：methodology and measurement [R]. Human Development Report Office Occasional Paper12. New York：United Nations Development Programme.

ANAND, SUDHIR, SEN A, 1994. The income component of the human development index [J]. Journal of Human Development, 1（1）：83-106.

ANDREWS F M, WITHEY S B, 1976. Social indicators of well-being：Americans perception of life quality [M]. New York: Plenum.

ARCELUS, FRANCISCO J, SHARMA, et al., 1994. Foreign capital flows and the efficiency of the HDI dimensions [J]. Global Economy Journal, 5 (2): 44-67.

AZIZ J, DUENWALD C K, 2001. China's provincial growth dynamics [J]. Social Science Electronic Publishing, WP/01/3: 1-68.

BAR-SELA GIL, MICHAEL J S, et al., 2019. Human development index and its association with staff spiritual care provision: a Middle Eastern oncology study [J]. Supportive Care in Cancer: Official Journal of the Multinational Association of Supportive Care in Cancer, 27 (9): 103-124.

BAUMOL W J, 1977. Economic theory and operations analysis [M]. Upper Saddle River: Prentice Hall College Div.

BEHRENDS C N, EGGMAN A A, GUTKIND S G, et al., 2018. A cost reimbursement model for hepatitis C treatment care coordination [J]. Journal of Public Health Management and Practice: JPHMP, 9 (8): 187-211.

BIGGERI M, MAURO V, 2018. Towards a more "Sustainable" human development index: integrating the environment and freedom [J]. Ecological Indicators, 91: 1-13.

BLANCHFLOWER D G, OSWALD A J, 2005. Happiness and the human development index: the paradox of Australia [J]. Australian Economic Review, 38: 128-147.

BLEICH S N, JARLENSKI M P, BELL C N, et al., 2011. Health inequalities: trends, progress, and policy [J]. Annual Review of Public Health, 33 (1): 7-40.

BOLCÁROVÁ P, KOLOSTA S, 2105. Assessment of sustainable development in the EU 27 using aggregated SD index [J]. Ecological Indicators (8): 699-705.

BOOYSEN F, 2005. An overview and evaluation of composite indices of development [J]. Social Indicators Researchx, 59: 115-151.

BRAVO, GIANGIACOMO, 2014. The human sustainable development index: the 2014 update [J]. Ecological Indicators, 50: 258-259.

BRAVO, GIANGIACOMO, 2015. The human sustainable development index: new calculations and a first critical analysis [J]. Ecological Indicators, 37: 145-150.

BRAYDA L, CHELLALI R, 2012. Measuring human-robots interactions [J]. International Journal of Social Robotics, 4 (3): 219-221.

BRYSON N, MOBOLURIN A, et al., 1994. An approach to using the analytic hierarchy process for solving multiple criteria decision making problems [J]. European Journal of Operational Research, 76 (3): 440-454.

BURKHAUSER R V, ROVBA L, 2005. Income inequality in the 1990s: comparing the United States, Great Britain and Germany [J]. The Japanese Journal of Social Security Policy, 4

(1): 1-16.

BURKHAUSER R V, CUTTS A C, DALY M C, et al., 1999. Testing the significance of income distribution changes over the 1980s business cycle: a cross-national comparison [J]. Journal of Applied Econometrics (14): 253-272.

BöHNKE P, KOHLER U, 2010. Well-being and inequality [C] // Hand-book of European societies. New York Springer: 629-666.

CARLUCCI F, PISANI S, 1995. A multiattribute measure of human development [J]. Social Indicators Research (36): 145-176.

CASTLES I, 1998. The mismeasure of nations: a review essay [J]. Population and Development Review, 24 (4): 831-845.

CHHIBBER A, LAAJAJ R, 2008. Disasters, climate change and economic development in Sub-Saharan Africa: lessons and directions [J]. Journal of African Economies, 17 (11): 11-49.

CLARIDA R, GAL J, GERTLER M, 1999. The science of monetary policy: a new Keynesian perspective [J]. Journal of Economic Literature, 37 (4): 1661- 1707.

CLARK S S, SEAGER T P, SELINGER E, 2015. A development-based approach to global climate policy [J]. Environment Systems and Decisions, 35 (1): 1-10.

COCKERHAM W C, 2012. The intersection of life expectancy and gender in a transitional state: the case of Russia [J]. Sociology of Health & Illness, 34 (6): 0-10.

COSTA RICARDO FILIPE ALVES, LONGATTO-FILHO ADHEMAR, VAZQUEZ FABIANA L, et al., 2019. The quality of Pap smears from the Brazilian cervical cancer screening program according to the Human Development Index [J]. Cancer prevention research (Philadelphia, Pa.) (3): 328-349.

COWELL F, 2011. Measuring inequality [M]. New York: Oxford University Press.

CRAFTS N, 2002. The human development index, 1870—1999: some revised estimates [J]. European Review of Economic History, 6 (3): 395-405.

CULL R, LIXIN COLIN XU, 2005. Institutions, ownership, and finance: the determinants of profit reinvestment among Chinese firms [J]. Journal of Financial Economics (1): 117-146.

DAR H A, 2010. On making human development more humane [J]. International Journal of Social Economics, 31 (11/12): 1071-1088.

DASGUPTA P, WEALE M, 1992. On measuring the quality of life [J]. World Development, 20 (1): 119-131.

DEATON A, CASE A, 1992. Analysis of household expenditure [J]. LSMS working paper (4): 133-162.

DEMURGER S, 2001. Infrastructure development and economic growth: an explanation for regional disparities in China? [J]. Journal of Comparative Economics, 29 (1): 95–117.

DESAI M, 1991. Human development: concepts and measurement [J]. Journal of Human Development, 35 (2–3): 0–357.

DESPOTIS D K, 2005. A reassessment of the human development index via data envelopment analysis [J]. Journal of the Operational Research Society, 56 (8): 969–980.

DIEFENBACHER H, ZIESCHANK R, RODENHAUSER D, 2010. Measuring welfare in Germany: a suggestion for a new welfare index [M]. Germany: Federal Environment Agency.

DODGE D, 2006. Global imbalances-why worry? What to do? [R]. Working Paper for the New York Association ofBusiness Economics, New York.

DOESSEL D P, GOUNDER R, 1991. Theory and measurement of living levels: some empirical results for the human development index [J]. Journal of International Development, 6 (4): 415–435.

DOYAL L, GOUGH I, MAXNEEF M, et al., 1991. A theory of human need [M]. London: Macmillan Press Ltd.

EBERT U, WELSCH H, 2004. Meaningful environmental indices: a social choice approach [J]. Journal of Environmental Economics & Management, 47 (2): 236–283.

EDWARDS S, 2005. Is the US current account deficit sustainable? And if not, how costly is adjustment likely to be? [Z]. Brookings Paperson Economic Activity (1): 211–288.

ERICK P C CHANG, CHRISMAN J J, CHUA J H, 2008. Regional economy as a determinant of the prevalence of family firms in the United States: a preliminary report [J]. Entrepreneurship Theory & Practice, 32 (3): 559–573.

FAUL ANNA C, D'AMBROSIO JOSEPH G, YANKEELOV PAMELA A, et al., 2018. Human flourishing and integrated care models: the development of the flourish index [J]. The Gerontologist (1): 74–98.

FELICE E, VASTA M, 2012. Passive modernization? The new human development index and its components in Italy's regions (1871—2007) [J]. The Working Papers, 19 (1): 44–66.

FISHER D M, 2006. The dynamic effects of neutral and investment-specific technology shocks [J]. Journal of Politics (114): 413–451.

FOSTER J E, LÓPEZ-CALVA L F, SZÉKELY M, 2005. Measuring the distribution of human development: methodology and an application to Mexico [J]. Journal of Human Development and Capabilities (6): 5–29.

FRIEDMANN J, 1966. Regional development policy: a case study of Venezuela [J]. Urban Studies, 4 (3): 309–311.

GAYE A, 2007. Access to energy and human development [J]. Human Development Occasional Papers (1992–2007), 25: 1–21.

GERUSO M, 2012. Black-white disparities in life expectancy: how much can the standard SES variables explain? [J]. Demography, 49 (2): 553–574.

GLENN N D, 1975. The contribution of marriage to the psychological well-being of males and females [J]. Journal of Marriage and Family Relations (37): 105–110.

GOFF L, HELLIWELL J F, MAYRAZ G, 2016. The welfare costs of well-being inequality [R]. National Bureau of Economic Research.

GRAHAM, JILL W, KEELEY, et al., 1992. Hirschman's loyalty construct [J]. Employee Responsibilities & Rights Journal, 5 (3): 191–200.

GRIMM M, HARTTGEN K, 2008. A human development index by income groups [J·]. World Development, 36 (12): 2527–2546.

GRISEZ G, BOYLE J, FINNIS J, 1987. Practical principles, moral truth, and ultimate ends [J]. The American Journal of Jurisprudence, 32 (1): 99–151.

HALFON N, 2012. Addressing health inequalities in the US: a life course health development approach [J]. Social Science & Medicine, 74 (5): 671–673.

HAQ M, 1995. Reflection on human development [M]. New York: Oxford University Press.

HARTTGEN K, KLASEN S, 2012. A household-based human development index [J]. World Development, 40 (5): 878–899.

HERMANN H, 1989. Information and self-organization: a macroscopic approach to complex systems [J]. American Journal of Physics, 57 (10): 958.

HERRERO C, MARTÍNEZ R, VILLAR A, 2012. A newer human development index [J]. Journal of Human Development & Capabilities, 13 (2): 247–268.

HERRERO C, MARTÍNEZ, RICARDO, 2018, et al. Population structure and the human development index [J]. Social Indicators Research (5): 167–179.

HICKEL J, 2020. The sustainable development index: measuring the ecological efficiency of human development in the anthropocene [J]. Ecological Economics (167): 106331.

HICKS D A, 1997. The inequality-adjusted human development index: a constructive proposal [J]. World Development, 25: 1283–1298.

HICKS N, STREETEN P, 1979. Indicators of development: the search for a basic needs yardstick [J]. World Development, 7 (6): 567–580.

HIRANMOY R, KAUSHIK B, 2009. Conve rgence of human development across Indian States [R]. IGIDR Proceedings/Project Reports Series (PP-062-22).

HIRSCHMAN A O, 1958. The strategy of economic development [M]. New Haven: Yale University Press.

INDRAYAN A, WYSOCKI M J, CHAWLA A, et al., 1999. 3-Decade trend in human development index in India and its major states [J]. Social Indicators Research (46): 91-121.

INGLEHART, RONALD, WELZEL, et al., 2009. How development leads to democracy [J]. Foreign Affairs, 88 (2): 126-140.

JANTKE K, SCHNEIDER U A, 2010. Multiple-species conservation planning for European wetlands with different degrees of coordination [J]. Biological Conservation, 143 (7): 1812-1821.

JEREMIC G, BRANDT M G, JORDAN K, et al., 2011. Using photodynamic therapy as a neoadjuvant treatment in the surgical excision of nonmelanotic skin cancers: prospective study [J]. J Otolaryngol Head Neck Surg., 40 (2): S82-89.

JIN PING, GAO YUSHU, et al., 2019. Maternal health and green spaces in China: a longitudinal analysis of MMR based on spatial panel model [J]. Healthcare (Basel, Switzerland), 7 (4): 154.

JORGENSON D W, HO M S, STIROH K J, 2008. A retrospective look at the U.S. productivity growth resurgence [J]. The Journal of Economic Perspectives, 6 (4): 45-75.

KELLEY A C, 1991. The human development index: handle with care [J]. Population and Development Review, 17 (2): 315-324.

KOLKO J, 2010. Urbanization, agglomeration, and coagglomeration of service industries [M]. Chicago: University of Chicago Press.

KRUGMAN P, 1993. What's new about the new economic geography? [J]. Oxford Review of Economic Policy (2): 2.

LAI D, 2003. Principal Component Analysis on Human Development Indicators of China [J]. Social Indicators Research, 61 (3): 319-330.

LONG G, NG M K, 2001. The political economy of intra-provincial disparities in post-reform China: a case study of Jiangsu province [J]. Geoforum, 32 (2): 215-234.

LUTCHERS G, MENKHOFF L, 2000. Chaotic signals from HDI measurement [J]. Applied Economics Letter, 17 (1): 283-29.

MAEHAEL L, 1977. Why Poor People Stay Poor: Urban Blasin world Development [M]. London: Temple Smith.

MARCHANTE A J, OMEGA B, SANCHEZ J, 2006. The evolution of well-being in Spain (1980—2001): a regional analysis [J]. Social Indicators Research (76): 283-317.

MARCHANTE, ANDRÉS J, ORTEGA, et al., 2006. Quality of life and economic convergence across Spanish regions, 1980-2001 [J]. Regional Studies, 40 (5): 471-483.

MARIA-LENUTA C, 2015. Analyzing the composition of HDI in European countries [J].

Studies in Business and Economics, 10 (3): 119-127.

MARSHALL S M, 1999. Comment on the provisional report from the WHO consultation [J]. Diabetic Medicine, 16 (5): 442-443.

MASAHISA, FUJITA, et al., 1999. On the evolution of hierarchical urban systems [J]. European Economic Review, 43 (3-5): 2098-2133.

MCGILLIVRAY M, 1991. The human development index: yet another redundant composite development indicator? [J]. World Development, 19 (10): 1461-1468.

MEARA E R, RICHARDS S, CUTLER D M, 2008. The gap gets bigger: changes in mortality and life expectancy, by education, 1981—2000 [J]. Health Affairs, 27 (2): 350-360.

MEI L, CHEN Z, 2016. The convergence analysis of regional growth differences in China: the perspective of the quality of economic growth [J]. Journal of Service Science and Management, 9 (6): 453-476.

MICHAEL B, 2015. What does Brunei teach us about using human development index rankings as a policy tool? [J]. Social Science Electronic Publishing, 7 (9): 159-176.

MICHALOS A C, 2004. Social indicators research and health-related quality of life research [J]. Social Indicators Research, 65 (1): 27-72.

MOORE G H, 1980. Business cycles, inflation and forecasting [M]. Madison: Ballinger Pub.

MORRIS M D, COUNCIL O D, 1983. Measuring the condition of the world's poor: the physical quality of life index [J]. Social Indicators Research, 12 (4): 395-417.

MORSE S, 2003. For better or for worse, till the human development index do us part? [J]. Ecological Economics (45): 281-296.

MUELLER D C, PEEV E, 2007. Corporate governance and investment in Central and EasternEurope [J]. Journal of Comparative Economics (2): 414-437.

MUTTNEJA P, 2015. A review of human development index (HDI) and human poverty index (HPI) in the Indian perspective [J]. Scholedge International Journal of Management & Development, 2 (1): 15-23.

MYRDAL G, 1957. Economic theory and underdeveloped countries [M]. London: Duckworth.

NARAYAN D, 2010. Designing community based development [J]. Community Development Journal: 1-66.

NEUMAYER E, 2001. The human development index and sustainability: a constructive proposal [J]. Ecological Economics, 39 (1): 101-114.

NOORBAKHASH F, 2010. The human development indices: some technical issues and alternative indice [J]. Journal of International Development (10): 589-605.

NOORBAKHASH F, 1998. A modified human development index [J]. World Development, 26 (3): 517-528.

NOORBAKHASH F, 2003. Human development and regional disparities in India [R]. Poverty and Human Well-being.

NORTHAM R M, 1975. Urban Geography [M]. New York: John Wiley & Sons.

NURKSE, RAGNAR, 1966. Problems of capital formation in underdeveloped countries [J]. Punjab University Economist, 2 (4): 1-23.

NUSSBAUM M, 2000. The "Capabilities" advantage to promoting women's human rights [J]. Human Rights Dialogue, 2 (4): 122-163.

NUSSBAUM M, 2000. Women and human development: the capabilities aproach [M]. Cambridge: Cambridge University Press.

OGWANG, TOMSON, 1994. Inter-country inequality in human development indicators [J]. Applied Economics Letters, 7 (7): 443-446.

PAUL S, 1994. Hunan dewelopment: means and ends [J]. The American Economic Review, 84 (2): 232-237.

PAUL S, 2007. The frontiers of development studies: some issues of development policy [J]. Journal of Development Studies, 4 (1): 2-24.

PERENBOOM R, VAN HERTEN L, BOSHUIZEN H, et al., 2005. Life expectancy without chronic morbidity: trends in gender and socioeconomic disparities [J]. Public Health Reports, 120 (1): 46-54.

PERROUX F, 1950. Economic space: theory and applications [J]. The Quarterly Journal of Economics, 64 (1): 89-104.

PILLARISETTI J R, MCGILLIVRAY M, 2002. Human development and gender empowerment: methodological and measurement issues [J]. Development Policy Review, 16 (2): 197-203.

PINEDA J, 2012. Sustainability and human development: a proposal for a sustainability adjusted human development index [J]. Theoretical and Practical Research in Economic Fields, 3 (2): 73-100.

PRADOS DE LA ESCOSURA, 2007. Improving the human development index: a new data set for the Western World, 1850—2000 [J]. Universidad Carlos III working paper.

QING Y, YANG D, 2012. Research on the MSP evolution patterns of two-oriented society coordinated development in regions of China [J]. procedia environmental sciences, 12: 777-784.

QUAH D T, 1997. Empirics for growth and distribution: stratification, polarization, and convergence clubs [J]. Journal of Economic Growth, 2 (1): 27-59.

RAM P J, 2002. An empirical note on inequality in the world development indicators [J]. Applied Economics Letters, 4 (3): 145-147.

RAVALLION M, 2010. Troubling tradeoffs in the human development index [J]. Research Working Paper Series, 54-84.

RAWLS J R, TREGO R E, MCGAFFEY C N, et al., 1972. Personal space as a predictor of performance under close working conditions [J]. Journal of Social Psychology, 86 (2): 261.

RAY S, GHOSH B, BARDHAN S, et al., 2016. Studies on the impact of energy quality on human development index [J]. Renewable Energy, 92: 117-126.

RISQUEZ A, ECHEZURIA L, RODRIGUEZ-MORALES A J, 2010. Epidemiological transition in Venezuela: Relationships between infectious diarrheas, ischemic heart diseases and motor vehicles accidents mortalities and the Human Development Index (HDI) in Venezuela, 2005—2007 [J]. Journal of Infection and Public Health, 3 (3): 95-97.

RODRIGUEZ A J, et al., 2012. Relationships between morbidity and mortality from tuberculosis and the human development index (HDI) in Venezuela, 1998—2008 [J]. International Journal of Infectious Diseases, 16 (9): 704-705.

ROSENSTEINRODAN P N, 1964. Capital formation and economic development [M]. London: Routledg.

ROSENTHAL S S, WILLIAM C S, 2004. Evidence on the nature and sources of agglomeration economies [J]. Handbook of Regional and Urban Economics (4): 2119-2171.

SAGAR A D, NAJAM A, 1998. The human development index: a critical review [J]. Ecological Economics, 25 (3): 249-264.

SAMIMI A J, KASHEFI A, SALATIN P, et al., 2011. Environmental performance and HDI: evidence from countries around the world [J]. Middle-East Journal of Scientific Research, 10 (3): 294-301.

SEN A, 1982. Rights and agency [M]. New York: Oxford University Press.

SEN A, 1985. Commodities and capabilities [M]. New York: Oxford University Press.

SEN A, 1992. Inequality reexamined [M]. New York: Oxford University Press.

SEN A, 1997. On economic inequality (enlarged edition) [M]. Oxford: Clarendon Press.

SEN A, 2000. A Decade of human development [J]. Journal of Human Development, 1 (1): 17-23.

SEN A, BATABYAL A, 2000. Development as freedom [J]. Journal of Agricultural and Environmental Ethics, 12 (2): 227-229.

SHAO SHI-YI, HU QI-DA, et al., 2019. Impact of national human development index on liver cancer outcomes: transition from 2008 to 2018 [J]. World journal of gastroenterology, 25 (32): 154-172.

SHIH F Y, WU Y T, 2004. Three-dimensional euclidean distance transformation and its application to shortest path planning [J]. Pattern Recognition, 37 (1): 79-92.

SILVERMAN B W, 1987. Density estimation for statistics and data analysis [J]. Journal of the Royal Statistical Society, 150 (4): 403-404.

SRINIVASAN T N, 1992. Bad advice: a comment [J]. Economic & Political Weekly, 27 (28): 1507-1508.

SRINIVASAN T N, 1994. Human development: a new paradigm or reinvention of the wheel [J]. American Economic Review, 84 (2): 238-243.

Stanton E A, 2007. The human development index: a history [R]. PERI working paper.

SUNDRUM R M, 1990. Income distribution in less development countries [M]. London and New York: Routledge.

TAPPEINER G, HAUSER C, WALDE J, 2008. Regional knowledge spillovers: fact or artifact [J]. Research Policy, 37 (5): 0-874.

THAPA S, 1995. The human development index: a portrait of the 75 districts in Nepal [J]. Asia-Pacific Population Journal, 10 (2): 3.

THOMAS BUE BJØRNER, SØREN ARNBERG, 2012. Terminal costs, improved life expectancy and future public health expenditure [J]. International Journal of Health Care Finance and Economics, 12 (2): 129-143.

THOMAS V, YAN WANG, XIBO FAN, 2000. Measuring education inequality: gini coefficients of education [R]. Policy Research Working Paper, The World Bank Institute: 3-27.

TIANINN J, SACHS J D, WARNER A M, 1996. Trends in regional inequality in China [J]. NBER Working Paper Series (5412): 10-15.

TRIDICO P, 2009. Regional human development in transition economics: the role of institutions [R]. Working Paper of Dipartimento Di Economia.

TSUI K Y, 1994. China's economy inequality, 1952-1985 [J]. Journal of Comparative Economics, 15 (1): 1-12.

TYRAN J R, SAUSGRUBER R, 2006. A little fairness may induce a lot of redistribution in democracy [J]. University of St Gallen Department of Economics Working Paper, 50 (2): 0-485.

UNDP, 1990. Human development report 1990 [M]. New York: Oxford University Press.

UNDP, 1991. Human development report 1991 [M]. New York: Oxford University Press.

UNDP, 2015. Human development report 2015: work for human development [M]. New

York: UN Development Program.

UNDP, 2018. Human development indices and indicators 2018 [M]. New York: Oxford University Press.

UNGER R, MÜLLER R, ROTHGANG H, 2011. Life expectancy with and without need for care: extent and development trends in Germany [J]. Das Gesundheitswesen, 73 (5): 292-297.

URA K, ALKIRE S, ZANGMO T, et al., 2012. An extensive analysis of GNH index [M]. Thimphu: the Centre fir Bhutan Staudies.

VERNON R, 1966. International investment and international trade in the product cycle [J]. The Quarterly Journal of Economics, 8 (4): 190-207.

WILLIAMSON J G, 1965. Regional inequality and the process of national development: a description of the patterns [J]. Economic Development and Cultural Change, 13 (4, Part 2): 1-84.

WOODS L M, RACHET B, RIGA M, et al., 2005. Geographical variation in life expectancy at birth in England and Wales is largely explained by deprivation [J]. Journal of Epidemiology and Community Health, 58: 115-120.

World Economic Forum, 2017. The global gender gap report 2017 [R/OL]. (2017-01-11) [2022-02-23]. http://www3.weforum.org/docs.

YARIV G, VICKI M, URI G, 2010. Smoking reduction at midlife and lifetime mortality risk in men: a prospective cohort study [J]. American Journal of Epidemiology: 10.

ZARNOWITZ B, 1996. Business cycles: theory, history indicators and forecasting [M]. Chicago: The University of Chicago Press.

附录

附录 1 中国人类发展指数的编制方法说明

联合国开发计划署（UNDP）创建的人类发展指数（HDI）体系综合考虑了寿命、收入、教育三个部分，其中寿命反映一国或地区人民的健康状况，收入反映一国或地区的经济状况，教育则反映一国或地区的教育水平。我们首先说明联合国开发计划署创建的人类发展指数（HDI）的编制方法，然后说明本书提出的改进的中国人类发展指数（CHDI）的编制方法。

1. HDI 各维度指数的构建

UNDP 构建的 HDI 指数体系包含三个维度：寿命指数、收入指数、教育指数。下面对三个指数的编制方法做一个简要的说明。

（1）寿命指数（LEI）。健康长寿的指标可以反映一个国家或地区的经济社会发展水平和医疗水平，UNDP 计算寿命指数的指标是平均预期寿命，即同时出生的一批婴儿，按照年龄死亡率计算能够活到的平均年龄。本书仍然选取平均预期寿命作为衡量健康长寿的唯一指标。该指标的原始数据来源于历年《中国人口统计年鉴》、历年《中国统计年鉴》和各省历年《统计年鉴》等。本书对平均预期寿命的测算的结果与 UNDP 的测算是一致的。

（2）收入指数（II）。衡量生活水平的指标不是唯一的，而收入则是其中相对重要的一个指标，本书仍然使用 UNDP 指定的经过购买力平价（PPP）调整后的人均 GNI 指标的对数来计算收入指数。该指数涉及的原始数据来源于历年的《中国统计年鉴》以及《新中国 60 年统计资料汇编》、世界银行官网以及中国各省历年《统计年鉴》等。在汇率数据的使用方面，UNDP 的数据采用的是 2010 年的汇率数据，本书采用的是 2016 年的汇率数据进行的折算，因此，本书测算出的中国人类发展指数的收入分项指数略微高于 UNDP 的数据。

（3）教育指数（EI）。教育指数主要是评价一国或地区在文化教育方面取得的成就，在较早关于教育指数的计算中曾使用过毛入学率和成人识字率来衡量这一指标，在联合国开发计划署 2018 年公布的《HDI 指数计算说明》中，UNDP 衡量教育指数的指标使用的是：26 岁以上人口的平均受教育年限和学龄儿童预期受教育年限，因此本书仍然沿用该两项指标来计算教育指数。这里涉及的原始数据来源于历年《新中国 60 年统计资料汇编》《中国统计年鉴》、各省历年《教育统计年鉴》等。本书测算的平均受教育年限的计算公式以 2002 年为界限，发生了变化，2002（包含 2002 年）以前的年份的计算公式与 UNDP 相同，未单独考虑研究生的教育问题，在 2003 年以后，由于我国研究生教育规模的扩大，单独将研究生期间的受教育年限列入了平均受教育年限的测算。如以四川省为例：

2002 年四川省平均受教育年限＝（2002 年小学在校人数×6＋2002 年初中在校生数×9＋2002 年高中在校生数×12＋2002 年大学在校生数×16）/2002 年四川省 6~21 岁

2003 年（包含 2003 年）以后的年份的计算公式以 2016 年四川省为例：2016 年四川省平均受教育年限＝（2016 年小学在校人数×6＋2016 年初中在校生数×9＋2016 年高中在校生数×12＋2016 年大学在校生数×16＋2016 年硕士在读人数×19＋2016 年博士在读人数×21）/2002 年四川省 6~26 岁人数

由此本书所测算的教育指数略微高于 UNDP 测算的数据。

2. HDI 及各维度指数的编制框架

联合国开发计划署公布的人类发展指数（HDI）由三个子指数构成，即收入指数（II）、寿命指数（LEI）、教育指数（EI），三个子指数分别反映了人的生活水平、寿命水平以及知识文化水平。具体编制框架简化如图 1 所示。

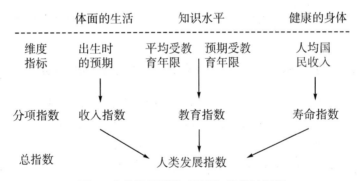

图 1　人类发展指数（HDI）的编制框架

得益于联合国开发计划署（UNDP）和一些学者在最初 HDI 计算方法基础上，在指标选取、计算方法等方面对 HDI 指数不断地加以修正，HDI 指数能够比较全面真实反映各种发展阶段的国家或地区人类发展状况。2018 年，联合国开发计划署（UNDP）在其官网（http://www.undp.org/）公布了《HDI 指数计算说明 2018》，在计算框架保持不变的情况下，对 HDI 的计算方法进行了进一步的修正，其中包括教育综合指数的计算方法、收入指数及教育指数的阈值。2018 年人类发展指数（HDI）分项指标测算说明如表 1 所示。

表1　2018年人类发展指数（HDI）分项指标测算说明

一级指标	二级指标	三级指标	数值说明
人类发展指数HDI	收入指数（II）	收入指数（II）	经货币购买力折算的人均GNI，衡量经济状况的重要指标，反映人类发展的支撑指标。考虑到人类发展水平并不需要无限多的收入，在测算时对收入进行取对数调整。
	寿命指数（LEI）	预期寿命指数（LEI）	预期寿命表示在各年龄组死亡率保持现有水平不变的情况下，同时出生的一代人一生可存活的年数。
	教育指数（EI）	人均教育指数（MYSI）	平均受教育年限，特定时期特定区域某群体接受学历教育（包括成人学历教育，不包括各种学历培训）的年数总和的平均数。
		预期教育指数（EYSI）	五岁儿童可期望的一生能够获得的接受正规教育的平均年数。通过累加五岁以上各年龄人口的净入学率求得。

2018年人类发展指数（HDI）分项指标的阈值如表2所示。

表2　2018年人类发展指数（HDI）分项指标的阈值

分项指数	最大值	最小值
预期寿命	85	20
平均受教育年限	15	0
预期受教育年限	18	0
人均收入（PPP＄）	75 000	100

注：根据《HDI指数计算说明2018》（http://www.undp.org/），整理而得。

3. 中国人类发展指数（CHDI）的编制框架及新增维度指数

由上可见，联合国开发计划署（UNDP）创建的人类发展指数（HDI）体系综合考虑了寿命、收入、教育三个部分，但HDI体系中未能够反映社会的科技进步、社会保障以及环境污染等问题，为了更加完整地反映人类社会可持续发展情况，本书在HDI指数构成中，追加了可持续发展指数和民生指数，并将新加入的指数与原来的三个指数放在同一指数层级，体现出社会的可持续发展程度、民生状况和寿命、收入、教育的同等重要性。

（1）可持续发展指数。衡量可持续发展程度的指标很多，本书在构建可持续发展指数时，考虑到人类发展指数编制的简洁、透明和数据代表性高的原则，选择了反映科技进步程度以及低碳经济发展两个方面的因素，选择了R&D投入强度和人均碳排放强度来综合衡量国家和地区的可持续发展程度。

关于R&D投入强度、人均碳排放强度的数据使用说明如下：

本书使用的R&D投入强度数据来源于《中国科技统计年鉴》，原始数据来源于相应年份的各省历年《统计年鉴》《中国统计年鉴》《中国科技统计年鉴》。

各省的人均碳排放强度是根据碳排放总量与GDP总量计算得到的。而各省计算化石燃料燃烧产生的二氧化碳时主要选择的煤炭、石油、天然气三种化石能源。各省的石油数据较难获得，但是可以获取石油所产生的4种油品即汽油、煤油、柴油、燃料油的数据，因此根据《工业企业温室气体排放核算和报告通则》中的排放因子法近似计算各省的石油燃烧产生的二氧化碳量。该指标涉及的原始数据来源于各省历年《中国统计年鉴》以及相应各省的"十三五"规划报告。

（2）民生指数。一般而言，民生改善主要包括民生质量、公共服务以及社会管理三个方面，涉及社会保障建设、城乡统筹管理和就业收入分配调节等多个方面。基于人类发展指数构建简洁、透明和数据代表性高的原则，本书选取人均社会保障水平以及各省城乡的恩格尔系数综合反映民生改善程度。

关于社会保障水平原始数据来源较为复杂。人均社会保障水平由社会保障总支出、居民消费价格指数（CPI）、人口三个指标计算得到。其中社会保障总支出由社会保险总支出和社会服务性事业总支出两个要素组成。其中，社会保险总支出包括了养老保险、医疗保险、失业保险、工伤保险和生育保险五个部分的支出，上述五项保险的省份数据则是来源于各省《统计年鉴》；来自财政部分的社会保障支出则是包含了抚恤和社会福利救济、行政事业单位离退休支出以及社会保障补助支出，其原始数据则是来源于民政部官网。其他涉及的各项指标则是来源于历年各省的《统计年鉴》和《中国统计年鉴》。

相比较于人均社会保障水平，恩格尔系数涉及原始数据的来源较为容易获得。恩格尔系数的原始数据来源于历年《中国统计年鉴》、各省历年《统计年鉴》《中国人口统计年鉴》。

紧接着对各指标进行标准化处理，具体思路如下：因为预期寿命、收入指数、人均GNI和可持续发展指数中的科技创新强度以及民生指数中人均社保水平均为正向指标，在此应用公式（3-1）对其进行处理。以寿命指数的标准化处理具体做法为例：各省当年的预期寿命减去阈值下限与阈值上限减阈值下限的值两者之比得到寿命指数。因此，科技创新强度以及人均社保水平和人均 GNI、预期寿命的标准化处理与寿命指数相同。因为可持续发展指数中碳排放强度和民生指数中的恩格尔系数为逆指标，所以使用下面的公式（3-2）进行标准化处理。以碳排放强度为例，具体的做法为：阈值上限减去当年实际值与阈值上限与阈值下限之差的两者之比。

$$M_i = \frac{X_{ij} - \min F}{\max F - \min F} \tag{3-1}$$

$$M_i = \frac{\max F - X_{ij}}{\max F - \min F} \tag{3-2}$$

其中，X_{ij} 为各指标的实际值，$\max F$ 为各指标的阈值上限，$\min F$ 为各指标的阈值下限，M_i 代表指标经过标准化后的对应的指数。

4. 各指标的阈值确定以及计算公式

本书中的中国人类发展指数体系，与 UNDP 的 HDI 指数体系相比，最大的改变在于指数维度的增加，当然指数的阈值也做了相应的调整。UNDP 在计算 HDI 指数体系中各项指数时，对各项指标进行了标准化处理进而得到了相应的指数，因此得到的指数介于 0 和 1

之间；在指数阈值的确定方面，UNDP 根据选择的指标的不同以及社会的进步发展，对阈值先后做了几次较大的调整。1990—1993 年，HDI 指数体系中各分项指数的阈值是根据参与指数计算的国家中对应的指标的最值确定。但是这种方法容易受到极少数的极端国家的影响，因此从 1994 年到 2009 年，UNDP 采取预先设定的方法保持阈值上下限固定不变。从 2010 年开始，UNDP 将两种阈值设定思路结合起来，阈值上限以参与计算国家经过观察得到的对应指标的实际最大值作为参考值，以满足人类最低生存标准的数值作为阈值下限。这种方法既避免了极端不发达国家和极端发达国家的干扰，也可以进行国家的横纵方向的指数比较。本书在指数阈值的确定上将参考 UNDP 这种阈值确定的思想。

寿命指数、教育指数、收入指数的阈值将直接参考 UNDP 的指数阈值。而为了方便各省份之间的比较，可持续发展指数与民生指数的阈值选取的是 1990—2018 年的最小值作为阈值下限。经过计算得到的科研投入强度、碳排放强度、社会保障水平的最小值接近于 0，为了方便计算，将 0 定位这三个指标的下限。恩格尔系数则是根据 1990—2017 年计算的得到的最大值和最小值作为阈值的上下限。具体阈值情况见表 3。

表 3　CHDI 各分项指数的阈值

分项指数	变量要素	最大值	最小值
寿命指数	预期寿命	85	20
收入指数	人均 GNI（PPP，2011）	75 000	100
教育指数	平均受教育年限 预期受教育年限	15 18	0 0
可持续发展指数	科研投入强度 碳排放强度	0.003 448 0.06	0 0
民生指数	社会保障水平 恩格尔系数	5 050.11 0.8	0 0.2

关于各指数的阈值具体确定过程如下：根据 UNDP 发布的《2016 年中国人类发展指数》中的技术注释，将寿命指数的下限确定为 20 岁，这是基于历史数据——在 20 世纪没有国家的预期寿命低于 20 岁，85 岁是人类预期寿命的上限，目前没有哪个国家的预期寿命能达到这一数值，这样我们就得到了公式（3-3）。收入指数阈值下限是维持生活的最低生活标准，阈值上限是人类人均 GNI（PPP）的上限，目前在国际上只有四个国家达到这一数值。式（3-4）为收入指数的计算公式。教育指数的阈值最小值是自然的零值，平均受教育年限最大值设置为 15 年，预期受教育年限最大值设置为 18 年。因为有些国家没有正规教育，社会仍可维持生计，因此将预期受教育年限的最小值设置为 0 年是合理的。对于平均受教育年限，设置最大值为 15 年是因为在这个指标上，2025 的预期目标是 15 年；预期受教育年限的最大值设置为 18 年是因为在大多数国家，18 年的教育基本相当于取得硕士学位。因此教育指数的计算公式如式（3-5）到式（3-7）所示。

$$M_1 = \frac{\text{预期寿命} - 20}{85 - 20} \tag{3-3}$$

$$M_2 = \frac{\ln\left(\text{人均 GNI(PPP，2011)}\right) - \ln 100}{\ln 75\ 000 - \ln 100} \tag{3-4}$$

$$\text{平均受教育指数} = \frac{\text{平均受教育年限} - 0}{15 - 0} \tag{3-5}$$

$$\text{预期受教育指数} = \frac{\text{预期受教育年限} - 0}{18 - 0} \tag{3-6}$$

$$M_3 = \frac{1}{2} \times (\text{平均受教育年限指数} + \text{预期受教育年限指数}) \tag{3-7}$$

可持续发展指数和民生指数各指标的阈值上限是根据各省份 2020 年的"十三五"规划值的最高值（以正指标为例）而定。

比如，北京的科研投入强度在 2020 年要达到的规划值在 31 个省份中最高，内蒙古的人均碳排放数值最大，因此在计算 2020 年的阈值时直接以北京的科研投入强度值作为阈值上限，经由计算该值为 0.06，2020 年的内蒙古人均碳排放作为碳排放的阈值上限，经由计算该值为 0.003 448。科研投入强度和人均碳排放的最小值接近于 0，为了方便计算，本书将科研投入强度和人均碳排放的下限设置为 0。因此可持续发展指数的计算公式如下：

首先，分别对 R&D 投入强度和人均碳排放进行标准化处理：

$$P_1 = \frac{\text{R\&D 投入强度} - 0}{0.06 - 0} \tag{3-8}$$

$$P_2 = \frac{0.003\ 448 - \text{人均碳排放}}{0.003\ 448 - 0} \tag{3-9}$$

其次，对无量纲处理化后的 R&D 投入强度和人均碳排放经过简单几何平均得到可持续发展指数：

$$M_4 = P_1^{\frac{1}{2}} \times P_2^{\frac{1}{2}} \tag{3-10}$$

例如上海市的人均社保水平的"十三五"规划值在 31 个省份中发展最高，因此在计算 2020 年的阈值时直接以上海的人均社保水平值作为阈值上限，经由计算该值为 5 050.11。考虑到中国起步晚，社会保障历史空白的实际情况，将 0 设置为该指标的阈值下限；西藏的恩格尔系数在 31 个省份中一直位居第一，本书为了方便计算将 0.8 设置为阈值上限；数据整理发现各省历年的恩格尔系数均大于 0.2，为了便于计算将 0.2 设置为恩格尔系数的阈值下限。因此民生指数的计算公式如下：

首先，将人均社保水平和恩格尔系数进行标准化处理：

$$P_3 = \frac{\text{人均社保水平} - 0}{5\ 050.11 - 0} \tag{3-11}$$

$$P_4 = \frac{0.8 - \text{恩格尔系数}}{0.8 - 0.2} \tag{3-12}$$

其次，对标准化处理的人均社保水平和恩格尔系数经过简单几何平均得到民生指数：

$$M_5 = P_3^{\frac{1}{2}} \times P_4^{\frac{1}{2}} \tag{3-13}$$

5. 中国人类发展指数的合成

前面主要介绍了 CHDI 的基本指标和阈值，此处将重点介绍其合成方法。本书在合成中国人类发展指数时，将寿命指数、收入指数、教育指数、可持续发展指数、民生指数五个指数进行了简单几何平均。因此，CHDI 计算方法有下面公式：

$$\text{CHDI} = M_1^{\frac{1}{5}} \times M_2^{\frac{1}{5}} \times M_3^{\frac{1}{5}} \times M_4^{\frac{1}{5}} \times M_5^{\frac{1}{5}} \tag{3-14}$$

中国人类发展指数的构造路径如图 2 所示。

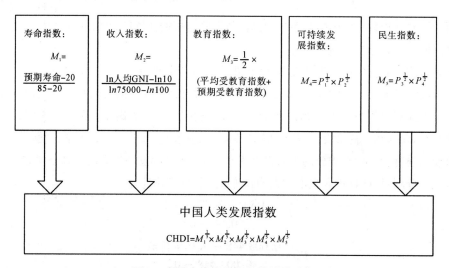

图 2　中国人类发展指数的构造路径

附录2 中国及各大区域人类发展指数（HDI）数据表

附表 1-1 1990—2018 中国人类发展指数（HDI）

年份	寿命指数	教育指数	收入指数	HDI 指数
1990	0.746 9	0.441 4	0.346 2	0.485 1
1991	0.752 3	0.449 7	0.362 4	0.496 8
1992	0.757	0.450 7	0.383 8	0.507 8
1993	0.761 8	0.449 3	0.404 8	0.517 4
1994	0.766 5	0.459 2	0.424 9	0.530 8
1995	0.771 2	0.461	0.439 9	0.538 8
1996	0.781 5	0.467 4	0.455 6	0.55
1997	0.780 6	0.479 1	0.470 4	0.560 3
1998	0.785 3	0.484 4	0.481 2	0.567 8
1999	0.790 1	0.489	0.493 8	0.575 7
2000	0.790 8	0.506 1	0.508 5	0.588 2
2001	0.799 5	0.511 5	0.522 6	0.597 9
2002	0.804 2	0.519	0.537 7	0.607 7
2003	0.808 9	0.534 1	0.554 8	0.621 2
2004	0.813 6	0.537 7	0.573 1	0.630 6
2005	0.814 6	0.532 7	0.592 6	0.635 9
2006	0.823 1	0.544	0.615 2	0.650 7
2007	0.827 8	0.551 6	0.639 1	0.663 3
2008	0.832 5	0.556 6	0.655 8	0.672 3
2009	0.837 2	0.563 1	0.668 6	0.680 6
2010	0.843 5	0.582 8	0.684 6	0.695 6
2011	0.846 7	0.591	0.699 9	0.704 9
2012	0.851 4	0.595 9	0.714 4	0.713
2013	0.856 1	0.598 1	0.726 5	0.719 2
2014	0.860 8	0.606 1	0.740 5	0.728 3
2015	0.866 8	0.616 7	0.750 7	0.737 6
2016	0.870 3	0.654 1	0.758 8	0.756 9
2017	0.875	0.658 1	0.767 3	0.763 1
2018	0.879 7	0.666 2	0.775 9	0.770 6

附表 1-2 1990—2018 年东部地区 HDI 指数值

年份	寿命指数	教育指数	收入指数	HDI 指数
1990	0.788 0	0.468 6	0.388 5	0.523 5
1991	0.791 2	0.472 9	0.407 7	0.534 3
1992	0.795 3	0.479 3	0.431 6	0.548 0
1993	0.799 7	0.486 6	0.456 7	0.562 2
1994	0.803 9	0.477 9	0.475 5	0.567 4
1995	0.808 2	0.518 6	0.492 9	0.591 1
1996	0.812 4	0.527 6	0.509 1	0.602 1
1997	0.816 6	0.540 8	0.526 8	0.615 0
1998	0.820 8	0.547 0	0.540 4	0.623 7
1999	0.825 0	0.551 0	0.555 1	0.631 9
2000	0.827 5	0.571 9	0.571 1	0.646 5
2001	0.833 5	0.579 2	0.584 3	0.655 8
2002	0.837 6	0.593 3	0.602 7	0.669 1
2003	0.841 9	0.603 9	0.624 9	0.682 4
2004	0.846 1	0.609 0	0.646 4	0.693 2
2005	0.850 4	0.613 7	0.669 2	0.704 2
2006	0.854 7	0.624 9	0.689 9	0.716 9
2007	0.859 0	0.633 5	0.707 4	0.727 4
2008	0.863 3	0.639 4	0.721 2	0.735 6
2009	0.867 6	0.651 0	0.732 3	0.745 0
2010	0.872 9	0.671 4	0.745 8	0.758 9
2011	0.876 1	0.675 3	0.757 7	0.765 4
2012	0.880 4	0.681 1	0.769 8	0.772 8
2013	0.884 6	0.688 4	0.781 0	0.780 6
2014	0.888 8	0.693 2	0.794 1	0.788 0
2015	0.892 9	0.699 5	0.803 4	0.794 7
2016	0.897 0	0.720 1	0.816 9	0.808 1
2017	0.901 2	0.732 5	0.826 7	0.817 2
2018	0.905 4	0.744 9	0.836 3	0.826 2

附表 1-3 1990—2018 年北京市 HDI 指数值

年份	寿命指数	教育指数	收入指数	HDI 指数
1990	0.813 2	0.636 0	0.508 8	0.639 3
1991	0.816 7	0.660 7	0.529 5	0.657 6
1992	0.822 3	0.669 2	0.545 4	0.668 3
1993	0.828 0	0.681 7	0.551 7	0.676 2

年份	寿命指数	教育指数	收入指数	HDI 指数
1994	0.833 6	0.701 0	0.563 8	0.689 0
1995	0.839 2	0.714 2	0.577 8	0.700 0
1996	0.844 9	0.739 1	0.588 9	0.714 2
1997	0.850 5	0.731 2	0.612 7	0.722 8
1998	0.856 1	0.734 7	0.636 1	0.735 2
1999	0.861 8	0.730 3	0.657 8	0.744 3
2000	0.863 1	0.728 7	0.676 4	0.752 4
2001	0.873 0	0.732 5	0.693 4	0.762 0
2002	0.878 6	0.742 0	0.715 5	0.774 8
2003	0.884 3	0.773 7	0.733 9	0.793 2
2004	0.889 9	0.769 2	0.753 1	0.800 8
2005	0.895 5	0.770 0	0.766 6	0.807 8
2006	0.901 2	0.777 4	0.779 0	0.816 7
2007	0.906 8	0.809 5	0.801 6	0.836 9
2008	0.912 4	0.810 1	0.804 4	0.839 5
2009	0.918 1	0.816 9	0.810 2	0.845 9
2010	0.925 8	0.827 0	0.816 3	0.853 5
2011	0.929 3	0.829 6	0.822 0	0.858 2
2012	0.935 0	0.839 0	0.832 6	0.867 1
2013	0.940 6	0.845 4	0.842 7	0.874 7
2014	0.946 2	0.839 6	0.853 9	0.878 1
2015	0.951 8	0.847 1	0.864 1	0.886 2
2016	0.957 5	0.862 6	0.861 4	0.899 0
2017	0.963 1	0.863 7	0.859 6	0.905 8
2018	0.968 7	0.872 6	0.858 7	0.913 9

附表 1-4　1990—2018 年天津市 HDI 指数值

年份	寿命指数	教育指数	收入指数	HDI 指数
1990	0.804 9	0.571 6	0.463 8	0.596 0
1991	0.806 4	0.573 3	0.471 7	0.600 8
1992	0.811 5	0.578 5	0.489 4	0.611 1
1993	0.816 5	0.589 3	0.503 1	0.621 4
1994	0.821 6	0.616 7	0.521 8	0.640 4
1995	0.826 6	0.625 5	0.538 3	0.651 2
1996	0.831 7	0.627 8	0.559 5	0.661 1

年份	寿命指数	教育指数	收入指数	HDI 指数
1997	0.836 7	0.643 9	0.577 2	0.675 5
1998	0.841 8	0.635 7	0.591 6	0.679 0
1999	0.846 8	0.643 6	0.608 1	0.690 9
2000	0.844 8	0.659 7	0.626 6	0.705 2
2001	0.857 0	0.665 6	0.641 4	0.713 7
2002	0.862 0	0.683 7	0.660 2	0.728 6
2003	0.867 1	0.695 5	0.686 7	0.743 8
2004	0.872 1	0.706 9	0.708 4	0.757 7
2005	0.877 2	0.719 2	0.730 5	0.770 6
2006	0.882 2	0.729 1	0.750 4	0.782 8
2007	0.887 3	0.743 3	0.767 5	0.795 0
2008	0.892 3	0.755 0	0.790 0	0.808 2
2009	0.897 4	0.763 6	0.800 0	0.816 4
2010	0.906 0	0.776 3	0.814 5	0.827 2
2011	0.907 5	0.784 3	0.828 4	0.836 6
2012	0.912 5	0.785 0	0.842 1	0.843 3
2013	0.917 6	0.789 6	0.851 2	0.849 5
2014	0.922 7	0.788 0	0.861 6	0.853 9
2015	0.927 7	0.790 2	0.866 1	0.857 8
2016	0.932 8	0.817 1	0.870 3	0.872 9
2017	0.937 8	0.819 7	0.874 7	0.877 7
2018	0.942 9	0.829 5	0.879 5	0.884 0

附表 1-5　1990—2018 年河北省 HDI 指数值

年份	寿命指数	教育指数	收入指数	HDI 指数
1990	0.774 6	0.452 8	0.327 0	0.485 3
1991	0.777 6	0.456 2	0.350 5	0.498 7
1992	0.781 1	0.464 6	0.363 4	0.508 5
1993	0.784 7	0.469 8	0.386 5	0.521 8
1994	0.788 2	0.482 3	0.399 0	0.532 9
1995	0.791 8	0.493 4	0.419 4	0.546 5
1996	0.795 3	0.511 6	0.440 7	0.562 9
1997	0.798 9	0.526 2	0.460 7	0.577 8
1998	0.802 4	0.540 4	0.473 1	0.589 2
1999	0.806 0	0.542 7	0.485 7	0.596 0
2000	0.808 3	0.557 9	0.501 7	0.609 1
2001	0.813 1	0.562 8	0.514 3	0.616 7
2002	0.816 6	0.575 7	0.528 8	0.628 3
2003	0.820 2	0.594 8	0.548 8	0.644 1

年份	寿命指数	教育指数	收入指数	HDI 指数
2004	0.823 8	0.597 1	0.573 1	0.655 2
2005	0.827 3	0.585 3	0.596 9	0.660 6
2006	0.830 9	0.582 8	0.616 6	0.667 8
2007	0.834 4	0.592 4	0.632 8	0.678 1
2008	0.838 0	0.608 1	0.648 5	0.690 6
2009	0.841 5	0.616 7	0.658 8	0.698 3
2010	0.845 7	0.632 3	0.673 4	0.710 7
2011	0.848 6	0.626 6	0.689 5	0.715 0
2012	0.852 2	0.629 2	0.700 9	0.721 0
2013	0.855 7	0.633 9	0.708 4	0.726 5
2014	0.859 3	0.642 8	0.715 4	0.733 0
2015	0.862 8	0.654 4	0.717 1	0.739 1
2016	0.866 4	0.670 7	0.717 7	0.749 4
2017	0.870 0	0.679 1	0.719 2	0.755 1
2018	0.873 5	0.687 4	0.721 2	0.760 7

附表 1-6　1990—2018 年上海市 HDI 指数值

年份	寿命指数	教育指数	收入指数	HDI 指数
1990	0.844 6	0.621 7	0.518 1	0.647 2
1991	0.851 6	0.629 8	0.557 4	0.666 8
1992	0.855 7	0.638 3	0.581 7	0.680 1
1993	0.859 9	0.645 6	0.600 6	0.690 8
1994	0.864 0	0.666 2	0.614 6	0.705 2
1995	0.868 1	0.671 2	0.628 8	0.713 6
1996	0.872 2	0.678 4	0.644 8	0.723 7
1997	0.876 3	0.673 1	0.664 3	0.730 0
1998	0.880 5	0.674 5	0.677 8	0.736 8
1999	0.884 6	0.686 7	0.693 3	0.748 3
2000	0.894 5	0.688 6	0.707 6	0.755 3
2001	0.892 8	0.695 8	0.720 0	0.763 6
2002	0.897 0	0.706 7	0.736 0	0.774 4
2003	0.901 1	0.750 6	0.751 2	0.796 6
2004	0.905 2	0.755 8	0.771 2	0.806 5
2005	0.909 3	0.763 5	0.785 4	0.814 8
2006	0.913 5	0.787 2	0.801 2	0.830 2
2007	0.917 6	0.792 4	0.806 4	0.834 9
2008	0.921 7	0.796 0	0.810 0	0.838 8
2009	0.925 8	0.799 3	0.815 1	0.843 2
2010	0.927 1	0.796 0	0.820 8	0.845 0

年份	寿命指数	教育指数	收入指数	HDI 指数
2011	0.934 1	0.793 9	0.823 6	0.846 4
2012	0.938 2	0.799 6	0.828 9	0.851 8
2013	0.942 3	0.796 5	0.836 8	0.854 4
2014	0.946 4	0.805 0	0.849 9	0.863 5
2015	0.950 6	0.809 5	0.860 2	0.870 1
2016	0.954 7	0.821 4	0.867 1	0.882 0
2017	0.958 8	0.822 9	0.874 6	0.890 2
2018	0.962 9	0.826 8	0.882 3	0.898 2

附表 1-7　1990—2018 年江苏省 HDI 指数值

年份	寿命指数	教育指数	收入指数	HDI 指数
1990	0.790 3	0.476 9	0.381 7	0.522 9
1991	0.793 9	0.482 9	0.393 3	0.531 1
1992	0.797 9	0.489 3	0.426 5	0.548 6
1993	0.802 0	0.496 3	0.458 6	0.565 4
1994	0.806 0	0.422 4	0.478 0	0.532 3
1995	0.810 1	0.531 0	0.494 7	0.595 5
1996	0.814 1	0.544 5	0.510 3	0.607 3
1997	0.818 2	0.547 0	0.526 1	0.614 9
1998	0.822 2	0.552 2	0.538 9	0.623 1
1999	0.826 3	0.561 3	0.553 0	0.633 5
2000	0.829 4	0.589 5	0.567 9	0.651 2
2001	0.834 4	0.601 1	0.581 6	0.660 9
2002	0.838 4	0.605 6	0.600 4	0.669 9
2003	0.842 4	0.607 8	0.623 7	0.680 7
2004	0.846 5	0.612 7	0.645 9	0.691 9
2005	0.850 5	0.624 5	0.673 6	0.707 9
2006	0.854 6	0.628 6	0.696 6	0.718 7
2007	0.858 6	0.632 4	0.714 8	0.727 9
2008	0.862 7	0.627 4	0.732 3	0.733 2
2009	0.866 7	0.628 3	0.747 6	0.740 1
2010	0.871 2	0.651 6	0.765 7	0.756 8
2011	0.874 8	0.655 9	0.781 1	0.764 6
2012	0.878 9	0.658 7	0.795 3	0.771 7
2013	0.882 9	0.667 8	0.808 3	0.780 6
2014	0.887 0	0.671 7	0.823 7	0.788 1
2015	0.891 0	0.683 7	0.835 2	0.797 6
2016	0.895 0	0.715 6	0.844 4	0.815 4
2017	0.899 1	0.745 2	0.853 9	0.810 0
2018	0.903 1	0.774 0	0.863 3	0.816 3

附表 1-8　1990—2018 年浙江省 HDI 指数值

年份	寿命指数	教育指数	收入指数	HDI 指数
1990	0.796 6	0.434 0	0.383 0	0.509 3
1991	0.800 9	0.444 8	0.405 3	0.524 0
1992	0.805 5	0.456 2	0.430 8	0.540 1
1993	0.810 1	0.462 7	0.463 7	0.557 0
1994	0.814 6	0.383 9	0.488 1	0.519 9
1995	0.819 2	0.492 4	0.510 9	0.589 0
1996	0.823 8	0.511 4	0.528 4	0.604 5
1997	0.828 4	0.519 3	0.545 1	0.615 0
1998	0.832 9	0.525 2	0.557 9	0.623 7
1999	0.837 5	0.529 8	0.573 1	0.632 5
2000	0.841 5	0.549 5	0.587 7	0.646 9
2001	0.846 7	0.558 5	0.601 7	0.656 0
2002	0.851 3	0.584 5	0.625 3	0.675 9
2003	0.855 8	0.603 2	0.653 1	0.693 6
2004	0.860 4	0.611 5	0.674 0	0.705 7
2005	0.865 0	0.605 4	0.691 8	0.709 7
2006	0.869 6	0.629 2	0.711 6	0.727 6
2007	0.874 1	0.635 2	0.727 0	0.736 3
2008	0.878 7	0.637 2	0.737 4	0.742 3
2009	0.883 3	0.644 9	0.746 2	0.749 7
2010	0.888 2	0.657 2	0.762 5	0.761 4
2011	0.892 4	0.670 1	0.773 5	0.771 4
2012	0.897 0	0.685 7	0.783 9	0.782 7
2013	0.901 6	0.693 7	0.794 6	0.790 8
2014	0.906 2	0.683 7	0.806 4	0.791 7
2015	0.910 8	0.684 6	0.816 3	0.796 3
2016	0.915 3	0.709 3	0.814 9	0.811 5
2017	0.919 9	0.726 3	0.814 4	0.818 6
2018	0.924 5	0.737 5	0.814 6	0.825 8

附表 1-9　1990—2018 年福建省 HDI 指数值

年份	寿命指数	教育指数	收入指数	HDI 指数
1990	0.747 2	0.404 8	0.355 0	0.475 7
1991	0.754 7	0.406 8	0.372 2	0.485 2
1992	0.760 3	0.416 0	0.397 6	0.500 6
1993	0.765 8	0.421 6	0.429 2	0.516 7
1994	0.771 3	0.439 6	0.461 3	0.538 2
1995	0.776 9	0.453 2	0.477 4	0.550 9
1996	0.782 4	0.471 5	0.494 8	0.566 1

年份	寿命指数	教育指数	收入指数	HDI 指数
1997	0.787 9	0.499 8	0.516 2	0.586 9
1998	0.793 5	0.505 1	0.532 1	0.596 1
1999	0.799 0	0.505 9	0.547 7	0.603 8
2000	0.808 5	0.532 3	0.560 4	0.621 0
2001	0.810 0	0.543 9	0.569 5	0.630 2
2002	0.815 6	0.539 2	0.584 3	0.635 1
2003	0.821 1	0.546 5	0.599 5	0.644 9
2004	0.826 6	0.548 4	0.614 9	0.652 4
2005	0.832 2	0.562 0	0.632 0	0.664 9
2006	0.837 7	0.577 8	0.650 6	0.679 0
2007	0.843 2	0.582 8	0.672 6	0.689 9
2008	0.848 8	0.590 6	0.687 5	0.699 4
2009	0.854 3	0.616 5	0.705 3	0.717 7
2010	0.857 8	0.635 0	0.723 8	0.733 1
2011	0.865 4	0.643 1	0.739 7	0.743 0
2012	0.870 9	0.644 1	0.756 2	0.749 7
2013	0.876 4	0.653 4	0.769 1	0.759 1
2014	0.881 9	0.661 5	0.785 2	0.769 2
2015	0.887 5	0.667 2	0.796 2	0.776 6
2016	0.893 0	0.680 3	0.804 7	0.787 6
2017	0.898 5	0.690 6	0.813 5	0.797 7
2018	0.904 1	0.700 9	0.822 4	0.807 2

附表 1-10　1990—2018 年山东省 HDI 指数值

年份	寿命指数	教育指数	收入指数	HDI 指数
1990	0.778 0	0.461 3	0.359 4	0.504 8
1991	0.784 6	0.467 2	0.378 1	0.516 2
1992	0.789 1	0.472 6	0.397 5	0.527 5
1993	0.793 7	0.481 9	0.413 8	0.538 3
1994	0.798 2	0.501 1	0.437 7	0.557 2
1995	0.802 7	0.515 7	0.457 0	0.572 2
1996	0.807 3	0.513 3	0.475 9	0.579 3
1997	0.811 8	0.518 4	0.491 7	0.588 8
1998	0.816 3	0.524 3	0.503 9	0.597 1
1999	0.820 9	0.528 5	0.518 0	0.606 0
2000	0.829 5	0.554 1	0.532 8	0.623 8
2001	0.829 9	0.570 7	0.546 3	0.636 4
2002	0.834 4	0.593 3	0.564 4	0.652 8
2003	0.839 0	0.595 3	0.587 8	0.663 0

年份	寿命指数	教育指数	收入指数	HDI 指数
2004	0.843 5	0.596 0	0.614 4	0.674 6
2005	0.848 0	0.593 9	0.643 3	0.684 8
2006	0.852 6	0.609 6	0.666 8	0.700 9
2007	0.857 1	0.612 6	0.684 0	0.709 5
2008	0.861 6	0.616 7	0.702 9	0.718 8
2009	0.866 2	0.632 4	0.716 0	0.730 1
2010	0.868 6	0.659 2	0.727 8	0.745 9
2011	0.875 2	0.659 3	0.739 6	0.751 0
2012	0.879 8	0.666 9	0.753 4	0.759 8
2013	0.884 3	0.685 9	0.765 8	0.772 2
2014	0.888 8	0.698 7	0.778 9	0.782 3
2015	0.893 3	0.699 4	0.787 6	0.786 9
2016	0.897 9	0.715 7	0.798 2	0.797 9
2017	0.902 4	0.725 3	0.806 5	0.805 1
2018	0.906 9	0.735 0	0.814 9	0.812 9

附表 1-11 1990—2018 年广东省 HDI 指数值

年份	寿命指数	教育指数	收入指数	HDI 指数
1990	0.808 0	0.463 0	0.410 0	0.533 8
1991	0.804 7	0.462 1	0.430 5	0.542 8
1992	0.807 8	0.463 8	0.458 0	0.555 3
1993	0.810 8	0.468 1	0.483 2	0.567 5
1994	0.813 9	0.485 1	0.495 9	0.580 2
1995	0.816 9	0.504 9	0.510 6	0.594 6
1996	0.820 0	0.503 5	0.521 7	0.598 4
1997	0.823 0	0.536 3	0.537 9	0.618 8
1998	0.826 1	0.541 0	0.550 1	0.626 0
1999	0.829 2	0.541 4	0.562 8	0.631 8
2000	0.819 5	0.560 8	0.579 9	0.646 7
2001	0.835 3	0.554 7	0.592 5	0.649 4
2002	0.838 3	0.570 4	0.610 2	0.662 9
2003	0.841 4	0.576 0	0.632 1	0.673 5
2004	0.844 4	0.586 8	0.650 7	0.685 0
2005	0.847 5	0.604 3	0.672 8	0.700 4
2006	0.850 5	0.615 4	0.693 4	0.712 4
2007	0.853 6	0.629 0	0.712 3	0.725 1
2008	0.856 6	0.637 9	0.723 0	0.732 9
2009	0.859 7	0.652 9	0.730 2	0.741 7
2010	0.869 1	0.679 6	0.740 6	0.756 1

年份	寿命指数	教育指数	收入指数	HDI 指数
2011	0.865 8	0.686 7	0.750 3	0.763 0
2012	0.868 9	0.690 0	0.760 0	0.768 3
2013	0.871 9	0.688 2	0.770 9	0.771 9
2014	0.875 0	0.691 7	0.785 2	0.778 9
2015	0.878 0	0.698 9	0.795 2	0.786 1
2016	0.881 1	0.721 4	0.809 4	0.800 2
2017	0.884 1	0.730 5	0.819 0	0.806 5
2018	0.887 2	0.740 7	0.829 0	0.814 4

附表 1-12　1990—2018 年海南省 HDI 指数值

年份	寿命指数	教育指数	收入指数	HDI 指数
1990	0.769 4	0.449 9	0.339 3	0.489 3
1991	0.773 0	0.454 1	0.356 2	0.500 0
1992	0.777 9	0.457 5	0.407 3	0.525 2
1993	0.782 7	0.460 6	0.437 4	0.540 1
1994	0.787 5	0.471 0	0.446 3	0.549 0
1995	0.792 4	0.482 1	0.439 1	0.551 4
1996	0.797 2	0.478 5	0.440 7	0.551 4
1997	0.802 0	0.509 6	0.447 4	0.567 3
1998	0.806 9	0.516 4	0.458 8	0.575 6
1999	0.811 7	0.519 5	0.472 9	0.583 8
2000	0.814 2	0.538 9	0.485 0	0.597 4
2001	0.821 4	0.543 0	0.490 6	0.602 1
2002	0.826 2	0.564 0	0.507 5	0.618 0
2003	0.831 1	0.574 4	0.522 2	0.629 1
2004	0.835 9	0.585 7	0.536 7	0.640 3
2005	0.840 8	0.585 2	0.550 5	0.646 4
2006	0.845 6	0.593 2	0.572 9	0.659 2
2007	0.850 4	0.605 2	0.591 1	0.671 8
2008	0.855 3	0.609 3	0.609 0	0.681 2
2009	0.860 1	0.618 3	0.621 9	0.690 6
2010	0.866 2	0.632 5	0.645 4	0.706 4
2011	0.869 8	0.631 0	0.665 0	0.714 2
2012	0.874 6	0.639 4	0.682 5	0.725 1
2013	0.879 5	0.643 2	0.695 3	0.732 4
2014	0.884 3	0.641 9	0.711 4	0.738 8
2015	0.889 1	0.643 9	0.719 2	0.743 7
2016	0.894 0	0.657 2	0.726 1	0.754 5
2017	0.898 8	0.667 1	0.733 5	0.759 5
2018	0.903 7	0.675 1	0.741 2	0.765 8

附表 1-13　1990—2018 年中部地区 HDI 指数值

年份	寿命指数	教育指数	收入指数	HDI 指数
1990	0.744 3	0.446 6	0.304 8	0.466 2
1991	0.746 6	0.452 8	0.309 2	0.471 0
1992	0.751 4	0.458 3	0.327 0	0.482 9
1993	0.756 3	0.462 6	0.341 6	0.492 6
1994	0.761 2	0.471 2	0.354 5	0.502 9
1995	0.766 0	0.486 7	0.374 6	0.518 8
1996	0.770 9	0.498 1	0.393 4	0.532 6
1997	0.775 8	0.514 1	0.410 9	0.547 2
1998	0.780 7	0.517 4	0.423 0	0.554 9
1999	0.785 6	0.514 9	0.434 5	0.560 2
2000	0.785 5	0.533 2	0.450 8	0.573 7
2001	0.795 6	0.545 7	0.465 1	0.586 7
2002	0.800 5	0.542 5	0.481 0	0.593 3
2003	0.805 3	0.557 0	0.500 2	0.607 6
2004	0.810 2	0.560 4	0.524 5	0.619 9
2005	0.815 1	0.555 8	0.546 8	0.628 0
2006	0.819 8	0.568 1	0.567 4	0.641 7
2007	0.824 8	0.580 3	0.592 1	0.656 9
2008	0.829 7	0.588 9	0.612 4	0.668 9
2009	0.834 6	0.601 2	0.626 6	0.680 0
2010	0.842 0	0.618 7	0.648 0	0.696 3
2011	0.844 4	0.623 1	0.666 8	0.705 3
2012	0.849 3	0.624 1	0.682 7	0.712 6
2013	0.854 2	0.630 0	0.694 7	0.720 4
2014	0.859 1	0.635 3	0.709 1	0.728 8
2015	0.864 0	0.643 8	0.717 7	0.736 3
2016	0.869 0	0.659 9	0.730 3	0.748 2
2017	0.873 6	0.671 3	0.745 7	0.759 0
2018	0.878 5	0.682 8	0.755 8	0.768 2

附表 1-14　1990—2018 年山西省 HDI 指数值

年份	寿命指数	教育指数	收入指数	HDI 指数
1990	0.753 4	0.496 9	0.333 4	0.499 0
1991	0.756 4	0.507 2	0.334 7	0.504 0
1992	0.761 0	0.512 6	0.353 7	0.516 1
1993	0.765 6	0.514 4	0.361 4	0.521 5
1994	0.770 2	0.519 9	0.364 1	0.525 9
1995	0.774 8	0.527 5	0.383 9	0.539 2
1996	0.779 3	0.530 3	0.403 5	0.550 2

年份	寿命指数	教育指数	收入指数	HDI 指数
1997	0.783 9	0.538 2	0.422 6	0.562 6
1998	0.788 5	0.534 5	0.436 6	0.568 5
1999	0.793 1	0.541 2	0.444 9	0.575 8
2000	0.794 6	0.556 0	0.459 0	0.588 1
2001	0.802 2	0.568 3	0.471 8	0.599 0
2002	0.806 8	0.585 5	0.493 3	0.615 0
2003	0.811 4	0.595 4	0.523 0	0.631 8
2004	0.815 9	0.598 6	0.550 4	0.644 9
2005	0.820 5	0.605 7	0.571 5	0.656 8
2006	0.825 1	0.620 7	0.589 4	0.670 3
2007	0.829 7	0.626 3	0.617 8	0.684 2
2008	0.834 3	0.630 9	0.638 5	0.694 7
2009	0.838 8	0.640 5	0.638 8	0.699 4
2010	0.844 9	0.658 9	0.660 2	0.715 4
2011	0.848 0	0.660 9	0.677 4	0.723 4
2012	0.852 6	0.669 8	0.688 2	0.732 0
2013	0.857 1	0.652 7	0.692 4	0.728 7
2014	0.861 7	0.650 5	0.695 6	0.730 3
2015	0.866 3	0.663 2	0.695 7	0.736 5
2016	0.870 9	0.680 0	0.698 5	0.745 0
2017	0.875 4	0.680 7	0.701 2	0.748 3
2018	0.880 0	0.687 0	0.703 8	0.753 0

附表 1-15　1990—2018 年安徽省 HDI 指数值

年份	寿命指数	教育指数	收入指数	HDI 指数
1990	0.761 2	0.410 2	0.294 6	0.449 4
1991	0.763 3	0.415 1	0.287 4	0.448 4
1992	0.767 6	0.422 8	0.305 0	0.461 0
1993	0.771 9	0.431 5	0.325 0	0.474 9
1994	0.776 3	0.446 4	0.335 4	0.486 1
1995	0.780 6	0.477 3	0.363 5	0.511 8
1996	0.784 9	0.484 4	0.377 8	0.522 1
1997	0.789 2	0.492 9	0.394 8	0.534 4
1998	0.793 5	0.487 9	0.408 4	0.539 7
1999	0.797 8	0.486 2	0.422 1	0.546 1
2000	0.797 7	0.505 5	0.431 8	0.558 9
2001	0.806 4	0.528 9	0.447 8	0.574 9
2002	0.810 7	0.532 4	0.461 4	0.582 4
2003	0.815 0	0.559 9	0.477 1	0.600 8

年份	寿命指数	教育指数	收入指数	HDI 指数
2004	0.819 3	0.556 9	0.499 7	0.609 8
2005	0.823 6	0.545 8	0.516 3	0.612 5
2006	0.827 9	0.557 4	0.538 1	0.627 0
2007	0.832 3	0.558 0	0.558 7	0.635 9
2008	0.836 6	0.563 8	0.578 4	0.647 0
2009	0.840 9	0.570 4	0.597 8	0.658 1
2010	0.847 4	0.776 3	0.625 5	0.676 0
2011	0.849 5	0.784 3	0.647 1	0.686 6
2012	0.853 8	0.785 0	0.664 7	0.693 1
2013	0.858 1	0.789 6	0.678 9	0.701 4
2014	0.862 4	0.788 0	0.692 8	0.711 8
2015	0.866 7	0.790 2	0.700 3	0.718 1
2016	0.871 0	0.817 1	0.714 8	0.726 5
2017	0.875 3	0.819 7	0.726 2	0.734 8
2018	0.879 6	0.829 5	0.736 9	0.742 7

附表 1-16　1990—2018 年江西省 HDI 指数值

年份	寿命指数	教育指数	收入指数	HDI 指数
1990	0.709 4	0.426 1	0.288 4	0.441 6
1991	0.709 2	0.431 3	0.298 1	0.449 7
1992	0.715 5	0.437 3	0.314 1	0.461 1
1993	0.721 8	0.436 2	0.329 2	0.469 5
1994	0.728 2	0.442 1	0.343 2	0.479 4
1995	0.734 5	0.455 8	0.354 7	0.491 0
1996	0.740 8	0.470 7	0.374 7	0.507 0
1997	0.747 1	0.492 7	0.393 3	0.524 9
1998	0.753 5	0.492 3	0.404 4	0.531 1
1999	0.759 8	0.492 4	0.418 9	0.539 0
2000	0.753 1	0.506 3	0.434 1	0.552 2
2001	0.772 4	0.516 7	0.445 2	0.562 2
2002	0.778 7	0.509 2	0.463 8	0.568 7
2003	0.785 1	0.545 5	0.482 9	0.591 3
2004	0.791 4	0.538 7	0.507 7	0.600 4
2005	0.797 7	0.532 4	0.529 2	0.607 7
2006	0.804 0	0.548 8	0.547 4	0.622 3
2007	0.810 4	0.576 2	0.574 0	0.644 5
2008	0.816 7	0.579 5	0.592 9	0.654 4
2009	0.823 0	0.598 9	0.606 1	0.668 2
2010	0.835 8	0.606 1	0.628 1	0.680 6

附表 1-16(续)

年份	寿命指数	教育指数	收入指数	HDI 指数
2011	0.835 7	0.615 3	0.650 0	0.693 6
2012	0.842 0	0.622 6	0.664 8	0.703 4
2013	0.848 3	0.633 6	0.678 6	0.714 4
2014	0.854 6	0.627 3	0.693 9	0.718 8
2015	0.860 9	0.634 7	0.703 3	0.726 5
2016	0.867 3	0.647 5	0.716 8	0.737 5
2017	0.873 6	0.660 6	0.727 7	0.746 7
2018	0.879 9	0.669 3	0.737 9	0.755 3

附表 1-17　1990—2018 年河南省 HDI 指数值

年份	寿命指数	教育指数	收入指数	HDI 指数
1990	0.771 5	0.446 0	0.282 5	0.458 7
1991	0.770 7	0.449 5	0.292 1	0.465 7
1992	0.774 1	0.453 4	0.312 1	0.478 1
1993	0.777 5	0.456 8	0.331 7	0.489 8
1994	0.780 9	0.464 1	0.348 8	0.501 5
1995	0.784 3	0.480 0	0.374 3	0.520 0
1996	0.787 7	0.492 7	0.396 1	0.535 2
1997	0.791 1	0.509 6	0.411 5	0.549 0
1998	0.794 5	0.523 9	0.422 3	0.559 6
1999	0.797 9	0.518 5	0.433 0	0.563 0
2000	0.792 9	0.544 5	0.451 7	0.581 7
2001	0.804 7	0.557 4	0.465 2	0.592 9
2002	0.808 1	0.560 1	0.480 0	0.601 0
2003	0.811 5	0.557 8	0.499 1	0.608 8
2004	0.814 9	0.572 1	0.527 0	0.626 1
2005	0.818 3	0.571 7	0.557 0	0.638 2
2006	0.821 7	0.578 1	0.580 3	0.650 2
2007	0.825 1	0.588 8	0.601 8	0.663 1
2008	0.828 5	0.601 4	0.621 2	0.675 8
2009	0.831 9	0.614 0	0.632 1	0.685 1
2010	0.839 5	0.628 2	0.649 3	0.697 7
2011	0.838 7	0.635 0	0.663 8	0.706 2
2012	0.842 1	0.638 5	0.678 3	0.713 4
2013	0.845 5	0.642 5	0.689 0	0.719 7
2014	0.848 9	0.652 9	0.704 0	0.729 9
2015	0.852 3	0.650 5	0.712 8	0.732 8
2016	0.855 7	0.664 6	0.725 8	0.743 2
2017	0.859 1	0.673 7	0.735 9	0.750 9
2018	0.862 5	0.682 2	0.745 5	0.758 5

附表 1-18 1990—2018 年湖北省 HDI 指数值

年份	寿命指数	教育指数	收入指数	HDI 指数
1990	0.726 9	0.461 3	0.336 2	0.482 6
1991	0.732 9	0.466 4	0.343 6	0.489 2
1992	0.738 7	0.474 2	0.359 4	0.500 5
1993	0.744 6	0.478 6	0.367 3	0.506 9
1994	0.750 5	0.485 1	0.377 9	0.515 4
1995	0.756 3	0.500 8	0.390 5	0.527 8
1996	0.762 2	0.515 1	0.408 2	0.542 3
1997	0.768 1	0.533 6	0.427 7	0.558 7
1998	0.773 9	0.537 0	0.441 9	0.567 6
1999	0.779 8	0.532 8	0.451 2	0.571 6
2000	0.785 8	0.552 9	0.473 4	0.589 8
2001	0.791 5	0.556 6	0.486 6	0.598 2
2002	0.797 4	0.535 6	0.500 6	0.597 2
2003	0.803 2	0.556 3	0.518 4	0.613 9
2004	0.809 1	0.559 6	0.538 0	0.624 4
2005	0.814 9	0.548 6	0.558 1	0.629 3
2006	0.820 8	0.566 8	0.578 8	0.645 7
2007	0.826 7	0.577 1	0.605 3	0.660 9
2008	0.832 5	0.587 8	0.626 4	0.674 1
2009	0.838 4	0.600 9	0.646 6	0.687 7
2010	0.844 2	0.626 9	0.669 3	0.707 4
2011	0.850 1	0.624 7	0.690 5	0.715 6
2012	0.856 0	0.616 1	0.708 9	0.720 4
2013	0.861 8	0.625 1	0.722 9	0.730 3
2014	0.867 7	0.622 0	0.740 3	0.736 5
2015	0.873 6	0.639 4	0.751 9	0.748 8
2016	0.879 4	0.667 0	0.766 3	0.765 7
2017	0.885 3	0.693 4	0.778 8	0.771 7
2018	0.891 1	0.717 8	0.790 3	0.780 2

附表 1-19 1990—2018 年湖南省 HDI 指数值

年份	寿命指数	教育指数	收入指数	HDI 指数
1990	0.722 0	0.458 0	0.307 6	0.466 4
1991	0.727 2	0.468 7	0.310 6	0.472 7
1992	0.733 2	0.471 2	0.328 0	0.483 5
1993	0.739 1	0.477 5	0.342 0	0.493 7
1994	0.745 1	0.487 2	0.358 5	0.506 3
1995	0.751 1	0.492 1	0.377 1	0.517 9
1996	0.757 1	0.505 0	0.395 5	0.532 1

年份	寿命指数	教育指数	收入指数	HDI 指数
1997	0.763 0	0.524 6	0.412 6	0.548 0
1998	0.769 0	0.525 5	0.423 1	0.554 5
1999	0.775 0	0.521 9	0.436 1	0.560 6
2000	0.779 4	0.531 7	0.451 0	0.572 0
2001	0.787 0	0.542 1	0.469 2	0.584 9
2002	0.792 9	0.532 3	0.485 6	0.589 6
2003	0.798 9	0.540 8	0.503 4	0.601 4
2004	0.804 9	0.541 6	0.526 4	0.612 2
2005	0.810 9	0.537 5	0.544 2	0.619 0
2006	0.816 8	0.550 3	0.562 8	0.632 4
2007	0.822 8	0.570 4	0.590 6	0.652 0
2008	0.828 8	0.579 8	0.612 8	0.665 2
2009	0.834 8	0.592 8	0.630 9	0.678 1
2010	0.841 5	0.614 4	0.651 0	0.695 2
2011	0.846 7	0.619 3	0.670 1	0.705 3
2012	0.852 7	0.620 2	0.687 5	0.713 3
2013	0.858 7	0.635 5	0.700 6	0.725 3
2014	0.864 7	0.647 5	0.716 5	0.736 9
2015	0.870 6	0.663 8	0.726 2	0.748 2
2016	0.876 6	0.683 8	0.738 8	0.761 6
2017	0.882 6	0.694 8	0.778 8	0.780 1
2018	0.888 6	0.707 9	0.790 3	0.788 9

附表1-20　1990—2018 年西部地区 HDI 指数值

年份	寿命指数	教育指数	收入指数	HDI 指数
1990	0.637 0	0.415 7	0.296 4	0.428 1
1991	0.711 8	0.422 6	0.309 9	0.453 4
1992	0.717 0	0.429 0	0.324 7	0.464 0
1993	0.722 5	0.429 8	0.340 7	0.473 0
1994	0.728 3	0.440 4	0.352 1	0.483 4
1995	0.733 6	0.455 5	0.367 6	0.497 1
1996	0.740 1	0.466 2	0.379 5	0.507 8
1997	0.745 5	0.476 9	0.398 3	0.521 2
1998	0.750 8	0.485 7	0.411 4	0.531 4
1999	0.756 4	0.486 6	0.423 8	0.538 3
2000	0.757 0	0.504 4	0.435 6	0.549 9
2001	0.767 7	0.520 2	0.448 3	0.563 6
2002	0.773 3	0.520 7	0.464 7	0.572 0
2003	0.778 9	0.531 8	0.484 0	0.585 3

年份	寿命指数	教育指数	收入指数	HDI 指数
2004	0.784 5	0.539 6	0.506 2	0.598 4
2005	0.790 1	0.533 2	0.527 2	0.605 6
2006	0.795 8	0.548 8	0.550 0	0.621 6
2007	0.801 3	0.555 8	0.577 6	0.636 0
2008	0.807 0	0.561 3	0.600 4	0.647 9
2009	0.812 8	0.570 7	0.615 4	0.658 5
2010	0.820 9	0.591 9	0.636 6	0.676 3
2011	0.823 9	0.599 6	0.658 8	0.687 8
2012	0.829 6	0.602 1	0.677 6	0.696 9
2013	0.835 3	0.605 2	0.691 4	0.704 4
2014	0.841 0	0.609 8	0.706 1	0.712 8
2015	0.846 6	0.617 6	0.713 2	0.719 8
2016	0.852 3	0.634 0	0.724 1	0.731 4
2017	0.858 1	0.640 6	0.733 4	0.738 7
2018	0.863 8	0.650 0	0.742 2	0.746 9

附表 1-21　1990—2018 年内蒙古自治区 HDI 指数值

年份	寿命指数	教育指数	收入指数	HDI 指数
1990	0.702 8	0.483 3	0.328 4	0.480 3
1991	0.708 5	0.485 3	0.339 4	0.487 7
1992	0.715 3	0.496 7	0.353 2	0.499 2
1993	0.722 0	0.497 0	0.371 2	0.509 3
1994	0.728 7	0.518 5	0.383 1	0.524 3
1995	0.735 5	0.519 0	0.394 6	0.531 2
1996	0.742 2	0.524 4	0.413 3	0.543 0
1997	0.749 0	0.524 4	0.430 6	0.552 3
1998	0.755 7	0.527 5	0.445 3	0.561 6
1999	0.762 4	0.517 0	0.462 1	0.566 6
2000	0.767 2	0.524 9	0.478 3	0.578 0
2001	0.775 9	0.519 0	0.494 1	0.583 8
2002	0.782 7	0.527 6	0.514 7	0.596 8
2003	0.789 4	0.523 0	0.545 7	0.608 5
2004	0.796 1	0.533 1	0.576 5	0.625 4
2005	0.802 9	0.535 9	0.612 0	0.640 9
2006	0.809 6	0.539 7	0.642 5	0.654 8
2007	0.816 3	0.551 3	0.678 0	0.673 2
2008	0.823 1	0.554 8	0.711 5	0.687 5
2009	0.829 8	0.569 9	0.731 4	0.701 9
2010	0.837 5	0.592 0	0.749 1	0.718 5

附表 1-21（续）

年份	寿命指数	教育指数	收入指数	HDI 指数
2011	0.843 3	0.607 6	0.770 2	0.733 5
2012	0.850 0	0.613 0	0.785 1	0.742 4
2013	0.856 8	0.607 4	0.792 4	0.744 3
2014	0.863 5	0.611 5	0.802 3	0.751 0
2015	0.870 3	0.627 4	0.803 1	0.759 7
2016	0.877 0	0.651 9	0.805 3	0.772 2
2017	0.883 7	0.653 1	0.807 4	0.777 3
2018	0.890 5	0.664 2	0.809 4	0.782 5

附表 1-22　1990—2018 年广西壮族自治区 HDI 指数值

年份	寿命指数	教育指数	收入指数	HDI 指数
1990	0.749 5	0.426 7	0.279 0	0.446 2
1991	0.751 2	0.430 3	0.293 4	0.456 0
1992	0.756 2	0.437 4	0.316 0	0.470 9
1993	0.761 1	0.441 7	0.340 9	0.485 5
1994	0.766 0	0.449 5	0.361 1	0.498 9
1995	0.770 9	0.458 9	0.374 6	0.509 7
1996	0.775 8	0.475 7	0.385 4	0.521 7
1997	0.780 7	0.476 6	0.394 8	0.527 1
1998	0.785 7	0.487 6	0.412 3	0.540 1
1999	0.790 6	0.483 2	0.420 3	0.543 3
2000	0.789 1	0.514 7	0.427 7	0.559 5
2001	0.800 4	0.531 3	0.440 4	0.571 9
2002	0.805 3	0.523 9	0.456 7	0.577 5
2003	0.810 2	0.533 2	0.472 1	0.588 6
2004	0.815 1	0.542 6	0.495 3	0.602 8
2005	0.820 1	0.531 3	0.518 4	0.608 8
2006	0.825 0	0.557 5	0.541 0	0.628 8
2007	0.829 9	0.562 0	0.561 7	0.639 6
2008	0.834 8	0.562 3	0.580 5	0.648 0
2009	0.839 7	0.570 5	0.594 4	0.657 6
2010	0.847 8	0.592 2	0.620 6	0.676 8
2011	0.849 6	0.604 6	0.645 1	0.691 7
2012	0.854 5	0.604 8	0.660 3	0.698 2
2013	0.859 4	0.617 1	0.672 9	0.708 7
2014	0.864 3	0.629 3	0.686 8	0.719 6
2015	0.869 2	0.634 2	0.696 8	0.726 0
2016	0.874 1	0.655 9	0.708 8	0.739 7
2017	0.879 0	0.663 1	0.719 0	0.743 5
2018	0.884 0	0.675 1	0.728 6	0.751 5

附表 1-23　1990—2018 年重庆市 HDI 指数值

年份	寿命指数	教育指数	收入指数	HDI 指数
1990	0.734 2	0.418 2	0.320 0	0.461 4
1991	0.740 9	0.428 8	0.331 3	0.471 7
1992	0.747 0	0.436 4	0.358 2	0.488 2
1993	0.753 1	0.438 3	0.385 5	0.502 3
1994	0.759 2	0.445 4	0.406 0	0.515 0
1995	0.765 3	0.465 4	0.434 0	0.536 0
1996	0.771 4	0.473 1	0.393 6	0.523 0
1997	0.777 5	0.492 9	0.438 7	0.550 9
1998	0.783 6	0.510 2	0.450 0	0.563 0
1999	0.789 7	0.512 7	0.460 7	0.570 3
2000	0.795 8	0.531 4	0.456 2	0.577 1
2001	0.802 0	0.549 0	0.471 6	0.591 0
2002	0.808 1	0.554 4	0.492 6	0.603 2
2003	0.814 2	0.573 3	0.513 1	0.619 8
2004	0.820 3	0.566 3	0.533 8	0.625 9
2005	0.826 4	0.579 5	0.552 0	0.639 4
2006	0.832 5	0.594 8	0.570 4	0.653 6
2007	0.838 6	0.603 5	0.607 5	0.672 5
2008	0.844 7	0.615 1	0.631 2	0.686 8
2009	0.850 8	0.628 7	0.648 3	0.699 6
2010	0.856 9	0.653 5	0.667 6	0.718 3
2011	0.863 0	0.662 7	0.691 8	0.732 4
2012	0.869 1	0.657 0	0.710 2	0.738 3
2013	0.875 2	0.661 0	0.724 3	0.746 4
2014	0.881 4	0.674 2	0.742 5	0.759 6
2015	0.887 5	0.676 2	0.756 8	0.766 8
2016	0.893 6	0.699 2	0.773 8	0.783 0
2017	0.899 7	0.709 0	0.787 2	0.792 2
2018	0.905 8	0.719 7	0.799 6	0.802 1

附表 1-24　1990—2018 年四川省 HDI 指数值

年份	寿命指数	教育指数	收入指数	HDI 指数
1990	0.712 8	0.418 2	0.288 4	0.441 9
1991	0.722 6	0.428 8	0.302 1	0.453 7
1992	0.729 1	0.436 4	0.314 7	0.463 8
1993	0.735 6	0.438 3	0.330 8	0.473 5
1994	0.742 1	0.445 4	0.340 7	0.482 1
1995	0.748 5	0.465 4	0.362 1	0.500 9
1996	0.755 0	0.473 1	0.378 9	0.512 7

年份	寿命指数	教育指数	收入指数	HDI 指数
1997	0.761 5	0.481 9	0.398 7	0.526 2
1998	0.768 0	0.498 0	0.410 5	0.538 8
1999	0.774 4	0.489 1	0.423 6	0.542 6
2000	0.787 7	0.505 8	0.437 3	0.556 5
2001	0.787 4	0.528 1	0.449 6	0.571 0
2002	0.793 9	0.521 1	0.465 4	0.577 0
2003	0.800 4	0.529 0	0.482 8	0.588 7
2004	0.806 8	0.529 2	0.503 9	0.598 8
2005	0.813 3	0.513 7	0.523 0	0.601 0
2006	0.819 8	0.540 5	0.545 5	0.621 7
2007	0.826 3	0.547 2	0.569 9	0.635 4
2008	0.832 7	0.550 6	0.589 0	0.645 5
2009	0.839 2	0.564 5	0.606 1	0.658 8
2010	0.842 3	0.586 0	0.627 6	0.677 0
2011	0.852 2	0.594 4	0.649 9	0.689 7
2012	0.858 6	0.604 4	0.669 0	0.702 3
2013	0.865 1	0.603 0	0.681 8	0.708 0
2014	0.871 6	0.602 0	0.695 9	0.714 1
2015	0.878 1	0.609 5	0.703 5	0.721 4
2016	0.884 6	0.623 3	0.716 4	0.732 5
2017	0.891 0	0.621 4	0.727 5	0.740 7
2018	0.897 5	0.627 6	0.737 9	0.749 1

附表 1-25 1990—2018 年贵州省 HDI 指数值

年份	寿命指数	教育指数	收入指数	HDI 指数
1990	0.681 4	0.362 1	0.237 6	0.385 9
1991	0.677 7	0.362 6	0.247 9	0.392 4
1992	0.683 0	0.367 0	0.260 8	0.401 4
1993	0.688 2	0.368 3	0.269 3	0.407 0
1994	0.693 4	0.374 9	0.276 4	0.414 0
1995	0.698 7	0.409 0	0.285 0	0.433 0
1996	0.703 9	0.417 1	0.295 8	0.442 2
1997	0.709 2	0.430 3	0.310 6	0.455 3
1998	0.714 4	0.432 9	0.320 3	0.461 6
1999	0.719 6	0.444 7	0.336 1	0.475 0
2000	0.707 1	0.452 3	0.348 8	0.484 7
2001	0.730 1	0.483 7	0.361 5	0.502 7
2002	0.735 3	0.493 0	0.375 9	0.513 9
2003	0.740 6	0.505 9	0.394 9	0.528 2

年份	寿命指数	教育指数	收入指数	HDI 指数
2004	0.745 8	0.514 1	0.412 7	0.540 1
2005	0.751 1	0.498 5	0.434 7	0.544 2
2006	0.756 3	0.505 4	0.453 8	0.556 1
2007	0.761 5	0.510 9	0.494 6	0.576 2
2008	0.766 8	0.522 5	0.520 6	0.592 0
2009	0.772 0	0.526 7	0.537 0	0.601 1
2010	0.786 2	0.538 6	0.555 3	0.614 2
2011	0.782 5	0.544 1	0.579 6	0.626 7
2012	0.787 7	0.546 5	0.607 5	0.639 0
2013	0.793 0	0.568 8	0.630 0	0.657 1
2014	0.798 2	0.583 5	0.652 9	0.671 8
2015	0.803 4	0.578 1	0.672 0	0.677 1
2016	0.808 7	0.589 3	0.688 5	0.688 4
2017	0.813 9	0.598 0	0.703 3	0.698 2
2018	0.819 2	0.606 7	0.716 9	0.707 6

附表 1-26　1990—2018 年云南省 HDI 指数值

年份	寿命指数	教育指数	收入指数	HDI 指数
1990	0.669 1	0.361 3	0.299 9	0.414 8
1991	0.668 5	0.367 2	0.312 8	0.423 5
1992	0.673 1	0.372 5	0.329 1	0.433 3
1993	0.677 8	0.366 1	0.344 5	0.438 6
1994	0.682 4	0.371 0	0.351 8	0.444 7
1995	0.687 1	0.393 9	0.364 1	0.461 2
1996	0.691 7	0.409 2	0.388 3	0.478 5
1997	0.696 4	0.418 9	0.402 0	0.489 0
1998	0.701 1	0.422 7	0.415 7	0.496 9
1999	0.705 7	0.426 0	0.424 2	0.502 7
2000	0.699 8	0.444 7	0.431 5	0.514 4
2001	0.715 0	0.449 0	0.439 1	0.519 9
2002	0.719 7	0.442 2	0.451 3	0.523 2
2003	0.724 3	0.441 7	0.464 6	0.529 1
2004	0.729 0	0.470 3	0.485 9	0.550 1
2005	0.733 6	0.459 8	0.501 0	0.552 4
2006	0.738 3	0.479 1	0.520 9	0.568 5
2007	0.742 9	0.488 3	0.539 6	0.580 1
2008	0.747 6	0.497 1	0.557 4	0.591 1
2009	0.752 2	0.503 2	0.568 7	0.598 6
2010	0.762 2	0.532 1	0.582 9	0.616 6

年份	寿命指数	教育指数	收入指数	HDI 指数
2011	0.761 6	0.538 6	0.603 8	0.627 8
2012	0.766 2	0.542 7	0.625 4	0.638 2
2013	0.770 9	0.543 5	0.643 6	0.645 9
2014	0.775 5	0.549 5	0.657 6	0.654 0
2015	0.780 2	0.567 3	0.666 6	0.665 4
2016	0.784 8	0.582 2	0.678 4	0.676 2
2017	0.789 5	0.593 2	0.688 6	0.680 2
2018	0.794 1	0.602 1	0.698 3	0.688 1

附表 1-27　1990—2018 年西藏自治区 HDI 指数值

年份	寿命指数	教育指数	收入指数	HDI 指数
1990	0.609 8	0.185 1	0.306 2	0.323 2
1991	0.618 8	0.197 9	0.313 9	0.334 1
1992	0.625 4	0.237 4	0.315 6	0.353 2
1993	0.631 9	0.214 4	0.310 8	0.344 4
1994	0.638 5	0.232 8	0.314 4	0.352 1
1995	0.645 0	0.260 4	0.323 6	0.371 1
1996	0.651 6	0.286 0	0.336 9	0.390 3
1997	0.658 2	0.310 6	0.361 1	0.415 0
1998	0.664 7	0.310 5	0.386 6	0.424 6
1999	0.671 3	0.293 5	0.411 1	0.424 4
2000	0.682 6	0.317 0	0.425 1	0.444 3
2001	0.684 4	0.352 1	0.448 1	0.472 1
2002	0.691 0	0.361 8	0.471 1	0.486 8
2003	0.697 5	0.358 7	0.488 9	0.489 7
2004	0.704 1	0.385 1	0.507 8	0.511 3
2005	0.710 7	0.375 0	0.523 9	0.508 6
2006	0.717 2	0.399 0	0.543 3	0.529 0
2007	0.723 8	0.423 4	0.559 2	0.548 3
2008	0.730 3	0.428 3	0.569 1	0.555 7
2009	0.736 9	0.421 6	0.584 3	0.558 5
2010	0.741 1	0.448 5	0.594 7	0.578 5
2011	0.750 0	0.459 7	0.610 0	0.590 6
2012	0.756 6	0.447 0	0.630 4	0.591 3
2013	0.763 1	0.429 1	0.649 4	0.586 1
2014	0.769 7	0.430 5	0.668 2	0.592 2
2015	0.776 3	0.469 6	0.682 5	0.622 6
2016	0.782 8	0.471 2	0.697 0	0.627 5
2017	0.789 4	0.479 3	0.710 2	0.635 8
2018	0.796 0	0.485 3	0.722 4	0.643 7

附表 1-28　1990—2018 年陕西省 HDI 指数值

年份	寿命指数	教育指数	收入指数	HDI 指数
1990	0.729 2	0.454 5	0.302 0	0.462 8
1991	0.729 9	0.462 9	0.316 4	0.474 0
1992	0.735 5	0.471 4	0.325 9	0.482 7
1993	0.741 1	0.475 8	0.340 8	0.492 7
1994	0.746 7	0.508 9	0.346 2	0.508 4
1995	0.752 3	0.503 5	0.358 2	0.513 1
1996	0.757 9	0.515 0	0.374 4	0.525 5
1997	0.763 5	0.534 3	0.391 1	0.541 1
1998	0.769 1	0.539 2	0.402 4	0.549 0
1999	0.774 7	0.544 2	0.419 4	0.559 8
2000	0.770 3	0.571 5	0.437 7	0.579 1
2001	0.785 9	0.577 6	0.453 2	0.588 8
2002	0.791 5	0.583 6	0.471 8	0.599 5
2003	0.797 1	0.620 4	0.491 8	0.622 5
2004	0.802 7	0.626 9	0.516 5	0.636 6
2005	0.808 3	0.628 2	0.536 4	0.645 9
2006	0.813 9	0.634 4	0.561 9	0.660 2
2007	0.819 5	0.639 6	0.597 3	0.677 3
2008	0.825 1	0.643 9	0.625 2	0.690 9
2009	0.830 7	0.650 7	0.641 7	0.700 9
2010	0.841 2	0.671 2	0.665 0	0.719 0
2011	0.841 9	0.669 5	0.687 2	0.727 5
2012	0.847 5	0.668 9	0.708 9	0.737 0
2013	0.853 1	0.673 0	0.724 0	0.745 5
2014	0.858 7	0.668 0	0.739 6	0.750 4
2015	0.864 3	0.685 8	0.742 5	0.760 0
2016	0.869 9	0.696 9	0.753 2	0.768 8
2017	0.875 5	0.711 6	0.761 6	0.774 1
2018	0.881 1	0.721 3	0.769 6	0.780 5

附表 1-29　1990—2018 年甘肃省 HDI 指数值

年份	寿命指数	教育指数	收入指数	HDI 指数
1990	0.726 8	0.415 7	0.283 7	0.435 8
1991	0.719 0	0.422 4	0.292 5	0.443 3
1992	0.722 8	0.426 4	0.304 8	0.451 5
1993	0.726 7	0.428 8	0.308 5	0.454 9
1994	0.730 5	0.433 8	0.311 1	0.459 1
1995	0.734 3	0.440 7	0.320 9	0.467 8
1996	0.738 2	0.449 5	0.350 7	0.486 4

年份	寿命指数	教育指数	收入指数	HDI 指数
1997	0.742 0	0.467 3	0.363 8	0.500 2
1998	0.745 9	0.468 2	0.381 4	0.509 1
1999	0.749 7	0.479 0	0.395 8	0.520 7
2000	0.730 3	0.494 8	0.409 7	0.533 3
2001	0.757 4	0.518 8	0.418 9	0.546 3
2002	0.761 2	0.520 6	0.433 5	0.554 3
2003	0.765 1	0.537 0	0.452 8	0.569 3
2004	0.768 9	0.548 9	0.476 0	0.584 2
2005	0.772 7	0.545 3	0.494 0	0.590 0
2006	0.776 6	0.548 7	0.517 2	0.600 9
2007	0.780 4	0.562 4	0.539 7	0.616 0
2008	0.784 2	0.567 6	0.555 6	0.625 0
2009	0.788 1	0.576 2	0.565 7	0.633 1
2010	0.803 5	0.602 5	0.586 3	0.652 6
2011	0.795 8	0.605 8	0.606 4	0.662 5
2012	0.799 6	0.609 7	0.623 9	0.671 5
2013	0.803 4	0.595 7	0.638 8	0.673 2
2014	0.807 3	0.590 2	0.652 9	0.677 2
2015	0.811 1	0.591 5	0.652 1	0.678 6
2016	0.815 0	0.601 8	0.660 6	0.686 5
2017	0.818 8	0.605 7	0.667 0	0.692 6
2018	0.822 6	0.609 7	0.673 2	0.698 6

附表1-30 1990—2018年青海省HDI指数值

年份	寿命指数	教育指数	收入指数	HDI 指数
1990	0.624 2	0.399 3	0.336 4	0.436 7
1991	0.635 3	0.391 5	0.339 8	0.436 0
1992	0.642 5	0.393 9	0.351 9	0.443 3
1993	0.649 7	0.392 4	0.367 5	0.450 8
1994	0.657 0	0.388 1	0.375 4	0.453 6
1995	0.664 2	0.407 8	0.383 8	0.468 4
1996	0.671 4	0.395 5	0.389 1	0.466 9
1997	0.678 6	0.387 1	0.402 0	0.469 7
1998	0.685 9	0.395 9	0.415 1	0.480 6
1999	0.693 1	0.423 9	0.429 7	0.501 3
2000	0.708 2	0.433 0	0.442 7	0.511 8
2001	0.707 5	0.444 8	0.460 4	0.524 3
2002	0.714 8	0.446 2	0.479 8	0.534 6
2003	0.722 0	0.463 5	0.498 5	0.550 4

年份	寿命指数	教育指数	收入指数	HDI 指数
2004	0.729 2	0.471 2	0.518 4	0.562 5
2005	0.736 4	0.470 5	0.538 6	0.571 3
2006	0.743 6	0.483 3	0.561 8	0.586 5
2007	0.750 9	0.495 7	0.586 9	0.602 1
2008	0.758 1	0.501 2	0.615 1	0.615 9
2009	0.765 3	0.513 9	0.623 5	0.625 8
2010	0.768 6	0.522 0	0.647 2	0.639 0
2011	0.779 8	0.529 9	0.668 3	0.651 1
2012	0.787 0	0.520 3	0.686 2	0.654 9
2013	0.794 2	0.531 8	0.700 3	0.666 3
2014	0.801 4	0.539 3	0.714 2	0.675 8
2015	0.808 7	0.528 1	0.720 8	0.674 9
2016	0.815 9	0.554 8	0.729 2	0.690 8
2017	0.823 1	0.558 5	0.736 7	0.696 2
2018	0.830 3	0.564 6	0.743 9	0.703 1

附表 1-31 1990—2018 年宁夏回族自治区 HDI 指数值

年份	寿命指数	教育指数	收入指数	HDI 指数
1990	0.722 2	0.435 0	0.319 5	0.463 0
1991	0.727 2	0.454 2	0.326 8	0.475 0
1992	0.732 1	0.466 3	0.337 5	0.485 1
1993	0.737 1	0.457 0	0.353 0	0.490 7
1994	0.742 0	0.457 5	0.364 7	0.497 4
1995	0.747 0	0.459 0	0.381 0	0.506 6
1996	0.751 9	0.474 8	0.394 1	0.519 5
1997	0.756 9	0.483 7	0.407 6	0.529 3
1998	0.761 8	0.499 9	0.421 1	0.541 8
1999	0.766 8	0.505 1	0.435 1	0.551 0
2000	0.771 8	0.527 7	0.449 6	0.566 7
2001	0.776 7	0.550 0	0.467 2	0.583 0
2002	0.781 7	0.559 0	0.483 7	0.594 3
2003	0.786 6	0.559 1	0.506 3	0.604 5
2004	0.791 6	0.569 7	0.526 9	0.618 4
2005	0.796 5	0.568 6	0.541 5	0.624 0
2006	0.801 5	0.585 9	0.562 2	0.639 6
2007	0.806 4	0.591 1	0.593 3	0.654 9
2008	0.811 4	0.606 9	0.624 5	0.673 7
2009	0.816 3	0.618 6	0.640 5	0.684 9
2010	0.821 2	0.633 0	0.663 5	0.700 0

年份	寿命指数	教育指数	收入指数	HDI 指数
2011	0.826 2	0.633 6	0.685 3	0.708 9
2012	0.831 2	0.635 7	0.700 1	0.716 1
2013	0.836 1	0.649 4	0.711 2	0.726 8
2014	0.841 1	0.642 1	0.722 2	0.729 1
2015	0.846 1	0.652 8	0.729 9	0.737 7
2016	0.851 0	0.668 8	0.741 4	0.749 4
2017	0.856 0	0.669 4	0.750 7	0.757 2
2018	0.860 9	0.677 9	0.759 6	0.765 0

附表 1-32　1990—2018 年新疆维吾尔自治区 HDI 指数值

年份	寿命指数	教育指数	收入指数	HDI 指数
1990	0.655	0.466	0.358	0.478
1991	0.662	0.464	0.377	0.487
1992	0.670	0.468	0.393	0.497
1993	0.677	0.470	0.402	0.504
1994	0.685	0.482	0.418	0.517
1995	0.693	0.503	0.428	0.530
1996	0.700	0.518	0.434	0.540
1997	0.708	0.538	0.455	0.557
1998	0.715	0.547	0.465	0.567
1999	0.723	0.563	0.476	0.579
2000	0.729	0.562	0.497	0.588
2001	0.738	0.574	0.509	0.599
2002	0.745	0.590	0.520	0.611
2003	0.753	0.597	0.543	0.625
2004	0.760	0.602	0.559	0.635
2005	0.768	0.596	0.579	0.642
2006	0.775	0.599	0.597	0.652
2007	0.783	0.607	0.611	0.662
2008	0.790	0.608	0.626	0.670
2009	0.798	0.611	0.627	0.674
2010	0.805	0.622	0.653	0.689
2011	0.813	0.632	0.671	0.701
2012	0.820	0.625	0.689	0.707
2013	0.828	0.625	0.703	0.714
2014	0.835	0.636	0.718	0.725
2015	0.843	0.639	0.716	0.728
2016	0.850	0.662	0.719	0.739
2017	0.858	0.679	0.722	0.749
2018	0.865	0.698	0.724	0.759

附表 1-33　1990—2018 年东北地区 HDI 指数值

年份	寿命指数	教育指数	收入指数	HDI 指数
1990	0.746 2	0.514 5	0.390 1	0.531 1
1991	0.755 1	0.519 4	0.402 2	0.540 3
1992	0.761 0	0.526 2	0.420 3	0.552 1
1993	0.766 9	0.530 0	0.441 5	0.564 1
1994	0.772 8	0.548 9	0.451 9	0.576 6
1995	0.778 7	0.550 0	0.457 8	0.580 9
1996	0.784 6	0.559 5	0.472 8	0.592 1
1997	0.790 5	0.570 9	0.489 9	0.604 6
1998	0.796 4	0.567 7	0.501 1	0.609 7
1999	0.802 3	0.562 6	0.514 1	0.614 5
2000	0.814 4	0.572 1	0.530 6	0.627 6
2001	0.814 2	0.577 2	0.541 3	0.633 7
2002	0.820 1	0.587 2	0.555 4	0.644 3
2003	0.826 0	0.601 8	0.570 9	0.657 2
2004	0.832 0	0.605 3	0.585 4	0.665 6
2005	0.837 9	0.602 2	0.608 4	0.674 6
2006	0.843 8	0.606 1	0.628 6	0.685 1
2007	0.849 7	0.611 7	0.648 0	0.695 8
2008	0.855 7	0.623 4	0.668 0	0.709 0
2009	0.861 6	0.635 6	0.681 4	0.719 9
2010	0.864 5	0.652 9	0.700 5	0.733 9
2011	0.873 4	0.656 8	0.719 4	0.744 5
2012	0.879 3	0.669 3	0.735 6	0.756 5
2013	0.885 2	0.667 3	0.745 9	0.760 9
2014	0.891 1	0.664 8	0.756 1	0.765 1
2015	0.897 0	0.667 2	0.758 0	0.768 4
2016	0.902 9	0.687 0	0.743 7	0.772 7
2017	0.908 8	0.693 3	0.755 8	0.780 9
2018	0.914 7	0.700 1	0.754 7	0.784 7

附表 1-34　1990—2018 年辽宁省 HDI 指数值

年份	寿命指数	教育指数	收入指数	HDI 指数
1990	0.772 6	0.529 3	0.419 3	0.555 2
1991	0.777 6	0.531 6	0.431 8	0.562 4
1992	0.782 3	0.536 0	0.453 1	0.574 1
1993	0.787 0	0.538 1	0.481 1	0.587 5
1994	0.791 8	0.557 9	0.485 7	0.598 1
1995	0.796 5	0.554 0	0.485 4	0.597 7
1996	0.801 3	0.565 0	0.496 4	0.607 4

年份	寿命指数	教育指数	收入指数	HDI 指数
1997	0.806 0	0.577 8	0.515 3	0.621 0
1998	0.810 7	0.575 5	0.529 1	0.626 8
1999	0.815 5	0.579 6	0.544 1	0.635 6
2000	0.820 6	0.594 2	0.560 1	0.648 4
2001	0.824 9	0.601 4	0.571 1	0.656 0
2002	0.829 7	0.614 3	0.585 0	0.667 3
2003	0.834 4	0.633 7	0.598 8	0.681 1
2004	0.839 2	0.636 3	0.609 0	0.687 0
2005	0.843 9	0.638 5	0.634 7	0.698 4
2006	0.848 6	0.640 5	0.655 2	0.708 2
2007	0.853 4	0.641 2	0.675 3	0.717 1
2008	0.858 1	0.655 6	0.697 3	0.731 3
2009	0.862 9	0.669 9	0.712 8	0.743 3
2010	0.867 4	0.679 5	0.732 3	0.755 1
2011	0.872 3	0.683 7	0.750 1	0.764 1
2012	0.877 1	0.698 9	0.767 0	0.777 2
2013	0.881 8	0.706 9	0.778 8	0.785 7
2014	0.886 5	0.702 6	0.789 3	0.788 8
2015	0.891 3	0.700 8	0.790 3	0.789 8
2016	0.896 0	0.722 3	0.752 5	0.786 3
2017	0.900 8	0.727 6	0.772 9	0.797 8
2018	0.905 5	0.735 3	0.763 2	0.798 8

附表 1-35　1990—2018 年吉林省 HDI 指数值

年份	寿命指数	教育指数	收入指数	HDI 指数
1990	0.737 7	0.508 4	0.353 6	0.510 8
1991	0.749 3	0.515 6	0.359 7	0.517 6
1992	0.755 7	0.527 5	0.378 0	0.531 7
1993	0.762 0	0.535 5	0.394 4	0.543 4
1994	0.768 3	0.551 2	0.408 3	0.556 8
1995	0.774 7	0.555 1	0.417 9	0.563 9
1996	0.781 0	0.560 8	0.435 9	0.575 2
1997	0.787 3	0.574 6	0.448 1	0.587 0
1998	0.793 6	0.577 8	0.460 6	0.595 0
1999	0.800 0	0.583 8	0.475 0	0.605 0
2000	0.816 9	0.589 4	0.496 9	0.617 6
2001	0.812 6	0.603 8	0.507 6	0.628 8
2002	0.819 0	0.613 2	0.524 6	0.640 6
2003	0.825 3	0.621 8	0.542 9	0.652 6

年份	寿命指数	教育指数	收入指数	HDI 指数
2004	0.831 6	0.624 8	0.561 2	0.662 7
2005	0.838 0	0.609 9	0.581 5	0.666 7
2006	0.844 3	0.615 9	0.604 8	0.679 6
2007	0.850 6	0.624 4	0.630 6	0.694 0
2008	0.857 0	0.634 6	0.652 0	0.707 3
2009	0.863 3	0.644 2	0.670 7	0.719 1
2010	0.864 3	0.660 6	0.688 1	0.733 4
2011	0.875 9	0.655 0	0.708 2	0.740 0
2012	0.882 3	0.659 9	0.726 8	0.750 2
2013	0.888 6	0.669 2	0.738 4	0.759 6
2014	0.894 9	0.667 3	0.749 7	0.764 5
2015	0.901 3	0.668 2	0.753 1	0.767 8
2016	0.907 6	0.689 8	0.760 8	0.780 4
2017	0.913 9	0.693 0	0.768 6	0.786 8
2018	0.920 3	0.699 0	0.776 1	0.793 7

附表 1-36　1990—2018 年黑龙江省 HDI 指数值

年份	寿命指数	教育指数	收入指数	HDI 指数
1990	0.722 6	0.502 3	0.376 2	0.515 8
1991	0.734 1	0.508 5	0.391 3	0.526 2
1992	0.741 1	0.514 4	0.404 9	0.535 8
1993	0.748 0	0.517 2	0.418 1	0.544 1
1994	0.754 9	0.537 5	0.435 9	0.560 8
1995	0.761 9	0.542 0	0.448 8	0.569 6
1996	0.768 8	0.552 7	0.467 5	0.583 0
1997	0.775 7	0.560 6	0.484 9	0.594 8
1998	0.782 7	0.552 2	0.492 2	0.596 7
1999	0.789 6	0.529 5	0.501 0	0.593 8
2000	0.805 7	0.535 7	0.515 1	0.603 4
2001	0.803 4	0.532 0	0.525 7	0.607 8
2002	0.810 4	0.539 1	0.538 3	0.617 2
2003	0.817 3	0.552 5	0.554 4	0.630 3
2004	0.824 2	0.557 2	0.572 7	0.640 7
2005	0.831 2	0.556 3	0.593 3	0.649 8
2006	0.838 1	0.560 7	0.610 9	0.659 7
2007	0.845 0	0.569 5	0.624 2	0.669 7
2008	0.852 0	0.579 2	0.640 1	0.681 0
2009	0.858 9	0.590 7	0.645 1	0.689 1
2010	0.861 2	0.617 2	0.664 7	0.708 2

年份	寿命指数	教育指数	收入指数	HDI 指数
2011	0.872 8	0.627 4	0.684 3	0.720 8
2012	0.879 7	0.642 0	0.697 3	0.732 7
2013	0.886 6	0.620 6	0.703 7	0.728 8
2014	0.893 5	0.619 6	0.712 5	0.733 4
2015	0.900 5	0.627 9	0.714 1	0.739 1
2016	0.907 4	0.644 3	0.718 0	0.748 7
2017	0.914 3	0.653 9	0.721 6	0.754 3
2018	0.921 3	0.660 0	0.725 2	0.759 8

后记

经过为期五年的艰苦工作，国家社科基金重大项目"中国各地 HDI 指数的编制和研究"（项目编号：16ZDA010）终于在项目首席专家、我的恩师任栋教授的带领下，顺利地完成了全部研究工作。项目组共完成以中国人类发展为主题的学术论文近 40 篇，并取得了免于鉴定核准结项的优异成绩。随后两年，任栋教授又全力以赴地投入本课题专著成果修订出版的工作中。长期大量的工作压力（任栋教授同时还承担了大量其他的科研和教学任务）导致任栋教授身患重疾，无力继续完成本专著修订和校对等后续繁杂事务。因此，作为恩师学生的我义不容辞地承担起了这项任务。

通过参与对本书的修订和校对等工作，我得到了一次重新学习和研究国家社科基金重大项目"中国各地 HDI 指数的编制和研究"研究成果的机会。在此，我将其总结如下，希望对读者起到导读作用。

通过对拓展前后中国人类发展指数的对比研究得到以下结论：第一，在中国人类发展指数（CHDI）及各构成指数中，我国的可持续发展水平和民生发展水平还处于低位。第二，在 CHDI 的五个分项指数中，可持续发展指数增速平缓，显示出我国可持续发展的态势还需进一步得到重视。导致我国可持续发展指数表现不佳的主要原因在于反映资源环境保护情况的碳排放指数的降低。因此，在保持经济社会稳定发展的同时，进一步加大节能减排的力度，对于提高我国的人类发展水平至关重要。第三，在 CHDI 的五个分项指数中，民生发展指数增速最为强劲，使我国民生发展指数表现优异的主要原因在于社会保障指数的大幅提升。

我认为，本书有以下创新之处：

一、学术思想和理论观点的创新

从理论研究看，如何科学评价中国各地区人类发展进程是跨学科研究的重大命题。联合国开发计划署（UNDP）创建的人类发展指数（HDI）是建立在人的"可行能力"理论基础之上的，这个理论集中体现了著名经济学家阿玛蒂亚·森在人类贫困问题方面的精辟论述。本书认为，该理论作为现有反映人类社会发展的理论基础还不够完善，还应当充分汲取马克思关于"人的全面自由发展"思想，以及习近平新时代中国特色社会主义思想的人民性特质和以"创新、协调、绿色、开放、共享"为主要内容的新发展理念，构建更科学完整的理论基础和指数框架，并以此进一步优化和改进现有的 HDI 指标体系。

二、研究方法方面的创新

国内学术界对 HDI 的研究存在以下三个方面的不足：第一，由于历年的测算方法和阈值有所变动，不同时期发布的 HDI 数值并不可比，但很多研究仍将 UNDP 各年度发布的 HDI 直接对比分析。第二，很多研究是就"指数"论"指数"，分析的结果只是指数高了多少或低了多少，并没有深入分析造成这种指数变动的深刻的社会和经济动因。第三，一些研究是就"国内"论"国内"，研究集中于地区之间的差异性分析，但人类发展是一个世界性、国际化的问题，研究中国的人类发展，不能局限于国内各地区之间比较，还应开展跨国比较。

本书在以上三个方面均有所突破。具体而言，在预期寿命指数方面，本书编制了中国及各地区的预期寿命指数，并进行了预期寿命指数的国内外比较分析。在教育指数方面，本书编制了中国及各地区的教育指数，并进行了教育指数的国际对比研究和国内各地区教育指数的对比分析。通过对中国各地教育指数的编制和研究认为：社会发展教育为先。虽然人类发展的三大维度（寿命、教育、收入）都很重要，但教育维度具有特别重要的意义，并在一定程度上对其他两大维度有明显的支撑作用。

三、指数创建和数据资料运用的创新

本书认为，HDI 侧重于从人类发展视角对经济社会发展水平进行测量，与中国共产党"坚持以人民为中心的发展理念"不谋而合，但该指数体系仅仅从健康、知识和体面的生活三个维度进行测度，忽略了科技进步、生态文明、社会福利改善等层面在人类发展中的积极贡献。因此，本书在人类发展指数的三个分项指数基础上，追加了可持续发展指数和民生发展指数这两大分项指数，构建和测算了更加完善的中国人类发展指数体系。其中，可持续发展指数包括科技创新指数和资源环境指数；民生发展指数包括人民生活指数和社会保障指数。

我们期望补充拓展后的 CHDI，可以更加真实地反映中国各地区人民的人类发展水平的实际状况和现实诉求。

四、分析方法运用方面的创新

除了传统的经济统计方法，本书还广泛应用了全方位的国际国内对比分析方法、基于空间自相关性（ESDA）的空间差异性分析方法和基于空间计量模型（CSDA）的空间差异影响因素分析方法、空间计量面板模型分析方法等。

五、提出了解决实际问题的新见解

第一，我国人类发展过多倚赖经济增长的情况有待改善。第二，各地区人类发展不平衡问题突出，西部落后地区人类发展水平仍亟待提升。第三，我国 HDI 分项指数中，寿命指数增长率不高、教育指数数值较低，一定程度上拖累了我国 HDI 数值的世界排名。第四，科技创新和社会保障是我国经济社会发展的短板。第五，进一步提高我国户籍人口城镇化率、给予农民工完全的市民待遇是提升我国人类发展水平的重要途径。第六，我国对 HDI 的研究和应用还十分薄弱，亟待加强。

以上意见和看法，是我在参与编撰和后期整理中的一些感受和体会，不一定正确。希望以此抛砖引玉，引起各位读者朋友对中国人类发展问题的重视和研究，真诚欢迎大家提出宝贵的意见和建议。

《中国各地 HDI 指数的编制和研究》专著出版

后期工作负责人：张捷

2023 年 10 月于光华园